2020 武进年鉴

（总第33卷）

WUJIN YEARBOOK

常州市武进区人民政府 主办
常州市武进区地方志办公室 编

方志出版社
Publishing House of Local Records

图书在版编目（CIP）数据

武进年鉴. 2020／常州市武进区地方志办公室编

.--北京：方志出版社，2020.9

ISBN 978-7-5144-4523-7

Ⅰ.①武… Ⅱ.①常… Ⅲ.①武进区-2020-年鉴

Ⅳ.①Z525.34

中国版本图书馆CIP数据核字（2020）第213523号

武进年鉴（2020）

编　　者：常州市武进区地方志办公室

责任编辑：刘　珊

出 版 者：方志出版社

地址　北京市朝阳区潘家园东里9号（国家方志馆4层）

邮编　100021

网址　http://www.zgfzcb.cn

发　　行：方志出版社图书经销中心

电话（010）67110500

经　　销：各地新华书店

印　　刷：常州市武进第三印刷有限公司

开　　本：889×1194　　1/16

印　　张：23.25

字　　数：989千字

版　　次：2020年9月第1版　　2020年9月第1次印刷

印　　数：0001～3200册

ISBN　978-7-5144-4523-7　　定价：180.00元

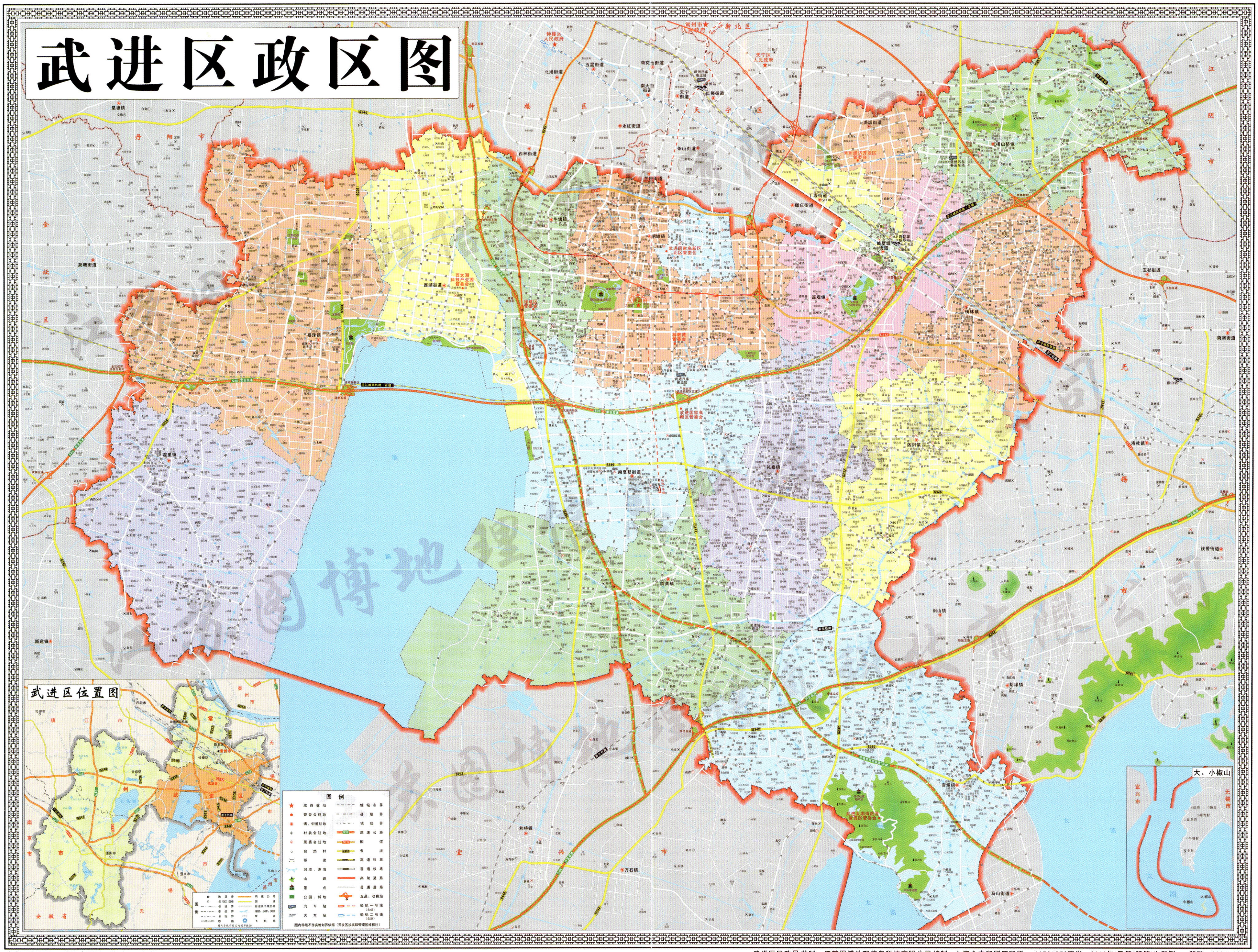

武进区政区图　地图审图号：苏D(2019)2号

武进区民政局监制　江苏图博地理信息科技有限公司编制　上海金丰印刷厂印刷　1170*870毫米　2019年1月第1版第1次印刷　印数：0001-1000

武进旅游交通图
江阴市
丹阳市
金坛市
无锡市
宜兴市
常州市
滆湖
太湖
武进乌瞰
"花都水城、浪漫武进"旅游节
淹城新春灯会
中华孝道园"孝心节"
杨桥庙会
春秋淹城旅游区地图
淹城遗址
太湖湾旅游度假区地图
小椒山
大椒山
花博园地图
夏溪花木市场
江南花都产业园
艺林园
玫瑰园
紫薇园
盆景园
大小椒山
武进在长三角区位简图
图例
市政府驻地
区政府驻地
街道、镇政府驻地
旅游景点
医院
学校
酒店宾馆
商场、市场
地级市界线
县(市)、区界线
镇界线
高速公路
国道
省道
高架
铁路
比例尺:1:100000
注:图中界线不作实地划界依据
审图号:苏D(2016)04号

年度荣誉 2019

NIANDU RONGYU

全国综合实力百强区第三名

全国绿色发展百强区第二名

全国投资潜力百强区第一名

中国工业百强区第八名

全国科技创新百强区第三名

国家双创示范基地评估第五名

全国县域数字农业农村发展水平评价先进区

数说武進 2019

SHUSHUO WUJIN

面积 1065.26 平方千米
耕地面积 3.16 万公顷
国家级高新区 1 个
省级高新区 1 个（筹）
省级经济开发区 2 个
综合保税区 1 个
省级旅游度假区 1 个
省级现代农业产业园 1 个
年末户籍人口 98.04 万人
年末常住人口 145.38 万人
年末就业人数 88.21 万人
地区生产总值 2483.42 亿元
第一产业增加值 38.77 亿元
第二产业增加值 1359.09 亿元
第三产业增加值 1085.56 亿元
三次产业比例 1.56∶54.73∶43.71
人均地区生产总值 17.10 万元
社会消费品零售总额 697.39 亿元
进出口总额 809.71 亿元
实际利用外商直接投资 7.6 亿美元
一般公共财政预算收入 187.51 亿元
一般公共财政预算支出 178.75 亿元
税收收入 161.21 亿元
旅游总收入 271 亿元

城镇登记失业率 1.62%
最低生活保障标准 850 元 / 月
全社会用电量 205.29 亿千瓦时
建成区绿化覆盖率 39.8%
货运周转量 6.51 亿吨千米
客运周转量 1.89 亿人千米
港口货物吞吐量 1100 万吨
本外币存款余额 3246.70 亿元
人民币贷款余额 2459.44 亿元
人口自然增长率 1.67‰
教育总支出 278009 万元
科学技术支出 81666 万元
文化体育与传媒支出 11903 万元
社会保障和就业支出 160234 万元
卫生健康支出 116243 万元
医疗卫生机构 434 个
医疗技术人员 10224 人
医院、卫生院床位数 7914 张
城镇污水集中处理率 93.5%
垃圾分类集中处理率 89.6%
全社会研究与试验发展经费（R&D）支出占地区生产总值（GDP）比重 2.85 %
当年授权专利 10394 件
人才资源总量 26 万人
在校（园）生 23.52 万人
全体居民人均可支配收入 51055 元
城镇居民人均可支配收入 61230 元
农村居民人均可支配收入 32362 元
全体居民家庭人均住房面积 68.56 平方米
城镇居民家庭人均住房面积 62 平方米
农村居民家庭人均住房面积 80 平方米
城乡居民社会养老保险人数 55454 人
养老、医疗、失业三大保险综合覆盖率 98.82%

1

2

2019年是武进区“五个三年行动计划”收官之年。三年来，全区深入实施产业创新发展、城乡精细管理、生态保护引领、教育卫生事业均等化、特色强镇建设五个三年行动计划，坚持解放思想，下好改革创新“先手棋”，武进区连续七年获全国综合实力百强区第三名、投资潜力百强区第一名。

1. 2月13日，全区“五个三年行动计划”决胜年动员大会召开
2. 武进高新区现代滨湖科技产业新城一瞥
3. 10月30日，江苏省首届创业投资发展峰会在常州经开区举行
4. 3月1日，全区29个重点项目集中签约，总投资189.5亿元。2019年共举行三次集中签约，总投资596.8亿元
5. 夜幕下的京杭运河武进段风光

3

4

5

武进区创建新时代“两个健康”先行区加快民营经济高质量发展动员大会

五号牵引控制面板
警告
CAUTION
设备运行中
请勿靠近 当心伤人

2019 年，武进区优化创业营商环境，壮大实体经济，率先在全省启动新时代“两个健康”先行区创建，获评中国工业百强区第八，涌现出一批国家级、省级科技和技改示范企业。

1. 5 月 8 日，武进区召开创建新时代“两个健康”先行区加快民营经济高质量发展动员大会
2. 从 2 月 1 日起，武进综合保税区纳入全国 24 个海关特殊监管区域，图为 6 月 17 日开出一般纳税人资格第一单
3. 常州回天新材料有限公司江苏省示范智能车间——太阳能电池背板复合绿色生产智能车间
4. 4 月 16 日，今创控股集团和常州大学、中海油常州涂料研究院签署产学研合作协议
5. 5 月 19 日，第二届中国·以色列医疗科技产业高峰论坛在武进举行
6. 9 月 6—7 日，第二届西太湖全球公司发展论坛在武进举行
7. 12 月 27 日，第三届光伏绿色建筑一体化产业发展高峰论坛在武进举行，武进绿建区被授予“中国光伏绿色建筑一体化示范基地”

4

5

6

7

1

深圳证券交易所
SHENZHEN STOCK EXCHANGE
开盘啦
证券代码
300761
最近价
35.22
涨跌
+5.87
涨跌幅

2

3

太湖湾音乐节

2019 年，全区农业和农村工作取得显著成效。9 月，武进承担闲置宅基地盘活利用和探索建立新型职业农民制度两项改革试点任务并取得初步成效。立华牧业创成农业产业化国家重点龙头企业，有 5 个水稻新品通过省级以上审定，武进区获评全国县域数字农业农村发展水平评价先进县。全区医疗服务资源更加丰富，全域旅游示范区建设稳定推进。

1. 农村宅基地改革试点——嘉泽镇西城村民居一瞥
2. 2 月 18 日，立华股份在深交所上市，成为江苏省首家上市的畜禽养殖企业
3. 10 月 12 日，200 余名专家学者相聚武进，共同研讨水稻育种大计
4. 12 月 18 日，总投资 3.15 亿元的武进中医医院新综合大楼启用
5. 11 月 2—3 日，第二届太湖湾音乐节在环球动漫嬉戏谷举行

4

5

1

2019年10月1日是新中国成立70周年纪念日。70年前，武进革命先驱瞿秋白、张太雷、恽代英以及无数革命先烈用生命和鲜血追求自由，赢得解放。70年来，武进县（市、区）委不忘初心，牢记使命，团结带领武进人民风雨兼程接续奋斗，以“事事当争第一流，耻为天下第二手”的阳湖精神，抓住改革开放历史机遇，实现从农业大县到工业强区的华丽转变。抚今追昔，饮水思源。武进人民在隆重庆祝新中国诞生70周年、纪念武进解放70周年之际，高举旗帜，重整行装再出发，把新时代的武进改革发展事业不断稳定推向前进，续写高水平全面小康的新篇章。

1. 1926年1月，武进县成立第一个中国共产党支部——中共横山桥支部（旧址）
2. 1949年4月21日晚，解放军东集团一部乘坐武进船工秦长贵等驾驶的“渡江一号”木帆船驶向长江南岸，在武进圩塘璟江口沿滩登陆
3. 1949年4月23日晚，解放军进入武进县城常州
4. 9月29日，武进区隆重集会，举行庆祝中华人民共和国成立70周年会议暨文艺汇演
5. 小朋友挥舞国旗，用笑脸表达幸福生活
6. 社区居民高唱《我和我的祖国》
7. 武进区级机关举行升国旗仪式，隆重庆祝新中国成立70周年
8. 中天钢铁集团举行庆祝新中国成立70周年暨集团成立18周年歌咏大会

2

3

“我和我的祖国”武进区庆祝中华人民共和国
成立70周年文艺汇演
我和我的祖国
武进区庆祝中华人民共和国成立70周年
4

5

热烈庆祝中华人民共和国成立70周年
7

6

激扬爱国情 和谐幸福家
庆祝中华人民共和国成立70周年
暨中天钢铁集团成立18周年歌咏大会
8

1

2

3

6

7

8

9

4

5

新中国成立伊始，武进农民从耕者有其田的土地改革，到1956年完成第一个五年计划，全县社会经济建设取得重大成就。从1956年到1978年社会主义建设探索时期，武进在曲折中前进。改革开放以后，武进实行家庭联产承包责任制，农业产量产值取得巨大提高，多次获评全国粮食生产先进县，农林牧渔业协调发展，农业生产条件实现巨大飞跃，农村土地制度改革新动能基本形成。

1. 江苏武进水稻研究所由武进县滆湖良种繁育场更名，武进农业科技人员培育的优质高产水稻品种累计推广面积达2667万公顷
2. 20世纪70年代初，大队农技员羌涵孚（中）培育成功矮杆偏大穗型水稻品种“武粳1号”，其产量超过从日本引进的粳稻品种“农垦58”
3. 武进水稻育种专家、高级农艺师江祺祥（左二）、纽中一（左三）、羌涵孚（右二）在试验田切磋水稻新品种培育
4. 江苏武进水稻研究所培育的“皖垦粳11036”获第二届全国优质水稻品种食味品质鉴评（粳稻）金奖
5. 武进农民利用水稻优质高产品种优势生产生态米，实现粮食提质增效
6. 20世纪60—70年代，全县掀起挑高填低平整土地高潮
7. 1975年，横山公社驻东洲大队工作组组织社员田头学大寨
8. 20世纪70—80年代，全县推广双季稻“拉线莳秧”
9. 1979年，武进实行包产到户、包干到户，社员带饭到田头
10、11. 20世纪80年代，武进实行联产承包责任制，三麦、水稻喜获丰收

10

11

新中国成立以来，武进县（市、区）大力发展农业机械和兴修水利基础设施，农业生产条件实现由薄弱到明显增强的巨大飞跃，对现代农业发展的支撑能力显著增强。1949 年武进解放时，全县仅有机电灌溉动力 8800 马力，灌溉面积 1.91 万公顷。1954 年农业合作化后机电灌溉建设飞速发展，到 1960 年机电灌溉面积超 8.13 万公顷。1960 年全县仅有耕作机械手扶拖拉机一台，1968 年县农机械修造厂制成"S195"柴油机和 12 型手扶拖拉机，到 70 年代后期全县农业作业基本实现机械化和半机械化。2019 年全区农机总动力达 24.41 万千瓦，农机动力从灌溉向机械耕作收获再向智能方向发展，全区农业生产综合机械化水平在 95% 以上，其中粮食生产机械化水平 95% 以上，设施农业生产主要环节机械水平 73%，农业机械化水保持全省领先地位。

1. 20世纪90年代水稻“丰产方”开机收割。2006武进获“全国水稻机械化生产第一县（区）”称号
2. 2015年，常州市金种子农业服务合作社使用无人机治疗农田病虫害。1台无人机可日喷农药20公顷
3. 2019年全市首台无人驾驶收割机在横山桥镇蓉湖村常州市金穗农业专业合作社作业。每公顷作业人工成本能减少60%左右
4. 20世纪60—70年代使用传统农具镰刀收割水稻
5. 20世纪70—80年代电动脱粒机脱粒
6. 1968年武进县农机修造厂试制成功东风—12型手扶拖拉机，武进成为全国第一个能生产手扶拖拉机的县
7. 1966年拓浚新孟河——石桥至小河段
8. 滆湖围网养殖鱼蟹4000公顷
9. 芙蓉镇推广鱼蚌混养技术
10. 江苏立华牧业有限公司现代化农鸡舍
11. 武进水产技术推广站利用智能温室大棚养殖名贵鱼种，2018年放养淡水石斑鱼20万尾，2019年产成鱼1万公斤，每立方米水体产成鱼3.29公斤，是室外池塘养殖产量的4倍，亩均效益11.5万元

20世纪50—70年代，武进县延续农业以种植业为主，种植业以粮为主的生产结构。改革开放以后，武进因地制宜发展多种经营生产，初步形成瘦肉型猪、水产、蚕桑、珍珠、花木、葡萄、水禽、养蜂、林果茶、蔬菜10个区域性多种经营生产基地，形成农林牧渔全面发展的农业产业结构。90年代，围绕农村经济体制改革创建省级高效农业规模化先进县和生态农业区，实施农业致富工程，大规模调整农业结构，形成林果茶、优质稻米、特色蔬菜、花卉苗木、特种水产、畜禽养殖六大农业支柱产业。1997年7月，省政府批准建立江苏省武进外向型农业综合开发区，重点发展优质、高产、高效创汇农业。至2002年，武进基本完成农业适应性调整，粮经作物比例调整到6:4，种养殖比例56.8:43.2。在推进多种经营产业化过程中，武进扶持农产品标准化、品牌化建设，至2019年，全区有无公害农产品、绿色食品和地理标志农产品148个，产量3.8万吨，其中绿色食品8600吨，绿色优质农产品占比达75.8%。

6

7

1. 2013年9月28—10月27日，第八届中国花卉博览会在武进西太湖畔举办
2. 原产于亚热带雨林地区的蝴蝶兰，在江南花都产业园做出大市场，畅销全国，出口日本、韩国、新加坡等国家和地区
3. 7月14日，2017国际家庭花卉园艺展览会在“中国花木之乡”“全国花卉生产示范基地”嘉泽镇举行，吸引观展商4000余家，成交1.2亿元
4. 湟里镇种植名贵草皮马尼拉、佰慕达、虎皮、高羊茅等，面积1330余公顷，亩产效益超2000元
5. 2019年，嘉泽镇花木种植面积4474公顷，占耕地面积的99.98%，种植户1.2万户、花木经纪人8000余人。夏溪花木市场年销售额197亿元
6. 水蜜桃之乡雪堰镇万亩桃园。“阳湖”水蜜桃以雪堰、洛阳为原产地，是全国首个通过森林认证水蜜桃
7. 江苏省特色小镇礼嘉葡萄小镇种植园
8. 常州家绿林果园艺公司采用欧标栽培技术引种荷兰番茄，每平方米产果25千克

8

新中国成立70周年来，特别是改革开放以来，武进农民自力更生发展乡镇企业，成为“苏南模式”发祥地之一，走出一条先工业化再市场化的发展路径。70年来，武进乡镇企业、民营企业从小到大，由弱到强。截至2019年，武进区有民营企业3.9万家，注册资本超过1700亿元，民营经济占全区经济总量的86%以上，完成75%以上的税收，解决94%以上的社会就业。进入21世纪，武进民营企业逐步转型。2019年，全区高新技术企业中有679家是民营企业，全区32家上市公司都是民营企业。民营企业已成为武进经济发展的基石和创新创业的支撑。

武进工业实现历史性跨越，突出表现在现代工业制造业强、工业体系完整、创新驱动发展和中小企业蓬勃发展。武进工业产值从1950年的3095万元增加到2019年的5005亿元，其中制造业4945亿元。全区涌现出一批如瑞声、今创、恒立、龙城精锻等制造业单项冠军示范企业（产品）8家（个），认定数量位列全国区（县）级第一；累计有省级专精特新产品11个、科技小巨人企业21家、隐形冠军、隐形小巨人企业7家。

1

2

3

4

5

6

7

8

9

1.2. 国家重点高新技术企业江苏兰陵化工集团有限公司于1980年在三间仓库创业，20世纪90年代创建全国乡镇企业化工行业第一家研究所

3.4. 瑞声科技起步于1986年成立的庙桥武进特种电子器材厂。2018年被工信部认定为制造业微型扬声器、受话器单项产品冠军示范企业，全球市场同类产品排名第一

5.6. 70年代的武进轧钢厂（中天钢铁集团前身）。中天钢铁集团连续15年入围中国企业500强，2019年位列中国民营制造业企业榜单第17位

7. 2016年9月13日，首台北汽新能源车在武进高新区下线

8. 工业和信息化部第三批制造业单项冠军产品——龙城精锻汽车发电机用精锻爪极数控自动化生产车间

9. 国家火炬计划重点高新技术企业、中国轨道交通装备定点生产企业——今创集团有限公司生产高速列车部件

常州西太湖科技产业园之常州石墨烯科技产业园是中国目前最大的石墨烯集聚园区。在“苏南模式”量转质关键跃升期，武进区围绕新材料石墨烯抢先机转型。2011 年石墨烯发现者被授予诺贝尔奖的第二年，武进在全国率先开启石墨烯产业化之路，成立全球第一家专业从事石墨烯研发和产业化新型研发机构——江南石墨烯研究院，启动常州石墨烯科技产业园建设。2013 年，2 家公司分别建成投产全球首条年产 100 吨石墨烯粉体生产线和全球首条 3 万平方米石墨烯透明导电薄膜生产线。随后武进石墨烯产业一路领跑：推出全球第一款石墨烯应变原理 3D 触控解决方案、全球首创工业级 CVD 法制备石墨烯透明导电薄膜、全球首款石墨烯重防腐涂料、全球第一款石墨烯触摸屏手机……至 2019 年，常州石墨烯科技产业园率先在全国形成集石墨烯设备研发、原料制备与应用研究、产品生产、下游应用为一体的完整上下游产业链，专利申请突破 500 件，在石墨烯领域取得“全球第一”数量超过 10 个，开发民用、军用石墨烯产品 100 余种。2019 年，西太湖科技产业园石墨烯产业完成产值超 30 亿元。

1

2

3

1. 常州第六元素材料科技股份有限公司石墨烯生产车间一角
2. 常州二维碳素科技股份有限公司生产手机用石墨烯电容式触摸屏
3. 江苏省特色小镇常州石墨烯小镇一瞥

1996 年成立全省首个县（市）级武进高新技术产业开发区，2012 年升格为国家高新技术开发区。2014 年武进高新技术产业开发区开启苏南国家自主创新示范区建设，加快创新驱动发展。全区持续推进智能制造在全区工业领域的应用，促进传统制造业加速技术更新、产业转型、产品升级，重点推进生产全流程智能化，增强武进制造整体竞争力。2018 年，武进高新区机器人及智能装备产业园获“2018 中国优秀机器人产业园区”称号，被列为科技部机器人及智能装备创新型产业集群试点，已集聚 60 家各类机器人企业，产业规模近 100 亿元，国内每生产 4 台机器人就有 1 台来自该产业园。2019 年，全区规模以上工业完成研发投入 64.5 亿元，有效发明 7279 件。一些高新技术企业由“跟跑”到“并跑”向“领跑”迈进，形成国家火炬特色产业基地、国家新型工业化产业示范基地和一批江苏省级特色产业集群。至 2019 年，全区有工信部认定制造业与互联网融合发展试点示范项目 4 家，获认定省级示范智能车间 35 个，占常州市总数的 50%。

1. 位于武进高新区的综合保税区
2. 国家高新技术企业——金石机器人常州股份有限公司生产车间
3. 中国纺织机械行业第一个数字化工厂——常州五洋纺机智能车间

1

2

3

新中国成立初期，为了解决市场萧条、人民群众生活困难问题，武进县委、县政府按照中央部署，大力组织开展城乡物资交流，对促进工商业和国民经济恢复和发展起有重要作用。但购买东西都要凭票凭证。改革开放以后，市场突破单一进货渠道，计划商品减少，自采比重上升，生活资料类商品由短缺匮乏、种类稀少向供给充裕、品种繁多转变，居民消费由基本生活型向发展型转变消费规模不断扩大，社会消费品零售总额从新中国建立之初不足5000万元，逐步增加到1980年的3.75亿元。随着现代服务业加快发展，城区的商业由众多店铺发展到大型商贸综合体和商圈，如定安路商圈乐购超市、花园街万达广场等，人民路商圈如吾悦广场等，电子商务等新兴业态形成，居民消费能力增强。2019年，全区社会消费品零售总额超697亿元。

1. 吾悦广场商业建筑面积超过12万平方米
2. 武进万达广场购物中心熙来攘往
3. 2015年12月15日，湖塘镇小庙农贸市场顾客使用支付宝扫码付菜款

武进旅游业发展的根本前提是改革开放的成果。2003年为武进“旅游规划年”，2004年起重点实施淹城历史文化旅游区和太湖湾旅游区开发建设。2012年，武进旅游规划按照“一核三区”布局展开，“一核”即泛淹城旅游区，“三区”即西太湖片区、横山旅游区、太湖湾片区，基本形成“一古一今一生态”为核心，其他景区为辅的全域多样化格局。从2007年起，武进连续13年举办“花都水城·浪漫武进”旅游节塑造品牌形象，2016年11月，武进区入选第二批全域旅游示范区，旅游产品提档升级加快。至2019年，武进有1个国家AAAAA级旅游景区，2个AAAA级景区，8个省星级乡村旅游示范区（点），3个省自驾游基地；接待游客人数由2005年的205万人次，增加到2019年的2017万人次；实现旅游总收入271亿元，旅游增加值130亿元。

1. 2017年4月，春秋淹城旅游区评为AAAAA级旅游景区，景区内有全国重点文物保护单位淹城遗址公园、春秋乐园、传统商业街坊、野生动物世界、宝林禅寺等景点
2. AAAA级旅游景区太湖湾旅游度假区环球动漫嬉戏谷、中华孝道园
3. 横山桥风景旅游区鸟瞰

1

2

3

4

5

6

7

8

新中国成立之初，武进境内仅有5条砂石路，总里程约96公里。20世纪50年代初开始，修复老路提高通行能力，至1981年底，全县64个公社（乡镇）实现公路乡乡通。1986年武进开始实施"黑色化"改造。跨入新世纪，武进大道、湖滨大道等一批城市骨干公路建成，青洋路、长虹西路快速化改造等工程通车，如今武进大地路网密布，纵横交错，形成"一纵三横"高速公路、"四纵四横"快速路网、"八纵八横"城市道路、"十纵十横"城乡干线公路框架。

1. 2018年，龙江路长虹路高架全线贯通
2. 1995年，武进实现常州市第一个公路"黑色化"县（市）
3. 2008年，武进区村村开通公共汽车
4. 2008年，常州快速公交（BRT）一号线通车至武进
5. 2018年，武进创成省级"四好农村路"示范县（区）
6. 1985年成立中国民航常州站，坐落在县境罗溪乡（今属常州市新北区）
7. 2010年，沪宁城际高铁通车穿越武进，设常州站
8. 2005年，苏南沿江高速公路通车。沿江高速起于武进，东连上海嘉浏高速公路，西连宁常高速公路
9. 2019年，常州地铁一号线运营，在武进设10个站

9

1

2

3

武进是凭籍长江、京杭运河孕育、发展起来的城市。在公路、铁路、航空等运输方式发达的今天，古老的水运事业在武进综合交通运输体系中仍然是“三分天下有其一”。新中国成立时，武进境内航道基础较差，部分航道只能半边通行；上世纪50年代至70年代，武进大力实施干河拓宽浚深、延伸接长工程，至80年代初期，武进63条航道能通100吨级船舶的航道有100公里。从上世纪90年代开始，京杭运河苏南段由5级升为4级，宽60米；2004年起经4年施工，至2008年1月京杭运河常州武进段南移工程竣工通航。工程全长26公里，总投资近30亿元，四改三浚深拓宽至90米，最小水深3.2米。至此，武进航道形成17条198公里等级航道、25条166公里等外级航道构成航道网络体系，基本形成江、河、湖贯通，省、市（区）相连的航道网络，全社会共享水路运输带来的经济价值正在进一步凸显增大。

4

5

6

1. 京杭运河武进段夜景。京杭运河常州段南移改线运河上新建11座桥梁各具特色，被桥梁建设专家称之为“小型桥梁博物馆”，武进境内有6座
2. 与312国道并线的南移拓宽浚深运河可并驾齐驱三艘千吨级航船，大大提升了“黄金水道”的运输能力
3. 沟通苏锡常沪的“水上高速”锡溧漕河武进前黄段
4. 京杭运河武进横林段三级航道
5. 20世纪70—80年代，京杭运河武进横林镇段
6. 1974年拓浚的三山港横山桥段
7. 2019年，位于新沟河沿线三山港第15座桥梁贯通

7

1

2

3

武进发展乡镇企业初期，以钢铁、纺织、化工等工业为主，在促进加快工业化、城市化进程的同时，也频频引发环境污染，生态失衡。武进区委、区政府审时度势，从2006年起，不再单纯考核GDP，加大生态环境保护和治理考核比重，把提高“绿色GDP”作为加快转型升级步伐的转型重点，先后创成“国家生态示范区”“全国生态文明示范区”“国家生态区”。近年来，武进区从源头管控、治污攻坚、健全环境治理体系等多方面着力，推动生态环境质量进一步改善。武进区严把准入和淘汰两端，组织实施化工产业安全环保整治提升行动。加强生态环境保护和建设，推进山水林田湖草生态保护和修复重大工程，完成滆湖武进境内4000公顷网围整治，推进“生态绿城”建设，实施生态源保护、生态廊道、生态绿道等六大类增绿、扩绿建设。探索“行政河长”负责河道治理，“民间河长”做好巡查监督，加强农村生活污水、畜禽养殖污染治理，决战蓝天保卫战、碧水保卫战和净土保卫战。2017年，武进区对照“263”行动计划和省委省政府先行先试的要求，制定完成生态保护引领区规划方案，指导全区生态文明建设和可持续发展。

1. 江苏省低碳科普示范公园——滆湖湿地公园
2. 2019年，洛阳镇结合河道整治，新建一座占地4万平方米的生态湿地公园，建设栈桥栈道、生态拦截等配套设施，利用池塘养鱼养萍
3. 小流域整治见成效
4. 武进滨湖污水处理厂一期工程
5. 武进区持续10余年整治滆湖围网养鱼水域，2018年9月全部拆除围栏，滆湖不再有“隔”，重现万顷碧波
6. 中天钢铁集团实施中水回用工程，每年节约用水1500万吨
7. 五彩生态路——淹城大道

1

2

4

3

5

新中国成立之初，武进教育发展水平低，全县有 50% 以上的人口是文盲，学龄儿童入学率只有 4.2%，到 1979 年上升到 98%。截至 2019 年，全区有各级各类学校 99 所，各级各类学历教育在校生 171540 人，专任教师 10743 人。1985 年中共中央颁布《关于教育体制改革的决定》，义务教育形成以国家财政性投入为主体，以各类集体办学、百姓参与为辅的格局。1986 年，《中华人民共和国义务教育法》颁布实施，明确提出国家实行九年义务教育，义务教育进入“普九”的重要阶段。2012 年，国务院出台《关于深入推进义务教育均衡发展的意见》，办学经费、教育资源配置符合国家办学标准。进入从有学上到上好学，九年义务教育迈入质量提升阶段。新中国成立之初，武进县到 1956 年才有 4 所完全中学，高中学生 957 人。改革开放之后，普通高中教育稳定发展，中等职业教育逐步恢复。20 世纪初，基本确定普通高中与职业高中（中等职业学校）协调发展基调。2019 年，全区有普通高中 9 所，在校高中生 15547 人；有中等职业学校 3 所，在校学生 6042 人。

1. 全国示范性高中——江苏省前黄高级中学
2. 20 世纪 70—90 年代的武进县前黄中学教学楼
3. 20 世纪 60—70 年代的武进县横林农村幼儿园
4. 2000 年创办的民办星辰实验学校
5. 常州市新优质学校——湖塘桥实验小学
6. 武进职业教育中心机器人教学活动
7. 礼嘉镇举办 2018 年新型职业农民（葡萄专业）培训班，邀请南京农业大学和江苏省农委园艺处教授、专家到田头授课

6

7

1

2

3

4

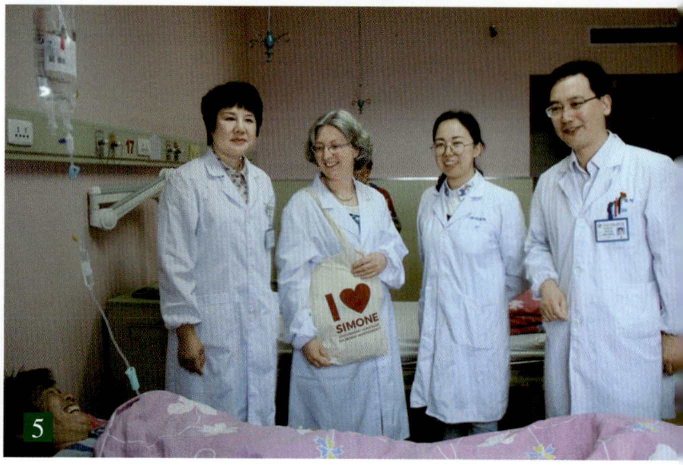

5

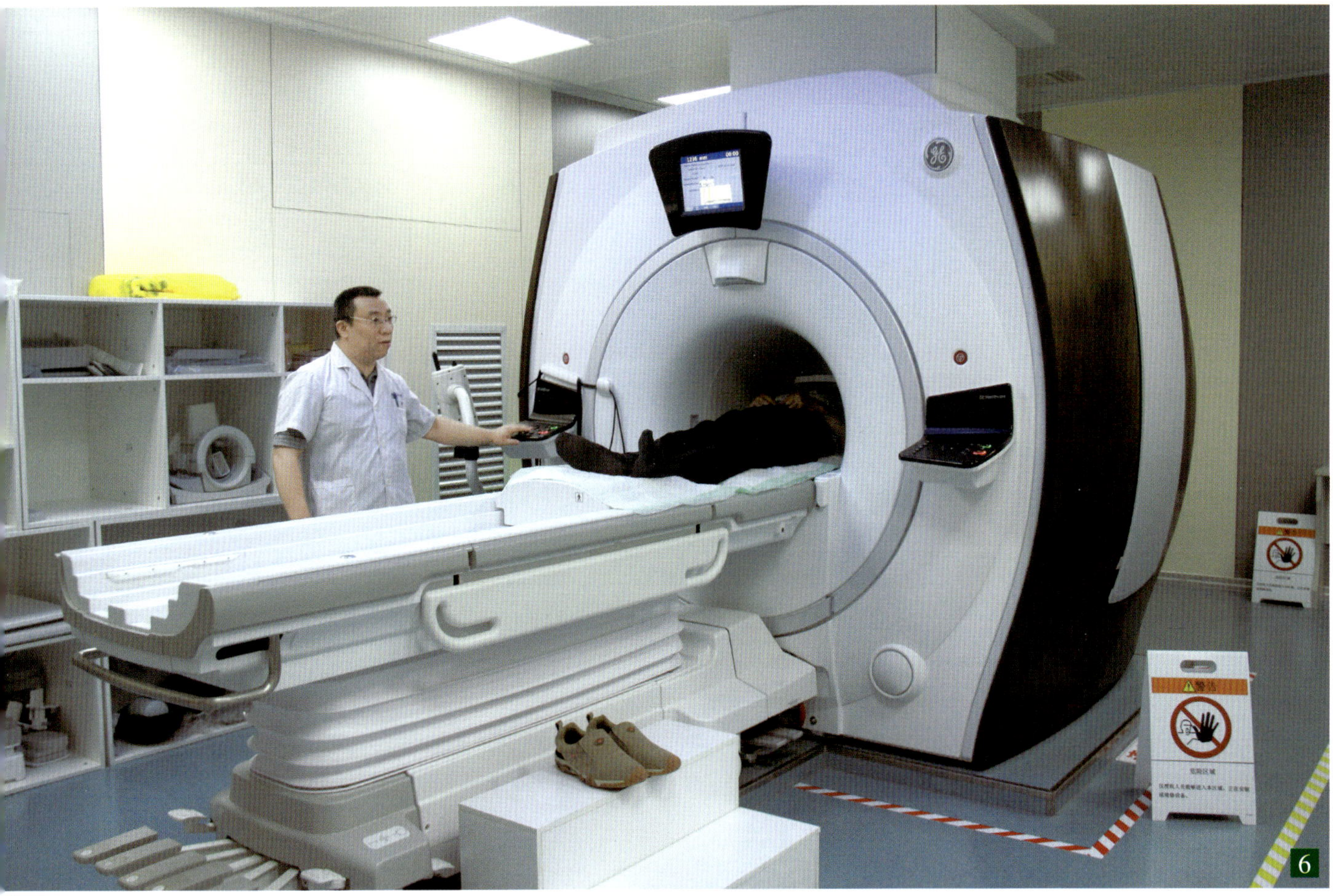

1949 年 9 月，武进县人民政府在戚墅堰征用民房建武进县立人民医院，缺医少药，只有竹木病床 20 张、医务工作人员 12 人。1973 年 12 月，医院迁至常州市区武青路，2002 年 2 月迁至常州市永宁北路。进入 21 世纪，武进医疗卫生事业加快发展、优质发展阶段。至 2019 年，全区有医疗卫生机构 434 个，医疗卫生机构床位 7914 张，卫生技术人员达 10348 人。70 年来，武进人民健康水平显著提升，主要健康指标优于中高收入国家平均水平。居民人均预期寿命从新中国成立前的 36 岁上升至 1981 年的 60.4 岁，2019 年又提高到 82.74 岁。

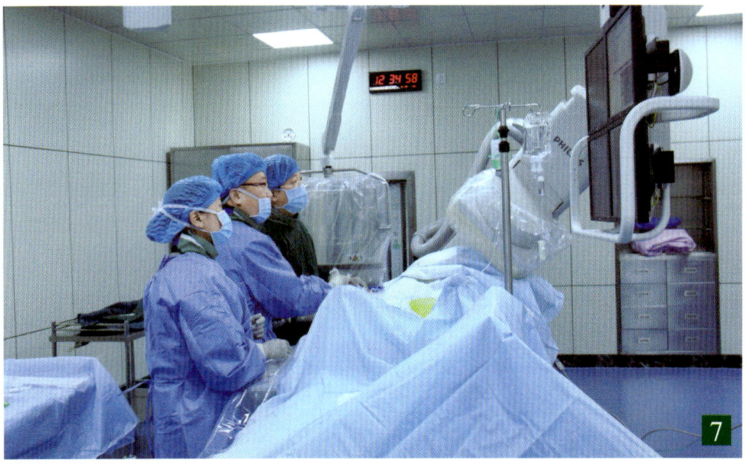

1.2. 21 世纪初与 20 世纪 70 年代武进人民医院
3. 武进第四人民医院（武进人民医院湟里分院）
4. 2018 年 11 月 12 日，区疾控中心建成全省县级唯一南京医科大学实践教学基地
5. 4 月 17 日，武进人民医院与法国巴黎大区俄博勒医院集团友好合作医院揭牌成立。图为联合开展诊疗活动
6. 武进人民医院引进常州市首台高精尖医疗设备静音 3.0 磁共振
7. 武进人民医院心内科急诊介入手术团队正在进行“急诊 PCI 术”
8. 2018 年，全区卫生医疗单位签约“家庭医生”服务 70 万人

新中国成立70年来，武进县（市、区）委、政府锐意进行文化事业建设，增添文化设施，创立文化团体，推动文艺活动，发展民间文化。20世纪50年代起，全县建立近百个群众业余文艺创作组，有业余作者300余名，进行诗文、书画、戏曲、音乐、舞蹈等创作。改革开放以后，图书馆、博物馆、广播电视等硬件设施、越来越多的文化粮食、越来越多的文化服务呈现在公众面前，2011年，武进举办首届锡剧节，每两年举办1次，延续至今；从2013年起，每年举办1届市民艺术节……一系列惠民利民的群众文化活动遍及全区，百姓文化生活更加丰富多彩。文化周末"周周演"活动、凤凰谷大剧院、文化馆百相阁的专业惠民演出和业余群众文化展现，激发全区群众的文化参与热情。

1.20世纪50—70年代武进农村场头演出
2.20世纪90年代"文化大篷车"送文化下乡活动
3.2007年新建的武进博物馆、淹城博物馆
4.2017年10月，武进锡剧团原创大型现代锡剧《玉兰花开》获第三届江苏省文华奖

1956年，武进县成立人民政府体育运动委员会，加强对体育运动的领导。农村传统体育运动特别是篮球活动空前活跃，各乡镇男子篮球队经常组织友谊赛，横山桥、芙蓉等乡、横林益勤布厂有女子篮球队组织。改革开放以后，武进体育活动更趋活跃。1983年，武进县被国家体委授予先进集体称号。1984年，武进县人民体育场建成。1985年5月，县举办首届农民运动会。1995年《全民健身计划纲要》颁布实施后，传统体育项目放风筝、划龙舟、武术，外来迪斯科、现代健美操等体育健身活动融入百姓生活。至2019年，全区体育设施遍布城乡，全民体育健身工程实现全覆盖，建成国家曲棍球训练武进基地等大型体育设施。

5. 2016年举行横山桥镇芳茂村《江山杯》夏季篮球联赛，开草根现场直播先例
6. 2004年，武进投资建设的江苏省武进曲棍球训练基地投入使用
7. 2019年10月14日，第二届武进诗词大会全国选手专场

1

2

3

武进是千年望县，有横林、嘉泽、横山桥、遥观等一批千年古镇，但是到新中国成立初期至20世纪70年代，这些古镇还是江边、湖边、运河边小镇，宽窄巷子，低矮砖（土）瓦房。改革开放以来，武进古镇面貌日新月异。乡镇工业崛起反哺农业，推进小城镇建设。昔日的古镇而今是电梯公寓、星级餐饮酒店、大型超市、农贸市场、教育医疗卫生等设施一应俱全，公路、水路四通八达，已经呈现现代化小城市的雏形。全区各镇（街道）集合禀赋优势、因地制宜、因势利导，发展产业集群，形成雪堰精密机械产业园、前黄绿色低碳产业园、礼嘉农用机械工业园、洛阳冷藏冷链装备及电机电器光纤产业园、湟里东方产业园、牛塘军民事融合产业园、湖塘科技产业园、遥观轨道交通及绿色机电产业园、横林绿色能源及绿色家居产业化园、横山桥智能电力装备产业园等10个镇特色工业园区，区域集中，特色鲜明。2019年，镇特色工业园区产值超1000亿元。一批古镇列名全国综合实力千强镇。

1. 全国小城镇综合改革试点镇——横林镇
2. 湖塘镇两度荣膺“中国织造名镇”称号，排名《2019全国综合实力千强镇》第21位
3. 全国卫生镇——遥观镇，排名《2019全国综合实力千强镇》第59位
4. 全国环境优美镇——横山桥镇风貌
5. 全国生态镇、中国花木之乡——嘉泽镇
6. 常州经开区“国家火炬计划轨道交通车辆及部件特色产业基地”轨道交通产业化基地项目一瞥
7. 全国卫生镇——礼嘉镇农用机械工业园一瞥

4

5

6

7

1996、2014年武进两次被国务院列为全国农村改革试验区，承担农村土地承包经营权流转管理，农村土地经营权入股发展农业产业化经营、农产品目标价格保险等多项改革试验任务，探索城乡一体化发展路子。2019年，武进被确定为江苏省新一轮改革试验区，在全国、省试验探索期间，武进区把美丽宜居乡村建设作为实施乡村振兴战略的重要抓手，村容村貌焕然一新，武进人的生活越来越惬意。全区美丽乡村建设与弘扬孝道精神自然结合，市民居住环境美、心灵更美。

1. 遥观镇东千年古湖宋剑湖畔的苏式江南风格民居
2. 全国文明村——横山桥镇五一村
3. 2019年，雪堰镇城西回民村入选全国“一品一村”示范村
4. 20世纪70年代“三大件”之一缝纫机
5. 改革开放后第一次在家中看电视
6. 美丽乡村建设中的村头一景
7. 2019年10月，前黄镇举办金秋美食节，30余道农家菜参与评选
8. 2017年重阳节，常裕大酒店与南夏墅街道南周股份合作社宴请全社398位70岁以上老年人

4

5

6

7

8

武进年鉴编纂委员会

《武进年鉴》编辑部

地　址　江苏省常州市武进区行政中心1号楼东侧二楼　　邮政编码　213159
电　话　（0519）86310155　86310472　86312826　86310473（传真）
网　址　www.wjsz.org.cn　　邮　箱　wjnj88@163.com

《武进年鉴》审稿人

（按姓氏笔画排列）

王　红	王今丰	王伟红	王红明	王明源
王贤方	王建梅	王保华	王洪新	王锁法
毛　兴	毛福群	左燕钢	叶彩萍	冯　宇
冯娜萍	冯越超	朱小平	朱宏英	刘　炜
刘　健	刘丽芬	江　敏	汤向阳	许中伟
严　波	严　琳	严　超	李　俊	李　涛
李　甜	李　婷	李　新	李　磊	李云辉
杨　铭	杨丹珂	杨志海	杨欣婷	杨美英
吴　玲	吴　柯	吴元明	吴丹萍	吴旭东
吴献荣	何伟杰	应书清	羌云庆	汪志南
沈　叶	沈　轲	沈　彬	沈建平	张文伟
张永相	张庆九	张军亮	张建新	张映霞
陆俊阳	陆维剑	陈　刚	陈月波	陈建强
陈黎云	周　蓉	周晓忠	周培根	郑政平
赵　珺	赵丽君	赵春丽	赵菊明	查伟明
恽益明	宦庆辉	祝正庆	姚文虎	姚绍洋
袁　丽	袁　涛	聂亚玉	顾　青	顾枫华
顾咏梅	顾树民	钱建忠	钱继东	倪文达
徐　袒	徐国琴	徐新波	殷中华	殷锡峰
高立华	高国华	唐　俊	谈亚东	陶春健
陶美娟	桑　遥	曹　冰	曹法南	曹雄伟
龚　黎	符　伟	符毅梅	巢丽云	巢俊杰
巢剑峰	董瑞峰	蒋金标	程　锦	鲁　东
曾文军	谢　健	蔡　华	管向阳	管红良
樊百川	薛　飞	薛　健	薛　鑫	薛健峰
魏　峰				

武进区主要机构全称、简称对照表

全　称	简　称
中共常州市武进区委员会	区委
常州市武进区人民代表大会常务委员会	区人大常委会
常州市武进区人民政府	区政府
政协常州市武进区委员会	区政协
中共常州市武进区纪律检查委员会	区纪委
常州市武进区监察委员会	区监委
武进区人民法院	区法院
武进区人民检察院	区检察院
武进区人民武装部	区人武部
武进区委办公室	区委办
武进区委组织部	区委组织部
武进区委宣传部	区委宣传部
武进区委网络安全和信息化委员会办公室	区委网信办
武进区精神文明建设指导委员会办公室	区文明办
武进区委统一战线工作部	区委统战部
武进区委政法委员会	区委政法委
武进区委机构编制委员会办公室	区委编办
武进区委区级机关工作委员会	区级机关工委
武进区委党史工作委员会	区委党史工委
武进区地方志办公室	区地方志办
武进区人大常委会办公室	区人大办
武进区政府办公室	区政府办
武进区政府侨务办公室	区侨办
武进区政府台湾事务办公室	区台办
武进区民族宗教事务局	区民宗局
武进区发展和改革局	区发改局
武进区工业和信息化局	区工信局
武进区科学技术局	区科技局
常州市公安局武进分局	武进公安分局
武进区人力资源和社会保障局	区人社局
武进区住房和城乡建设局	区住建局
常州市武进生态环境局	武进生态环境局
武进区生态文明建设办公室	区生态办

全　称	简　称
武进区应急管理局	区应急管理局
武进区城市管理局	区城管局
武进区文体广电和旅游局	区文体广旅局
武进区卫生健康局	区卫健局
中共江苏常州经济开发区工作委员会	常州经开区党工委
江苏常州经济开发区管理委员会	常州经开区管委会
中共武进高新技术产业开发区工作委员会	武进高新区党工委
武进高新技术产业开发区管理委员会	武进高新区管委会
中共常州西太湖科技产业园（江苏武进经济开发区）工作委员会	西太湖科技产业园（武进经发区）党工委
常州西太湖科技产业园（江苏武进经济开发区）管理委员会	西太湖科技产业园（武进经发区）管委会
中共常州市武进绿色建筑产业集聚示范区工作委员会	武进绿建区党工委
武进绿色建筑产业集聚示范区管理委员会	武进绿建区管委会
常州市自然资源和规划局武进分局	武进自然资源和规划分局
武进区市场监督管理局	区市场监管局
国家税务总局常州市武进区税务局	区税务局
共青团武进区委员会	团区委
武进区妇女联合会	区妇联
武进区科学技术协会	区科协
武进区归侨侨眷联合会	区侨联
武进区文学艺术界联合会	区文联
武进区工商业联合会	区工商联
武进区残疾人联合会	区残联
武进区关心下一代工作委员会	区关工委
中国国民党革命委员会武进区基层委员会	民革武进区基层委员会
中国民主同盟武进区基层委员会	民盟武进区基层委员会
中国民主建国会武进区基层委员会	民建武进区基层委员会
中国民主促进会武进区基层委员会	民进武进区基层委员会
中国农工民主党武进区委员会	农工民主党武进区委
中国致公党武进区基层委员会	致公党武进区基层委员会
中国人民银行常州市武进支行	人民银行武进支行

编辑说明

1.《武进年鉴》是由中共武进区委、武进区人民政府主管，区委党史工委、区地方志办公室主办，有关部门共同参与编纂的年度资料性文献，创刊于1988年，尔后逐年出版发行。其宗旨是全面、客观、系统地记述年度武进地区自然、政治、经济、文化、社会等方面基本情况和发展状况，为决策者提供参考依据，为社会多层面提供资讯。

2.《武进年鉴（2020）》以马克思列宁主义、毛泽东思想、邓小平理论、“三个代表”重要思想、科学发展观、习近平新时代中国特色社会主义思想为指导，坚持辩证唯物主义和历史唯物主义的立场、观点和方法。

3.《武进年鉴》采用分类编辑法，主体内容分为类目、分目、条目3个层次，部分信息资料较少的行（事）业合设一个类目，部分分目设子分目，条目为记述内容的主要形式。《武进年鉴（2020）》卷首设“图片专辑”，有类目34个、分目（子分目）227个，收录条目1128个、照片343幅（随文照片200幅）、表格96个。

4.《武进年鉴（2020）》《人物》类目设“新任区级领导”“全国先进个人”“新闻人物”分目。“新任区级领导”收录2019年3月31日至2020年4月30日任职的武进区委、人大、政府、政协领导。“组织机构与负责人名录”收录时间下限为2020年4月30日。为记述方便，设“武进区主要机构全称、简称对照表”。

5.《武进年鉴（2020）》稿件、资料均由区各级、各部门和驻武进单位提供，部门和单位负责人审稿，经武进年鉴编纂委员会和区委保密委员会办公室审核。全书采用法定计量单位，由区统计局提供，地区生产总值、增加值、工农业产值（除注明者外）均按当年价计值。因统计口径原因，年鉴供稿单位提供的个别数据与区统计部门的统计数据或不一致。

6.《武进年鉴（2020）》配备多重检索系统，卷首有内文总目和目录、类目、分目、子目中英文对照目录，卷中有部分条目横向参见，卷末有条目主题、表格、随文图片、人名、书名索引。为方便读者阅读，编者制作掌上《武进年鉴（2020）》，全书文字和图片链接武进区人民政府网站（网址：www.wj.gov.cn）发布。

内文总目

目 录
Contents

图片专辑
Photo Album

专 记
Special Records

大事记
Chronicle of Main Events

武进概览
Overview of Wujin

中共常州市武进区委
CPC Committee of Wujin District of Changzhou

常州市武进区人大
People's Congress of Wujin District of Changzhou

常州市武进区政府
People's Government of Wujin District of Changzhou

常州市武进区政协

Chinese People's Political Consultative Conference in Wujin District, Changzhou

常州市武进区纪委监委

Supervisor Committee of Commission for Discipline Inspection of Wujin District of Changzhou

民主党派 · 无党派人士联谊会 · 工商联

Democratic Parties · Friendship Association of Non-party Personages · The Association of Industry and Commerce

群众团体

Mass Organizations

法 治
Rule of Law

军 事
Military

产业园区
Industrial Parks

农 业
Agriculture

工 业
Industry

商贸服务业

Commercial Service Industry

对外及港澳台经济合作

External Economic Co-operation with Hong Kong, Macao and Taiwan

旅游业
Tourism

金融业
Financial Industry

城乡发展
Urban and Rural Development

交通·水利
Transportations · Water Conservancy

生态环境
Natural Environment

信息化建设
Information Construction

经济管理
Economic Management

科技创新

Scientific and Technological Innovation

教 育
Education

文 化
Culture

体 育
Sports

卫生健康
Hygiene and Health

社会生活
Social Life

应急管理
Emergency Management

镇·街道

Towns & Sub-district Offices

人物 · 荣誉栏
Figures · Honor List

附　录

Appendix

索　引

Index

封面图照　第七届中国 24H 单车环太湖认证赛
栏目题照　春秋淹城遗址——三城三河

专 记

Special Records

栏目编辑　万向阳

全面深化改革

【概况】 2019年是新中国成立70周年，也是全面建成小康社会的关键之年，武进区深入贯彻落实中央和省、市关于全面深化改革的决策部署，落实改革主体责任，狠抓改革重点任务，统筹推进各项改革工作。完善工作机制，于2018年成立区委全面深化改革委员会，制定印发相关工作规则细则，全面系统规定重点改革任务推进机制、改革方案审议决策机制、改革督察引导激励机制，建立全面深化改革工作长效落实机制。全区各级、各部门按照《中共常州市武进区委全面深化改革委员会2019年工作要点》《武进区贯彻落实党的十九大报告重要改革举措实施方案（2018—2022年）》以及专项改革工作方案，推进党政机构改革、国家级和省级重大改革项目，在经济体制领域、社会民生领域、生态文明体制领域、纪律检查体制领域探索开展自主改革，有效化解发展难题，取得各项改革阶段性成效。全区党政机构优化到37个，总量减少13个，机构设置、职能设置得到优化，部门履职顺畅高效。农村土地制度改革三项试点（土地征收制度改革、农村集体经营性建设用地入市和宅基地制度改革试点）成效明显，于11月9日通过省级专家组评估论证，相关改革成果入选“庆祝新中国成立70周年大型成就展”。

（王　斌）

【党政机构改革】 2019年，区委编办根据《常州市武进区机构改革方案》，党政主要机构设置和职能配置与省、市保持对应，健全区委总揽全局、协调各方的领导体制，调整区委职能部门的归口管理，明确区委组织部统一管理区委编办、区委老干部局，统一管理公务员工作，区委宣传部统一管理新闻出版和电影工作，区委统战部统一领导民族宗教工作，统一管理侨务、台湾事务工作。区级机构改革后，共设置党政机构37个，其中党委机构11个、政府工作部门26个。

组建区农业农村局，将区委农村工作办公室（区政府农村集体资产管理办公室、区城乡一体化办公室）、区农业局（区农业机械管理局、区农业资源开发局）的职责，区发展和改革局的农业投资项目、区财政局的农业综合开发项目、区水利局的农田水利建设项目、国土资源部门的农田整治项目、扶贫脱贫以及供销合作社行业管理相关职责等整合，不再保留区委农村工作办公室（区政府农村集体资产管理办公室、区城乡一体化办公室）、区农业局（区农业机械管理局、区农业资源开发局）。组建区文体广电和旅游局，将区文化广电新闻出版局的文化广电管理职责，区旅游局、区体育局的职责整合，不再保留区文化广电新闻出版局、区旅游局、区体育局。组建区卫生健康局，将区卫生和计划生育局的职责，区民政局承担的区老龄工作委员会办公室职责，区安全生产监督管理局的职业安全健康监督管理职责等整合，保留区老龄工作委员会，日常工作由区卫生健康局承担，不再保留区卫生和计划生育局。组建区退役军人事务局，将区民政局的退役军人优抚安置职责，区人力资源和社会保障局的军官转业安置职责等整合。组建区应急管理局，将区安全生产监督管理局的职责，区政府办公室（区应急管理办公室）的应急管理职责，公安部门的消防管理相关职责，区民政局的救灾职责，国土资源部门的地质灾害防治相关职责，区水利局的水旱灾害防治相关职责，区农业局的森林防火相关职责，区住房和城乡建设局（区地震局）的抗震救灾相关职责，以及防汛防旱、减灾、抗震救灾、护林防火等指挥部（委员会）职责等整合，不再保留区安全生产监督管理局。组建区委研究室，将同区委办公室合署办公的区委研究室改为单独设置。组建区工业和信息化局，不再保留区经济和信息化局（区中小企业局）。重新组建区住房和城乡建设局，将区住房和城乡建设局（区市政公用事业局、区地震局）、区民防局（区人民防空办公室）职责整合，不再保留区民防局。组建区地方金融监督管理局，将区政府办公室（区政府金融工作办公室）的金融管理和服务职责，区商务局的典当行、融资租赁公司、商业保理公司监管职责，区经济和信息化局的融资担保公司监管职责，以及区委农村工作办公室从事信用互助的农民专业合作社管理职责等整合。

（陈　渊）

【农村土地制度改革三项试点】 武进区作为全国33个农村土地制度改革三项试点地区之一，从2015年起启动试点工作，始终坚持“解决历史遗留问题、化解发展矛盾、理顺分配机制”的问题导向，把土地制度改革与推动产业转型升级、改善农民居住条件、增加农民收入相结合，先后出台试点政策30多项、配套政策40多项，2019年紧抓农村土地制度改革三项试点的最后一年时间，深入推进改革，走出了一条“统筹谋划、先行先试”到“完善提升、增量扩面”、再到“集成创新、全面推进”的改革之路。

宅基地制度改革　开展确权登记，累计确权登记宅基地15.85万宗，发证率达94%。制定农户宅基地资格权认定办法，建设宅基地农户资格权数据管理系统，完成宅基地资格权入库农户23.5万户、61.6万人。建立“户有宜居”的农房保障制度，分区分片、科学界定农民住房保障方式，受理审批民房1582宗，占地面积16.6万平方米，实现户有宜居保障率达100%。妥善化解历史遗留问题，实施宅基地有偿使用614宗、面积24012平方米，收取有偿使用费518.5万元；自愿有偿退出1512户，退出宅基地21.2公顷，综合补偿费用平均40万～80万元／亩。开展宅基地（农房）一体的抵押登记，累计办理农房抵押贷款80笔、金额1.22亿元。全区143个行政村编制实施“多规合一”的村庄规划，实现土地利用规划从总体规划向详细型和实施型规划的转变。全面推进农民自建区建设，有9个镇规划44个农民自建区，已开工建设19个，建筑面积129.8万平方米。实施农村土地精细化综合整治，全区新增农用地969.33公顷（耕地66.6公顷），腾出的规划空间和用地指标市场价值近100亿元。

土地征收制度改革　制订土地征收范围，明确六大类21个具体类别的项目建设可以征收土地。目录内征收比例从2016年的57%上升到2017年的81%，特别是2018年以后全部按照征地目录实施土地征收。对于未列入征收范围的项目，鼓励通过集体经营性建设用地入市解决用地问题，缩小征地范围。优化征地程序，先与被征地农户签订征收土地协议，补偿费用和社会保障费用资金落实到位后，依法依规开展土地征收报批相关工作。建立农村宅基地及地上房屋补偿标准动态调整机制，探索留股安置。

集体经营性建设用地入市　明确镇（街道）集体经济组织为入市实施主体，镇（街道）政府（办事处）负责审核、监督等行政管理，区政府负责入市审批和管理。制定城乡一体化全覆盖基准地价体系，从交易全过程实现集体与国有土地的“同权同价”。规范集体决策程序，村集体所有集体经营性建设用地入市重大事项，由股东或村民代表会议讨论形成决议。创新规划管理办法，在各镇控制性详细规划范围内拟入市集体经营性建设用地，由规划部门依据控规出具规划条件后办理入市手续；在控规范围外的，由规划部门依据经批准的村庄规划进行技术审核，由区试点办出具乡村规划土地使用条件。探索差异化租金模式，出台《武进区工业企业资源集约利用综合评价办法（试行）》，实行与国有建设用地相同的入市后跟踪监管机制。根据企业资源集约利用水平，对使用集体经营性建设用地的企业实行差异化租金，倒逼企业提高集约用地水平。建立土地增值收益分配机制，在确保政府和农民收益与土地征收大体平衡前提下，壮大集体经济组织。至2019年11月底，全区集体经营性建设用地有偿使用合同签订率达98%，入市总量突破1万宗、面积617.33公顷，交易总金额117.78亿元，占全国33个试点地区入市总面积的78%。其中，商业用地20宗、面积15.16公顷，交易金额4.83亿元。

（王　斌　季　云）

跃进村农民自建区花都馨苑　（供图／嘉泽镇）

【重要农产品（水稻）收入保险改革】 2019年，武进区重点完善水稻收入保险“收入形成机制、信息发布机制、标的精准机制、风险防控机制、保险理赔机制、模拟修正机制、绩效评估机制”七项机制，全区水稻收入保险签单面积963.95公顷，超过2016—2018年水稻收入保险签单面积总和。

【国家双创示范基地建设】 2019年，武进区作为全国首批双创示范基地（2016年5月获批），抢抓大众创业万众创新的时代新机遇，在产业创新、科教融合、国际合作等方面积累经验，探索双创新苏南模式。12月13日，承办长三角双创示范基地联盟全体大会，牵头成立石墨烯产业专业委员会，与上海市杨浦区、浙江省嘉兴市南湖区、安徽省合肥高新区签署双创券合作框架协议，包括提供知识产权、技术研发、检验检测、技术转移、科技金融、人才培训、创新创业七大类18项服务，共同支持科技企业购买科技服务，提供一体化产业政策扶持。武进企业江苏江南烯元石墨烯科技有限公司获得首张“长三角联盟双创券”支持。到年末，全区累计建成创业孵化基地15个和创业实训基地28个，累计引进全国顶尖研发机构100家，申请专利超过5万件。武进区双创示范基地建设于5月受到国务院督查激励，成为全国14个受表彰的双创示范基地之一。

【国家产城融合示范区建设】 2019年，武进区向省发展改革委上报《产城融合示范区实施情况自评报告》，明确产城融合示范区空间功能分区，主动对接常州市国土空间规划、环滆湖地区发展战略规划等重点规划和各类专项规划，提出产城融合示范区方案。推进桐庄公园、生态绿地、污水管网等生态工作，优化产城融合示范区生态环境。构建和增强以创新研发为引领的产业生态体系，初步形成机器人及智电汽车产业生态圈。

【自主改革探索】 2019年，武进区围绕当前发展过程中的突出短板和薄弱环节，组织开展一系列自主改革探索，有效化解发展难题。

经济体制领域自主改革 在全省率先启动新时代“两个健康”（非公有制经济健康发展、非公有制经济人士健康成长）先行区创建，明确政治领航、区域强磁、产业跃升、服务提质、法治护航五大工程和28项具体任务，深化惠企服务，力促减税降费政策落地生根，全年办理各类退税63.8亿元。制定出台《关于推进区级部门政务和公共服务“进一门、集中办、高效批”改革的实施方案》，梳理全区36个部门共计771项服务事项，年底完成95%事项进驻区政务服务中心大厅。深化放管服改革，将22个审批事项主项、47个业务项纳入行政服务“一窗通办”窗口办理，第三方测评满意率达98.2%。推进政务服务一张网建设，全区政务服务事项网上可办率达94.6%。

社会民生领域自主改革 试点运行长期护理保险制度，全区长期护理保险从2019年1月1日起正式实施。全年受理长期护理保险申请2869人，确定符合待遇享受条件2420人，发放待遇1791.69万元。按照村级医疗人才“区管镇用”，创新村级医疗卫生机构人才招录、培养和管理机制，完善区级招聘、镇级考核、分类优化待遇保障的工作体系。

生态文明体制领域自主改革 启动农村生活污水处理设施二期PPP项目，推行第三方监管服务，提升生活污水处理设施的运行、管理和社会绩效水平，健全农村生活污水治理管护长效监管机制。开展“一张网”普查行动，全面摸清全区污水处理厂、网、站等污水设施覆盖情况，片区、企业等接管情况。健全河长制工作体系，壮大企业河长、民间河长、青年护河志愿者队伍，全区企业河长增加至188人。

纪检监察体制领域自主改革 坚持稳中求进工作总基调，一体推进纪律检查体制改革、监察体制改革和纪检监察机构改革，推动纪检监察工作高质量发展。“深化纪检监察机构改革”项目获区委、区政府“创新创优奖”。重点围绕线索管理、审查调查、处分处置等环节，建立健全查办腐败案件以上级纪委领导为主的体制机制。年末，全区有纪检监察干部204人，常态监察对象20267人。构建监督体系，深化派出监察员办公室改革，实现规范化实体化运行，3个派出监察员办公配备监察员37人，监察范围覆盖全区各镇（街道）行使公权力的公职人员。年内，派出监察员办公室监察职能向基层延伸，开展各类专项监督255次，处置问题线索58个，立案20件。统筹全区纪检监察系统监督检查力量，构建形成“监督检查部门+派驻机构+区属板块园区纪委+区属国有企业纪委”的工作网络，相关工作经验在全省纪检监察系统推广。完善监督机制，9月，区纪委监委深化派驻机构改革，优化调整派驻机构监督范围，制定《武进区纪委监委派驻纪检监察组片区协作工作机制》，通过“一事一授权”、成立临时协作组，进一步优化综合协调机制，提升派驻工作质效。年内，派驻机构完成立案29件，比2018年增长81%。推进全区4家区属国有企业（经发集团、先行集团、国经集团、工贸公司）、2家事业单位（电视台、报社）实施纪检监察体制改革，进一步加强对区属国有企事业单位的监督。

（王 斌 杨 迪）

【行政审批制度改革】 2019年，武进区启动工程建设项目审批制度改革，制定出台《武进区工程建设项目审批制度改革实施方案（试行）》，建立工程建设项目审批制度改革协调推进机制，为建设单位提供“一站式”服务，打造审批服务“五联合一简化”（联合评估、联合踏勘、联合审图、联合测绘、联合验收，简化区域评估）升级版。统筹推进“证照分离”（主体资格登记与经营资格登记相分离）改革，强化部门联动，分别按照直接取消审批、审批改为备案、实行告知承诺、优化准入服务4种方式改革涉企行政审批事项106项，其中取消审批2项、审批改为备案2项。开展证明事项告知承诺制试点，申请人办理行政许可、行政确认、行政给付等事项时可按要求采用告知承诺替代证明，节省办事成本。贯彻落实国家和省清费降本减负要求，执行政府性基金、行政事业性收费和政府定价经营服务型收费降费政策。

（王 煜）

【事业单位改革】 2019年，区委编办结合机构改革和政府职能转变工作，强化事业单位规范管理，不再设立承担行政职能的事业单位，实现政事分开。区分情况梳理公益类事业单位职能，面向社会提供公益服务的事业单位，理顺同主管部门的关系，强化公益属性。改革后，原则上不再保留5名编制以下的事业单位，对涉及整合的单位事业编制进行有效精简，精简事业单位23个，回收事业编制31名，回收编制由区委编委集中管理和统筹调剂。常州市武进区机关事务管理中心下属4个事业单位整合并入区机关事务管理中心，增挂区级机关后勤保障中心牌子；常州市武进区民族宗教团体服务与管理中心、常州市武进区妇女儿童工作委员会办公室，整合设置区统战团体服务与管理中心；常州市武进区文印中心、常州市武进区接待办公室整合新设区对外联络中心；常州市武进区综合福利院、常州市武进区慈善总会办公室、常州市武进区民政局低保办公室，整合设置区社会救助和捐助中心；常州市武进区国有（集体）资产管理办公室、常州市武进区产权交易所整合为区国有（集体）资产管理办公室；常州市武进区人力资源和社会保障档案管理中心、常州市武进区退休人员社会化管理服务中心，整合为区退休人员社会化管理服务中心（挂区人力资源和社会保障档案管理中心牌子）；常州市武进区就业服务中心（创业指导服务中心、人才服务中心、职业技能培训中心）、常州市武进区人力资源市场（江苏省智能装备制造人力资源市场）整合设置区就业服务中心（挂区人力资源市场、江苏省智能装备制造人力资源市场牌子）；常州市武进区建筑工程管理中心、常州市武进区建设工程造价管理处、常州市武进区墙体材料和散装水泥管理中心整合为区建筑工程管理中心，挂区墙体材料和散装水泥管理中心牌子；常州市武进区农业技术推广站（区种子管理站）、常州市武进区植保植检站、常州市武进区园艺工作站（区人民政府蔬菜办公室）整合设置区农业技术推广中心；常州市武进区农业科技培训教育站（江苏省农业广播电视学校常州市武进分校）、常州市武进区农机推广站整合设置区农业科技服务站；常州市武进区动物疫病预防控制中心（区畜牧兽医站）、常州市武进区动物检验站整合设置区畜牧兽医中心；常州市武进区社会体育指导中心、常州市武进区体育场馆管理中心整合为区体育管理服务中心（挂区社会体育指导中心牌子）；常州市武进区卫生和计划生育局人事档案管理中心、医药学会和常州市武进区初级卫生保健委员会办公室整合为区卫生健康服务中心；常州市武进区质量标准化服务中心、常州市武进区市场监督管理信息中心整合设置区市场监督管理信息中心；常州市公共资源交易中心武进分中心、区农村产权交易所整合设置为公共资源交易中心武进分中心。

【综合行政执法体制改革】 2019年，区委办、政府办印发《武进区深化综合行政执法体制改革的实施方案》，按照减少层次、整合队伍、提高效率的原则，组建4支综合执法队伍和若干支专业执法队伍，推进县域综合行政执法体制改革试点区建设。全面推进全区镇域综合执法，先行试点将城管、劳动保障、公共卫生、教育、农业、水利等领域中镇级亟需、易于识别、便于操作的事项交由镇、开发区行使，实现镇（开发区）一支队伍管执法。理顺综合行政执法体制，统筹考虑常州经开区体制调整，明确区、镇、开发区在监管执法中的分工、执法主体等，加大镇（开发区）对现有区域内执法力量的整合力度。新设区政府直属正科级事业单位区网格化服务管理中心。至年末，全区有各类综合行政执法队伍9支，分别为常州市武进区安全生产监察执法大队（编制数40名，实有人员30人，另配备协管员名额8名，实有5人）、常州市武进区城建监察大队（编制数10名，实有人员6人）、常州市武进区交通运输综合行政执法大队（编制数124名，实有120人）、常州市武进区农业综合行政执法大队（编制数28名，实有人员21人）、常州市武进区劳动保障监察大队（编制数20名，实有人员16人）、常州市武进区水政监察大队（编制数8名，实有人员6人）、常州市武进区卫生监督所（编制数56名，实有人员42人）、常州市武进区市场监管综合行政执法大队（编制数68名，实有人员42人，另配备协管员名额65名，实有60人）、常州市武进区城市管理行政执法大队（编制数104名，实有人员102人，另配备协管员名额134名，实有86人）。

【经济发达镇行政管理体制改革】 2019年，武进区推进经济发达镇行政管理体制改革，由区委办、区政府办印发《雪堰镇行政管理体制改革实施方案》，形成雪堰镇党建一龙头、镇村一张网、服务一窗口、执法一队伍、调度一中心的“1+4”基层治理新模式；印发《赋予雪堰镇经济社会管理权限事项清单（第一批）的通知》，向雪堰镇下放行政审批和公共服务事项226项、行政处罚事项333项，完善办事流程，实现赋权事项雪堰镇办结率100%，深化“一门进、一窗受、一步审、一章批、一网办、一次结”“代办服务经纬两条线”“审批监管双互动”的“6+2+2”政务服务形态。

（陈　渊）

实施“五个三年行动计划”

【概况】 2019年，是武进区实施产业创新发展、城乡精细管理、生态文明建设、教育卫生事业均等化、特色强镇建设“五个三年行动计划”决胜年，立足高质量发展，围绕目标任务，梳理发展短板，分解阶段目标，确定实现路径，完成各项工作，实现“五个三年行动计划”圆满收官，全区经济社会发展有速度、有质量、有效益，为决胜高水平全面建成小康社会奠定了坚实基础。全区完成规模以上工业总产值4256.82亿元，增长8%，服务业增加值占GDP比重达43.71%。城乡管理体制进一步理顺，设施改造加快，城乡环境面貌有效提升。生态保护优先战略深入实施，发展模式积极转变，绿色产业体系全面构建。教育、卫生均等化步伐加快，集团化办学、城乡学校结对共建、村级医疗卫生人才“区管镇用”机制作用充分发挥，办学、办医设施条件全面改善。乡村振兴战略深入实施，特色强镇建设“特色企业、特色园区、精致集镇、美丽村庄、富民增收、文明风尚”六大工程持续推进，镇村特色产业、特色风貌、特色文化得到彰显。

【产业创新发展】 2017—2019年，武进区以苏南国家自主创新示范区、全国双创区域示范基地建设等为依托，实施创新驱动发展战略，振兴民营经济，创新平台载体建设，全面构建实体经济、科技创新、现代金融、人力资源协同发展的自主可控现代产业体系。发展新兴增长极。推进项目招引，到2019年，累计引进瑞声微型精密元器件（手机3D玻璃）、欣盛超微电路载带芯片、国科微固态存储芯片和多层陶瓷电容等投资超百亿元的省、市重点项目。全区5个省重大项目全部开工建设，累计完成投资55.9亿元，完成年度计划的110.7%；49个市重点项目，累计完成投资209亿元，完成年度计划的104%；新增列入市重点

江苏省绿色建筑博览园　　（供图／武进绿建区）

产业项目库24个，累计在库项目73个。实施省“双创计划”、市“龙城英才计划”等人才引进计划，新增高层次人才超过3000人，人才项目数量居全市前列。提升产业发展质量。培育壮大成长型中小企业，促进行业优势企业特色化发展。2019年，全区工业企业亩均产出年均增速高于10%，工业增加值率达24%，省标战略性新兴产业产值占规模以上工业产值的比重从33%升至37%，高新技术产业产值占规模以上工业产值的比重达45%以上。2017年、2018年，全区分别有6家、7家企业在境内外主板上市，2019年新增挂牌上市2家（江苏立华牧业股份有限公司、江苏国茂减速机股份有限公司），累计32家；“新三板”挂牌企业累计38家。发挥平台支撑作用。武进区组建科技创新创业联盟，聘请由知名企业家、风创投专家、服务机构专家组成的导师团，累计服务初创型科技企业300余家次。武进高新区牵头成立10亿元规模的智电汽车产业基金，为产业链企业提供资金支撑。西太湖科技产业园建设石墨烯文创街区、环氧乙烷第三方灭菌中心等公共服务和展示平台，发展石墨烯产业和健康产业。

湖畔绿道　（供图/武进日报社）

【城乡精细管理】 2017—2019年，武进区各责任单位严格按照城乡精细管理的目标任务，理顺城乡管理体制，加快设施改造，开展攻坚整治，提升城乡环境面貌。健全责任体系。梳理城市管理权力事项清单，推行城市长效综合管理考核，先后完成益丰菜场、府北菜场周边等7个市委重点督办问题的整改任务。加快设施改造。推进垃圾转运站改造，完善城东大型垃圾转运站建设方案，完成淹西、定安路等垃圾转运小站升级改造6座。加强垃圾分类设施建设，累计完成“房改亭”工程471座，建成农贸市场有机垃圾处理站4座、大件生活垃圾分拣站1座、有害垃圾临时收集站1座，初步形成可回收物、有害垃圾、餐厨垃圾、建筑垃圾等收运处理体系。开展生活垃圾分类试点扩面，到2019年年底，城区建成区垃圾分类设施覆盖率在80%以上，农村垃圾分类设施覆盖率达60%。建立并完善“镇收运、区处置”的建筑装潢垃圾资源化处置体系，实现全域一体化模式。推进公厕新建改造，到2019年年底累计新建公厕19座、改造提升公厕74座，镇村公厕新建改造任务全面完成。实施攻坚整治。开展车辆停放序化行动，新设机动车位7440个、非机动车停车线37732米。开展空间立面净化行动，完成花园街沿线建筑物外立面粉刷出新，统一设置店招标牌、大型综合体指示牌。推进街区形象美化行动，开展城区主干道沿线市政设施、景观绿化、交通秩序等综合整治，优化市容环境。

【生态文明建设】 2017—2019年，武进区坚定实施生态保护优先战略，积极转变发展模式，努力建设绿色产业体系，探索共建共治共享机制、生态建设与高质量发展的良性互动之路，打造生态保护引领区。实施碧水保卫战。推进污水主、支管网建设，2019年，建成污水主管网44.67千米、支管网87.17千米；礼河水厂深度处理工程主体基本建成，滨湖污水处理厂一期工程建成投运，漕桥、湟里、武南第二污水处理厂在建；整治黑臭水体160条，完成河道清淤233.4千米，全区规划发展村生活污水处理设施覆盖率达93%（含常州经开区），太湖一、二级保护区村庄治理率达90.1%，全区规模养殖场治理率98.51%，畜禽粪污资源化利用率98.1%。2017—2019年，分别完成湿地修复345.23公顷、346.85公顷、366.67公顷，自然湿地保护率由2015年的49%提升至2019年的53.6%。实施蓝天保卫战。推进移动源污染防治，从严管控重点区域货运车辆通行，开展集中行动130余次，共检查货运车辆3.7万辆次，现场查处货运车辆违法行为1.97万起；推进老旧汽车提前淘汰报废，共淘汰报废老旧汽车7470辆。深化工业大气污染治理，完成中天钢铁集团有限公司4台烧结脱硝工程、烟羽水汽回收脱白工程，实施燃煤炉窑清洁能源改造，现场核查锅炉近400台，清理公告注销的锅炉设备200多台套。严格管控扬尘，组织工地扬尘防治检查990批次，完成未落实到位的工地整改71个。深化VOCs专项治理，对电子、橡胶、塑料等行业14家企业实行清洁能源替代工程。强化“散乱污”企业综合整治，全区累计排查认定“散乱污”企业（作坊）5058家，到2019年年末累计完成整治5041家，完成率99.0%，其中全市重点关注的“散乱污”企业（作坊）整治任务全部完成。实施净土保卫战。推进固体废物污染防治。推进生活垃圾分类工程，建成区生活垃圾分类小区、分类单位分别完成工程70个、38个，建成区外生活垃圾分类小区、分类单位分别完成工程50个、73个；加强城市餐厨垃圾处理和资源化利用、建筑垃圾处理与资源化利用，2019年，完成餐厨垃圾收运34227.99吨，中心城区商品住宅小区完成建筑垃圾收运处体系建设。推进土壤污染防治，开展重金属重点防控区专项整治，建立全口径涉重金属重点行业企业清单；按照国家土壤调查方案，开展重点地区土壤污染状况详查工作；加强污染土地监管和治理修复，建立关闭化工企业遗留场地污染地块名录及开发利用负面清单。

【教育卫生事业均等化】 2017—2019年，武进区加快教育、卫生均等化步伐，推进基础设施建设，发挥集团化办学、城乡学校结对共建、村级医疗卫生人才“区管镇用”机制作用，全面改善办学、办医设施条件。提升硬件环境。编制完成《常州市武进区教育设施布局专项规划（2018—2020）》和《常州市武进区学前教育设施布局专项规划2018—2020）》。湖塘桥第三实验小学竣工投用，武进区人民路初级中学基本完工，卢家巷实验学校、牛塘中心小学改扩建项目开工建设，社会资本投资试点项目——府北幼儿园准备开工。改造提升区、镇、村三级医疗机构基础设施，武进人民医院外科大楼、武进中医医院综合大楼、横山桥镇卫生院综合大楼建成投用；实施村级医疗卫生机构提档升级工程，新（改、扩）建村级医疗卫生机构64家。提升质量效益。武进开放大学与职教中心整合到位，武进职教中心被省教育厅确定为省中等职业学校领航计划建设单位备选学校（全省共60所）。2017—2019年，全区新增五年制高职专业3个、省现代化示范性实训基地2个、省现代化专业群5个。优化完善妇幼保健服务体系，在武进中医医院建成武进区妇幼医疗中心，建成妇幼健康规范化门诊17家，基层妇幼规范化门诊建成率达80%。均等公共服务。深化学前教育改革，2017—2019年，新增幼儿园15个、学前教育学位10080个。推进省、市优质幼儿园创建，2019年新增省优质幼儿园3所（机关幼儿园星河国际南园分园、东城幼儿园、青洋幼儿园），2017—2019年累计新创成省、市优质园15所。深化集团化办学改革，组建教育集团14个，17所城区小学与26所乡镇学校结对共进，13所初中校组建教育发展联盟4个，基本实现集团化办学全覆盖。提升医疗卫生综合实力。壮大医疗卫生高层次人才队伍，入选省“博士计划”“333高层次人才培养工程”和市卫生领军人才、拔尖人才等培养对象13名；强化特色专科建设，武进人民医院肿瘤科、影像科、泌尿外科创建省级临床重点专科；推进二级医院创建，横林、湟里等5家卫生院创成二级医院，6家重点卫生院成为区域性基层医疗卫生中心。

【特色强镇建设】 2019年，武进区深入实施乡村振兴战略，推进特色强镇建设“特色企业壮大、特色园区提升、精致集镇打造、美丽村庄建设、富民增收小康、文明风尚培育”六大工程，实现特色强镇建设决胜年顺利收官。特色企业壮大。聚焦发展快、效益好、技术先进、行业领先的优质企业，打造龙头企业、高成长性企业、行业“隐形冠军”等特色企业。全区300家特色企业营业收入达3150亿元，特色企业上市企业累计25家，累计认定省级首台套重大装备及关键部件50种；新增江苏省智能制造领军服务机构7个，占全省比例近五分之一；新增工业和信息化部第四批绿色工厂3家，累计7家，有绿色产品企业1家，总数位列全市辖市区第一；获“企业上云”星级企业认定五星级7家、四星级20家；江苏龙城精锻有限公司等3家特色企业被认定为工业和信息化部“两化融合”贯标示范企业，累计4家。特色园区提升。完善园区基础设施，推进区镇联动，助力园区企业引进，带动各镇产值新增长点，降低镇级财政压力。全区特色园区全年完成工业产值1100亿元，实现连续三年工业总产值超1000亿元目标。精致集镇打造。2017—2019年，加快补齐镇村公共服务短板，完善集镇基础设施，改善集镇面貌和开发经营环境，打造“宜居宜商宜业”的现代化精致集镇武进样本。规划建设重点项目192项，其中开工179项、完工145项，开工率、完工率分别达94%、76%，雪堰镇潘家垃圾转运站、礼嘉中心公园、湟里小商品市场改造等项目完工。美丽村庄建设。各镇依托自身特色，加强农村生活污水治理，实现规划发展村治理率90%。开展“三类三型”村庄建设，全面完成整洁型村庄建设，新建康居型村庄152个、美丽型村庄24个，分别累计325个、42个。礼嘉镇何墅村通过省级美丽乡村示范村验收，雪堰镇城西回民村成为全国“一村一品”示范村镇。推进富民增收。积极引导各村采取共建、联建、参股等经营模式发展集体经济，组织5个村向上争取项目资金2240万元、奖补资金314万元。推进扶贫帮困，出台《关于打赢打好全区脱贫攻坚战三年行动的实施意见》，完成结对帮扶走访和慰问任务。全区农民人均可支配收入增长8.3%，建档立卡低收入户脱贫率100%。培育文明风尚。深入实施“民俗复兴、民贤闪耀、民居拯救、民风培育”四大行动，打响“一镇一品”特色文化品牌。建成行政村综合文化服务中心87个，实现行政村综合文化服务中心全覆盖；建成新时代文明实践站13个，创成常州市精神文明示范村11个、特色文化村3个，完成文化项目3个。

（邵　云　蒋政阳）

坐落在城西回民村的竺山农庄　　（供图／武进日报社）

大事记

Chronicle of Main Events

栏目编辑　张怡菁　蒋　聆

1 月

8—9 日　政协武进区第十四届委员会第三次会议在武进假日酒店召开，常州市副市长、武进区委书记李林在开幕式上作《携手攀登，共创新业，为推动武进高质量发展走在前列而努力奋斗》的讲话。

8 日　赛史品威奥（唐山）结构复合材料有限公司新项目签约落户。该项目用地 5.73 公顷，新建厂房面积 3.6 万平方米，总投资 5 亿元。

9—11 日　武进区第十六届人民代表大会第三次会议在武进假日酒店召开，区长戴士福作政府工作报告，区人大常委会主任臧建中作人大常委会工作报告。

17 日　中国宏观经济研究院在武进召开“长三角双创示范基地联动机制”专题调研座谈会。

21 日　江苏省副省长费高云在武进调研“大棚房”整治工作，市、区领导丁纯、梁一波、李林、杭勇、戴士福、是峰陪同调研。

是日　常武太湖医院医生丁陈丽获 2019 年度马海德奖，成为全市首位获此奖项的医生。

23 日　常州市武进区物业管理纠纷人民调解委员会揭牌。

31 日　科技部副部长、国家外专局局长张建国到武进调研中以常州创新园，考察以色列中心、以色列 CI3 孵化器和以色列 AVT 公司与征图新视（江苏）科技有限公司合作项目。

是月　常州西太湖科技产业园（江苏武进经济开发区）入选省商务厅首批 18 家江苏省特色创新（产业）示范园区。该产业园以石墨烯产业为特色，集聚石墨烯企业 140 余家、领军型创新创业团队 30 多个。

是月　2019 版《武进区政区图》正式发行，由区民政局监制、江苏图博地理信息科技有限公司编制，图高约 87 厘米，宽约 117 厘米，标注全区 17 个镇（街道）、开发区界线及全部行政村、社区名称。

是月　洛阳镇岑村社区获评 2018 年度国家级综合减灾示范社区。

2 月

18 日　江苏立华牧业股份有限公司在深圳证券交易所挂牌上市，是常州市农业板块首家上市企业。

19 日　中以常州创新园专业服务体系启动仪式和中以合作金融对接会在武进举行，市、区领导曹佳中、李林、徐治国参加活动。

22 日　FIH2019 世界曲棍球超级联赛（中国站）在武进国家曲棍球训练基地开赛，首场比赛由中国队迎战英国队。

25 日　江苏武进中银富登村镇银行有限责任公司通过外商投资企业设立备案，注册资本 2 亿元，由新加坡投资者、中国银行股份有限公司等共同出资设立，成为设立在武进的第一家外资银行。

是月　江苏省研究型医院学会胃肠肿瘤 MDT 专业委员会名医工作站在武进人民医院高新区院区揭牌。

3 月

1 日　赛格威科技有限公司非公路休闲车项目奠基。该项目用地 8.27 公顷，规划面积 6 万平方米，总投资 10 亿元。

2 日　首期技术经理人培训班在省技术转移（常州大学）研究院开班，各镇（开发区）科技工作人员、在常高校老师、科技服务机构人员、创新企业相关人员 200 余人参训。

12 日　浙江省副省长王文序在武进考察健康产业发展情况，先后考察常州市钱璟康复股份有限公司、西太湖医疗产业园、常州思雅医疗器械有限公司。

25 日　台资企业光宝科技（江苏）有限公司、常州祥明智能动力股份有限公司获第二届江苏省紫峰奖。

26 日　第十三届（中国·横林）国际地板博览会在上海新国际博览中心开幕。吸引专业观众 2 万多人次，其中国外客商 3000 多人次。

29日 苏南数字化研发与制造协同研究中心在武进成立。该中心由鸿之微科技（上海）股份有限公司、茄子（上海）管理咨询有限公司、西太湖科技产业园签约共建。

是月 洛阳镇圻庄村建成全市首个农村社区枢纽型社会组织——圻心社会组织服务中心。

是月 新石器时代遗址——青城墩遗址入选第八批江苏省文物保护单位名单。青城墩遗址是环太湖北部地区崧泽晚期至良渚文化早中期的一处中心聚落遗址，分布面积约25万平方米。

4月

2日 江苏省省长吴政隆带队到武进检查安全生产工作。

7日 由中国风景园林学会、江苏省风景园林学会和常州市委宣传部主办的戈裕良与江南园林论坛在遥观镇开幕。

9日 自然资源部自然资源开发利用司调研组到武进调研农村土地制度改革工作，实地察看三鑫重工机械有限公司、夏溪花木市场的集体经营性建设用地入市情况。

10日 “金陵风骨·其命惟新”——2019江苏省国画院中国画书法作品展在西太湖美术馆开幕，展出作品近百件。

15日 武进人民医院与法国巴黎大区俄博勒医院集团友好合作医院揭牌成立。

18日 西太湖金融服务联盟揭牌成立，西太湖科技金融路演中心同期启动。

20—21日 武进区乐檬铁人三项俱乐部在2019年江西德兴铁人三项亚洲杯赛暨中国铁人三项联赛上获女子团体总分全国第三名等成绩。

21日 武进区被农业农村部公布为2018年度全国县域数字农业农村发展水平评价先进县。

是日 2019“省长杯”卡尔美江苏省青少年校园足球联赛（苏南初中女子组分区赛）在洛阳初级中学开赛。

22日 全国政协委员、澳门立法会副主席崔世昌一行40人访问武进，参观苏澳合作园区。

是日 武进区获评2018年度推进高质量发展先进县（市、区），成为常州市唯一获此殊荣的辖区。

29日 江苏省省长吴政隆在武进考察太湖安全度夏应急防控工作。

是月 西太湖科技产业园获2018年“国家医药外贸转型升级基地”授牌，成为全国17个入选基地之一。

5月

7日 江苏省绿色建筑产业技术研究院参与编制的第三版《绿色建筑评价标准》（GB/T 51356—2019）正式发布，从8月1日起实施。

8日 武进区召开创建新时代“两个健康”先行区、加快民营经济高质量发展动员大会，全面启动创建工作。

9日 江苏省人大检查组对武进执行水污染防治法情况进行执法检查，实地察看武进滨湖污水处理厂、滆湖围网拆除点、永安河综合治理工程和武进港姚巷桥入湖河道断面点。

12日 国务院安委会巡查考核组在武进检查安全生产和消防工作，区领导李林、戴士福、陆秋明参加检查。

15日 常州博瑞电力自动化设备有限公司博瑞智能电网研发总装基地一期竣工投产。该项目总投资7亿元，新建研发试验、科技成果孵化及生产厂房15万平方米。

15—16日 武进区妇女第十七次代表大会召开。大会讨论并审议通过区妇联第十六届执行委员会工作报告，选举产生区妇联第十七届执行委员会委员55人。

18日 第十四届中国常州先进制造技术成果展示洽谈会开幕式在武进体育馆举行，中科院所属研究所、国内外高校、知名企业、金融单位、中介服务机构等100余家单位500余人应邀参加。当场签约项目69个，其中武进签约项目14个。

18—20日 第七届常州国际工业装备博览会在西太湖国际博览中心举行，国内外600家知名品牌企业参展。

19日 第二届中国·以色列医疗科技产业高峰论坛在武进开幕。该论坛是由中国农工民主党中央委员会发起的跨境医疗科技交流项目，在中国、以色列两国轮流举办。

是日 江苏省智能微电机产业技术创新战略联盟成立，江苏雷利电机股份有限公司当选该联盟理事长单位。

21日 “一带一路”与智慧养殖高峰论坛在武进高新区举行。

6月

1—2日 首批国家体育旅游精品赛事——不止骑·2019第七届中国24H单车环太湖认证赛在太湖湾旅游度假区举行，5000名选手参赛。

2日 2019“花都水城、浪漫武进”旅游节暨第六届长三角运动休闲体验季江苏分站活动在西太湖揽月湾广场开幕。

14日 江苏国茂减速机股份有限公司在上海证券交易所挂牌上市。

是日 武进综合保税区企业增值税一般纳税人资格试点正式启动。首家参与试点的企业——光宝汽车电子（常州）有限公司现场开出试点后的首张增值税专用发票。

17日 中铁建电气化局集团轨道交通器材有限公司获北德集团颁发的中国首张电力牵引架空接触网（OCL）欧盟铁路互联互通（TSI）认证证书，标志该公司电气化铁路接触网产品获得服务欧洲市场通行证。

18日 武进粮食物流园正式启用。江苏奔牛国家粮食储备库揭牌，常州前黄粮食购销有限公司、常州市冉裕搬运装卸有限公司、江苏阳湖红粮食购销有限公司、江苏申新米业有限公司4家入驻企业揭牌。

21日 由武进区人民政府和万帮新能源投资集团有限公司承办的2019年世界工业和能源互联网博览会“智慧能源”分论坛在武进高新区举行。

22日 前黄镇农村合作经济组织联合会成立，系全区首家村合作经济组织。

28日 江苏省节能与新能源汽车动力总成产业创新联盟在常州经开区成立，坤泰车辆系统（常州）有限公司当选该联盟第一届理事长单位。

是月 滨湖污水处理厂一期工程投运，成为全市首家采用0.03微米超滤膜处理工艺的城镇污水处理厂，日处理污水规模5万吨。

7月

2日 中天钢铁集团有限公司首创“脉冲磁致振荡（PMO）—电磁搅拌（EMS）组合调控高均质化矩形坯连铸技术”通过中国金属学会评审。

3日 全国碳市场能力建设（上海）中心常州基地在武进绿建区揭牌。

18—19日 省农业农村厅调研组在武进开展农村宅基地制度改革、农村集体产权制度改革、产权交易平台建设、“三资三化”集体资产管理等情况的专题调研。

19日 武进区首届“最美退役军人”颁奖典礼暨“颂祖国·庆八一”文艺会演在凤凰谷大剧院举行。

29日 中共常州市武进区第十二届委员会第七次全体会议在区行政中心举行。常州市副市长、武进区委书记李林代表区委常委会向全会作《勇于担当作为，决胜三年行动，为高水平全面建成小康社会打下决定性基础》的工作报告。

30日 武进区发放长期护理保险待遇，向首批1057位重度失能人员补发1—6月长期护理保险待遇，累计补发金额约690万元。

是月 武进高新区被国家知识产权局确定为国家知识产权示范园区。

是月 省科技厅发布《2019年省科技成果转化专项资金拟立项项目（课题）清单》，武进区“大型挖掘机高压长寿命液压核心部件的研发及产业化”等6个项目入选。

8月

3日 第十一届“阳湖”果品节开幕式在礼嘉镇举行。该届果品节以“游美丽武进，品阳湖鲜果”为主题，全方面、多维度地展销、推广阳湖果品。

5日 江苏省委副书记任振鹤在武进调研农业农村工作。

23日 武进首个农村产权交易项目——湖塘镇杨区股份合作社资产出租项目公开协商后溢价成交。

9月

2日 武进援疆教师筹集25万元爱心款，在尼勒克县设立“武进新苑”奖学金。

4日 武进区第七届市民艺术节暨第五届锡剧艺术节在凤凰谷大剧院开幕，献礼新中国成立70周年。

6日 第二届西太湖·全球公司发展论坛开幕，300余名全球公司的决策者、研究者和实践者与会。

9日 江苏省政协主席、党组书记黄莉新率省政协调研组在武进就“加快发展智能制造”开展专题调研，实地察看征图新视（江苏）科技股份有限公司和星星充电新能源公司。

18日 中天钢铁集团有限公司丁佳锋等30人获评2019武进金牌工人。

19日 江苏省环境治理体系镇村试点及生态文明教育实践基地签约启动仪式暨新闻发布会在洛阳镇举行。

20日 春秋淹城旅游区在2019文旅融合发展大会上获评最美中国文化旅游目的地。

23日 《阳湖印记》在武进区“学习先锋，感悟初心”主题党日启动仪式上首发。

23—24日 江苏省委副书记任振鹤、副省长费高云分别带队在武进考察，先后考察嬉乐湾生态农业示范园、祝庄园艺有限公司。

26日 全国工商联党组副书记、副主席樊友山在武进考察经济社会发展情况。

是月 武进区成为新一轮省农村改革试验区，承担闲置宅基地盘活利用和探索建立新型农民职业制度两项任务，拉开新一轮农村改革试验序幕。

是月 洛阳初级中学代表队获2019世界物联网博览会青少年创新创客大赛初中组无人机障碍赛一等奖。

10月

13日 江苏武进水稻育种成果展暨科技协作大会举行。

是日 2019常州西太湖半程马拉松赛举行，2万名选手参赛。

18日 江苏省人大常委会调研组在武进就《江苏省农村集体资产管理条例》《江苏省农民专业合作社条例》实施情况开展专题调研。

是日 全国首条京杭大运河千吨级纯电动运输船——“中天电运001”正式下水，充电仅需2.5小时，续航可达50千米，用于中天钢铁中盛码头至连江码头的矿渣运输。

18—21日 2019中国（夏溪）园艺嘉年华暨江苏·澳门园艺文化周活动在夏溪花木市场举行，来自荷兰、比利时、德国、丹麦等8个国家和地区以及国内近200家企业和客商参展。

22日 全国总工会书记处书记、党组成员许山松在武进调研职工法律援助工作。

23日 江苏省纪委副书记赵长林调研武进区“三资三化”工作。

26日 第二届武进诗词大会总决赛在嬉戏谷大剧院举行，16名选手参加角逐，湟里分会场冠军潘粉枝获得总冠军。

28日 江苏省委农村工作领导小组到武进调研现代农业建设。

29—30日 科技部国际合作司巡视员阮湘平在武进调研中以常州创新园，了解园区建设、中以合作交流等情况。

30日 江苏省首届创业投资发展峰会在常州经开区举行。

31日 农业农村部政策与改革司副司长王宾带队在武进调研农村改革试验工作，实地察看农村集体经济发展、产权制度改革、土地经营权入股改革和农村宅基地改革等开展情况。

是日 加拿大驻华大使鲍达民一行到武进考察。

是日 电视剧《老中医》《热血军旗》，纪录片《王诤将军传奇》，广播剧《好大一个家》获江苏省第十一届精神文明建设“五个一工程”奖。

是月 雪堰镇城西回民村获评农业农村部第九批“一村一品”示范村镇。

是月 中小城市高质量发展指数研究成果公布，武进获全国综合实力百强区第三名、全国投资潜力百强区第一名、全国绿色发展百强区第二名、全国新型城镇化质量百强区第三名。

11月

1日 中铁五院华东科研基地启用仪式在常州经开区举行。

11日 中国信息化发展研究院与西太湖科技产业园管委会正式签约国际信息和数字创意（常州）产业集聚区项目。

13日 江苏省委“不忘初心、牢记使命”主题教育第一巡回指导组在武进调研非公企业主题教育。

是日 武进区被中国信息通信研究院评为“中国工业百强区”第8名。

25日 洛阳镇岑村村党委书记蒋健、湟里镇西墅村党总支书记季文斌入选省首批“百名示范村书记”。

26日 全国人大常委会副委员长、民盟中央主席丁仲礼参观李公朴故居、李公朴生平事迹展览馆。

28日 国务院安全生产专项整治督导组到武进现场督导安全生产工作。

是月 瑞声光学科技（常州）有限公司等3家企业入选工业和信息化部发布的第四批及拟通过复核的第一批制造业单项冠军公示名单。

是月 生态环境部南京环境科学研究所专家组对武进高新区开展国家生态工业示范园区复查评估。

是月 常州先进制造技术研究所等22个单位被命名为武进区国家双创示范基地示范单位。

是月 江苏立华牧业股份有限公司被认定为第六批农业产业化国家级重点龙头企业。

是月 江苏（武进）水稻研究所育成的超级稻武运粳24号、武运粳27号，在2019年全国超级稻现场观摩暨品质鉴评会上入围食味评分排名前10位的粳稻品种。

是月 雪堰镇城西回民村入选农业农村部2019年中国美丽休闲乡村名单。

是月 江苏恒诺园林建设有限公司在第十三届中国菊花展览会上获得奖项18个，其中室外景点、标准展台、百菊赛和专项品种等大奖1个、金奖5个、银奖8个、铜奖4个。

12月

3日 第三届中以创新创业大赛生命科学领域决赛在武进举行。

4日 中以创新合作研讨会暨中国以色列常州创新园发展战略报告发布会在武进举行，发布《中国以色列常州创新园发展战略报告》。

5日 陕西省安康市党政代表团到武进交流考察。

11—13日 武进政企代表团到吉林大学、哈尔滨工业大学（威海）开展产学研活动，11家企业与两所高校达成初步合作意向10项。

13日 武进企业江苏江南烯元石墨烯科技有限公司获得长三角双创示范基地联盟双创券。

27日 中共常州市武进区委十二届八次全会在武进假日酒店召开。

30日 武进区消防救援大队正式挂牌。

是月 武进区水产站与苏州大学、南京农业大学等单位合作的“江苏省主要经济鱼类重要病害防控技术集成与应用”获中国水产学会范蠡科学技术奖科技进步类一等奖。

是月 横林地板产业集群被商务部认定为国家外贸转型升级基地（地坪地材）。

是月 武进绿色建筑产业集聚示范区被省住房和城乡建设厅批准为2019年度省级建筑产业现代化示范园区。

是月 江苏嬉乐湾生态农业示范园有限公司、江苏恒诺园林建设有限公司入选省农业农村厅农业产业化省级重点龙头企业名单。

是月 武进区工商联入选2018—2019年度全国“五好”县级工商联。

武进概览

Overview of Wujin

栏目编辑　万向阳

自然地理

【地理位置】　武进区位于长江三角洲太湖平原西北部，北纬 31° 20′ ~ 31° 48′、东经 119° 40′ ~ 120° 12′，濒太湖，衔滆湖，东邻无锡，西毗常州金坛、镇江丹阳，南接无锡宜兴，北靠常州天宁、钟楼，总面积 1065.26 平方千米。

【地貌地形】　武进境内形成剥蚀和湖积的基本地貌，地形总体呈西南高、北东低。有海拔 30 米以上的山丘 39 座，最高的牛肩顶头 179.4 米，均分布在东南、东北诸镇，为天目山余脉。大椒山、小椒山位于太湖之中。有大小河流 1048 条，每平方千米陆地有 1.82 千米河道，是典型的江南水网地区。京杭运河横贯东西，新孟河、德胜河、藻江河、北塘河、舜河形成南北向运北水系，孟津河、扁担河、武宜运河、采菱港、武进港等形成南北向运南水系。湟里河、北干河、中干河西起金坛洮湖，东入滆湖。太滆运河西起滆湖，东入太湖。众多次级河道与骨干河道相接，形成较为完善的灌排、航行系统。

【自然资源】　武进位于亚热带北缘，光温适宜，雨水充沛，土地肥沃，物产丰富，素有“鱼米之乡”之称。植物资源丰富，东部雪堰、潘家低山丘陵地区盛产茶叶和桃、梨、葡萄等水果。有滆湖、阳湖、宋剑湖等自然湖泊，河港汊荡纵横交错，淡水渔业资源丰富，适宜于鱼、蟹、虾、蚌等水产养殖。矿产资源主要有潘家、芙蓉等地的优质矿泉水，新安等地的白泥、紫砂、陶土等。

（方　志）

【气候】　气温　2019 年（1—12 月），全区平均气温 17.2℃，较常年偏高 1.0℃。冬季（2018 年 12 月至 2019 年 2 月）平均气温 5.3℃，比常年偏高 0.6℃；春季（3—5 月）平均气温 16.8℃，比常年偏高 1.6℃；夏季（6—8 月）平均气温 27.3℃，比常年偏高 0.3℃；秋季（9—11 月）平均气温 18.8℃，比常年偏高 0.9℃。一年中，1 月气温偏高，4 月、11 月、12 月气温显著偏高，3 月气温异常偏高，其余月份正常（偏均值小于 1℃）。年极端最高气温 38.3℃，年极端最低气温 2.8℃。日最高气温 ≥ 35.0℃ 的高温日 16 天，日最低气温 ≤ 0℃ 的低温日 19 天。

降水　2019 年（1—12 月），全区降水量 1123.5 毫米，比常年偏多 19.5 毫米，属正常年份。冬季（2018 年 12 月至 2019 年 2 月）降水量 285.2 毫米，比常年偏多 142.7 毫米；春季（3—5 月）降水量 127.2 毫米，比常年偏少 140.0 毫米；夏季（6—8 月）降水量 653.5 毫米，比常年偏多 151.1 毫米；秋季（9—11 月）降水量 102.7 毫米，比常年偏少 89.4 毫米。各月降水时间分布不均，异常偏多的有 2 月、12 月，显著偏多的有 7 月、8 月；偏少的有 4 月、6 月、11 月，异常偏少的为 3 月、10 月；1 月、9 月正常。6 月 18 日进入梅雨期，属入梅正常的年份；出梅时间在 7 月 21 日，正常偏晚；梅期偏长（33 天），梅雨量 294.7 毫米，梅雨量较常年偏多 2.6 成，属偏多年份。

日照　2019 年（1—12 月），全区日照时数 1651.7 小时，比常年偏少 1.6 成，属正常年份。冬季（2018 年 12 月至 2019 年 2 月）日照时数 178.4 小时，比常年偏少 219.1 小时；春季（3—5 月）日照总时数 472.1 小时，比常年偏少 27.6 小时；夏季（6—8 月）日照时数 456.0 小时，比常年偏少 121.2 小时；秋季（9—11 月）日照时数 441.4 小时，比常年偏少 58.0 小时。7 月、10 月日照时数较常年偏少，1 月、2 月日照时数较常年显著偏少，其余月份均正常。

（雷正翠）

历史文化

【建置沿革】　武进在 5000 多年前就有人类定居、繁衍生息。郑陆寺墩、横林青墩出土的文物表明，新石器时代武进境内已形成原始村落。到春秋时期已有城池出现，淹城（在今武进中心城区）是国内迄今为止保存最为完整的西周至春秋早期地面城池遗址。春秋战国时期武进称延陵邑，为吴国季札封地。秦置延陵县，汉改称毗陵县、毗坛县，西晋太康二年（281 年）置毗陵郡、县，分丹徒、曲阿以东地区置武进县，晋永嘉五年（311 年）改称晋陵郡、晋陵县。此后，晋陵、武进两县时分时合，数易其名。清雍正四年（1726 年）分置武进、阳湖两县，清宣统三年九月（1911 年 11 月）合并为武进县。1949 年 4 月 23 日，武进解放，县城析出建立常州市。1983 年 3 月，实行市管县体制，武进属常州市管辖。1993 年 7 月 18 日，武进县政府驻地由常州市区迁至湖塘镇。1995 年 6 月 8 日，国务院批准武进撤县设市。2002年4月，武进撤市设区。2015年4月28日，国务院批准撤销常州市武进区和戚墅堰区，设立新的武进区，以原武进区（不含奔牛镇、郑陆镇、邹区镇）和戚墅堰区的行政区域为新设立的武进区行政区域。

【地名由来】 三国吴大帝孙权崇尚武功，曾以统一大业为己任，于嘉禾三年（234年）诏复丹徒为武进，取以武而进之意，故名。西晋太康二年（281年），晋武帝恢复丹徒旧称，并分丹徒、曲阿以东地区置武进县。

【历史名人】 武进历史上曾出过1500多名进士，其中科考状元佘中、霍端友、陈祖仁、杨廷鉴、吕宫、赵熊诏、钱维城、庄培因、孙廉（武状元）9人和特科状元萧立、刘纶2人，名列全国县级前三名。春秋时期著名政治家、外交家、音乐鉴赏家季札受封延陵（今武进属之），南朝齐高帝萧道成、梁武帝萧衍故里是南兰陵（武进，今常州市新北区），梁昭明太子萧统组织编纂《昭明文选》。至清代，武进有以庄存与为代表的今文经学派、以恽敬为代表的阳湖文派、以张惠言为代表的常州词派、以恽南田为代表的常州画派等。中医孟河医派名家众多，清末民初有“吴中名医甲天下，孟河名医冠吴中”之说。清代史学家、诗人赵翼所著《廿二史札记》为清代三大史学名著之一，其诗句“江山代有才人出，各领风骚数百年”至今传诵，李宝嘉的《官场现形记》开创中国近代谴责小说之先河。现代有中共早期领导人、革命活动家瞿秋白、张太雷、恽代英和中共早期革命活动家董亦湘，抗日救国“七君子”中的李公朴、史良，东北抗日联军著名将领冯仲云，著名外交活动家章汉夫、冯铉和谢启美，两院院士秦仁昌、吴阶平、许学彦等57人，著名画家刘海粟、谢稚柳、吴青霞，著名戏剧家洪深、吴祖光、阿甲，小说家高晓声，诗人严辰等，誉满中外。

【方言】 武进方言属吴语，是北吴语片（太湖片）中常州小片的代表，在语音上较完整地保留古全浊声母的体系，诸如冻≠洞、富≠父、记≠忌、柄≠病。有声母28个、韵母42个和声调7个（阴平、上声、阴去、阴入、阳平、阳去、阳入），古代平、上、去、入4个声调各以声母清浊为条件分成阴、阳2个调类，只是阳上和阳去不分，诸如稻=盗、妇=附、舅=旧。武进方言与其他吴语一样，有一部分字有文白两读的现象，文言读舌面音声母，白话读舌根音声母。一般来说，文言音接近普通话，有少数词语受北方方言影响带有“官话”色彩。语助词“佬”出现频率较高，可以附在名词性成分、动词性成分和形容词成分的后面，构成“佬”字短语，表示不同的语法功能，诸如铁佬、木头佬和晓得佬、开心佬及好佬、甜佬等等。武进地方说话内部差别表现在语音上，东部的横林、崔桥等地有些字带有无锡口音，南部的漕桥、东安等地有些字音与宜兴相近，西南部的夏溪、湟里等地语音受到金坛话影响。武进方言受到日益普及的普通话影响，尤其是年轻人口音发生了一定的变化。

（方　志）

区划·人口

【区划】 2019年，全区有镇11个、街道5个，辖行政村188个、社区132个；有国家级高新区1个、综合保税区1个、省级高新区（筹）1个、省级经济开发区2个、省级旅游度假区1个、省级现代农业产业园区1个，以及住房和城乡建设部（武进）绿色建筑产业集聚示范区。

【人口】 2019年年末，全区常住人口145.38万人，其中户籍人口980350人，总户数348017户，人口密度775人/平方千米（按户籍人口计算）。户籍总人口中，男性477217人，女性503133人。年内出生8719人，户籍人口出生率8.89‰，计划生育率99.9%。死亡7077人，死亡率7.22‰，人口自然增长率1.67‰。

2019年武进区区划及人口情况表

表1

镇、街道和开发区	面　积（平方千米）	行政村（个）	社　区（个）	年末户籍人口（人）
湖塘镇	59.04		45	181296
牛塘镇	34.64	9	6	45086
洛阳镇	55.75	18	3	52393
雪堰镇	104.75	25	4	78466
前黄镇	103.59	20	4	66774
礼嘉镇	57.84	14	3	48932
嘉泽镇	101.49	19	5	76615
湟里镇	86.10	16	3	63520
横林镇	46.67	15	6	51595
遥观镇	44.70	15	7	47121
横山桥镇	58.23	19	4	60106
武进高新区（含高新区北区、南夏墅街道）	78.22	12	20	107891
西太湖科技产业园（含武进经发区、西湖街道）	48.21	3	5	26686
丁堰街道	10.18	3	4	14277
潞城街道	16.77		6	23763
戚墅堰街道	4.73		7	35829

（方　志）

民族 · 宗教

【民族】 武进区居民以汉族为主。2019年，全区有户籍登记的少数民族族别36个，常住少数民族人口4200多人，外来流动少数民族人口2.8万人。回民聚居村1个（雪堰镇城西村），回民聚居组1个（雪堰镇夏墅村后承村民小组），水族聚居点1个（丁堰街道蓝山湖社区）。

【宗教】 武进宗教有佛教、道教、伊斯兰教、天主教和基督教。西晋泰始年间（265—274年），道教传入武进。南北朝时期，佛教在武进已广泛流传。元初，伊斯兰教随陇、豫等地回族迁徙武进而传入，大部分人居住在雪堰镇的陡门塘和仁庄村小坞里。天主教最早传入武进是在清道光年间（1821—1850年）。基督教于清光绪二十八年（1902年）由苏州教会派宣教士罗格恩到常州传教而传入。20世纪50年代，宗教影响趋弱。“文化大革命”期间，宗教场所被拆毁或占用，民间散居道士纷纷转业，宗教活动停止。中共十一届三中全会后，武进宗教事业得到恢复性发展，宗教信仰受到尊重和保护，寺庙、教堂恢复开放。2019年，武进区有寺庙39座、道观7座和基督教堂13处、天主教堂1处。

（方　志）

风景名胜

【太湖湾旅游度假区】 位于武进区雪堰镇境内，南濒太湖，面积39.6平方千米。以低山丘陵为主，山丘占总面积的66%。大气环境达国家一级标准，植物生长茂盛，植被良好，有乔木、灌木、草本植物百余种，鸟类70多种。太湖湾沿湖岸线长约7千米，有山头19座、山坞11个、大小水库8个，临湖山湾7个，湖中大、小椒山2座。文化底蕴深厚，有春秋五霸之一吴王阖闾的都城、全国重点文物保护单位阖闾城遗址和宋代龟山书院及蓼莪寺、王孝子墓、陈烈帝墓等古迹，以及中共早期革命活动家董亦湘故居、中国近代资产阶级思想家吴稚晖故居。2007年获“国家旅游名片”称号，2009年5月被命名为“国家龙舟竞赛基地”。区内环球动漫嬉戏谷2012年11月创成国家AAAA级旅游景区，中华孝道园2014年12月创成国家AAAA级旅游景区。

【春秋淹城旅游区】 位于武进中心城区，规划总面积7.6平方千米，分为春秋淹城遗址、淹城春秋乐园、淹城野生动物世界、淹城传统商业街坊和宝林禅寺五大旅游景区。春秋淹城遗址占地面积300公顷，为国内保存最为完整的西周至春秋早期地面城池遗址，1988年被列为全国重点文物保护单位，2007年被国家旅游局命名为“中国第一水城”。淹城春秋乐园是一个以文化游乐与文化休闲相结合的人文主题公园，2010年4月29日开园，景点淹城春秋王宫2011年5月1日建成开放，“春秋水战”水上互动游乐项目2014年5月1日开放。淹城野生动物世界占地面积133.33公顷，是以野生动物生态散养为特色，集动物野趣观赏、休闲娱乐、科普教育为一体的大型综合性主题公园。淹城传统商业街坊由丰乐坊、常乐坊、怡乐坊3条古街组成。宝林禅寺位于淹城遗址西北约1000米处，始建于南朝梁武帝年间，2015年10月重建开放，宝林观音阁高91.9米，供奉39.9米高的三面十方观世音菩萨。春秋淹城旅游区于2011年创成国家AAAA级旅游景区，2012年9月获“全国低碳旅游示范区”称号，2018年4月国家AAAAA级旅游景区揭牌。

【西太湖旅游度假区】 武进区依托苏南第二大淡水湖——滆湖，打造西太湖旅游度假区，规划总面积约24平方千米（水域面积14平方千米、揽月湾8平方千米、花博园2平方千米），拥有黄金水岸线14千米，绿化覆盖率超过40%，是西太湖科技产业园独具滨湖生态优势的核心地带，被誉为“城市后花园”。该度假区分布西太湖揽月湾、“滆湖之星”观光塔、中国花卉博览园、西太湖影视基地、雅集园等精品旅游景点，拥有刘海粟夏伊乔艺术馆、油灯博物馆、陈履生美术馆等文化旅游载体，集聚武进曲棍球基地、武进网球馆、奇峰水上运动俱乐部、米兰游艇俱乐部、DS赛车场等体育旅游体验项目，承办第八届中国花卉博览会、西太湖国际马拉松赛、环太湖国际公路自行车赛、中国热气球公开赛、西太湖国际音乐节等品牌赛事活动，成为常州武进地区环境质量佳、文化体育氛围浓郁、广受游客青睐的户外休闲旅游度假胜地。

（方　志）

地方特产

【淡水鱼类】 武进是苏南著名的淡水鱼养殖基地，大水面鱼类养殖面积5190公顷，主要淡水鱼除青、草、鲢、鳙、扁、

西太湖风景　　（供图 / 武进日报社）

鲤、鲫等大宗鱼类外，还精养和温控养殖鳜鱼、鳝鱼、甲鱼、鲟鱼、鳗鱼等10多种名贵鱼类，温控养殖面积达数千公顷。2019年，生产成鱼3.64万吨，产值10.72亿元。

虾类养殖品种主要有青虾、罗氏虾、基围虾、龙虾等，清水蟹以中华绒螯蟹为主。2019年，全区虾蟹类产量4098吨，产值4.61亿元。

【太湖“三白”】 太湖“三白”即银鱼、白鱼、白虾，为中国五大淡水湖之一的太湖特产。银鱼无刺，鲜嫩爽口，主要出口到日本和东南亚国家，供应沪宁杭等大中城市高档饭店。白鱼肉质细腻，刺软。白虾壳薄、晶莹，味道鲜美。

【茶叶】 主要产区为雪堰、潘家、漕桥、横山桥等地的丘陵地区。以高品质绿茶碧螺春茶、“阳湖新月”绿茶为主。潘家城湾茶场产“阳湖新月”绿茶是江苏省名牌产品，“雪堰”碧螺春茶为中国名牌产品。2019年，全区茶园面积192公顷，茶叶产量33.35吨。

【水蜜桃】 主要产区为雪堰、潘家、洛阳、漕桥等地。雪堰、潘家两地在民国时期种植水蜜桃，色润汁丰，口感甜爽，因地近无锡被称为“无锡水蜜桃”。2019年，全区桃园面积2257公顷，桃产量3.6万吨。武进“阳湖”水蜜桃于2018年6月通过中国森林认证，成为全国首个通过森林认证水蜜桃。

【葡萄】 全区各地普遍种植葡萄，主要产区为礼嘉、洛阳等地。在推广种植“巨峰”“藤稔”等丰产品种的同时，引进种植“夏黑”“黑峰”等新品种，果肉坚实味甜。礼嘉镇葡萄文化小镇入围省农业特色小镇培育名单。2019年，全区葡萄种植面积1997公顷，产量4.6万吨。

（方　志）

经济社会发展

【经济建设】 2019年，武进区壮大实体经济，提升发展质效。重大项目攻坚年活动成效显著，引进中华煤气、太阳诱电2个投资超100亿元项目，崔北绿色家居创新园、柳工扩产、欧亿德高端不锈钢3个超50亿元项目，永葆环保、开迈斯新能源、东方润安铜管制造3个投资超30亿元项目，开迈斯新能源、高端化合物半导体、安川机器人零部件等高质量项目签约落户；区级重点项目全年完成投资539亿元，100个项目竣工投产，全区技改投入占工业投资比重达60%。工业经济质态良好，全区规模以上工业增加值增长7.8%，新能源、新材料、生物技术和新医药、节能环保、新一代信息技术、高端装备制造、新能源汽车、智能电网、海洋工程装备九大新兴产业链产值1776.88亿元，占规模以上工业总产值的41.7%；江苏国茂减速机股份有限公司成功上市，全区上市企业累计32家，总量稳居全省县（市、区）第二；江苏晶雪、河马井被认定为中国驰名商标，常州纵慧芯光半导体科技有限公司、常州龙腾光热科技股份有限公司获评江苏省潜在独角兽企业，江苏万帮德和新能源科技有限公司等20家企业获评瞪羚企业，瑞声光学科技（常州）有限公司、新誉集团有限公司和中车戚墅堰机车车辆工艺研究所有限公司入选工业和信息化部制造业单项冠军，全区企业参与制订修订国际、国家、行业标准26项。企业创新能力提高，净增高新技术企业142家，万人有效发明专利达49.9件。现代服务业提档升级，实现服务业增加值1092亿元；社会消费品零售总额700亿元，增长8.5%；全区入选省级电子商务示范企业10家、示范基地2个。全域旅游示范区建设稳步推进，全年旅游接待2017万人次，旅游总收入271亿元；6个民宿项目正式签约，春秋淹城旅游区获评“最美中国文化旅游目的地”，太湖湾露营谷获评“中国最美露营地”。现代农业稳步提升，“阳湖”果品节、中国（夏溪）园艺嘉年华暨江苏·澳门园艺文化周等活动成功举办，武进粮食物流园启用，江苏立华牧业股份有限公司成为农业产业化国家重点龙头企业，通过省级及以上审定水稻新品种5个，武进区获评全国县域数字农业农村发展水平评价先进县。开发区创新引领作用凸显，常州经开区在全省省级经济开发区综合考核评价中列第9位，四年跃升51位；武进高新区在全国国家级高新区综合评价排名中列第39位，比2019年提升6位，新一代信息技术产业有效突破，获批国家知识产权示范园区、全省首批“互联网＋先进制造业”基地；西太湖科技产业园在省级高新区综合评价排名中列第7位，比2019年提升5位，被评为国家医药外贸转型升级基地，石墨烯小镇获评省级优秀特色小镇。开放型经济保持平稳，完成实际到账外资及港澳台资7.6亿美元，进出口总额809.71亿元；核准境外投资项目40个，协议投资额2.2亿美元。全年完成地区生产总值2483.42亿元，增长6.9%；一般公共预算收入187.51亿元，增长5.1%。武进区获得全国综合实力百强区第三名、绿色发展百强区第二名、投资潜力百强区第一名；国家工业强基工程项目累计12个，占全省近1/5，获得中国工业百强区第八名、全省第一名；获评全省2018年度推进高质量发展先进县（市、区）、促进制造业创新转型和高质量发展工作成效明显地区；成为新一轮省农村改革试验区。

【政治建设】 2019年，武进区认真贯彻落实习近平新时代中国特色社会主义思想和中共十九大精神，始终牢记中共中央总书记习近平建设“强富美高”新江苏的殷殷嘱托，持之以恒推进高质量发展，为决胜高水平全面建成小康社会奠定坚实基础。全力推动全域党建，坚持抓基层，深入实施26个基层党建“书记项目”,以党建“软实力”催生发展“硬实力”。全面从严治党主体责任，“一学习两整治”以及形式主义、官僚主义问题专项整治工作成效得到上级肯定。始终保持严惩腐败、整治“四风”的高压态势。发挥“立体监督”综合效应，提升“四种形态”运用水平，推动政治生态整体向善向好。严格落实意识形态工作责任制，推动意识形态工作全面加强、全面过硬。提升治理能力，保障社会大局持续稳定。深化扫黑除恶专项斗争，全面推进更高水平的平安武进建设，全区社会治安状况持续向好，公众安全感达98.3%。开展互联网金融专项整治，防范和打击非法集资、套路贷等新型违法犯罪，区域金融生态环境得到改善。健全应急管理体系，压实安全生产责任，事故起数和死亡人数进一步下降，全区安全生产形势总体平稳。高效运转网格化集成管理平台，处理事项90余万项，开展走访服务80余万次。有效发挥人民调解"第一道防线"作用，妥善化解信访积案。强化基层基础建设，巩固社区减负增效、政社互动成果，全区社会组织累计2937家。积极转变政府职能，自觉接受区人大及其常委会法律监督、工作监督和区政协民主监督，143件人大代表建议、196件政协委员提案办理满意率达99.7%。深化综合行政执法体制改革，公布行政执法"三项制度"重点任务清单。推进政务公开，规范政务新媒体运营管理，主动公开各类政府信息3540条。第九批武进对口援疆工作圆满收官，援陕工作顺利推进，取得脱贫攻坚显著成效。

【文化建设】 2019年，武进区繁荣发展文化事业，庆祝新中国成立70周年系列活动取得社会反响良好，西太湖半程马拉松赛影响力持续扩大，武进诗词大会、市民艺术节等活动成功举办，基层综合性文化服务中心实现全覆盖。新增省"五个一工程"奖4个，9件作品入选江苏省庆祝新中国成立70周年主题美术作品展，小戏《一间房两个娘》入选江苏省首届小戏小品展演。武进广播电视台56件作品在市级及以上获奖，被中央电视台、江苏卫视等省级及以上媒体录用稿件150余篇，被"学习强国"平台录用稿件17篇；"微武进""乐活常州""生活连线"和"886武进之声"微信公众号累计粉丝65万人。区图书馆外借图书52万册；到馆读者73万人次；区博物馆接待游客40.6万人；区文化馆百相阁举办各类活动40余场，公益性培训联盟培训受益群众超7万人次；区书画院举办社会公益美术培训15期、承办书画展览12期；各文艺单位送戏、送综艺、送图书下乡600多场次。成功申报省级、市级文物保护单位各1处。

【社会建设】 2019年，武进区提升城市能级，改善区域面貌。《环滆湖战略规划与城市设计》编制基本完成，镇村布局规划优化工作有序推进。现代化综合立体交通框架全面拉开，常州轨道交通1号线开通运营，沿线环境明显改观；常宜高速、苏锡常南部高速、南沿江城际铁路建设加速推进，长虹路龙江路高架互通工程全面完成，大明路、漕上路等重点道路竣工通车，武进区创成"四好农村路"省级示范县。城市长效综合管理水平进入全市第一方阵，新增停车泊位3374个，新建、改造城市公厕51座，实现生活垃圾日产日清、建筑装潢垃圾资源化处置全覆盖，城区形象持续提升。深入实施乡村振兴战略，全面启动农村人居环境整治，雪堰镇城西村入选"中国美丽休闲乡村"，前黄镇杨桥村入选第七批"中国历史文化名村"，全区创成省级农村人居环境整治综合示范村20个，累计280个自然村达到美丽宜居乡村标准。加强文明城市常态长效建设，深入推进新时代文明实践中心建设，"道德讲堂""志愿服务""身边好人"深入人心，社会文明程度测评指数位居全省前列。推进教育事业均等化，建成投用学校项目4个，前黄高级中学入选省高品质示范高中首批建设立项学校，集团化办学、城乡学校结对共建机制作用凸显。启动建设智慧医疗项目，武进人民医院外科大楼、武进中医医院综合大楼、横山桥镇卫生院综合大楼建成投用，推行村级医疗卫生人才"区管镇用"机制，武进区创成国家级慢性病综合防控示范区，获得省基层卫生十强县（市、区）称号。健全就业创业政策体系，新增就业2.7万人，创业带动就业2.6万人，全体居民人均可支配收入5.1万元，增长8.3%。实施保障提标，完善征地补偿和被征地农民社会保障政策，住房公积金扩面超5万人，长期护理保险试点受益人群达5000人。发展光彩事业，投入光彩资金3250万元，实施惠民项目224个。开展慈善救助，发放慈善救助金4530万元，惠及1.5万人次。全区标准化居家养老服务中心（站）累计183家，实现养老服务提质增效。

【生态文明建设】 2019年，武进区加强污染防治，提升生态环境。开展"水、气、土"污染治理，深入推进"减化"和"散乱污"企业（作坊）综合整治，全区$PM_{2.5}$浓度下降2.7%，入湖河道水质持续改善，国省考断面三类水体比例达71.4%。洛阳镇戴溪片区小流域综合整治二期项目基本完成，治理黑臭水体58条，清淤河道233.4千米、河塘1212处。农村分散式生活污水处理工程PPP项目一期建成投用、二期启动建设，新（改、扩）建污水处理厂5座，新建污水主、支管网132千米，2317家企业、336个排水片区完成接管。滆湖网围整治全面完成，入选第二届江苏生态环境十大先进典型。河湖"两违三乱"专项整治全面开展，河长制作用更加凸显，各级河长全年巡河2.3万次，企业河长队伍进一步充实。太湖连续12年实现安全度夏。"江河碧空"蓝天保卫行动有序实施，各类扬尘得到严格管控，禁燃限放烟花爆竹工作平稳开展，385家企业完成挥发性有机物综合治理。固废安全处置能力提升，152家企业通过重点环境风险安全达标评估。"三河"工程建设进展顺利，永安河景观工程效益充分发挥，长河公园建成开放，修复湿地266.67公顷、造林绿化480余公顷。

（方 志）

常州地铁1号线湖塘镇沿线 （供图/武进日报社）

中共常州市武进区委

CPC Committee of Wujin District of Changzhou

栏目编辑　王国新

“不忘初心、牢记使命”主题教育

【概况】 2019年5月13日，中共中央政治局召开会议，决定从2019年6月开始，在全党自上而下分两批开展“不忘初心、牢记使命”主题教育。9月17日，武进区“不忘初心、牢记使命”主题教育动员会在区行政中心召开。常州市副市长、武进区委书记李林做动员讲话，强调要以习近平新时代中国特色社会主义思想为指导，落实中央和省委、市委主题教育有关要求，切实做到“五突出五确保”（突出政治性，确保学习意义更深远；突出时代性，确保调查研究更有力；突出斗争性，确保检视剖析更精确；突出针对性，确保整改落实更到位；突出实效性，确保主题教育更深入），推动全区主题教育取得实实在在成效，让主题教育激发出的工作热情和进取精神，转化为武进加快打造苏南模式转型升级试验区、奋力当好高质量明星城建设排头兵的实际成果。10月23日，区委在区行政中心召开“不忘初心、牢记使命”主题教育推进会，总结交流前阶段进展情况，研究安排下阶段重点工作，常州市副市长、武进区委书记李林就推动主题教育向纵深开展提出具体要求。全区各级党组织和全体党员干部要聚焦关键少数，发挥示范带头作用、坚持动真碰硬，深入推进专项整治、聚焦基层支部，抓实两项重点措施、注重统筹推进，激发改革发展动力、强化督促指导，确保要求一贯到底，力争通过主题教育，在真抓实干中把不忘初心的标尺立起来，把牢记使命的责任扛起来，把党员干部干事创业的热情激发出来。

9月17日，武进区“不忘初心、牢记使命”主题教育动员会在区行政中心召开
（摄影/陆　新）

12月5日，区委常委会召开主题教育专题民主生活会，区委常委逐一进行个人检视剖析，相互开展批评与自我批评，本着对党、对事业、对同志、对自己高度负责的态度，从有利于武进发展、有利于作风改进、有利于班子团结的角度，拿起批评和自我批评的武器，坦率真诚、毫不遮掩，开门见山、一针见血，既吐露心声、碰撞思想，也讨论问题、推进工作，达到查摆问题、明确方向、交流思想、凝聚合力、促进工作、共同提高的目的和效果。常州市副市长、武进区委书记李林强调，要积极用好专题民主生活会成果，与深入学习宣传贯彻中共十九届四中全会精神紧密结合起来，与持续深化推进主题教育结合起来，锻造过硬的政治品格，坚守深切的为民情怀，打造浓厚的干事氛围，营造良好的政治生态，进一步加强区委常委会班子建设，充分发挥示范表率作用，为加快打造苏南模式转型升级试验区、奋力当好高质量明星城建设排头兵做出应有贡献。

年内，区委牢牢把握学习贯彻习近平新时代中国特色社会主义思想这条主线，全面落实“守初心、担使命，找差距、抓落实”总要求，紧紧围绕“理论学习有收获、思想政治受洗礼、干事创业敢担当、为民服务解难题、清正廉洁作表率”的具体目标，高起点谋划、高质量推进“不忘初心、牢记使命”主题教育。全区参学单位81个、基层党组织2500余个、党员5.5万人。其中，县处级以上干部参学42人。全体党员干部以饱满的政治热情投入主题教育，推动主题教育有力开展、扎实深入，主题教育取得重要的制度创新和实践成果：学习教育深叩初心，党员干部的理想信念更加坚定；调查研究深入一线，党员干部的工作作风更加务实；检视问题深剖根源，党员干部的精神面貌更加提振；整改落实深揪症结，党员干部的能力水平更加过硬。高标准完成省委巡视常州、省委巡视武进整改任务，任务整改率分别达98%和96%。

（吴柯霖）

【基层党组织“不忘初心、牢记使命”主题教育】 2019年，区委组织部按照“守初心、担使命，找差距、抓落实”的总要求，针对全区近3300个不同类型基层党支部的特点，分类制定方案，有序推进“不忘初心、牢记使命”主题教育。开展“学习先锋、感悟初心”开放式主题党日活动，出版推广本土教材《阳湖印记》《阳湖心潮》，不断浓厚学习氛围。培育基层党建宣教点41个，发布“武进基层党建地图”，推出4条基层党建风景线，串联“第一党支部”——中共横山桥支部、武进烈士陵园、冯仲云故居等红色教育基地及武进博物馆、武进规划馆等专业展馆，形成“经典红色元素”党建风景线；培育五一村、狄坂村、岑村村等9个各具发展特色的村级党组织，形成“振兴分子链”党建风景线；汇集东庄社区、永定社区等7个社区党组织主动攻克城市化进程中各类治理难题的工作成果，形成“初心引力波”党建风景线；展现中天钢铁集团、今创集团等12家企业党建引领高质量发展的业绩，形成“先锋启明星”党建风景线。集中推进“不忘初心、牢记使命”主题教育专项整治8个，明确整治任务85项。至年底落实40项，取得阶段性成效需长期坚持的45项。推行精文简会，整治“牌子乱象”，规范督查考核，清理考核项目7项、签订责任状事项10项、“一票否决”事项2项。

（符小宝）

决策部署

【区委十二届七次全会】 7月29日在区行政中心召开，区四套班子全体领导出席会议。常州市副市长、武进区委书记李林代表区委常委会作题为《勇于担当作为、决胜三年行动，为高水平全面建成小康社会打下决定性基础》的报告。会议坚持以习近平新时代中国特色社会主义思想为指导，深入贯彻中共十九大精神，落实省委十三届六次全会、市委十二届八次全会部署要求，总结上半年工作成绩，部署下半年任务。全会动员全区广大干部群众勇于担当作为，全面贯彻落实省委“决胜高水平全面建成小康社会和长三角区域一体化战略”的决策部署，积极落实市委深化“种好幸福树，建好明星城”新实践的工作要求，全力攻坚“五个三年行动计划”，及早谋划下一阶段发展，通过“不忘初心、牢记使命”主题教育，进一步统一思想、凝聚共识，大力提振干部队伍的精气神，通过“防风险、促转型”的有力举措，进一步提升经济发展质效，培育经济社会发展新的增长点，通过深入开展“扫黑除恶”专项斗争、切实推进民生实事建设，进一步完善社会治理体系，提升人民的获得感、幸福感、安全感，加快打造苏南模式转型升级试验区，奋力当好常州明星城建设排头兵，以“五个三年行动计划”的圆满完成，为高水平全面建成小康社会打下决定性基础。

【区委十二届八次全会】 12月27日在区行政中心召开，区四套班子全体领导出席会议。常州市副市长、武进区委书记李林代表区委常委会作题为《建好“五个生态”，打造“一区一城”，奋力谱写“强富美高”新武进建设新篇章》的报告。全会贯彻中共十九大和十九届二中、三中、四中全会以及中央经济工作会议精神，落实习近平总书记对江苏工作重要讲话指示精神，认真贯彻省委、市委全会精神，回顾总结“强富美高”新武进建设取得的成绩以及“五个三年行动计划”实施的工作成效，研究部署2020年及之后一个时期的工作，动员全区各级党组织和广大党员干部，持续解放思想、深化改革开放，不忘初心、牢记使命，扎实推动高质量发展走在前列，确保高水平全面建成小康社会目标顺利实现，奋力谱写“强富美高”新武进建设的崭新篇章。全会确立武进未来一个阶段的目标定位：全力打造生态滨湖区、现代智造城“一区一城”。围绕这一目标定位，要把建好政治生态、产业生态、自然生态、城市生态和社会生态“五个生态”作为路径和抓手。全会指出，2020年要突出重点解决难点，做好决胜高水平全面小康的各项工作，大力推进重大项目提质工程，紧盯重点产业、重点企业、重点地区、重点人员、重点环节，以高质量项目促进高质量发展；大力推进重点平台提档工程，三大园区（常州经开区、武进高新区、武进经济开发区）要提升发展能级，特色平台要增强竞争优势，国资国企要提高运营质效；大力推进镇村活力提振工程，加强区镇联动，做好内部挖潜，振兴集体经济，做美镇村面貌；大力推进生态环境提优工程，打赢碧水保卫战，攻坚大气污染防治，标本兼治注重长效，持续提优生态环境质量；大力推进民生幸福提标工程，提升社会治理能力，守好民生安全底线，促进公共服务均衡，加快基础设施建设；大力推进营商环境提升工程，打响“两个健康”品牌（非

7月29日，区委十二届七次全会在区行政中心召开　（摄影/陆　新）

公有制经济健康发展和非公有制经济人士健康成长)，深化“放管服”改革，探索综合执法改革，提升机关服务效能。

【全区党建工作暨作风建设会议】 2月15日在区行政中心召开，李林、戴士福、臧建中、江建文、顾伟国、叶明华等区四套班子领导出席会议。会议动员全区各级党组织和广大党员干部鼓足干劲、接续奋斗、优化作风、决战决胜，为“五个三年行动计划”圆满收官提供有力保障。会议强调全区各级党组织进一步树牢“最大政绩”“首要之责”理念，继续深化“严治厚爱、创优争先”党建品牌建设，把从严治党的要求贯彻好，把勇争一流的精神弘扬好，把创新实干的作风发扬好，全面提高新时代党的建设质量，尽可能凝聚起全区上下的智慧和力量，有力保障武进的高质量发展大局。全区各级党组织要自觉“讲政治”，提高政治站位，正思想，抓学习，讲规矩，严贯彻，举旗帜，重宣传，坚决打赢意识形态斗争；要聚焦“转作风”，激扬改革创新之风、担当尽责之风、务实落实之风，赢取各项工作的大突破；要着力“增效能”，持续深化“放管服”改革，用心高效服务企业，凝心聚力服务发展；要扎实“强组织”，优化选人用人，锤炼过硬队伍，夯实基层基础，真正把每一个基层党组织都建设成为凝聚群众、服务发展的坚强堡垒；要落实“严要求”，在强化改革创新中压实“两个责任”(党委负主体责任，纪委负监督责任)，在严格执纪监督中促进清正廉洁，在深化巡视巡察中更好“强身健体”。

【领导干部研讨会】 12月8日在区行政中心召开，李林、戴士福、臧建中、江建文、顾伟国、叶明华等区四套班子领导参加。经研讨，会议明确武进区中长期发展目标定位：全力打造生态滨湖区、现代智造城“一区一城”，把打造良好的政治生态、产业生态、自然生态、城市生态和社会生态“五个生态”作为路径和抓手，紧紧围绕“打造苏南模式转型升级试验区”“当好工业明星城排头兵”的目标任务，大力推动制造业的智能化、服务化转型，加快构建协作共赢的健康产业生态体系，科学布局支撑先进制造业发展的现代化城市功能，逐步形成以产兴城、以城促产、宜居宜业、融合发展的良性循环，基本建成具有国际竞争力的先进制造业基地和创新型经济发展高地，以此赢得在上海都市圈和长三角一体化中不可替代的重要地位。同时，充分用好西太湖、太湖两湖资源，努力以两湖美的亮点呈现撬动全域美的华丽升级，真正把武进打造成为苏锡常一体化乃至长三角一体化进程中首屈一指、独具魅力的生态福地。2020年武进区的总体发展思路是，打赢“十三五”规划的收官战和高水平全面建成小康社会大决战两场战役，编制好“十四五”规划和武进国土空间总体规划(2020—2035)，着重做好重点项目提质、重大平台提档、镇村活力提振、生态环境提优、民生幸福提标、营商环境提升六大工程，奋力实现“第一个一百年”奋斗目标，为开启基本实现现代化建设新征程做好充分准备。

【区委常委会2019年工作要点】 2月20日，《中共常州市武进区委常委会2019年工作要点》出台，明确2019年全区各级要以习近平新时代中国特色社会主义思想为指导，全面贯彻中共十九大精神，坚持新发展理念，坚持以人民为中心的发展思想，按照“推动武进高质量发展走在前列”的总体要求，落实市“重大项目攻坚年”工作部署，紧紧围绕“五个三年行动计划决胜年”主题，持续深化改革，全力扩大开放，全面从严治党，统筹推进稳增长、促改革、调结构、惠民生、防风险各项工作，切实维护社会稳定，确保“五个三年行动计划”圆满收官。围绕上述目标，2019年要重点做好坚定不移支持实体经济、一以贯之优化生态环境、更高水平推进开放开发、精准务实加力民生建设、全面深入强化精细管理、严治厚爱夯实党建保障六方面工作，奋力在“打造苏南模式转型升级试验区、当好常州明星城建设排头兵”进程中迈出坚实步伐，为决胜高水平全面建成小康社会打下决定性基础，以优异成绩庆祝新中国70华诞。

【全区“五个三年行动计划”2019决胜年实施意见】 2月1日，区委、区政府出台《全区“五个三年行动计划”2019决胜年实施意见》，要求全区各级要以习近平新时代中国特色社会主义思想为指导，全面贯彻落实中共十九大精神，按照“推动武进高质量发展走在前列”的总体要求，紧紧围绕“五个三年行动计划”决胜年主题，以种好幸福树、建好明星城为出发点，进一步深化改革开放，促进产业创新，提升城市品质，优化生态环境，增进民生福祉，确保“五个三年行动计划”圆满收官，经济社会实现更高质量发展，向“打造苏南模式转型升级试验区、当好常州明星城建设排头兵”的目标不断迈进。明确“打造产业优势，培育经济发展‘增长极’”“加快机制创新，彰显精细管理‘软实力’”“优化生态环境，建设美丽武进‘生态城’”“整合教卫资源，推进教育卫生‘均等化’”“突出产业特色，打造城乡发展‘新活力’”五大重点工作，努力以“五个三年行动计划”的重点及解决短板和弱项作为决胜的总体目标，采取有力有效的行动措施，接续奋斗，进一步提升经济社会发展的质量和效益，决战决胜“五个三年行动计划”。

(吴柯霖)

组织工作

【概况】 2019年，区委组织部遵循新时代党的组织路线，全面贯彻落实全国、全省、全市组织部长会议精神，围绕“三个五五”工作布局和“基础工作年”主题，推动组织工作高质量发展。2月，区委组织部新增综合考核、公务员管理、作风建设等职能，归口管理区委编办、区委老干部局，统筹推进区级机关机构改革部署。年末，武进区有党组织3586个，其中党委(党工委)126个、党总支319个、党支部3141个；有党员71495名。其中，女党员21015名，占29.4%。年内发展党员794名，其中，35岁以下党员524名，占66%；女党员310名，占39%；大专及以上文化党员698名，占87.9%。

【基层党组织“不忘初心、牢记使命”主题教育】 参见“中共常州市武进区委”类目P17同名条目。

【高质量发展绩效考核】 2019年，区委编办按照“推动武进高质量发展走在前列”的总体要求，围绕“五个三年行动计划”决胜年主题，制定《2019年度区级机关部门服务高质量发展考核实施方案》，考核全区63个部门和单位，考核项目由重点工作目标（70分）、管理工作目标（30分）和加减分项目（最高各不超过2分）3个部分组成，分为8个具体考核指标，由8个考核责任部门牵头制定考核实施细则，发挥考核激励作用，激发全区党员干部担当实干。

【基层党组织建设】 2019年，武进区同步推进扫黑除恶和加强基层组织建设，整顿软弱涣散村党组织，选派第一书记14人；区委组织部会同区纪委监委及区审计局等部门清理问题人员18人。开展扫黑除恶主题党日活动，引导党员当先锋、做表率。结合区内红色资源，利用电子屏、海报、横幅等形式强化正面舆论引导，提档升级基层党群服务中心46个。各级基层党组织常态化开展“党员义工365”等志愿服务，打通服务群众的“最后一公里”，不断提升基层党组织的组织力和影响力。

【“五星联建创五优”活动】 2019年，区委组织部贯彻落实中共中央和省委、市委关于加强基层党建工作的部署要求，以党的组织体系建设为重点，启动开展“五星联建创五优”活动，即通过规范之星、活力之星、发展之星、服务之星、堡垒之星的“五星”创建，力争通过三年时间，打造100个左右主题内涵优、教学资源优、基础设施优、组织保障优、社会效应优的“五优”先锋示范点，以点带面提升各领域基层党建工作。各级党委找准各领域基层党建的共性特征，引导全区2000多个基层党组织“五星联建”。规范之星创建重组织覆盖，活力之星创建重党员队伍建设，发展之星创建重作用发挥，服务之星创建重宗旨践行，堡垒之星创建重政治属性把握。区委制定评价标准，纳入党建工作整体布局；各单位党委（党组）细化实施细则，抓好分类指导；基层党组织对照“五星”标准逐一过堂，逐一提升，46个基层党组织实现提档升级。年内，区委表彰“五星”党组织32个。

【干部教育培训】 2019年，区委组织部围绕高质量发展要求，深化干部教育培训工作创新，加强高素质专业化干部队伍建设。推进优质现场教学点、优质师资队伍“双优”创建，分层分类办好各类培训，统筹相关部门办好“推动高质量明星城市建设”系列培训班，举办武进“干部大学堂”、领导干部能力素质提升班、青年干部培训班等特色主体班次，全年共完成各类干部教育重点培训班次43个，累计培训干部7300余人次，较好地提升了干部队伍综合能力素质。

【干部选任】 2019年，区委组织部确立干部人事调整十条原则，树立讲担当重担当、重实干重实绩的选人用人导向。完善知事识人体系，强化日常考察和综合研判。进一步完善干部智慧管理系统，常态开展“走进基层、走近干部”“干部月月谈”活动，深化“干部实绩档案”建设，深入了解领导班子运行情况和干部现实表现，进一步提高选人用人的规范性和科学性。

【公务员管理】 2019年，区委组织部切实加强公务员管理，密切与人社等部门的对接，理顺部门职能，编制2020年全区公务员招录计划，完成报名、审核工作。研究制定《关于规范中层干部选任工作的相关要求》，进一步规范机关单位中层干部选任工作。稳步推行职务职级并行工作，年内，基本完成全区公务员职级套转工作。建立干部人才市场，编制岗位说明书，在全区定向开展集中选调，不断优化人力资源配备。

【优秀年轻干部培养选拔】 2019年，区委组织部出台《关于进一步推进优秀年轻干部发现培养选拔工作的意见》，加强优秀年轻干部发现培养和选拔工作。分别举办为期1个月的领导干部能力素质提升班、青年干部培训班各1期。开展第三期“活力机关”创建活动，以“青年展风采，建功新时代”为主题，组织动员全区203名青年干部参加比拼展示、实地调研，一批优秀青年干部进入组织视野。围绕发展所需，与南京大学就业指导中心签订合作协议，共建学生基层实习实践基地，累计接收大学生实习实践35人。深挖本土人才资源，举办“武进学子回乡行”活动，邀请110名武进籍大学生回乡参观、座谈交流、了解武进人才政策，鼓励优秀人才回归本土、服务本地。进一步加大年轻干部使用力度，全年累计提拔35岁以下的年轻干部10人，其中正科职1人。

【干部监督管理】 2019年，区委组织部加强干部选任监督，开展选人用人专项检查，完善“全程记录—过程监控—审核把关—痕迹管理”工作链条。加大提醒函询诫勉工作力度，查核领导干部个人有关事项报告96份，6人因不如实报告有关事项受到诫勉谈话。开展机关作风建设“啄木鸟”专项行动，组织明察暗访机关部门46家次。开设“组织部长谈心日”，采取“双向约谈”方式，加强与党员干部人才沟通交流，建立问题建议的交办、落实和反馈机制，对需要组织提醒的，及时约谈，扯袖提醒，进一步激励干部担当作为。

【“武进英才”政策体系建设】 2019年，区委组织部加强以“武进英才”为统揽的政策体系建设，加大对顶尖人才、杰出人才的支持力度。聚焦人才企业“首投、首贷”问题，给予领军型创业人才100万～800万元资金扶持。构建人才发展全生命周期和创业创新全领域政策赋能体系，系统推进顶尖人才引领工程、创业人才提升工程、创新人才倍增工程、农业农村人才振兴工程、社会事业人才引育工程、紧缺人才集聚工程、“武进英才”荣誉工程七大人才工程，支持各领域人才协调发展。其中，实施“武进英才”荣誉工程晋档扩面，整合金东方颐养园、武进区职工服务中心等优质资源，拓展为九大类27项服务内容，切实满足高端人才落户、子女教育、医疗、居住等现实需求，让人才享受更好礼遇、更优待遇。年内，全区自主培育国家重大人才工程A类入选者1人、国家重大人才工程B类入选者6人、省双创人才22人。

【“资者见智”人才服务平台建设】 2019年，武进区打造“资者见智”服务平台，推动人才、资本、产业等要素融合。邀请易方达、毅达等知名风创投机构，中信、华泰、兴业等证券机构以及农业银行、江苏银行、江南银行等近百个金融机构参与对接活动，签订合作协议26项，总金额3.36亿元。持续优化人才生态，先后

7月7日，武进“资者见智”鹊桥会举行　　（供图／区委组织部）

促成23家人才企业获“人才贷”3810万元。推进校企合作，在南京、西安等高校集中区设立人才服务站，配备人才服务专员，主动提供优质服务，吸引优秀人才到武进创业就业。开通人才企业知识产权申报绿色通道，首期入库企业26家。全年开展人才科技对接活动200多次、产学研对接60多场，引荐人才项目128个。服务10家人才企业登陆资本市场，全区领军人才企业完成销售超60亿元。

【“智慧组工”管理系统建设】 2019年，区委组织部以信息化带动组织工作规范化，大力建设“智慧组工”管理系统，干部智慧管理信息系统、干部教育培训管理系统、武进党建云平台成功申请国家著作权。干部智慧管理信息系统贯穿干部育选管用全过程，将干部的自然信息、档案信息、考核信息、考察信息、负面信息等全部纳入数据库，分类标签，精准画像，实现干部档案材料一键生成、一键输出、一键成册，同时可以对班子情况、队伍结构进行智慧分析、预警提醒，并提出干部选配意见供参考，为探索选配分离打下坚实基础。干部教育培训管理系统实现办班审批、教学管理、评价反馈等智慧化、不见面管理，建立优质师资库、精品课程库和培训基地库，基本实现订单式、菜单式的培训模式，提升管理效率和培训实效。武进党建云平台由线上组织生活、可视化活动、全天候学习、组织关系接转等功能板块组成，成为“指尖上的党建阵地”，实现网络发展到哪里，党的工作就覆盖到哪里。至年末，武进党建云平台微信公众号订阅用户5万多人，累计浏览量300多万次，成为中组部新媒体宣传矩阵成员，宣传效应初步显现。

（符小宝）

宣传工作

【概况】 2019年，武进区宣传工作部门坚持聚焦首要任务（学习贯彻习近平新时代中国特色社会主义思想），围绕一条主线（庆祝中华人民共和国成立70周年系列活动），建强“四大阵地”（意识形态责任阵地、主流舆论传播阵地、精神文明培育阵地、文化发展繁荣阵地）、建设“两个中心”（区级融媒体中心建设和新时代文明实践中心），各项工作取得显著成绩。全年举办“武进讲坛”专题讲座2场、“阳湖精神”干部讲坛1期，评选表彰2019年度“阳湖先锋”集体2个、个人10人，在市级及以上媒体发表外宣文章600余篇。下拨区级文化产业发展项目引导资金100万元，全区实现文化产业增加值141.67亿元。武进区获评江苏省基层党员冬训工作示范县（市、区）。

【理论学习教育】 2019年，区委宣传部依托“武进讲坛”举办专题讲座2场，邀请浙江省杭州市卫健委副巡视员蔡一华、江苏省应急管理厅巡视员喻鸿斌分别专题解读《建设健康城市、共享品质生活》《地方党政领导干部安全生产责任制规定》。举办武进区“阳湖精神”干部讲坛1期，常州市副市长、武进区委书记李林上“不忘初心、牢记使命”主题教育专题党课。制定印发《2019年全区基层党委（党组）理论学习中心组专题学习计划》，组织旁听、专题检查机关部门及各镇中心组学习和“学习日”活动。全面推广使用“学习强国”学习平台，建好学习管理员、通讯员、评论员三支队伍，加强优质稿件报送，定期通报相关学习情况，全区党员注册率、学习活跃度、稿件录用数在全市考核中位居第一。3—11月，组织开展庆祝中华人民共和国成立70周年微视频征集展示活动，在全区评选展示广大干部群众心怀梦想、同心筑梦的微视频作品，弘扬不忘初心、奋斗不息的精神，表彰《袖梦》（区文广体旅局摄制）等微视频作品10部。

7月30日，武进区新时代文明实践“阳湖之光”基层理论宣讲服务团成立
（供图／区委宣传部）

4月，承办全市基层理论宣讲工作推进会，表彰湖塘镇府东社区蒲公英理论宣讲团、湟里镇杨柳埠理论宣讲工作室、区委党校“宣传理论、服务群众”宣讲队、教育系统“红烛”宣讲队、区委党校教研科科长杨广等集体和个人。5—7月，开展“共话祖国好，奋进新时代”基层理论主题宣讲竞赛、“百姓名嘴”风采展示活动，成立武进区新时代文明实践“阳湖之光”基层理论宣讲服务团，经开区潞城街道孙江、区教育局华闵获决赛一等奖。8月，开展“学习贯彻新思想，纵深推进思想解放，把常州发展带入新境界”专题读书调研活动，收到调研成果200余篇。常态化开展基层党员冬训工作，武进区被评为全省基层党员冬训工作示范县（市、区），湖塘镇、西湖街道被评为全省基层党员冬训示范乡（镇、街道）。

4月23日，区委、区政府组织全体机关干部在区行政中心举行庆祝武进解放70周年升国旗仪式（供图／区委宣传部）

【新中国成立70周年庆祝活动】 2019年，区委宣传部把庆祝中华人民共和国（简称“新中国”）成立70周年作为贯穿全年的重大主题、重大任务，组织开展系列活动。4月23日和10月1日，区委、区政府组织全体机关干部在区行政中心广场，分别举行庆祝武进解放70周年升国旗仪式和国庆升国旗仪式。7月5日，“我和我的祖国”大合唱比赛在凤凰谷大剧院举行，各镇（街道）、开发区、机关、企业等组织20支队伍参加比赛，湟里镇代表队、遥观镇代表队、雪堰镇代表队获一等奖。9月21日至10月8日，征集建设的庆祝中华人民共和国成立70周年图片展武进展厅在常州国际会展中心开放，分设“沧桑巨变·辉煌武进”“城乡争春·多彩武进”“日出阳湖·追梦武进”3个部分，全面展示中华人民共和国成立70周年武进现代产业蓬勃发展、生态城乡如诗如画、城市管理精细科学、特色强镇活力迸发、幸福民众安居乐业的惊艳画卷。9月30日，“我和我的祖国”武进区庆祝中华人民共和国成立70周年会议暨文艺会演在凤凰谷大剧院举行，区四套班子领导、离退休领导干部，相关板块主要领导及社会各界代表2000余人参加活动，演出“这是伟大的祖国”“是我生长的地方”“在这片辽阔的土地上”“到处都是明媚的阳光”4个篇章节目。10月1日，举行庆祝中华人民共和国成立70周年各界人士座谈会，老领导、老红军老战士、“庆祝中华人民共和国成立70周年”纪念章获得者、企业家和各界代表人士代表60余人参加，畅谈新中国成立70年巨变，结合自身经历谈切身感受，对区委、区政府工作提出殷切期望。

【意识形态工作责任制落实】 2019年，区委宣传部严格落实意识形态工作责任制，组织各级党委（党组）签订意识形态工作责任书，对照《中共常州市委关于省委巡视反馈意见整改工作方案》《关于巡视检查常州市委落实意识形态工作责任制情况的报告》的整改工作方案，认真查找全区意识形态领域存在的问题和不足，明确整改任务、整改措施，厘清责任领导、责任单位和整改时限，指导全区各级党组织认真整改意识形态领域问题。建立“宣传部门专题督查、纪检机关专项巡察、组织部门纳入干部考核”工作机制，召开全区意识形态领域情况分析、研判联席会议，举办意识形态工作专题培训，专题研究意识形态工作3次，向区委常委会报告意识形态工作情况1次。严格执行讲坛分级管理制度，加强全区公开类讲座、讲坛备案管理。加大意识形态工作专项巡察力度，全年巡察基层单位15个。

【“阳湖先锋”推选活动】 2019年，武进区每季度开展“阳湖先锋”提名推选活动，27人和8个集体获“阳湖先锋”提名。区委、区政府发文通报表彰，马承、方沛琪、朱邦辉、朱建国、严成、陈凯、张思渊、胡丽敏、蒋健、蒋晓美10人获“阳湖先锋”称号，江苏国茂减速机股份有限公司、江河港武水务（常州）有限公司武进供水服务中心获“阳湖先锋”集体称号。

【新闻舆论宣传】 2019年，区委宣传部围绕“不忘初心、牢记使命”主题教育、“扫黑除恶”专项斗争、庆祝中华人民共和国成立70周年等重大活动，积极服务区委区政府“五个三年行动计划”决胜年等中心工作，推出《寻找共和国同龄人》《致敬奋斗者》《红色记忆》《壮丽70年，奋斗新时代》《攻坚重大项目，决胜三年行动》等主题报道，全景式反映武进人民奋力奔跑追梦的生动实践，唱响武进声音。开展新闻阅评工作，《制订“精品生产攻坚计划”奖励办法》《武进率先完成农村集体经营性建设用地入市》获评2018年度江苏省报纸优秀作品评比一等奖。组织指导全区职能部门定期召开新闻发布会，全年召开西太湖半程马拉松新闻发布会等15场。打造“聚焦武进”外宣品牌，在市级及以上媒体发稿300余篇。其中，《人民日报》发表1篇，新华社《内参选编》发表2篇，新华社《要情动态》发表2篇，《新华日报》发表8篇，《常州日报》头版发表21篇。在《新华日报》头版发表《奋楫争先·武进按下发展快进键》《武进：高质量发展“当争一流”》《武进全面推开农村土地制度改革三项试点》等报道，进一步扩大武进的影响力。武进区各类新媒体影响力进一步放大，微信公众号“今日武进”用户数达 12.9 万个，武进日报社官方抖音发布作品 300 多个、粉丝 2.2 万个。按照打造主流舆论阵地、综合服务平台、社区信息枢纽的功能定位，加快推进传媒资源和传播平台优化整合。考察学习浙江三门、萧山等地经验，编制完成区级融媒体中心建设规划方案。

（陈　伟）

【网上正面宣传】 2019 年，区委网信办深入贯彻中共中央总书记习近平网络强国战略思想，围绕庆祝中华人民共和国成立 70 周年，于 5 月在武进新闻网开设“壮丽 70 年 · 奋斗新时代”网络专栏，精心策划推出“新中国成立 70 周年 · 红色记忆”系列报道 14 篇，集中宣传武进区 70 年改革发展巨大成就和干部群众拼搏争先的精神风貌。8 月，开设“不忘初心、牢记使命”专题，全面宣传党中央深入开展主题教育的决策部署和目的意义，重点报道全区开展主题教育的进展情况和典型经验，及时反映主题教育的成效反响和理论成果。结合全区“五个三年行动计划决胜年”的生动实践，于 5—7 月推出“锤炼践行‘四力’，聚焦重点项目”专题报道 8 篇，充分反映全区各级在推进重点工作过程中涌现的新典型、取得的新成效。结合“扫黑除恶”专项斗争，于 1—10 月推出“扫黑除恶武进在行动”专题报道 25 篇，跟踪报道武进区落实中央扫黑除恶专项斗争重大决策部署的政策措施、重点工作、工作成效。积极开展网络文化活动，通过武进新闻网推出“辉煌七十载”“追梦武进人”“智汇新生活”“网传益风尚”等专题，向全社会征集展示图文、H5、照片、短视频等优秀网络文化作品，充分展现新时代武进儿女积极健康、向上向善、砥砺奋进风貌。8—12 月，举办网信普法活动，在武进新闻网、戚区网、移动互联网平台开设网信法律法规宣传专题，与区司法局联合举办网信普法短视频征集展示活动，动员各乡镇板块、属地网站、新媒体平台以及互联网企业从业人员积极创作网信普法短视频，广泛宣传互联网法律法规。

【网络舆论引导】 2019 年，区委网信办抓好网络安全意识形态工作，于 9 月制定《武进区党委（党组）网络意识形态工作责任制实施细则》，进一步压实各单位网络意识形态工作的主体责任。10 月，印发《武进区互联网应急响应规范》，明确相关单位应对网上重大、突发舆情的工作要求，进一步健全重大敏感舆情直接报区领导、敏感舆情及时与相关单位核实并 24 小时内给予回复、一般舆情发相关单位提请关注的三级响应机制。落实 24 小时全天候舆情监测，通过运用人工监看和智能监控相结合的舆情监测方法，及时监测网络舆情信息，分析研判网络舆情动态，有效沟通处置“E 租宝”“韦博开心豆少儿英语跑路”等重点舆情，上报舆情信息 1500 余条，形成《舆情专报》11 期、《年度舆情综述》。发挥网评队伍作用，组织 52 名小水滴志愿者、371 名“网络红军”开展各类网评、转帖活动，积极传递网络正能量。3—10 月，牵头部署推进全区“清朗 2019”网络空间治理专项行动，检查网站 11000 余个，关停涉黄涉赌网站 700 余个，清理非法虚假广告 48 条，约谈网站负责人 23 人次，约谈账号持有人 12 人次，行政处罚 3 人（个）。筛选 1100 余个网站和新媒体平台进入重点监测数据库（网站 549 个、微信公众号 484 个、微博 54 个、抖音号 7 个、App7 个、直播平台 3 个、其他自媒体 20 个）。开展网络不良信息专项整治，联合区公安、教育等部门，打击清理网络谣言，累计在全网举报涉政治类不良信息 7000 余条，举报涉互联网非法金融类不良信息 10 万余条，武进区互联网非法金融类不良信息举报数位列全市第一。

（张银超）

【新闻出版管理】 2019 年，区委宣传部坚持把新闻出版发行产品的内容安全放在首位，强化执法检查，坚决惩处无证照经营、超范围经营、无印制手续等违规印制、发行行为。全年完成出版物经营单位年度核验 213 家，依法注销书店 20 家。完成印刷企业年检 327 家，依法注销印刷企业 22 家。开展印刷企业安全生产督查，举办全区安全生产培训班 1 期。加强“扫黄打非”基层站点建设，做好指导、督促、检查工作，实现三年任务两年完成目标。

【区域文化建设】 2019 年，区委宣传部持续实施文化惠民工程，打造文化品牌，促进文艺精品生产，发展文化产业，实现区域文化文艺繁荣发展。

打造特色文化项目。推进特色文化镇建设、特色文化村创建。8 个镇上报特色文化项目 5 个，打造“一镇一品”特色文化品牌。开展特色文化村联合考评，经镇村申报、开展创建、联合考评等环节，雪堰镇城湾村、前黄镇前黄村、湟里镇香泉村 3 个村获评 2019 年度全区特色文化村。

实施文化惠民工程。2019 年，全区组建“红色文艺轻骑兵”服务队 27 支，举办社区天天乐活动近 1600 场次。4 月，启动第二届武进诗词大会，经过报名、海选、分会场比赛，历时半年，吸引上万名诗词爱好者参加，全区共举办 18 场，线上观众超 100 万人。10 月 26 日，在太湖湾嬉戏谷大剧院举行武进诗词大

7 月 14 日，第二届武进诗词大会开幕式暨横林分会场冠军争夺赛在横林镇全民健身中心广场举行

（摄影 / 陆　新）

会总决赛，湟里分会场冠军潘粉枝夺得总冠军。9月4日至10月8日，举办第七届市民艺术节暨第五届锡剧艺术节活动，推出展演、比赛、展示等活动60项，到人民中去唱响时代文艺主旋律。

扶持文艺精品生产。10月31日，电视剧《老中医》《热血军旗》、纪录片《王诤将军传奇》、广播剧《好大一个家》获江苏省精神文明建设“五个一工程”奖，获奖数量居全市首位。11月28日，在常州市第九届精神文明建设“五个一工程”奖的评选中，电视剧《老中医》《热血军旗》、纪录片《王诤将军传奇》、广播剧《好大一个家》获荣誉奖；书籍《龙城风情》、歌曲《老街坊》获优秀作品奖，武进区委宣传部获组织工作奖，获奖数量位列全市第一。

做强文化产业。2019年，全区有文化产业企业超4000家，其中规模以上企业225家。全区完成文化产业增加值141.67亿元，占GDP比重达6.1%。

（陈　伟）

精神文明建设

【概况】 2019年，全区各级、各部门按照武进区精神文明建设工作要点，围绕区委、区政府各项目标任务，坚持以社会主义核心价值观引领公民思想道德建设、以人民满意推进文明城市长效建设、以项目化推动未成年人思想道德建设、以规范化促进群众性精神文明建设，提升城乡社会文明程度和市民文明素质。年内，全区入选“常州好人”10人，鲁仲清入选2019年“中国好人榜”；获评“新时代常州好少年”2人，鸣凰中学初三（3）班学生沈俊彤获评“新时代江苏好少年”；创成市级文明单位79个、文明镇8个、文明村31个、文明校园及标兵19所，省级文明单位39个、文明镇7个、文明村19个、文明校园8个。年末，武进区精神文明建设综合考核成绩名列全市第一。

【公民思想道德建设】 2019年，武进区推动社会主义核心价值观落细落小落实，坚持宣传教育、道德实践和文化引领并举，夯实道德根基。结合文明城市、新时代文明实践中心、农村精神文明示范村建设，通过户外宣传载体和新闻媒体，宣传、阐释社会主义核心价值观基本内容；推进社会主义核心价值观广场（公园）、好人园（广场）、示范街等阵地建设，在城区建设相关景观小品32处，组织区级机关、企事业单位、学校、社区（村）等制作悬挂宣传牌，加强市民文明公约和村规民约宣传。发挥道德讲堂践行社会主义核心价值的阵地功能，启用区级新总堂淹城百相阁，推荐“掌上道德讲堂”微信公众号，深化“一堂一善事、知行合一”机制，全年示范宣讲25场次，送课进市道德讲堂总堂4次，“不忘初心，牢记使命”“源于责任，为爱坚守”等专题讲堂获良好教育效果。坚持社会主义核心价值观的导向，承办“德韵流芳，大爱武进”——江苏省道德模范与身边好人现场交流活动，开展“身边好人”推荐评议活动，邵民明、杨志豪等10人当选“常州好人”，储振民、姚小兵获评“江苏省道德模范”，鲁仲清入选“中国好人”，学好人、做好人成为社会主流价值取向和追求。推进“大爱武进”志愿服务品牌建设，规划建设区级志愿服务指导中心，完善区、镇、社区（村）三级志愿服务网络布局；依托“志愿江苏”平台，鼓励志愿者及服务组织注册；扶持“微云义剪”“馨缘种子社”“繁星公益基金”等志愿服务组织发展，鼓励参与文明城市、文明单位创建。全区实现志愿者注册人数、志愿队伍、活动项目、服务质量的全面提升。至年末，全区志愿者注册人数22.2万人，开展志愿活动3800多项。

【文明城市长效建设】 2019年，武进区围绕“人民满意”这一中心，实行长效化管理、常态化检查、制度化考核，推进全域文明城市长效建设。结合机构改革调整实际，按照最新版省级文明测评体系及市文明办有关要求，调整和明确文明城市建设工作指挥部办公室及10个工作组职责，细化分解落实工作任务，实现对主要责任地区和部门“点对点、一对一”的精确考评。组织召开季度点评会、推进会，开展领导督查、部门自查、公众巡查，推进文明城市建设，重点督查省级、市级文明测评暴露出来的与群众利益相关的民生问题，及时通报各责任单位限时整改。探索文明城市和城镇长效管理的深度融合，开展违章搭建、市政设施、景观绿化、交通秩序、户外广告、环境卫生、停车位、标志标线等方面综合整治，整合公共停车位，规范停车行为。配合花园街地铁沿线改造，新建（改造）功能设计优化的公共厕所，在商场、政务中心、医院等地设置母婴室，打造管理精细化、布局精致化、形象精品化的特色街区。加强户外广告管理，中心城区新增“文明武进”宣传栏250多块、公益宣传牌2000块。积极培育市民良好习惯，从最基本的行为规范抓起，带动群众文明走路、文明开车、文明说话，抵制不礼让行人、不自觉排队、乱闯红灯、乱扔垃圾、车窗抛物等不文明行为，引导广大群众自觉养成积极向上、健康文明的生活习惯，展示“文明武进”形象。

【未成年人思想道德建设】 2019年，武进区落实立德树人根本任务，围绕教育引导广大未成年人培育和践行社会主义核心价值观，从小扣好人生第一粒扣子，培育担当民族复兴大任的时代新人。发挥区教育局、团区委、区妇联、科协、关工委等部门职能作用，坚持目标化管理、项目化推进，服务全区未成年人健康成长。开展“新时代好少年”推选宣传，于3月5日出台《“新时代武进好少年”推选宣传办法》。年内，武进区实验小学三(11)班学生杨可心、戚墅堰东方小学五（4）班学生朱嘉仪获评“新时代常州好少年”、鸣凰中学初三（3）班学生沈俊彤获评“新时代江苏好少年”。深入开展未成年人文明礼仪养成教育，推动“八礼四仪”（仪表之礼、仪式之礼、言谈之礼、待人之礼、行走之礼、观赏之礼、游览之礼、餐饮之礼，入学仪式、成长仪式、青春仪式、成人仪式）养成教育家庭、学校、社会全覆盖。1—7月，围绕“奋进新时代”主题，组织未成年人开展读书、征文、摄影、手抄报、社会实践等活动，弘扬主旋律，传播正能量。在春节、元宵、清明、端午等中国传统节日期间，深入开展“我们的节日”活动，弘扬中国传统文化。区未成年人成长指导中心发挥组织功能，构建心理健康教育“云平台”，统筹协调各类爱国主义教育基地、未成年人社会实践基地，扶持特色项目，保障未成年人身心健康发展。

【群众性精神文明建设】 2019年，武进区深化各级各领域文明创建活动。严格对照省、市级文明单位、文明村镇、文明家庭、文明校园测评体系，把各项文明创建活动与文明城市长效管理相结合，加强文明创建信息上传、履行社会责任报告、结对帮扶、志愿服务等日常管理，开展2016—2018年度省、市级文明村镇、文明单位（文明社区）申报和2016—2018年度区级文明单位、文明家庭的申报、审核、验收工作，组织全区申报市级及以上文明单位的79个单位进行培训、交流。树立“城乡一体、共建共享”的理念，推进新时代文明实践中心建设，以湟里镇葛庄村等13个市级示范点建设为重点，探索工作模式，组建队伍，打造阵地，开展活动。10月，武进区被列入第二批省级新时代文明实践中心建设试点。推进农村精神文明建设示范点建设，打造农村精神文明建设的学习样板。推进文明集市和诚信示范街等创建，开展文明单位与农村结对共建活动，推动城市优质文明资源向农村辐射。年内，全区创成市级文明单位79个、文明镇8个、文明村31个、文明校园及标兵19所，省级文明单位39个、文明镇7个、文明村19个、文明校园8个。

（陈 伟）

统战工作

【概况】 2019年，武进区统一战线工作部门以《中国共产党统一战线工作条例（试行）》为指引，围绕“五个三年行动计划”决胜年主题，推进多党合作、民族宗教、新时代“两个健康”先行区创建、光彩事业、“梧桐同心”品牌建设等工作，促进政党、民族、宗教、阶层、海内外同胞关系，各项工作取得新的成绩。年内，区委统战部牵头召开区委统一战线工作领导小组会议，调整领导小组成员单位职责分工，完善工作规则，进一步优化党委统一领导下的大统战格局。按照《2019年度中共常州市武进区委与区各民主党派政治协商计划》等文件精神，进一步深化多党合作制度，加强党外人才培养，推进党派基层组织建设，进一步夯实多党合作基础。举办全区统战理论政策培训班、统一战线宣传信息员培训班。牵头推进新时代“两个健康”先行区创建工作并获批省级试点，进一步推动全区营商环境改善、民营经济繁荣、高质量发展提质。深入推进“谏言直通车”制度落实，党派团体重要信息直报区委、区政府主要领导，畅通党派团体联络工作，着力优化合作环境。全年就机构改革、常州经开区优化调整管理体制、重要人事安排、党风廉政建设情况和政府工作报告等召开民主协商会、情况通报会4次。召开武进区庆祝中华人民共和国成立70周年各界人士座谈会。年末，市委第五巡察组提级巡察武进区委统战部工作。武进区委统战部获2019年度全省统战工作实践创新成果奖、全市统战工作实践创新成果奖、全市统战理论政策研究创新成果一等奖、辖市区统战工作目标管理考核优胜单位、全市统战信息工作先进单位一等奖、全市统战宣传工作先进单位一等奖、区级机关目标管理创新创优奖。

【新时代“两个健康”先行区创建】 5月8日，武进区在全省率先召开创建新时代“两个健康”先行区、加快民营经济高质量发展动员大会，发放创建新时代“两个健康”（非公有制经济健康发展和非公有制经济人士健康成长）先行区的总体方案和实施意见，市委书记汪泉出席会议并讲话。年内，围绕改善营商环境、助力民营经济、推动高质量发展等方面，区委、区政府出台“三清单一承诺”“一办法两制度”“五清民企建设”等文件19个。区委统战部推动出台企业紧急事态应对、企业家参与涉企政策制定、青年企业家五年培养规划等制度；收集各单位工作成效，编印《先行区创建简讯》4期，通报创建工作推进情况；整理扶持民营经济高质量发展文件汇编，梳理创新项目15项，确定2020年“两个健康”评价指标体系、武进民营企业“5212”行动、“绿荷”知识产权强企行动等“十二大行动”，总结整理可推广、可复制的经验做法。

【“12511”党外人才培养工程】 2019年，武进区有科级以上党外领导干部53人，其中正处职1人、副处职6人、正科职（级）7人、副科职（级）39人；有国企、事业单位相当于科级以上党外干部8人，其中正科职1人。年内，区委统战部积极推进“12511”（培养10名左右党外副处级后备干部培养对象，20名左右党外正科级后备干部培养对象，50名左右党外副科级后备干部培养对象，100名左右党外中层后备干部培养对象，1000名左右党外代表人士）党外人才培养工程，常态化落实组织部、统战部联席会议制度，加大党外干部培养推荐和使用力度。6月17—21日，区委统战部在苏州大学举办党派团体理想信念教育培训班，全区各民主党派、无党派人士联谊会主要负责人和骨干成员50余人参训。8月27—31日，在南京大学举办武进区党外领导干部能力素质提升班，党派主委、党外副科职领导干部39人参训。12月，召开全区多党合作座谈会暨“12511”党外人才培养工程总结大会。大会肯定“12511”党外人才培养工程实施5年的成绩，武进区建立党外人才培养推进会、

12月25日，全区多党合作座谈会暨“12511”党外人才培养工程总结大会在区行政中心召开

（供图／区委统战部）

督查通报、组统联席会议、教育培训4项制度，凝聚多方合力，加强党外人才推荐、培养、使用力度，基本建立一支素质优良、结构合理、数量充足、作用突出的党外代表人士队伍，党外领导干部达61人，党外人才达1033人。大会印发《关于调整区政府有关部门与各民主党派、工商联和无党派人士联谊会对口联系名单的通知》《关于聘请武进区第四届特约人员的决定》。

【维护民族宗教领域和谐稳定】 2019年，区委统战部与各镇（街道）、开发区签订《2019年度创建平安宗教活动场所责任书》，扎实做好省委巡视和中央宗教工作专项督查反馈意见整改工作，全面梳理上级反馈的问题并逐条分解、细化整改措施，明确责任分工，确定3类8个方面20个问题39条整改措施。制定《常州市统一战线工作领导小组对武进区宗教工作督查的反馈意见》整改工作方案，成立全区宗教工作督查整改工作领导小组，建立推进宗教工作整改任务落实三项制度，有效推进整改工作，20个问题基本完成整改。出台《武进区基督教私设聚会点治理长效管理办法（试行）》，坚持疏堵结合、区别对待、分类处理、纳入管理原则，治理基督教私设聚会点乱象。11月，区佛教协会第五次会员代表大会在区行政中心召开，113名代表参加会议，会议听取并审议通过第四届理事会工作报告和财务报告、新修订的协会章程，选举产生第五届理事会理事、监事，慧闻当选新一届区佛教协会会长。

全年争取中央和省少数民族发展项目资金94万元。贯彻执行《关于回族等十个少数民族居民发放清真食品补贴的实施意见》，发放资金13.37万元，受益群众743人。

【服务非公经济高质量发展】 2019年，区委统战部完成常州市“百千万工程”武进万人班培训计划，培训学员366人，完成专题授课10个；利用基层、行业商会平台，举办财税、安全、管理等讲座50余场，参训人员超过4200人次，为武进企业创新提升贡献力量。5月，组织45名优秀青年企业家参加北京大学培训，启智塑心，为民营企业持续发展增加后劲。召开全区“爱国敬业创新诚信守法贡献”先进事迹汇报表彰大会，表彰2018年度“爱国敬业创新诚信守法贡献”先进会员、先进商会和先进工作者，引导广大非公经济人士自觉成为爱国敬业、守法经营、创业创新、回报社会的表率。

【新的社会阶层人士统战工作】 8月28日，全区新的社会阶层人士统战工作会议暨武进区新的社会阶层人士联合会一届三次会员大会在区行政中心召开，区委副书记、经开区党工委书记顾伟国到会讲话，要求会员贯彻落实省委“决胜高水平全面建成小康社会和长三角区域一体化战略”的决策部署，积极落实市委“深化种好幸福树，建好明星城新实践”的工作要求，全力攻坚武进区“五个三年行动计划”，把握时机，有所作为。年内，区委统战部组织新的社会阶层人士联合会理事参加统战理论政策培训班、党派团体理想信念专题培训班、党外人才培训班、厂长经理培训班等主体班次培训，各分会开展创新创业人才恳谈会、《桂香街》观影等活动15场次。推进武进区新的社会阶层人士联合会镇级分会建设，印发《关于成立武进区新的社会阶层人士联合会镇级分会的指导意见》，对全区各镇（街道）、开发区开展一对一分会建设指导工作，实现镇级分会全覆盖，健全“1+4+X+N”联合会工作模式（1个总会+4个群体分会+多个示范点+多个镇级分会）。至年末，武进区新的社会阶层人士联合会有群体分会4个、基层分会11个，会员超过400人。

【港澳台及海外统战工作】 2019年，区委统战部加强与港澳及海外交流互动，深化对台经贸交流合作。3月，常州市副市长、武进区委书记李林率武进经贸代表团到台湾开展经贸洽谈活动。区委统战部组织香港武进同乡会春茗、澳门常州联谊会一届三次理事会议、“归侨侨眷看武进”等活动；协办武进绿建区欧洲前沿科技项目推介会，引进海外华侨华人高端创新型人才。5月，举办江苏发展大会武进籍海外嘉宾家乡行活动，吸引海外高端人才回归家乡，共促家乡发展。6月，举办拟上市涉侨企业知识沙龙，帮助区内侨企应对中美贸易摩擦，规避知识产权风险；接待台北市武进同乡会理事长秦文港及第十七届理事会成员返乡参观交流。9月，承办2019创业之桥——“相聚武进，共谋发展”海外人才创新创业论坛，52名海外人才和海外专业协会负责人相聚武进，对接洽谈创新创业项目49个；澳大利亚常武同乡联谊会举行庆祝新中国成立70周年“我和我的祖国”四地联动跨境晚宴，组织部分会员和家人在常州以及澳大利亚墨尔本、悉尼、阿德雷德四地跨境联动，畅叙乡情。12月，组织香港、澳门的40余名青少年参加第5期“心手相连、青春有约”苏港澳青少年交流活动。年内，全区接待海内外侨胞10余批次，与法国中华会馆主席丁伟星、香港侨胞艾玛·沈等开展深入交流。分别与新西兰侨领联合总会、新西兰REMUERA华人协会、墨西哥江苏商会、安哥拉江苏商会、中非民间商会（坦桑尼亚）、泰国江浙沪总商会6家海外商会签订友好合作协议，定期互通信息、共享资源、加深友谊。

【“美丽武进、幸福家园”同心惠民光彩行动】 2019年，区委统战部推进“美丽武进、幸福家园”同心惠民光彩行动，鼓励各镇（街道）、开发区成立村级光彩基金，引导民营企业支持乡村振兴。各镇（街道）、开发区组织力量推进共建活动，广泛动员民营企业家与相关村结对共建，新建千万光彩基金2个、百万光彩基金11个。全区实际到账同心惠民光彩资金3740余万元，投入使用光彩资金3250余万元，实施精准惠民、教育惠民、文化惠民、生态惠民、健康惠民等惠民项目224个。

【“梧桐同心”统战品牌建设】 2019年，区委统战部持续推进“梧桐同心”统战品牌建设，整合统一战线各领域优势资源，开展统战政策、知识、干部、成员、活动、文化“六进”基地活动。开展最具活力“梧桐同心”基地评选和评审活动，引导基地完善工作机制、丰富活动载体、更好服务群众，切实发挥同心基地作为统战工作前沿阵地的作用。武进民革中山博爱之家等5个基地获评最具活力“梧桐同心”基地一等奖。深入30个“梧桐同心”基地指导工作，开展专题调研，邀请服务对象围绕调研主题发表意见建议。各“梧桐同心”基地开展丰富多彩的活动，丰富统战品牌建设内涵。前黄“杨桥驿站”在古镇杨桥非遗展览中展示风采，嘉泽“梧桐同心”基地举办“2019 花境花园产业植物展”，洛阳“梧桐同心”基地开展“心系侨胞、情暖侨心”彩绘 DIY 亲子活动。

（顾　潇）

机构编制管理

【机构改革】 2019 年，区委编办在区委组织部归口管理下，完成全区党政机构改革，深化区人大、政协机构改革和群团组织改革，落实推进省、市明确改革调整的具体改革任务 22 项，调整设置区委重要议事协调机构 7 个，减少党政部门正科级机构 13 个，改革后精简部门内设机构 56 个，完成人事编制信息系统转隶人员、新设机构调整。结合机构改革强化事业单位规范管理，稳步推进事业单位改革，原则不再保留 5 名编制以下的事业单位，有效精简涉及整合的单位事业编制，精简事业单位 23 个，回收事业编制 31 名，增核教育系统事业编制 27 名。下达备案教师员额使用计划 300 名，备案医生员额使用计划 216 名，核定村医备案制员额 208 名。

【推进重要领域体制机制改革】 2019 年，武进区深化综合行政执法体制改革，组建 4 支综合执法队伍和若干支专业执法队伍，全面推进全区镇域综合执法，理顺综合行政执法体制。推进经济发达镇行政管理体制改革，出台《雪堰镇行政管理体制改革实施方案》，完成向雪堰镇下放行政审批和公共服务事项 226 项、行政处罚事项 333 项，综合设置“一办七局”，推行扁平化管理。统筹配置各类编制资源，加强政治机关建设，开展区级机关部门服务高质量发展考核，进一步提高机构编制管理水平。全区印发机构或编制调整通知批复 126 个。

【党政机构改革】【事业单位改革】【综合行政执法体制改革】【经济发达镇行政管理体制改革】 分别参见“专记”类目 P1、P3 和 P4 同名条目。

（陈　渊）

台湾事务

【概况】 2019 年 4 月，区委台湾工作办公室和区政府台湾事务办公室划归区委统战部统一管理，对外保留两块牌子，主要职能不变。年内，武进台办深入贯彻中央对台决策部署，根据省市工作安排，围绕武进区委中心工作，服务大局，努力探索武进与台湾融合发展新路径。全区新批台资企业 8 家，总投资 4173.64 万美元。办理赴台团组 25 批 61 人次，接待台湾交流团组 15 批 1130 人次。承办国台办青年交流项目 1 项、省台办重点青年交流项目 2 项。开展涉台宣传教育 15 场 300 余人次。报送涉台宣传信息 70 多篇，被江苏省台湾事务网录用 26 篇、常州市台湾事务网录用 32 篇、《常州日报》刊登 3 篇、《武进日报》刊登 5 篇，与市相关部门联合完成调研课题“常台交流合作促进融合发展”。

2 月 27 日，全区机构改革动员部署会召开　（摄影 / 陆　新）

【武进台湾交流合作】 2019 年，武进区组织经贸、文化、科技、商务交流合作团组 25 批 61 人次访问台湾，其中经贸团组 5 批 27 人次、企业商务赴台 14 批 22 人次、其他交流团组 6 批 12 人次。3 月，常州市副市长、中共武进区委书记李林率团到台湾开展经贸交流活动，推进项目落户；武进绿建区管委会副主任周永银率团到台湾开展经贸交流活动，学习和借鉴台湾工业区和科技园区的规划及建设理念，推进在谈项目。5 月，武进区雪堰镇镇长武华忠率团考察台美丽乡村建设。8 月，西太湖科技产业园管委会主任戴志华率团考察台湾高科技电子及医疗器材产业，武进国家高新区管委会副主任祝正庆率团到台湾开展经贸交流。

全年接待台湾交流团组 15 批 1130 人次。3 月，台湾宜兰县妇女会参访团访问武进。4 月，台湾心希望人文教育协会理事长连胜武率团访问武进；台北市武进同乡会理事长秦文港回乡探亲交流；台湾桃园摄影协会理事长施美铃率团访问武进；宜兰县里长参访团、冬山乡农会参访团访问武进。6 月，台北市武进同乡会第十七届理事会成员返乡探亲交流；台湾宜兰考察团访问武进。10 月，台北市武进同乡会周振华返乡探亲交流。11 月，台胞周纯娟返乡探亲交流。

【台商台企营商环境优化】 2019 年，武进区多次召开台商台企政策对接会，听取意见建议，贯彻落实省、市惠台措施。8 月 14 日，市政协主席俞志平、武进区领导戴士福、陆秋明、刘云英调研常州经开区欣盛超微电路载带芯片项目建设情况。11 月 5 日，市委常委、市委统战部部长韩九云调研市重点台资企业光宝华东营运中心、武进区台企晶品光电（常州）有限公司运营情况。年内，组织台资企业参加 2019 年常台两地企业家主题沙龙、金融政策和服务宣讲及实务指导讲座、供应链金融助力台企做大做强讲座等活动，鼓励台资企业顺应国家鼓励科技创新及产业发展新趋势，激发转型升级新动能。

【武进与台湾青少年交流】 2019 年，区台办多次承办国台办、省台办重点青年交流项目。7 月，台湾佛光大学 14 名师生参访武进绿建区。台湾鲲鹏会青年学生研习营一行 28 人参访武进。8 月，配

9月29日，“爱我中华，共建家园”2019海峡两岸“环太湖”文化周活动在武进中华孝道园举行 （供图／区台办）

合国台办2019年对台交流重点项目第七届“单车天使神州圆梦公益之旅”常州站（武进区）活动，组织34名台湾青少年参加。承办省台办重点交流活动“第五届苏台青少年科技创意创新大赛”，两岸学生700人参加活动。9月，2019海峡两岸“环太湖”文化周期间，两岸青年在中华孝道园共植亲情林。年内，来自台湾大学、台湾清华大学、成功大学、台北科技大学、台湾科技大学、中原大学、东海大学的28名青年大学生在武进开展为期2个月的暑期实训。

【“武台情·一家亲”品牌建设】 2019年，区台办深化“武台情·一家亲”品牌建设，推进武进台湾两地交流合作。7月，区台资企业联谊会在“梧桐同心”基地举办台企税务知识大讲堂活动，30家台企负责人及相关财务主管经理参训。9月，区台办在“梧桐同心”基地举办“武台情·一家亲”庆中秋·迎国庆联谊活动，10多名涉台婚姻家庭代表分享交流家庭故事及工作生活等情况。10月，区台资企业联谊会在“梧桐同心”基地举办台企劳动与社保政策宣讲会，30家台企负责人及相关人事主管参加。春节前后，区台办、台属联谊会组织走访慰问全区困难台属家庭，赠送慰问品，发放爱心补助金1.6万元。年内累计发放13.93万元，惠及家庭（个人）120多户。年内，区台办会同相关部门解决台胞子女入学4人，依法依规解决台企各类求助6起。

（杨伟铭）

侨　务

【概况】 2019年4月，区政府侨务办公室划归区委统战部统一管理，对外保留区政府侨务办公室牌子，主要职能不变。年内，区侨办、侨联接待海外华人华侨、侨团侨社10余批60余人次，邀请接待10余个国家海外高层次人才60余人次。协办武进绿建区欧洲前沿科技项目推介会，组织侨资企业参加第十四届中国常州先进制造技术成果展示洽谈会，举办拟上市涉侨企业知识沙龙等服务侨商侨智活动。与新西兰侨领联合总会等海外商会签订友好合作协议6个，与江苏省侨商总会签署战略合作协议。接待宜兴市侨联、上海市长宁区政协及侨联等考察访问，交流海外人才引进、营商环境优化等工作。全面开展常州市侨情调查，摸清华侨、华人、归侨、侨眷及侨资企业等情况。依法维护侨胞的合法权益，办理归侨侨眷身份认证4件。

【侨情调查】 6月，按照市委统战部部署，启动侨情调查，各镇、开发区侨联专项培训调查员313人，进村入户，全面摸底调查全区（包含经开区）华侨、华人、归侨、侨眷及侨资企业等情况。9月，完成侨情调查。据统计，全区共有华侨华人1000余人，归侨26人，归侨侨眷5000余人，海外华人华侨主要分布在美国、加拿大、澳大利亚、日本、英国等42个国家和地区；有侨资侨属企业800余家，其中区侨商会会员企业68家、区第二届侨界青年联谊会理事单位70家。全区引进落户的海外创新创业人才中90%以上具有华侨华人的背景，侨港资企业投资约占全区外资及港澳台资总量的40%。

【海外侨务资源涵养】 2019年，区侨办、侨联接待海内外侨胞10余批次，与美国、加拿大、法国、澳大利亚、新加坡等国家的常州海外社团加强交流联谊，讲好家乡故事，协助成立德国常州联谊会。与新西兰侨领联合总会、新西兰REMUERA华人协会、墨西哥江苏商会、安哥拉江苏商会、中非民间商会（坦桑尼亚）、泰国江浙沪总商会6家海外商会分别签订友好合作协议，定期互通信息、共享资源，加深友谊。5月，举办“江苏发展大会”武进籍海外嘉宾家乡行活动，邀请出席第二届江苏发展大会暨首届全球苏商大会的武进籍部分海外嘉宾，回家乡叙乡情、观乡景，为武进发展出谋划策。

【“四季四送”品牌服务活动】 2019年，区侨办、侨联继续开展春送健康、夏送清凉、秋送亲情、冬送温暖“四季四送”活动。春节期间，带着“五个一”即一封慰问信、一份倡议书、一次面对面、一句祝福语、一份大礼包，区侨办与侨联联合区人大民宗侨工委、政协港澳台侨专委会、致公党“五侨联动”开展冬送温暖走访慰问活动。走访全区侨界代表人士和困难归侨侨眷百余人次。3月，举办归侨侨眷看武进活动，组织50余名归侨侨眷参观省级美丽乡村雪堰镇南山村和雅浦村，感受家乡武进改革开放四十年中乡村发展、文化传承等方面的成果。4月，在新城公馆社区举办“春送健康”活动，邀请武进中医院大内科主任钱卫东博士为社区50多名侨眷作“心血管疾病防治”讲座，邀请9名临床医疗护理专家开展现场义诊。六一儿童节前夕，在武进儿童福利院开展慰问活动，向孤残儿童赠送学习用具、玩具、食品等。7月，在武进华侨活动中心开展党建带侨建暨“夏送侨法”活动，提升侨界群众侨务法律法规知晓率，40余名归侨侨眷参加。同月，组织归侨侨眷参加武进戏迷票友协会成立十周年庆典，丰富归侨侨眷业余生活。8月，8名武进籍侨界困难学生领取沈有国助学基金共计2.35万元。9月12日，举行武进“三胞”眷属中秋联谊会，区领导江建文、杨国成、单骏初、陆雅芬参加活动，同迎中秋佳节，共话乡情亲情，畅谈武进美好未来。9月13日，庆祝新中国成立70周年金东方侨界中秋国庆联欢会在牛塘镇金东方社区侨联举行，居住在金东方社区的200多户归侨侨眷参加，大家一起看节目、过中秋。湖塘、湟里等镇侨联也开展中秋座谈会。10月17日，举行“侨心向党、同心逐梦”归侨侨眷看武进主题教育活动，组织武进区华侨活动中心和牛塘镇金东方社区百名归侨侨眷，参观今创控股集团“聚焦今创”展厅，了解今创控股集团30年发展历程，感悟高质量发展的力量。

10月17日，“侨心向党、同心逐梦”归侨侨眷看武进主题教育活动在今创集团举行

（供图 / 区侨联）

【“相聚武进、共谋发展”海外人才创新创业论坛】 9月27日，2019创业之桥——“相聚武进，共谋发展”海外人才创新创业论坛在武进高新区举行，市委统战部副部长、市侨办主任陈建新出席活动，区委常委、组织部部长华飞做武进人才政策推介。十多个国家和地区的52名海外人才和海外专业协会负责人带着49个创新创业项目与相关企业、创新园区、科技孵化器对接洽谈，项目涉及智能装备、互联网和电子信息、新材料、新能源、新医药等。海创优秀代表维尔利环保科技集团股份有限公司董事长李月中博士、启高投资管理（上海）有限公司主管合伙人张勇博士、宇墨咨询创始人CEO徐荣博士、天正工业发展股份有限公司董事长张翀昊在活动现场分享创新创业体会。

【武进侨界庆祝新中国成立70周年系列活动】 9月，区侨办、侨联在牛塘镇金东方社区开展“中秋月团圆、侨爱满金园”侨界中秋国庆联欢会，庆祝新中国成立70周年，200多户归侨侨眷参加。10月15日，金东方侨联排练的小品《最美的故事》参加省侨联“一路同行，侨耀江苏”江苏省侨联成立40周年庆典活动。11月29日，组织金东方侨眷编排的歌舞《待到我们头发已花白》参加常州市侨联成立40周年文艺演出。

【侨联弘扬中华传统文化系列活动】 3月，武进侨联艺术团走进雪堰镇，归侨侨眷登台演唱《红花曲》《庵堂相会》等戏曲片段及《我爱你中国》等歌曲，表达对祖国的热爱和对幸福生活的感恩。3月，武进区委统战部组织20多个华侨家庭在雪堰镇龙凤谷开展春日亲子活动。5月，开展“新时代·新青年，志愿服务我先行”——海外武进籍留学生武博志愿活动，20名海外武进籍留学生志愿者实地参观中以常州创新园、西太湖创客工寓、徐氏竹木刻博物馆和雅集园油灯博物馆，了解武进相关产业、文化发展情况；参加岗前培训，聆听历史文物、接待礼仪等讲座，留学生志愿者立志做弘扬中华优秀传统文化的使者，将中华文化的种子传播到海外。组织参加2019世界华人学生作文大赛，组织3000余名学生参与，选送参赛作文500多篇，共有67名学生获奖。武进区侨联获组织奖。7月，开展2019海外华裔暨港澳台侨大学生——经纬江苏营武进活动，组织来自美国、西班牙等国家和地区的40余名海外华裔青少年，开展“寻根”“寻文化”活动，与中国传统文化亲密接触，了解祖（籍）国文化和经济社会发展情况，体味中华魅力。8月，举办法国留学生看武进活动，武进籍法国留学生近20人参加，现场体验非物质文化遗产留青竹刻的魅力，亲密接触家乡文化和发展历史。9月，主办余光中为主题的“乡愁文化与家国情怀”系列活动，开展“乡音诉乡愁”访谈式专题讲座、“乡愁”情景音乐会、“乡愁文化与家国情怀”高端论坛各1场，以“乡愁”文化抒家国情怀，为新时代常州武进历史文脉的延续和非遗优秀文化的传承、保护、发展，提供更广阔的思路。

【“侨心向党、同心逐梦”主题教育活动】 2019年，区侨办、侨联根据区委统战部的统一部署，积极开展“侨心向党、同心逐梦”主题教育活动”。走进西湖街道同心志愿活动基地，走访慰问同心志愿者，发放统战政策宣传资料和涉侨政策手册50余份，专题调研同心志愿活动基地如何开展同心志愿活动，加强为侨公共体系建设情况。开展“四重四亮”活动和“侨心向党、同心逐梦”归侨侨眷看武进主题教育活动。开展领导干部上党课活动，区委统战部副部长、侨办主任、侨联主席杨美英给侨界群众讲题为“守初心，担使命，新时代侨务工作”的党课，给政协委员讲侨务党课。向涉侨团体发放“侨心向党、同心逐梦”主题教育活动方案，推动侨界人士中的党员重读入党志愿、重温入党誓词、重忆入党经历、重问入党初心，党员亮身份、服务亮承诺、工作亮标准、担当亮作为，争当新时代奋斗者。

（寿鹤婷）

老干部工作

【概况】 2019年年末，武进区有离休干部164人，其中武进直属137人、代管（含垂直条线部门）20人、易地安置7人；副处级以上退休干部130人。全区有离退休干部党支部（总支）100个［区级机关59个，镇（街道）、开发区41个］，中共党员5400多名；有卫健系统、教育系统、区级机关事业单位退休干部协会

3个。年内，区委老干部局深入推进离退休干部“六有一提升”（有党的组织、有领导班子、有组织活动、有作用发挥、有工作制度、有工作保障，提升离退休干部党组织的组织力）、“三有一落实”（有就医绿色通道、有家庭签约医生、有医疗特困帮扶机制，落实好离休干部提高享受医疗待遇政策）、“银发生辉”“素质提升”四项工程，加强全区离退休干部党建，强化离退休干部服务管理，引导离退休干部发挥作用，提升老干部工作队伍能力素质。武进老干部局门户网站全年发布信息615篇，月平均访问量达98473次；“武进桑榆”微信公众号推送消息72条。全区离退休干部党支部通过江苏省委老干部局（离退休干部工委）“六有一提升”达标验收54个，横山桥镇横山老干部党支部、湟里镇离退休干部党支部书记蒋建华分别获评全省离退休干部先进集体和先进个人。

【离退休干部党建工作】 7月，区委老干部局出台《关于创建“桑榆堡垒”推进“六有一提升”工程的实施意见》，明确以“强化党员意识，明确隶属关系”“强化组织观念，合理设置组织”“强化党的生活，常态开展活动”“强化先锋引领，促进作用发挥”“强化班子配备，实现有人管事”“强化工作保障，确保运转有序”6方面工作举措，实现“有党的组织、有领导班子、有工作制度、有组织活动、有作用发挥、有工作保障，不断提升离退休干部党组织的组织力”的目标任务。印发2019年《离退休干部党建工作考核细则》和《离退休干部党组织“标准+示范”建设考核细则》，明确离退休干部党建工作列入全区党的建设考核，进一步明晰主管单位和离退休支部的党建责任、目标任务。年内，举办党建工作骨干培训班1期，召开全区离退休干部党建工作推进会1次，开展全区离退休干部（党建）工作调研2次，配合财政部门核算发放区级机关离退休干部党组织活动经费和支部书记（支委）工作补贴40.03万元。

在《武进日报》“银潮”版面开设“武进离退休干部党建工作巡礼”专栏，刊登经验介绍14篇。在离退休干部中开展“讴歌七十年，奋进新时代”年度主题活动，收到“我和我的祖国”主题征文245篇，评选表彰先进老干部158人。开展“不忘初心、牢记使命”主题教育，各支部组织学习习近平新时代中国特色社会主义思想，推进“两学一做”学习教育常态化制度化。开展“武进最美老干部巡礼”活动，在《武进日报》、武进党建云平台等媒体刊登最美老干部先进事迹13篇。拍摄离休干部“讲初心故事 · 忆红色芳华”专题视频8部，制作退休干部微视频《稻田里的守望者》《今天是我们的生日》2部。“学习强国”平台录用区委老干部局投稿视频、信息稿件2篇。至年末，全区创成第一批省级离退休干部“六有一提升”达标支部54个，评选表彰全区先进老干部党支部28个、优秀党建骨干21人。

【离退休干部服务管理】 2019年，区委老干部局全面落实离退休干部政治待遇和生活待遇，提升离退休干部服务管理质量。年内，深入实施“三有一落实”工程，推进离休干部家庭医生签约工作，自愿签约离休干部114人，占可签比100%。优化就医绿色服务通道，完善武进人民医院、武进中医医院等区属医院对离休干部的挂号、导服和专家看诊服务功能，探望慰问住院离退休干部2次。6月28日，举行2019年“桑榆”爱心基金帮扶款集中发放仪式，向全区54户有特殊困难的离退休干部和干部遗属发放帮扶款15.7万元。11月，按省《关于给离休干部发放高龄护工费补贴的通知》要求，联合区委组织部、区财政局、人社局全面落实全区离休干部增发高龄护工补贴政策。

精准实施离退休干部分类服务管理，举办副处级退休干部培训班1期，培训30人；区管退休干部（区级机关）轮训班1期，培训239人；老干部智能手机应用提高班1期，培训200人。召开老干部情况通报会3次、湖塘异地安置离休干部座谈会1次，举办“当前意识形态建设若干问题的思考”“学习贯彻新思想，开创常州高质量发展新局面”专题讲座、“全区离退休干部学习贯彻党的十九届四中全会精神宣讲报告会”各1场。国庆前夕，配合相关部门为全区50名企业离休干部颁发“庆祝中华人民共和国成立70周年纪念章”。

【离退休干部作用发挥】 2019年，区委老干部局实施“银发生辉”工程，引导离退休干部为经济社会发展增添正能量。9月21日，成立武进“桑榆”银发生辉志愿服务团队，组建党建指导、理论宣讲、助力发展、民生关注、关爱青少年和文体健身6支队伍，登记志愿者151人。年内，离退休干部桑榆宣讲团组织讲师14人，精编课题29个，到基层宣讲党的政治理论、科学文化知识、医疗保健养生等38场。义诊志愿队到社区义诊2次，关心下一代志愿者暑期深入相关社区（村）组织青少年参加社会实践活动。老干部智囊团围绕全区中心工作和“五个三年行动计划”决胜年主题，建言献策79条，撰写调研文章21篇。开展离退休干部“庆祝新中国成

9月21日，“盛世桑榆红，共筑中国梦”文艺会演在凤凰谷大剧院举行

（供图 / 区委老干部局）

立70周年”系列活动。6—9月，举办“红色电影展播季”活动，为各老干部支部播放红色电影12部20场次。9月9日，举办全区离退休干部书画摄影展，展出书画作品95幅、摄影作品48张。9月21日，举办“盛世桑榆红，共筑中国梦”离退休干部文艺演出，献礼新中国成立70周年。国庆前夕，召开“谈祖国新成就，话常州新发展”老干部专题座谈会，7名老干部代表以经历者、见证者身份，畅谈身边变化，分享经验启示。

（王　敏）

党校工作

【概况】 2019年，区委党校、区行政学校坚持补短板、争作为、创一流的思路，进一步深化主体班次提标工程、科研资政提效工程、服务保障提质工程。举办主体班34期，参训5905人次；承接各类培训活动和外来办班299场次，参训69390人次。完成市级以上科研课题8个，在省级及以上刊物发表学术论文14篇，编印《学习参考》8期。

【干部教育培训】 2019年，区委党校、区行政学校按照《2019年全区干部（人才）教育培训工作要点》，做好干部教育培训。

3月29日，武进“干部大学堂”开班，年内共举办5期，600多名副科级领导干部及青年干部参训。培训班开设“习近平新时代中国特色社会主义思想”“习近平总书记关于新时代中国特色社会主义文化建设重要论述”“扫黑除恶，武进在行动”“以长三角区域一体化推进高质量发展”“区委十二届七次全会报告解读”等课程，指导推进落实区委、区政府“五个三年行动计划”决胜年总体部署和“三个明星城市”建设等工作。

4月15日，武进区领导干部能力素质提升班在区委党校开班，培训为期1个月，37名领导干部参训。培训内容围绕思想与党性、推进高质量发展、新经济发展能力、领导素养和治理能力现代化4个单元主题，通过专家讲座、组织生活会、领导访谈、读书交流、专题学习等多种形式，努力提升领导干部的政治站位，强化综合素质，争当各项工作的行家里手。

5月7日，武进区领导干部能力素质提升班学员参观深圳湾创业广场党群服务中心

（供图/区委党校）

4月22日，武进区青年干部培训班在区委党校开班，集中封闭培训1个月，40名青年干部参训。培训班按照思想内容和党性修养、“强富美高”新武进建设、“四新经济”和能力素质要求4个方面组织教学。采用专题讲授与课堂研讨相结合、理论学习与实践感悟互为补充等形式，坚定青年干部的理想信念，凝聚发展共识，提高能力素质，争做奋力推动武进高质量发展的排头兵。

8月26—30日，武进区党外领导干部能力素质提升班在区委党校开班，39人参训。培训课程包括“不忘初心，牢记使命——习近平新时代中国特色社会主义思想学习”“民主党派参政议政与建言献策”“互联网+5G时代的经济社会发展”“崛起的中国与世界——贸易战、中美关系与国际政治的新变局”等，采用课堂授课和现场教学相结合，增强学员政治意识、群众意识、创新意识，提高学习能力、担当能力、议政能力，为武进多党合作事业发展提供坚实人才保障。

【主题理论宣讲】 2019年，区委党校围绕习近平新时代中国特色社会主义思想和中共十九大精神、庆祝新中国成立70周年、中共十九届四中全会精神等重大主题及“不忘初心 牢记使命”主题教育，紧跟区委中心工作，紧扣全区“五个三年行动计划”决胜年发展主题，选派骨干教师深入部门和基层单位开展主题理论宣讲，累计举办宣讲活动200场，听众2万余人次。

【尼勒克县干部群众系列培训班】 2019年，区委党校积极实施教育援疆，举办干部群众系列培训班5期，培训213人次。2月28日至3月7日，举办尼勒克县新型职业农民培育武进培训班，60人参训，主要课程有“武进现代农业发展成果及展望”“微信新零售：如何利用微信把农产品卖好”等。3月17—24日，举办尼勒克县农民专业合作社从业人员武进培训班，50人参训，主要课程有“武进区乡村振兴的实践与探索”“常州市合作社规范化建设的做法”“《中华人民共和国农民专业合作社法》解读”等。6月20—28日，举办尼勒克县政法干部武进培训班，50人参训，主要课程有“中华人民共和国宪法解读”“武进区基层社会治理的经验与启示”“农村基本法律知识及热点问题”“旗帜鲜明讲政治”等。7月19—27日，举办尼勒克人大干部武进培训班，30人参训，主要课程有“当前国际国内形势”“人大代表工作实践与探索”“坚定‘四个自信’：中国共产人的核心使命”等。10月26—30日，举办尼勒克县老干部武进区培训班，23人参训，以现场参观教学为主。5期培训大多以教师授课和现场教学为主，培训内容有思想政治教育、武进经济社会发展介绍及法律法规解读等基础理论辅导，实践课程主要有经开区高质量发展研学及武进文化创意产业发展、武进区网格化管理等参观考察，通过理论与实践的结合，有效提高了培训效果，促进了武进区与尼勒克县两地的交流。

（李　琳）

常州市武进区人大

People's Congress of Wujin District of Changzhou

栏目编辑　王国新

重要会议

【区第十六届人民代表大会第三次会议】 1月9—11日，在武进假日酒店召开。会议听取和审议《武进区人民政府工作报告》《武进区2018年国民经济和社会发展计划执行情况及2019年计划安排的报告》《武进区2018年预算执行情况和2019年预算草案的报告》《武进区人大常委会工作报告》《武进区人民法院工作报告》《武进区人民检察院工作报告》。批准并通过相应决议。通过《武进区人民代表大会财政经济委员会工作报告》《武进区人民代表大会法制委员会工作报告》。会上发放《常州经济开发区人民法院工作汇报》《常州经济开发区人民检察院工作汇报》。

【区十六届人大常委会会议】 2019年，区十六届人大常委会在区行政中心召开常委会会议10次，听取和审议“一府两院”专项工作报告12项；作出决议、决定9项；任免国家机关工作人员396人次，其中任命区人民政府副区长2人；邀请非区人大常委会委员的镇（街道）人大负责人36人次、区人大代表36人、选民代表18人列席各次会议。

第十八次会议　1月18日召开。会议审议通过补选市人大代表有关事项，决定同意补选蒋建文为常州市第十六届人民代表大会代表。审议通过区人大常委会2019年度工作要点。

第十九次会议　2月25日召开。会议听取政府机构改革情况报告。接受徐萍辞去区监察委员会主任职务的请求。任命唐家中为区监察委员会副主任，代理主任。审议通过个别代表的代表资格报告，终止徐萍、项建华两人区第十六届人大代表资格。审议通过其他人事任免事项。

1月9日，区十六届人大三次会议在武进假日酒店开幕　（供图／武进日报社）

第二十次会议　3月5日召开。会议审议通过有关人事任免事项。免去冯民区民防局局长职务、恽益明区经济和信息化局局长职务、诸东海区农业局局长职务、李洪兴区体育局局长职务、王洪新区卫生和计划生育局局长职务、曹雄伟区安全生产监督管理局局长职务、吉晓阳区发展和改革局局长职务、韩毅伟区司法局局长职务、范正洪区文化广电新闻出版局局长职务、刘云英区统计局局长职务、顾树民区旅游局局长职务。任命冯民为区人民政府研究室主任、夷建良为区发展和改革局局长、恽益明为区工业和信息化局局长、李荣为区司法局局长、张征宇为区住房和城乡建设局局长、诸东海为区农业农村局局长、李洪兴为区文体广电和旅游局局长、王洪新为区卫生健康局局长、张军亮为区退役军人事务局局长、曹雄伟为区应急管理局局长、王勇为区统计局局长、徐晓东为区信访局局长、张文伟为区地方金融监督管理局局长。任命陈柳敏等228人为区人民法院人民陪审员，任命季业等58人为常州经开区人民法院人民陪审员。接受李荣辞去区十六届人大常委会委员职务的请求。

第二十一次会议　4月4日召开。会议表决通过《关于批准2019年全区旧城改建计划增补项目的决议》，同意将议案中所列项目增补列入2019年全区国民经济发展计划。审议通过常州经开区人民法院2018年度工作报告及基本解决执行难工作报告、常州经开区人民检察院2018年度工作报告及民事行政检察工作报告。开展对2018年度常委会审议意见落实情况满意度测评。

第二十二次会议　5月30日召开。会议补选唐家中为区十六届人大代表。审议通过个别代表的代表资格报告，终止符涛、任志清区十六届人大代表资格。审议通过区人民检察院观护帮教工作报告、区人民法院民商事案件繁简分流工作报告。接受陈虎辞去区人大常委会副主任和委员职务的请求、许让磊辞去区人民政府副区长（挂职）职务的请求、任志清辞去区人民法院院长职务的请求。任命宋文良为区人民法院副院长、代理院长，并审议通过其他人事任免事项。

第二十三次会议　7月31日召开。会议审议通过农村分散式生活污水处理政府跨年度财政支出责任纳入中长期财政规划的有关事项、2018年财政决算和同级审计情况报告、2019年上半年国民经济和社会发展计划执行情况报告、区人民法院贯彻落实人大常委会对民商事案件繁简分流工作审议意见的报告、区人民检察院贯彻落实人大常委会对观护帮教工作审议意见的报告。免去吴小红区人民检察院副检察长、检察委员会委员、检察员的职务，并审议通过其他人事任免事项。

第二十四次会议　10月31日召开。会议审议通过城乡污水处理建设情况报告、贯彻实施《中华人民共和国大气污染防治法》情况报告、区十六届人大三次会议人大代表建议办理情况报告、常州市武进区污水厂网站一体化特许经营项目有关事项的请示。审议通过个别代表的代表资格报告，终止卜宪沛、刘志峰、陈蓉、梅鹤康区第十六届人大代表资格。听取常州市第十六届人大代表武进团29名代表的述职报告，并对其履职情况开展满意度测评。接受刘志峰辞去区人民政府副区长职务的请求，并通过有关人事任免事项。

第二十五次会议　12月10日召开。会议任命施小平、王龙为区人民政府副区长，并审议通过其他人事任免事项。审议通过2019年区本级财政预算调整草案的报告，听取2019年区环境质量状况和打好污染防治攻坚战完成情况报告。评议区教育局、武进公安分局工作，开展满意度测评。接受周培根辞去区十六届人大常委会委员职务的请求。审议通过个别代表的代表资格报告，终止华飞、罗立波、施小平区第十六届人大代表资格。

第二十六次会议　12月18日召开。会议审议通过有关人事任免事项。

第二十七次会议　12月30日召开。会议补选陈金虎、张耀钢、江建文、赵天晟为常州市第十六届人民代表大会代表。审议通过关于召开区十六届人民代表大会第四次会议的决定、推行区级民生实事项目人大代表票决制工作决定、代表资格审查报告、区十六届人大三次会议以来代表变动情况报告和有关人事任免事项。讨论通过区人大常委会工作报告。

【区十六届人大常委会主任会议】 2019年，区人大常委会召开主任会议13次，听取讨论决定重大事项年度工作安排、重点建议办理、部门工作评议、阳光扶贫、预算联网监督、科技创新、综合交通运输体系建设等专题汇报16项。

（秦永正）

人大监督

【执法检查】 3—8月，区人大常委会组建执法检查组，开展《中华人民共和国大气污染防治法》贯彻实施情况执法检查。听取开展大气污染防治工作情况汇报，召开相关实施监督管理部门座谈会，检查有关镇、开发区部分建材、化工、制药等企业。围绕落实制度、强化监管、加强保障、解决难点问题方面提出8条改进建议。

【调研视察】 2019年，区人大常委会围绕经济社会、民生事业和重点板块建设，组织开展专题调研视察活动11次，针对实际情况提出意见建议。

3月13日，调研常州经开区人民法院和常州经开区人民检察院工作。调研组听取常州经开区人民法院2018年工作和2019年工作打算，建议始终坚持以人民为中心、全面履行审判职能、服务地方经济发展。听取常州经开区人民检察院2018年主要工作和2019年工作安排，建议进一步聚焦主责主业，全面履行刑事诉讼监督、民事诉讼监督、行政诉讼监督和开展公益诉讼四大检察职能，维护社会和谐稳定，让人民群众在每一个司法案件中感受到公平正义。

3—4月，调研文化创意产业发展情况。调研组听取区发改局、财政局、文体广电和旅游局等部门和部分文创企业情况汇报，实地调研春秋淹城、嬉戏谷、西太湖影视基地、电子商务产业园、灵通展览等园区和企业。提出完善政策促动、优化发展环境，培育龙头带动、壮大规模实力，依靠园区拉动、推进产业集聚，实施创新驱动、增强竞争优势，融合资源联动、提升发展水平，强化人才推动、提供智力支撑工作建议。

4月26日，视察武进高新区工作。视察组视察恩泰环保科技（常州）有限公司、江苏车和家汽车有限公司和中汽研（常州）汽车工程研究院有限公司，听取高新区工作情况汇报。提出在重大项目突破上勇当生力军、在产城融合发展上勇当排头兵、在创新开拓进程中勇当急先锋、在服务环境拓展上勇当领头羊等建议，加快推进产业与城市深度融合，实现从工业园区向现代化科技新城的转变。

5月8日，调研常州威雅公学国际学校。调研组听取学校运营情况汇报，提出保持好经验、扩大知名度、提升美誉度等建议。

9月10日，视察武进公安分局扫黑除恶专项工作。视察组视察公安刑事技术中心、公安情报指挥中心，观摩警情分析、情报研判等，听取扫黑除恶专项工作汇报。建议增强开展扫黑除恶专项斗争的重要性和必要性认识，坚持问题导向，加强监管，保障群众利益，以过硬队伍担负起维护全区安全稳定的重大使命。

9月16日，调研城乡污水处理工作。调研组听取城镇污水处理工作基本情况汇报，提出加强宣传、找准方向、凝聚合力等建议，推进水环境持续改善。

9月20日，视察宗教场所管理工作。视察组视察宝相寺、吴黄寺、同心堂等宗教场所，听取全区宗教工作汇报。提出思想重视、精准引导、依法管理、周到服务等建议。

10月25日，视察区监委工作。视察组视察党风廉政教育基地和区监委第二监察员办公室，听取工作情况汇报。肯定突出政治担当、服务中心大局、完善监察体系三方面工作，提出围绕中心、紧扣好发展，强化监督、促进好发展，惩治腐败、维护好发展，严管队伍、保障好发展等工作要求。

11月1日，视察区基层卫生服务体系建设工作。视察组视察湖塘镇晓柳社区卫生服务站、嘉泽镇闵市村卫生室和武进第四人民医院，对改善就医条件、提升服务能力、拓展服务内涵等工作给予肯定。提出完善基础设施、提升服务能力、加强培养招引、加强健康服务等建议。

11月7日，视察西太湖科技产业园经济社会发展情况。视察组视察常州腾龙汽车零部件股份有限公司、江苏小牛电动科技有限公司两家上市企业，听取西太湖经济社会发展情况汇报。视察组肯定两家上市企业平台高、产业新、生态美、活力强、后劲足，提出项目引进更强、产业发展更明、资源整合更优、城乡统筹更好、环境品牌更响、百姓生活更美等建议。

11月20日，组织开展区人大代表集中视察智能制造和民生事业项目建设。近300名区人大代表视察西太湖科技产业园的小牛电动智慧出行全球研发与制造基地、西城名苑农民自建区示范集聚点，武进国家高新区的重庆理想智造汽车有限公司常州分公司、中汽研（常州）汽车工程研究院，常州市二院横山桥分院，了解全区产业布局、乡村振兴等经济社会发展情况。

11月22日，视察安全生产工作。视察组视察恒立液压科技有限公司，听取全区安全生产工作情况汇报。提出深化改革、完善应急管理体系，预防为主、加强预案体系建设，筑牢基础、加强队伍建设等建议。

11月27日，调研教育工作。调研组调研武进区机关幼儿园火炬路分园、人民路小学、武进职教中心，听取教育工作汇报。提出办好每所学校、加强师资队伍、提升教育质量等意见。

【人大常委会对政府部门工作评议】 4月18日，区人大常委会启动对区教育局、公安分局2个部门工作评议。制定部门工作评议办法和实施方案，组成部门工作评议组，向社会公开发布评议公告。通过走访、座谈、视察等形式深入有关单位、镇（街道）、人大代表和基层群众，广泛收集社会各界意见建议。12月10日，区十六届人大常委会第二十五次会议对被评议部门的工作集中评议并开展满意度测评。测评的总票数为34票，教育局满意33票，基本满意1票；公安分局满意33票，基本满意1票。

【“听百案、议百事、评百员”活动】 2019年，区人大常委会继续组织开展“听百案、议百事、评百员”（简称“三百”）活动，印发《关于贯彻常州市“三百”活动的实施意见》，促进司法公正规范、增强人大监督实效。组织人大代表旁听各基层人民法院依法公开审理、执行的刑事、民事（含商事、知识产权）、行政诉讼等案件，调研对公安机关侦查未诉结案案件。召开评议座谈会，及时分析、归纳代表的意见建议，并向同级司法机关及有关部门反馈。组织人大代表参加旁听庭审结束后，评议法官、检察官、律师等人员。全年组织旁听经济纠纷、商标侵权、安全生产、工伤保险、侵犯公民隐私、虚假诉讼、行政诉讼等庭审评议活动15场，参与代表127人次，收到意见建议30余条，评议法官35人、检察官4人、律师19人。

（秦永正）

代表工作

【代表建议意见督办】 2019年，全区有各级人大代表1440名，其中全国人大代表1名、省人大代表6名、市人大代表107名、区人大代表406名、镇（街道）人大代表920名。在区十六届人民代表大会第三次会议期间，共收到代表建议143件，交60个单位办理，在规定期限内全部答复完毕。通过区人大常委会领导领衔督办、工作委员会配合督办、专门听取汇报等形式，加强对区人大常委会确定的6件重点建议的督办。区人民政府坚持常规性督查和针对性督查相结合，有效解决“老小区多层住宅加装电梯”“建设智慧城市停车系统”等群众关注热点问题。143件代表建议全部办复，其中所提问题已经解决、基本解决或取得明显阶段性成效的90件，占62.9%；正在推进解决和列入规划逐步解决的38件，占26.6%；因条件限制暂时难以解决的或需向上级反映或留作参考的15件，占10.5%。根据第三方调查机构调查问卷结果，承办单位与代表见面率和答复率均达100%，代表对建议办理结果表示满意和基本满意的达99.3%。年末，评选表彰优秀代表建议10件。

【人大代表履职服务平台建设】 2019年，区人大常委会坚持常委会领导和工委联系代表小组、常委会组成人员联系代表等制度，采取多种形式，不断加强和改进代表联系人民群众工作，保障代表发挥履职主体作用。规范建设“家＋站”。全区建有“人大代表之家”88个，实现人大代表小组建“家”全覆盖；新增“代表联络站”24个，累计202个，其中“家”“站”一体70个，实现镇、街道建“站”工作全覆盖。闭会期间，“家”“站”平台及“掌上履职”平台，为人大代表接待选民群众、了解人大工作动态和信息、开展专题调研、述职并接受评议等提供信息化支撑，为区人大常委会准确掌握代表履职情况、全面客观评价代表履职行为提供依据。

（秦永正）

7月23日，全国人大代表、新誉集团董事长周立成（后排右三）到岑村村“全国人大代表定点联络站”接待基层代表和群众　（供图／区人大办）

常州市武进区政府

People's Government of Wujin District of Changzhou

栏目编辑　王国新

重要会议与活动

【区政府常务会议】 2019年1月2日，区政府第二十二次常务会议在区行政中心召开。会议集体学习中央经济工作会议精神和省政府办公厅《关于防范化解地方政府隐性债务风险若干政策措施的指导意见》文件精神，听取全区政府债务管理情况、苏澳合作园区建设工作情况、开展"大棚房"问题专项整治行动情况、全区扫黑除恶专项斗争工作情况和2018年度全区信访工作情况的汇报，讨论并原则通过《关于全面加强生态环境保护坚决打好污染防治攻坚战实施意见》《常州市武进区做好武澄沙地区大气污染防治百日会战专项工作方案》《武进区贯彻落实中央环保督察"回头看"及大气污染问题专项督察反馈意见整改方案》和《武进区贯彻落实省第一环境保护督察组督查反馈意见整改方案》。

1月29日，区政府第二十三次常务会议在区行政中心召开。会议听取2018年度镇（重点园区）绩效考核情况、2018年度区级机关绩效管理和综合考核情况、2018年度区级机关职能工作目标考核单项奖情况、2018年度文明镇考核情况、落实2018年度公交服务购买资金及2019年相关水利工程区级补助资金情况和2018年度武进区区长质量奖评价工作情况的汇报，讨论并原则通过《关于开展2019年"重大项目攻坚年"活动的实施意见》《全区"五个三年行动计划"2019决胜年实施意见》《2019年区级重点产业项目投资计划表》《2019年政府投资项目建设计划》《2019年国有公司投资项目建设计划》《2018年度武进区经济工作先进集体和个人》《武进区"五个三年行动计划"2018年度先进集体和先进个人建议名单》《关于补发2018年教师专项绩效工资工作方案》《关于武进纾困基金的设立和运作方案》和《〈2019年政府工作报告〉目标任务分解落实方案》，部署保持经济平稳健康发展、做好"六个稳"（稳就业、稳金融、稳外贸、稳外资、稳投资、稳预期）工作。

3月8日，区政府第二十四次常务会议在区行政中心召开。会议集体学习纪检监察机关监督工作重要事项、《关于深化统计管理体制改革提高统计数据真实性意见》《统计违纪违法责任人处分处理建议办法》《防范和惩治统计造假、弄虚作假督查工作规定》，听取2018年武进区生态文明工作情况、2018年武进区农村土地制度改革三项试点工作情况、2018年武进区城市资源经营工作情况、武进区政策性农业保险市场化运作情况和地壹街有关情况的汇报，讨论并原则通过《武进区预算调整方案审议工作规则》和《武进区2019年主要经济社会发展预期目标指导计划》，讨论武进区农村土地制度改革三项试点办公室立集体三等功事宜。

3月25日，区政府第二十五次常务会议在区行政中心召开。会议集体学习中共中央总书记习近平、国务院总理李克强对响水"3·21"爆炸事故重要指示批示精神，省委办公厅、省政府办公厅《关于切实做好危化品等重点行业领域安全生产的紧急通知》精神和3月25日常州市政府常务会议重要部署要求，讨论研究武进区贯彻落实意见。

5月6日，区政府第二十六次常务会议在区行政中心召开。会议集体学习中共中央办公厅、国务院办公厅《常州市党政领导干部安全生产责任制规定实施办法》《地方党政领导干部食品安全责任制规定》，听取全区安全生产和防汛准备工作情况、全区食品安全工作情况、全区一季度经济运行分析情况、全区扫黑除恶工作情况和中以常州创新园调整提升工作有关情况的汇报，讨论并原则通过《关于推动农业农村优先发展推进武进乡村振兴走在前列的实施意见（2019—2020年）》《2018年江苏省武进现代农业产业示范园奖补资金使用情况介绍》。

5月23日，区政府第二十七次常务会议在区行政中心召开。会议集体学习《江苏省纪委监委通报5起充当黑恶势力"保护伞"典型案例》，讨论并原则通过《关于配合中央扫黑除恶督导工作的实施方案》《关于成立配合中央扫黑除恶督导工作领导小组的通知》，听取武进区扫黑除恶专项斗争工作情况的汇报。

6月21日，区政府第二十八次常务会议在区行政中心召开。会议听取围绕中央环保督察回头看和省环保督察反馈问题等突出环境问题整改推进情况、2019年"减化"和"散乱污"整治工作推进情况、2019年上半年度信访工作情况的汇报，讨论并原则通过《关于支持经开区社会事业高质量发展的意见》《武进区区级公立医院财政补助（暂行）办法》《2019年常州市武进区法治政府建设工作要点》。

7月22日，区政府第二十九次常务会议在区行政中心召开。会议集体学习中共中央办公厅、国务院办公厅《中央生态环境保护督察工作规定》，讨论并原则通过《关于进一步整合镇级国有企业规范运营管理的实施办法》《武进区大力优化营商环境行动方案》《武进区工程建设项目审批制度改革实施方案》《全区科技工作者奖名单》《武进区加快推进高新技术企业培育的若干政策》《武进区化工产业安全环保整治提升实施方案》《关于促进化工行业企业整治提升的若干政策》。

9月1日，区政府第三十次常务会议在区行政中心召开。会议集体学习《中央扫黑除恶第17督导组向江苏反馈督导意见》，听取对反馈意见的整改落实情况、违建别墅问题清查整治专项行动开展情况、清欠追缴违规减免缓人防易地建设费工作开展情况和2019年上半年全区安全生产工作情况的汇报，讨论并原则通过《武进教育现代化2035》《加快推进武进教育现代化实施方案(2019—2022年)》《武进区优秀教育人才奖励办法（试行）》《关于深化幼儿园教师管理改革实施员额管理的指导意见(暂行)》《关于创新武进区村级医疗卫生人才管理机制的实施意见(试行)》《武进区居家养老服务实施办法(试行)》《关于明确专职网格员队伍建设若干问题的通知》。

9月20日，区政府第三十一次常务会议在区行政中心召开。会议听取全区市级河湖“两违”(违法圈圩、违法建设)“三乱”(乱占、乱建、乱排)整治进展情况的汇报，讨论并原则通过2019年度综合考核系列文件、《关于授予羌涵孚等三位同志“武进水稻育种杰出贡献功臣”称号的决定》。

10月19日，区政府第三十二次常务会议在区行政中心召开。会议集体学习《中华人民共和国政府信息公开条例》，讨论并原则通过《常州市武进区关于中央扫黑除恶第17督导组反馈意见的整改落实工作方案》《2019年武进区区级机关职能工作目标考核实施细则》《武进区政府投资项目管理办法》《武进区征地补偿和被征地农民社会保障实施办法（试行)》《武进区生态河道建设资金奖补办法》《常州市武进区电子政务项目管理办法（暂行)》。

11月29日，区政府第三十三次常务会议在区行政中心召开。会议集体学习全国扫黑除恶专项斗争第二次推进会主要精神，听取全区2019年食品安全工作情况、2019年法治政府建设工作情况和2019年政务公开工作情况的汇报，讨论并原则通过《关于加强群租房安全管理工作的实施意见》《关于成立武进区群租房安全管理工作领导小组的通知》《2019年预算收支计划调整草案》《2020年一般公共预算安排计划草案》《武进区长三角双创示范基地联盟双创券通用通兑实施方案》《关于解决部分退役士兵社会保险问题的实施方案》《全区市场监管领域全面推行部门联合“双随机、一公开”监管的实施方案》《全区应急广播系统建设的实施意见》。

12月20日，区政府第三十四次常务会议在区行政中心召开。会议听取全区安全生产工作情况、2019年度全区信访工作情况和武进区社会治安情况的汇报，讨论并原则通过《2020年政府工作报告》《2020年武进区重点民生实事候选项目》《2019年国民经济和社会发展计划执行情况及2020年计划安排的报告》。

【经济协作与招商活动】 2020年，区政府组织开展经济协作与招商重大活动20多次，开工、签约产业重点项目140多个、总投资596.8亿元，落实对口援疆、援陕经济协作项目。

开展产业重点项目集中开工仪式3次，先后于3月1日、5月21日、9月26日在武进高新区、常州经开区和西太湖科技产业园举行，集中开工常州集成电路生态产业园、信承瑞轨道交通智能管理装备一期、辛格顿新材料研发与制造基地、卓睿精密电子通信设备等项目92个，总投资298.3亿元。

开展重点项目集中签约活动2次，分别于3月1日、9月26日在武进高新区、西太湖科技产业园举办，签约项目73个，总投资298.5亿元。

开展对日本、以色列重点招商活动3次，以色列Vessl（唯瑟）公司签约落户武进西太湖科技产业园，建立细胞疗法、基因疗法研发、生产及销售总部；日本大隈株式会社数控机床项目签约落户武进高新区，注册资本8.8亿日元(约800万美元)，总投资22亿日元（约2000万美元)。

开展国内重大招商活动5次，JDCC(杰蒂）集团总部基地签约落户武进绿建区，打造高端装修产品研发和生产中心，项目总投资10亿元；上海多利集团汽车零配件生产基地落户洛阳镇，项目总投资5亿元；立华股份总部基地项目签约入驻武进绿建区，总投资2.5亿元，建设国家级饲料检测中心、动物疾病检测中心、食品安全检测中心等；总投资50亿元的柳工集团二期项目、总投资100亿元的高端化合物半导体制造项目签约落户武进高新区；国际信息和数字创意（常州）产业集聚区项目签约落户

9月26日，2019年武进区第三次重点项目集中开工仪式在西太湖科技产业园举行
（供图/武进日报社）

西太湖科技产业园，重点引进新一代信息技术、云计算、大数据、物联网、移动互联网、人工智能、数字创意、工业设计、产业互联网等产业的优质企业和项目。

开展重大经济协作活动8次，承办中国压铸行业绿色智造暨数字化工厂建设研讨会，武进国家高新区的江苏中科云控智能工业装备有限公司与上海晋拓金属制品有限公司等6家企业签订战略合作协议；举办2019年“创响中国”常州站启动仪式暨第五届汽车行业关键与共性技术高层研讨会；举行2019武进“资者见智”鹊桥会，26个项目签约落户，投资总额3.37亿元；与陕西省安康市平利县、汉滨区开展党政代表团互访考察交流，承接平利县、汉滨区在武进开展对口协作交流活动；武进区党政代表在新疆维吾尔自治区尼勒克县开展对接协作交流活动，首届武进·尼勒克文化美食节在武进区淹城春秋乐园举办。

（李月峰）

为民办实事

【促进就业创业】 2019年，武进区实施就业服务工程，采集、开发就业岗位7万个，开发高校毕业生就业岗位7000个，就业技能和在岗职工培训5000人，创业培训1000人。培育新型职业农民2000人。为1万名职工提供订单式培训，为500名以上在职职工在职学历教育提升提供补贴。实施创业扶持工程，为双创职工提供3000万元以上工会小额保证保险贴息贷款。

【促进社会和谐】 2019年，武进区实施慈善救助工程，发放慈善救助金3800万元，惠及困难群众1.1万人次。实施光彩同心惠民工程，通过精准惠民、教育惠民、文化惠民、生态惠民、健康惠民，投入光彩资金3000万元。实施长期护理险工程，开展长期护理保险试点，为重度失能人员提供基本生活照料服务和基本医疗护理保障，总筹资1.05亿元，受益对象5000人。实施残疾人圆梦工程，举办残疾人职业技能培训5期，培训300余人次；扶持45名贫困残疾人自主创业，创建残疾人扶贫基地1个；举办残疾人专场招聘会1场，新增就业岗位220个，就业200人。为全区持证残疾人办理30种重大疾病保险和意外伤害险。实施职工关爱工程，免费为2万名企业优秀员工和一线劳模提供健康体检。向全区环卫工人、公安协警等一线职工赠送一份意外伤害保险。为全区基层职工书屋赠送图书1万册。组织100家企业、1万人次参加应急救护培训，增强企业员工安全素质。

【优化公共服务供给】 2019年，武进区实施教育均衡工程，完成省武进高级中学新校区建设，推进星河实验小学分校、府北幼儿园、人民路初级中学、卢家巷实验学校、牛塘中心小学等项目建设，完成湖塘桥第三实验小学、遥观中心幼儿园、横山桥实验幼儿园、新安幼儿园项目建设，增加学前教育学位1920个、小学学位2160个。实施中小学生课后服务工程，从2019年春季学期起，开展中小学生课后服务，覆盖全区中小学74所，服务内容为安排学生集中完成作业、参加社团活动、自主阅读交流、专题教育活动，为个别学习有困难的学生给予免费指导帮助。实施健康守护工程，对全区符合生育政策的孕妇实行免费产前唐氏筛查。为2.5万名适龄妇女开展免费“两癌”检查。建成投用武进中医医院综合大楼、横山桥镇卫生院门诊住院大楼，新（改、扩）建村卫生室20个。开展签约居民电子健康档案信息开放工作，引导居民通过网页及手机App自主查询健康档案信息，掌握自身健康状况，完成50%的重点人群签约居民个人健康档案信息开放。实施文体惠民工程，组织送戏送综艺节目各200场、流动图书车送书下乡180次、阳湖大讲堂12期，各行政村每月放映电影1场；建成行政村（社区）综合文化服务中心86个。组织78所中小学校向社会开放体育设施，提档升级镇（街道）、行政村（社区）健身场地49个。

【优化群众生活环境】 2019年，武进区实施水污染治理工程，新建污水主管网40.5千米。建设农村分散式生活污水处理PPP二期项目，250个工程开工建设。实施交通便民工程，推进常宜高速、苏锡常南部通道、江苏南沿江城际铁路等重大交通项目，改造农危桥10座。新增停车泊位2900个。实施生态廊道工程，建设永安河、大明路绿化工程和永安河庙桥段景观工程。实施公厕提档工程，改造提升公共厕所53座。

【优化群众居住条件】 2019年，武进区实施老小区改造工程，开展老旧小区及周边区域整治，包括道路破损修补、管网堵塞疏通改造、绿化修整和环境整治等。实施公积金扩面工程，新增公积金缴存人数5.05万人，投放公积金贷款资金23.75亿元，解决5588户职工家庭购房资金需求。

【提升行政服务效能】 2019年，武进区实施行政服务便民工程，新（扩）建和改造提升村（社区）综合服务中心5个。推进村级便民服务中心建设，实现企业、群众办事零距离。实施安置房办证工程，基本完成中心城区安置房办证，全面启动镇、开发区安置小区的初始产权登记和安置房办证处。

【提升公共安全水平】 2019年，武进区实施饮食安全工程，加大食品安全抽检力度，完成生产、流通、餐饮环节食品检测7920批次；加强“安心菜场”快检室管理，快检食用农产品7.6万批次；督促650家“阳光餐饮”饭店、食堂通过手机App向公众公开后厨。实施技防城升级工程，建设全区社会治理视频云平台，整合各类视频监控资源，实现全面接入、互联互通、共享共用，全面提升社会治理能力和水平。

【提升网格服务水平】 2019年，武进区实施网格化集成管理提质增效工程，加大信息系统整合力度，逐步实现一条线路互联、一个终端通办、一个平台督查；推动资源、管理、服务下沉，优化网格人员配备；提升工单流转质效，实现区、镇、村三级事项处置比例达5:15:80。

（方　志）

人事管理

【概况】 2019年，武进区立足干部队伍高素质发展要求，坚持科学规范、阳光公正，着力提高干部队伍素质能力、创新活力，推动机关事业单位效能建设不断提升。招录事业单位工作人员和备案制人员1190人。贯彻落实公务员法和配套法规，举办公务员初任培训、军转干部培训班，提升干部队伍能力素质。开展机构改革工作，及时做好机构改革人员转隶工作。围绕“人才强区”战略，编制《2019年度全区海内外招才引智计划》，发布《2019年全区高层次、紧缺人才需求目录》，实行更加积极、开放、有效的人才政策，吸引各类高层次人才聚集武进。全区新增各类人才1.21万人，人才资源总量超过26万人，每万人人才拥有量超2700人；新增高层次人才855人，高层次人才总量达2.15万人。

【机关事业单位干部人事管理】 2019年，区人社局坚持科学规范、阳光公正，着力提高干部队伍素质能力、创新活力，不断提升机关事业单位效能建设水平。配合开展机构改革工作，及时做好机构改革人员转隶工作，整建制划转机关在职工作人员148人、机关离退休人员129人、机关遗属补助人员15人，根据部分职能划转转隶人员41人。加强机关事业单位工作人员年度考核工作，确定优秀等次2233人、合格等次1.1万人、基本合格等次8人、不合格等次3人、不定等次484人。严格人事公开招聘，组织事业单位招聘11场次，招录事业单位工作人员和备案制人员1190人。盘活人力资源配置，开展机关事业单位公开选调4次，选调事业单位工作人员32人。建立事业单位常态化岗位管理和聘用工作机制，严格把控岗位晋升和人员流动，岗位晋升1820人次，工作调动38人，辞职解聘27人。建立岗位编制统筹管理、能上能下机制，实施教育、卫健系统备案制和在编在岗人员全员竞聘。放开公办学校编外教师申报条件，818名教师首次取得职称，打通职称晋升渠道，促进教师队伍稳定。加快高素质工勤技能人员队伍建设，做好工勤技能岗位技师和高级技师申报，确定符合高级技师条件4人、技师35人。全面启动机关事业单位工勤人员继续教育培训工作，组织培训863人。完善事业单位绩效工资管理工作，拓展智慧人事信息系统功能开发，工资业务“不见面”审批上线，调资与退休工作办理到位，完成机关事业单位人员调资工作、警员和警务两个序列工资套改工作；工资统发按期到位。办理机关事业单位退休、抚恤金、遗属补助等审批649人次。组织255名优秀机关事业单位人员参加健康疗养、2.5万名在职和离退休人员参加健康体检。

【“武进英才计划”实施】 2019年，武进区对接常州市第十一、十二批“龙城英才计划”，推进“武进英才计划”实施，编制《2019年度全区海内外招才引智计划》，发布《2019年全区高层次、紧缺人才需求目录》，编印《携手武进一起飞》宣传册，积极推介武进人才环境。引进领军人才团队74个，累计引进1072个。组织“武进英才计划”济南、贵州推介会，近100名高层次创新创业人才对接洽谈。动员、组织33名领军人才申报省“双创计划”，入选创业类9人、高技能类1人；5名博士申报省“博士计划”（博士后类），入选1人；4名博士申报省“博士计划”（创业类），入选1人；30名高端人才申报江苏省第十六批“六大人才高峰”项目，入选6人获资助24万元；9名留学回国人员申报江苏省留学回国人员创新创业项目，入选1人。推荐3家企业入围2019年常州市优秀领军人才创业企业资助项目，获奖励125万元。以博士后科研工作站和创新实践基地为载体，着力优化引才育才机制。建成国家级企业博士后工作站9个、省级博士后创新实践基地33个、市级博士后创新实践基地2个，设站单位累计已招收进站博士后73人，在站博士后41人。

9月27日，区人社局举办武进区“人才贷”融创对对碰路演（供图/区人社局）

【人才服务政策落实】 2019年，武进区从政策、服务、保障等方面完善“店小二”式人才服务体系，畅通人才服务绿色通道。全年为1459名高层次紧缺人才和34个项目发放人才开发资金2300万元，为54名领军人才兑现区级创业扶持资金3939万元，为5名领军人才争取市级创业扶持资金191万元。深化武进英才“荣誉工程”品牌，为获得武进英才荣誉卡的400名高端人才和企业家提供子女入学、医疗健康、文体休闲、安居养老等9类27项高质量服务。打造“人才贷”品牌，每季组织“人才贷”项目路演活动，全年帮助27家领军人才企业融资5510万元。提升外国人来华工作许可业务经办质量，办理工作许可1441人次。打造人才沟通交流平台，举办各类高层次人才活动78场。

（张连惠）

信访工作

【概况】 2019年，武进区信访工作部门坚持以人民为中心，突出抓好矛盾化解、责任落实、改革创新，全力维护群众合法权益，服务保障全区高质量发展大局。开展“百件积案攻坚”和信访矛盾攻坚专项行动，全年化解各级信访积案87件，受理群众来信582件，受理省、市、区长信箱信访件1186件，反映事项均依

2月27日，区领导李林（中右）、薛红霞（中左）联合接待信访群众

（供图 / 区信访局）

法及时办理到位。全区信访件及时受理率、按期办结率均为100%。

【信访突出问题预防化解】 2019年，区信访局开展涉访不稳定因素全面排查4次，摸排涉访重点信访事项近300件。在全区建立镇级信访联席会议工作制度，依托网格化管理优势，构建区镇信访矛盾联调、工作联动局面，力争矛盾隐患处置在小、化解在早。坚持月度综合研判、突出问题专题研判工作机制，形成信访研判报告21篇，完成突出领域信访调研报告3篇，提出研究化解措施，为决策提供参考，推动事项及早化解。加强人民建议成果转化，共征集人民建议44篇。开展“百件积案攻坚”专项行动，化解区、镇级重点积案82件，超额完成目标。全年化解国家信访局交办的重点信访件5件。

【信访工作责任落实】 2019年，武进区严格落实领导信访接待制度，实行党委、政府领导班子成员接访工作按月排班、定点接访工作制度。区委、区政府主要领导在信访局调研工作并接待信访群众8批次，接待、会办重点信访事项47件，阅批、转办群众来信199件，化解“百县千案”包案办理全部疑难积案8件。区信访局联合多部门对各板块开展全面督查6次，重点督查33次，全面推动信访工作责任落实。区政府与各镇（街道）、开发区签订年度信访工作目标责任书，压实工作责任。修订完善区信访工作考核细则，严肃信访工作责任追究，定期通报信访问题突出的板块，确保责任追究到位。

【信访工作改革创新】 2019年，区信访局推进人民满意窗口创建工作，配齐工作场所硬件设施、便民服务设施，营造舒适信访环境。深入推进“三化解一规范”（化解矛盾、化解心结、化解困难，规范信访秩序）专项行动，按照“领导找群众、上级下基层、上访变下访”要求，推动领导和责任单位主动约访信访人，开展疏导化解工作。充分运用帮扶救助政策，对困难信访人因地制宜解决其实际困难，最大限度地钝化矛盾，减少上行。扎实推进信访人信用管理工作，成立区信访失信行为认定小组，在全区推行失信信访人员“分级管理”制度，全年发放提醒书13份，开展诚信约谈17次，认定失信信访人员1人，有效规范信访秩序，营造弘扬崇法明理、诚实守信的信访氛围。

（魏海波）

外事及港澳事务

【概况】 2019年，全区因公出国团组43批56人次，接待外宾9批146人次。区外事部门按照“计划控制、总量管理”的原则，从严审批因公出国团组，确保出访团组精简高效。加强因公出国人员政治纪律、外事纪律、财经纪律等方面的学习教育。密切武进与各国驻沪总领馆联系，扩大武进的影响力。年内，推动与港澳的交流合作，实现双边互利共赢。全区赴港澳组团12批60人次，接待港澳官方、非官方访问95人次。全区有240多家出口贸易企业与香港有贸易往来，金额4亿美元。

【对外交流与合作】 3月14日，以色列驻上海总领事普若璞、上海普陀区区长周敏浩率友好访问团考察武进高新区中以常州创新园以色列中心和CI3孵化器，开展交流座谈。4月14—19日，法国巴黎大区俄博勒医院集团院长娜达丽·萨施女士带队访问武进，与武进人民医院在内分泌糖尿病科、妇产科、急诊科、护理学科建设及人才培养等方面达成合作意向。5月16日，墨西哥科阿韦拉州办公厅主任Eduardo Olmos Recibe访问武进区，与华健药用包装有限公司签署合作协议。5月19—20日，第二届中国·以色列医疗科技产业高峰论坛在希尔顿酒店举行，签约医疗产业创新型项目6个，中以两国医疗领域顶尖专家开展主旨演讲6场，举行医疗技术、产业圆桌对话2场，开展以色列医疗创新项目的路演及对接活动17个。7月16日，芬兰驻沪总领事何朗明、拉脱维亚大使馆商务参赞艾思洁及爱沙尼亚、拉脱维亚、芬兰等国的18家企业代表参加在武进绿建区举办的中欧绿建项目对接会。9月26日，马来西亚丹斯里刘荣华一行访问武进。10月31日，加拿大驻华大使鲍达民一行5人访问武进，考察常州市新誉庞巴迪信号系统有限公司。11月20日，老挝公安部党委副书记、副部长贡通·蓬维吉率老挝高级干部研修班代表团访问武进，考察中芬绿色科技产业园、江苏今创车辆有限公司。同日，联合国儿童基金会南亚、东亚及太平洋地区的12个国家驻上海办事处及其17个国家政府代表、友人100多人到武进考察优秀厕所产品、技术及企业，在江苏华虹新能源有限公司就免水冲源分离资源型厕所和智能化家用资源型厕所展开调研和交流，考察江苏河马井股份有限公司的一体化注塑三格化粪池及其他技术和产品。

【武进与港澳交流合作】 3月26—27日，武进区区长戴士福随同市长丁纯率

12月24日，第五期“心手相连·青春有约——寻根之旅”苏港澳青少年交流活动在前黄高级中学启动
（供图/区外事办）

领的常州代表团应邀赴澳门参加第五届中国周边国家“市长参访计划”系列活动，与澳门特别行政区政府就经贸、文化、旅游等领域互利合作深入交流，会见澳门特别行政区行政长官崔世安，拜访澳门中联办主任傅自应、外交部驻澳门特派员公署特派员沈蓓莉、澳门政策研究和区域发展局局长米健、澳门特别行政区立法会副主席崔世昌、社会文化司司长谭俊荣、经济财政司司长梁维特及部分知名企业代表，并参加相关交流对接活动，加快推进苏澳合作园区建设工作。3月，组织香港武进同乡会旅港乡亲300余人参加春茗会活动，召开澳门常州联谊会一届三次理事会议；区委统战部部长杨国成率5人交流团到港澳开展交流活动。4月22日，全国政协委员、澳门立法会副主席、澳门中华总商会副会长崔世昌一行40人访问武进，参观苏澳合作园区。5月26—29日，武进考察团在澳门交流访问，先后走访澳门社团组织、主流媒体和澳门新闻局等部门，推进双方交流合作。5—6月，武进高新区经贸团两次访问香港。10月7日，副市长、区委书记李林在区行政中心会见澳门中小型企业联合总商会理事长冯健富一行，双方就进一步加强合作、推动更多项目落地深入交流。10月28日，澳门特别行政区政府经济局促进营商处处长刘杰麟参访常州市公共资源交易中心武进分中心，交流公共资源交易工作。12月24日，第五期“心手相连·青春有约——寻根之旅”苏港澳青少年交流活动在江苏省前黄高级中学拉开帷幕，来自港澳3所中学的40名中学生与省前中的同龄伙伴结对，开展为期一周的体验交流活动。

（何伟杰）

【苏澳公务人员交流学习】 2019年，区委组织部根据省委组织部、澳门特区政府行政公职局《关于苏澳互派公务人员交流学习方案》有关要求，持续深化江苏澳门两地公务人员的交流与合作，选派2批15名公务人员在澳门分别进行为期15天、30天的交流学习，进一步学习澳门特区政府先进的发展理念和管理经验。接待澳门2批14名公务人员到常州交流学习，邀请电子政务、智慧城市建设等领域的资深专家和领导为澳方人员讲课。苏澳两地公务人员通过课堂授课、部门实习、参观调研等形式交流学习，加深了解，为“一国两制”框架下公务人员交流互鉴提供实践样本。

（符小宝）

对口支援与合作

【概况】 2019年，武进对口支援新疆维吾尔自治区伊犁哈萨克自治州尼勒克县，继续帮扶重庆市云阳县经济社会发展，与陕西省安康市汉滨区、平利县开展扶贫协作，与盐城市阜宁县、射阳县开展经济技术交流合作。武进援疆工作组聚焦“收官、创优、深化、见效、冲刺”总目标，投入援疆资金8150.6万元，实施援疆项目19个，招聘柔性人才42人，引进产业项目8个，实施培训项目37个、扶贫项目15个，建设富民安居房587户，落实结对帮扶尼勒克贫困家庭1050户，优质高效完成援疆各项目标任务。“武进援疆”微信公众平台全年发稿90余篇，其中13篇被“学习强国”平台选登。工作组被新疆维吾尔自治区、江苏省援疆前方指挥部评为援疆工作先进单位，7人获评新疆维吾尔自治区援疆工作先进个人，26人获评伊犁哈萨克自治州援疆工作先进个人，1人获评尼勒克县优秀共产党员。

武进区援助重庆市云阳县资金30万元，主要用于受援地发展农业项目、社会公共基础设施建设。武进区与陕西省安康市汉滨区、平利县开展党政交流互访6次、对接活动20多次，落实扶贫项目150个、资金2.29亿元。支援汉滨区和平利县医疗、教育、农业专业人才48人，新增就业2100多人。武进医院、残联、红十字会等单位和社会组织到平利县开展爱心帮扶，落实帮扶资金110.3万元。年末，汉滨区实现200个贫困村如期脱贫，对口帮扶工作通过市级核查、省级评估；平利县获评陕西省脱贫攻坚工作先进县。

武进区在盐城市建有阜宁、射阳两个省级共建工业园，2019年完成开票销售收入188.84亿元。

（严　超　左喜平）

【援助尼勒克县稳定脱贫】 2019年，武进援疆工作组以“2019年，巩固提升，实现稳定脱贫”和“2020年，提质增效，达到小康水平”为总体目标，完善《援尼扶贫专项行动组2019年脱贫攻坚巩固提升实施方案》，积极构建全方位、立体式扶贫援疆机制，援助尼勒克县稳定脱贫成果。全年实施扶贫项目15个，投入资金7521.6万元，占全年援疆投入资金的92.3%。年内，武进援疆工作组聚焦基层、突出精准，督促指导包乡联村，帮扶结对对象脱贫致富。利用特色援疆（小援疆）资金，持续深入开展脱贫攻坚“十大行动”。投入35万元，启动尼勒克县就业基地建设，稳就业、促增收、带脱贫。帮扶喀拉苏乡20万元，加强村级基层阵地建设，助力基层党组

武进援建的尼勒克民生产业园 （供图/援疆工作组）

织发挥战斗堡垒作用。创新扶贫方式，探索拓展“电商+消费扶贫”模式，依托传统电商、社交电商等平台，进一步放大消费扶贫效应，为受援地农副产品销售提供相对稳定的市场。支持开设武报乐购尼勒克特色产品店，武进原疆馆新开分店2家和新疆特产大型仓储体验中心，进一步扩大尼勒克农副产品销售。联络后方企事业单位、爱心人士采购尼勒克农副产品，武进区总工会利用工会平台一次性销售尼勒克蜂蜜2000瓶。

【民生援疆】 2019年，武进援疆工作组开展民族团结一家亲等活动，进一步摸清群众所思所盼，推进村容村貌整治、公共服务设施、医疗惠民等项目建设，提高民生援疆成效。6月，完成加尔托汗村美丽乡村建设项目，在伊犁州率先实施首个整村生态厕所示范改造、村级公共服务平台、牲畜集中饲养基地等工程，有效改善全村人居环境。年内，加快新农村建设步伐，投入援疆资金1071万元，实施富民安居工程，帮扶建设富民安居房587户，有力保障农牧民生产生活。组团引进柔性人才7人，在尼勒克县人民医院开设高危产科门诊，累计完成门诊3600余人次、手术麻醉260余次，帮助受援医院填补技术空白7项；援疆专家医生利用节假日，在偏远乡镇、贫困乡村等开展义诊活动，与当地医生共同义诊、接诊1000余人次。

【产业援疆】 2019年，武进援疆工作组拓展武进区尼勒克县两地互补优势、产业合作空间，推进产业援疆，实现从“输血”向“造血”的转变、从支援向合作的拓展。年内，结合江苏省援疆产业招商“百日攻坚”活动，组建招商小分队在江苏、陕西等省点对点招商，成功引进蒋凤记、布隆圣泉、乔尔玛红色旅游项目等企业、项目8个。聚力发展旅游产业，打造全域旅游示范区，先后在乌鲁木齐、克拉玛依、苏州、无锡等城市举办旅游宣传推介会8场；引进凤凰国旅等企业，投资800万元联合打造乔尔玛红色旅游基地，创新“公司+基地+牧民”模式，提升牧民毡房收益。加强有组织转移就业，工作组成员充分利用回常州参加会议、春节休假等机会，与碳元科技等武进企业建立劳务协作关系，在尼勒克县联合举办专场招聘会15场，落实尼勒克县劳动力在武进就业236人。

【人才援疆】 2019年，武进援疆工作组继续推进人才援疆工作，加快专业化、高层次人才培养，建立多样化、持续性的互通渠道，帮助受援地建设一支带不走的高素质干部人才队伍，提升发展软实力。围绕人才集聚、技能提升、民生就业、医教惠民、强基固本5个方面，精心编制干部人才援疆项目，全年投入资金386万元，实施“异地+就地”柔性引才、组团式援疆等培训项目37个。在深入调研、广泛征询尼勒克相关部门意见的基础上，科学设置岗位，加强柔性人才引进，公开招聘常州市医疗、教育等柔性人才42人。实施组团式援疆培训项目，采用面对面、点对点培训辅导等形式，加快培养当地人才；按照“广泛培养与重点支持相结合、跟班实践与导师带培相结合”的原则，选派干部人才4批154人到江苏培养，在实践中提升能力和素质。

【教育援疆】 2019年，武进援疆工作组重点围绕基础教育、国语教育、职业教育，加强学前教育、义务教育学段的柔性人才组团式驻点指导，通过引领示范、送教送培、柔性引才等，实现学前、义务、高中和职教领域教育援疆的全覆盖。

改善教育教学基础条件。8月底，

8月2日，武进区区长戴士福（前左）向尼勒克县委书记周立新（前右）交付尼勒克县武进实验学校 （供图/援疆工作组）

投入援疆资金 9427 万元建设的尼勒克县武进实验学校正式投用，获评新疆维吾尔自治区建筑工程“天山奖”、文明工地奖和伊犁哈萨克自治州建筑工程“天马杯”。

提升义务教育质量。组织开展“同心共筑成长梦”援尼教育助力系列活动，利用培训、赛课、风采展示等形式，开展“武尼杯”学校中层领导教学能力大赛、首届教师成长论坛等活动，提升各学校领导班子的领导力、中层干部的管理力、教师的专业力和学生的学习力。

释放“组团式”教育援疆效应。选派武进校长团和骨干教师托管式援建武进实验学校，传输先进教育理念，努力打造“全县标杆、全州一流、全疆知名”的样板学校。

推进学前教育深度合作。分批选送尼勒克县幼儿教师到常州幼儿师范学校跟岗学习培训。8—11 月，组织常州幼儿师范学校毕业生 24 人到尼勒克县实习支教。

开展“爱心捐赠”活动。年内，武进援疆工作组捐赠 10 万元，资助尼勒克教育系统“同心共筑成长梦”系列活动；常州幼儿师范学校捐赠电脑 100 台、钢琴 30 台；援疆老师联络发动武进区社会团体、机关企事业单位及爱心人士，资助困难学生及捐赠物资等价值 10 万余元。

6 月 27 日，武进援疆工作组深入霍尔果斯市伊车乡赤哲尕善村寻访第一代武进支边人
（供图 / 援疆工作组）

【武进区与尼勒克县两地交往交流】 2019 年，武进区与尼勒克县两地党政、文化及“结亲结对”交流交往活动不断，促进了全方位、多层次、宽领域的交融。在党政交流方面，常州市政协主席俞志平、常州市委组织部周昌明和武进区委副书记、区长戴士福分别率领党政代表团到尼勒克对接、指导援疆工作，看望慰问武进援尼干部人才；尼勒克县县长木拉提及组织部部长倪文斌、宣传部部长阿比连、纪检委书记叶尔努尔等先后带队到武进学习考察，推动文化事业、文旅产业、有组织转移就业等方面的交流合作；常州市、武进区两级 70 余个单位近 800 人次考察尼勒克县。在文化交往方面，5 月 31 日至 6 月 2 日，武进区与尼勒克县两地宣传、文化条线共同举办《守望天山》电影巡演、融媒体中心建设交流、文化事业和文化产业、“花都水城 浪漫武进”旅游节学习观摩等系列交流交往活动 6 项。其间，尼勒克县的中国好人、感动中国年度人物、全国道德模范天山守墓人陈俊贵在武进道德讲堂作专场讲座，武进区机关干部、退役军人 100 多人听讲。6 月底，举办武进淹城春秋乐园尼勒克美食文化节活动，宣传推介尼勒克旅游资源。年内，武进援疆工作组在尼勒克县开展“民族团结一家亲”活动，全体援疆干部、人才 200 多人次登门开展民族团结一家亲等活动，向结亲对象和帮扶对象捐资及捐物价值 5 万余元。

【“同心同愿、同奔小康”特色援疆】 2019 年武进援疆工作组精心搭平台，持续开展“同心同愿、同奔小康”特色援疆，深化武进区经济强镇、村、企业、学校、医院与尼勒克县的对口结对帮扶，动员整合社会力量参与“携手奔小康”工作，引导后方捐赠资金及物资价值 800 余万元。

推进镇村结对帮扶。武进区所有镇（街道）、开发区与尼勒克县 13 个乡（镇、场）结对帮扶，30 个优强村（社区）与尼勒克县 30 个贫困村结对共建，通过对接互访、业务指导、跟岗交流、资源支持等方式，推进结对交流活动向更深层次拓展。

推进学校共建帮扶。引导武进区的 45 所中小学、幼儿园继续结对帮扶尼勒克县的 42 所中小学、幼儿园，促进双方交流理念、联通信息、互学方法。开展“万里鸿雁传真情”青少年手拉手书信交友活动，武进区、尼勒克县两地 8 所学校的 1200 名学生相互结对交流。

推进社会爱心帮扶。继续推进省援疆前方指挥部“万人帮万户、共同奔小康”援疆帮扶活动，组织后方 89 个单位帮扶贫困家庭 1050 户。制定方案，继续组织尼勒克县贫困学生参加武进区夏令营活动。

开展爱心小分队活动。武进援疆工作组成立武进援疆爱心小分队，通过援疆干部人才、社会爱心人士捐赠等渠道设立“爱心基金”，每月组织人员到尼勒克县的乡（镇、场）开展重点扶贫帮困、贫困学生微心愿等爱心帮扶活动，帮助 120 余名困难家庭学生实现微心愿。

（严　超）

【苏陕合作】 2019 年，武进区对口帮扶安康市汉滨区、平利县工作组遵循“优势互补、互惠互利、长期合作、共同发展”的原则，积极开展互访交流、产业扶贫、结对帮扶项目合作等形式，带动汉滨区、平利县经济与社会事业发展。常州市副市长、武进区委书记李林和汉滨区委书记王孝成分别带队互访，并就两地对接工作事宜召开联席会议，落实苏陕扶贫协作资金 1.96 亿元，安排苏陕扶贫项目 91 个。着眼稳定就业、带动脱贫，推动武进高新区和汉滨区“区中园”项目签约，引进东部企业项目落户汉滨 6 个，投资额 3277 万元，带动贫困人口就业 600 人。将苏陕扶贫资金倾斜支持社区工厂、农产品加工厂建设，建成新社区工厂78家，吸纳群众就业3150人；实施农产品加工厂项目24个，建成投产14个，带动群众就业700余人。落实武进汉滨苏陕扶贫协作携手奔小康结对项目22个，其中镇镇结对3个、村村结对6个、村企结对1个、学校结对4个、医院结对8个。武进区支援汉滨区医疗、教育、农业专业人才25人，汉滨区选派到武进锻炼16人。武进区帮助汉滨区培训党政干部73人、专业技术人才462人。按照“政府主导、部门联动、民企帮扶、社会参与”的方针，动员武进区各界力量，形成“组团式”帮扶合力。武进区卫健局向汉滨区卫健局捐赠医疗器材价值132万元，武进区教育局向汉滨区瀛湖镇武进希望小学捐赠9000元的学习用品及现金，帮助贫困学生就学。武进区爱心企业江苏道尔纺织公司向汉滨捐赠纺织用品总价值70余万元，帮助2000户搬迁困难群众入住新居。至年末，武进区对口帮扶汉滨区实现200个贫困村21600户62512人如期脱贫，对口帮扶工作通过市级核查、省级评估。

武进区与平利县全年开展互访交流4次，召开高层联席会议3次，促成两地学校、社会组织、医院、企业缔结友好合作关系。有效夯实精准脱贫的人才基础，选派党政领导干部和专业技术人才支援平利县23人，落实平利县党政领导干部挂职锻炼3人、专业技术人才学习深造4人。实施县以下贫困群众义务教育、基本医疗、产业就业增收等基础保障工程，落实援助资金3340万元（含苏陕协作项目资金3200万元），其中64%的援助资金用于贫困村和深度贫困村，投入2055万元支持贫困村、深度贫困村产业发展和基础设施项目建设37个，带动6345名贫困群众实现增收。组团到南京、杭州等地开展“点对点”精准招商活动，引进浙江源添针织有限公司、凯美悦服饰有限公司等东部优质企业7家，投资6321万元，带动840名贫困人口实现就业增收。举办“春风行动暨苏陕协作·新社区工厂专场招聘会”13场次，提供就业扶贫岗位4000余个，达成就业意向550人，组织贫困家庭劳动力赴江苏稳定就业144人。在武进区挂牌建立平利县公益性劳务输出工作站1个，通过提供就业岗位信息、就业指导引导贫困劳动力到江苏务工167人，转移到其他省份就业118人。依托苏陕协作“扶贫超市O2O”、第一书记扶贫超市、苏合爱心超市、平利“帮您卖”圆梦工坊、武进区“周周抢”等平台，组织两地社会组织、工厂企业、群众干部采取“以购代捐”“以买代帮”等方式采购贫困群众产品，解决贫困群众困难，共实现农产品销售收入1393万元，带动1456户贫困户实现增收。组织武进医院、残联、红十字会等单位和社会组织到平利县开展爱心帮扶，落实帮扶资金110.3万元。年末，平利县获评陕西省脱贫攻坚工作先进县。

【南北挂钩共建阜宁工业园】 2019年，武进高新区阜宁工业园累计注册项目45个，累计完成基础设施投入28.6亿元。园区完成销售收入125.84亿元，增长54.74%；实现一般公共预算收入1.76亿元，增长68.4%；实际到账外资及港澳台资1346万美元。

【南北挂钩共建射阳工业园】 2019年，武进经济开发区射阳工业园区累计有工业企业46家、服务业项目企业5家。园区完成开票销售63亿元，一般公共预算收入1.4亿元，实际外商投资额1892万美元。

（左喜平）

机关后勤管理服务

【概况】 2019年10月，区级机关后勤管理服务中心更名为常州市武进区机关事务管理中心，内设科室9个；撤销下属事业单位4个，组建常州市武进区机关后勤保障中心，与中心合署办公，实行两块牌子一套班子，加强对全区机关事务的管理职能。年内，区机关事务管理中心不断完善机关事务管理体制机制，逐步规范区级行政事业单位定点采购行为，制定完善中心货物类、工程类、服务类项目采购标准化，加强区公务用车智能化管理信息平台和办公用房一张网信息化建设，不断提升服务保障和管理效能，努力打造领导满意、机关满意、群众满意的管理中心。全年接听各类报修电话及平台报修共计941次、回访941次，公车平台规范派车41136次，行政中心智慧后勤管理平台完成报修652单，完成电话移装机340余门，处理水、电、空调设备故障检修维护2182件，接待会议1545次，保障机关工作人员就餐36.38万人次，节约财政资金2670多万元。

【机关办公用房实现“以图管房”】 3月，全区机构改革涉改部门完成办公用房搬迁调整，区机关事务管理中心结合全国办公用房一张网信息化建设工作要求，依托武汉数信科技公司开发“以图管房”软件，集中统一管理全区65个行政事业单位、10个镇机关及经开区3镇3街道的办公用房。至年底，完成公用房清查、数据填报汇总、“以图管房”的图形化基础数据录入。区、镇（街道）机关办公用房维修及物业管理实现网上申报、审批，公物仓、集体宿舍申请等均可通过管理软件完成。

【区级机关事业单位公务用车管理】 1月1日起，区级机关部分事业单位75辆公务用车的维修、保险、加油等运行经费纳入公车管理平台集中管理。5月，全区所有事业单位99辆公务用车（特种专业技术用车除外）安装车载卫星定位系统，纳入平台，实行集中管理、统一调度。4月，首批80辆新能源汽车办理租赁手续，用于公车使用。5月22日，出台《武进区党政机关、事业单位公务用车租赁暂行管理办法》，从制度上规范区党政机关、事业单位公务用车租赁的标准和编制管理、报备和经费管理、车辆租赁采购、车辆管理、监督问责等。至年末，区级机关事业单位共有公务用车783辆，其中新能源汽车101辆。

【区级机关所属变电所远程集中值班】 2—10月，区机关事务管理中心完成行政中心、驻常办、凤凰谷、监委会的8个变电站远程监控改造，所有高低压开关、线路、变压器加装智能监测装置，采集电压、电流、功率因数、温度等实时数据及开关的工作状态信息，远程传送到区行政中心监控中心，实现远程监控值班。至年底，该值班平台累计节约经费100多万元。

（顾　叶）

常州市武进区政协

Chinese People's Political Consultative Conference in Wujin District, Changzhou

栏目编辑　王国新

重要会议

【政协常州市武进区第十四届委员会第三次会议】 1月8—9日在武进假日酒店会议中心召开，政协委员382人出席，在武进的省、市政协委员及各镇（街道）统战委员列席。常州市副市长、武进区委书记李林在开幕式上作《携手攀登，共创新业，为推动武进高质量发展走在前列而努力奋斗》的讲话。会议审议并通过区政协主席江建文代表区十四届政协常委会所作的工作报告和区政协副主席陆雅芬代表区十四届政协常委会所作的提案工作报告。与会委员列席人大常州市武进区十六届三次会议，听取区长戴士福所作的《政府工作报告》，并参与分组讨论。会议期间，桑遥等9名政协委员代表围绕全区相关重点工作作大会发言。

1月8日，区政协十四届三次会议在武进假日酒店开幕　　（供图/武进日报社）

【政协常州市武进区常委会议】 2019年，政协常州市武进区第十四届常委会在区行政中心举行6次会议，即第十至第十五次会议。1月9日，第十次常委会议召开，听取全会期间各讨论组关于区政协常委会工作报告、提案工作报告、政府工作报告等的讨论情况汇报，审议通过《区政协十四届三次会议关于提案审查情况的报告（草案）》《区政协十四届三次会议决议（草案）》。1月30日，第十一次常委会议召开，协商讨论《区政协常委会2019年工作要点（讨论稿）》、年度协商计划和民主监督工作安排。3月7日，第十二次常委会议召开，协商通过有关人事事项，同意杜强、张军亮、胡新诚、陈飞燕、徐金荣5人辞去相关职务，任命陶春健为区政协办公室、研究室主任。6月12日，第十三次常委会议召开，专题协商“深入推进网格化集成管理”工作，常州市副市长、区委书记李林参加协商，高度肯定政协调研成果，提出全区网格化集成管理工作要求；会议同意戴放、吴小铭、费叶青3人辞去区政协第十四届委员职务，同意撤销张仲才区政协第十四届委员职务，同意增补秦能达、潘宏杰、丁涛、高明、戴亚萍5人为区政协第十四届委员会委员。10月11日，第十四次常委会议召开，学习贯彻习近平总书记在中央政协工作会议暨庆祝中国人民政治协商会议成立70周年大会上的重要讲话精神，协商讨论全域旅游示范区建设工作，邀请副区长刘志峰参加会议。12月24日，第十五次常委会议召开，听取副区长陆秋明代表区政府所作的区政协十四届三次会议以来提案办理情况，决定区政协十四届四次会议于2020年1月2—4日召开，协商讨论《区政协常委会工作报告（讨论稿）》和《提案工作报告（讨论稿）》等十四届四次会议有关材料，提请十四届四次会议审议通过；同意增补石伟东、蒋红英、郑全伟、庄惠芬、宣晨、许敬承、周敏伟7人为区政协第十四届委员会委员，区政协委员人数增至406人。

（何启华）

专题协商

【区政协常委会议协商】 2019年，区政协紧扣市委关于建设高质量管理明星城、旅游明星城的决策部署，精选“提升武进区网格化集成管理水平”和“加快推进全域旅游示范区建设”两个课题开展常委会专题协商。3—6月，区政协常委会组建调研组，围绕“深入推进网格化集成管理”开展调研协商。调研组采取实地走访、座谈交流等形式，多方面吸收意见和建议，最终形成《关于深入推进网格化集成管理的思考与建议》。该建议客观分析全区网格化集成管理在思想认识、改革支撑和运行质效方面面临的困难和挑战，提出三方面的建议：统一思想，广聚共识，凝聚网格化集成管理强大合力；不忘初心、牢记使命，释放网格化集成管理共治活力；有序整合，高效联动，实现网格化集成管理提质增效。6月12日，区政协召开第十三次常委会议，专题协商调研工作，常州市副市长、武进区委书记李林参加会议。报告提出的强化党建引领、加强队伍建设、推进资源共享、实现多元共治等建议被有关部门吸纳，在《关于进一步加强党建引领网格化集成管理的意见》和《关于明确专职网格员队伍建设若干问题的通知》等文件中得到充分体现。6—10月，区政协常委会围绕全域旅游发展开展调研协商。调研组在深入调研的基础上形成《关于加快推进全域旅游示范区建设的思考与建议》。调研组客观分析武进区全域旅游发展情况及存在的战略性定位不高、后发性优势不足、整体性布局不优、广泛性参与不够、专业性人才不多等问题，提出五方面建议：凝共识、重塑全域旅游发展观，增优势、打响全域旅游“武进牌”，谋全局、下好全域旅游“先手棋”，聚合力、激发全域旅游“新动能”，引人才、提升全域旅游“创新力”。10月11日，区政协召开十四届十四次常委会议，专题协商全域旅游发展。协商推动区文体广电和旅游局围绕武进区全域旅游发展调研报告的建议，列出清单，推进落实武进区全域旅游示范区建设。至年末，西太湖影视基地全面开放，全区签约民宿项目4个。

【区政协主席会议协商】 2月22日，区政协主席会议专题协商税务“放管服”改革。区领导江建文、许让磊、单骏初、陆雅芬、万卫新、刘云英听取区税务局负责人关于“放管服”改革推进情况的介绍，并在深入研讨交流后形成视察建议。4月18日，区政协主席会议围绕美丽乡村建设开展专题协商活动。区领导江建文、薛红霞、陆雅芬、万卫新实地察看湟里镇葛庄村和嘉泽镇跃进村的建设情况，听取区农业农村局、住建局和湟里镇关于美丽乡村建设情况的交流发言，形成《关于加快推进美丽乡村建设的建议》的视察建议，报送给区委区政府。其中，视察建议提出的“关于加大政策支持力度、盘活农村土地资源的建议”，在区委区政府《关于推动农业农村优先发展，推进武进乡村振兴走在前列的实施意见（2019—2020年）》中得到体现。年内，区政协主席会议还围绕城区污水管网建设、南沿江城际铁路武进站综合枢纽建设、义务教育阶段学校施教区调整等开展多次协商活动，并邀请区政府分管领导参与。

【对口协商和界别协商】 2019年，区政协各专委会开展对口协商活动，其中“历史文化单位保护”“扶持小微企业发展”“群租房治理”等课题对口协商取得积极成果。5月，区政协学习与文史委员会围绕“历史文化单位保护”主题，通过参观考察、召开座谈会等方式开展多次对口协商活动，形成《关于我区历史文化遗产保护情况的思考和建议》等协商成果。年内，区政协22个界别活动组围绕武进民营经济品牌化发展、基层医疗卫生服务体系高质量发展、长三角一体化背景下武进如何承接上海产业转移、居家养老护理人员队伍建设、家庭教育等方面课题，深入开展调研协商活动，形成《关于推动武进民营经济走品牌化道路的思考和建议》等调研成果22篇，年底，评选表彰《关于推进武进区基层医疗卫生服务体系高质量发展的建议》等优秀调研报告7篇。

【“有事好商量”协商议事平台建设】 2019年，武进区政协在全省、全市率先行动，试点打造“有事好商量”协商议事平台，实现各镇（街道）“有事好商量”协商议事室和村（社区）、重点企业“政协委员工作室”全覆盖。11月20日，区政协在武进高新区“政协委员之家”举办“有事好商量”电视问政议政节目。节目聚焦基层治理“疑难杂症”，汇聚职能部门、基层板块、电视媒体各方合力，唱响基层“有事好商量”协商声音。常州市政协主席俞志平现场观摩指导，武进区政府区长戴士福现场点评。

（何启华）

民主监督

【概况】 2019年，区政协常委会将区委、区政府重要决策部署贯彻落实情况作为民主监督重点内容，向区公安分局、交

11月20日，区政协在高新区举办“有事好商量”电视问政议政活动 （供图/区政协办）

通局、农业农村局、市场监管局、生态环境局和总工会派驻民主监督小组6个，分别围绕缓解城区交通拥堵、“四好农村路”创建、保障农产品质量安全、知识产权保护、大气污染与防治、劳模权益保障与作用发挥等内容开展民主监督活动。民主监督小组通过听取汇报、查阅台账、现场视察、走访群众等形式，全年共开展活动20余次，形成调研报告6篇，有效推进区委有关决策部署的逐步落实。

【提案督办】 政协常州市武进区十四届三次会议期间，共收到委员提案273件，立案196件。立案提案分别交由47个承办单位办理，于7月底全部办复，政协委员对提案办理工作的满意率达100%。5月14日，区政协联合区人大、区政府组成督查组，专项督查区教育局、住建局等7个部门提案办理情况，协调解决提案办理过程中存在的难点问题，跟踪督查2018年B类建议提案答复落实情况。8月1日，区政协主席江建文，副主席陆雅芬、刘云英和秘书长刘宗凉，带领提案人召开“加强全区幼教队伍建设”重点提案督办座谈会，邀请副区长张小虎参加。区政协听取区教育局、编办、人社局、财政局和发改局等部门汇报关于武进幼教队伍建设工作重点以及提案办理情况，形成《关于加强幼师队伍建设的建议》的视察建议。幼教队伍建设视察建议向区委区政府报送后，被区教育局及时采纳，进一步推动幼教队伍管理改革。7—9月，区政协分管领导带领提案人分别围绕加强外卖餐饮食品安全卫生管理、进一步规范校外培训机构、推进中心城区危旧房改造等提案，开展提案办理协商活动，促进相关问题的解决。在提案办理过程中，承办单位创新提案办理方式，推进相关问题的解决。区城管局构建完善垃圾投放、收运、处置“全链条”，推动垃圾全程分类体系建设。年底，区政协评选表彰《关于积极促进我区“瞪羚企业”发展的建议》等优秀提案25件。

【社情民意办理】 2019年，区政协收到社情民意信息39条，向区委区政府报送《社情民意》简报13期。其中，《关于加快建设学校“阳光食堂”的建议》《关于优化新城南都东门交通出行方案的建议》等8期得到区委区政府主要领导批示。向市政协报送社情民意信息15条，《关于进一步加强城区污水管网建设及污水排放管理的建议》等3条信息被市政协录用，位列全市各辖市区首位。年底，评选《关于推进我区新一轮农村改革试验的建议》等优秀社情民意信息6条。

（何启华）

文史研究

【《武进政协志》首发暨书画摄影展】 2019年9月29日在区行政中心举行。《武进政协志》于2017年3月启动编撰，共分11章38节，计85.3万字，记录武进政协70年发展历程和主要工作。该志书由江苏人民出版社出版发行，是常州地区正式出版的首部政协志。“筑梦新时代、共绘同心圆”书画摄影展展出作品51件，主题突出、风格鲜明，充分展示出武进改革发展取得的丰硕成果。

【《阳湖印记》出版】 9月，《阳湖印记》由红旗出版社出版。该书分“追忆先烈”“追访足迹”“追寻老兵”3个篇章，共26万字，记录为中国革命和解放事业做出贡献的武进先辈的英雄事迹。该书被列入武进区“不忘初心、牢记使命”主题教育学习书目。

表2 2019年度武进区政协优秀提案情况表

提案人	主要内容
金宏平	关于积极促进我区“瞪羚企业”发展的建议
王中元等4人	关于深化税务放管服改革、共同防范税企风险的建议
狄欣荣	关于进一步加大对我区民营企业支持力度的建议
单丽萍	关于将生猪等畜禽规模养殖用地纳入土地利用规划的建议
朱亚红	关于盘活农村土地资源，实施乡村振兴战略的建议
吴文英	关于加快发展我区乡村旅游业的建议
农工民主党武进区委	关于解决中心城区停车难问题的建议
龚青大等2人	关于进一步理顺武进国家高新区范围内雨污水管理体制的建议
李海标	关于改善武进交通路况的建议
杨　敏	关于尽快推进中心城区城中村旧房危房改造的建议
俞新春	关于超前谋划迎接地铁时代的建议
民盟武进区基层委员会	关于提高全区幼师地位待遇、稳定全区幼教队伍的建议
陈国强	关于进一步规范民办学校招生，促进我区教育质量高速均衡发展的建议
蔡自力	关于我区部分街道所属学校教师依法享受乡村教师津贴的建议
张颗等3人	关于加强乡村医生队伍建设的建议
赵丽君	关于进一步提升我区中小学生研学旅行品质的建议
徐佩军	关于进一步鼓励支持民营资本参与教育事业项目的建议
陈扣琳等9人	关于完善养老体系建设的建议
马俊浩	关于加强武进社区建设、推进社区工作者职业体系建设的建议
陈　捷	关于加强我区河湖长效管理机制、创新河湖联合巡查模式的建议
陆惠萍	关于居民生活区禁止燃放烟花爆竹的建议
林　霄	关于校外培训机构集中整治的建议
区政协妇联活动组	关于建立家庭教育机制，大力推进家庭教育的建议
周美玲等11人	关于探索食品安全监管新模式以推进外卖餐饮业高质量发展的建议
徐泽锋	关于加强我区各类网店有效监管的建议

（何启华）

常州市武进区纪委监委

Supervisor Committee of Commission for Discipline Inspection of Wujin District of Changzhou

栏目编辑　王国新

综　述

【概况】 2019年，区纪委监委坚守政治机关定位，准确把握新时代要求，坚决维护习近平总书记党中央的核心、全党的核心地位，坚决维护党中央权威和集中统一领导。积极协助区委履行全面从严治党主体责任。全年向区委常委会汇报党风廉政建设和纪律审查工作7次，提请区委区政府主要领导、分管领导对科级以上领导干部提醒谈话35人次，促进管党治党主体责任和监督责任贯通协同、形成合力。协助区委制定全面从严治党责任清单，实现区、镇、村三级责任清单全覆盖，推动责任层层落实。贯彻落实《中国共产党问责条例》，完善责任追究机制，实施党内问责32起，问责党组织7个、领导干部36人，其中给予纪律处分6人。区纪委监委被省纪委监委评为“带头建设模范机关工作走前列纪检监察组织（机构）”。

【“两个维护”践行】 2019年，区纪委监委学习贯彻中共十九届四中全会精神，深刻把握坚持和完善中国特色社会主义制度、推进国家治理体系及治理能力现代化对纪检监察工作的新要求。扎实开展“不忘初心、牢记使命”主题教育，落实“践初心、担使命、强监督、铸纪魂”具体要求。加大对打好“三大攻坚战”、优化民营经济发展环境、减税降费等重大决策部署贯彻落实情况的监督检查。组织开展安全生产大排查大整治专项监督、违建别墅清查整治、教育领域专项治理、人防领域专项治理、“大棚房”问题专项清理，确保上级决策部署到哪里，监督检查就跟进到哪里，“两个维护”就落实到哪里。

【“破网打伞”行动】 2019年，区纪委监委把严肃查处涉黑涉恶腐败和黑恶势力“保护伞”与全面从严治党统筹谋划、整体推进，及时组织工作专班介入查处辖区内发生的黑恶案件，对66人涉黑涉恶问题线索集中攻坚突破，查实58人，查否7人，在查1人。约谈镇（街道）党委政府主要负责人，向有关部门、社区印发纪律检查建议和监察建议22份，问责党组织5个、责任人员34人，倒逼履职尽责、堵塞漏洞、固本强基。

【容错纠错机制建设】 2019年，区纪委监委健全容错纠错机制，通过合理容错、及时纠错、澄清保护，消除干部思想顾虑。上报容错纠错典型案例8个，实现严管和厚爱结合、激励和约束并重、容错和纠错并行。健全信访举报失实澄清机制，为受到不实举报的10名干部澄清事实，严把选人用人廉洁关，回复区委组织部党风廉政意见52批1410人次。

（杨　迪）

【巡察工作】 2019年，区委深入贯彻落实中央、省委、市委巡视巡察新精神新要求新部署，坚守政治巡察职能定位，将“三大攻坚战”、扫黑除恶、安全生产等重大决策部署纳入巡察重点，精准发现问题，坚决纠正偏差。提升监督质效，推进巡察工作高质量发展。修订完善《区委2016—2021年巡察工作规划》，印发《贯彻落实省委〈关于推进巡察工作向

5月17日，全区纪委监察系统扫黑除恶专项斗争监督工作推进会召开

（供图/区纪委监委）

纵深发展的意见〉的实施办法》，把省委巡视整改工作作为重大政治任务，高标准完成省委巡视常州、省委巡视武进整改任务。建立整改情况督查督办制度，严格对账销号，区委前七轮巡察整改率达90%。严格执行《关于进一步增强巡察与纪检监察工作合力，着力提升监督工作效能的意见》，推动巡察与纪检监察取得“1+1>2”的监督成效。深化“巡审联动”模式，抽调审计干部30人次参与巡察，通过“巡审联动”发现的问题线索占到总数的60%以上，武进的经验做法在省级相关媒体刊登。加强成果运用，做细做实整改检查评估，强化标本兼治，推动被巡察党组织在基层党建、“三资”管理等领域建立完善制度55项。全年巡察机关部门、乡镇（街道）、国有企业20个，村（社区）74个，发现问题195个，移交线索45条，立案13人，留置1人，组织处理32人。

（李　栋）

正风肃纪

【概况】 2019年，区纪委监委贯彻市纪委关于落实省纪委对常州市查处违反中央“八项规定”精神问题执纪力度进行提醒等2个函的整改工作部署，持续督查落实中央“八项规定”及其实施细则精神，常态化开展作风建设监督检查，保持整治“四风”（形式主义、官僚主义、享乐主义和奢靡之风）高压态势，从严查处顶风违纪行为。查处违反中央“八项规定”精神问题35起47人，其中纪律处分25人。

【群众身边腐败问题专项治理】 2019年，区纪委监委深入开展腐败问题专项治理，切实维护群众利益。发挥“阳光扶贫”、污染防治综合监管、防范政府隐性债务风险三大监管平台作用，保障打好防范化解重大风险、精准脱贫、污染防治“三大攻坚战”。查处扶贫领域腐败问题和作风问题4起4人，向4个部门发放提醒函，约谈各级职能部门领导20人，督促职能部门发挥平台精准监管作用，实现“全覆盖全流程、公开化规范化”。监督推进安全生产大排查大整治，加大执纪问责力度，因安全生产问题问责6人。加大督查督办、直查快办和通报曝光力度，持续推进教育、医疗、人防、农村“三资”（集体的资金、资产、资源）监管等方面专项治理，坚决查处贪污挪用、截留私分、虚报冒领等行为，全力维护群众切身利益。查处群众身边不正之风和腐败问题97起129人，其中党纪、政务处分67人，通报典型案例5起8人。

【“两整治”活动】 2019年，区纪委监委深入开展违规吃喝和烟（卡）问题“两整治”，加大日常督查频次力度，检查党政机关、基层站所、村（居）集体经济组织以及国有企事业单位590余个，商场、超市、烟酒店、宾馆等3800余家，暗访50余次，问责23人，公开通报违规收受烟卡典型案例4起。推动完善网格化管理，将烟卡专项整治纳入各镇（街道）网格监管，消除监管死角。

（杨　迪）

审查调查

【概况】 2019年，区纪委监委坚持不松劲、不停步、不减力，持续加大审查调查力度，强化“不敢”“知止”氛围。始终保持惩治腐败高压态势，重点查处中共十八大之后仍然不收敛不收手、问题线索反映集中、群众反映强烈、政治问题和经济问题交织的腐败案件，坚持受贿行贿一起查，坚决斩断“围猎”和甘于被“围猎”的腐败利益链。牢固树立“没有安全就没有审查调查”的理念，时刻绷紧审查调查安全弦。严格执纪执法，及时发现和查处不遵规守纪、不依法履职、不秉公用权、不廉洁从政从业以及道德操守缺失等方面的问题，不断强化不敢腐的震慑。全年全区立案查处职务违纪违法案件360件，办理留置案件11件11人，移送司法机关9人。

【纪检监察信访举报问题线索处置】 2019年，区纪委监委严格按照《江苏省纪检监察机关来访接待系统试点工作方案》总体要求和市纪委监委统一部署，着力推进来访接待系统（地方版）试点工作。明确信访举报受理范围、管辖权限，精准把握受理口径，严格径送、规范处置，确保群众诉求第一时间有人受理、有人调查、有人反馈。采取定包案对象、定包案责任、定包案化解及集中接访、主动约访等举措，有力解决疑难信访问题。全区纪检监察机关共受理各类信访件784件次，信访举报转立案率上升18.6个百分点，化解疑难信访5件。

【违纪违法案件查处】 2019年，区纪委监委加大案件查办力度，坚决遏制腐败蔓延势头。处置违纪违法问题线索868件，增长26.3%。立案查处各类违纪违法360件，增长2.6%。其中，自办案件213件，占比59.2%，增长90.2%；党纪政务处分287人，查处科级干部17人；首次违纪发生在2019年度的52人，下降45.8%。持续加大查处职务违法和职务犯罪案件力度，办理留置案件11件11人，移送司法机关9人。发挥大数据

区纪委监委定期举办清风问纪微课堂活动　　（供图/区纪委监委）

等信息技术在审查调查中的作用，获全省纪检监察机关信息技术实践应用精品案例评选活动第一名。结合监督检查、审查调查、巡视巡察中发现的体制问题和制度漏洞，向32个单位提出纪律检查建议、监察建议，督促构建党风廉政建设长效机制。

（徐烨中）

4月30日，全区纪检监察系统习近平新时代中国特色社会主义思想和党的十九大精神宣讲会召开

（供图/区纪委监委）

廉政教育

【概况】 2019年，区纪委监委及时总结监督检查、审查调查、巡视巡察中发现的体制问题和制度漏洞，要求地区和部门强化责任意识，完善机制制度，推动长效治理。派员列席各地各部门专题民主生活会、述职述廉、“三重一大”（重大事项决策、重要干部任免、重要项目安排、大额资金的使用）等工作会议，强化经常性政治体检。加强对法规制度执行情况的监督检查，推动制度刚性执行。常态开展纪律教育和警示教育，持续推进“武家吾廉”廉政宣传教育和“一镇一品”廉政文化建设活动，深入推进廉洁文化示范点建设。深化开展“打铁必须自身硬”专项行动，坚持业务和队伍建设两手抓两手硬，带头建设让党中央放心、人民群众满意的模范机关。

【“武家吾廉”廉政宣传教育】 2019年，区纪委监委在全区开展“武家吾廉”廉政宣传教育、“一镇一品”廉政文化建设活动。打造廉洁文化示范点，明确示范点测评指标，组织全区各基层单位申报、创建。开展廉洁文化“十进”活动，赴机关、企业、农村（社区）、学校、景区等开展形式多样的系列活动，组织各类廉政宣讲130余场次，营造风清气正的氛围。充分发挥武进清廉馆省级廉政文化示范点主阵地作用，全年接受各类参观学习76批次，2071人次，不断提升党员干部勤廉为民、防腐拒变和抵御风险的意识和能力。

【警示教育活动】 2019年，区纪委监委以查办的违法违纪典型案例为素材，拍摄警示教育片《通往贪腐的门票》，协助区委召开警示教育大会，组织党员干部观看警示教育片《政鉴——祸起忽微》《边界》，引导党员领导干部筑牢拒腐防变的思想堤坝。会同区委组织部、宣传部将“一学习两整治”列入2019年全区干部（人才）教育培训工作要点，作为各类培训班次的必学必考内容，同时纳入理论中心组学习内容和党员冬训课程体系。在《武进日报》开设反腐倡廉专版，强化廉政教育，引导干部知敬畏、存戒惧、守底线。

7月16日，“武家吾廉”廉洁文化月启动暨廉洁文化导航地图发放仪式在武进清廉馆举行

（供图/区纪委监委）

【“打铁必须自身硬”专项行动】 2019年，区纪委监委结合“能力建设提升年”，持续推进“打铁必须自身硬”专项行动，加强纪检监察机关专业化建设，先后举办“清风大讲堂”专题讲座5场，稳步提高纪检监察干部纪法贯通、法法衔接能力。有计划地安排基层纪检监察干部跟班锻炼，抽调干部深度参与监督检查、审查调查和巡察工作37人次，在实战一线苦练过硬本领。全面贯彻执行监督执纪工作规则、监督执法工作规定，加强内部监督制约，形成权力运行闭环。严格执行纪检监察干部“六条禁令”，强化日常监督和警示教育，督促纪检监察干部严守工作纪律。主动向党内外通报工作，自觉接受各方面监督，全方位打造“阳光纪检监察”。

（徐烨中）

民主党派·无党派人士联谊会·工商联

Democratic Parties · Friendship Association of Non-party Personages · The Association of Industry and Commerce

栏目编辑　王国新

民主党派·无党派人士联谊会

【概况】 2019年年末，武进有民革武进区基层委员会、民盟武进区基层委员会、民建武进区基层委员会、民进武进区基层委员会、农工民主党武进区委、致公党武进区基层委员会、九三学社武进支社7个民主党派组织和无党派人士联谊会。民主党派和无党派人士联谊会共有成员966人，其中省人大代表2人（常委会委员1人）、省政协委员2人、市人大代表18人、市政协委员19人（常委5人），区人大代表15人（常委4人）、区政协委员141人（常委25人）、特约人员57人。民主党派、无党派人士联谊会人士担任领导干部61人，其中处级7人、正科职（级）7人、副科职（级）39人，另有国企、事业单位部管职务党外干部8人。

年内，武进区各民主党派、无党派人士联谊会围绕全区中心工作，积极参政议政；开展庆祝新中国成立70周年系列活动、"不忘合作初心、继续携手前进"主题教育活动；进一步深化一党派一特色工作。民进武进区基层委员会获评民进全国组织建设先进地方组织、民进江苏省先进基层组织。

【民主党派参政议政】 2019年，武进区各民主党派、无党派人士联谊会履行参政议政职能，提出提案136件，完成调研课题47个，报送信息301条。农工民主党武进区委的《关于解决中心城区停车难问题的建议》《关于深化税务放管服改革、共同防范税企风险的建议》《关于加强乡村医生队伍建设的建议》《关于加强我区河湖长效管理机制、创新河湖联合巡查模式的建议》《关于加强我区各类网店有效监管的建议》，民盟武进区基层委员会的《关于提高全区幼师地位待遇、稳定全区幼教队伍的建议》，民建武进区基层委员会的《关于改善武进交通路况的建议》，民进武进区基层委员会的《关于加快发展我区乡村旅游业的建议》，九三学社武进支社的《关于积极促进我区"瞪羚企业"发展的建议》，武进区无党派人士联谊会的《关于尽快推进中心城区城中村旧房危房改造的建议》10篇提案获评区政协优秀提案。民进武进区基层委员会的《关于加快建设学校"阳光食堂"的建议》、民革武进区基层委员会的《关于提升知识产权行政执法效能的建议》和区政协特邀民主党派活动组的《关于进一步加强城区污水管网建设及污水排放管理的建议》3篇社情民意被区政协评为优秀社情民意。农工民主党武进区委的《关于推进武进区基层医疗卫生服务体系高质量发展的建议》、民建武进区基层委员会的《关于进一步加强我区危险废物处置管理的建议》、民进武进区基层委员会的《关于以"工业+旅游"助推全域旅游示范区建设的实践和思考》、民革武进区基层委员会的《关于武进区居家养老护理人员队伍建设的思考和建议》、武进区无党派人士联谊会的《关于加强知识产权保护助推创新驱动发展的思考和建议》5篇调研报告被区政协评为优秀调研报告。九三学社社员陈凯撰写的社情民意《建议应积极谋划长三角中轴经济带》被市委书记汪泉批示。

10月19日，农工民主党武进区委举办庆祝新中国成立70周年"爱·健康与您同行"大型义诊、宣传、咨询活动　（供图/农工党武进区委）

2019年武进区民主党派、无党派人士联谊会基本情况表

表3

单位名称	成员（人）							提案、议案（件）		
	人数	人大代表			政协委员			总数	优秀提案	重点发言材料
		省	市	区	省	市	区			
民革武进区基层委员会	84	—	2	2	—	—	11	14	—	1
民盟武进区基层委员会	157	2	4	—	—	3	20	18	1	—
民建武进区基层委员会	172	—	2	4	1	4	17	17	1	1
民进武进区基层委员会	135	—	2	6	—	3	19	21	1	1
农工民主党武进区委	228	—	3	2	1	6	33	32	5	1
九三学社武进支社	48	—	1	—	—	1	9	11	1	—
致公党武进区基层委员会	54	—	1	—	—	—	7	7	—	—
区无党派人士联谊会	88	—	3	1	—	2	25	15	1	—

【“不忘合作初心、继续携手前进”主题教育活动】 2019年，武进区各民主党派、无党派人士联谊会以庆祝中华人民共和国成立70周年为契机，大力开展“不忘合作初心、继续携手前进”主题教育活动。民革武进区基层委员会举行庆祝新中国成立70周年暨“不忘合作初心、继续携手前进”主题教育演讲比赛和主题教育展；在溧阳新四军江南指挥部纪念馆开展主题教育参观学习活动，重温历史，深刻理解多党合作的初心。民盟武进区基层委员会向城东小学捐赠2万元助学款，参观洛阳镇岑村村容村貌和政治生活馆，进一步坚定立足岗位服务社会的信念和决心。民建武进区基层委员会召开“不忘合作初心、继续携手前进”主题教育推进会，邀请民建会员、民建创始人黄炎培先生堂侄女黄卫讲述“黄炎培先生的人生道路”，民建会员深受教育。农工民主党武进区委在武进特殊教育学校开展“不忘合作初心、继续携手前进”主题教育暨志愿服务活动，开展生活照料、励志分享、文体活动、爱心捐赠等志愿服务活动；组织党员拜谒位于南京的邓演达烈士墓，增强政治共识，坚定政治信念。九三学社武进区支社召开社务工作研讨交流会，形成整改计划分解落实。无党派人士联谊会召开“不忘合作初心、继续携手前行”主题教育座谈会，会长刘云英领学习近平新时代中国特色社会主义思想，会员结合自身工作实际研讨交流主题教育开展情况；会后参观新四军江南指挥部纪念馆，进一步增强“四个意识”，坚定“四个自信”，做到“两个维护”。民进武进区基层委员会和致公党武进区基层委员会分别召开会议推进主题教育活动。

【一党派一特色工作】 2019年，武进区各民主党派、无党派人士联谊会进一步发挥资源优势，深化一党派一特色工作。

中山博爱工程 4月28日，民革武进区基层委员会响应民革中央、省委及市委支援结对贫困地区的号召，组织“中山博爱·情暖大冲”爱心一日捐活动，收到善款2万余元，对口帮扶贵州省纳雍县大冲村。常州市委统战部、钟楼区委统战部、唐山市丰南区统战系统、民革北京市东城区第七支部、民革钟楼区基层委员会等先后调研参观武进民革中山博爱之家。武进民革中山博爱之家获评民革中央全国“优秀民革党员之家”。

“烛光”一线牵，同心教育行活动 7月，民盟武进区基层委员会持续资助6年的贵州省黔东南州岑巩县2名贫困学生，分别考上职业技术学校和大学，爱心捐助取得阶段性成果。12月10日，民盟武进区基层委向城东小学捐赠助学款2万元。

致力创业投资与孵化 民建武进基层委员会和科教城管委会共同主办天使下午茶——智能制造专场和企业税收、社保痛点解决方案专场活动2场。智能制造专场活动聚焦pre-A轮融资，遴选民建会员年产值在1000万元—5000万元的2个高成长型智能制造类创业项目参加路演。企业税收、社保痛点解决方案专场邀请民建武进会员、神州顺利办联合创始人、高级财税顾问黄永坚做主题演讲。

“春风行动” 5月23日，民进武进区基层委员会举办“水汉连心，共筑幸福梦”走访交流活动，走进水族聚集地丁堰街道樟村，探访慰问贫困家庭。6月19日，在武进前黄中心小学举行“春风行动”专场，举办法制宣传文艺演出，指导学生书法练习，为困难学生发放助

6月19日，民进武进区基层委员会在前黄中心小学举行“春风行动”专场活动

（供图／民进武进区基层委员会）

学金。6月30日，在牛塘初级中学举办“法制宣传进校园”巡演活动，七年级全体师生观看节目。

“健康百千万”工程　农工民主党武进区委组织开展义诊、科普、技能培训等活动11次，参与党员68人，受益群众2580人。3月30日，农工民主党武进人民医院总支部组织党员在新北区藻江花园社区开展义诊活动，发放健康资料80余份，测量血压、血糖50余人次。9月9日，举行中秋节“团圆中秋夜，陪伴爱回家”关爱老人活动，为老人们送去近2万元节日慰问品。10月19日，在湖塘镇阳湖广场三老中心举行庆祝新中国成立70周年“爱·健康与您同行”大型义诊、宣传、咨询活动，13名农工民主党医卫界专家们为老年人健康义诊和养生咨询200余人次。

引凤工程　7月，致公党武进区基层委员会配合致公党常州市委会承办“引凤工程”创新创业大赛，16个项目团队在武进高新区开展路演和答辩。致公党武进区基层委员会组织党员志愿者服务赛事，发动党员积极参赛，党员沈健的“高杀伤性（NK）细胞高效扩增平台技术”项目脱颖而出，并于9月获“引凤工程”十周年创新创业全国总决赛二等奖。

精准助残帮困　九三学社武进区支社同心助残驿站帮扶规模进一步扩大，全年新增帮扶对象36户，年末结对总户数100户，志愿者达200人。“333精准助残”项目获得市公益创投二等奖，获拨款6万元。“立体帮扶重残群众扩面”和“三位一体精准助残扩面”项目获武进区慈善总会认领并获拨款22.32万元。5月10日，在春秋淹城武进区文化馆举行第四届梦之蓝杯“同心助残、与爱同行”大型义卖活动，获各类善款73万元。组织参与“腾讯公益99”项目，支持重残群众居家无障碍改造、辅助康复器具配备及上门康复服务20人。

“梧桐花开，同心健行”活动　区无党派人士联谊会开展走访会员企业活动，分别走进维益专利事务所、常州合力电器有限公司、联恒建筑设计有限公司等，宣传政策法规，分析经济形势，了解企业情况和诉求，助推民营经济高质量发展。同心护蕾驿站开展未成年人法律宣传活动21次。无党派人士联谊会“梧桐同心”基地——武进区未成年人成长指导中心开展活动30多次，服务对象2万多人次。

【最具活力“梧桐同心基地”评选活动】 2019年，区委统战部开展梧桐同心品牌深化年活动，推进统战政策、知识、干部、成员、活动、文化“六进”基地建设，促进“梧桐同心基地”动起来、强起来。11月22日，举行2019年最具活力“梧桐同心基地”评审会，武进民革中山“博爱之家”（民革）、横山桥博物馆民进“会员之家”（民进）获2019年武进区最具活力“梧桐同心基地”一等奖，武进民盟“盟员之家”（民盟）、同心助残驿站（九三学社）、雪堰镇南宅实验学校“农工之家”（农工党）获二等奖，武进民建“创新之家”（民建）、“致公之家”（致公党）、武进区青少年活动中心（无党派人士联谊会）获三等奖，西太湖三合一“农工之家”（农工党）、武进人民医院“农工之家”（农工党）获入围奖。

（安永彬）

武进区工商业联合会

【概况】 2019年，武进区工商业联合会（简称区工商联）以创建新时代“两个健康”先行区为主线，以服务民营经济高质量发展为抓手，持续推行“铸魂领航、赋能接力、提质创新”三大行动，强化政治引领，创新服务模式，夯实组织基础，加力新生代企业家培养，展示工商联组织在全区经济社会发展中的地位和作用。年内，选举副主席1名，增补常委3名、执委11名；新增会员企业320家，会员总数达3908家；注销协会2家。年末，全区有镇（街道）、开发区商会15家，行业商（协）会31家，异地商会2家，会员企业经济总量占全区经济总量的86%以上。会员企业入选“中国民营企业500强”3家、“中国民营企业制造业500强”1家、“中国民营企业服务业100强”1家。区工商联被确认为全国“五好”县级工商联，获全国工商联（商会）工作“创新中国”最佳案例奖。

【工商联组织建设】 1月17日，区工商联召开区工商联十届三次执委会，增补刘又林、林小生、郁金华、金良赞等11名执委，增补许芸霞、钱晓春、樊阳文3名常委。5月31日，召开区工商联十届二次常委会，选举蒋建平为副主席。年内，嘉泽镇商会、湖塘纺织城商会、区石油业商会3家商会完成换届。区总商会党委第一、第二支部完成换届，武进邳州商会党支部健全组织体系，湖塘纺织城商会成立党支部。区企业发展协会、区家具业协会2个协会注销。各基层行业商会按时完成年检和2018年度财务审计工作。湖塘镇商会被评为全国“四好”商会，区建筑业协会、区轻工业商会、区房地产业商会、洛阳镇商

5月8日，区工商联牵头在区行政中心召开武进区创建新时代“两个健康”先行区加快民营经济高质量发展动员大会

（供图/区工商联）

会、礼嘉镇商会被评为江苏省“四好”商会。至年末，洛阳镇商会、湟里镇商会、区电子业商会、区冶金业商会、区新材料产业商会、区食品业商会、区花木园林商会7家商会通过AAAA社会组织评估，区总商会、区青年企业家商会、区建筑业协会、区轻工业商会、区房地产业商会、区机械装备业商会、区医药医疗器械业商（协）会7家商会通过AAAAA社会组织评估。

6月24日，武进区医药医疗器械业商（协）会在英国举办科技项目对接会

（供图/区工商联）

【推进民营经济高质量发展】 2019年，区委、区政府出台《武进区涉企紧急事态应对制度》《武进区民营企业家参与涉企政策制定程序暂行办法》《走访慰问有重大贡献的民营企业家制度》等5个文件，进一步优化民营企业营商环境，增强企业获得感，提振广大民营企业家发展的信心和决心。区工商联整理汇编扶持民营经济高质量发展文件，梳理创建党建引领示范工程、“五个一”铸魂工程、全市首个“红绿蓝”赋能工程等成果15项，推出“两个健康”机制建设行动、铸魂领航行动、武进英才提升行动等行动计划12项，为武进民营经济发展创造更大空间、打造一流环境、营造浓郁氛围，探索民营经济高质量发展经验。

【非公有制经济人士主题教育】 2019年，区工商联采取会议宣讲、交流座谈、典型表彰等形式，开展非公有制经济人士理想信念教育实践活动。4月1日，举办专题报告会，由全国人大代表周立成传达两会精神，参会民营企业家50余人。5月8日，召开全区“爱国敬业创新诚信守法贡献”先进事迹汇报表彰大会，总结回顾全区民营经济发展取得的成绩，表彰先进会员企业97家、先进基层商会7家、先进行业商会7家、商会工作先进个人30人。7月3—5日，开展“走长征路、筑强国梦——武进区青年企业家‘不忘初心、接续奋斗’主题教育”活动，组织17名青年企业家在江西于都、瑞金等地开展参观访问、党课培训、走长征路、爱心捐赠等活动。6—9月，区总商会党委及部分基层、行业、异地商（协）会党支部，组织民营企业家参观安徽泾县、甘肃会宁、福建古田等爱国主义教育基地，接受革命传统教育。

【产学研对接和企业管理培训】 2019年，区工商联加强政企沟通、院企产学研对接和企业管理培训，助推全区经济转型升级。2月15日召开“坚定信心，改革创新”重点企业家新春座谈会，60家重点企业的企业家们畅谈发展前景和规划。9月13日，召开“牢记使命、创新发展”重点企业家中秋座谈会，营造“亲清”新型政商氛围。年内，组织企业家分别参加铸造行业政企座谈会、化工专项整治政企座谈会、建筑行业及机械装备行业环保交流会，促进行业转型发展。常州市“百千万工程”武进万人班结业，参训学员366人。举办新一代企业家北京大学培训班，培训青年企业家43人。组织开展第25期企业经理人培训班6场，参训630人次。举办“减税降费”新政解读、实务操作等培训活动13场，参训1000余人次。全区基层行业商会，举办安全生产、税务新政、人力资源等专题培训班50余场次，参训人员4200人次。举办“武商法律护航”行动，组织培训7场，参训人员超过1200人次。

行业商会组织会员与剑桥大学、江南大学、扬州大学、安徽农业大学等高校院所开展产学研对接活动16场。医药医疗器械商（协）会、建筑业协会、纺织业商会分别组织会员到英国、日本、越南开展科技对接、产业调研、投资洽谈，推进民营企业“走出去”。协助企业申报APEC商务旅行卡22张，为50家企业提供保险经纪服务，为16家企业提供节电服务。

【企情调研】 2019年，区工商联利用基层行业商会阵地，结合经济社会热点难点问题，开展企业调查研究。2月，区工商联组织工业系统行业商会，采取问卷调查、实地走访等形式，收集整理800余家规模以上会员企业春节后开复工情况，分析企业面临的困难及原因，向区委、区政府提出注重政策引导和帮扶、关注中小企业用工、减少企业受政策影响等建议。引导非公经济代表人士参政议政、建言献策，其中《关于武进民营经济走品牌化道路的思考与建议》被区政协列为重点提案。落实“减税降费”工作要求，区工商联配合省工商联完成“减税降费”政策落实情况评估，反映企业真实感受。年内，区工商联开展全国工商联上规模民营企业和民营企业履行社会责任情况调研，分别完成调研报告43份和59份。完成《民营企业运行状况调查问卷》4期136份，完成“供给侧结构性改革降成本调查”“2019年度全国营商环境评价”“县域民营经济营商环境调查”“企业涉法环境调查”等调查8次，形成调研报告70余份。

（许建勋）

群众团体

Mass Organizations

栏目编辑　王国新

武进区总工会

【概况】 2019年年末，武进区总工会（简称“区总工会”）下辖镇总工会11个、街道总工会5个、国家级开发区总工会1个、省级开发区总工会1个、旅游区管委会工会2个、系统（局）工会9个和直属单位工会18个。全区共有独立基层工会4489个、联合基层工会368个，覆盖单位15780家。全区职工总数661860人，会员626026人，入会率94.59%。

年内，区总工会围绕区委“五个三年行动计划决胜年”主题，按照《2019年武进区工会工作要点》，统筹推进落实各项工作，增强工会工作活力。组织全区职工学习贯彻中共十九大精神和习近平新时代中国特色社会主义思想，综合运用《武进日报》、武进电视台、“工会专栏”传统媒体和“武进工会”微信公众号等新媒体资源，发布理论宣传信息94条（次）。组织近万名职工参加全省职工学习贯彻中国工会十七大精神知识竞赛答题，与区委宣传部联合举办“我和我的祖国”武进区庆祝中华人民共和国成立70周年合唱比赛。组织基层工会开展“职工文艺轻骑兵”送文化进基层活动20余场（次）。命名区级职工书屋示范点10个，向基层职工书屋赠书1.5万册。组织选手参加常州市“当好主人翁、建功明星城”第四届情系职工（农民工）歌手大赛总决赛，获金奖3项、银奖1项。开展“观看电影《桂香街》，学习劳模许巧珍”主题活动，累计送映进工厂130场（次），职工参与观影6000人次。联合区人社局举办2019年“技行武进”职业技能大赛，全区1000余名技术能手报名，230名选手参加决赛。承办常州市第十五届焊工技能竞赛。举办武进区第二届“创新引领未来、创业成就梦想”职工创新创业大赛决赛，组织开展2019年度武进区职工（劳模创新工作室）“十佳创新成果”“十佳合理化建议”“十佳师徒”评选活动。持续推进关爱职工行动，全年开展各类技能培训238期，惠及职工2.15万人次。推进工会服务卡发放工作，实现工会服务普惠化。为优秀职工、劳模、困难女职工提供免费体检。开展“金秋助学”活动、农民工专项法治宣传活动，实施“农民工学历与能力提升行动计划”。推进百人以上企业建会专项行动。开展2019年度武进工会特色亮点工作评选活动，表彰7家基层工会单位的特色亮点工作。组织全体党员干部观看电影《桂香街》，参观王诤故居、董亦湘故居，开展“党员义工365”等活动，不断提升工会组织的影响力和服务项目水平。新誉集团工会联合会等9个单位获评江苏省模范职工之家，田维等9人获评江苏省优秀工会工作者。武进区总工会获常州市总工会2019年度辖市、区工会工作考核特等奖。

7月5日，武进区“我和我的祖国”庆祝中华人民共和国成立70周年合唱比赛在凤凰谷大剧院举行　　（供图／区总工会）

【关爱职工行动】 2019年，武进区总工会开展的关爱职工行动连续第五年被列入区委、区政府为民办事项目。全年增发工会服务卡2.87万张，发放工会卡专享保障金慰问住院职工179人，慰问持卡会员748人（其中工伤、工亡、大病23人）。组织爱岗敬业优秀职工2.26万人、企业和农村劳模350人、困难女职工516人分别参加免费体检和“两癌”筛查体检。举办送健身下基层活动60场

(次)。举办2019年农民工专场招聘会，提供岗位3000余个，500人与企业达成用工意向。成立武进工会红娘志愿服务队，全区各级工会开展单身职工主题交友活动30余场（次）。持续开展“金秋助学”活动，为88户困难职工子女发放助学金45.88万元。开展“尊法守法、携手筑梦”服务农民工专项法治宣传活动，免费赠书800余册，惠及农民工600人次。举办机关、企事业单位职工公益培训班，教授书法绘画、器乐舞蹈、企业管理、职业技能等，参训2000余人。持续推进全区“订单式”技能培训、班组长培训等活动，全年开展培训238期，惠及职工2.15万人次。继续深化落实“农民工学历与能力提升行动计划”，帮助500多名职工提升学历层次。全年发放职工创业小额贷款174笔，共计2280万元。年内，命名武进工会爱心母婴室23个。洛阳镇、湟里镇职工服务中心建成投运，横山桥镇、前黄镇、湖塘镇等基层工会职工服务阵地启动建设。

【非公有制企业工会主席工作补贴制度施行】 5月8日，区总工会在全市率先出台施行《关于非公企业工会主席工作补贴实施办法（试行）》。实施工作补贴的对象是工会会员数（以工会卡管理系统内办卡数为准）100人（含）以上独立建会的非公企业工会主席（或承担日常工会工作的副主席）。按照依法依规、权责一致、规范管理的原则，非公企业工会主席工作补贴与所在企业工会工作相挂钩，做到补贴发放与履职业绩相符，并在申报、审核、考评、发放等环节层层把关、规范操作、严格管理。补贴发放分三档，第一档为工会会员数100～499人，每年度补贴基数3000元；第二档为工会会员数500～999人，每年度补贴基数3500元；第三档为工会会员数1000人（含）以上，每年度补贴基数4000元。非公企业工会主席年度工作考核设基础分100分，附加分20分。基础分考核80分以下为不合格。总分考核80分到90分为合格，91分到100分为优良，101分（含）以上为优秀。考核不合格不予发放补贴，考核合格按相应档次补贴基数发放，考核优良按相应档次补贴基数上浮10%发放，考核优秀按相应档次补贴基数上浮20%发放。年末，经考核，区总工会共为100名非公企业工会主席发放工作补贴34.8万余元。

【《武进区在职职工医疗互助保障实施办法（试行）》出台】 10月31日，区总工会出台《武进区在职职工医疗互助保障实施办法（试行）》，全面启动武进区在职职工医疗互助保障工作，弘扬“无病我帮人、有病人帮我”的互助互济精神，切实缓解职工医疗负担，完善和发展多层次社会医疗保障体系。在职职工医疗互助保障以“应保尽保、应补尽补”为总体要求，参保对象为武进辖区内持有效工会服务卡的在职职工，采用个人每人每年支付30元、区总工会每人每年补助70元的筹资方式，为职工提供住院医疗费用补助、重大疾病补助和工伤补助三类互助保障服务。为确保重大疾病鉴定的专业性、准确性、公正性，提高医疗互助保障的决策水平，全区聘任重大疾病鉴定专家14人，其中主任医师10人、副主任医师1人、主任中医师3人。至年末，全区5万余名职工参加首期医疗互助保障项目。

【武进区第二届职工创新创业创意大赛】 5月7日，区总工会发文启动武进区第二届职工“创新·创业·创意”大赛。大赛共收到参赛作品106个，涉及餐饮、机器人、环保、生物科技等领域，经过初赛、复赛，10个项目进入决赛。6月28日，在区行政中心举行大赛决赛。通过PPT、图片、视频等形式的路演和答辩两个环节角逐，常州赛尔斯生物科技有限公司的项目获冠军，常州曲辰环保科技有限公司和常州市壹号善思教育信息咨询有限公司的项目获二等奖，常州济晟纳米科技有限公司等单位的7个项目获三等奖。8月，常州赛尔斯生物科技有限公司和常州曲辰环保科技有限公司的项目获常州市总工会第二届职工创新创业创意大赛总决赛二等奖，常州市初源自动化科技有限公司和常州康阳电机配件厂的创意项目获评市总工会优秀创意项目。

【“寻找身边的金牌工人”活动】 4月23日，区总工会、区人社局、武进日报社启动“寻找身边的金牌工人”活动，评选全区制造业一线的先进典型和有重大社会影响的产业、企业一线职工、基层劳动者，大力弘扬追求卓越、精益求精的工匠精神，努力打造一支与武进创新驱动发展、产业转型升级战略要求相适应的高技能产业工人队伍。活动按照“公开、公平、公正”的原则，经过推荐申报、评定审核、媒体公示和评定命名等程序，最终评选出首届“武进金牌工人”30人。9月18日，首届“武进金牌工人”表彰大会在凤凰谷大剧院举行，区政府命名表彰丁佳锋、马保、王春华、史欣兵、冯敏高、吕晨、朱磊、华文波、刘洪、刘晓峰、孙志军、苏仁新、杜萍、李化庆、李伟、李建方、吴根善、张生富、张春依、陈小红、陈朝国、承刚、夏扣英、钱瑜、郭松、黄坚、梁小平、梁修影、焦念禄、霍英30人为“武进金牌工人”。

9月18日，首届“武进金牌工人”表彰大会举行 （供图/区总工会）

【武进区五一劳动奖状奖章评选】 3月15日，区总工会发文启动2018年度武进区五一劳动奖状、奖章评选工作。各级基层工会坚持评选条件和标准，按照公开、公正、公平和群众公认的原则，在名额分配、程序推荐、材料审查、实绩考察等环节上认真把关，经过层层筛选，共评选出武进区五一劳动奖状获奖单位30个、五一劳动奖章获得者80人。4月28日，武进区政府在行政中心召开庆祝五一国际劳动节暨五一劳动奖状奖章表彰大会，分别表彰获奖单位和个人。2018年度武进区五一劳动奖状获奖单位：江苏中盈高科智能信息股份有限公司、常州市武进区丁堰街道常丰村工会联合会、江苏国茂减速机股份有限公司、常州市钱璟康复股份有限公司、江苏华大装配式房屋有限公司、常州奥阳纺织品有限公司、江苏孜航精密五金有限公司、常州弘昌环卫服务有限公司、常州市武进长虹结晶器有限公司、常州美邦涂料有限公司、常州市武进区级机关后勤管理服务中心、常州市武进区应急管理局办公室、三鑫重工机械有限公司、常州市戚墅堰东方小学、常州建源城市综合开发有限公司、常州东源旅游用品有限公司、常州格林照明股份有限公司、常州市武进区城市管理行政执法大队洛阳中队、常州市多维电器有限公司、江苏申达检验有限公司、常州市华晟福涛光电科技有限公司、常州市武进惠丰金属制品有限公司、常州康普药业有限公司、常武太湖医院、苏文电能科技股份有限公司、江苏恒诺园林建设有限公司、江苏恒泰泳池科技股份有限公司、常州市武进区雪堰镇人民政府综合执法局、哈焊所华通（常州）焊业股份有限公司、常州新华昌国际集装箱有限公司。2018年度武进区五一劳动奖章获奖个人：唐修群、胡国亨、杨盼、李朋朋、卢平、王文杰、张丽敏、周立新、卜朝阳、蒋越雷、陆江学、罗方辉、史静玉、顾丽群、周文华、张永红、曾超、李晓锋、马江、金良赞、刘海彬、戴小萍、岳建波、陈丹清、浦建国、李越飞、濮承力、杨全英、周义红、邵云、曾志丰、胥建国、刘晓宇、曹志健、张亚卫、徐文亦、刘建华、陈建丽、李惠全、周志宏、高念超、杜康、刘晓峰、谌珍、王承群、潘颖、张亚平、许伟、臧红卫、杨红亮、卞凤来、叶坚峰、张丽、殳哲君、胡庆洋、毛娟、俞小平、秦羽、沈文丽、严东泰、赵敏、张翼洪、刘培军、吴万宏、唐雷、胥志东、蒋晓东、徐家旺、韩明伟、施建刚、周南臣、杨振宇、赵红妹、柳显忠、丁海燕、邵宝安、赵先兵、刘伟叙、陆栋一、张雪梅。

（储家浩）

共青团常州市武进区委员会

【概况】 2019年，全区有团（工）委64个、团总支99个、团支部1520个，专（兼）职团干部3739人，团员51304人。其中，直属团组织60个，新发展团员2470人。团区委围绕区委“五个三年行动计划”圆满收官目标，紧扣新中国成立70周年和五四运动100周年重要时间节点，弘扬主旋律、抓牢主阵地，发挥青年生力军作用，各项工作取得了新的成绩。江河港武水务（武进）有限公司供水服务中心成功创成2017—2018年度全国青年文明号，武进小域智能“无人机应急伞降系统”项目获“创青春”中国青年创新创业大赛铜奖；武进税务局第一税务分局和牛塘镇机关团支部获评“江苏省青年书香号”；樊天润获评2018—2019年江苏“青年双创英才”（创业类）；滕振、王薇、谈剑波获“江苏省好青年”称号。团区委获评2019年度区级机关综合考评优胜单位。

【青年思想引领工作】 2019年，团区委开展“青春心向党、建功新时代”武进区纪念五四运动100周年特别主题团日活动，通过齐唱国歌、缅怀先烈、团旗下的演讲等环节，大力弘扬以爱国主义为核心的伟大民族精神，引导广大青少年坚定“四个意识”、增强“四个自信”。组织全区13所学校在烈士陵园、革命纪念馆等场所开展主题团日、在中学及中职学校开展入团仪式、18岁成人礼、“入团第一课”等仪式教育活动60余场。开展“争做新时代好队员”主题队日活动120余场次，全区近11万名少先队员通过国旗下讲话、红领巾广播等方式学习习近平总书记致少先队建队70周年贺信精神，坚定信念听党话、跟党走。以青年学习社为阵地，开展形式多样的“青年大学习”活动，组织10万人次团员青年参与“青年大学习”主题网上团课，“武高新青年汇”学习社受到《中国共青团》点赞。结合“苏青U+”综合服务平台，线上、线下广泛开展朗读者、青年道德讲堂、阅读分享会等活动，覆盖青少年宣传阵地。“武进青年”微信公众号发布《用青春告白祖国！武进青年这样纪念五四运动100周年》等主题微信图文240余条、青春快闪3部、“祖国，你好”系列微视频5部，累计阅读量近10万人次。《我们都是追梦人》《保护母亲河，争当“河小青”》《党团队三旗传递活动唱响“少年强国”最强音》入选学习强国。

【青春建功行动】 2019年，团区委继续深化“有温度的创业陪伴”全过程服务

江河港武水务（武进）有限公司供水服务中心创成2017—2018年度全国青年文明号

（供图/团区委）

体系，开展各类创业活动近30场，服务创业青年2000余人次；积极推广常州市青年创业贷款和武进区创业担保贷款等扶持政策，年内审核青创贷款12笔，金额1415万元，累计申请额达8025万元；审核“新农菁英贷”19笔，累计金额2465万元，占全省总量超三分之一。以“青武优品”品牌推广为抓手，亮相武进阳湖果品（南京）专场推介会，推荐红阳猕猴桃、前黄大米2款新产品入驻“邮乐·江苏青年馆”“京东·江苏青年馆”，全年累计销售额100余万元，为农村创业青年提升产品附加值约50%。召开武进区青年工作联席会议第一次全体会议，贯彻落实国家、省《中长期青年发展规划》精神。深入推进“青春聚力工程”，通过分片联系制度，挖掘一批本地优质青年加入省市级青联、青商等组织，加强与各地青年人才沟通交流。开展“我的青春、我的国”“青眼看武进、低碳绿色行”“青春携手进”等主题活动，不断提升青年人才对家乡的认同感和自豪感。

【“青年展风采，建功新时代”活力机关建设活动】 2019年，团区委结合“不忘初心、牢记使命”主题教育和决胜高水平全面建成小康社会主题，在全区机关青年干部中开展“青年展风采，建功新时代”2019年活力机关建设活动，通过“理论练兵”“群策群议”“青春寄语”“实践担当”4个环节，从203名报名参加的青年干部中优选80名青年干部分成8个调研小组，围绕武进高质量发展的热点难点开展思辨调研，形成优质论文8篇。

【“青”字品牌打造】 2019年，团区委组建江苏龙城精锻动力系统精密锻件青年突击队等10支区级企业青年突击队，投身全区省、市、县三级重大产业项目、重大基础设施项目、重点民生工程项目的招引、建设和服务，发挥武进青年投身重大项目攻坚的先锋力量。新增区级“青年文明号”27家，评选区级“青年岗位能手”27人，积极引导广大青年立足本职、青春建功。

【武进区第七次少代会】 10月17日在湖塘桥实验小学召开，全区少先队员、少先队辅导员、少年儿童工作者代表260余人出席会议，常州市副市长、武进区委书记李林在会上寄语全区少先队员“从现在开始，要立鸿鹄之志，做善学之人，树君子之德”。大会选举产生区第七届少工委委员21人，区教育局副局长万琴凤、团区委副书记赵丽君当选少工委主任。大会表彰“十佳少先队员”10人、“十佳少先队辅导员”10人、红领巾示范校17所。

【少先队“五彩靓武进”品牌建设】 2019年，团区委围绕庆祝新中国成立70周年和少先队建队70周年主题，不断深化“五彩靓武进”提升工程。开展党团队三旗传递活动，在高新区众创空间、礼嘉镇美丽乡村庞家街村委、洛阳镇红色教育基地王诤故居等7个站点传递，引领全区11万名少先队员传承英雄旗帜寻初心、聆听先进事迹话初心、争做先锋少年立初心。创新实施“总辅＋助理”的少先队梯队培养模式，增设6名区、片总辅导员助理。创新设计发布卡通形象“小武”，不断丰富少先队“五彩靓武进”品牌内涵。开展“在国旗下成长——红领巾寻访新中国伟大足迹”等寻访活动120余场，征集“喜迎少代会，当好小主人”红领巾小心愿小建议133条，开展诵读学传、国旗下讲话、红领巾故事会、区片观摩等活动600余场次。涌现出省少先队“十佳辅导员”提名奖1名，市“十佳辅导员”1名；江苏好少年198名，常州市好少年1000名，市十佳少先队员3名，市“十佳少科院小院士”1名。区少工委联合洛阳初级中学拍摄的红领巾寻访视频《最好的礼物，最美的榜样》获省级特等奖，辅导员李向获评省少先队活动案例交流项目小学组一等奖。

【“小水滴”志愿服务】 2019年，团区委深化“小水滴”志愿服务品牌，助力第四届江苏志愿服务展示交流会、武进区庆祝新中国成立70周年文艺会演等大型赛会。承办江苏省“保护母亲河、争当‘河小青’”现场推进会，打造武进区特色“河小青”志愿服务联盟和“青企”“青工”“青学”“青少”4支志愿者队伍的“1+4”组织模式，号召青年争当生态文明的实践者和推动者。与新疆尼勒克县少先队员开展手拉手互助活动，82个红领巾小社团与尼勒克县少先队社团结对，捐款3.4万元；捐赠爱心图书27837本、爱心包裹361个，价值3.61万元。

【“强基聚力”工程】 2019年，团区委围绕“全面加强团的基层建设”主题，聚焦基层团组织存在的突出问题，印发《武进区团的基层建设“强基聚力”工程突破年实施方案》，指导基层团组织在摸清组织底数、夯实传统领域等六大方面下功夫，达到“三破三立”的工作效果。下跨一级抓基层，通过三期分片轮训，实现村、社区、非公企业团支部书记培训全覆盖。依托“智慧团建”平台，

5月31日，武进区“领巾心向党·喜迎少代会”党团队三旗传递活动启动仪式在牛塘中心小学举行

（供图／团区委）

开展组织架构优化专项行动“回头看”，调整直属团组织4个、基层团支部29个。做好“学社衔接”工作，着力减少学生团员毕业即“失联”现象，“学社衔接”率达99%。做实团员发展和教育管理，积极推进“双积双评”（两次积分两次评价）积分入团工作，全年新发展团员2470名。制定出台《关于进一步加强全区非公有制经济组织团建工作的实施意见（2019—2020）》，探索实施非公企业团建“1234”工作法（开展1次深度调研，制定2张工作清单，建立3项制度机制，丰富4项服务内容），全年新建非公团组织226个，覆盖团员3699人。着力培育基层团建品牌项目，发放《基层团建品牌项目打造工作手册》，开展面对面项目过堂会，成立武进区共青团校地共建联盟，帮助基层直属团组织谋划形成17个聚焦主责主业的项目。

（杨　琳）

武进区妇女联合会

【概况】 2019年年末，全区有镇（街道）、开发区妇联19个、机关事业单位妇联35个、村（社区）妇联316个。年内，区妇联持续深化“巾帼心向党”思想引领工程、“巾帼创业花”女性发展工作、“幸福花都·女子学堂”百千万工程、“妇联好声音·家庭好故事”和美家庭建设、“绽放爱的希望”妇女儿童维权、“美丽女性”先进典型宣传和“圆梦微心愿”困境妇女儿童关爱帮扶七大工作品牌，获全国、省、市妇联各类扶持资金26.5万元。全区评选表彰区三八红旗集体55个、五好文明家庭50户、最美家庭451户、优秀巾帼志愿服务队30支，命名区级巾帼文明岗22个。表彰三八红旗手55人、美丽女性87人、“十佳好儿女”10人、“十佳母亲”10人、优秀母亲36人、优秀好儿女29人、优秀巾帼志愿者118人。胡丽敏被评为全国巾帼建功先进个人，蒋丽被评为江苏省妇女儿童工作先进个人，黄文娣被评为江苏省巾帼建功标兵，湖塘镇丰乐社区、武进高新区税务局纳税服务股、武进高新区马杭社区、湖塘镇府东社区、嬉戏族集团商品部获评省级巾帼文明岗，区农业农村局被评为省妇女儿童工作先进集体。区妇联获评江苏省妇联宣传舆论阵地建设先进单位，获江苏女性融媒体创意大赛优秀组织奖、江苏省女性融媒体影响力奖。

5月15—16日，武进区妇女第十七次代表大会召开　　（供图/区妇联）

【武进区妇女第十七次代表大会】 5月15—16日在武进假日酒店召开，参会正式代表320人，区四套班子领导李林、戴士福、臧建中、江建文等参加会议。大会讨论并审议通过区妇联第十六届执行委员会工作报告，总结过去五年全区妇女事业发展成果，提出未来五年的工作方向。5年间，区妇联共为564名妇女争取创业及贴息贷款2.92亿元，举办女性专场招聘会、劳动技能培训班、技能比武大赛等，帮助妇女更好地投身经济社会建设；相继组建家庭多元成长空间、三八红旗手（集体）工作室、执委工作室等一批共享服务阵地；成立圆梦百万光彩基金，帮助困境妇女儿童3000多人次；成立武进区新市民妇女健康援助中心，每年为1万名新市民妇女提供免费“两癌”筛查；联合太平洋保险公司定制“美丽人生”妇女公益健康险，建立“政府救助＋商业保险＋社会救助”新模式。大会选举产生区妇联第十七届执行委员会委员55人。第十七届执行委员会委员一次会议选举主席、副主席，蒋丽当选主席，朱宏英、赵英当选副主席，胡丽敏、顾青当选兼职副主席。

【妇联基层组织建设】 7—11月，区妇联实施“妇联执委卓越成长计划”，举办新任执委培训班6期，每期培训1天，参训学员55人，提升执委履职能力和综合素质。年内，区妇联推进镇（街道）、开发区妇联组织区域化建设，夯实基层组织基础；加强机关妇联建设，指导机构改革机关部门成立妇联。创新载体，统筹推进基层妇儿阵地建设，实施“在你身边”妇女微家项目建设，建成新誉集团“乐业＋”、遥观“和睦港”、花也等妇女微家60个。全年走访村（社区）86个，指导妇女儿童文体活动室（妇女儿童之家）建设。推动“四新”领域（新领域、新业态、新阶层、新群体）妇女组织覆盖，指导前黄雅韵艺术团、星河Coco City、区女经联等“四新”组织成立妇联。强化对女干联、女经联等团体会员的业务指导，提升团体会员活力。

【“巾帼创业花”女性发展服务品牌建设】 2019年，区妇联积极助推女性创新创业，形成“平台搭建—能力提升—孵化培育—金融支持”的服务机制，提升“巾帼创业花”女性发展品牌服务能力。加强妇女创业基地建设，全年培育扶持辉宇蓝莓等市级巾帼创业项目8个，家旺果品专业合作社成为省级优秀巾帼合作社；推荐量衣匠、花也中国园艺美学融媒体项目入围省巾帼创新创业大赛，其中花也中国园艺美学融媒体项目获最具市场潜力奖。依托区女经营者联谊会，实施“女企业家领秀成长项目”，成立女经营者联谊会妇联、顾问团，发布领秀成长项目精品课程，实施巾帼创业导师计划，搭建银企援信服务桥梁等措施，引导女企业家投身经济高质量发展。联合区就业中心，每季度组织开展女性专场招聘会，为全区女性提供岗位5000余个。开展“妇联培你去上岗”家政培训班、育婴师培训班，培训妇女270人，帮助推荐就业。实施乡村振兴巾帼行动，打造“巾帼丰产”武进女能手创富品牌亮相农民丰收节，参加常州名特优农产品推介会。推进小额担保贷款，全年为85名妇女提供小额贴息贷款5400万元。

【“巾帼心向党”思想引领工程】 2019年，区妇联组织实施“巾帼心向党”思想引领工程，引领妇女颂党恩、跟党走。开展妇联主席讲党课活动，采用线上、线下相结合的方式，讲述共产党人的理想信念、七十年的峥嵘岁月、巾帼豪杰的传奇人生以及革命家庭的奋斗故事，区妇联领导讲党课6场，各级妇联主席讲党课300场，推出微信版党课10期。开展“倾情礼赞新中国、巾帼建功新时代”系列主题活动，结合母亲节组织开展激情快闪《我爱你中国》，联合区委组织部开展“不忘初心心向党·巾帼建功明星城——我为武进高质量发展献一计”征文演讲比赛，举办“童心心向党·礼赞新中国”活动。区妇联组织举办“妇联邀你回娘家”系列活动，分别邀请三八红旗手、政协委员、妇联执委、女企业家、女能手、女领导干部座谈，畅谈感悟、分享经验，共谋发展、共绘蓝图。通过区内外主流媒体、区妇联“阳湖女声”微信公众号，大力宣传女性典型和妇联工作，传播妇联声音，讲好妇联故事，做好舆情引导，持续扩大妇联影响力。年内，区女干联举办“芳华逐梦，初心永在”不忘初心、牢记使命主题活动，区女经联开展“一颗红心跟党走”主题活动暨女企业家领秀成长项目发布仪式，各镇（街道）、开发区妇联举办“倾情礼赞新中国，巾帼建功新时代”集中活动月。前黄雅韵艺术团妇联自编自导自演大型锡剧《江姐》《沙家浜》，在村（社区）公益巡演20余场。

【“绽放爱的希望”妇女儿童维权服务】 2019年，区妇联抓好普法宣传，立好维权制度，做好维权项目，建好妇女议事会，进一步加大妇女儿童权益保障力度。年内，先后举办“三八”妇女维权周广场宣传、婚姻家庭幸福成长学习会、防拐防骗安全教育公益讲座、“11·25”反家庭暴力日趣味知识竞赛等宣传教育活动，开展送法下乡活动20场。建立性别平等评估机制，制定印发《武进区性别平等评估工作指导意见》，成立由37个成员单位组成的性别平等评估委员会，推动地方规范性文件中体现男女平等原则，进一步推动全区性别平等评估工作规范化、标准化、流程化。成立反家暴维权志愿者服务队和反家暴服务联盟，在南夏墅派出所设立反家暴联调室，推进反家暴联调工作机制。在武进区星河实验小学分校、湖塘桥初级中学启动“青春成长，和美花开”——中小学性别平等教育进课堂省妇女儿童公益社工服务项目。实施“绽放爱的希望”——幸福家庭成长援助行动，摸底、排查、选取25户涉暴、离异、失和家庭，通过心理帮扶、家庭课堂、团辅活动，帮助化解家庭婚姻矛盾。实施“花样年华、平安逐梦”护航工程项目，关爱未成年人成长，加强法治校园建设。健全完善妇女议事制度，推进妇女议事规范化运作、品牌化打造，17个村（社区）规范化开展妇女议事工作，涌现高新区北区新城域社区“和乐之家”妇女议事会、遥观镇“和睦港”妇女议事会等一批品牌示范妇女议事会。

9月21日晚，武进区女经营者联谊会在凤凰谷大剧院举办“一颗红心跟党走”女企业家领秀成长项目启动仪式 （供图/区妇联）

【和美家庭建设】 2019年，区妇联发挥家庭工作品牌优势，开展“妇联好声音·家庭好故事”活动、美丽庭院建设，推动建立和谐亲子关系，深化和美家庭建设。深入开展最美家庭讲好家训巡讲活动，各级妇联将最美家庭故事搬上“妇联好声音·家庭好故事”最美家庭讲好家训巡讲活动的舞台，在乡镇、学校、机关巡讲100多场。举办“弘扬廉文化、共建幸福家”家庭厨艺大赛，向全区党员干部家庭发出《回家吃饭，弘扬廉洁家风》倡议书。联合“园艺大咖”玛格丽特·颜开展“妇联帮您打造美丽庭院”活动，通过寻找一批、升级一批、打造一批，示范引领更多家庭投身美丽庭院建设。在嘉泽镇跃进村实施“美丽家园我来建”项目，提供苗木种植课堂、美丽庭院打造和家庭文明讲座等服务。利用“阳湖女声”微信公众号发起“巾帼助力乡村振兴，妇联帮您打造庭院”活动。推动建立和谐亲子关系，促进未成年人健康成长。4月，区妇联联合教育局举办绘本剧教师公益课堂3期、绘本剧家长课堂5期。9月29日，召开全区妇女儿童工作会议暨《江苏省家庭教育促进条例》宣传贯彻活动。年内，举办第五届“绘剧童心、美德润家”亲子绘本剧大赛，参赛近1000人；举办“童心向党”庆“六一”少儿艺术会演、“七彩阳光”夏令营、“幸福树下·中国梦圆”少儿春晚、科学家教公益讲座，提升和美家庭建设工作品牌影响力。

【困境妇女儿童关爱帮扶】 2019年，区妇联实施“两癌（乳腺癌、宫颈癌）患病妇女关爱”书记项目，建立完善“快速承保绿色通道”，为全区336名低保家庭育龄妇女赠送“美丽人生”妇女健康险，为890名贫困妇女赠送手术意外伤害险。全年开展农村妇女“两癌”免费筛查27565人，131名“两癌”患病妇女获保险赔付金177.6万元，为2名贫困“两癌”患病妇女争取全国妇联专项救助金2万元。深入开展“圆梦微心愿”行动，1月，在武进日报及“阳湖女声”微信公众号发布“微心愿”线上线下征集认领活动，98个“微心愿”被女领导、女企业家、机关干部、爱心人士认领。8月，举办“最美童心、为爱圆梦”为患白血病男孩募捐活动，通过公益展演、爱心义卖、爱心捐助筹集爱心善款3.34万元。12月，开展“圆梦微心愿”之“岁末送温暖”慰问活动，慰问“两癌”患病妇女和困境家庭妇女150人（户）。举办“不忘初心心向党，共植巾帼幸福林”爱心果树认领活动，帮助潘家村13户建档贫困户脱贫，利用“爱心果园”走出扶贫帮困新路子。

【“幸福花都·女子学堂”百千万工程】 2019年，区妇联联合镇（街道）、开发区妇联，更新“幸福使者”讲师团成员库和课程信息库，持续推进“幸福花都·女子学堂”百千万工程，通过百名讲师、千场讲课，培训数万名妇女。区妇联将女子学堂与女干部成长课堂、180天女性悦读成长计划有机结合，先后举办“树家风传家训促和谐”“职场女性心身健康”“国学《诗经》与女性真性情”等讲座及课程9期。全区各级妇联举办女子学堂300余期。

（王艳兰　濮梦佳）

武进区科学技术协会

【概况】 2019年，武进区有区科学技术协会（简称“科协”）1个、镇科协11个、街道科协5个、开发区科协2个、企业科协32个、区级学（协）会22个，有各级学会（协会）会员8000人。年内，全区各级科协及所属团体根据“五个三年行动计划”决胜年和《武进区科协系统深化改革实施方案》要求，持续为科技工作者服务，为创新驱动发展服务，为提高全民科学素质服务，为党委政府科学决策服务。全年开展科普宣传、学术交流、科技对接等活动800余次。创成省级科普教育基地2个、优秀科普惠农服务站1个，创成市级科普教育基地5个、科学教育综合示范学校1所、科普惠农服务站2个，新增区级科普教育基地12个。年末，武进区有科普教育基地105个，其中国家级7个、省级16个，区科协科技智库有入库专家43人，全民科学素质达标率为14.9%。

【武进区第三十届科普宣传周】 5月举行，由区科协主办，主题是“科技强国，科普惠民”。5月21日，武进区第三十届科普宣传周开幕式暨科普集市启动仪式在湖塘华润万家广场举行，区科协表彰2018年度科协系统先进集体20个、先进个人38人；向常州市君辰农业服务专业合作社、科丰葡萄专业合作社2个省科普惠农服务站授牌；向区凤凰艺术团派发“科普下乡巡演活动”委托书，推动系列科普活动开展；协同红十字会、生态环境局、应急管理局等《全民科学素质行动计划纲要》（简称《纲要》）成员单位组织科普集市，发放宣传手册，设立展板，现场宣传科普知识。科普宣传周期间，各《纲要》成员单位、区级学会（协会）、基层科协和科普教育基地开展科普旅游、专题科普报告会、青少年科技竞赛、应急救护等重点科普活动96项。

【区科技成果转移中心产学研合同签约55个】 参见“科技创新”类目P195同名条目。

【第十九届江苏省青少年机器人竞赛】 5月24日在常州大学西太湖校区滆湖体育馆开幕。由省科协、省教育厅、省科技厅等12个单位联合承办，武进区科协等4个单位协办，全省13个市600余支参赛队的1300多名选手、500多名教练员参赛。竞赛设中小学生机器人综合技能比赛、教育机器人工程挑战赛、FLL机器人挑战赛等项目10个，在电子信息、自动控制以及机器人高新科技领域，为广大青少年机器人爱好者搭建学习、探索、研究及实践成果展示、竞技交流平台。5月26日竞赛闭幕，共有799个参赛队获奖，武进区（含常州经开区）累计获奖28个，其中一等奖1个、二等奖5个、三等奖9个、团体奖8个、优秀裁判员5个。

【第五届苏台青少年科技创意创新大赛】 8月3日在武进区西太湖雅集园美术馆举行。由江苏省中小学生金钥匙科技竞赛组委会、江苏省科学传播中心主办，武进区科协等5个单位承办，主题是“科技创无限”，江苏、台湾的650多名师生同台竞技。大赛以仿生机器人比赛为主，通过接力赛、直线前进赛、拔河赛层层筛选，分别角逐出小学组、中学组冠亚季军，增进海峡两岸中小学生及科技教师间的交流与沟通。大赛产生优胜队伍6支，分获小学、中学组冠亚季军。

（盛文贤）

武进区文学艺术界联合会

【概况】 2019年，武进区有文艺家协会8个、基层文联10个、挂靠社团3个，会员2000余人，其中国家级文艺家协会会员60余人、省级200余人、市级1000余人。区文联围绕武进发展大局和人民群众文化需求，发挥联络、协调、服务、指导职能作用，团结广大文艺工作者，为全区经济和社会事业发展提供精神动力和文化支撑。加强文艺人才队伍建设，深化名师结对培养工程，发挥名师带头人作用。创新文艺创作生产激励扶持办法，从政策、资金等方面予以支持和保障。组织文艺家协会换届，确保武进文学艺术事业持续平稳健康发展。

【文艺人才队伍建设】 2019年，区文联创新举措，推进文艺人才队伍建设。促进名师结对培养工程项目化、常态化，组织开展名师结对培养工程——周祥林、吴伟锋师生书法作品展，展出扇面、对联、长卷等书法作品50余幅，展示名师结对成效。发挥萧剑波、沈惠兰等本地名师带头人作用，通过带领创作、培训、研讨、学术交流等措施，提高文艺人才队伍专业化水平。壮大文艺人才队伍，指导西湖街道成立街道文联，加强基层文艺人才力量。成立区朗诵艺术协会，填补全区朗诵艺术专业社会组织空白。加大青年文艺人才选拔和培养力度，推荐王明盛、丁正伟等年纪轻、有理想、肯钻研的文艺骨干5人进入区级文艺人才库，组织和凝聚优秀文艺人才；鼓励青年文艺骨干参加高层次专业培训，提高创作水平；加强书法、美术、音乐舞蹈、戏剧曲艺等门类的青少年文艺后备人才发现和培养工作。

【文艺家协会换届】 2019年，区文联深入调研各文艺家协会，汇总考察协会主席团建议名单，由区委宣传部派专人考察后确定新一届领导班子候选人。会同各协会明确工作任务、细化工作方案，以平稳有序、公平公正为原则，按照各协会章程组织筹备换届大会，荆和平、戚散花、周晓东、恽新苗、沈惠兰、徐文博、杨富春分别当选为作家、书法家、美术家、音乐舞蹈家、戏剧曲艺家、工艺美术家、电影电视艺术家协会新一届主席。加强换届后的协会管理，强化协会意识形态管控，规范文艺活动报备流程，规范媒体及网上信息传播秩序，确保文艺宣传阵地健康、规范、清朗。建立完善协会组织活动制度、工作制度、会员进退制度、考核制度等，确保协会新老人员平稳过渡，物资不流失、工作不断档。

（葛　岩）

武进区残疾人联合会

【概况】 2019年，全区新增残疾人1290人，累计持证残疾人22413人。其中，肢体残疾13169人、视力残疾2642人、听力残疾1685人、言语残疾97人、智力残疾2900人、精神残疾2158人、多重残疾232人。区残联实施残疾人社会保障和精准康复，举办“同心助残、与爱同行”义卖活动，推进二代残疾人证期满复核换证，加强“三助一免”（助行、助听、助视，免费发放辅助器具和持证精神病人免费服药）康复救助工程，投入30万元实现贫困残疾人家庭无障碍改造。促进残疾人就业创业和教育提升，开展残疾人入户调查，通过举办残疾人专场招聘会、残疾人劳动技能培训等拓展残疾人就业平台，出台《武进区第二期特殊教育提升计划（2018—2020年）》，扩大残疾人受教育范围。加强残疾人权益保障，举办“助残双向服务一条街”法律知识讲座等活动，组织开展残疾人普法宣传活动2次、200余人参加，

3月5日，区残联组织残疾人及助残志愿者参加学雷锋纪念日活动（供图/区残联）

区肢残人、聋人、盲人、智力残疾人及亲友、精神残疾人及亲友五大协会和社会助残组织开展公益活动30余场，惠及残疾人4000余人次。9月1日，区残联选送4名优秀残疾人运动员参加全国第十届残疾人运动会，获银牌2枚、铜牌1枚。年内，选送的残疾儿童绘画作品在全国中小学生书画比赛残疾人组中获一等奖3个、二等奖4个、三等奖7个。

【残疾人社会保障】 2019年，区残联为8304名残疾人发放生活补贴575.48万元，为3954名残疾人发放护理补贴47.6万元，为68名残疾车主发放养老金补贴17.34万元，为51名残疾学生和低保残疾人家庭子女发放助学金11.6万元，为持证残疾人办理重大疾病保险和意外伤害险，累计保额90.57万元。5月10日，联合区委统战部、区慈善总会、区红十字会主办第四届梦之蓝杯“同心助残、与爱同行”义卖活动，筹得善款73万元，其中义卖作品27万元、梦之蓝公益研究院常州分院赞助20万元、区慈善总会落实项目经费20万元、武进高新区北区管理处向同心助残驿站购买助残服务6万元，善款全部用于帮扶重度贫困残疾人家庭。5月中旬（全国助残日期间），区、镇两级残联领导走访贫困残疾人家庭2988户，发放慰问金124万元。6月，武进区启动二代残疾人证期满复核换证工作，成立残疾人证期满复核工作小组，由区残联工作人员与镇（街道）、开发区残联结对指导，至年末更换残疾人证9800份。

【残疾人精准康复】 2019年，区残联组织实施“三助一免”康复救助工程，发放轮椅、拐杖等辅助器具1022辆（副），为66名残疾人免费适配助听器、33名残疾人装配假肢、7名残疾人安装矫形鞋、1名残疾人发放人工耳蜗补助2万元，为1250名精神病人办理免费服药卡。为292名贫困和肇事肇祸精神病人办理住院救助，为306名0～14周岁残疾儿童发放救助金549.76万元。完成3271名残疾人康复救助，康复服务率达98%以上。推进贫困残疾人家庭无障碍改造，投入30万元实现贫困残疾人家庭无障碍改造76户。2月，区残联、洛阳镇残联联合常州谱瑞广化眼科医院在洛阳镇免费开展“谱瑞眼科光明行、广化爱心助光明”白内障及眼病普查活动，为老年人提供视力测试与眼底检查。

【残疾人就业创业】 2019年，区残联通过培训提高残疾人劳动技能，增强残疾人就业竞争能力，促进残疾人多渠道就业。入户调查残疾人信息动态22341人，入户登记率96.93%，社区登记296个，完成率100%，实现建档立卡残疾人脱贫1252人，根据入户调查结果举办残疾人就业创业免费培训5期，培训学员300余人次。3月27日，举办残疾人就业援助专场招聘会，入场企业17家，现场达成就业意向31人。5月，组织残疾人10人参加常州市残疾人盲人按摩技能竞赛，增强残疾人职业荣誉感。11月，区级残疾人之家建成，累计有残疾人之家23个，合计安置残疾人就业500余人。年内，

区残联指导新建残疾人扶贫基地1个，安置残疾人就业60余人。鼓励残疾人自主创业27人，发放扶持金48.72万元。

【残疾人教育提升】 2019年3月，贯彻落实《中华人民共和国残疾人教育条例》《第二期特殊教育提升计划（2017—2020年）》，《武进区第二期特殊教育提升计划（2018—2020年）》出台，明确特殊儿童融合教育相关政策，鼓励普通学校自主申报建设融合教育资源中心。年内，全区申报认定融合教育资源中心9个，区残联累计投入12万元。区特殊儿童家长学校组织开展家长心理健康团体辅导活动7场、康复教育讲座2场、户外亲子拓展2场，为15名新增儿童家长免费提供个案服务，为5名特殊儿童提供送教上门服务，每周开展线上常规性心理教学，区残联累计投入4.9万元。

（恽　苗）

武进区红十字会

【概况】 2019年，武进区有各级红十字会组织156个，有红十字志愿者服务基地14个、志愿服务项目5个、特色志愿服务队8个，新注册志愿者781人、累计5100余人。全区各级红十字会组织发扬“人道、博爱、奉献”精神，贯彻落实《中华人民共和国红十字会法》和《中国红十字会章程》，以省、市红十字会核心业务体系建设要求为指导，开展“三救三献”（灾害救援、人道救助、应急救护，献血、捐献造血干细胞、捐献遗体与器官）核心业务工作，服务百姓，助困群众。年内，区红十字会举办《中华人民共和国红十字会法》暨红十字青少年自救互救知识校园行、红十字防灾避险知识竞赛、关爱特殊教育学校青少年助学及“应急救护知识进百企”等活动，加强红十字人道救助和应急救护培训。区红十字会于9月获评中国红十字会总会报刊宣传先进集体三等奖，于12月获评常州市红十字会应急救护技能大赛团体三等奖、优秀组织奖。

【人道救助】 2019年，区红十字会继续推进“博爱天使、爱心驿站”红十字“双癌”（一个家庭有2个或2个以上成员罹患癌症）、白血病大病特困家庭专项救助活动，对新增符合救助条件的59户“双癌”家庭和18名白血病患者分别给予爱心救助5000元／户和3000元／人，共发放爱心救助款34.9万元。持续开展“博爱送万家”救助活动，深入全区各镇（街道）、开发区慰问困难家庭1300余户，发放食用油、大米、被子、牛奶、花生等救助物资和慰问金合计67万元。继续拓宽红十字服务弱势群体和困难居民的覆盖面，在花东社区、潞城街道、何墅村等开设红十字爱心超市，筹措米、油等日用物资慰问救助困难家庭。持续做好红十字爱心病房项目，在武进中医医院肿瘤科增设爱心病房1个，按照1000～3000元／人的标准发放红十字人道救助金9000元，惠及困难病人5人。引导前黄红十字志愿服务队在前黄人民医院开设爱心病房，爱心人士捐款1万元定向用于前黄人民医院红十字爱心病房救助。开展“共享同一片蓝天”助残活动，向特殊教育学校师生赠送水杯、毛巾、书包和伙食补贴等价值7万余元。积极推进临时救助，及时回应困难弱势群体诉求，审批临时救助申请11人次，发放救助金2.6万元。

【纪念世界红十字日系列活动】 5月8日，结合第72个“世界红十字日”开展“红十字博爱周”系列活动，宣传普及红十字知识，提高群众知晓率，增强救护意识，提高救护技能；开展特殊教育学校助学活动、大型义诊义治和“三献”专题广场宣传活动；开展红十字知识进校园活动，组织19所省级红十字示范校1万名会员参与《中华人民共和国红十字会法》暨红十字青少年自救互救知识校园行；在《武进日报》发布寻找匿名捐款人士“妙音”的简讯，宣传默默支持人道救助工作的爱心市民。活动周期间，联合区慈善总会举办“同心助残、与爱同行”义卖活动，向爱心企业展示人道救助工作，募集人道救助爱心款；湟里镇红十字会在湟里中心小学开展“爱心相伴‘救’在身边”纪念活动，200多名师生参加；戚墅堰街道红十字会在圩墩遗址公园举办广场宣传、志愿服务活动，包含应急救护知识有奖竞答、博爱一元捐、捐献造血干细胞知识普及、义诊志愿服务等环节，弘扬人道、博爱、奉献精神。

【红十字“三献”活动】 2019年，区红十字会通过武进电视台、《武进日报》等媒体宣传无偿献血、捐献造血干细胞志愿者典型事迹和捐献知识，组织“天使相髓”志愿队队员参与“三献”宣传活动，增强志愿者捐献自豪感。协助市中心血站开展献血宣传52场次，累计动员1.13万人次，无偿献血430余万毫升，献血总量居全市首位。造血干细胞捐献入库登记160人次、捐献初配成功2人，遗体捐献登记5例、器官捐献登记2例。6月，区内第19例捐献志愿者陈桂桦成功捐献非血缘关系造血干细胞。

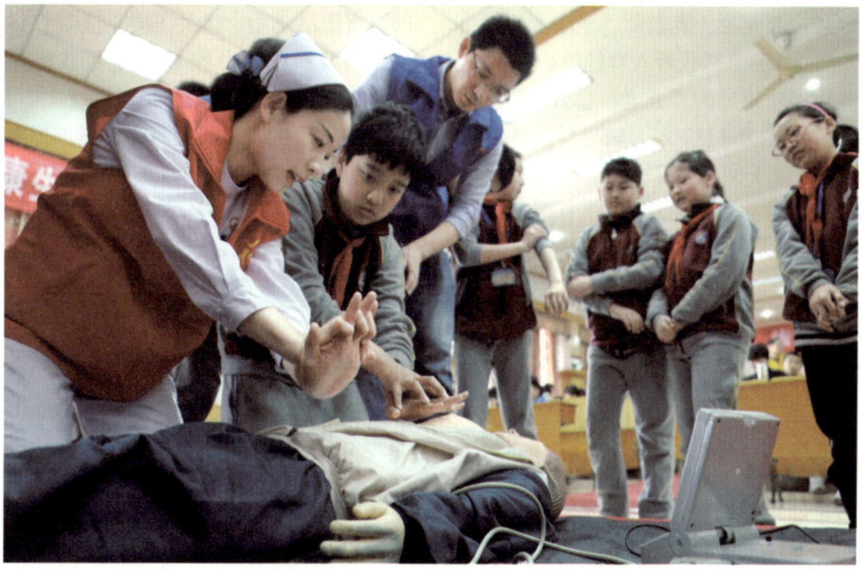

5月8日，红十字志愿者在湟里中心小学开展心肺复苏教学活动

（供图／区红十字会）

9月，区红十字会联合区文明办、区级机关工委开展“博爱天使·大爱武进——区级机关‘三献’活动”，300余人报名，201人成功献血6.03万毫升，有效缓解献血淡季的供血压力。

【应急救护培训】 2019年，区红十字会壮大救护师资队伍，选派1名志愿者参加中国红十字会总会救护培训师资提高班、2名救护培训师参加省师资复训班、2名红十字骨干志愿者参加省师资初训班，定期召开救护培训师资座谈会，交流授课体会，提升全区救护师资队伍的培训技能。扎实推进“应急救护知识进百企”“护航生命——共筑景区生命绿色通道”项目，制定细化实施方案，编制培训课件，安排责任心强、业务技能专的救护培训师为企业和旅游景区提供救护技能培训；定期组织救护讲师团成员在村、社区开展救护培训普及急救知识。发挥省级应急救护培训基地设施先进齐全、标准统一规范优势，组织重点企业、机关干部等开展公益性应急技能培训，全年累计为107家企业提供培训113次，培训初级救护员1153人，普及救护知识10176人次。

（郝 培）

武进区关心下一代工作委员会

【概况】 2019年，全区有各级关心下一代工作组织958个，常态化参与关心下一代志愿活动的“五老”（老干部、老专家、老模范、老教师、老战士）人员3088人；有各级校外教育辅导站298个，参加校外辅导的“五老”总数1899人、社会志愿者1112人，辅导学生3万余人次；电子阅览室225个，参加电子阅览室活动学生6.7万人次。区思想道德宣讲团撰写宣讲稿144篇，开展宣讲250余场，受教育6万多人次。全区共开展各类主题教育活动300余场次，参与学生10万余人次。区关工委组织开展“传承红色基因，争做‘三有’（有理想、有本领、有担当）新人”主题教育活动，参与主办第三届中国青少年红色才艺作品网络征集评选活动。10月，区关工委主管的武进区星火爱心助学协会举办10周年成就展，10年累计资助贫困生8495人，资助金额715万元。

5月30日，武进区关工委“传承红色基因、争做‘三有’新人”主题教育活动现场推进会在横山桥中心小学举行 （供图/区关工委）

【青少年主题教育活动】 2019年，区关工委联合区文明办和教育局开展“传承红色基因，争做‘三有’新人”主题教育活动，推进爱国主义教育活动，引导青少年成为有理想、有本领、有担当的时代新人。5月30日，在横山桥中心小学举行主题教育活动推进会，组织开展展板宣传和文艺演出。年内，雪堰镇关工委联合潘家幼儿园开展“寻访退伍老兵，传承红色精神”寻访活动，湖塘镇长虹社区关工委开展“重温建国史，争做好少年”主题活动，全区各学校、镇（街道）、村（社区）关工委围绕主题教育举办纪念和宣传活动300余场次。区关工委积极组织参与省关工委举办的青少年主题教育活动。在“祖国在我心中”网络寄语活动中，区关工委、区教育局关工委及横林初中等12所学校获优秀组织奖；在“我爱我的祖国”读书征文中，收到全区师生读书征文800余篇，其中横林实验小学薛虎老师的《故乡的闸》入围“我和我的祖国”全省中小学教师论坛征文前十；在“老少同台演讲比赛”中，全区30多个视频作品获奖。

【民营企业关工委建设】 12月，武进区成立民营企业关工委工作指导小组，推进区关工委与民营企业关工委组织成员交叉任职，提增民营企业关工委组织的领导地位和指导作用。区关工委牵头协调，定期听取民营企业关工委工作汇报，定期走访调研基层企业，发现典型、解决问题，于年底牵头现场核查验收民营企业关工委组织32个。坚持民营企业关工委组织属地管理，17个镇（街道）、开发区关工委主任均由党委副书记担任，以“党建带关建”，推动建立关工委工作和组织工作同部署、同推进、同考核“三同”机制；在企业层面健全组织、选强配齐企业关工委领导。至年末，全区有524家民营企业建立关工委，为民营企业关工委工作落实提供组织保障。

【校外教育辅导站建设】 7月5日，区关工委召开校外教育辅导站工作专题培训会，现场参观湟里镇校外教育辅导中心站，交流各镇（街道）中心站、示范站创建情况，年底验收表彰村级校外教育示范辅导站28个。学校和辅导站双方同向发力，发挥优势开展活动，礼嘉镇关工委协同礼嘉中心小学举行暑期校外辅导站活动，聘请宣讲团员，部署活动安排；湟里、遥观、横山桥等镇关工委组织暑期校外辅导站活动成果展演；前黄镇邀请常州大学青年志愿者参与社会实践活动。全区校外教育辅导站建设融入中华人民共和国成立70周年元素，多样化教育形式。东方润安集团有限公司、常州凯达重工科技有限公司等民营企业关工委组织上家庭教育课、给职工子女赠送新书包和图书等关爱活动。年内，南夏墅街道关工委的“寻访红色足迹”和湟里镇关工委的“武进东安学校少年军校专题片”在省关工委组织的校外教育辅导站优秀项目和特色品牌评选活动中分获一、二等奖。

（陈 辅）

法 治

Rule of Law

栏目编辑 张怡菁

政法委及综治

【概况】 2019年，武进区政法战线围绕服务保障“五个三年行动计划”决胜年主题，践行护航发展大局使命与为民服务初心，履行维护国家政治安全、确保社会大局稳定、促进社会公平正义、保障人民安居乐业主责主业，人民群众获得感、幸福感、安全感稳步增强。护航经济社会发展大局，加强矛盾纠纷处置能力，调处矛盾纠纷1.4万起，调解成功率达99.7%。推进社会治理创新，网格化集成管理提质增效，评选出西湖街道、雪堰镇王允村等网格工作示范点22个，南夏墅街道大学新村三社区“‘五善’网格工作法”与戚墅堰街道“741工作模式”面向全省推广。加强政法队伍建设，提升队伍战斗力，统筹推进政法领域机构改革，部署开展“坚守初心铸忠诚”“平安惠民勇担当”“对标先进强素能”以及“公正清廉走在前”主题教育活动。全区群众安全感达98.8%，为全市第一，创历史新高。全区“扫黑除恶”专项斗争领导小组办公室（简称“区扫黑办”）被省扫黑除恶专项斗争领导小组评为全省扫黑除恶专项斗争成绩突出集体，扫黑除恶群众满意度位居全市第一。颜燕华获评新中国成立70周年大庆全省安保维稳工作先进个人。

【发展大局护航】 2019年，武进区政法机关积极践行护航发展大局使命，推进中华人民共和国成立70周年安保维稳百日攻坚行动，累计摸排整改安全隐患8400余条，集中整顿治安乱点120余处。推进重大风险防范化解，强化信访案件源头治理，及时受理率、按期办结率实现双百分之百，超额完成“积案攻坚”目标任务。审执结各类案件3万余起，解决争议标的额180亿元。全区娼赌警情比2018年下降8%，刑事发案下降12%。公安机关侦破各类刑事案件3300余起，抓获作案成员8600余人；检察机关提起公诉1900余起2700余人；审判机关审结刑事案件1800余起，判处刑罚2600余人。优化营商环境，制定实施《2019年政法机关依法保障和服务民营经济健康发展十大专项行动》和《武进区政法机关依法保障和服务民营经济健康发展二十条措施》，政法机关领导干部挂钩对接重点企业58家，开展上门走访1500余次。区法院和检察院联合开展庭审现场进企业活动，被《检察日报》头版报道。区司法局实施“百所帮千企”活动，33个律师事务所结对帮扶中小企业337家。

9月9日，武进区“创新社会治理、化解社会矛盾”合作协议签约（供图/区委政法委）

【社会治理创新】 2019年，武进区加强网格化集成管理，整合区级条线系统16个，上报流转事项100余万项，开展走访服务90余万次，协助化解矛盾2000余起，快速处置烟花禁放、环境污染等事件2万余起。在南夏墅街道和横山桥镇试点网格专线整合，归并线路186条，节省财政经费42万元。开展区级创新社会治理重点项目24个，其中社会治理视频“12345”工程、“网格管理提质增效”2个项目分别获评全市创新社会治理一、二等奖。区委政法委、区法院、区司法局和湖塘镇创新试点“府院对接、区镇联动”矛盾化解“四方共建”工作。成立区群租房安全管理工作专班，全面启动为期1年的专项整治行动，共计发放宣传手册20余万份，登记群租房居住人员3100余人，排查安全隐患近500处。推动社会治安防控体系高度智能化、共享化、精准化和实战化，开创视频数据赋能现代警务、社会治理新局面，得到公安部和省委政法委高度评价。

【区扫黑办获评全省“扫黑除恶”专项斗争成绩突出集体】 2019年，区扫黑办抽调纪检监察等15个部门业务骨干20余人，进驻区扫黑办集中办公、实体运作。依法查封、扣押、冻结涉黑涉恶案件资产1.65亿元，处置腐败和“保护伞”问题线索50余条。专项整治“套路贷”及非法集资、赌博、征地拆迁和三类特殊人群（社区矫正人员、安置帮教人员、后续照管人员），开展“扫楼扫街”行动760余场，关停整顿非法金融经营主体400余个。开展副科职及以上领导干部集中宣讲和村（社区）书记统一测试。牵头开展专项督导4轮112场，发出督查建议88份、涉及问题290个。出台实施《中央督导反馈意见整改工作方案》，做好中央督导江苏以及下沉常州期间工作，顺利通过中央督导“回头看”。全年收集核查举报线索1000余条，累计办理寻衅滋事等9类案件500余起2500余人，摧毁黑社会性质组织2个26人、恶势力犯罪集团8个95人。区扫黑办被江苏省扫黑除恶专项斗争领导小组评为全省扫黑除恶专项斗争成绩突出集体。

【政法队伍建设】 2019年，武进区贯彻落实《中国共产党政法工作条例》，统筹推进政法领域机构改革。5月，区网格化服务管理中心正式挂牌，实现常态化运转。年内，区委政法委组织开展“坚守初心铸忠诚”“平安惠民勇担当”“对标先进强素能”以及“公正清廉走在前”等主题教育系列活动，圆满完成“五突出五确保”（突出解放思想，确保理论学习有收获；突出锤炼党性，确保思想政治受洗礼；突出真抓实干，确保干事创业敢担当；突出转变作风，确保为民服务解难题；突出纪律规矩，确保清正廉洁作表率）目标任务。联合浙江大学、苏州大学培训政法干部与网格骨干100余人；持续开展业务大研讨、岗位大练兵、技能大比武等实战培训，政法机关执法工作群众满意率达96.2%，位居全

3月19日，全区扫黑除恶推进会议召开 （供图 / 区委政法委）

市前列。强化政法机关党风廉政建设，落实“一岗双责”（领导干部对业务工作和党风廉政建设负双重责任）“一案双查”（在查办案件过程中，既查党员领导干部的违纪问题，又查执纪过程中是否存在违规违纪行为）；开展政法领域“一学习两整治”（深入学习贯彻习近平新时代中国特色社会主义思想和中共十九大精神，违规吃喝及烟卡问题专项整治），防范形式主义、官僚主义，政法队伍形象持续向好。

（李大岭）

法治政府建设

【概况】 2019年，武进区重新组建区司法局，不再保留区政府法制办；区委依法治区办设在区司法局。区司法部门围绕“五个三年行动计划决胜年”主题，深化政府职能转变，加强体制机制建设，提升行政执法效能，有效化解矛盾纠纷。开展法治政府示范创建，建立依法行政动态监控互动反馈机制。推进行政审批制度改革，在常州经开区、武进高新区试点推动企业投资项目信用承诺制改革。提升公共服务水平，全面建成镇（街道）便民服务大厅和村级为民服务大厅，“互联网＋政务服务”向基层延伸。强化行政执法监督与指导，举办行政执法人员法律知识培训班，提升执法人员依法行政意识和行政执法能力。推行行政规范性文件合法性审核，规范全区行政规范性文件制定。加强政府法律顾问委员会职能作用，参与区政府重大决策等法律事务5项。选树诚信经营典范，确定区信用贯标企业500余家、市信用管理示范企业60余家。

【行政审批制度改革】【综合行政执法体制改革】 分别参见“专记”类目P3、P4同名条目。

【深化政务和法律服务】 2019年，武进区推进区级服务事项向区政务服务中心集中，全区事项进驻率达95%。实现政务服务“网上办、移动办、自助办、异地办、套餐办”，全区政务服务事项网上可办率为94.6%，110多项业务可通过“江苏政务”App和自助设备办理，5项服务事项可通过套餐化办理。22项审批事项主项和47项业务项纳入“一窗通办”，区政务服务中心全年办理许可事项1万余项，接待咨询4万余人次。推进公共法律服务均等化，区、镇两级公共法律服务中心实现提档升级。区公共法律服务中心接待群众来访咨询2253人次、解答“12348”电话咨询2698次。区司法局开展“百所帮千企”专项法律服务活动，组织律师事务所33个与中小民营企业337家结对，为民营企业提供精准法律服务。

【行政执法规范化建设】 2019年9月，《常州市武进区关于全面推进和落实行政执法“三项制度”的实施意见》出台，公布35项重点任务清单，明确推进具

体措施。年内，武进区将贯彻落实行政执法“三项制度”作为执法监督重要内容，开展行政执法评议2次，检查行政执法单位30个，评查行政执法案卷250余册。清理公布第一批武进区行政执法主体，组织行政执法证件换证核发工作，新办换领执法证1583本。规范“两法衔接”（行政执法与刑事司法衔接）信息共享平台管理，全区行政机关向公安机关移送案件75起。区市场监管局与武进公安分局、检察院、法院建立“行刑相接”（行政执法与刑事司法衔接）机制，在区市场监管局稽查大队新增检察官窗口。武进区生态环境局在全市率先建立环境执法联动机制，公安、检察机关进驻并设立警务室、监察室，各环保所与乡镇派出所同步建立联动协作机制。深入推进“双随机一公开”（在监管过程中随机抽取检查对象、随机选派执法检查人员，抽查情况及查处结果及时向社会公开）监管抽查工作，全区23个单位“两库一清单”（市场主体名录库、执法检查人员名录库，随机抽查事项清单）完成更新录入，纳入随机抽查范围检查对象23973户，执法人员555人，开展随机抽查1776次。

（王 煜）

公 安

【概况】 2019年，武进公安分局围绕中华人民共和国成立70周年大庆安保维稳和扫黑除恶专项斗争主线，履行捍卫政治安全、维护社会安定、促进公平正义、保障人民安宁的职责使命，提升警务运行和社会治理效能，有力服务保障全区高质量发展走在前列。打击、破案效能提升，全年共公诉犯罪嫌疑人2000余人，其中侵财公诉778人；破获刑事案件2474起，破案率达33.7%，“两抢”（抢夺、抢劫）案件全破，“八类案件”（故意杀人、故意伤害致人重伤或死亡、强奸、抢劫、贩毒、放火、爆炸、投毒）、侵财案件破案率分别达93.4%和36.2%。治安防控体系升级，治安防控云平台建设得到公安部测评组和省、市、区各级领导的高度评价，社会治理视频“12345”工程获评全市创新社会治理一等奖，刑事发案总量比2018年下降12.8%，万人发案率全市最低。服务保障能力增强，破获各类经济案件74起，为企业挽回经济损失5000余万元，159项公安政务服务实现“网上办、一次办”，出入境、交警、治安等49个审批服务事项和4个公共服务事项进驻区政务服务中心，户籍、出入境、车驾管等业务下放至派出所窗口。安全监管机制完善，群租房安全管理工作模式被全市推广，交通死亡事故数和死亡人数分别下降31.7%和32.3%。年内，武进公安分局获评市、区两级年度考核优胜单位；2名民警立二等功，10个集体、100名个人立三等功，5个集体、132名个人获嘉奖。

【公安机关“扫黑除恶”专项斗争】 2019年，武进公安分局准确把握“扫黑除恶”专项斗争阶段性要求，围绕线索核查、专案攻坚、综合治理、深挖彻查等工作，推动扫黑除恶专项斗争纵深发展。主动对标上级各项决策部署，由副区长、公安局局长担任在办恶势力犯罪集团案件专案组组长3起。扩大专项斗争成果，成立线索核查中心，落实闭环办结等工作机制，累计核查各类线索788条，其中中央督导组下发的线索21条全部办结。打击“套路贷”犯罪，共捣毁黑社会性质犯罪组织2个27人、恶势力犯罪集团12个90人，其中“套路贷”恶势力犯罪集团6个，涉案38人。坚持侦查破案与“打财断血”（形容彻底拔除社会的黑恶势力）同步开展，累计依法冻结、扣押、查封黑恶犯罪资产近2亿元。强化黑恶势力源头监管，针对中央督导组反馈的部分重点人员管控不力问题，严密落实排查见底、分类管控、精准打击、源头治理、教育引导等措施，梳理列管重点人员4325人。加大“打伞破网”（打掉黑恶势力的保护伞，摧毁他们的关系网）力度，对涉及黑恶势力“保护伞”的案件、线索，主动邀请纪检监察部门提前介入、依法查处，向纪检监察部门移送党员及公职人员涉黑涉恶腐败线索30条。加强制度机制建设，建立完善涉黑涉恶“打早打小”机制，牵头召开联席会议8次，制定印发《全区公安机关涉黑涉恶类警情突出问题专项整治工作方案》《中央扫黑除恶专项斗争督导期间上级交办线索战时核查工作方案》等规范执法专项文件3个，累计发放宣传资料77万份。

【基层警务工作深化】 2019年，武进公安分局坚持基层警务工作导向，优化完善派出所综合绩效考核办法和基础工作质态评估模式，把实地抽查、案件倒查、常态督查等情况作为评估基础工作质态的依据，提升基础工作质态，推进出租房屋和流动人口管理集中攻坚，全年共新增登记流动人口50.2万人、出租房屋2.8万户，排查群租房8975户。主动融入全区网格化集成管理，推广“警格＋网格”双网融合机制，创新风险联排、走访联动、矛盾联调、防范联勤、数据联通等工作模式，有效分流非警务警情1.3万起，排查隐患5210处。深入开展“枫桥式派出所”创建活动，打造南夏墅派

5月20日，武进公安分局在新天地公园开展维稳处突演练（供图/武进公安分局）

星河警务站　　（供图/武进公安分局）

出所社区多元共治、湖塘派出所平安社区建设等基础工作创新品牌。

【执法管理机制完善】 2019年，武进公安分局完成19个派出所综合指挥室标准化、实战化建设，全面整合勤务指挥室、案管室、值班室、图像监控室、内勤室等功能区域，因地制宜推行《常州市公安局武进分局派出所综合指挥室建设和运行管理规范》等运行机制10项，促进派出所执法活动制度化、流程化、规范化。加强执法主体建设，推进领导干部主办案件、出庭应诉、执法考试3个规定动作，组织开展执法培训和讲座11场、旁听庭审10次。完善执法管理制度，针对扫黑除恶专项斗争暴露出的执法问题，制定《常州市公安局武进分局办理未破未结案件工作规范（试行）》，加强警情和未破未结案件的跟踪督办，确保执法监督管理全覆盖。发挥武进公安分局案件管理中心和派出所案件管理室作用，巡查接处警音视频记录10362起，排查刑事下行案件2697起，检查取保候审案卷308份，制作巡查报告169份，发放执法建议书5份。

【科技强警】 2019年，武进公安分局围绕“圈层查控、区域封控、单元防控”总体布局，推进立体化、信息化治安防控体系建设，推动设立全区视频监控建设办公室，由分局统一规划、统一标准、统一建设、统一管理全区视频监控建设。新建人像监控系统1800套，整合和改造高清监控系统1.3万套、道路电警卡口系统3600套、政府部门公共管理和企事业单位内部监控系统1.6万路，形成汇聚超过3.6万路监控资源的视频联网应用体系。开发应用视频结构化解析系统，使普通高清视频监控具备批量人像和人体识别功能，显著提升存量视频监控的实战应用效能。推进数据深度融合，建成治安防控云平台，汇聚前端感知、警务基础和社会资源等数据50类，整合视频图像和研判业务平台8个，建成大整合、全兼容、高共享的公安大数据中心。

【公安专项行动】 2019年，武进公安分局深入开展“飓风”专项行动，加大线索排摸、经营打击和行业监管力度，侦办娼赌刑事案件73起，捣毁赌博团伙30个169人、卖淫团伙17个109人，破获网络赌博案件2起、网络组织卖淫案件6起，全区涉娼、涉赌警情分别比2018年下降22.2%、9.1%。深入推进重点地区整治，通过集中清查、巡防挤压、隐患治理等措施，20个治安重点地区违法犯罪警情下降13.5%。深化完善与城管、环境、市场监管局等部门的联合执法机制，深入开展食药打假“利剑”、打击环境犯罪“清水蓝天”等专项行动，全年公诉食品、药品、环境、假冒伪劣商品以及资源类犯罪嫌疑人169人。

【见义勇为表彰奖励】 2019年，区见义勇为基金会以“弘扬见义勇为精神，倡导见义勇为行为，服务见义勇为人员”为宗旨，开展见义勇为表彰奖励和宣传活动，落实见义勇为人员权益保护措施，推进基层基础工作，提升见义勇为工作效能。组织集中表彰奖励活动5次，召开表彰会16场次。表彰奖励武进区见义勇为积极分子40人，发放奖金10.5万元；奖励治安积极分子38人，发放奖金1.45万元；奖励物业服务从业人员30人，发放奖金3.25万元。在受表彰奖励的人员中，有77人抢险救灾，挽救他人生命35人；有31人抓获盗窃等犯罪嫌疑人28人。

【出入境管理】 2019年，武进区有出入境业务受理点19个，办理各类出入境证件80475份，没有发生群众投诉和材料质量事故。武进公安分局出入境大队开展入学法制宣传教育9场，受训新留学生500余人。组织开展涉外用工专项排查，规范相关行业、场所涉外用工行为，实现精确打击、长效治理，全年查处违反出入境管理法律案件83起，行政处罚60人、拘留审查15人、遣送出境15人，案件查处数列全市第一。

（周世民）

【道路交通安全管理】 2019年，武进公安分局交警大队以中华人民共和国成立70周年大庆安保维稳为主线，维护道路交通安全形势稳定。整合优化内设警力，下沉基层民警26人、新建乡镇责任区交警中队2个、基层单位民警占比提升12个百分点接近80%，基层实战能力提升。推广交通管理业务自助办理机制，加强互联网办事项目引导，在交警中队、车管业务单位建成交通违法处罚点，实现车管业务“一窗通办”。实施风险隐患排查清零，强化重点车辆源头管理，停运整改运输单位5个，现场查处工程类车辆违法行为870起；出台《渣土车交通安全管理工作规范（试行）》，实施渣土车监管武进新模式；健全完善公共安全风险隐患早期识别和预警预知机制，整改交通安全基础设施隐患4322处。推进重点违法行为治理，现场查处交通违法行为23.2万起、比2018年上升11.79%，其中查处非机动车、农村面包车、外卖车、网约车等重点车辆17万起，查获酒驾1199起（醉酒驾驶313起），联合公路路政部门专项查处超载违法行为802起（“百吨王”

车辆违法6起），落实卸载驳载措施，确保隐患消除。年内，全区共发生交通事故47658起，上升15.34%，交通亡人事故123起，下降31.67%，死亡126人，下降32.26%。

【道路交通畅行工程】 2019年，武进公安分局交警大队实施道路交通畅行工程，优化城市交通综合秩序。完善城市勤务运行机制，建立“情、指、勤、处”一体化勤务机制，中队勤务指挥室实体化运作，实施4G移动图传和350兆数字电台点调考评和精准指挥；加强城市交通组织技术支撑，通过打通断头路、交通瓶颈治理、渠化重新设计、微循环综合治理、路权优化分配等，实现城区流量分散疏解，优化城区交通量分布模式；通过城市停车供给资源挖掘、道板停车规范化管理、违法停车智能监管、报废车和僵尸车清理等，实现城区支路以上道路零违停；通过“一校一策”“即停即走”“家长志愿者”、专用车位配套、“交通安全小手拉大手”等措施，改善校园周边交通环境。全年城区高峰车速提升2.27千米／小时，车辆排队长度减少12%。推进“数据赋能”攻坚实战，建立基于大数据的重点车辆源头管理和异常行为挖掘模型，查获失格驾驶和违法大户车166辆、假套牌车91辆、非法改装高噪音扰民车117辆、非法加油车37辆；建立“智能交通态势感知分析模型”，实现路网运行状态监测和拥堵早期预警。在全国率先建立公路货运车辆闯红灯监管系统，遏制国省道干线公路夜间货车闯红灯问题；在全市率先启用车载移动违停取证系统，整改117条支小道路违法停车问题；升级和完善道路监控网“3.20”系统，通过超级卡口实现车内人像采集识别；打造区域交通绿波网，全区552个信号灯控制路口全部联网在线运行，61条道路500个路口纳入区域绿波协调联动，全区交通拥堵警情比2018年下降19.82%。

（周燕敏）

检　察

【概况】 2019年，武进区检察院按照全国模范检察院新时代要求，强化法律监督、深化司法改革、加强队伍建设，为全区改革发展和法治建设提供有力司法保障。共办理刑事、民事、行政、公益诉讼、诉讼监督、司法救助等案件2531起。其中，审查逮捕721起，审查起诉1495起；办理民事行政及公益诉讼案件76起。控告申诉检察部门依法妥善办理群众信访251件，开展涉法涉诉律师评析71件，7日内回复率、3个月内完成办理过程和结果答复率均达100%。重视弱势群体司法保护，办理国家司法救助案件30起，发放救助金19万元。案件监督管理部门全年公开案件程序信息2742件、法律文书1429份，公布重要案件信息262件，接待律师查询453人次。年内，区检察院获评全国检察宣传先进单位，在扫黑除恶专项斗争中获评全省检察机关先进集体并被省人民检察院记集体三等功。

【刑事案件检察和刑事执行检察】 2019年，区检察院刑事检察部门依法批准逮捕各类犯罪嫌疑人972人，提起公诉2053人，报市检察院审查起诉16人。依法批捕涉黑涉恶案件12起12人，起诉6起28人。依法起诉生产、销售假药劣药和有毒有害食品等犯罪案件14起16人。依法批捕非法吸收公众存款、集资诈骗、“套路贷”等重大金融犯罪9起9人，起诉11起32人，挽回经济损失620余万元。依法起诉非法捕捞、非法出售珍贵濒危野生动物等破坏环境资源犯罪案件26起57人。贯彻宽严相济刑事政策，加强轻微刑事案件调解劝导，促使236起案件达成赔偿协议，241名犯罪嫌疑人获得从轻从宽机会。刑事执行检察部门强化刑事执行监督，提出书面检察建议7起，均得到采纳和整改。依法开展羁押必要性审查151起，对66名犯罪嫌疑人变更强制措施；分3批依法监督拟特赦罪犯12人，对1名不符合条件的罪犯发出不予特赦的检察建议被采纳。

【未成年人案件检察工作】 2019年，区检察院未成年人检察部门坚持“少捕、慎诉、少监禁”原则，受理未成年人批捕案件59起89人，不捕36人；受理起诉案件85起129人，相对不起诉7起7人，附条件不起诉19起30人。未成年人犯罪案件不捕率达60.4%，不诉率达53.2%。向相关部门送达检察建议，保障涉罪未成年人辩护权，助推“事实孤儿”（父母双方或其中一方虽然没有死亡或失踪，但是事实上不能提供经济支持和照料的儿童）回归家庭温暖。落实最高人民检察院关于未成年人刑事案件“分级处遇”要求，对参与组织、强迫未成年少女卖淫的7名未成年恶势力犯罪被告人，依法提出法定幅度内从重处罚的量刑建议。制定《办理性侵未成年人案件工作指引》和《成长的声音》帮教手册，宣传武进未成年人帮教模式。投资30余万元改造升级未成年人检察工作区，制作《正确交往》等9部法治

4月19日，区检察院检察官为星河实验小学学生普及校园欺凌的特征及应对校园欺凌的策略

（供图／区检察院）

4月3日，区检察院受邀在企业现场出庭公诉一起职务侵占案（供图/区检察院）

教育视频微电影，推动未成年人检察工作专业化、精致化。

【民事案件行政检察】 2019年，区检察院民事行政检察部门开展审判程序纠违、执行监督、民事和行政非诉执行监督专项监督等专项行动，依法提出刑事抗诉和再审检察建议5起，提请上级检察机关抗诉10起；以打击民事虚假诉讼为重点，加强生效裁判监督，办理虚假诉讼监督案件11起，发出再审检察建议7起，法院决定再审后改判10起（含2018年结转5起），促成和解2起；推进解决执行难问题，发出民事执行监督检察建议16起，保障执行案件当事人合法权益；拓展公益诉讼工作，挖掘公益诉讼线索25起，立案25起，发出诉前检察建议15起，收到整改回函13起。

【武进基层刑检实务数据库项目获评全国政法智能化建设智慧检务优秀创新案例】 7月3日，区检察院自主研发的武进基层刑检实务数据库项目在2019全国政法智能化建设研讨会上获得全国政法智能化建设智慧检务优秀创新案例。区检察院于2018年6月组建专业团队，自主创建武进基层刑检实务数据库项目，有效破解基层刑检干警业务技能不平衡、提升乏力，基层刑检业务咨询缺位、数据资源共享不足等难题。武进基层刑检实务数据库平台共设有一级模块9个，涵盖刑法总则、诉讼监督、庭审实务、干警培养等刑检工作主要领域，数据库入库文章2700余篇、案例2000余起、出庭预案100余起，基本覆盖法律法规、指导案例、热点案件及省市刑事司法政策。该平台从2019年3月开始运行，平均每月更新文章50余篇，至年末，访客数达1.6万人次，日均访客、下载量均达100～200人次。

【检察机关司法责任制改革深化】 2019年，区检察院按照上级统一部署，根据《常州市武进区人民检察院职能配置、内设机构和人员编制规定》，顺利完成内设机构改革，原来的21个部门优化整合为办公室、第一至第六检察部、政治部8个部门，实现业务部门去行政化，司法力量集中在办案一线。落实轮案制、检察官联席会议等配套制度，全面压实办案责任。探索建立办案质量案件化评查机制，每季度开展案件质量评查，评查结果纳入员额检察官绩效考核评价，强化监督制约。发挥关键少数示范作用，入额院领导带头办理重大疑难复杂案件92起，出庭支持公诉25次。

（潘人杰）

法　院

【概况】 2019年，武进区法院以“努力让人民群众在每一个司法案件中感受到公平正义”为目标，开展服务大局、司法为民、队伍建设等重点工作，为推动武进高质量发展走在前列提供司法保障。全年共受理案件24389起（包括旧存3809起），审执结21244起，分别比2018年上升3.30%、7.23%，解决争议标的额153.59亿元。审结各类刑事案件1533起，下降3.88%。审结家事纠纷975起，下降4.22%。依法审结普通民商事案件11027起，上升19.35%。审结知识产权案件501起，上升39.16%。审结行政案件（含非诉行政案件的审查）352起，下降3%。加强2个“一站式”（一站式多元解纷机制，一站式诉讼服务中心）建设，规范有序开展诉讼服务工作。办理跨域立案5起次、审核网上立案2936起，提供诉讼指导4752人次、法律咨询2360人次，“12368”热线接听各类查询和咨询4902次，50名公益律师全年提供法律咨询与帮助1800余次。

【审判职能服务优化营商环境】 2019年，区法院精准服务辖区民营企业发展，积极参与制定《2019年政法机关依法保障和服务民营经济健康发展十大专项行动》《武进区政法机关依法保障和服务民营经济健康发展二十条措施》，将其中由区法院牵头或参与的措施细化贯穿至立案、审理、执行全过程。严格区分正当融资与非法集资、产权纠纷与恶意侵占、个人财产与企业法人财产等界限，强调审慎采用限制人身和财产权利的办案强制措施，减少诉讼对企业的影响。妥善化解四季青服装城、万达广场等商业综合体商铺租赁纠纷，减小经济转型期商业模式变化对实体经营的冲击。发挥破产审判在优化营商环境、深化供给侧结构性改革中的积极作用，畅通“僵尸企业”退出通道。全年审理破产案件31起，释放土地资源13.33公顷，化解银行不良贷款近10亿元，分流安置职工1000余人。保护和激励自主创新，审结生产、销售山寨“立邦涂料”“特种兵椰汁”等知名商标诉讼案件144起，维护公平竞争秩序。围绕“双创”工作制定出台《关于为“双创”工作提供知识产权司法保障的意见》，联合高等院校开展审学研合作，将智力成果转化为司法服务实际成效。

【一站式多元解纷新格局构建】 2019年，区法院立足审判参与社会治理，践行新时代“枫桥经验”，探索建立具有武进特色的共建、共治、共享社会治理制度。9月9日，区法院会同区委政法委、区司法局、湖塘镇政府签署《关于创新社会治理、化解社会矛盾合作协议》，构建“府院对接、区镇联动”的多元解纷机制，发挥综治合力。组建法官团队进网格，设立审务工作站、巡回审判点，将纠纷预防化解向基层拓展。9月20日，在诉讼服务中心挂牌诉讼与非诉讼对接中心和非诉讼服务分中心，链接人民调解室、律师工作站等调解资源，实现一站式诉讼服务、一站式多元解纷。发挥武进高新区北区、前黄镇、嘉泽镇人民法庭扎根基层、贴近群众的优势，推动纠纷化解和诉讼服务资源力量下沉。年内，全区矛盾纠纷3000余起成功化解在基层。

【审判机关“扫黑除恶”专项斗争】 2019年，区法院坚持依法严惩方针，公开集中宣判朱某、龙某等具有恶劣社会影响的黑恶势力犯罪。审结黑恶势力犯罪案件6起22人，其中7人被判处五年以上有期徒刑。积极运用追缴、罚金、没收财产等手段，铲除黑恶势力经济基础。6月，开展“扫黑除恶、打财断血”专项执行行动，在徐州市、宿迁市和安徽省蚌埠市、阜阳市等3省8市拉网式排查40名涉黑涉恶案件被告人的财产情况，查明查清被执行人全部个人财产并依法予以执行。完善案件线索双向移送、同步办案机制，实现“扫黑”与“打伞”同向发力，全年审结关联案件4起，认定“保护伞”案件1起。积极延伸司法职能，就案件办理过程中发现的监管漏洞等，发出司法建议9份，引起相关部门重视整改。

【涉民生涉众型案件处理】 2019年，区法院审结非法集资刑事案件和涉众型犯罪案件，妥善处理涉案金额高达5亿余元的非法吸收公众存款、集资诈骗案和特大保健品诈骗案等案件。8月29日，集中宣判针对老年人实施保健品诈骗案件4起53人，该案涉及被害人177人、涉案金额高达230万元，被告人鲁某、朱某被判处十年以上有期徒刑，其余50名被告人被判处六个月至七年不等刑期，另有3名被告人被单处罚金。

【执行工作】 2019年，区法院巩固“基本解决执行难”成果，以执行指挥中心“854模式”（由各级法院执行指挥中心集中办理核对立案信息和初次接待、录入失信被执行人信息、网络拍卖辅助等8类事务性工作，提供视频会商、4G单兵连通与执法记录仪使用等5类技术服务，承担繁简分流管理、流程节点管理等4项管理职责）实体化运行为载体，围绕程序推进、重大事项、执行实施等关键节点开展管理。执结案件7849起，执行到位金额30.25亿元。强化失信惩戒机制效用，发布失信被执行人信息4569人次，1908人慑于信用惩戒自动履行义务。解决群众和企业关注的问题，开展涉“打财断血”财产刑、涉民营企业案件、涉金融债权案件、涉民生案件、小标的额案件、超长期案件清理六大集中执行会战。清空湖塘城区某4万余平方米厂房，化解占用人拒不搬迁导致拍卖房产难以交付的困境，为百余起执行案件扫清障碍。通过开展网络直播等方式打造立体化执行宣传体系，区法院于7月被江苏省高级人民法院评为执行宣传工作先进集体。

8月29日，区法院依法审结特大保健品诈骗案　　（供图／区法院）

【审判改革】 2019年，区法院全面完成以审判执行为中心的内设机构改革，细化法官、法官助理、书记员岗位职责清单。实现员额法官单独职务序列管理和动态管理，退出员额序列2人，按期晋升法官等级3人。按照《中华人民共和国人民陪审员法》，会同相关部门选任人民陪审员228人，制定出台工作管理办法，普通程序人民陪审员参审率达98.53%。积极推进“分调裁审”机制改革，将繁简分流理念贯穿到立案、审查、执行全环节，4573起民商事案件以速裁程序结案。不断提升类案联动化解实效，道路交通事故纠纷“网上数据一体化处理”平台化解纠纷1621起，调解成功金额逾9500万元，居全省首位；通过物业纠纷调解委员会调撤进入诉讼程序的案件80余起，调撤率90%以上。

（薛　莲）

司法行政

【概况】 2019年，武进区有基层司法所17个，其中区司法局垂直管理司法所1个（高新区北区司法所）。有公证处1个、律师事务所34个、基层法律服务所11个、人民调解组织（机构）388个。有公证员7人、执业律师380人、基层法律服务工作者60人、专职和兼职人民调解员557人。全区司法行政系统开展各类法治宣传教育活动120余场，发放宣传资料10余万份。区司法局共办理行政复议案件74起，审结51起，其中维持、撤回终止、驳回复议申请44起，撤销责令3起，责令1起，确认违法3起，法定期限内结案率100%。代理区政府为被告的行政诉讼案件21起。受理法律援助案件1121起，惠及受援人1500余人。各级调解组织排查矛盾纠纷5267次，受理矛盾纠纷14061起，调解成功

14022起。全区律师共代理各类案件1.7万起，担任企业法律顾问1200余家，担任机关事业单位法律顾问180余家，法律服务收费1.6亿元；基层法律服务工作者代理案件1599起，担任机关企事业单位法律顾问150余家，法律服务收费437万元。

【区司法局重新组建】 2019年3月1日，区委依法治区办和重新组建的区司法局挂牌成立。根据区委、区政府有关改革要求，区委全面依法治区委员会作为区委议事协调机构，其办公室设在区司法局，原区司法局、区政府法制办的职责整合，重新组建区司法局作为区政府组成部门，构建“一个统筹、四大职能”的工作布局，即区委依法治区办统筹协调全区法治工作，区司法局接受区委依法治区办的统筹协调；发挥好行政立法、行政执法、刑事执行、公共法律服务4个方面职能作用。

【公共法律服务】 2019年，武进区区、镇两级公共法律服务中心完成标准化建设，基础设施改善，功能设置、人员配备规范，服务群众质效提高。推动司法所“一所五站点”（在司法所设立公证协办点、法律援助代办点、仲裁业务联系点、行政复议受理点、立法民意收集点）建设，推动公证、仲裁、立法民意收集、行政复议咨询等功能进驻司法所。开展法律援助“名优工程”，组织名优律师团成员办理法律援助案件、开展法律咨询服务和案件质量评估，全年办理民事援助案件648起，为困难群众追讨劳动报酬、赔偿、补偿等600万余元。对接区残联建立工作机制，明确残疾人涉及的法律援助事项范围。城乡社区法律顾问进村入户解答群众咨询8000余人次，举办法治讲座1000余场次。

【矛盾纠纷排查化解】 2019年，武进区构建非诉讼纠纷解决体系，与区委政法委、区法院等联合在湖塘镇启动武进区创新社会治理化解社会矛盾试点工作。在区矛盾纠纷调处中心和区法院分别建立非诉讼法律服务中心和武进法院分中心，构建上下贯通、互联互通、协同畅通的非诉讼纠纷化解平台体系。强化矛盾纠纷多元化解联动机制，全区25个公安派出所调解工作室调解纠纷1969起，调解成功1950起；9个诉调对接工作室调解纠纷3084起，调解成功2577起；区矛盾纠纷调处中心接待受理法院转办的重大疑难复杂矛盾纠纷30余起。于1月新建物业纠纷调解委员会，全年共受理区法院转送调处案件214起，涉及全区10余家物业公司总计320余万元物业费，成功调处58起。加强队伍建设提升业务能力，举办专职人民调解员培训班，分批培训全区专职调解员360余人；组织司法所长和骨干调解主任学习“枫桥经验”。

武进推动司法所“一所五站点”建设，打通服务群众的“最后一公里”

（供图 / 区司法局）

【社区服刑人员监管】 2019年，全区接收社区服刑人员422人，解除社区矫正775人，在册社区服刑人员847人。接收刑满释放人员267人，在册刑满释放人员2707人，接回重点刑满释放人员72人，在册后续照管对象235人。开展审前调查221起、释前评估14起、暂予监外执行评估3起。居住地变更62起，请假报备369人次，警告64人次，提请撤销缓刑4人次，提请收监执行1人次，未发生重大重新犯罪案件。规范开展特赦工作，严格按照规定程序开展摸排、筛选、证据采集等工作，社区矫正对象19人获得特赦。全力落实管控措施，扎实做好重点社区服刑人员排查、认定、管控、转化和解除工作，最大限度压降重新犯罪率。建立政治思想教育专题课件库，在社区服刑人员中开展扫黑除恶专项斗争警示教育，开展讲座180场，受教育8785人，发送警示教育短信6614条。着力提高矫正帮教工作实效，建立损害修复工作室和青少年“正苗”帮教基地，加强损害修复项目理论研究与实践创新。以传统文化、心理疏导、婚姻家庭、法律运用等为内容，突出加强分类精准教育，全年组织开展传统文化教育15场、婚姻家庭讲座11场、心理健康教育4场。

【公证】 2019年，区公证处办理公证事项7522件，其中国内民事公证2876件、经济公证454件，涉外民事公证2141件、经济公证205件，涉港澳台公证51件，安置房产权公证1788件，其他7件。公证业务收费590万元。全年办理国有土地使用权出让招投标公证10件，为湖塘镇聚湖路地块工程项目房屋征收选择评估机构以及2019年夏季和冬季滆湖鱼种放流活动开展现场监督公证。为亚邦投资控股集团有限公司办理抵押借款合同等公证，为其成功融资提供有效法律服务。为2500余套安置房抽签及定向销售商品房选房开展现场监督公证。

（王　煜）

军 事

Military

栏目编辑　张怡菁

人民武装

【概况】 2019年，武进区人武部坚持以习近平新时代中国特色社会主义思想为指导，深入贯彻习近平强军思想，加强思想政治建设，打牢国防动员基础，提升军事训练演练质量，民兵调整改革深化，后备力量建设形势总体平稳。高标准完成兵役征集任务，落实征兵“五率”（报名率、上站率、合格率、择优率、退兵率）考核要求，制定征兵考核标准，圆满完成年度征兵任务。组织开展特色全民国防教育，以庆祝中华人民共和国成立70周年为主题，开展文艺汇演、红色电影展播以及“我和我的祖国”红歌演艺活动。开展条令法规学习月、“学法、用法、守法、护法”活动，通过集中组织学习上级安全通报、观看警示录像等方式强化干部职工法治思维。12月，区人武部被江苏省军区表彰为安全管理工作先进单位。

【思想政治建设】 2019年，区人武部牢固确立习近平强军思想在国防和军队建设中的指导地位，组织党委中心组带领机关工作人员开展理论学习12次，深入学习贯彻中共十九大精神。积极整改巡视反馈问题，围绕军委国防动员部巡视巡查反馈的问题召开专题党委会，自查整改6个方面15个具体问题，形成常态化落实机制。开展“不忘初心、牢记使命”“传承红色基因、担当强军重任”主题教育，以大课教育宣讲、重温入党誓词、观看红色影片、专家精品讲座、严实组织生活为主要形式，提高思想政治教育实效。做好意识形态领域工作和经常性思想工作，筹划推进国防动员文化建设和荣誉室建设，国防动员和后备力量建设发展氛围浓厚。

【国防动员基础建设】 2019年，区人武部推进民兵调整改革，围绕“编实、训实、用实”要求，完成民兵队伍整组任务，现场拉动点验，到点率达100%，退伍军人及党员比例均达到相关要求。推进全民国防教育，完成武进职业教育中心、洛阳镇成人教育中心校、常州幼儿师范学校和9所高中新生军训任务，累计军训学生8600余人。推进全区基层武装部和村（社区）民兵连规范化建设，按照“因地制宜、满足需要、配套完善”思路，重点提升村（社区）民兵连规范化建设水平，西湖街道聚新家园社区、武进高新区北区东庄社区、横山桥镇五一村和芳茂村、前黄镇丁舍村5个村（社区）民兵连被常州军分区评为村（社区）民兵连规范化建设示范点。12月，筹划组织国防动员课题训练，以战时可能担负的过境保障动员任务和重要目标防护为牵引，开设军地联合指挥组，检验应急应战国防动员能力。

【民兵军事训练】 2019年，区人武部严格按照上级军事训练工作指示，以集中组训和自训的方式，组织全体现役干部和文职人员，完成首长机关年度训练任务，重点开展基础训练、业务训练、课题训练和体能训练，带兵打仗能力得到提升。严格落实年度民兵训练任务，开展民兵跨区联训、专业分队集训和应急连轮训备勤。区民兵应急连轮训备勤分别于5月和6月在常州交通技师学院和区民兵训练基地举行，训练包含政治理论学习、反恐维稳、战场救护、单兵战术、手榴弹投掷、3千米武装越野和轻武器实弹射击等课目，基干民兵队伍遂行多样化军事任务能力得到提升。

5月20日，区民兵应急连参加常州军分区组织的3千米武装越野考核

（供图/区人武部）

国庆节期间，区民兵应急连成建制接受江苏省军区战备拉动演练，演练以反恐维稳为背景展开，参演官兵携带单兵携行具、警棍盾牌等装具装备，在规定时间内集结到指定区域完成演练任务，受到江苏省军区首长机关高度赞扬。

（周建平）

武装警察

【概况】 2019年，武警常州支队武进中队坚持以习近平强军思想为引领，按照“凝神聚力谋发展、精耕细作创先进”的总体思路，坚持打基础、正队风、促和谐，认真贯彻落实新的《中国人民解放军共同条令》和《军事训练与考核大纲》，圆满完成以执勤处突为中心的各项任务。开展“传承红色基因、担当强军重任”和“不忘初心、牢记使命”两项主题教育。深入贯彻训词训令精神，按照练全大纲规定的、练精任务急需的、练实履职必备的、练强素质短缺的“四练”训练思路，推进实战化训练。加强军营文化建设，与区退役军人事务局协调，建成军营网吧，实现官兵在线学习、浏览信息和网上娱乐等功能。年内，选送技术学兵5人，发展党员3人，6人受到武警常州支队表彰。年内，武警常州支队武进中队被武警江苏省总队评为基层建设先进中队。

【执勤战备】 2019年，武警常州支队武进中队深入贯彻上级指示精神，依托智慧磐石工程，全面增强防范设施，提高官兵阵地意识，深入开展执勤隐患排查治理活动。针对大庆之年确保绝对安全目标，扎实开展形势任务教育，在重大节日和敏感时期与武进公安分局巡防大队组织联勤武装巡逻。全年协助武进区看守所完成押解勤务百余次，出动兵力百余人次，有效维护社会面的安全稳定。

（周　骏）

人民防空

【概况】 2019年，区民防局与住建局职责整合，重新组建为新的区住建局（保留区人防办牌子）。区人防办借助部门合并后的资源优势，着眼军事斗争准备，坚持人民防空为人民，推进人防指挥与信息化建设，整合升级指挥通信设备，提高网络融合度、视频清晰度和设备智能度。加强人防工程建设与管理，规范人防工程建设质量监督管理，细化巡查管理工作方案，组织开展武进区人防工程安全生产隐患排查整治督查工作。多渠道推进人防宣传教育，举办区人防系统干部综合能力提升培训班，区人防教育科普馆全年接待3万余人次。开展人防腐败问题专项治理，梳理人防易地建设费减免缓情况和重点问题。

【人防指挥与信息化建设】 2019年，武进区推进组织指挥信息化建设，区基本指挥所信息系统标准化改造工程完成竣工验收。完善防空警报体系建设，新增电声警报器9台。9月18日，区人防办圆满完成全省防空警报统一试鸣任务，组织66个社区和13所学校开展防空袭疏散掩蔽演练和民防知识宣传活动，近2万人参加。加强人防专业队伍建设，高标准完成年度抢险抢修、抢救防疫、消防防化、通信保障、城市管制、综合保障等专业队伍和灭火救援、无线电通信专业分队整组训练任务。定期开展人防实战化训练，每周开展人防指挥通信系统常规训练，每季度参加常州市人民防空办公室组织的人防机动指挥通信系统拉动训练。分别于7月和10月参加由江苏省人民防空办公室组织的人防机动指挥所拉动训练。9月，参加省第三届无人机操控比赛，获三等奖。

【人防工程建设与管理】 2019年，区人防办按照省人防工程信息公开平台“阳光人防”要求，履行好条线监管职责，会同区行政审批局做好建设项目人防手续办理，办结许可类项目60余件。加强人防工程建设质量监管，规范交底制度、检查制度、约谈制度，监督在建人防工程质量交底17个，减少人防工程建设质量通病。推进人防工程维护管理“巡查社会化、维修专业化、监管网络化”机制，重点维护保养新一轮人防工程26个。开展人防工程安全生产检查，于3月起组织开展人防工程安全隐患大排查大整治专项行动，发出整改通知122份。加强自建工程平时使用管理，督促管理单位落实维护管理内容，与第三方签订人防工程委托管理协议，发挥自建人防工程平时使用效能。

【人防宣传教育】 2019年，区人防办落实人防教育进学校，征订发放小学《民防知识读本》、初中《人防知识》2万余册，确保小学四年级和初中二年级学生开学人人有课本、人防教师人人有教参。各镇（街道）组织社区、学校开展人防演练和宣传活动，共发放宣传折页2万余份。5月，横山桥镇人民防空办公室与芙蓉社区联合建成全区首个人防知识主题广场。年内，区人防办通过武进电视台制作播放人防专题系列报道6期和人防公益宣传广告，武进广播电视台抖音平台人防专题报道累计点击播放量6万余次。《武进区创新人防工程建设监管“三项机制”》《人防教育从娃娃抓起》2篇文章在《中国人民防空》杂志上发表。

（陆文强）

10月18日，开展区人防通信系统常规训练　　（供图／区住建局）

产业园区

Industrial Parks

栏目编辑　陈　蓉

江苏常州经济开发区

【概况】 江苏常州经济开发区（简称“常州经开区”）于2015年6月挂牌成立，由常州市委、市政府委托武进区管理。总面积181.3平方千米，辖镇、街道各3个，含行政村58个、社区26个，常住人口40.7万人，其中户籍人口23.3万人。2019年，有个体工商户2.4万户、企业1.5万家。其中，年主营业务收入2000万元及以上（简称“规模以上”）工业企业610家，高新技术企业180家；产销超100亿元企业4家，入库税收超1000万元企业103家；上市企业8家，“新三板”挂牌企业12家。年内，常州经开区持续实施《常州经开区高质量发展两年行动计划（2019—2020年）》，出台《常州经开区推进高质量发展若干政策》，加快优秀人才聚集，加快商务发展，加快培育特色产业，鼓励和促进科技创新，加强金融支撑等，努力打造全市第一流、全省有位次、全国有影响的高质量开发区，各项事业呈现增速加快、结构优化、效益提升的态势。全年完成地区生产总值823.15亿元，可比价增长7.9%；一般公共预算收入55.12亿元，比2018年增长6.3%，固定资产投资增长9.5%；实际到账外资及港澳台资1.51亿美元，对外及港澳台贸易进出口总额323.57亿元，增长10%，其中对“一带一路”沿线国家累计进出口总额80亿元；工业开票销售收入2240.78亿元，增长9.4%；居民人均可支配收入达4.62万元。常州经开区在省商务厅发布的2018年度全省经济开发区科学发展综合考核评价中，位列第9位，较2017年度跃升4位，较成立时跃升51位。固定资产投资、工业投资、社会消费品零售总额指标增幅以及营商环境评价位列全市开发区第一名。

【常州经开区产业结构调优】 2019年，常州经开区坚持二、三产业协同发展，推动产业结构优化，以绿色集约为核心推动产业动能转换，以智能制造为核心推动产业层次提升。在产业结构上，着力培育先进交通装备、功能新材料、智能电机、绿色家居四大特色产业，推进制造业转型升级、提质增效，出台《常州经开区现代服务业高质量发展三年行动计划（2019—2021年）》，突出招引扶持新兴服务业，促进工业存量做优、服务业增量做大。落实减费降税政策，减轻企业负担15亿元，向企业兑付有效投入奖励等扶持资金3879.5万元。传统产业加快提质，完成工业企业效益综合评价7000余家，取缔改造“散乱污”企业310家，关停整治化工、钢管酸洗类企业153家；清理批而未供土地112.93公顷，盘活存量用地129.33公顷。轨道交通产业园二期、智能电力装备产业园20万平方米标准厂房等建设项目有序推进，东方大厦、青年公寓项目主体竣工。新增高新技术企业46家、市场主体4656个，分别累计181家、38795个，完成企业股改18家。引进各类金融机构5个，在全市率先启动小微企业金融服务优化试点建设，累计为重点项目和企业提供有效金融供给超100亿元。至年底，完成规模以上工业总产值2031.02亿元，增长10.3%，有纳税超1000万元企业103家。四大特色产业加强上下游产业链延伸整合，形成辐射力带动力强的支柱型产业集群，实现产值1320.49亿元，增长10.6%，占规模以上工业总产值的65%。高新技术产业产值700亿元，占规模以上工业总产值的33%。服务业增加值296.11亿元，占地区生产总值的36%，完成规模以上服务业营业收入29.92亿元。外向型经济稳中向好，新增总投资超1000万美元项目9个，对外及港澳台贸易稳定增长，对外及港澳台贸易进出口总额完成308亿元，实施境外投资项目9个，协议投资额超1亿美元，横林地板集聚区获评全国唯一的国家外贸转型升级基地（地坪地材），常州经开区获评江苏省创业投资综合服务基地。江苏省智能微电机产业技术创新联盟、江苏省节能与新能源汽车动力总成产业创新联盟两大省级产业创新联盟落户常州经开区，中车戚墅堰机车有限公司获评全国制造业单项冠军示范企业，江苏雷利电机股份有限公司、常州祥明智能动力股份有限公司入选2019年度中国电子元件百强企业，常州市兴诚高分子材料有限公司、江苏兰陵高分子材料有限公司、江苏雷利电机股份有限公司获评省级小巨人企业（制造类），常州华通新立地板有限公司生产的新型室内防静电地板、常州常宝精特钢管有限公司研制的高压锅炉用无缝钢管获评2019年度省级专精特新产品，中天钢铁集团有限公司等27家企业获评省星级上云企业。

【常州经开区新城建设与管理】 2019年，常州经开区坚持以产兴城、以城促产，呈现产城融合、互促并进、均衡发展的城市形态。《常州市区控制性详细规划（2019版）戚墅堰分区》《常州市武进区横山桥镇总体规划（2016—2020）》《常州市武进区横林镇总体规划（2016—2020）》《常州市武进区遥观镇总体规划（2016—2020）》通过常州市政府审批。基础设施加快建设，全年新增投资11亿元，横洛西路等8条道路开工建设，大明路、常青路等14条道路竣工通车，新增通车里程31.85千米，区域道路交通实现互联互通。重点实施苏南沿江铁路常州段征地拆迁等征迁项目12个，完成征迁面积68万平方米。防洪片区建设加快收尾，提升改造菱沟河排涝站等22座泵（闸）站，规划发展村、太湖保护区自然村生活污水处理项目实现全覆盖，七大防洪包围片区基本完建成。提升公共服务品质，常州经开区初级中学、横山桥实验幼儿园、新安幼儿园、遥观中心幼儿园4所学校投入使用，新增学位数4140个，东方小学、横山桥中心小学创成常州市义务教育“新优质学校”。常州市第七人民医院二期工程开工建设，常州市第二人民医院横山桥分院挂牌运营。工业旅游成为旅游发展新“名片”，圩墩文化节、运河文化节、宋剑湖马拉松赛等系列活动成功举办，打响品牌。出让经营性地块面积40.33公顷，美的、蓝光、旭辉等知名地产品牌企业落户。落细落实民生保障举措，推动被征地农民社会保障应保尽保，近2万名被征地农民纳入社会保障，实现全覆盖。推进垃圾分类处置，中心片区公共区域垃圾分类设施建设完成率100%。新建改造公厕15座。实施违建别墅、违法用地整治，拆除各类违法建筑7万平方米。城市化进程不断加快，潞城街道完成撤村建居，丁堰街道稳步推进撤村建居试点，戚墅堰街道全要素网格化社会治理走在全市前列。

【常州经开区绿色生态指标位列省级经济开发区第8位】 2019年，常州经开区坚持绿色发展理念，加大环境治理力度，生态环境持续优化，绿色生态指标位列全省省级经济开发区第8位，比2018年提升13位。大气污染防治统一指挥、重污染天气提前预警等机制有效运行，全年削减煤炭消费总量51万吨，$PM_{2.5}$浓度下降10.8%。新建污水主管网10千米，实现企事业单位污水接管600余家，完成老旧管网整治69千米，横林、横山桥、前杨三大污水处理厂日处理能力提升至6万吨。实施26条河道常态化活水调水，水系连通4条，国考五牧断面平均水质长期稳定在IV类水标准。《经开区水乡田园生态廊道实施性规划》通过专家评审，计划打造横山桥片区、横林片区生态廊道及纵向连接廊道的“两片一轴”南北向生态廊道系统，展现田园风光、水乡风情、古风乡韵。宋剑湖湿地生态修复二期工程、丁塘河环境综合整治工程完工，鹅颈湾湿地公园、革新河生态廊道等工程持续推进，芳茂山生态整治工程启动，中心城区、主要交通干线等覆绿造绿工程实施，新增绿化面积400多公顷。光大环保垃圾焚烧发电项目创新实践案例入选中组部编印的《贯彻落实习近平新时代中国特色社会主义思想、在改革发展稳定中攻坚克难案例》丛书，光大环保技术装备（常州）有限公司被工业和信息化部认定为第四批绿色工厂。整改中央和省级环保督察反馈问题，立案查处环境违法行为150起。

丁塘河环境综合整治后成为区域“生态海绵” （供图 / 常州经开区）

【常州经开区体制机制改革】 2019年，常州经开区持续推进重点领域改革。获批全省唯一证明事项告知承诺制试点开发区，8月9日启动试点，申请人递交规定的部分材料，以书面形式作出承诺，一旦符合告知的条件、标准和要求，就可取得相关许可证，涉及行政许可事项85个、证明事项141个。经测算，实施告知承诺制后，行政许可事项的申请材料压缩15%，可减少循环证明、重复证明等，加快政府职能转变，优化营商环境。深化行政审批“2345”改革（2个工作日内完成企业开办，3个工作日内完成不动产登记，45个工作日内取得建设项目施工许可证），企业开办最优办件用时0.5个工作日，工业建设项目施工许可最优办件用时8.5个工作日。新华昌智能化新工厂项目借力武进区土地三项制度改革和常州经开区“2345”改革契机，短时间内落实新增用地指标，45个工作日内获得项目建设许可，从规划设计、项目审批、建设施工到竣工投产仅用10个月。304个行政许可事项支持全程网上办，镇（街道）、村（社区）政务服务标准化建设全面完成。综合执法扩容提质，集中行使行政处罚事项25类3005项，推动审批、监管、执法职能有效衔接。

【常州经开区重大项目招引建设】 2019年，常州经开区开展“重大项目攻坚年”活动，全年共签约产业项目50个，总投资226亿元。其中，50亿元及以上项目1个，50亿元以下、30亿元及以上项目3个，30亿元以下、10亿元及以上项目4个。全年建设重点项目142个，其中省重点项目3个、市重点项目15个、区重点项目124个，完成投资267亿元。至年底，项目开工75个，竣工投产69个。

百菲萨环保科技项目　4月奠基。由百菲萨环保科技（江苏）有限公司建设，总投资5000万美元，注册资本2400万美元，规划面积5.33公顷，建设厂房面积5.3万平方米。项目建成后，可年处理电炉除尘灰11万吨，年产氧化锌粉4万吨，新增年销售收入8亿元，增加就业岗位100个。

信承瑞轨道交通运营智能管理装备项目　5月奠基，是省重点项目。由信承瑞技术有限公司建设，总投资30亿元，总建筑面积20万平方米，新建和改建厂房、研发楼等，新增进口轨道交通检测设备、电缆附件设备、电器设备等。项目投产后，可年产轨道交通电气产品4000套、高压电缆附件产品2000套、铜合金线束800吨、机车车辆电缆3万千米，为高铁、地铁和城市轨道提供配套电气、能源管理装备。

光大环保装备三期项目　6月竣工。由光大环保技术装备（常州）有限公司建设，总投资3500万美元，新建建筑面积2万平方米，用于制造垃圾焚烧炉、生物质焚烧炉及其他环保装备，达产后可生产相关装备100台套以上，可新增年销售超6亿元、税收超8500万元。

新华昌智能化新工厂　6月竣工，是市重点项目。由常州新华昌国际集装箱有限公司建设，总投资5000万美元，改扩建建筑面积4.1万平方米，设立海关监管中心、建设集装箱国际物流园，引进焊接机器人50个、喷涂机器人10个，实施项目生产线智能化改造。项目建成后，工厂实现生产智能化、联网联控自动化、高效节能绿色化，产品满足海关监管要求，可就地报关入库，按实际出口需求出关，提升企业智造、环保生产水平。预计年产能15万—20万TEU（标准集装箱），可新增销售收入10亿元。

中铁五院华东科研基地　11月启用。由中铁第五勘察设计院集团有限公司建设，计划总投资5亿元，总建筑面积8.5万平方米。配套成立研发中心、实验中心、检测中心、认证中心，开展专业技术研究、科研交流展示、创新技术研究、企业孵化、校企合作、人才培养、科研成果转化、试验检测、综合配套服务、生产性服务十大业务，促使创新科技功能从铁路、轨道交通系统向市政、建筑、公路交通等民用领域转化应用。

新华昌智能化新工厂项目远景　　（供图/常州经开区）

【江苏省智能微电机产业技术创新战略联盟成立】　5月19日，江苏省智能微电机产业技术创新战略联盟成立大会在常州白金汉爵大酒店召开。联盟由江苏雷利电机股份有限公司、常州神力电机股份有限公司等江苏微电机骨干企业，常州工学院、常州市生产力促进中心等联合发起，面向全省微电机企业，吸引海内外微电机科研院所、高等院校参与，实施校企、院企合作，共同推动智能微电机产业创新发展。至年底，联盟累计有成员单位66个，其中企业57家、科研院所1个、高等院校8所。

【江苏省节能与新能源汽车动力总成产业创新联盟成立】　6月28日，该联盟在常州经开区成立，由坤泰车辆系统（常州）有限公司发起成立并当选联盟第一届理事长单位。联盟聚焦节能与新能源汽车动力总成产业，整合省内相关产业优势资源，搭建整零协同创新平台，实现多元对接互联互通，促进上下游企业协同创新、配套合作，解决自主发展瓶颈，提升节能与新能源汽车动力总成产业综合竞争力。年内，吸引开沃新能源汽车集团有限公司、重庆理想智造汽车有限公司常州分公司、东南大学、江苏大学、中车戚墅堰机车车辆工艺研究所有限公司、常州中车汽车零部件有限公司、江苏日盈电子股份有限公司等46个单位加入，成员涵盖节能与新能源整车、动力总成系统、关键零部件、上游原材料及制造装备、高等院校和科研机构等全产业链核心资源。至年底，完成《江苏省节能与新能源汽车动力总成产业调研报告（2019）》《江苏省节能与新能源汽车动力总成产业链评估报告》，推动建设江苏省节能与新能源汽车动力总成制造业创新中心，促进6家成员单位入股创新中心公司。

【横林地板集聚区获评国家外贸转型升级基地（地坪地材）】　参见“对外及港澳台经济合作”类目P124相关条目。

【中国轨道交通双创常州园区揭牌】　9月28日，中国轨道交通双创常州园区揭牌仪式在中车戚墅堰机车有限公司举行，常州西南交通大学轨道交通研究院等4个机构签约入驻。园区位于中车戚墅堰机车有限公司内，占地面积约3500平方米，建立“产品创新＋发展创业”创新创业机制，依托中车戚墅堰机车有限公司既有轨道交通装备产业体系、技术创新平台，立足常州区域特色、行业企业产品特点和优势条件，着眼轨道交通装备制造维保、产品创新和再创业的发展需求，构建轨道交通双创平台，通过高技能培训、科技服务、新技术研发、信息化大数据应用、高校联盟等，激发公司和区域创新创业活力，服务完善经开区轨道交通产业全产品供应链。至年底，接洽轨道交通技术玻璃项目、空气干燥器技术改进项目、整车激光清洗项目、工装设计项目、工业智能化项目等20多个，引进常州越泰试验检测有限公司试验检测项目入驻，开展创新创业讲座和沙龙活动4次，吸引200余人次参加。

【2家企业入围2019年中国电子元件行业百强】 10月，中国电子元件行业协会发布2019年中国电子元件百强企业榜单，常州经开区雷利电机股份有限公司、祥明智能动力股份有限公司入围，分别位列第39名、第82名。

江苏雷利电机股份有限公司 主营家用电器微特电机及智能化组件的研发、生产与销售，主要产品有空调电机及组件、洗衣机排水泵、洗衣机排水电机、冰箱电机及组件等，是家用电器微特电机行业领先企业。与格力、美的、海尔、惠而浦、LG、三星、松下等国内外品牌家用电器生产商建立长期稳定合作关系。中央农村土地使用制度改革三项试点开展后，公司成为全国首家以出让方式取得集体经营性建设用地使用权的企业，完成沪深A股IPO（首次公开募股）上市。2019年，企业完成产值16.65亿元。

祥明智能动力股份有限公司 是中国电子元件行业协会会员单位，以电机技术为核心，提供交流电机、直流无刷电机、直流有刷电机和精密风机等产品2000多种，主要应用于暖通空调、空气洁净、通信、交通车辆、医疗健康、家用电器、机械设备等领域。公司参与起草国家和行业标准14项，累计获专利授权42件，其中发明专利4件，获软件著作权3项。2019年，企业完成产值5.24亿元。

【江苏省首届创业投资发展峰会在常州经开区举行】 10月30日，该峰会在常州白金汉爵大酒店举行，是省级层面首次关注于创业投资的发展峰会。由省发展改革委与常州市政府联合举办，国内知名经济专家、投资界专家、创业精英等450人参加。围绕“汇聚创投资本，推动产业链创新链融合”主题，聚焦江苏省高质量发展重点领域，共同探讨创投行业发展趋势，聚焦推动产业链创新链融合，打造创投资本与实体经济常态化、长效化对接平台，构建创新、创业、创造、创投“四创”融合的创新生态体系。峰会设立智能制造、医疗大健康、新材料、绿色发展、TMT（电信、媒体和科技）等分论坛6个，开展专题演讲、项目路演、嘉宾点评和对接等活动。至年底，常州经开区累计集聚创投基金20个，管理基金认缴规模超200亿元。发起设立规模19亿元的产业投资基金，初步建立常州经开区市场化产业投资基金体系，为坤泰车辆系统（常州）有限公司、常州欣盛半导体技术股份有限公司等创业类高端制造企业和常州宁录生物科技有限公司、常州艾肯智造科技有限公司等人才型企业提供资本支持近5亿元。

（刘乐源）

10月30日，江苏省首届创业投资发展峰会举行创业投资品牌领军企业、示范企业和优秀团队授牌仪式 （供图/常州经开区）

武进高新技术产业开发区

【概况】 武进高新技术产业开发区（简称“武进高新区”）地处常州市南翼，1996年3月获省政府批准设立，1997年7月挂牌成立，2012年8月经国务院批准升级为国家高新技术产业开发区，规划控制面积182平方千米，下辖社区20个、行政村12个。至2019年年底，累计引进30多个国家和地区的企业1万多家，有世界500强企业投资项目24个，主板上市及“新三板”挂牌企业27家、高新技术企业205家，拥有中国以色列常州创新园、武进综合保税区、高新区众创服务中心、阿里巴巴创新中心（常州武进）、中汽研（常州）汽车工程研究院有限公司等重要平台。2019年，武进高新区坚持“稳中求进”工作总基调，推进项目招引提质、转型升级提效、科技创新提升、城市建设提档、生态环境提优、民生幸福提标、智慧园区提速、平台运营提能八大行动，全年完成地区生产总值474.4亿元，比2018年增长7%，完成一般预算收入37.26亿元；工业企业实现开票销售收入1019.51亿元，限额以上批零住餐业销售额241.4亿元、规模以上服务业营业收入36.7亿元、进出口总额253.4亿元；完成外资及港澳台资协议注册资金8.27亿美元、实际到账资金4.91亿美元；居民人均可支配收入4.97万元。园区先后获批省级新一代信息技术特色创新（产业）示范园区和省级首批“互联网+先进制造业”特色产业基地，通过国家生态工业示范园区复审，在国家高新区综合评价中位列第39位，比2018年跃升6位，在全国县（区）级国家高新区中名列第一，在武进区高质量综合考核评价指标中获总分第一。

【武进高新区主导产业集聚发展】 2019年，武进高新区进一步集聚和发展高端装备、节能环保、电子和智能信息、新型交通和机器人及系统集成、智电汽车“4+2”主导产业，223家规模以上企业实现开票销售收入788.9亿元，占园区规模以上企业开票销售收入的87.2%，新签约主导产业项目45个，占新签约项目总数的67%。高端装备产业重点发展数控机床、智能纺机、现代工程机械和关键核心零部件产品群及相关上下游产业链，新引进大隈机床、斯佩尔风机等重点项目17个，规模以上企业完成销售收入327.1亿元，增长6.5%，“一带一路”建设领军企业——江苏华丽食品机械股份有限公司年产10万台套智能化农牧装备项目投产，江苏龙城精锻有限公司自主研发的整体式耐高压不锈钢精锻油轨产品填补国内空白，创生医疗器械（中国）有限公司被省商务厅认定为跨国公司地区总部，中国压铸行业绿色智造暨数字化工厂建设研讨会在武进高新区举行。节能环保产业重点打造具有全球竞争力的光电产业基地，新引进太一光伏、世博恩光伏等项目2个，规模以上企业完成开票销售收入72.1亿元，增长9.5%。电子和智能信息产业打造在全国乃至全球具有重要地位的新型电子元器件基地，新引进太阳诱电、芯通微电子等项目17个，规模以上企业完成开票销售收入243.7亿元，下降11.3%，全球领先的传感器和分析仪器系统制造商德国西克传感器公司在武进高新区独资设立公司，光宝科技（江苏）有限公司获江苏台企最高奖紫峰奖中的出口贸易领军企业奖，瑞声光学科技（常州）有限公司被工业和信息化部认定为制造业单项冠军企业。新型交通产业重点突破牵引逆变器、牵引电机等关键零部件，逐步向牵引控制系统、列车牵引网络等领域延伸，新引进开迈斯新能源等项目9个，规模以上企业完成开票销售收入146.0亿元，增长4.3%，新誉集团有限公司被工业和信息化部认定为制造业单项冠军企业，集团董事长周立成被中国城市轨道交通协会评选为“中国地铁50年致敬人物”。机器人及系统集成产业聚焦机器人本体、集成应用、服务机器人等重点领域，形成涵盖机器人本体、核心零部件、系统集成产品、配套服务的产业链，打造国内具有影响力和竞争力的国家级机器人产业基地，新引进安川机电一体化、英诺威机器人项目，规模以上企业完成开票销售收入65.2亿元，增长8.7%，新石器无人车常州制造工厂建成全球首条L4级无人车生产线，常州市钱璟康复股份有限公司获评全市唯一一家全国智慧养老应用试点示范企业、工业和信息化部首批专精特新“小巨人”企业。智电汽车产业推进充电桩建设运营、电池梯次利用、分时租赁，努力形成智能汽车产业生态圈，新引进赛史品威奥等项目9个，规模以上企业完成开票销售收入67.1亿元，下降5.5%，南德新能源汽车检测（江苏）有限公司开业，中汽中心工程院常州研发创新基地启用，万帮充电设备有限公司与梅赛德斯—奔驰联合打造“充电星驿站”并入驻北京大兴国际机场，2019“创响中国”常州站启动仪式暨第五届汽车行业关键与共性技术高层研讨会、第二届世界新能源汽车智慧能源大会先后在武进高新区举办。

【武进高新区产业转型升级】 2019年，武进高新区持续推进高质量发展，加快转型升级步伐，推进资源盘活、智能制造及企业上市等工作。全年整治“散乱污”企业235家，其中关停取缔53家、治理改造182家，盘活土地16宗29.47公顷。园区获批省首批“互联网＋先进制造业”基地，园区企业深化“两化”融合，加大智能化改造，推进核心业务和设备上云，提升智能制造水平，瑞声光学科技（常州）有限公司、新誉集团有限公司入选工业和信息化部制造业单项冠军企业，新增省级示范智能车间6个、市级智能车间12个，江苏龙城精锻有限公司等39家企业通过江苏省企业上云星级评定，其中五星级1家、四星级6家。江苏国茂减速机股份有限公司在上海证券交易所挂牌上市，常州武进中瑞电子科技股份有限公司完成上市报会，江苏亚美特传动科技股份有限公司、常州龙翔气弹簧股份有限公司在“新三板”挂牌，常州鲸益求精营销策划有限公司、江苏高凯精密流体技术股份有限公司等8家企业完成股改，江苏宏力称重设备有限公司、常州德洛菲特过滤系统有限公司等9家企业在省股权交易中心挂牌，园区累计有上市企业10家、“新三板”挂牌企业17家，累计定增融资2.26亿元。

【武进高新区重大项目招引与建设】 2019年，武进高新区新签约项目67个。其中，超3亿元重大项目21个，欧美日方向项目19个，生产性服务业项目11个。年内，省、市、区级重点新建项目全部开工，项目投资完成率分别达111%、104.7%和107%；竣工投产项目40个，市、区重点项目竣工率分别达130%和132%。

常州集成电路生态产业园项目　3月1日开工。项目由常州集成电路生态产业园有限公司投资建设，总投资100亿元，引进和集聚国内外芯片设计及应用企业，主要从事核心芯片及整体解决方案开发业务，完善集成电路上下游产业链。产品及方案适用于存储控制器芯片（flash控制器）、显示驱动芯片（LCD/OLED柔性显示驱动芯片）、可信计算、国密安全、多媒体芯片、物联网、通讯、人工智能等领域。

赛格威科技有限公司非公路休闲车项目　3月1日开工。该项目由全球智

恒立液压铸造工厂从德国引进KW静压造型线，打造铸造智能工厂（摄影/徐梦超）

能短交通和服务类机器人机械领军企业纳恩博（北京）科技有限公司投资，总投资10亿元，用地面积8.27公顷，新增整车生产线、发动机生产线及检测试验设备等100余台套。达产后可年产非公路休闲车8万台，新增销售收入25亿元。

博世汽车电子武进工厂二期　4月15日，二期厂房落成启用。总投资16亿元，占地面积1.58公顷，建筑面积2.08万平方米，引进镭射刻码、外围组装、在线割板机等设备，以高标准打造工业4.0精益生产示范基地，主要生产第五、第六代驾驶员泊车辅助系统及第五代中距离雷达等。

常州科勒厨卫有限公司　5月31日投产。美国科勒集团投资7500万美元建设，占地面积5.87公顷，主要研制并销售净水设备、浴霸、隐藏式水箱、装配式整体卫浴等相关产品，达产后年产值可超10亿元。

开迈斯新能源科技有限公司　7月11日成立。由大众汽车（中国）投资有限公司、中国第一汽车股份有限公司、安徽江淮汽车集团股份有限公司与江苏万帮德和新能源科技股份有限公司联合投资设立，注册资本8.12亿元，总投资40亿元，致力于研发生产与销售电动汽车充电桩及随车充电设施，建设全国公共、私人充电网络，开展全国充电网路规划、技术研究，打造全国一流的智能充电管理平台。

UL动力电池检测实验室　7月22日奠基。由知名安全认证机构、全球排名前五的第三方检测机构UL（美国保险商试验所）设立，固定资产投入1.78亿元。一期建设动力电池检测实验室，建筑面积9000平方米，测试对象覆盖动力电池电芯、组件、电池包、电池系统等汽车动力电池全产业链，以及智电汽车相关业务。

嘉浩常州冷链物流基地项目　7月29日奠基。由嘉浩控股有限公司和麦格理亚洲基础设施基金二期合资设立，总投资8600万美元。项目一期用地面积8.67公顷，总建筑面积约9.5万平方米，建有配套加工中心厂房3座、容量20余万立方米的大型冷链库1座。项目竣工后，将建成集仓储、贸易、融资和增值服务于一体的冷链物流中心，服务常州、苏州、南京、杭州、无锡等地3000万人。

南德新能源汽车检测（江苏）有限公司　11月14日开业。是TÜV南德意志集团在全球投资额最大的动力电池检测基地，注册资本7000万元，总投资1亿元，租用津通工业园约6000平方米厂房，配置先进大型振动台、安全测试防爆房、高精度大功率充放电设备、空气净化处理等检测实验设施，检测对象覆盖单体、模组、系统，检测项目包含安全、性能、环境影响等。

江苏西克传感器有限公司　12月22日开业。由全球领先的传感器和分析仪器系统制造商德国西克传感器公司(SICK)独资设立，总投资600万美元，生产及存储面积6000平方米，引进高精度气体流量测试装置、高精度气体流量零点校准装置等设备，主要生产过程分析仪、船舶环境监测仪器等产品。

7月11日，开迈斯新能源科技有限公司成立　（供图 / 武进高新区）

【武进高新区科技创新】 2019年，武进高新区全面完善园区科技环境，先后制定出台《武进国家高新区高新技术企业培育工程实施意见》《武进国家高新区专利资助实施意见（试行）》《武进高新区科技贷款金融产品体系工作实施方案》《科技贷款金融产品体系工作管理办法》等创新政策，编制武进高新区创新指数(2019)，利用连续5年的发展数据，分析园区创新发展的动态变化。全年获批省高新技术后备企业76家，净增高新技术企业40家，高新技术企业保有量达205家；全社会研发投入占地区生产总值的4.65%，规模以上高新技术产业产值占规模以上工业产值比重达68%；园区获批建设全市首家国家知识产权示范园区，万人有效发明专利拥有量103.1件。高新技术企业创新步伐加快，瑞声光电科技（常州）有限公司获国家科技进步奖二等奖，江苏龙城精锻有限公司、瑞声光电科技（常州）有限公司、新誉集团有限公司、新誉轨道交通科技有限公司、江苏靶标生物医药研究所有限公司获中国专利优秀奖，五洋纺机有限公司、江苏恒立液压科技有限公司、常州工利精机科技有限公司获2018年度江苏省科学技术奖，常州纵慧芯光半导体科技有限公司、常州龙腾光热科技股份有限公司获评苏南国家自主创新示范区潜在独角兽企业，江苏恒立液压科技有限公司、江苏万帮德和新能源科技股份有限公司等18家企业获评苏南国家自主创新示范区瞪羚企业。科技创新平台建设持续推进，中汽研（常州）汽车工程研究院有限公司、南德新能源汽车检测（江苏）有限公司正式投运，固立高端数控精密制造创新中心等项目加快推进，新誉集团有限公司技术中心被认定为国家级企业技术中心，新增市级新型研发机构1个，新增工程技术研究中心省级11个、市级8个，江苏万帮德和新能源科技有限公司获批市级博士后创新实践基地。科技人才引领作用日益突出，入选江苏省双创计划6个，引进落户“龙城英才计划”或同等标准项目30个，新增

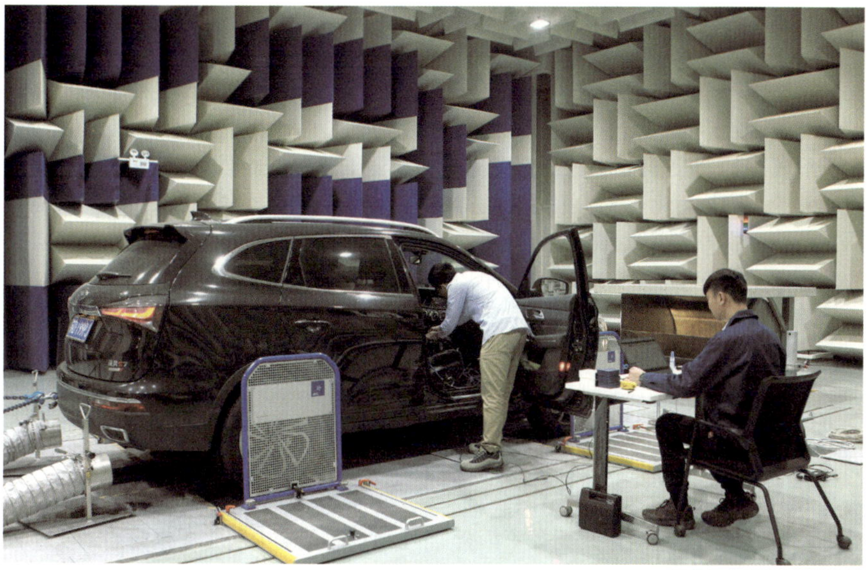
中汽中心工程院常州研发创新基地实验室　　(供图 / 武进高新区)

"985""211"等重点院校毕业生1000人。30个项目在市创新创业大赛中获奖，江苏恒立液压股份有限公司董事、总经理邱永宁等18人获评江苏省科技企业家。成功举办2019武进高新区科技贷款金融产品体系发布会，推出针对科技企业全生命周期的特色金融产品体系，累计向54家企业放款2.3亿元。

【武进高新区产城融合建设】 2019年，武进高新区有序推进产城融合建设，进一步完善配套设施，地铁1号线开通营运，常宜高速、沿江城铁等6个区级及以上重点项目加快实施，海湖东路、阳湖路东延等项目完成前期工作，凤栖路改造、海湖西路等14个工程完工。加快推进城市开发，全年出让商业土地14.6公顷，净收益10.8亿元，美的公园天下、新城都荟等住宅项目，中梁百悦城、星湖广场等商业综合体项目，邻里公园、学府东苑三期等社会事业项目加快建设，南区有在建商住项目9个、超150万平方米，城市形态逐步显现。生态环境明显改善，全年清淤疏浚河道8.7千米、河塘20个，建成1.5千米污水主管网、8.3千米污水支管网，完成70个自然村片区排水整治，新增76家企业污水接管，累计接管企业1853家，接管率99.9%，园区黑臭河道基本消除。完成53家企业挥发性有机物整治、4家化工企业关闭验收，新增分布式光伏发电站装机容量5.8兆瓦，大气污染得到有效管控。实施庙桥绿舟填埋场处置工程，投入工程资金4000余万元，清理填埋物9680吨，回收废弃农药包装0.7吨，完成1个原位监测点第二次地膜残留监测，建成生态湿地6.67公顷，成片造林20.8公顷，实施湿地公园管护，收割芦苇69.33公顷，农田轮作休耕57.33公顷，土壤生态修复有序推进。运用飞航等装备技术加强"两违"整治和城市综合治理，南北两区在城镇长效管理综合考评中保持前茅，其中北区在全区城市长效管理考评中位居第二名，南夏墅街道连续4个季度"零失分"。

【武进高新区试点"两项制度"】 6月，武进高新区以防范"微官微权微腐败"为出发点，在三河村、新联村、南夏墅社区、邱墅社区、马杭社区、东庄社区试点权力事项协商制度和服务事项清单制度（简称"两项制度"），成为全市首创的基层治理新举措。"两项制度"包含11类32条内容，基本涵盖村（居）务工作各方面和全流程。其中，权力事项清单包括重大事项决策管理、公共采购和工程管理、工作人员任（聘）用、集体资产和资源管理、财务管理、"五务"公开六大类共15条内容；服务事项清单包括党员服务、救助救灾救济款申请及发放、农村宅基地申请、世代服务和民事调解、用章管理五大类共17条内容。围绕"两项制度"实施，武进高新区编制村、社区各事项工作规范和操作流程，形成32张具体工作流程图，基层干部能看图操作，照单履职；要求村、社区及时公开组织建设、公共服务、工程项目、民生事业等重大事项，做到党务、政务、财务与"三资"、村（居）务、服务"五务"，权力清单内容、规章制度、运行程序、运行过程、运行结果"五公开"；建立健全村级权力事项协商制度，鼓励党员代表、村（居）民代表以及"两代表一委员"等群体，对工程项目、人员聘用、资源资产处置等进行重点协商、随事随商，对其他权力事项定期协商；建立群众监督、村（居）务监督委员会监督、上级部门监督和会计核算监督、审计监督等全程实时、多方联网的监督体系；制定下发《武进国家高新区村、社区干部违反廉洁履职若干规定责任追究办法》，对实施"两项制度"不到位或违规违纪违法情况，依规依纪依法精准问责。至年底，试点村（社区）建成"老崔工作室""解忧茶屋"等协商议事平台6个，开展村民说事、民情恳谈、百姓议事、妇女议事等协商68次。11月20日，围绕"两项制度"成效开展的"有事好商量"问政议政面对面活动在高新区举行，大力展示了协商民主在基层治理中发挥的重要作用。

(王晓芳)

【武进综保区】 前身是武进出口加工区，2015年1月升格为综合保税区（简称"综保区"），批准面积1.15平方千米，实际围网验收面积1.08平方千米，2018年面积缩减至0.95平方千米。东至凤林路，南至武进大道，西至淹城路，北至阳湖路。有公路转关监管点、进口商品展示中心两大平台，具有仓储物流、对外贸易、国际采购、分销配送、商品展示等功能。2019年，武进综保区推进招商引资，优化企业通关环境，加快产业转型升级和对外开放合作。新增进区生产型企业2家、物流服务型企业1家、贸易型企业3家，累计有各类企业47家，累计利用注册外资及港澳台资5.3亿美元。进口商品交易展示中心展示10多个进口商入区业务以及澳大利亚、美国、西班牙、新西兰等国家的商品200余种。年内，武进综保区管理局联合海关、税务部门，落实《国务院关于促进综合保税区高水平开放高质量发展的若干意见》要求，推广增值税一般纳税人资格试点、"委内加工"等举措7项；拓展实施货物分类监管，提供有条件非保税货物仓储服务；联合区内企业试水保税维修检测、保税研发设计等新兴业务；扩大保税展示商品种类，拓展大宗物资保税仓储、分拨业务；调整综保区产业结构，2家纺纱企业平稳退区，腾出3万平方米保税仓库资源，促进综保区转型升级。武进综保区全年完成实际进出口额7.68亿美元、进出区货值50.13亿美元、工业总产值108.79亿元。根据全国保税区出口加工区协会公布的江苏省20个综保区2019年度进出口数据排名，武进综保区列第8位。

（衡　波）

【武进高新区获评省首批“互联网＋先进制造业”特色产业基地】 2019年11月，江苏省工业和信息化厅公布省工业互联网示范工程首批6家“互联网＋先进制造业”基地名单，武进高新区位列其中。“互联网＋先进制造业”是推动制造业转型升级、建设工业互联网的重要渠道，武进高新区在推进“4+2”主导产业做大做强的同时，加大工业互联网发展，在政策配套、基础设施及相关企业平台引进培育等方面取得一定成效，自2017年起，先后出台《武进高新区“一特三提升”三年行动方案（2017—2019年）》《武进国家高新区2018年智能制造工作实施意见》《武进高新区关于深化“互联网＋先进制造业”发展的若干政策（试行）》等文件，引进并培育工业互联网相关企业153家，其中24家获批为市级及以上“两化”融合示范（试点）企业，常州天正工业发展股份有限公司等7个单位（企业）被纳入省工业互联网资源池。园区拥有面向工业互联网研发创新的联合实验室及专业研究机构14个、省级及以上平台项目2个，光纤到企覆盖率超85%，累计获批智能车间72个，其中省级29个、市级43个，分别占武进区的58%和52.9%。先后获批江苏省新型工业化产业示范基地、江苏省信息化和工业化融合试验区、江苏省信息化与工业化融合示范区、国家新兴工业化产业示范基地等。

【武进高新区成为省级新一代信息技术特色创新（产业）示范园区】 2019年10月，武进高新区新一代信息技术特色创新产业园被省商务厅授予省级示范园区。电子信息产业是高新区支柱产业之一，随着产业链逐步完整并向高端延伸，与机器人、汽车等产业深度融合发展，初步形成“4+1”（电子元器件、通信设备、汽车电子、芯片产业＋人工智能及机器人）产业体系，相继获批江苏省新型工业化产业示范基地（新型电子元器件）、电子信息（新型电子元器件）国家新型工业化产业示范基地。2019年，园区新一代信息技术产业累计有规模以上企业72家、高新技术企业27家，瑞声光电科技（常州）有限公司、光宝科技（常州）有限公司、安川（中国）机器人有限公司、金石机器人常州股份有限公司等龙头企业在国内外处于领先地位，与国家半导体照明产品质量监督检验中心、固高常州智能装备协同创新中心等平台形成较完善的产业链生态体系，规模以上企业完成开票销售收入334.48亿元，占园区全部销售收入的32.8%。

【中国压铸行业绿色智造暨数字化工厂建设研讨会召开】 1月20日，该研讨会在常州白金汉爵大酒店举行，工业和信息化部、中国机械科学研究院、中国铸造协会、江苏省工业和信息化厅、常州市人民政府、武进区人民政府相关领导，各压铸企事业单位代表、各省市地方协会负责人等200多人参加。研讨会由中国铸造协会、国家轻量化材料成形技术及装备创新中心、武进高新区管委会主办，江苏中科云控智能工业装备有限公司（简称“中科云控公司”）承办，旨在探讨传统汽车市场经济下行局势下，压铸企业如何以绿色智能制造降低成本、以数字化生产提高效率。研讨会上，工业和信息化部科技司原副司长阮汝祥作“企业数字化升级、绿色智能制造的重要意义”讲话，中国铸造协会执行副会长范琦作“中国压铸业现状及发展趋势”报告；机械科学研究总院副院长单忠德、西门子（中国）有限公司数字化企业总监叶时针、中科云控公司副总经理疏坤、清华大学深圳研究院力合资本总裁唐立新等分别作主旨报告。

【2019“创响中国”常州站启动仪式暨第五届汽车行业关键与共性技术高层研讨会举行】 5月22日，该活动在武进高新区中汽研（常州）汽车工程研究院有限公司举行，一汽、上汽、北汽、大乘、比亚迪等国内品牌整车厂经营管理人员近150人参加。活动由国家发展改革委、中国科协主办，中汽研（常州）汽车工程研究院有限公司承办，主题是“聚焦前瞻共性技术，引领产业创新发展”，30多名技术专家和专业人员围绕前瞻共性技术研究的工程化实现、智能网联汽车、智能驾驶、新能源与氢能汽车、轻量化、性能集成开发等领域，报告技术研究和工程应用方面最新进展，开展无人驾驶汽车、ADAS（高级驾驶辅助系统）技术样车、主动声音合成技术样车等现场技术体验。活动中，中汽中心工程院常州研发创新基地启用，中汽研瑷

5月22日，“创响中国”企业共建联合工程开发中心（实验室）揭牌

供图／武进高新区

睿赛安斯（常州）智能科技有限公司等8家企业揭牌共建联合工程开发中心(实验室)，中汽中心（常州）汽车科创园揭牌。

【2019武进高新区创新指数发布会暨第五届海智对接交流会召开】 2019年12月10日，该会议在武进高新区富都溪湖国际大饭店举行，由武进高新区管委会主办，海内外专家学者、园区企业家等约150人参加。创新指数由武进高新区2017年探索设计，是国内首个反映县区国家级高新区创新发展的指数体系，每年公开发布。据统计，2018年，武进高新区创新发展总指数222.6，以2014年为基期（指数标定100），2018年指数增长率为15%，园区创新总指数持续平稳上升，创新发展态势良好。5个分指数中，创新驱动力206.5，产业成长力175.9，开放竞争力326.3，持续发展力154.9，区域带动力256.7。发布会上，以色列江苏创新中心为主体的江苏省海外人才离岸创新创业基地揭牌，该基地旨在引进集聚中以合作项目、资本、技术和人才，支持中国国内机构开展离岸研发、离岸孵化等业务。在第五届海智对接交流会上，加拿大工程院院士张丹、英国曼彻斯特大学名誉教授刘小峰分别围绕智能制造和人机协作作主题演讲，与会企业家与专家学者展开交流互动。

【武进高新区居家养老服务中心开业】 2月26日，该中心在新城域社区开业。中心依托互联网技术，为社区居家养老服务站提供线上线下结合服务。线上服务主要是通过智慧健康养老服务指挥中心，开通养老公益服务热线（0519-68212588），提供24小时居家呼叫服务，负责老年人基本数据采集和录入，评估老年人生活能力，发放并维护老年人智能设备及线下服务派单、跟踪回访等，推进辖区养老服务信息共享，调度各类社会资源为辖区老年人提供养老服务；线下服务主要围绕援助对象的家政服务等开展上门服务。2019年，中心为新城域、粪家、喜盈门、贺北、东庄社区居家养老服务站提供服务，涉及服务费用47万元。

（王晓芳）

中国以色列常州创新园

【概况】 中国以色列常州创新园（简称“中以常州创新园”)成立于2015年1月，是国内首个由中以两国政府签约共建的创新示范园区，在全国中以合作领域内保持合作机制领先、合作模式领先、合作成果领先“三个领先”，是国家发展改革委认定的中以高技术产业合作重点示范区域之一，被科技部认定为国际科技合作基地、国家医疗器械国际创新园。2019年，常州市委、市政府召开中以常州创新园建设汇报会，原则同意《中以常州创新园提升方案》，4月，园区易址扩容，从常州西太湖科技产业园（江苏武进经济开发区）整体调整至常州“科创走廊”，启动区规划面积调整至0.22平方千米，拓展区面积调整至5平方千米。年内，省、市两级分别成立中以常州创新园发展工作协调小组和中以常州创新园工作领导小组，统筹并争取相关资源支持园区建设。园区贯彻《中以创新合作行动计划（2018—2021)》和中以创新合作联委会第四次会议精神，编制完成《中以常州创新园创新体系建设方案》《中以常州创新园启动区概念规划》，研究编制拓展区规划，园区获省级层面政策支持和协调推进，创新体系建设方案获科技部批复；建成以色列中心展馆并正式投运，建设以色列江苏创新中心、江苏省中以产业技术研究院；启动中以常州创新园专业服务体系，与中国银行常州分行、以色列国民银行合作，为园区企业提供融资、结汇、付汇、换汇等金融服务；新增“共建计划”申报项目20个，促成中以科技合作项目4个。至年底，园区集聚以色列独资及中以合作企业90家，累计促成中以科技合作项目24个，涵盖生命科学、智能制造、现代农业、新材料等产业领域，承办第三届中以创新创业大赛生命科学领域决赛，累计开展中以B2B洽谈对接300余场，达成合作意向近100个。2019年，园区企业产销总额达8.08亿元，入库税收超过3000万元。

【中以常州创新园获省政府政策支持】 12月8日，《省政府办公厅关于支持中国以色列常州创新园发展的若干意见》出台，中以常州创新园被省政府纳入国家创新驱动发展、“一带一路”倡议和长三角区域一体化发展等重大发展战略，率先复制推广中国（江苏）自由贸易试验区相关政策和改革创新做法，建成中以创新合作融合发展先导区、国际化开放创新生态建设示范区、创新驱动新经济产业发展先行区和国际一流营商环境样板区。中以常州创新园可获规划、用地、平台、项目、人才、资金支持和知识产权保护，获设区市企业投资项目管理权限、行政审批改革支持和贸易投资便利，在中以人文交流与合作方面获得省内相关部门支持。经过3—5年努力，实现以色列创新资源集聚效应显著、国际化创新创业体系不断优化、新兴特色

中国以色列常州创新园远眺　　（供图/中以常州创新园）

产业持续健康发展、对以创新合作网络辐射全国。

【《中国以色列常州创新园创新体系建设方案》获科技部批复】 该方案12月10日获科技部批复同意。方案明确创新体系建设总体要求、总体战略、重点任务和保障措施，确定中国以色列创新合作领航者的发展定位和创新机制示范、创新要素融通、创新合作引领、创新经济带动的战略定位。围绕科技创新、项目孵化、成果转化、合作办学、人才交流等领域，培育中以特色创新创业生态，构筑面向未来的新经济产业体系，营造开放包容国际营商环境，构建中以国际科技创新合作网络，完善组织、政策保障，加大资金支持和示范引领。力争至2021年，园区创新体系建设取得显著成效，形成立足常州、服务江苏、辐射全国、链接全球的国际一流创新创业生态合作网络。

【江苏省中以产业技术研究院成立】 8月16日，江苏省中以产业技术研究院经江苏省事业单位登记管理局登记设立。该研究院位于中以常州创新园启动区内，规划建筑面积2.88万平方米。借鉴江苏省产业技术研究院“四不像”机制（既不像大学，又不像科研机构，既不像企业，又不像事业单位）和以色列领先的孵化器机制，实施公司化运作、企业化管理，聚焦智能制造、生命健康、新一代信息技术等领域，与以色列合作开展技术研发、成果转化、孵化加速、人才培育四大核心服务，是中以常州创新园创新体系的核心载体，也是江苏省重点支持建设的对外开放创新重大平台。研究院成立后，面向全球公开招聘执行院长和中高层，研究制定《江苏省中以产业技术研究院建设方案》，获省科技厅评审通过。与固高科技（深圳）有限公司、香港科技大学合作建立固立高端装备创新中心，与中以两国高校合作打造“新工科”创新创业人才培养体系。至年底，该研究院与常州大学合作，已选拔70名新生组建“新工科”改革试点班。

【以色列江苏创新中心开业运营】 9月18日，以色列江苏创新中心在以色列特拉维夫市开业运营，与以色列创投领域孵化器Startup East及科技企业签署合作协议。该中心办公面积250平方米，设工位30个，有中型会议室2个和活动场地400平方米，可同时容纳100人，适合开展路演、讲座、比赛等活动。该中心是中以常州创新园在以色列设立的离岸创新平台，是中国在以色列建立的首个省级创新中心，由中以常州创新园和以色列专业团队共同运营，旨在引进和集聚中以合作项目、资本、技术和人才，为中以创新合作搭建桥梁。至年底，中心吸引亚洲以色列商会、江苏—以色列（国际）技术转移中心以及Startup East公司、Bamboobike公司、Zilker公司、Vilnai公司4家以色列企业入驻，对接以色列科技创新企业100余家，其中4家企业签约落户中以常州创新园，对接魏茨曼研究院、耶路撒冷希伯来大学、奥特布劳德学院等7所以色列高校，举办江苏省委组织部、省商务厅组织的“双招双引”活动、江苏省生产力促进中心“江苏—以色列（国际）技术转移中心”揭牌仪式、中国驻以色列大使馆科技处中以俱乐部主题交流活动，接待江苏省政府、天津大学、浙江省能源集团有限公司等考察团组10余次。

（陈顺明　阎舒展）

常州西太湖科技产业园（江苏武进经济开发区）

【概况】 常州西太湖科技产业园（江苏武进经济开发区）简称西太湖科技产业园（武进经发区），位于西太湖北侧核心地带，实际管辖面积68.99平方千米（含滆湖水域14平方千米），近城临湖，风景优美。沿江高速、常泰高速、312国道等干线公路，常州高架、延政西路、长虹西路等城市主干道和京杭大运河穿境而过，交通便捷。石墨烯、健康、智能装备制造和现代服务四大特色产业加快发展，苏澳合作园区总体规划和产业规划在省、市、区三级层面达成共识，一批高端商住、科教文卫项目先后引进，生态廊道、景观河道、城市绿地、郊野公园错落有致，产城融合发展成绩瞩目。2019年，园区贯彻新发展理念，推进产业园区向新型城市转型，加大项目攻坚和企业培育，提升平台能级和驱动作用，提优生态品质和功能配套，网格化集成管理和遗留问题攻坚处置取得新突破，管理制度和管理绩效进一步优化。全年完成固定资产投资83.87亿元，其中工业投资34.82亿元、服务业投资49.05亿元。围绕石墨烯新材料、医疗健康、智能制造和现代服务业四大产业方向，全年招引产业项目47个，总投资超70亿元。至年底，实现地区生产总值151.70亿元，增长12.5%；完成规模以上工业产值193.65亿元、规模以上工业增加值47.73亿元、高新技术产业产值147.3亿元、服务业增加值86.19亿元，分别增长16.3%、7.6%、14.9%、14.1%；完成一般预算收入12.84亿元，增长5.1%；完成外资及港澳台资注册资金2亿美元、到账资金1.51亿美元，完成对外及港澳台贸易进出口总额67.62亿元；居民人均可支配收入达4.64万元。园区在省级高新区综合排名中位列第7位，在省级经开区中排31位，均比2018年度提高5位。获国家医药外贸转型升级基地授牌，通过国家生态工业示范园区复查评估，石墨烯小镇连续两年获评省级优秀特色小镇。

【西太湖科技产业园四大特色产业建设】 2019年，西太湖科技产业园（武进经发区）聚焦发展石墨烯产业、健康产业、智能装备制造产业和现代服务业四大特色产业。

石墨烯产业　引进合烯新材料（常州）有限公司、常州尼可新能源材料有限公司等研发项目11个，累计集聚石墨烯企业140多家，形成集制造装备、原材料制备和下游应用于一体的完整产业链。全年完成工业投资13亿元。江南石墨烯研究院获评武进国家双创示范基地示范单位，江南石墨烯高新技术创业服务中心获评全省十强专业孵化器。石墨烯小镇加快推进，全年完成石墨烯产业产值超30亿元。具体内容参见“工业”类目P107相关条目。

健康产业　高起点编制《常州西太湖科技产业园大健康产业规划（2019—2030年）》，引进朔崛（江苏）医疗科技有限公司、优尔爱（常州）医疗器械科技有限公司等健康产业项目20个，累计322个，聚集健康产业企业400余家，

共获得二类及以上医疗器械产品注册证400张。2019国际骨科、口腔科及生物材料高峰论坛，第39届中国（常州）国际康复辅具产业暨国际福祉机器博览会等在西太湖科技产业园举办。健康产业企业全年实现销售收入50.12亿元，增长3.34%。

智能制造产业　引进同泰高导新材料项目、小牛电动智慧出行全球研发与制造基地项目二期、酷冷制冷设备项目、拓之邦数控机床项目等智能装备制造业项目19个。常州百利锂电智慧工厂有限公司、常州国成新材料科技有限公司、江苏嘉轩智能工业科技有限公司、征图新视（江苏）科技有限公司研发生产的智能制造装备通过2019年江苏省首台套重大装备认定，征图新视（江苏）科技有限公司、常州孟腾智能装备有限公司获批江苏省智能制造领军服务机构。智能装备制造行业实现销售收入99.2亿元，占园区销售总收入的21.1%。

现代服务业　常州西太湖科技产业园管委会与中国信息协会、中国信息化发展研究院合作，设立中国信息化发展研究院长三角院，共同建设国际信息和数字创意（常州）产业集聚区，全年新增互联网企业18家，累计298家，累计实现销售收入54.09亿元、税收3.25亿元；常州西太湖电子商务产业园被认定为2019—2020年度江苏省电子商务示范基地，江苏嗨购网络科技有限公司、常州易得利供应链管理有限公司、江苏整搜在线电子商务有限公司获评2019—2020年度江苏省电子商务示范企业。西太湖影视基地累计招引影视企业和名人工作室159家（个），新签约场景联盟36个，累计170个，全年接待43个剧组进场拍摄，累计接待剧组154个，接待数位列全国前五、全省第一，累计接待游客8万人次，影视文化产业全年实现销售收入4.9亿元、税收2168.4万元。第六届长三角运动休闲体验季、2019武进旅游节、澳门仁协书画作品展、西太湖国际半程马拉松赛等文体旅游活动成功举办。

【西太湖科技产业园推进企业培育工程】 2019年，常州西太湖科技产业园（武进经发区）聚焦工业升级和科技创新、现代服务业发展，出台《常州西太湖科技产业园促进产业创新发展的政策意见（试行）》等政策，支持企业新一轮创新发展。全年实施区级及以上新建重点项目22个，新增高新技术企业19家，新增规模以上工业企业18家，分别累计100家、142家。常州鼎健医疗器械有限公司、江苏振邦智慧城市信息系统有限公司被认定为苏南国家自主创新示范区瞪羚企业，江苏晶雪节能科技股份有限公司注册的“晶雪”商标被认定为中国驰名商标，常州联德电子有限公司连续两年入选国家强基工程项目。园区围绕石墨烯、医疗器械、智能装备制造等优势产业，提升金融支持服务实体经济功能，构建资本服务体系，攻坚企业股改上市，设立新兴产业发展基金，推行“金融超市”，苏文电能科技股份有限公司和江苏晶雪节能科技股份有限公司IPO获证监会受理。

【西太湖科技产业园科技创新】 2019年，西太湖科技产业园（武进经发区）出台《常州西太湖科技产业园促进产业创新发展的政策意见（试行）》等文件，聚焦创新能力提升，增强政策支持力度，促进营商环境提优，推动先进制造业和现代服务业创新发展。园区R&D经费投入4.3亿元，江南石墨烯高新技术创业服务中心获评全省十强专业孵化器，江南石墨烯研究院牵头组建长三角双创示范基地联盟石墨烯专业委员会，江苏省石墨烯创新中心、江苏新奥碳纳米材料应用技术研究院揭牌运营，南京工业大学常州西太湖产业学院签约落户，石墨烯创新体系和创新能力进一步增强。设立西太湖医药科技国际创新中心，与以色列威兹曼科学研究所、希伯来大学等四大技术转移中心签订中国区域的唯一优先合作协议。常州国成新材料科技有限公司董事长董国材入选常州市唯一自主培养的国家重大人才工程A类项目，入选科技部创新人才计划2个、省双创计划8人、“龙城英才计划”14人；上海交大（常州）科技园等创新平台引进人才团队和项目超40个；新增市级及以上“两站三中心”（院士工作站、博士后工作站、工程技术研究中心、企业技术中心、工程中心）21个，累计87个。健康产业企业新获产品注册证53张，江苏精策医疗科技有限公司成为常州市首家成功申报国家创新医疗器械产品审批通道的企业，福隆控股集团有限公司参与实施的“基于干细胞和生物材料的组织和器官再生”项目入选“十三五”国家重点研发计划。至年底，园区累计有高新技术企业98家，完成规模以上高新技术产业产值147.3亿元，全年申请专利1678件，获授权1008件，其中发明专利申请395件，获授权97件。

【西太湖科技产业园城市功能提升】 2019年，西太湖科技产业园（武进经发区）进一步完善拓宽园区管理内涵，推进产业园区向新型城市转型，加快产城融合步伐。在城市建设和管理方面，突出规

宜居西太湖　（摄影/周华娴）

划引领作用，聚焦产业和群众需求，健全城市功能，提优生态质量，完善功能配套，社会管理综合成效更加显著。加强土地资源精细化管理，完成工业供地66.79公顷，出让碧桂园商住地块17.6公顷，逐步推进亚邦东侧产业社区、石墨烯小镇一期、北部田园乡村等片区开发，10万平方米的星河商业综合体、1.3万平方米的碧桂园商业配套项目前期准备完成，江苏常州中波发射台迁建项目完成协议签订，发射塔下游艇俱乐部地块拆迁基本结束。办理安置房权证1600套，45万平方米的蠡康雅居安置房主体竣工。九年一贯制学校建设方案基本确定，江苏省武进高级中学新校区、常州大学西太湖校区二期工程进展顺利。礼河卫生院改扩建工程启动，市工人疗养院建设加快推进。企业完成有机废气整治19家、雨污分流整改197家，新建污水支管网10.1千米；"散乱污"企业关停取缔34家、整治提升81家；完成闲置地块覆绿24.42公顷、湿地修复37.89公顷，国家生态工业示范园区通过复检，园区绿化率37.3%。排查整治危化品、"三合一"场所（住宿与生产、仓储、经营一种或一种以上使用功能违章混合设置在同一空间内的建筑）、群租房等重点行业领域隐患，全年未发生安全生产死亡事故，安全生产总体形势平稳可控。

【常州石墨烯小镇建设】 常州石墨烯小镇位于常州西南部、西太湖科技产业园中部片区，规划面积3.22平方千米，2017年5月入选江苏省首批特色小镇创建名单。2019年，石墨烯小镇完成工业投资13.5亿元，产业类投资占比92.2%，完成3年投资50亿元的总体目标；高新技术企业年度研发经费支出占销售收入的6.4%；先后实施烯望创智港、场北河公园景观绿化工程等基础设施项目7个。至年底，小镇累计入驻企业174家，其中规模以上企业22家，有工业企业114家、高新技术企业26家，拥有有效专利1108件，其中发明专利229件。全年完成工业产值34.5亿元，石墨烯特色产业产值占比超过90%，实现营业收入44.40亿元、税收1.40亿元。小镇建设在全省首批特色小镇创建工作考核中获优秀等次。

【西太湖科技产业园重大项目建设】 2019年，西太湖科技产业园（武进经发区）聚焦产业发展方向，完善项目服务联动机制，加快项目集聚，实施区级及以上重点项目43个，其中新建项目22个，年度计划总投资69.4亿元。至年底，重点项目开工21个，竣工18个，开工率95.5%，竣工率94.7%。

联德智能氮氧传感器项目 6月开工，由常州联德电子有限公司承担，总投资1.05亿元，新建厂房2.04万平方米，改造原有技术中心，购置超声波扫描显微镜、非接触式光学轮廓仪、印刷质量检查仪、电化学综合工作站、NOx（氮氧化合物）气体分析仪及标定测试台、德国dSPACE实时仿真系统、硬件在环设备、EMC/EMI（电磁兼容／电磁干扰）测试仪、尾气后处理系统耐久试验台架、电控单元性能综合测试台、厚膜流延成型机、半自动丝网印刷机、高温烧结炉、氮氧传感器主体自动装配线、合成气体在线测试标定台等设备188台套，用于研发、试验和车用智能型氮氧传感器产业化开发，达产后可年产车用智能型氮氧NOx传感器本体及控制单元总成20万套，产品具有自主知识产权、满足国Ⅵ尾气排放标准。

尼霍夫电线电缆设备项目 6月开工，由尼霍夫机械制造（常州）有限公司承担，总投资1.17亿元，用地面积1.95公顷，一期新建厂房1.2万平方米，新增超声波清洗机、膜厚仪、动平衡仪等设备，达成后可年产电线电缆设备214台套。

东星华美医疗器械项目 6月开工，由东星华美医疗科技（常州）有限公司承担，总投资2.4亿元，用地面积3.93公顷，新建厂房6.49万平方米。新增数字化全自动配光仪、安规分析仪等设备，建成后可年产吊塔8000台、电动液压手术台8000台、手术无影灯8000台、电动分娩床8000台、外科手术固定装置8000台。

德友干燥设备项目 8月竣工，由常州德友精密机械有限公司承担，总投资1.2亿元，用地面积1.67公顷，建设厂房1.2万平方米，新增自动焊接、光谱仪等设备，达产后可年产制药设备500余套，其中喷雾设备280台套、干法设备220台套。

海立普电力检测设备项目 2019年12月主体竣工。由江苏海立普电力科技有限公司承担，总投资1亿元，用地面积1.33公顷，新建厂房2.8万平方米，新增真空泵、示波器、网络分析仪等设备，达产后可年产便携式检测仪器300余台、在线监测设备100余套。

【西太湖科技产业园获评国家医药外贸转型升级基地】 2019年4月，西太湖科技产业园被商务部授予2018年"国家医药外贸转型升级基地"称号，成为全国17家入选单位之一。园区培育并发展大健康产业为特色产业，累计集聚以医疗器械为主的健康制造企业180多家、高端健康服务企业20家，形成骨科、齿科、体外诊断、有源手术工具、康复器材、心血管植入物六大子产业群，培育基因检测、健康医美、专科诊疗等增长点。园区先后建成西太湖国际医疗产业园、国家医疗器械国际创新园、海峡两岸（常州）健康产业合作区，企业累计获二类及以上医疗器械注册证400余张，江苏精策医疗科技有限公司的无创血糖仪产品进入国家药监局创新审批通道，是全市首家获此资质的企业。在公共服务平台建设方面，园区成立西太湖医药科技国际创新中心，启动建设第三方公共灭菌平台，建成并运营第三方医疗器械物流平台，获批江苏省药监局医疗器械生产许可证电子受理点和国家药监局医疗器械创新江苏服务站西太湖服务点，健康产业相关产品出口亚洲、中东、欧洲、美洲市场。组织企业开展国际技术合作，分别举办中国国际骨科、生物材料产业及投资峰会，海峡两岸（苏台）健康产业论研会、国际尖端机能性材料发展高峰论坛、中以创新创业大赛医疗器械领域决赛等活动，园区影响力进一步扩大。2018年，健康产业实现销售收入49亿元，入库税收约2.93亿元。

【江苏省石墨烯创新中心揭牌】 2019年3月23日，江苏省石墨烯创新中心揭牌仪式在南京市翠屏新港假日酒店举行。该中心位于西太湖科技产业园，于2018年年底获省工业和信息化厅批准建设，由江南石墨烯研究院、常州第六元素科技股份有限公司、常州二维碳素科技有限公司等18家股东共同出资，组建江苏江南烯元石墨烯科技有限公司，作为中心试点建设载体。采用“公司＋联盟”模式，同中国电子科技集团第五十五研究所、中国科学院苏州纳米技术与纳米仿生研究所、常州大学等知名高校院所及上下游企业合作，瞄准新能源汽车、新一代信息技术、航空航天装备、雷达、卫星宇航等国家重点领域和石墨烯行业发展需求，协同开展石墨烯材料批量制备和工程应用的共性关键技术研发，突破制约产业链各环节协调发展的技术和机制障碍，形成资源共享、优势互补。至年底，中心建立（含共建）实验室5个，设立课题9个，参与制定地方标准2项、企业标准1项；申请专利60多件，其中发明专利16件；立项常州市战略性知识产权项目1个，投资共建中试线2条，设立分中心2个、创新基地2个，初步实现独立运营。

【常州西太湖金融服务联盟成立暨西太湖科技金融路演中心启动】 4月18日，联盟成立暨中心启动会议在都喜富都滨湖酒店召开，由西太湖科技产业园管委会主办。常州西太湖金融服务联盟有成员单位40多个，含东海证券、中信建投、民生证券等知名券商，以及银行、基金公司、律师事务所、会计师事务所、融资租赁公司、担保公司，在企业孵化、加速、成长、规模化和上市等不同发展阶段提供金融服务，构建全方位、全周期、立体式金融服务体系。西太湖科技金融路演中心根据园区企业产业分类、融资需求方式、项目所处阶段等不同情况，定期举办路演活动，打造企业和人才团队股权、银行融资展示平台，最新税务和会计政策宣传平台，银行信贷产品推介平台，企业上市、重组、外汇进出等辅导平台。至年底，西太湖金融服务联盟和西太湖科技金融路演中心整合各方资源，累计组织园区企业开展路演活动9场，融资超1亿元，帮助企业解决融资难、融资贵和资本对接不畅等问题，助推企业创新发展。

【江苏新奥碳纳米材料应用技术研究院落户西太湖科技产业园】 8月18日，该研究院在西太湖科技产业园揭牌开业。研究院隶属于新奥集团股份有限公司（简称“新奥集团”），是旗下石墨烯新材料产业全资子公司，位于常州石墨烯科技产业园3号楼3楼，注册资本5000万元，研发场地面积3000平方米。发挥新奥集团技术、市场、资本和品牌优势，构建“平台化技术＋低成本材料＋颠覆性应用”的能源新材料研发及应用生态网络，重点在复合材料、新能源、储能等领域，布局高性能、低成本的先进碳纳米材料应用技术研发及成果转化，运用于节能节水、低成本储能、安全环保及5G通信、电子信息、装备制造、航空航天等领域。

【第二届中国·以色列医疗科技产业高峰论坛】 5月19日，在新城希尔顿酒店举行，希伯来大学Yissum技术转移中心CEO Yaron Daniely、中科院院士蒋华良等专家学者，中以两国高科技医疗企业、知名投资机构、医疗机构、高等院校和科研院所、政府机构代表等200余人参加。论坛由中国农工民主党中央委员会发起，属跨境医疗科技交流项目，在中国、以色列两国轮流举办，由武进区政府、常州西太湖科技产业园管委会、中国以色列常州创新园、以色列ECM MEDICAL公司、上海圆阳投资管理有限公司联合承办，主题是“新科技、新健康、新未来”，江苏省药品监督管理局副处长李新天、南方医院国家药物临床试验机构办主任许重远等中以两国医疗领域专家分别作“实施科学监管，促进产业健康发展”“结合当前新政及加入ICH从伦理维度看对我国医药研发影响”等主旨演讲；以色列技术转移项目合作备忘录、国药器械与西太湖战略合作协议等6个医疗产业创新型项目签约；“当前全球创新医疗器械技术新动向”“如何支持以色列创新医疗器械来华落地和中以间创新医疗器械技术的对接”圆桌对话举行；重症监护室脓毒症报警系统、智能老花镜等17个以色列医疗创新项目开展路演及对接活动。

5月19日，第二届中国·以色列医疗科技产业高峰论坛举行

（供图/西太湖科技产业园）

【第二届西太湖全球公司发展论坛】 9月6—7日，在新城希尔顿酒店举行，全球公司的决策者、研究者和实践者等300余人与会。该论坛由常州西太湖科技产业园管委会、北京智享荟咨询责任有限公司主办，主题是“共建开放型经济、同享新规则机遇”，设青年影响力、智能制造与企业发展、中日环保产业的现状与未来、合规与企业发展、中美经贸关系与企业发展、税费政策与企业发展六大分论坛，推动国内企业与全球公司战略对接和优势互补，促进武进企业与世界各地区更大范围、更高层次的互动合作。

（杨茗茜）

住房和城乡建设部（武进）绿色建筑产业集聚示范区

【概况】 住房和城乡建设部（武进）绿色建筑产业集聚示范区（简称“武进绿

建区”）位于武进中心城区西南部、西太湖东岸线，东至牛溪路，西至龙江路，南至滆湖路，北至虹西路，核心区面积3平方千米。2019年，武进区深化绿色建筑“一核引领，全区联动”发展格局，在核心区武进绿建区重点发展以绿色建筑研发、设计、检测、绿色商贸服务和总部经济等为主的生产性服务业，在全区发展绿色建筑产业，全域推广绿色建筑技术，形成“一核六园”（绿色建筑核心区、绿色家居产业园、智能家居设备产业园、节能环保产业园、新型建材产业园、绿色机电产业园、园林绿化工程产业园）产业布局。年内，出台《关于支持绿色建筑产业创新发展的若干意见（2019修订版）》，帮助企业搭建产学研合作平台，提供技术、人才、资金、培训、政策等支持和服务，推动企业做强做大和传统产业绿色转型。全年引进绿色建筑和泛绿色建筑科技服务业企业107家，其中科研类企业23家、设计类企业22家、商贸服务类企业62家，累计有研发类企业121家、设计类企业30家、商贸类企业155家，绿建科技研发、绿色建筑设计、绿色企业总部、绿色商贸服务、绿色检测认证等领域的全产业链日趋完善。绿色建筑产业技术创新战略联盟新增规模以上成员企业12家，全区绿色建筑产业企业信息库新增入库企业21家，绿色建筑产业规模以上及资质企业累计超420家，有效集聚一批市场占有率高、科技创新力强、发展潜力大的绿色建筑龙头企业。全年招引绿色建筑项目6个，总投资超16亿元，年内开工建设重点项目4个，完成投资5.3亿元。全区全年审查绿色建筑项目建筑面积超200万平方米，新开工装配式建筑面积超150万平方米，审查海绵城市专项方案项目29个，面积192万平方米。至年底，武进绿建区完成外资及港澳台资注册资金2262.86万美元，到账资金551.68万美元；完成总产值784.82亿元，比2018年增长8.70%，其中规模以上工业产值492.25亿元，实现入库税收44.14亿元；维绿大厦实现销售收入19.32亿元，实现税收5000万元/幢的楼宇经济目标，税收增长7.56%。武进区创成省级建筑产业现代化示范城市，武进绿建区创成省级建筑产业现代化示范园区，获评省级“能效领跑者”示范单位、省级节水型示范单位，维绿大厦获江苏省绿色建筑创新奖二等奖，武进绿建区核心能级和品牌效应持续放大。

【绿色建筑产业项目招引与建设】 2019年，园区累计招引中节能（常州）环保科技园、联东U谷·常州国际企业港、常州建材研究所检测基地、“盈立方”智慧云基地等绿色建筑产业项目6个，并被列为区重点项目，总投资超16亿元。其中，3亿元及以上项目2个，3亿元以下、1亿元及以上项目3个，1亿元以下、5000万元及以上项目1个。年内，联东U谷·常州国际企业港、“盈立方”智慧云基地项目开工建设。

JDCC集团总部基地　2月28日签订落户协议。由上海汽车集团股权投资有限公司旗下企业JDCC集团与武进绿建区合作建设，总投资10亿元，建设JDCC集团总部基地，围绕低能耗建筑研发展示、新型建材研发生产等方面，打造高端装修工程设计中心、研发中心、生产中心、采购中心，以及奢侈品旗舰店、顶级酒店和顶级家装的展示中心。项目达产后，可实现年产值30亿元。

中节能（常州）环保科技园　4月被列为区重点项目。由武进绿建区与中节能实业投资有限公司联合实施，投资额15亿元，首期占地面积13.33公顷，由标准电子厂房、机械厂房、研发厂房等组成，打造集节能环保、绿色建材、智能制造、高端电子信息四大产业于一体的节能环保科技产业服务平台，为产业生产、技术交流、交易、人才培训、产业发展提供载体，形成完善的产业链，吸引国内外相关企业聚集，形成具有节能环保经济特色的产业集群，成为武进区新的经济增长点。

常州建材研究所检测基地项目　5月被列为区重点项目。由世邦供应链管理（常州）有限公司实施，总投资1.25亿元，计划用地面积1.67公顷，主要从事建筑领域检测及新型建筑材料研发工作。项目投入运营后，计划成立绿色建材研发与测试中心，组织申报国家级实验室论证，设立系统节能性能检测、保温系统试验检测、太阳能热水系统检测、太阳能热水设备实验室检测、热工性能现场检测、预应力钢绞线检测、加固工程检测等系列能效测评部门。

“盈立方”智慧云基地　5月开工建设。由江苏尚盈鸿立创业投资有限公司投资建设，总投资1亿元，建筑面积3.5万平方米。建设智慧水务、智慧建筑、智慧车生活、智慧养老、智慧社区等智慧城市应用大数据处理中心，打造相关产品研发、体验、示范和双创基地，为中盈高科集团以及下属子公司提供高标准数据服务和云计算解决方案。

联东U谷·常州国际企业港项目　9月20日奠基开工。由北京联东投资（集团）有限公司投资建设，总投资10亿元，一期占地面积6.4公顷，总建筑面积8.5万平方米。项目定位为常州高端产业综合体和科技集成创新港，结合区

维绿大厦远景　（供图/武进绿建区）

域主导产业特点，以节能环保产业、新材料、高端装备制造、电子信息、智能家居为主导产业，突出高科技生态的产业发展理念，本着高标准、高品质的原则，打造集生产制造、研发设计、中试成果转化、产品展示和生产性服务功能于一体的高端产业集聚地。在示范引领方面，项目在整体设计、工程施工和后期运营中，注重绿色建筑水平提升，所有建筑达绿色建筑星级标准，在装配率、海绵城市等方面坚持高标准与高起点设计、施工和运营。项目竣工后，重点在绿色建筑、智能制造、集成电路、高端研发等关键领域招商引资，预计引进新兴科技制造企业50家，达产后每年创造税收超1亿元。

【武进绿建区获评省级建筑产业现代化示范园区】 2019年12月，武进绿建区被省住建厅评为省级建筑产业现代化示范园区，常州砼筑建筑科技有限公司获评省级建筑产业现代化示范基地。园区借助国家住建部绿色建筑产业集聚示范区的优势，以装配式建筑为载体，以标准化设计、装配化施工、信息化管理、智能化应用为方向，集聚绿色建筑和建筑产业现代化产业领域企业及研发单位800家（个）。引导企业及科研机构探索标准规范，加快技术集成，加速成果转化，引进国际领先技术装备和管理经验，推广适合建筑产业现代化生产的装配整体式混凝土建筑、装配式钢结构建筑、装配式混合结构建筑及适合建筑产业现代化项目建设的实用技术，建立适应武进区特点的建筑产业现代化政策体系、技术体系及监管体系；合理产业布局，培育优势企业，先后引进常州砼筑建筑科技有限公司、常州绿建板业有限公司、贝赛尔科技（常州）有限公司等高端部品件生产企业，形成全产业链的产业集群和产业联盟；建立适应建筑产业现代化发展需求的人才队伍，营造适应建筑产业现代化发展的市场环境。

【维绿大厦获江苏省绿色建筑创新项目二等奖】 2019年11月，常州市武进绿色建筑研发中心维绿大厦项目被省住建厅评为2019年度江苏省绿色建筑创新项目二等奖。武进绿色建筑研发中心维绿大厦位于绿建景观大道西侧、西政路南侧、延政西大道北侧、漕溪路以东，2016年3月竣工，主楼分东西两栋，总投资约2亿元，占地面积1.6万平方米，总建筑面积3.72万平方米，其中地下建筑面积为1.17平方米，容积率2.5，绿地率35%，建筑高度42.95米。大厦作为武进区绿色建筑示范区重点示范项目，坚持绿色、低碳、环保理念实施设计和建造，充分考虑区域气候特征，运用被动式绿色建筑手法，用最佳倾斜角度兼顾建筑物夏季自遮阳与冬季日照采光，吸收运用双层窗中置遮阳、生态屋面、垂直绿化、自然通风及中庭吹拔通风、导光管技术、太阳能光伏系统、地源热泵、溶液调湿新风机、人工湿地系统、透水地面、毛细管辐射系统、虹吸式屋面排水系统等绿色建筑技术21项，是示范区内综合使用绿色建筑技术最多的项目，建筑综合节能率不低于72%，可再生能源空调比例不低于40%，非传统水源利用率不低于40%，室内环境达标率100%。大厦获三星级绿色建筑设计标识、三星级绿色建筑运行标识认证，在省内处于领先水平。维绿大厦属绿色建筑三星级办公楼，出租率90%，2019年实现销售收入19.32亿元，亩均税收40万元。

【第三届光伏绿色建筑一体化产业发展高峰论坛在武进举行】 12月27日，该论坛在常州武进喜来登大酒店举行，光伏产业职能部门负责人、业界知名专家、企业高层等200人参加。论坛由上海市太阳能学会、光伏领跑者创新论坛、中国BIPV（光伏建筑一体化）联盟、常州市光伏行业协会联合主办，主题是光伏+绿色建筑，聚焦光伏绿色建筑一体化产业技术发展与创新应用，剖析BIPV政策规划、产品方案、技术标准、工程设计、设备选型及投资收益等热点话题，探讨光伏绿色建筑一体化的最新技术发展和新型应用模式。论坛期间，武进绿建区被授予“中国光伏绿色建筑一体化示范基地”称号。

【“绿建红盟”启动】 6月27日，武进绿建区举行“不忘初心跟党走，奋勇建功新时代”庆祝建党98周年暨“绿建红盟”启动仪式，武进绿建区与市、区两级税务、住建和金融部门党组织联合组建“绿建红盟”。该联盟组织旨在联合政府职能部门，为企业提供税收、金融、人力资源、科技服务等亲商扶企政策服务，促使园区企业充分享受国家政策红利。至年底，“绿建红盟”成员单位累计16个，开展政企、银企交流对接等服务活动20余次，帮助园区企业减税降负，缓解招工用工难题。江苏申达检验有限公司、贝赛尔科技（常州）有限公司、格域包装科技（江苏）有限公司、江苏万树春环境工程有限公司、江苏德智重工有限公司等十余家公司获新增贷款3000余万元，在税收、人力资源方面获相关支持。

（汤乃颖）

12月27日，第三届光伏绿色建筑一体化产业发展高峰论坛举行（供图/武进绿建区）

农 业

Agriculture

栏目编辑　万向阳

综　述

【概况】 2019年，武进区坚持农业供给侧结构性改革，以加快农业高质量发展为主攻方向，深入贯彻落实乡村振兴战略，立足产业发展、生态可持续、农业功能拓展，突出农业生产、生态、景观三大功能，促进现代农业突破、发展、转型。全区耕地面积3.16万公顷，小麦种植面积2167公顷，水稻种植面积4366.67公顷，通过省级以上审定水稻品种5个；花木种植面积8320公顷，全年花木市场交易额突破200亿元；果品种植面积4532.6公顷，蔬菜常年性耕地面积稳定在2653.33公顷；水产养殖面积5190公顷，全年水产品总产量3.64万吨；生猪年出栏量下降45.26%，家禽年出栏量上升4.96%。全区重大农业农村投资类项目6个，计划投资24451万元，至年底累计完成投资7882万元。推进现代农业示范区建设，组织编制建设规划和方案，加大财政扶持力度，现代农业示范园（园区）呈现产业特色鲜明、要素高效聚集、功能健全完备、产业链比较完整、设备装备先进、生产方式绿色、经济效益显著、辐射带动作用明显的特点。全区创成江苏武进现代农业产业园（嘉泽）、江苏武进现代农业产业示范园（雪堰）2个省级农业产业园区（示范园）和江苏武南现代农业产业园（礼嘉）1个市级农业产业示范园。优化产业资本融合，嘉泽镇入选江苏省农村一、二、三产业融合发展先导区，江苏立华牧业股份有限公司在创业板上市，成为全省首家上市的畜牧企业。推进品牌农业建设、智慧农业建设，开展农业产学研对接，加强农产品质量安全监管，新型职业农民培育程度达64%。发展农村电子商务，实现农产品电商销售额10亿元。全年实现农林牧渔业总产值61.22亿元、农业增加值42.3亿元。武进区获评2018年度全国县域数字农业农村发展水平先进县，常州枫华牧业股份有限公司承担实施的原农业部数字农业试点项目——畜禽养殖数字农业建设试点项目获评2018年度全国县域数字农业农村发展水平评价创新项目。常州和润渔业有限公司、常州市武进区洛阳金种子家庭农场申报江苏省智能农业示范单位，分别在水稻大田生产、水产养殖方面引入物联网技术。全区智能化设施种植、养殖面积占比达29.7%。

【区农业农村局组建成立】 2月26日，根据《常州市武进区机构改革方案》，区农业农村局成立，为区政府工作部门；区委农村工作领导小组办公室（简称“区委农办”）设在区农业农村局，接受区委农村工作领导小组直接领导。区农业农村局设有办公室、组织人事科、计划财务科、科技教育科（种植业科）、改革与政策法规科、产业化发展科、农村社会事业促进科（扶贫开发科）、农村经营管理科（农村集体资产管理科）、农产品质量安全监管科（市场信息科）、畜牧渔业科、农机管理科、农田建设管理科12个内设机构。主要职责是：贯彻落实“三农”工作发展战略，统筹研究和组织实施“三农”工作发展战略、中长期规划、重大政策；组织开展农业综合执法；指导农业融资担保、农业保险工作；统筹推动发展农村社会事业、农村公共服务、农村文化、农村基础设施和乡村治理，牵头组织改善农村人居环境；指导农村精神文明和优秀农耕文化建设。指导农业行业安全生产工作。拟订深化农村经济体制改革和巩固完善农村基本经营制度的政策；负责农民承包地、农村宅基地改革和管理有关工作。负责农村集体产权制度改革，指导农村集体经济组织发展和集体资产管理工作；指导农民合作经济组织、农业社会化服务体系、新型农业经营主体建设与发展；牵头组织实施扶贫开发战略，指导全区扶贫开发工作；指导乡村特色产业、农产品加工业、休闲农业发展工作；负责种植业、畜牧业、渔业、农业机械化等农业各产业工作的监督管理；指导粮食等农产品生产；组织构建现代农业产业体系、生产体系、经营体系，指导种植业、畜牧业、渔业、农机标准化生产及建设；负责农产品质量安全监督管理、有关农业生产资料和农业投入品的监督管理；负责农业防灾减灾、农作物重大病虫害防治、重大动物疫病防控和协调渔业生产安全搜救工作；负责农业投资管理；推动农业科技体制改革和农业科技创新体系建设；承办农业涉外事务，指导开放型农业发展，协助实施农业援外项目。

【武进区获评全国县域数字农业农村发展水平评价先进县】 4月21日，农业农村部在2019年中国农业展望大会及全国县域数字农业农村发展论坛上发布2018年度全国县域数字农业农村发展水平评价先进县，武进区名列其中。全国县域数字农业农村发展水平评价体系由发展环境、基础支撑、信息消费、生产信息化、经营信息化、乡村治理信息化、服务信息化七大版块组成，通过20余个指标合理量化县域数字农业农村发展情况，多角度、深层次分析县域数字农业农村发展水平，为后续相关工作开展明确努力方向，提供数据支撑。武进区县域农业农村信息化财政投入、畜禽养殖信息化水平、行政村电子商务站点覆盖率、益农信息社覆盖率4个指标均排在全省乃至全国前列。

2019年武进区农业农村重大项目投资建设情况表

表4

项目名称	建设内容	建设单位	建设地点	建设年限	计划总投资（万元）	完成投资（万元）	项目进度
2019年常州市武进区高标准农田建设项目	项目区渠道、泵站、机耕道等建设，形成高标准农田1166.67公顷	雪堰镇、湟里镇、洛阳镇政府	雪堰镇、洛阳镇和湟里镇岗角村、村前村	2019—2020	3269		30%
2019年常州市武进区生态型高标准农田建设试点项目	项目区道路连接、生态沟渠打造、农田整体提升，整合原高标准农田建设内容，形成生态型高标准农田示范区	湟里镇政府	湟里镇岗角村	2019—2020	1200	700	36%
武进区2018年省级现代生态循环农业试点项目	实施新康现代生态循环农业、林业科技发展中心生态循环农业、水产健康养殖尾水生态处理、畜禽养殖污染综合防控利用、武南片区典型镇农业标准化清洁化生产五大工程	农业农村局	雪堰镇、礼嘉镇、前黄镇	2018—2019	1982	1782	100%。建成雪堰镇新康村生态循环农业技术集中示范工程、水产养殖尾水净化工程、养殖废弃物污染防控能力提升工程，完成礼嘉畜禽粪污处理中心提升，推广有机肥1万吨，建立完善废弃农药包装回收处置体系、绿色农药推广体系和秸秆综合利用体系
武进现代农业产业示范园	重点实施水稻科技（优质稻米）示范园、精品梨核心示范园、精品桃果核心示范园、精品葡萄核心示范园、冷链加工物流园5个示范园区	武进现代农业产业示范园管理委员会	雪堰镇	2018—2020	9200	3500	40%。精品桃果核心示范园完成生态环境提升工程，推广使用水肥一体设施及林果绿色防控技术等项目建设；精品葡萄核心示范园完成电商服务平台的房屋改造和装饰工程及办公设施设备、智能化体系管理设施、水肥一体化设施、新型农机具、绿色防控设施采购；冷链加工物流园（一期）项目完成冷库3个（低温冷藏库2个、冷藏保鲜库1个），及货架和升降平台购置
常州万川园林农业产业园科研中心及生态园	项目占地面积13.33公顷（耕地9.33公顷、水面4公顷）。建设基地生产设施临时性用房4500平方米，精品大树苗木种植示范区3.33公顷，汉唐农耕文化展示区0.67公顷，高档花卉苗木科普研发中心0.53公顷，特色水产养殖垂钓中心4.47公顷，林果采摘、生态休闲、观光旅游区1公顷	常州万川园林绿化工程有限公司	嘉泽镇满墩村	2018—2020	5800	1200	办理进口苗木引进手续，预计年底完成全年计划投资
丰润农业文化生态园	优质新品种葡萄种植基地、优质水稻、精品桃李树种植、水产养殖基地建设	常州丰润农业文化生态园有限公司	礼嘉镇庞家街村	2018—2020	3000	700	建成新品葡萄园基地，实施优质水稻及精品桃李树种植和水产养殖

【品牌农业建设】 2019年，武进区围绕绿色优质农产品基地建设，于3月出台《武进区优势农产品推广（2019—2021）实施意见》，着力打造特色优势产品，组织实施农产品品牌创建行动。新申报“二品一标”（无公害农产品、绿色食品和农产品地理标志）产品25个，完成复查换证及续展产品5个,全区累计“二品一标”农产品148个，产量3.8万吨，其中绿色食品8600余吨。雪堰水稻基地通过省级绿色优质水稻基地验收，洛阳、礼嘉、前黄等4个基地通过省级绿色优质水稻基地创建申报，共涉及水稻面积3333.33公顷，至年底，全区绿色优质农产品占比达75.8%。制定《武进区农产品品牌目录制度》，列入区级农产品品牌目录企业28家、优质特色农产品10个，重点打造“阳湖果品”“雪山草鸡”两个市级十大农产品知名品牌，“苏常鲜”葡萄、“羽佳”大米等7个产品入选常州市名优农产品。推进标准化示范基地建设和省、市级标准化基地试点，建成市级百家现代农业标准化示范基地18个，省级花卉苗木生产标准化示范试点通过省级验收，制定企业标准4个，完成种植推广花卉苗木新品种及乡土树种5种，辐射面积超过133.33公顷，市级葡萄限根栽培标准化试点先后通过省、市级验收。

【新品种新技术推广】 2019年，武进区继续实施基层农技推广体系改革与发展项目，遴选75名技术指导员组建农业主推技术专家团队3个，采取“专家团

表5

2019年武进区已获认证的绿色食品情况表

单位	商标	产品	规模（公顷）	批准产量（吨）	认证书编号	有效日期	企业信息码	负责人	所在地
常州市礼新果品专业合作社	礼新+拼音+图形	礼新葡萄	33.33	750	LB-18-19011003793A	2019.1.25—2022.1.24	GF320412160149	杨小龙	礼嘉镇
常州市静心园果蔬种植专业合作社	黄记良品+拼音	水蜜桃	13.33	300	LB-18-19011002770A	2019.1.27—2022.1.26	GF320412160169	陈　华	雪堰镇
常州市磨盘墩果品专业合作社	—	水蜜桃	33.33	750	LB-18-19021002442A	2019.2.18—2022.2.17	GF320412160222	陈　华	雪堰镇
常州市洛丰果品专业合作社	洛丰+拼音+图形	水蜜桃	10	187	LB-18-19011002030A	2019.1.14—2022.1.13	GF320412160093	陆小良	洛阳镇
常州武禾优质水稻专业合作社	武禾+拼音+图形	水晶香大米	20.45	128.8	LB-03-19011002766A	2019.1.27—2022.1.26	GF320412160171	朱建良	横山桥镇
江苏国色天香油用牡丹科技有限公司	南园国色	牡丹油	66.67	25	LB-10-19041002707A	2019.4.2—2022.4.1	GF320412190982	李建英	礼嘉镇
		牡丹花蕊茶		1	LB-10-19041002708A	2019.4.2—2022.4.1		李建英	礼嘉镇
常州市嘉泰峰果品专业合作社	常嘉泰丰+拼音+图形	葡萄	53.33	1200	LB-18-19061005511A	2019.6.26—2022.6.24	GF320412191851	杨建南	礼嘉镇
武进区礼嘉盛绿家庭农场	—	葡萄	6.67	150	LB-18-19071006898A	2019.7.29—2022.7.28	GF320412192208	张梅娟	礼嘉镇
武进区前黄沈记家庭农场	—	小麦	36.67	137.5	LB-01-19071006982A	2019.7.30—2022.7.29	GF320412181916	沈　阳	前黄镇大成村
武进区前黄盛亚家庭农场	—	樱桃番茄	6.67	100	LB-15-19071006474A	2019.7.18—2022.7.17	GF320412192088	蒋伯昌	前黄镇农场村
武进区前黄鑫丰家庭农场	—	黄瓜	4	60				王红妹	前黄镇杨桥村
常州市绿沁果品专业合作社	常亲+拼音+图形	葡萄	13.33	200	LB-18-19071006828A	2019.7.29—2022.7.28	GF320412192180	李　臣	前黄镇红星村
武进区前黄荣伟家庭农场	—	葡萄	7.33	110	LB-18-19071006726A	2019.7.25—2020.7.24	GF320412192128	蒋朝伟	前黄镇运村村
常州市家旺果品专业合作社	—	鲜磊杨梅	14.67	220	LB-18-19071006443A	2019.7.18—2022.7.17	GF320412192076	陆晓琴	前黄镇运村村
常州市中舜生态农业科技有限公司	—	黄瓜	11.33	300	LB-15-19081007413A	2019.8.9—2022.8.8	GF320412192368	朱保飞	遥观镇东方村
常州市漕桥路青水蜜桃专业合作社	—	水蜜桃	20	450	LB-18-19091008844A	2019.9.2—2022.9.24	GF320412192772	路　青	雪堰镇新康村
武进区洛阳欣荣果品种植园	—	水蜜桃	16.67	375	LB-18-19071006399A	2019.7.17—2022.7.16	GF320412192056	高正荣	洛阳镇
江苏嬉乐湾生态示范园有限公司	—	杨梅	80	1200	LB-18-19091008079A	2019.9.3—2022.09.2	GF320412192591	盛　伟	礼嘉镇
常州市大路全芬畜禽专业合作社	—	维晨水蜜桃	53.33	1200	LB-18-19071006804A	2019.7.26—2022.7.25	GF320412192166	康加兴	礼嘉镇

雪堰镇新康村优质稻米示范园　（供图 / 武进日报社）

队＋主推技术＋示范基地＋农业经营主体＋农户”链条式技术推广服务模式，向全区稻麦、园艺、水产三大主导产业1200户科技示范户示范推广，助推、主推技术应用普及，带动全区主导产业发展。全区累计引进和推广水果、蔬菜、水稻、水产等农业新品种、新技术26项，优良品种率均达95%；推广重大农业增产技术20项，农民受益面达80%；江苏（武进）水稻研究所选育水稻省定品种5个，其中江苏2个、安徽3个。

【农产品质量安全管理】 2019年，武进区稳步推进各项农产品质量安全工作，增强基层监管力量，强化日常监管，推进农产品质量安全体系建设，巩固“创成全国农产品质量安全区”成效。区农业农村部门与农业企业、农民专业合作社、农资店等签订安全生产经营承诺书8500余份；开展农产品质量安全宣传90余次，发放宣传资料6万余份，发送农产品质量安全知识短信20多万条；开展农产品质量安全专项整治行动，出动执法检查人员1000多人次，检查生产经营主体600余家，发现并查处相关案件20件；完成农产品质量安全抽样7481批次，合格率达99%以上；选取211家农业企业、农民专业合作社、种植大户等开展可追溯试点项目建设，实现80%以上农业主体纳入追溯平台管理。

【农业清洁生产技术实践】 2019年，雪堰镇新康村建成100余公顷优质稻米生态循环农业技术集成示范区，探索稻田养殖（鱼、虾、螃蟹等）、稻鸭共作、稻菜轮作、氮磷拦截、农业废弃物综合利用等生态技术，建立种养循环、农业清洁化生产模式，提升稻田生态经济效益，被认定为常州市生态循环农业科技示范园（区）创建备案单位。江苏嬉乐湾生态农业示范园有限公司、常州国伟农业科技有限公司、武进区洛阳欣荣果品种植园、常州市君辰农业服务专业合作社4家单位被认定为常州市生态循环农业主体小循环示范单位。

【商品有机肥推广】 2019年，武进区推进商品有机肥推广项目，主要辐射雪堰、前黄、礼嘉、洛阳等太湖一、二级区域乡镇，利用价格补贴机制引导林果、蔬菜、茶叶等种植户施用有机肥料，减少化肥使用量，提高农作物品质，改善土壤质量，减少农业面源污染。同时，建立废弃物利用机制，由项目实施主体综合利用畜禽粪便、藻泥等废弃物，促进生态循环农业发展。全区推广商品有机肥近1万吨，农户反映施用效果良好。

【绿色农药推广试点】 2019年，区农业农村部门继续在雪堰镇试点绿色农药推广工作，组织专家开展对《绿色农药推广目录》的年度更新，推广包括稻麦、林果、蔬菜常用绿色农药，分别登记在这三类农作物上使用的高效低毒低残留农药178种、生物农药33种和生长调节剂10种。完善信息管理平台，对单次购药超过一定奖励金额的农户进行预警，由镇级管理部门审核确认，提高农户购买绿色农药积极性，扩大绿色农药推广效应。全年绿色农药销售占比达92%，较2018年增加8.8个百分点，发放奖励资金147.13万元，较2018年增长54.5%。

【新型职业农民培育程度达64%】 2019年，武进区按照乡村振兴战略的要求，实施新型职业农民培训工程，提升农民科学文化素质和生产技能，打造符合现代农业发展需求的新型职业农民队伍。全年举办新型职业农民培训班81期，培育新型职业农民2510人。其中，省级农业职业技能培训42期，培训1200人；市、区级新型职业农民培训39期，培训1310人。遴选农民合作组织骨干100人和农业经营主体带头人及专业大户100人参加部级培训，全面提高农业科技人员和农民科技素质、为农服务水平和致富能力。全区新型职业农民培育程度达64%（持专业证书的农业劳动力占比），在全省处于领先水平。

【农业产学研对接】 2019年，武进区以农业实用技术为重点，广泛开展大众化普及性培训，初步形成了多渠道、多层次、多形式的培训体系。区农业农村局与中国农业科学院上海兽医研究所开展农业科技产学研对接活动。洛阳镇组织企业与银川大学开展产学研对接，并与常州轻工职业技术学院共建科技服务中心。雪堰水蜜桃基地与江苏农科所长期保持合作关系，水产基地与无锡淡水鱼研究所开展产学研对接活动。区花木园林商会与安徽农业大学对接交流。江苏立华牧业股份有限公司与扬州大学、南京农业大学保持长期合作关系，并成立博士后流动工作站，与南京理工大学老师开展产学研对接。常州枫华牧业有限公司与扬州大学达成产学研合作协议，实施常州市科技支撑计划项目。全年举办各类培训班50余班次，培训职业农民2510人、基层农技人员培训220人。有关乡镇、农业部门和农业企业、新型经营主体组织各类对接活动19次，涉及园艺、水稻、水产、畜禽四大主导产业，为全区现代农业发展和农业科技进步奠定坚实基础。

【政策性农业保险】 2019年，武进区加强重要农产品（水稻）收入保险改革，组织开展“常州市武进区重要农产品（水稻）收入产品创新发展复制推广的经验总结研究”的课题研究。将水稻收入保险试点对象扩大至种植面积2公顷以上的新型农业经营主体59个，累计承保水稻面积965.93公顷，实现签单保费131.7万元。推广商业性农业保险，首单商业性农业保险——小收割期降雨指数保险于5月15日落地。全区增开小麦收割期降雨指数保险、果树保险、苗木保险、螃蟹气温指数保险4个商业性农业保险险种，参保农户148户，参保面积129.8公顷，承担农业风险290.84万元，签单保费24.08万元。积极应对自然灾害，保障农户权益。1—10月，全区主要遭遇“2·8”雪灾、“7·18”暴雨、“8·10”利奇马台风，共计办理农业保险683件，赔款金额684.28万元，受惠农户1259户/次。其中，办理“2·8”雪灾涉农保险50件，赔款金额181.6万元，受惠农户227户/次；办理“7·18”暴雨涉农保险13件，赔款金额16.48万元，受惠农户35户/次；办理“8·10”利奇马台风涉农保险77件，赔款金额97.37万元，受惠农户411户/次；办理其他普通涉农保险543件，赔款金额388.82万元，受惠农户586户/次。

（蒋政阳）

粮油作物种植业

【概况】 2019年，受农业种植结构调整影响，全区粮食播种面积7530公顷，完成粮食总产5562.8万千克，分别较2018年减少1700公顷、911.7万千克。其中，水稻种植面积4366.67公顷，平均亩产638.5千克，较2018年增加5.5千克；小麦种植面积2167公顷，平均亩产309千克，较2018年增产18千克。实施轮作休耕，秋播季全区落实休耕面积2146.67公顷，其中轮作换茬面积486.67公顷、冬耕晒垡面积1660公顷。全年实际轮作休耕面积1666.68公顷。其中，轮作换茬面积328.87公顷，涉及雪堰镇、前黄镇、南夏墅街道；休耕晒垡面积428.6公顷；休耕培肥面积909.22公顷。推广以南粳系列为主的优质高效水稻品种和以扬麦系列为主的中、弱筋小麦品种，稻麦良种覆盖率100%；推广机插稻面积3840公顷，占水稻种植总面积的87.9%；推广应用商品有机肥1万吨，落实小麦轮作休耕面积2149公顷。创建水稻绿色生态防控示范区71.3公顷。新增“稻+”综合种养试点10个，其中稻鸭共作示范点9个、稻虾共作示范点1个，累计示范推广面积35公顷。江苏（武进）水稻研究所参与的“苏州良种补贴模式下优质水稻品种及其全产业链技术集成与推广”项目获全国农牧渔业丰收三等奖；朱邦辉获评全国南繁工作先进个人称号。

表6 2019年武进区粮油作物生产情况表

类　别	面　积（千公顷）	比2018年（±%）	总　产（万千克）	比2018年（±%）	亩　产（千克）	比2018年（±%）
全年粮食	7.53	−18.4	5562.8	−14.1	492.5	5.3
夏　粮	2.35	−33.2	1043.8	−30.1	296.0	4.7
小　麦	2.16	−34.7	1001.2	−30.7	309.0	6.2
秋　粮	5.18	−9.3	4519	−9.3	581.6	−0.02
稻　谷	4.4	−10.8	4214.3	−10.0	638.5	0.8
油　料	0.38	35.7	83.1	34.0	145.8	−1.2
油菜籽	0.35	40.0	72.9	40.2	140.0	0.9

【水稻新品种通过省级认定5个】 2019年6—8月，江苏（武进）水稻研究所培育的水稻新品种沪运粳4326、武育粳39号通过江苏省农作物品种审定委员会审定，武运367、武育糯4819、武运2340通过安徽省农作物品种审定委员会审定，审定编号分别为“苏审稻20190008”“苏审稻20190014”和“皖审稻20190025”“皖审稻20190035”“皖审稻20191018”。

沪运粳4326　由武运粳27号和武运粳7号杂交育成，属迟熟中粳稻品种，区试平均株高92.5厘米，结实率90.8%，千粒重27.3克，中感稻瘟病，中感白叶枯病，感纹枯病，适宜在江苏省苏中及宁镇扬丘陵地区种植，2018年生产试验平均亩产683.9千克，比较淮稻5号增产5.3%。

武育粳39号　由武运粳29号和武运粳24号杂交育成，属早熟晚粳稻品种，区试平均株高98.9厘米，结实率92.3%，千粒重28.3克，中感稻瘟病，中感白叶枯病，抗纹枯病，中感条纹叶枯病，米质理化指达到国标二级优质稻谷标准，适宜在江苏省沿江及苏南地区种植，2018年生产试验平均亩产680.0千克，比较武运粳23号增产3.3%。

武运367　由丙234/武28166和武083杂交育成，属晚粳常规水稻品种，区试平均株高86.0厘米，结实率85.8%，千粒重25.5克。2016年，抗稻瘟病（综合抗指2.0），中抗稻曲病（病穗率5.0%），中抗白叶枯病；2017年，中抗稻瘟病（综合抗指3.5），中感稻曲病（病穗率12.0%），中感白叶枯病。2016年米质为部标三级。适宜在安徽省双季晚粳稻区推广种植，生产试验亩产509.6千克，比较对照品种增产8.49%。

武育糯4819　由武运粳29和镇糯19杂交育成，属晚粳常规水稻品种，区试平均株高82.2厘米，结实率83.5%，千粒重26.4克。2016年，中抗稻瘟病（综合抗指5.00），抗稻曲病（病指1.5），中抗白叶枯病（病指38），高抗条纹叶枯病（发病率1%）；2017年，中抗稻瘟病（综合抗指5.50），中抗稻曲病（病指3.6），中抗纹枯病（病指42），高抗条纹叶枯病（发病率1%）。2016年米质为部标二级。适宜在安徽省双季晚粳稻区推广种植，生产试验亩产448.7千克，比较对照品种增产6.30%。

武运2340　由丙/28166和29154杂交育成，属晚粳常规水稻品种，区试平均株高82.2厘米，结实率82.0%，千粒重26.8克。2016年，中抗稻瘟病（综合抗指3.3），中感稻曲病（病穗率11.0%），中抗白叶枯病；2017年，中感稻瘟病（综合抗指4.8），感稻曲病（病穗率14.0%），中感白叶枯病。适宜在安徽省双季晚粳稻区推广种植，生产试验亩产605.61千克，比较对照品种增产7.38%。

【江苏武进水稻育种成果展暨科技协作大会】 2019年10月12—13日，在武进举行。中国工程院院士万建民，江苏省原副省长、著名水稻栽培学家凌启鸿，中国水稻研究所所长胡培松，常州市、武进区领导蔡骏、李林、戴士福、叶明华、蒋红英、薛红霞、刘云英出席，省、市农业农村部门有关领导，国内知名农业高等院校、科研院所和涉农企业、种业机构的专家学者共240人参加。大会安排专题报告会、武进水稻育种团队传承仪式、江苏（武进）水稻研究所水稻新品种观摩等议程，中国工程院院士万建民、中国水稻研究所所长胡培松围绕水稻常规育种、分子育种等重大问题分别做了专题报告，羌涵孚、钮中一、江祺祥被授予"武进水稻育种杰出贡献功臣"称号，江苏（武进）水稻研究所与江苏中江种业股份有限公司、安徽皖垦种业股份有限公司分别签约品种推广。武进区重视农业科技创新，在资金投入、队伍建设、环境营造等方面全方位支持水稻育种事业，于2009年3月组建江苏(武进)水稻研究所，新建水稻育种大楼、分子育种实验室、种质资源基因库等现代育种设施，改造南繁育种基地，创成中国南方稻区粳稻新品种展示中心，培养出以羌涵孚、钮中一、江祺祥为代表的水稻育种专家，从1962年起先后培育出"武粳""武运粳""武育粳"系列优质高产水稻新品种50多个，应用范围覆盖长江中下游地区，推动了国家粮食安全、农业增产增效、农民增收致富。

【草地贪夜蛾防治】 2019年5月，草地贪夜蛾首次入侵武进境内，对玉米生长造成一定危害。区农业农村部门在全区设立性诱剂诱集监测点30个，开展对玉米、蔬菜、水稻、果树、花木、草坪等作物的性诱剂监测，监测范围覆盖全区涉农镇（街道）。对于首次发现草地贪夜蛾的地区，第一时间到现场确认，并指导农户开展针对性防控，控制害虫进一步为害和蔓延扩散。先后开展草地贪夜蛾监测与防控技术专题培训，累计培训90人次，录制专题电视节目1期，发放草地贪夜蛾宣传挂图200份，提高农户对草地贪夜蛾的认识和防治水平均，实现全区草地贪夜蛾为害控制在最低程度，未出现连片危害。

【水稻病虫绿色防控示范区高标准建设】 2019年，武进区在前黄镇建设市级水稻病虫绿色防控示范区，核心区分布在大成、杨桥、农场、祝庄、联庆5个村，总面积71.3万公顷，辐射水稻种植面积666.67公顷。区农业农村部门在核心区示范应用农业、物理、生物等防控措施，设立技术展示牌，向广大项目区农户宣传绿色防控技术，组织技术培训2次，并开展现场教学，在辐射区推广性信息素诱杀和高效低毒低残留农药及生物农药，在全市范围内首次示范释放赤眼蜂防控稻纵卷叶螟。该示范区较常规防治区减少化学农药用量20%，生物物理等非化学农药的绿色防控技术覆盖率32%，绿色防控产品使用面积占比达100%。2019年，全区稻麦生产单位面积化学农药使用量比2015年减少42.8%，比2018年减少3.7%；太湖一级保护区稻麦生产单位面积化学农药使用量比2015年减少71.9%，比2018年减少15.4%。

（蒋政阳）

林果园艺业

【概况】 2019年，全区引进种植水蜜桃、葡萄、梨等品种15个，果品栽培面积4532.6公顷，其中种植桃树面积2340公顷、梨树面积227公顷、葡萄面积1726.7公顷，年产果品6402.4万千

表7

2019年武进区林木果茶生产情况表

类别	面 积（公顷）	比2018年（±%）	总产量（万千克）	比2018年（±%）	亩 产（千克）	比2018年（±%）
果 品	4532.6	5.60	6402.40	9.14	941.68	3.35
桃	2340.0	9.40	3300.00	9.27	940.17	−0.12
葡 萄	1726.7	0.93	2285.00	5.03	882.22	4.06
梨	227.0	−2.32	416.50	5.44	1223.20	7.95
茶 叶	166.0	−1.19	3.33	−8.9	13.39	−7.80
蔬 菜	2653.3	0.01	21900.00	14.66	5502.58	14.65
苗 木	5947.5	−7.8	—	0	—	—
花 卉	443.0	186	—	—	—	—
盆 景	29.5	−4.22	—	—	—	—
草 坪	1900.0	0.05	—	—	—	—

夏溪花木市场　　（供图/武进日报社）

水蜜桃　　（供图/武进日报社）

克，产值5.8亿元。茶园面积166公顷，茶叶产量33350千克，产值1532万元。蔬菜常年性耕地面积2653.3公顷，全年完成蔬菜播种面积（含复种）6083.3公顷，产量2.19亿千克，产值5.4亿元。

武进有“中国花木之乡”之称。2019年，全区花木种植面积8320公顷。其中，苗木种植面积5947.5公顷，花卉种植面积443公顷，盆景种植面积29.5公顷，草坪种植面积1900公顷，年产苗木14.9亿株、盆栽植物4.3亿盆、草坪面积301公顷。有花木种植专业村（花木种植面积占全村耕地总面积70%以上）34个、花木专业组织49个、花木专业大户（花木种植面积2公顷以上）1000多户，三者种植面积占全区花木总面积的80%以上。有花木经纪人9653人，花木园林企业201家，花木市场中间商4000多人，从业总人数达7.79万人。嘉泽、湟里两大花木板块镇花木面积达0.78万公顷，占全区花木总面积的92%。至年底，全区完成花木业产值20.34亿元，销售额（含园林绿化工程）近260亿元，其中夏溪花木市场交易额203.38亿元。

【第十一届“阳湖”果品节】 7月15日至8月15日举行。该届果品节由武进区果品协会和武进日报社主办，以“游美丽武进·品阳湖鲜果”为主题，推出武进阳湖水蜜桃嘉兴专场推介会、武进阳湖果品南京专场推介会、第十一届阳湖果品节开幕式、武进区十佳优质果品生产基地评比、淘宝常州馆线上展销等活动，在嘉兴、南京设立阳湖果品销售点，在南京百果园、常州杰记水果等60余家水果门店设置阳湖果品直销专柜，邀请省内外固定水果采购客商参加果品产销对接活动，全面推介武进地产名优果品。果品节期间，通过“杰记水果”这一平台，阳湖水蜜桃以每日1.6万千克的量销往上海、嘉兴等地，礼嘉葡萄以每日1万千克的量销往北京，累计接待游客万余人次，实现果品销售额超1000万元。

【省级花卉苗木生产标准化试点项目通过验收】 2019年3月，由区林业工作站承担的省级花卉苗木生产标准化试点项目通过验收。该项目自2017年4月开始建设，统一制定生产技术规程，规范生产标准化管理，示范推广标准化栽培技术，引导农户生产高质量花木产品，提高全区花木产品竞争力，促进花木产业高质量发展及经济、社会、生态效益提升。到2019年3月实际完成项目总投资41.9万元，其中上级拨款18万元、单位自筹23.9万元。标准覆盖湟里、嘉泽、雪堰3个主要苗木生产乡镇，建立新品种种质资源标准化示范基地2个、乡土树种种质资源库标准化示范基地3个，完成种植推广花卉苗木新品种及乡土树种5种（垂柳、一串红、三色堇、油用牡丹、木荷），辐射推广周边乡镇花卉苗木种植面积333.33公顷，带动周边农户1400余户。

【2019中国(夏溪)园艺嘉年华暨江苏·澳门园艺文化周活动】 10月18—20日，在夏溪花木市场举行。此次活动由《中国花卉报》社、澳门江苏联谊会、万臻生态科技有限公司主办，江苏夏溪花木市场管理有限公司承办，推出园艺文化推广周、花卉园艺产业高峰论坛暨苏澳产业对接会、欧洲杯花艺预选赛、现代苗木应用展、园艺实景展、国际地景展、现代庭院布置展7项专题活动，布置展览展示面积近5万平方米，除园艺村外，搭建展示区面积达1.5万平方米，设有“花艺与生活、园艺与生活、园艺秀场、园艺集市”4个主题馆，共有大型特装展位150个、标准展位近300个，吸引

10月18—20日，中国（夏溪）园艺嘉年华暨江苏·澳门园艺文化周活动一角
（供图/武进日报社）

荷兰、比利时、德国、丹麦等8个国家和地区以及国内近200家企业（客商）参展。在为业内人士提供交流新产品、新技术、新理念、新创意的同时，也为广大园艺爱好者和市民提供了一次从视觉到嗅觉、味觉的全方位体验，为促进花木产业转型升级、产销对接、助农增收发挥了积极作用。

（蒋政阳）

畜牧业

【概况】 2019年，全区生猪年末存栏5546头，其中母猪416头，年内出栏生猪5.87万头，出栏数同比下降45.26%；家禽年末存栏77.21万羽，其中鸡71.78万羽、鸭2.92万羽、鹅2.51万羽，年内出栏365.70万羽，出栏数同比上升4.96%；山羊存栏986头，出栏781万头，出栏同比下降67.46%。年产肉类1.21万吨，禽蛋产量360吨。全年实现畜牧业总产值3.43亿元，较2018年增加29.43%。3月，由区政府与镇政府（开发区管委会、街道办事处）、区农业农村局与镇（街道）畜牧兽医站分别签订重大动物疫病防控工作责任状，印发全区主要动物疫病免疫实施方案，加强高致病性禽流感、口蹄疫等重大动物疫病和狂犬病等人畜共患病防控工作指导，确定畜禽疫苗标识厂家名单，拨付“先打后补”资金。推进重大动物疫病春季防疫及犬类狂犬病防疫行动、夏季重大动物疫病集中补免和消毒灭源行动、重大动物疫病秋季集中防疫行动，累计防疫高致病性禽流感430.3万羽次、新城疫427.8万羽次、猪牛羊口蹄疫7.3万头次、高致病性猪蓝耳病12.8万头次、羊小反刍兽疫0.1万头次，防疫犬40493只，未发生区域性重大动物疫情。无害化处理病死猪4435头，产地检疫生猪48602头，屠宰检疫牛1497头（屠宰场已关停）。持续开展“瘦肉精”专项整治行动，实行养殖环节“月月检”、屠宰环节“批批检”，监测样品2397份，无“瘦肉精”事件发生。组织项目申报，争取上级资金114万元。王建“中药材黄芩、黄芪和党参防治畜禽疫病功能的深度开发与应用”项目获得2018年度江苏省科学技术奖三等奖；杜文炳获得全国技术能手、江苏农业技术能手称号；汤泽、张岳均获全省动物检疫状元称号；田原获得江苏省青年岗位能手称号。

【畜牧业循环发展】 2019，武进区牢固树立畜牧业循环发展理念，以畜牧业生产、生物安全防控与生态保护相协调为总目标，深入推进畜牧业转型升级。稳定生猪和家禽两大主要畜禽生产基础，以龙头企业为带动，扩大规模养殖比重。依托东部果蔬产业区、南部稻麦产业区、西部花卉苗木产业区3个优势种植产业片区，加快构建种养结合、农牧循环的发展机制。推广生态健康养殖技术、畜禽粪污循环利用模式，推进畜禽养殖粪污循环利用。建立健全长效管理机制，明确各方责任，基本形成畜禽养殖环境网格化监管格局。全区畜牧业循环发展成效显著，至12月，全区规模养殖场粪污处理设施配套率达98.48%，其中大型规模场的配套率达100%，规模养殖场治理率98.51%，畜禽粪污资源化利用率96.86%，其中规模养殖场资源化利用率98.09%。

表8　2019年武进区畜牧业生产情况表

项目		单位	指标	比2018年（±%）
生猪	年末存栏	头	5546	−89.81
	母猪	头	416	−87.00
	年内出栏	头	58732	−45.26
	猪肉产量	吨	4405	−45.26
羊	年末存栏	头	986	23.25
	年内出栏	头	781	−67.46
	羊肉产量	吨	16	−56.61
家禽	年末存栏	万羽	77.21	−5.91
	鸡	万羽	71.78	−6.78
	鸭	万羽	2.92	5.80
	鹅	万羽	2.51	9.03
	年内出栏	万羽	365.70	4.96
	禽肉产量	吨	7715.00	34.10
	禽蛋产量	吨	360.00	−65.65

【非洲猪瘟防控】 2019年，面对非洲猪瘟防控的严峻复杂形势，武进区坚持落实非洲猪瘟防控关键措施，努力降低疫情传播和发生风险，防止疫情反弹。于3月，购置高通量病原学检测仪器投入使用，开展全区非洲猪瘟、高致病性禽流感等重大动物疫病病原学检测。区兽医实验室于年初获得非洲猪瘟病原学检测资质后，开展生猪养殖场、农贸市场样品检测。举办非洲猪瘟防控技术培训班。7月26日，举办全区非洲猪瘟防控技术培训班，培训基层畜牧兽医站和生猪养殖场人员30人次，区应急指挥部办公室组织开展对全区防控非洲猪瘟应急指挥部成员的更新备案。

【畜禽养殖数字农业建设试点项目获评全国县域数字农业农村发展水平评价创新项目】 2019年4月21日，在中国农业展望大会及全国县域数字农业农村发展论坛上，畜禽养殖数字农业建设试点项目获评2018年度全国县域数字农业农村发展水平评价创新项目。该项目由常州枫华牧业股份有限公司承担实施，是全省唯一原农业部数字农业试点项目，于2017年3月获部级批复立项，建设期两年，计划总投资3110万元，建设内容涵盖自动精准环境控制系统、数字化精准饲喂管理系统和粪污处理系统。2019年，建成生产系统和环境控制系统26套、温控器34套，完成视频监控系统安装，开展数字化管理平台软件调试及设施设备试运行。项目建成后，可全面整合养殖数字化平台软硬件，打通信息孤岛，形成高效、规范、标准、环保的智慧猪场整体解决方案，向中小型猪场输出成熟的管理模式和提供先进的生产数据管理服务。对接政府监管平台，协助政府解决中小规模猪场难监管、数据乱的问题；对接保险金融机构、生产物资供应厂家，有效降低农户生产养殖风险。

（蒋政阳）

渔 业

【概况】 2019年，武进区按照“立足生态谋思路、围绕转型求发展”的思路，坚持提高发展质量和效益的目标，推进渔业供给侧结构性改革，加快水产养殖绿色发展和产业融合发展。全区水产养殖面积5190公顷，其中池塘养殖面积5055公顷、河沟养殖面积135公顷。新增高效设施渔业面积103公顷，累计2006公顷，占全区水产养殖面积的38.65%。全年人工繁殖鱼苗7.22亿尾，实现河蟹、青虾等特种水产产量513.1万千克，特种水产覆盖率86%，水产品总产量3642万千克，渔业产值达10.72亿元。区农业农村部门在永安河开展渔业增殖放流活动，投放鲢鳙鱼2.5吨。加强渔业质量安全管理，协助完成水产品抽检65批次，查实水产品禁用药物超标2例，全区无人为投入违禁药，无害化处理河蟹26.86千克。区水产技术推广站积极引进和推广水产良种，全区优质扣蟹养殖面积增至33.33公顷，常州和润渔业有限公司、常州渔丰生物科技有限公司等扣蟹养殖基地联合周边养殖大户引进大眼幼体约5000万只，河蟹重点养殖区苗种自给率增至60%左右。区水产技术推广站所做的项目——江苏省主要经济鱼类重要病害防控技术集成与应用（国科奖社证字第167号）获得范蠡科学技术奖一等奖。区水产技术推广站黄桦代表常州市参加江苏省水产职业技能竞赛获省赛个人第四名和团体第一名。

表9 2019年武进区渔业发展情况表

项目			单位	指标	比2018年（±%）
基本情况	养殖面积		公顷	5190	−0.12
	其中：池塘养殖面积		公顷	5055	−0.80
	围网养殖面积		公顷	0	0.00
	河沟养殖面积		公顷	135	35.00
	水产品产量		万千克	3642	7.02
	渔业产值		亿元	10.72	28.92
	鱼池改造面积		公顷	100	−3.85
	工厂化养殖面积		立方米水体	17880	0.00
特种水产养殖	养殖总面积		公顷	2097	3.81
	总产量		万千克	513.1	9.78
	河蟹	养殖面积	公顷	1883	4.26
		产量	万千克	367.9	19.84
	青虾	养殖面积	公顷	1000	10.74
		其中：单养面积	公顷	14	0.00
		产量	万千克	36.5	3.69
		其中：单养产量	万千克	4.5	4.65
	龟鳖	控温面积	公顷	2	−42.86
		养殖面积	公顷	12	−20.00
	黄颡鱼养殖面积		公顷	6	−33.33
	鳜鱼养殖面积		公顷	152	0.00
苗种生产	淡水鱼苗产量		亿尾	7.22	7.44
	扣蟹育苗量		千克	20700	88.18

【水产养殖绿色发展】 2019年，区农业农村部门加快推进重点渔区尾水集中净化与循环利用示范工程，在常州市武进水产养殖场、常州和润渔业有限公司建成“基于多级净化的尾水集中处理与循环利用”养殖示范小区233.33公顷。在前黄镇大成村沈记家庭农场开展“稻鱼循环种养”试验示范，实现亩产水稻500千克、鱼约600千克，证明了“稻鱼循环种养”模式在解决水产养殖尾水直排、促进稻鱼质量同步提升生产实践上的可行性。探索池塘原位净化修复技术示范，在嘉泽、湟里、前黄三镇完成示范面积127.73公顷，以鱼菜共生原理为基础，结合净化型微生物菌和有益藻类的使用，增强养殖过程中对水体内源性污染的分解与利用。全年完成百亩以上池塘标准化改造面积100公顷。积极扶持水产龙头企业，常州和润渔业有限公司通过农业农村部水产健康养殖示范场申报，入选省农业河蟹产业技术体系核心示范基地。

【非法捕捞专项整治行动】 2019年，按照《武进区非法捕捞专项整治行动实施方案》，区农业农村部门加强与媒体协作，增强违法捕捞行为曝光度。组织开展长沟河（湖塘段）非法捕捞专项整治行动、武南河非法捕捞专项整治行动、北干河拦河罾专项清理整治行动，在夏溪河、龙江河、庙桥河等河道开展非法捕捞行整治行动，实施渔政专项整治行动20次。全年出动执法人员320余人次、执法船艇65航次，拉宣传横幅153条，武进电视台等媒体宣传报道9次；查获各类非法捕捞6起，立案查处2起，罚款1000元；收缴各类非法捕捞渔具249个，其中地笼网213个、搬罾7个、撒网4个、鱼簖8个、迷魂阵1个、拦河

工厂化循环水养殖车间　（供图/武进日报社）

罾4个和丝网12串。全区非法捕捞行为呈明显下降趋势。

（蒋政阳）

农业产业化

【概况】 2019年，武进区稳步推进农业产业化，通过项目带动、创先评优等形式，助力新型农业经营主体成长。全年批复项目69个，其中先建后补项目27个、以奖代补项目42个，争取财政资金728.75万元。实施农业龙头企业培育项目2个，其中先建后补类项目1个、贷款贴息类项目1个，争取市级财政资金113万元；实施开放型农业项目1个，争取财政资金35.75万元；申报农业龙头企业培育项目12个，建成市级20强农产品加工型示范龙头企业5家。全区入围国家级农业龙头企业1家（江苏立华牧业股份有限公司）、省级农业龙头企业2家（江苏嬉乐湾生态农业示范园有限公司、江苏恒诺农业科技发展有限公司）、市级农业龙头企业6家，累计有区级及以上重点农业龙头企业32家，其中国家级3家、省级10家、市级9家，全年实现销售额330亿元，较2018年增加9.06%。发展农民专业合作社，新增市级星级合作社15家，累计29家；新增家庭农场59家，累计210家；新增市级优秀家庭农场10家，累计25家；完成常州太湖明珠水产专业合作社等6个国家级合作社监测、常州市旺庄农机服务专业合作社等9个省级合作社监测。组建前黄、洛阳、雪堰3家农村合作经济组织联合会。

【休闲观光农业建设】 2019年，武进区持续发展休闲观光农业，江苏嬉乐湾生态农业示范园有限公司、常州市龙凤谷生态旅游发展有限公司分别完成全国休闲农业与乡村旅游五星级、四星级示范企业（园区）申报。各村镇把村镇建设和农村旅游相结合，推进美丽乡村建设，雪堰镇城西回民村入选2019年中国美丽休闲乡村，嘉泽镇跃进村、雪堰镇雅浦村入选2019年江苏省休闲农业精品村，龙凤谷生态园、新康味稻小镇入选2019年江苏省主题创意农园。

【新增国家级和省级农业龙头企业3家】 2019年12月，江苏立华牧业股份有限公司入围国家级农业龙头企业，江苏嬉乐湾生态农业示范园有限公司、江苏恒诺农业科技发展有限公司（原江苏恒诺园林建设有限公司）入围省级农业龙头企业。

江苏立华牧业股份有限公司　成立于1997年6月，是一家集科研、生产、贸易于一身、以优质草鸡养殖为主导产业的一体化农业企业。总资产近86亿元，2019年销售额达88.8亿元。公司自主培育的当代草鸡优良品种“雪山鸡”是“无公害农产品”“江苏名牌产品”。雪山牌商标被认定为“江苏省著名商标”。公司通过“公司＋合作社＋农户”的发展模式带动周边农户实现每户增收8万～12万元/年。2019年，公司在深交所挂牌上市，股票简称“立华股份”，股票代码“300761”，成为江苏省首家上市的畜禽养殖企业、常州市首家上市的农业企业。

江苏嬉乐湾生态农业示范园有限公司　位于礼嘉镇，成立于2015年，建设运营嬉乐湾生态农业示范园，总占地面积80公顷，资产总额9100万元。坚

表10　2019年武进区省级及以上农业龙头企业情况表

级　别	企　业　名　称	销售额（主营农产品销售收入）（万元）
国家级	万臻生态科技有限公司	2033800.00
	常州市枫华牧业有限公司	31022.39
	江苏立华牧业股份有限公司	888267.20
省　级	常州市横山桥农副产品批发市场有限公司	389234.90
	常州市红太阳生物工程有限公司	17486.00
	常州市津津乐食品有限公司	19531.00
	江苏太滆水产科技有限公司	8510.80
	常州市蒋记食品有限公司	19144.98
	常州市祝庄园艺有限公司	12595.49
	江苏艺林园花木有限公司	18442.00
	常州家绿林果园艺有限公司	8820.00
	江苏恒诺农业科技发展有限公司	11310.00
	江苏嬉乐湾生态农业示范园有限公司	3164.00

持走现代化生态农业之路，将生态农业示范园开发与农业休闲观光相结合，营造都市田园乡村，让现代都市居民在这里感受农业、认知农业、体验农业生活。2019年，实现销售额3100余万元，被评为全国休闲农业与乡村旅游精品五星级园区。

江苏恒诺农业科技发展有限公司 前身为江苏恒诺园林建设有限公司，成立于1975年，集苗木培育和工程规划、施工、养护于一体，拥有总资产6.4亿元，苗木基地150.67公顷，2019年实现销售额1.13亿元。

（蒋政阳）

农业机械化

【概况】 2019年，武进区推进省级粮食生产全程机械化示范区创建，开展省级粮食生产全程机械化示范镇创建，雪堰镇、前黄镇、洛阳镇3个镇于8月通过省级首批粮食生产全程机械化示范镇考核验收，横山桥镇、礼嘉镇、横林镇和南夏墅街道于12月通过省级第二批粮食生产全程机械化示范镇考核验收，武进区入选全国第四批率先基本实现主要农作物生产全程机械化示范县（市、区），常州市金种子农业服务专业合作社入选全国“全程机械化+综合农事”服务中心典型案例。全区新增各类先进适用补贴农业机械117台套，其中大中拖拉机1台、高性能联合收割机3台、高性能插秧机7台，共投入中央及省级财政补贴资金51.85万元。实施农机社会化维修服务奖励政策，提高全区农机维修能力和服务水平，常州市武进区潘家小建农机维修部、江苏常州汇丰农机有限公司、常州武进现代农机有限公司前黄分公司、常州市前丰农机维修有限公司、常州武进现代农机有限公司汽修厂、武进区洛阳扁豆农机维修部6家农机维修网点经过考评，获得奖励资金扶持共计20万元。全区有农机专业合作社、农机作业服务公司等农机服务组织60个，农机服务组织作业面积占机械作业总面积的80%以上。扶持农机服务组织机库和维修点建设，确定2家机库和2个维修点建设项目。至年底，全区农机总动力23.49万千瓦，其中柴油机动力11.50万千瓦、汽油机动力1.47万千瓦、电动机动力10.53万千瓦；机插秧面积0.38万公顷，占水稻种植面积的88.09%。全区农业综合机械化水平90%，其中粮食生产机械化水平在95%以上、设施农业生产主要环节机械化水平在73%以上，农业机械化水平在全省保持领先地位。

【武进区入选全国第四批率先基本实现主要农作物生产全程机械化示范县（市、区）】 2019年年末，武进区入选全国第四批率先基本实现主要农作物生产全程机械化示范县（市、区）。从2018年起，武进区确立“政府引导、装备支撑、技术引领、服务保障、整体推进”的发展思路，全力推进机械化技术系统集成应用，建立优化适合全区粮食生产全程机械化的生产模式和技术路线，于2019年实现水稻、小麦耕种收综合机械化率分别达96.11%和96.89%，主要农作物耕整地、植保、高效植保、收获、产地烘干和秸秆处理全程机械化，机械化水平分别达99%、88%、98%、99%、85%、90%以上。围绕智能化、信息化、绿色环保等高性能上档次新机具新技术发展方向，加快机械装备提档升级，农机作业水平再创新高。研发“武进智慧农机”平台，积极探索农机化和信息化融合，实现装备智能化、作业精细化、管理数据化、服务在线化，以信息化智能化提升全区主要农作物生产全程机械化质量和水平。

【金种子农业服务专业合作社入选全国“全程机械化+综合农事”服务中心典型案例】 2019年10月29日，农业农村部办公厅公布第一批全国“全程机械化+综合农事”服务中心典型案例名单，常州市金种子农业服务专业合作社入选，成为全国70例之一和全省5例之一。该合作社组建于2009年，凭借优质的机插秧服务，逐渐延伸作业服务链至机械化耕整地、播种、收获，以及高效植保、产地烘干、精米加工等全过程机械化作业服务，成为集农资统购、新装备新技术示范、信息咨询、培训指导、农产品初加工、农产品销售对接的“一站式”综合农事服务平台，形成“种植—收获—冷藏—加工—销售”全过程产业链，实现农产品种销一体化，取得社会效益和经济效益双赢。先后获得全国农机合作社示范社、平安农机示范合作社和江苏省五星级农机专业合作社示范社、十佳农机专业合作社等称号。

【“平安农机”示范区长效管理】 2019年，武进区推进“平安农机”示范区长效管理，开展各类安全活动。区农业农村、公安、安监等部门开展联合执法检查，组织检查11次，出动执法人员81人次，查处违法违规行为，涉及农机320台，签订农机安全生产责任状1658份。全区新办拖拉机、联合收割机牌证23台，新办驾驶证124张，检验拖拉机642台、联合收割机111台，到期审验拖拉机（联合收割机）驾驶人169人。

（蒋政阳）

农业机械化收割　　（供图/洛阳镇）

工 业

Industry

栏目编辑　陈　蓉

工业经济运行

【概况】 2019年，武进区有国家级工业产业园区1个、省级工业产业园区2个、镇特色工业园区10个，工业企业2.52万家，其中年主营业务收入2000万元以上（简称"规模以上"）工业企业1846家、超100亿元企业5家、超1000亿元企业1家，高新技术企业679家。工业企业入围2019年中国民营企业500强3家、中国民营企业制造业500强5家，制造业上市企业累计26家，获市长质量奖2家。年内，全区围绕"十三五"纵深推进、建设工业明星城市和"产业创新发展三年行动计划"决胜年，推动工业经济稳中有进、量质并举，高质量发展成效显著。据中国信息通信研究院发布的2019年中国工业百强县、中国工业百强区榜单，武进区位列中国工业百强区全国第八、全省第一，被省政府办公厅评为2018年江苏省促进制造业创新转型和高质量发展、先进制造业集群培育等工作成效明显地方，资源节约集约利用综合评价成绩优异地方，分别给予产业转型升级专项资金奖励和新增建设用地计划指标奖励。

2019年，全区工业经济运行总体平稳，稳中向好。全区完成规模以上工业产值4256.82亿元，比2018年增长8%，规模以上工业增加值增长7.8%；完成工业开票销售收入5116.19亿元、营业收入4670.38亿元，分别增长6.85%、7.7%；实现利税总额366.34亿元、利润总额256.04亿元，分别下降3.9%、0.5%；工业用电量171.41亿千瓦时，增长6.02%。聚焦智能装备制造、新材料等特色新兴产业，持续引导优势传统产业向中高端发展，促进制造业转型升级，纺织、冶金、金属制品三大产业规模以上工业企业完成产值1530.62亿元，省标战略性新兴产业规模以上工业企业完成产值1776.88亿元，分别占全区规模以上工业企业产值的35.96%、41.74%。10个镇特色工业园区完成年度工业投资50亿元，完成工业总产值1170.36亿元。工业投资逐步回升，增长4%，高于全市1.8个百分点，工业技改投资占工业投资的59.1%。全区销售收入百强工业企业累计完成产值2694.85亿元、销售收入2938.54亿元、利税240.15亿元，有效拉动全区工业发展。受口径调整和减税降费影响，全区工业净入库税收152亿元，下降15.33%。全区规模以上工业企业综合能源消耗量累计982.68万吨标准煤，上升1.8个百分点。

（张杏阳）

【镇特色工业园区产值超1100亿元】 武进区有镇特色工业园区10个，分别是雪堰精密机械产业园、前黄绿色低碳产业园、礼嘉农用机械工业园、洛阳冷藏冷链装备及电机电器产业园、湟里东方产业园、牛塘军民融合产业园、湖塘科技产业园、遥观轨道交通及绿色机电产业园、横林绿色能源及绿色家居产业园、横山桥智能电力装备产业园，累计有入驻企业1497家。2019年，全区围绕产业创新发展三年行动计划、特色强镇建设三年行动计划，继续实施特色工业园区提升工程，优化园区布局，提升园区功能，提高用地效益，壮大主导产业。至年底，10个镇特色工业园区完成工业投

湖塘科技产业园外景　　（供图/区工信局）

资50亿元，实施1000万元以上投资项目77个，完成工业总产值1170.36亿元，实现销售收入1137.54亿元，分别增长10.45%、12.67%。其中，规模以上工业企业销售收入991.86亿元，占87.19%。

（李伟华）

【区工业重点项目投资295亿元】 2019年，武进区实施区工业重点项目153个，完成投资295亿元，完成年度目标的103.7%。其中，投资额超10亿元项目7个；70个结转项目完成投资198.5亿元，完成全年计划的120.6%，83个新建项目完成投资96.5亿元，完成全年计划的80.4%，新建项目开工率95.2%。各相关单位主动跟踪服务，协调推进重点项目，推动项目落地见效。至年底，安普特陶瓷纳米级热防护阻爆材料项目、纵慧激光芯片项目、铁牛集团汽车核心系统项目等92个项目超额完成年度投资计划，车和家增程式电动智能SUV汽车项目、恒立高精密液压铸件项目、光大环保装备Ⅲ期项目等59个项目竣工投产，竣工率81.94%。

（叶　昕）

【工业企业运行监测】 2019年，武进区围绕年度工业经济目标任务，由区政府办公室印发《关于公布2019年武进区特色企业名单的通知》筛选中天钢铁集团有限公司等重点企业60家、贝内克长顺生态汽车内饰材料（常州）有限公司等成长型企业120家、斯泰必鲁斯（江苏）有限公司等隐形冠军企业120家，组织定期和专题运行分析。调查和掌握中美贸易摩擦、环保安全政策升级等内外部因素影响，及时提出苗头性问题和相关预测，加强重点行业、重点企业监测预警，培育新增长点，确保工业经济运行态势稳健向好。年内，60家重点企业累计完成产值2305.08亿元，占全区规模以上工业企业产值的54.15%，有力支撑工业发展。120家成长型企业累计完成产值380.15亿元，增长18.4%，高于全区规模以上工业企业产值平均增幅10.4个百分点，有效拉动工业增长。120家隐形冠军企业累计完成产值251.07亿元，增长8.6%，在各细分领域具备较强核心竞争力。

2019年武进区60家重点工业企业主要经济指标完成情况表

表11　　单位：万元

主要经济指标 企业名称	产值		主营业务收入		利税		利润	
	2019年	比2018年（±%）	2019年	比2018年（±%）	2019年	比2018年（±%）	2019年	比2018年（±%）
中天钢铁集团有限公司	6538523	14.22	9383009	12.42	280744	−2.80	193564	16.66
东方润安集团有限公司	1997248	13.42	1982714	17.10	110182	−42.75	48271	−40.71
常州同泰高导新材料有限公司	942140	13.62	923297	12.61	97370	16.09	64207	13.31
常州今创控股有限公司	1481677	8.88	1398318	13.20	179289	5.50	105638	1.27
瑞声科技控股有限公司	1147620	−11.9	1003668	−14.65	109361	−41.94	85505	−45.94
江苏江南实业集团有限公司	1651940	15.65	1660421	14.79	73026	−36.49	54132	−11.68
光宝科技（常州）有限公司	933255	3.32	927215	3.29	19560	−3.02	19560	−2.73
江苏常发实业集团有限公司	480322	10.56	515491	13.27	24518	−2.29	17471	16.69
常州卓睿通讯设备有限公司	541361	7.88	550831	10.22	96748	39.86	70491	60.03
旷达控股集团有限公司	148937	−12.77	144082	−10.84	17173	−50.21	13375	−54.98
江苏恒立液压股份有限公司	548853	37.52	555115	38.75	173630	43.65	151343	42.99
新誉集团有限公司	463434	25.17	442447	31.89	122046	39.44	100879	54.28
江苏长海复合材料股份有限公司	131729	37.64	127393	37.46	33404	13.50	27206	12.04
柳工常州机械有限公司	424655	22.26	426786	25.18	29084	−31.28	21846	−34.06
纳恩博（常州）科技有限公司	393539	28.49	373602	−2.66	30831	88.77	15827	−1.40
江苏丰润电器集团有限公司	250172	−14.14	232031	−18.99	1316	−86.38	708	−82.22
常州博瑞电力自动化设备有限公司	252917	−5.88	265370	10.48	52751	−12.02	42650	−15.45
中车戚墅堰机车车辆工艺研究所有限公司	243987	0.80	233658	8.71	27274	80.26	18609	304.37
江苏华电戚墅堰发电有限公司	169393	−29.83	169393	−29.83	14719	−55.82	1673	−82.18
北汽新能源汽车常州有限公司	24870	−89.67	24620	−89.73	−9377	/	−9377	/
卡尔迈耶（中国）有限公司	101084	−56.82	96416	−54.04	21721	−71.49	18226	−72.00
中车戚墅堰机车有限公司	276849	18.61	313001	0.51	10675	−47.80	271	−53.00
光大环保技术装备（常州）有限公司	263154	15.01	263154	15.01	47568	−1.79	38155	13.94
常州新奥燃气发展有限公司	197909	7.03	199608	8.06	43874	−4.59	39413	−1.88
江苏国茂减速机股份有限公司	187628	7.25	187662	7.27	40627	24.48	31353	25.05

续表 11

主要经济指标 企业名称	产值		主营业务收入		利税		利润	
	2019 年	比 2018 年（±%）	2019 年	比 2018 年（±%）	2019 年	比 2018 年（±%）	2019 年	比 2018 年（±%）
江苏顺风光电科技有限公司	227376	49.39	219805	60.52	32867	1974.02	32089	4789.44
百兴集团有限公司	129865	203.01	130519	198.74	10442	158.41	7030	256.54
江苏雷利电机股份有限公司	166525	0.23	159469	0.78	24578	20.73	17689	35.20
江苏赛拉弗光伏系统有限公司	267228	24.66	261884	23.35	35287	30.80	23289	41.95
安费诺（常州）高端连接器有限公司	154037	−3.58	147174	−1.77	61454	4.49	43545	−12.55
江苏常宝钢管股份有限公司	147250	−6.87	192481	−12.59	39423	32.88	33571	39.76
常州市薛巷电讯元件有限公司	142213	6.71	140129	6.33	7610	18.18	4243	4.65
常州中车汽车零部件有限公司	113435	−11.55	112534	−12.98	1293	−29.88	182	−67.96
江苏兰陵高分子材料有限公司	51141	18.44	50026	18.04	5558	35.27	2817	19.20
灵通投资集团有限公司	—	—	—	—	—	—	—	—
常州市凯迪电器股份有限公司	118099	5.83	114227	2.46	37754	−4.59	29929	−2.76
新华昌集团有限公司	266220	142.17	261681	101.34	42108	84.27	7669	43.00
常州市百亿达尔轨道客车配件有限公司	117395	12.76	102505	7.72	12127	−7.43	9881	4.77
博世力士乐（常州）有限公司	90719	−11.64	93506	−6.71	28455	12.49	22206	16.91
江苏贝尔装饰材料有限公司	105668	7.65	112776	20.82	10146	31.63	4816	22.17
安川（中国）机器人有限公司	90067	−8.09	83635	−14.39	8486	−48.05	7115	−46.65
江苏南方通信科技有限公司	57114	−35.65	57114	−35.65	7299	−44.78	4987	−51.15
常州市神力电机有限公司	108293	23.25	108184	23.12	12185	82.67	10886	175.92
安费诺（常州）连接系统有限公司	70419	−12.72	71581	−14.71	5433	−42.38	4714	−34.31
三鑫重工机械有限公司	87520	29.65	80998	17.34	6446	−5.29	6249	104.59
常州强力电子新材料股份有限公司	66465	6.91	61923	10.35	12869	−9.61	12477	7.11
江苏晶雪节能科技股份有限公司	54227	10.33	62892	12.77	11373	20.51	7993	48.15
新纶科技（常州）有限公司	44702	−31.28	43797	−27.63	7440	−59.50	6310	−62.28
江苏瓯堡纺织染整有限公司	51153	−15.51	50488	−15.53	5274	−45.94	464	−43.57
常州市长润石油有限公司	34534	−40.05	65703	2.40	1499	−14.57	883	2.21
碳元科技股份有限公司	56716	3.19	50700	−0.10	1184	−86.04	570	−92.74
江苏洛凯机电股份有限公司	57387	5.22	56778	5.85	7786	−21.25	5341	−28.62
腾龙科技集团有限公司	85932	11.95	84073	12.89	12673	−50.20	10979	−52.31
江苏南方卫材医药股份有限公司	50865	4.05	47470	5.67	5725	−34.34	4621	−26.17
快克智能装备股份有限公司	46650	5.60	45753	5.67	23453	21.51	20488	28.82
江苏海鸥冷却塔股份有限公司	53524	22.67	47001	1.86	5436	30.64	4894	36.37
江苏南方轴承股份有限公司	41809	4.45	40973	4.24	7889	−47.93	7031	−43.60
创生医疗器械（中国）有限公司	35350	0.71	30157	6.57	14254	−4.11	11280	4.43
江苏日盈电子股份有限公司	40873	26.70	40002	27.56	3450	14.12	2035	−10.02
江苏鑫和泰机械集团有限公司	26877	−4.71	26457	−3.02	1293	−23.81	630	−33.47
合计	23050844	8.85	25653697	9.00	2158661	−6.67	1539895	−1.76
占全区规模以上工业比重（%）	54.15		54.93		58.93		60.14	

说明：①表内企业按区政府办公室《关于公布 2019 年武进区特色企业名单的通知》中 60 家重点工业企业名单排序；②“/”表示本期或同期为负数；③“—”表示企业未列入工业统计数据

（姜 枫）

工业转型升级

【概况】 2019年，武进区工业发展坚持稳增长、调结构、促转型，加快调整产业结构，转变发展方式，营造新兴产业发展环境，推动企业提质增效，促进工业向高端化、特色化、集约化方向发展。全年新增工业和信息化部重大技改专项企业1家，新增省级工业和信息产业转型升级专项资金项目280个，获项目经费1.11亿元，其中重点行业去产能项目5个、制造业创新中心项目2个、产品质量提升赶超项目1个、高端装备研制赶超项目1个、关键核心技术揭榜攻关项目1个、节能改造项目1个、工业企业技术改造综合奖补项目58个。推进智能制造，抓好智能制造示范标杆，鼓励骨干企业开展智能制造试点示范项目建设，龙头企业加快智能制造新模式推广应用，实现从自动化生产线到智能车间再到智能工厂的稳步提升，江苏雷利电机股份有限公司的年产2亿台微电机智能工厂获评省级智能工厂，新增省级示范智能车间15个、市级示范智能车间9个；推广智能制造装备研用，新增首台套重大装备及关键部件省级14个、市级24个；智能制造服务水平不断提升，新增省级智能制造领军服务机构7个。顺应制造业与服务业深度融合发展趋势，推进制造业服务化，新增省级服务型制造示范企业5家、省级工业设计中心3个。深化“两化”融合，推进工业互联网发展，新增江苏省首批工业互联网标杆工厂1家、省级重点工业互联网平台2个、省级工业互联网服务资源池企业6家；推进“企业上云”工程，通过省“企业上云”星级企业认定的有五星级7家、四星级20家、三星级128家；推进“两化”融合管理体系贯标，新增国家级“两化”融合贯标示范企业3家，通过国家级“两化”融合管理体系达标评定企业16家。武进高新区创成省首批“互联网＋先进制造业”基地。加速创新发展，突出工业强基工程，常州纵慧芯光半导体科技有限公司的高端半导体激光器外延片及器件项目中标2019年国家工业强基工程，全区累计实施工业强基工程项目12个，占全省的近五分之一，先后取得专利150余件，突破关键核心技术近30项；专精特新和单项冠军培育取得新成效，新增工业和信息化部制造业单项冠军企业3家、工业和信息化部专精特新“小巨人”企业1家、省级专精特新产品6个、省级小巨人企业9家；依托制造业创新中心和企业技术中心建设，打造企业自主创新平台，提升自主创新能力，坤泰车辆系统（常州）有限公司、中车戚墅堰机车车辆工艺研究所有限公司分别发起成立的制造业创新中心被列入省级培育名单，新增企业技术中心国家级1个、省级6个，7家企业的11个产品通过省级新技术新产品鉴定。以质量标杆培育为依托，推动企业提升品牌质量意识，新增省质量标杆企业1家、中国驰名商标2个，企业参与制定修订国际标准、国家标准、行业标准26项。

（张杏阳）

【新兴产业发展】 武进区战略性新兴产业涵盖新一代信息技术、高端装备、新材料、生物医药、新能源汽车、新能源、节能环保、现代电子、智能电网九大重点领域。2019年，全区把握高质量发展要求，在长三角区域一体化发展中主动融入、主动作为，瞄准产业高端化、智能化、绿色化、服务化、品牌化方向，坚持培育和发展战略性新兴产业，优化制造业空间布局，实现智能制造、创新制造、绿色制造。加快发展以轨道交通、智能制造装备和工业机器人为核心的高端装备产业，以石墨烯、先进碳材料和先进复合材料为引领的新材料产业，以半导体、通讯、高端电子元器件为代表的新一代信息技术产业，重点培育节能环保、智能电网、新能源等新兴产业，推动产业链、创新链、人才链相互贯通，加快结构调整，推动新旧转换，增强发展后劲。至年底，全区战略性新兴产业有规模以上工业企业636家，完成产值1776.88亿元，比2018年增长9.82%，占全区规模以上工业企业产值的41.74%；实现主营业务收入1722.10亿元、利税205.18亿元、利润154.58亿元。其中，高端装备、新材料、新能源产业发展稳定向好，规模以上工业企业分别完成产值714.96亿元、117.99亿元和119.01亿元，分别增长9.39%、18.35%和25.95%。高端装备和新一代信息技术产业作为全区先导性战略性新兴产业，支撑作用进一步凸显，规模以上工业企业产值分别占全区省标战略性新兴产业规模以上工业企业产值的40.2%和20.8%。

（沈立人）

【武进区一项目中标工业强基工程】 2019年10月，高端半导体激光器外延片及器件项目中标工业和信息化部工业强基工程，中标方向为VCSEL激光器和PIN光探测芯片与器件。项目由常州纵慧芯光半导体科技有限公司承担，2019年5月开工，计划2022年4月竣工，引入国内首条6英寸VCSEL外延片量产线等核心外延设备、系列封装测试设备等近100台套，培养建设世界顶尖的核心半导体光电器件团队，搭建国内首个25G及以上芯片高速调制测试及可靠性测试实验室，设计、开发和生产国家亟须的核心高端半导体芯片。产品可广泛应用于短程数据通信光模块，是各类数据中心连接海量数据通信的核心元器件。项目竣工后，可填补此项技术的国内空白，建立国内光电半导体产业核心技术体系，摆脱国内高端数据传输光芯片基本依赖进口、国内下游厂商获取芯片难的局面。

（叶　昕）

【3家企业获评工业和信息化部制造业单项冠军示范企业】 2019年11月，常州瑞声光学科技（常州）有限公司、中车戚墅堰机车车辆工艺研究所有限公司、新誉集团有限公司入选工业和信息化部第四批制造业单项示范冠军企业。3家企业均长期专注于制造业某特定细分产品市场，生产技术或工艺国际领先，单项产品市场占有率位居全球前列。常州瑞声光学科技（常州）有限公司注册于2013年，主营产品为线性触控马达，在响应速度、振动量、驱动力、谐振频率、功耗等关键指标上均优于同行业产品，国内市场占有率80%，在同行业排名第一。中车戚墅堰机车车辆工艺研究所有限公司注册于1992年，是国内轨道交通装备材料及制造工艺的专业研究机构、高新技术企业，自主研发的CRH6型城际动车组用齿轮传动系统应用于国内首列城际动车，其主营产品轨道车辆

用齿轮传动装置（齿轮箱）市场占有率排名全球前三、国内第一，供90%以上“复兴号”高铁使用。新誉集团有限公司注册于2002年，主营轨道交通车载机电产品，在高寒、高热、高湿地区均有良好表现，能灵活适应不同车型，与中国中车集团有限公司旗下主要车辆厂均有接口经验，是国内唯一一家在北京、上海、广州、深圳四大一线城市均有运营的厂家，2018年市场占有率居全球前列、国内第一。至年底，全区累计9家企业入选工业和信息化部制造业单项冠军，其中单项冠军示范企业7家、单项冠军培育企业1家、单项冠军产品企业1家。

【新增省级“小巨人”企业9家】 武进区9家企业被省工业和信息化厅评为2019年度省级“小巨人”企业，含制造类6家、创新类3家。6家制造类“小巨人”企业2018年度主营业务收入在5000万元及以上或利税总额800万元及以上，2016—2018年营业收入平均增长率或平均营业利润率在10%以上，主导产品（服务）市场占有率位居国内同行业前五位，生产技术、工艺及产品质量性能国内领先，均建立市级及以上研发机构，研究开发费用占销售收入的比重不低于3%。其中，常州今创风挡系统有限公司主营产品风挡，广泛应用于动车组、高速车辆、重型铁路车辆、地铁、轻轨等，国内市场占有率在同行业排名第一，拥有授权专利53件；常州凯达重工科技有限公司主要生产金属轧机用轧辊，全国市场占有率5.2%，在国内同行业排名第三位，拥有授权专利23件；常州腾龙汽车零部件股份有限公司生产的汽车热交换管路市场占有率全国第一，拥有授权专利49件；江苏兰陵高分子材料有限公司主营产品为环氧防锈漆(38.64%)，市场占有率国内前列、省内前三，拥有授权专利33件；常州市兴诚高分子材料有限公司主营聚四氟乙烯棕色复丝、织物，营业收入占总营业收入的90%，国内市场占有率80%，位居同类产品第一位，拥有授权专利13件；雷利电机股份有限公司主营的步进电机，营业收入占总营业收入的60%，全球市场占有率30%以上，位列国内第一、国际第二，拥有授权专利389件。3家创新类企业均为2015年后成立的“四新”（新技术、新产业、新业态、新模式）创业创新类企业，拥有原创技术或产品，且具有高成长潜力。其中，江苏银基烯碳能源科技有限公司主营锂离子动力蓄电池包系统，主要运用于新能源汽车的动力能源与工商业园区储能项目；常州国成新材料科技有限公司主营分子束外延生长系统和扫描隧道显微镜，用于晶体生长、超晶格、金属、半导体、化合物、有机物薄膜制备、分子自组装和观测制备薄膜质量、跟踪表面分子运动、原子/分子操纵、表面电子态分析等领域；常州烯奇新材料有限公司主营石墨烯改性电子浆料，可作为锡、铅等焊料的替代品，主要应用于电话和移动通信系统、广播、电视、计算机、汽车工业、医用设备等领域以解决电磁兼容(EMC)问题。

常州凯达重工科技有限公司生产的金属轧机用轧辊 （供图/区工信局）

【新增省级专精特新产品6个】 武进区6家工业企业制造的6个产品被省工业和信息化厅认定为2019年度专精特新产品，认定数量占全市的60%，分别是遨博（江苏）机器人有限公司研制的AUBO-i5轻型智能协作机器人、卡尔迈耶（中国）有限公司研制的特利考高速经编机、常州华通新立地板有限公司研制的新型室内防静电地板、常州常宝精特钢管有限公司研制的高压锅炉用无缝钢管、常州百佳年代薄膜科技股份有限公司研制的乙烯－醋酸乙烯共聚物(EVA)胶膜、新纶复合材料科技（常州）有限公司研制的动力软包锂电池电子用铝塑膜。6个专精特新产品销售收入均占企业主营业务收入的60%以上，拥有2项发明（或实用新型）专利或具有专有技术，关键性能指标水平领先，产品的市场占有率均位居国内同类产品前十位。全区累计有省级专精特新产品21个。

（李伟华）

【新增省级及以上企业技术中心7个】 2019年，武进区多渠道、全方位挖掘培育工业企业技术中心，鼓励企业加大创新投入，发挥企业技术中心促进技术进步、加快转型升级的作用。10月，全区6个工业企业技术中心被省工业和信息化厅、省发展改革委、省科技厅、省财政厅、省税务局、南京海关认定为省级工业企业技术中心，分别是江苏日盈电子股份有限公司技术中心、江苏汤姆包装机械有限公司技术中心、常州市武进红光无线电有限公司技术中心、常州祥明智能动力股份有限公司技术中心、常州市运控电子股份有限公司技术中心、常州市百亿达尔轨道客车配件有限公司技术中心。12月，新誉集团有限公司技术中心被国家发展改革委、科技部、财政部、海关总署、税务总局认定为国家企业技术中心。至年底，全区累计有国家企业技术中心4个、省级工业企业技术中心65个。

（沈 伟）

【15个车间通过省级示范智能车间认定】 12月，武进区15个工业企业生产车间

表 12　　2019 年武进区新增江苏省示范智能车间情况表

企 业 名 称	车 间 名 称
博世力士乐（常州）有限公司	液压油缸制造车间
新纶复合材料科技（常州）有限公司	锂电池电芯用高性能封装材料制造车间
中车戚墅堰机车车辆工艺研究所有限公司	高铁列车齿轮传动系统制造车间
五洋纺机有限公司	高端经编装备制造车间
中天钢铁集团有限公司	高端精品线材制造车间
常州邦益钢铁有限公司	高端汽车用钢炼车间
江苏日盈电子股份有限公司	车用电子电气精密注塑模具制造车间
恩格尔注塑机械（常州）有限公司	注塑机高精度合模单元制造车间
江苏鑫和泰机械集团有限公司	汽车发动机缸体加工车间
晶品光电（常州）有限公司	LED 外延片制造车间
光宝光电（常州）有限公司	高速光耦合器封装车间
琉明光电（常州）有限公司	LED 发光二极管芯片测试分选车间
江苏协和电子股份有限公司	印刷电路板制造车间
江苏常宝钢管股份有限公司	高端油井管制造车间
常州联德电子有限公司	高端汽车氧传感器制造车间

被省工业和信息化厅认定为 2019 年度江苏省示范智能车间，全区省级示范智能车间累计 50 个。15 家企业均制定智能化发展战略规划，拥有提升企业智能制造水平的技术研发机构和一定规模智能制造人才队伍，主动应用国产核心软件和核心装备开展智能设备投入和改造，建成智能化车间。15 个示范智能车间的自动化生产线与机器人等智能化生产、试验、检测设备数量占设备总数的 70% 以上，实现智能装备广泛应用，车间设备互联互通，生产过程实时调度，物料自动配送，产品信息及生产过程可追溯，车间作业、车间环境、资源能源消耗智能管控，车间网络系统安全可控，车间与车间外部联动协同。

（金文光）

【上海交通大学（常州）科技产业园创成省级小型微型企业创业创新示范基地】 2019 年 12 月，该产业园被省工业和信息化厅认定为江苏省小型微型企业创业创新示范基地。上海交通大学（常州）科技产业园位于常州西太湖科技产业园（武进经发区）内，成立于 2013 年 12 月，运营主体是常州慧谷科技园有限公司，由上海交大科技园有限公司与常州西太湖科技产业园管委会出资共建，规划载体面积 4 万平方米，其中办公区域 5000 平方米，聚集各类创业创新服务资源，为入驻企业（项目）提供创业辅导咨询服务、技术创新支持服务、信息服务、管理咨询服务、人员培训服务、投融资服务、市场营销服务、法律服务和知识产权专业服务等"一条龙"服务。产业园以一期 2 万平方米孵化场地为先导，为初创企业提供标准厂房、科研车间、办公场地等不同规格孵化单元，提供定期标准化服务与定制化公益服务，年服务 500 人次。针对大学生创业和科技人才创业，提供房租金优惠、税收优惠以及各类公益服务支持。2019 年，产业园内有入驻企业 62 家，其中小微企业占 90% 以上，从业人数 1089 人，在区域范围内形成品牌效应。

（李伟华）

战略性新兴产业

新一代信息技术产业

【概况】 武进区新一代信息技术产业主要分布在武进高新区和常州科教城内常州信息产业园，主要研发生产通信元件、半导体、电子核心器件和新型显示产品。2019 年，该产业有规模以上工业企业 60 家，完成产值 369.82 亿元，比 2018 年下降 4.64%，实现主营业务收入 353.44 亿元、利税 37.06 亿元、利润 28.85 亿元，分别下降 5.46%、22.03%、24.9%。骨干企业主要有瑞声科技控股有限公司等核心电子元件生产企业，安费诺（常州）高端连接器有限公司、常州金信诺凤市通信设备有限公司等关键通讯部件生产企业，光宝光电（常州）有限公司、晶品光电（常州）有限公司等光电子产品企业，常州纵慧芯光半导体科技有限公司、大族精工半导体科技（常州）有限公司等半导体产品生产企业。年内，瑞声科技控股有限公司、江苏雷利电机股份有限公司、常州祥明智能动力股份有限公司入围 2019 年（第 32 届）中国电子元件百强企业，分别位列第 5、第 39、第 82 名。其中，瑞声科技控股有限公司

常州纵慧芯光半导体科技有限公司技术人员使用 mocvd 设备（有机金属化学气象沉积设备）生产芯片

（供图 / 区工信局）

致力于研发数字化、小型化、精细化电声器件和光学产品，其电声器件在全球声学电器市场占有率35%，扬声器、摄像头运用于华为、OPPO等品牌智能手机，公司创建的瑞声科技小镇获评江苏特色小镇，企业人均产值突破100万元。常州剑湖视听有限公司研发的第五代车载旅游信息系统拥有全景摄像头、28寸LCD动态地图，自主研发的百兆交换机响应速度快、故障低、后期维护便捷，两大产品均运用于常州地铁1号线工程。

（沈立人）

【常州集成电路生态产业园项目开工】 参见“产业园区”类目P77相关条目。

【纵慧芯光半导体公司激光芯片项目竣工】 该项目由常州纵慧芯光半导体科技有限公司（简称“纵慧芯光半导体公司”）于2018—2019年度实施，2019年12月竣工投产。项目总投资1.7亿元，租用厂房3556平方米，新增烤盘炉、烘烤炉、激光打标机等生产设备98台套，达产后可年产6英寸砷化镓激光器外延片4万片、4英寸磷化铟激光器外延片1万片、1瓦半导体激光器器件3万颗。

（叶 昕）

高端装备产业

【概况】 武进区高端装备产业主要研发生产轨道交通装备、智能制造装备、工业机器人和其他专用装备。2019年，该产业有规模以上工业企业215家，完成产值714.96亿元，比2018年增长9.39%，实现主营业务收入696.61亿元、利税89.82亿元、利润68.19亿元，分别增长8.03%、0.72%、2.21%。产业骨干企业主要有新誉集团有限公司、今创集团股份有限公司、中车戚墅堰机车有限公司、中铁建电气化局集团轨道交通器材有限公司等轨道交通装备企业；卡尔迈耶（中国）有限公司、五洋纺机有限公司、常州市同和纺织机械制造有限公司等高端纺机制造企业；安川（中国）机器人有限公司、金石机器人常州股份有限公司、快克智能装备股份有限公司、常州铭赛机器人科技股份有限公司等工业机器人企业；江苏龙城精锻有限公司、利优比压铸（常州）有限公司、世特科汽车工程产品（常州）有限公司等高端汽车零部件装备企业；常州市新墅机床数控设备有限公司、常州德速机械有限公司等智能装备制造企业；江苏恒立液压股份有限公司、江苏国茂减速机股份有限公司等装备关键零部件生产企业；柳工常州机械有限公司、江苏常发农业装备股份有限公司等主机装备生产企业；常州市蓝托金属制品有限公司等航空配套产品生产企业。年内，全区依托骨干企业和产业优势，持续推进智能制造，提升关键核心部件制造水平和智能控制系统集成水平。新增市级首台套重大装备及关键部件认定产品24个、省首台套重大装备认定产品14个，累计有市级及以上首台套重大装备及关键部件认定产品226个，江苏龙城精锻有限公司自主研发的整体式耐高压不锈钢精锻油轨产品打破国外企业技术垄断。金石机器人常州股份有限公司牵头起草的国家标准《桁架式机器人通用技术条件》实施，江苏国茂减速机股份有限公司牵头启动《模块化减速电机设计制造及验收规范》团体标准起草工作。常州地铁1号线开通运营，轨道交通装备企业多个产品运用于该工程。其中，今创集团股份有限公司供应地铁列车贯通道、车门、屏蔽门等，为工程建设提供内燃机车；常州市百亿达尔轨道客车配件有限公司提供国内站台挡风屏及列车中顶、送风格栅、端墙、电气柜等70%的内装；中车戚墅堰机车车辆研究所有限公司提供踏面制动装置和钩缓装置；新誉庞巴迪牵引系统有限公司设计生产列车牵引系统、空调系统和信号系统。

（沈立人）

【龙城精锻公司一精锻油轨产品填补国内空白】 年内，江苏龙城精锻有限公司（简称“龙城精锻公司”）生产的整体式耐高压不锈钢精锻油轨产品下线。产品由龙城精锻公司与上海交通大学自主研发，在工业和信息化部节能与新能源汽车“一揽子”突破行动支持下，突破关键技术，历时3年，设计制造满足服役性能的不同结构整体式精锻油轨，替代焊接式和铸造式精锻油轨，具有耐高压、零泄漏等优点，是汽车缸内直喷发动机燃油系统的核心零部件，填补国产超高压燃油直喷系统核心零部件空白，打破国外企业技术垄断。产品量产后，可年产整体式耐高压不锈钢精锻油轨200万套（件），新增产品销售收入1亿元。

（吴志坚）

【常州市钱璟康复股份有限公司获评国家级专精特新“小巨人”企业】 2019年6月，该公司被工业和信息化部评为第一批专精特新“小巨人”企业，成为全区首家获此荣誉的企业。公司位于武进高新区，注册于1996年，专注康复器材、辅具及康复医疗器械细分市场，创新能力强，是集研发、生产、销售、全国性服务、专业解决方案提供为一体的综合性企业。步态训练和评估训练系统（交互式情景训练智能康复机器人）、璟云精准康复综合服务平台、多感官综合训练室等智能康复产品具有自主知识产权，填补国内空白，国内市场占有率30%。其中，步态训练和评估系统是穿戴在训练者身体外部的一种机械机构，运用智能化运动控制、六自由度机械传动、人体步态曲线路径控制、三维虚拟现实情景互动软件、智能传感器等关键核心技术，实施以神经可塑性原理为基础重复的步行训练，通过渐进性治疗帮助患者重新掌握步行功能。2017—2019年，公司主营业务收入年均增长率超过10%。

（李伟华）

【14个产品通过省首台套重大装备认定】 2019年，武进区持续支持企业围绕先进轨道交通、智能纺机、现代农机和工程机械、节能环保等优势领域，实施首台套智能制造重大装备创新研发计划，增强产业转型升级所需重大装备的保障供给能力，支撑相关产业快速壮大和制造业智能化转型。12月，武进区14家企业自主研发生产的14个产品被省工业和信息化厅认定为2019年度江苏省首台套重大装备。分别是：常州龙腾光热科技股份有限公司研制的RTC-150-2014性槽式聚光集热器，新誉轨道交通科技有限公司研制的KLD45-KTD035型350千米标准动车组空调系统，常州国成新材料科技有限公司研发的GC-MBE-UHV-0001型分子束外延生长系统，常州百利锂电智慧工厂有限公司开发的NLD-A型锂电池材料全自动生产线，江苏嘉轩智能工业科技股份有限公司研制的永磁直驱电动滚筒，征图新

视（江苏）科技有限公司研制的FS-POL200型偏光片智能化视觉检测设备，常州市武进长虹结晶器有限公司研制的180×725×800型管式一次成型板坯结晶器，常州市新墅机床数控设备有限公司研制的SLTD100-12型伺服动力刀架，常州市德速机械有限公司生产的BT50-40LD-L950-75型链式刀库，江苏美淼环保科技有限公司研发的MM-IMS型微污染源水处理智能化成套装备，常州市汇丰船舶附件制造有限公司研制的HFD2KM-BY型压缩空气供气模块，常州市同和纺织机械制造有限公司研制的TH598J型集聚纺自动落纱细纱机，中车戚墅堰机车车辆工艺研究所有限公司研制的G707A（290吨）型矿用机械电动轮自卸车电动轮，常州格林电力机械制造有限公司研制的HZND850型大型核级液压阻尼器。这些重大智能制造装备、系统和成套生产线应先进制造业发展急需，能够有效补齐做强产业链短板，产业化、市场化前景良好，能够快速形成产业发展新优势，自主可控，可有效支撑和服务产业转型升级。

（沈立人）

【车和家汽车公司增程式电动智能SUV汽车项目竣工】 该项目由江苏车和家汽车有限公司（简称“车和家汽车公司”）于2018—2019年度实施，2019年12月竣工投产。总投资30亿元，建设厂房25.21万平方米，新购冲压、焊装、涂装、总装四大工艺生产线，建成后可年产增程式电动智能SUV汽车10万辆。

【同和科技公司轨道交通产业孵化园项目竣工】 该项目由常州同和科技有限公司（简称“同和科技公司”）于2017—2019年度实施，2019年12月竣工投产。总投资13亿元，用地面积17.87公顷，新建厂房23万平方米，主要建设轨道交通产业孵化标准厂房和服务平台，用于引进轨道交通、新材料、生物医疗、机械制造等企业以及相关服务业企业。

【国茂减速机公司高精密减速机、齿轮项目竣工】 该项目由江苏国茂减速机股份有限公司（简称“国茂减速机公司”）于2018—2019年度实施，2019年12月竣工投产，总投资7.5亿元。其中，减速机项目用地面积13.4公顷，建设厂房9.4万平方米，新增卧式加工中心、立式加工中心、数控镗铣中心等生产设备215台套，达产后可年产减速机35万台，新增年产值5亿元；齿轮项目利用公司原有厂房1.8万平方米，新增立式加工中心、数控立车、数控插齿机等生产设备232台套，达产后可年产齿轮75万件。

【小牛电动公司电动智慧出行全球研发与制造基地一期项目竣工】 该项目由江苏小牛电动科技有限公司（简称“小牛电动公司”）于2018—2019年度实施，一期项目2019年12月竣工投产。一期项目投资3.7亿元，用地面积约11.33公顷，一期用地面积5公顷，新建钢结构厂房2.5万平方米、综合办公楼8000平方米，新增电动车全自动、半自动组装线各2条，全自动测试组线4条，引进测试与数据采集系统等主要设备，建设BMS（智能电池管理系统）、FOC（磁场导向控制系统）、EBS（电子刹车系统）、CLOUD-ECU（智能中央控制器）和NIU INSPIRE（小牛全球出行大数据分析系统）等自主可控核心科技研发实验室，配备全流程、标准化质量检测实验室。一期项目达产后，可年产电动车50万台。

江苏车和家汽车有限公司增程式纯电动SUV项目生产线　（供图／武进日报社）

【恒立液压公司高精密液压铸件项目竣工】 该项目由江苏恒立液压股份有限公司（简称“恒立液压公司”）于2018—2019年度实施，2019年12月竣工投产。总投资5亿元，利用原有土地5.97公顷，建设铸造车间及辅助用房等3.4万平方米，采购中频无芯感应熔化电炉、静压造型生产线、电磁桥式起重机等设备76台套，达产后可年产高精密液压铸件3万吨。

【协和电子公司FPC柔性电路板一期项目竣工】 该项目由江苏协和电子股份有限公司（简称“协和电子公司”）于2018—2019年度实施，一期项目2019年12月竣工投产。该项目总投资4.5亿元，整合低效用地面积3.33公顷，新建厂房7.5万平方米，新增德国数控钻床、国产数控钻床、自动LED曝光机、双列VCP线FPC、自动真空蚀刻加AOI在线光学检测线、自动贴膜机等主要设备452台套，达产后可年产柔性电路板（FPC）、印刷电路板（PCB）100万平方米。

（叶　昕）

新材料产业

【概况】 武进区新材料产业包含石墨烯和结构功能性新材料等领域，主要研发生产石墨烯材料、新型功能材料、先进结构材料、共性基础材料，建有国家火炬计划武进特种材料产业基地、国家石墨烯新材料高新技术产业化基地。其中，石墨烯产业是武进新材料产业的特色亮点，主要集中于西太湖科技产业园（武进经发区），建有常州石墨烯科技产业园，是石墨烯行业在国内唯一的高新技术产业化基地。2019年，全区新材料产业有规模以上工业企业58家，完成产值117.99亿元，实现主营业务收入114.5亿元，分别比2018年增长18.4%、19.05%，实现利税11.86亿元、利润8.94亿元，分别下降3.77%、7.64%。产业骨干企业主要有常州第六元素材料科技股份有限公司等石墨烯材料企业，百兴集团有限公司、新纶复合材料科技（常州）有限公司等新型功能材料企业，江苏长海复合材料股份有限公司等先进结构材料企业，碳元科技股份有限公司等先进碳材料企业。年内，常州二维碳素科技有限公司承担的“CVD法宏量制备大面积石墨烯透明导电膜的研发及产业化”项目通过国家工业强基工程验收。江苏银基烯碳能源科技有限公司、常州国成新材料科技有限公司、常州烯奇新材料有限公司3家新材料企业获评省级“小巨人”企业（创新类）。江苏兰陵化工集团有限公司承揽北京大兴国际机场航站楼、南航机库、货运站和50个登机桥的防腐防火涂装工程，涂装面积70万平方米。

（沈立人）

【石墨烯产业完成产值超30亿元】 武进区石墨烯产业主要集中在西太湖科技产业园，有石墨烯产业相关企业140余家、石墨烯领域领军型人才团队30多个，石墨烯行业龙头企业数量约占全省的80%。全区研发生产石墨烯各类应用产品150余种，基本形成包括石墨烯薄膜和粉体在内的原材料生产，并在设备制造、光电显示、加热散热、复合材料、穿戴设备以及能源、环保、医疗、建材等下游领域实现初步应用和产业化，总体发展水平位居全国前列。2019年，全区引进合烯新材料（常州）有限公司、常州尼可新能源材料有限公司等石墨烯相关企业11家；与香港亚天集团签订合作协议，在常州市和中国香港地区互设石墨烯科技园，在人才、项目、资本和应用市场化等方面展开合作；与曼彻斯特大学全球技术转移机构（香港曼大创烯科技有限公司）达成合作，开展产业技术交流，建设曼大石墨烯工程技术中心等；推进长三角石墨烯产业一体化发展，建立长三角石墨烯双创示范基地联盟石墨烯专业委员会，推进长三角石墨烯联合创新中心建设。持续推进江苏省石墨烯创新中心建设，中心建立（含共建）实验室5个，设立课题9个，参与起草地方标准2项、企业标准1项，申请专利60多件，其中发明专利16件，成功申报常州市战略性知识产权项目1个，投资共建中试线2条，设立分中心2个、创新基地2个，初步实现独立运营。围绕重点企业加强精准服务，促进石墨烯下游应用产品推广，壮大产业规模。常州国成新材料科技有限公司研发的高温扫描隧道显微镜（HT-STM）、分子束外延系统（MBE）及其核心部件、宏量石墨烯膜制备装备（冷壁CVD）等设备均达到或超过进口产品水平；常州第六元素材料科技股份有限公司的千吨级氧化石墨烯粉体规模化生产线在南通建成投产，其重点推进的重防腐涂料、导电浆料、复合塑料等产品规模逐步扩大；常州二维暖烯科技有限公司的石墨烯复合发热膜进入市场推广，在新疆等地实施一批应用示范工程；常州中超石墨烯电力科技有限公司的中半高压电缆用石墨烯屏蔽料销售态势良好；常州富烯科技股份有限公司的智能电子产品石墨烯散热膜进入华为手机供应链；常州市碳索新材料科技有限公司建成石墨烯粉末涂料生产线，与中国海洋石油集团有限公司、中国铁路总公司、华为技术有限公司等大型企业签订采购订单。全年举办江苏省石墨烯创新中心揭牌仪式、石墨烯应用技术创新论坛、2019碳纳米材料应用技术创新论坛、新华（常州）全球石墨烯指数系列报告发布会等综合性活动5场，围绕“促进技术与市场的对接”“标准制定”等主题举办江南石墨烯论坛5场，武进石墨烯产业知名度和影响力不断扩大。西太湖科技产业园参与编制并发布《2018—2019全球石墨烯指数报告》和《中国石墨烯产业发展报告》。全区石墨烯产业持续健康发展，西太湖科技产业园石墨烯产业完成产值超30亿元。

（杨茗茜）

【新材料产业一项目通过国家工业强基工程验收】 2019年，常州二维碳素科技有限公司承担的“CVD法宏量制备大面积石墨烯透明导电膜的研发及产业化”项目通过国家工业强基工程验收。该项目总投资7500万元，开展石墨烯薄膜规模化生产的自主设计和制造技术研究，攻克CVD（化学气相沉积法）石墨烯宏量制备的关键技术，研究催化金属基底处理、清洗、无损转片和无损检测等技术，采用石墨烯和纳米银掺杂复合工艺，攻克石墨烯薄膜方阻控制技术难点，提高石墨烯透明导电膜产品性能和生产良率，降低制造成本，提升产品竞争力，实现石墨烯触控产品规模化生产。该项目生产的石墨烯透明导电膜，具有低电阻率、高透光率和高柔韧性等优点，可广泛应用于触控产品、柔性太阳能电池、可穿戴电子产品等领域。项目的实施打破日韩企业垄断，产品可替代ITO（氧化铟锡）薄膜，带动化学品加工、机械设备加工等上游产业发展，加快触摸屏、电子纸等下游产业规模化发展，可提高国内复合材料制造水平，增强高端电子产品国际竞争力。

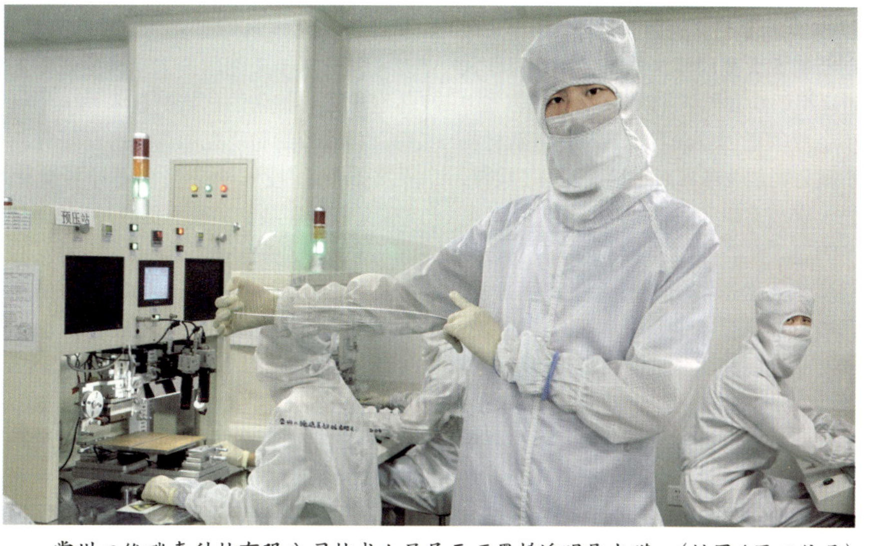

常州二维碳素科技有限公司技术人员展示石墨烯透明导电膜 （供图/区工信局）

【星源新材料公司超级涂覆工厂项目竣工】 该项目由江苏星源新材料有限公司（简称“星源新材料公司”）于2018—2019年度实施，2019年12月竣工投产。总投资30亿元，用地面积13.2公顷，建筑面积9万平方米，引入进口干法薄膜生产线8条、进口涂覆生产线50条，达产后可年产干法隔膜4亿平方米、涂覆隔膜10亿平方米。

【通达万锦电子公司贵金属合金新材料项目竣工】 该项目由常州通达万锦电子有限公司（简称“通达万锦电子公司”）于2018—2019年度实施，2019年12月竣工投产。总投资10亿元，用地面积6.67公顷，新建厂房8.5万平方米，新增拉丝机、押出机、真空压轧机、数控车床、立式加工中心等设备。项目投产后可年产电声元器件1.2亿套，数据线及电线电缆2000万米，钯基合金线、键和金丝线、窄薄带器件等特种贵金属合金材料50吨，精工机械设备1500台套，主要用于航空航天、智能机器人、医疗、5G通信网络、军工等行业。

【宝山制冷设备公司新型金属保温材料项目竣工】 该项目由常州市宝山制冷设备有限公司（简称“宝山制冷设备公司”）于2018—2019年度实施，2019年12月竣工投产。总投资1.1亿元，用地面积1.67公顷，建设厂房1.3万平方米，新增连轧连铸自动生产线等设备，达产后可年产新型金属保温材料150万平方米。

（叶　昕）

【常州烯奇新材料有限公司获省中小企业创新创业大赛创客组第一名】 7月，武进区组织6家企业（创客）参加江苏省中小企业创新创业大赛，常州烯奇新材料有限公司创业项目石墨烯改性电子浆料，获大赛创客组第一名。项目团队针对电子陶瓷、元器件生产所需电子浆料长期被国外企业垄断的情况，自主创新工艺，在电子浆料导电银胶中加入石墨烯，增强产品导电性，经过温度湿度测试、加载寿命测试、电性能测试以及振动、跌落、拉力测试，产品满足设计要求，具有导电性好、可靠性高、成本低等优点，性能达国外同等水平，打破国外企业垄断。预计2020年实现项目成果转化，形成具有国内领先水平的新产品，新增产值200万元，拉动封装、新材料、电池等产业发展。

（李伟华）

生物医药产业

【概况】 2019年，武进区生物医药产业有规模以上工业企业56家，完成产值60.31亿元，比2018年增长16.4%，实现主营业务收入56.82亿元、利税12.93亿元、利润10.25亿元，分别增长14.28%、14.1%、21.77%。产业骨干企业主要有上药康丽（常州）药业有限公司、亚邦医药股份有限公司、江苏南方卫材医药股份有限公司等医药产品企业；创生医疗器械（中国）有限公司、常州华森医疗器械有限公司、常州鼎健医疗器械有限公司等医疗器械企业。

（沈立人）

【福隆控股集团参与国家重点研发计划专项】 12月，“十三五”国家重点研发计划“干细胞及转化研究”专项“基于干细胞和生物材料的组织和器官再生”项目在武进区启动。该项目由中国人民解放军总医院牵头，福隆控股集团有限公司（简称“福隆控股集团”）旗下江苏创铭医疗器械有限公司、江苏悦智生物医药有限公司、创復（常州）生物科技有限公司及上海长海医院、四川大学等单位参与实施，获科技部专项资金3000万元。由原位再生智能化生物材料理论基础及机制验证、原位再生智能化生物材料评价及产品标准的建立、原位再生智能化生物材料规范性临床试验的开展及随访评价体系的建立3个课题组成，开发具有基于干细胞、主动再生修复人体组织器官损伤的创新型技术和生物材料，打破干细胞研究和再生医学研究相关领域国际技术壁垒。福隆控股集团3家子公司在项目实施中负责开发3D打印机和皮肤生物墨水，提供自主研发的人源体胶原蛋白原材料，负责项目结题相关部分新产品的医疗器械报证工作。

（吴志坚）

【怡科生物医疗公司生物传感器生产基地项目竣工】 该项目由江苏怡科生物医疗科技有限公司（简称“怡科生物医疗公司”）于2017—2019年度实施，2019年12月竣工投产。总投资2.5亿元，用地面积2.33公顷，建设厂房及辅房1.8万平方米，新增生物分析设备、电子实验设备、检测仪器、干燥箱等设备，达产后可年产人体工学应用传感器、无针血糖动态监测新型传感器5万套。

【东星华美医疗公司医疗器械项目竣工】 该项目由东星华美医疗科技（常州）有限公司（简称“东星华美医疗公司”）于2017—2019年度实施，2019年12月竣工投产。总投资2.4亿元，用地面积3.93公顷，建设厂房、办公楼等6.4万平方米，新增手术台老化测试设备、漏电流测试器等设备。项目达产后可年产手术床、无影灯、吊塔、数字化手术室和产床等产品8000套，同时计划研发生产血液透析、彩超、移动医疗设备等。

【好利医疗公司医疗器械产品项目竣工】 该项目由常州好利医疗科技有限公司（简称“好利医疗公司”）于2019年度实施，12月竣工投产。该项目总投资1亿元，租用厂房2万平方米，新增呼吸机自动化生产设备、硅胶射出机、硅胶供料系统等生产设备及设施24台套，达产后可年产6854型呼吸机1.5万台、6846型骨科耗材3.5万套。

（叶　昕）

新能源汽车产业

【概况】 武进区新能源汽车产业主要集中在武进高新区，建有北汽新能源常州高端产业基地和理想制造常州基地，其中北汽新能源常州高端产业基地占地面积23公顷，规模大、装备水平强、产品技术含量高，具备年产纯电动汽车5万台的生产能力。2019年，全区新能源汽车产业有规模以上工业企业22家，完成产值49.53亿元，实现主营业务收入47.93亿元、利税1.97亿元、利润1.37亿元，分别下降5.65%、47.61%、55.55%。产业骨干企业主要有北汽新能源汽车常州有限公司、理想汽车常州分公司等整车生产企业，北京西门子汽车电驱动系统（常州）有限公司、常州市武起常乐电机有限公司等新能源汽车“三电”（电池、电机、电控）关键零部件生产企业，江苏万帮德和新能源科技有限公司等充电桩生产企业。年内，万帮充电设备有限公司星星充电平台在常州钟楼公交中心枢纽站建成全市首个公交充电站，含300千瓦智能充电弓3个，最大充电电流达800安，与传统充电桩相比，充电时间短、效率高、操作便捷。

（沈立人）

【坤泰车辆系统公司7速双离合变速器量产下线】 9月，坤泰车辆系统（常州）有限公司（简称“坤泰车辆系统公司”）召开2019年坤泰产品战略发布会，7速双离合变速器DCT280量产下线，DHT300（混合动力变速箱）、DP-EPS（电子转向系统）、I-Chassis智慧底盘、智能驾控模块等战略产品及技术同时发布。7速双离合变速器DCT280由公司历时1年多自主研发而成，运用德国先进技术实施产业化开发制造，采用7速湿式双离合结构、双泵系统，最大承载扭矩380牛·米，具有结构紧凑、易于布置、传递效率高、油耗低，可实时管理核心部件健康状态。产品属汽车核心零部件，打破国外核心技术垄断，实现年产20万台的生产能力，可匹配紧凑型、中型轿车及运动型实用汽车。

【开迈斯新能源科技有限公司成立】 参见“产业园区”类目P78相关条目。

【南德新能源汽车检测（江苏）有限公司开业】 参见“产业园区”类目P78相关条目。

（吴志坚）

新能源产业

【概况】 2019年，武进区新能源产业逐渐走出发展困境，产业发展稳中向好，有规模以上工业企业30家，完成产值119.01亿元，增长30.0%，实现主营业务收入111.54亿元、利税10.93亿元、利润8.32亿元，分别增长21.26%、223.36%、564.90%。产业骨干企业有江苏顺风光电科技有限公司、江苏格林保尔光伏有限公司、常州天合亚邦光能有限公司、常州吉鑫风能科技有限公司、常州龙腾光热科技股份有限公司等。

（沈立人）

【星源新能源公司锂电池湿法隔膜项目竣工】 该项目由常州星源新能源材料有限公司（简称“星源新能源公司”）于2018—2019年度实施，2019年12月竣工投产。总投资30亿元，用地面积30公顷，建设厂房、科研中心及配套用房31万平方米，新增制膜主线、涂覆隔膜仪等设备350台套，达产后可年产高端动力锂离子湿法隔膜等产品7亿平方米。

【中瑞电子公司锂电池防爆组合盖帽项目竣工】 该项目由武进中瑞电子有限公司（简称“中瑞电子公司”）于2018—2019年度实施，2019年12月竣工投产。总投资10亿元，用地面积8.33公顷，建设厂房8.5万平方米，新增自动装配一体机、全电动注塑机、激光焊接机等设备463台，达产后可年产锂电池用防爆减震型组合盖帽30亿个。

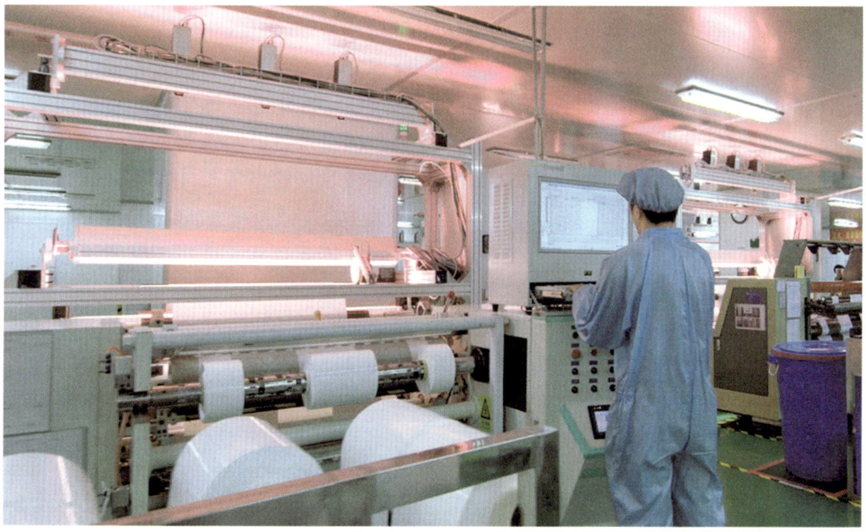

常州星源新能源材料有限公司锂电池湿法隔膜生产车间　（供图/武进日报社）

【壹久科技公司锂电池正极材料一期项目竣工】 该项目由壹久新能源科技（江苏）有限公司（简称“壹久科技公司”）于2019年度实施，12月竣工投产。总投资2.45亿元，租用厂房1.36万平方米，新增混料机、烧结设备、电浆光谱仪等生产设备115台套，达产后可年产新能源汽车锂电池正极材料1000吨。

（叶　昕）

节能环保产业

【概况】 武进节能环保产业拥有武进高新区节能环保科技产业园、武进绿色建筑产业集聚示范区等高层次产业平台，涉及焚烧炉、除尘设备等节能环保装备，制冷、照明等节能电器，水处理、废弃物处理、再生资源等节能环保技术，节能环保监测以及绿色建筑等领域。2019年，全区节能环保产业有规模以上工业企业70家，完成产值89.36亿元，实现主营业务收入87.96亿元，分别增长20%、15.45%，实现利税11.01亿元、利润7.86亿元，分别下降0.25%、增长6.02%。产业骨干企业主要有江苏美淼环保科技有限公司、江苏科利恩净水科技有限公司、江苏博隆环保设备有限公司等水处理设备生产企业；光大环保技术装备（常州）有限公司、常州市武进东方除尘设备有限公司等环保设备企业；江苏绿和环境科技有限公司等资源循环利用技术开发企业。年内，江苏今创环境集团有限公司自主研发的首台套KCS380中型转运站下线，配套收集箱单箱能装载28立方米生活垃圾，每小时可处理生活垃圾380立方米。

（沈立人）

【光大环保公司入选国家级绿色工厂】 9月，光大环保技术装备（常州）有限公司（简称“光大环保公司”）被工业和信息化部列入第四批绿色制造名单，成为国家级绿色工厂。公司位于遥观镇，成立于2011年5月，由中国光大国际有限公司投资建设，集环保装备研发、制造、销售、售后、总包服务为一体，提供生活垃圾焚烧成套设备，烟气、渗滤液处

光大环保技术装备（常州）有限公司环保装备Ⅲ期项目建成的现代化花园式厂房
（供图/武进高新区）

理成套设备，餐厨、污泥处理成套设备，危废焚烧成套设备，飞灰处理成套设备，电气及控制系统成套设备等产品和服务。坚持厂区绿色布局，合理分配能量流、物质流路径，提倡绿色采购，科学有效实施计划管控，推广绿色设计，拥有固废无害化和资源化工程技术研究中心、企业技术中心、外资研发机构、餐厨垃圾资源化利用和无害化处理工程研究中心等省级研发平台，通过 ISO 9001 质量管理体系、ISO 14001 环境管理体系和 GB/T 28001 职业健康安全管理体系认证。产品科技含量及附加值高，环境问题解决能力较强，较好推动生活垃圾减量化、资源化、无害化处理。

（万永吉）

【光大环保公司环保装备Ⅲ期项目竣工】 该项目由光大环保公司于 2018—2019 年度实施，2019 年 12 月竣工投产。总投资 2 亿元，用地面积 3.8 公顷，新建标准厂房和电力服务运营大楼 2.5 万平方米，达产后可年产垃圾焚烧炉、生物质焚烧炉及其他环保装备 1500 台。

【华电发电公司 9FA 燃机透平部件一期项目竣工】 该项目由江苏华电戚墅堰发电有限公司（简称"华电发电公司"）于 2019 年度实施，一期项目 12 月竣工投产。总投资 1.5 亿元，购置透平部件等节能环保设施，配套改造燃料模块、控制系统等，提高机组运行稳定能力和环保水平。

（叶　昕）

现代电子产业

【概况】 武进区现代电子产业主要研发生产各类电机、核心电子元件、传感器等先进电子产品。2019 年，有规模以上工业企业 76 家，完成产值 160.15 亿元，实现主营业务收入 156.67 亿元，分别增长 5.1%、5.39%，实现利税 17.83 亿元、利润 12.18 亿元，分别下降 7.95%、5.24%。产业骨干企业主要有常州联德电子有限公司、普罗斯电器（中国）有限公司、常州市永安电机厂有限公司、江苏华阳电器有限公司、江苏雷利电机股份有限公司、常州市薛巷电讯元件有限公司、常州宝捷电机制造有限公司。年内，江苏雷利电机股份有限公司获评省级"小巨人"企业（制造类），其年产 2 亿台微电机智能工厂获评省级智能工厂，江苏日盈电子股份有限公司、江苏协和电子股份有限公司、常州联德电子有限公司的智能化车间获评江苏省示范智能车间。

（沈立人）

【日盈电子公司车用电子传感器和洗涤系统生产线智能化提升项目竣工】 该项目由江苏日盈电子股份有限公司（简称"日盈电子公司"）于 2019 年度实施，12 月竣工投产。总投资 9000 万元，利用企业原有厂房，新增加工中心、三坐标测量设备、自动化生产线、数控线切割放电加工机等生产研发设备及软件 155 台套，实施车用电子传感器及洗涤系统生产线智能化改造，达产后可年产车用电子传感器 480 万套、车用洗涤系统 600 万套。

（叶　昕）

智能电网产业

【概况】 武进区智能电网产业主要生产电力控制设备、智能储能设备、智能输变电设备、智能配电设备等。2019 年，全区智能电网产业有规模以上工业企业 49 家，完成产值 95.75 亿元，比 2018 年增长 13.2%，实现主营业务收入 96.64 亿元、利税 11.77 亿元、利润 8.64 亿元，分别增长 17.94%、9.44%、10.65%。产业骨干企业主要有常州电站辅机总厂有限公司等电力控制设备企业，常州市武进红光无线电有限公司等智能储能设备企业，常州博瑞电力自动化设备有限公司等智能输变电设备，江苏洛凯机电股份有限公司、江苏凯隆电器有限公司等智能配电设备企业。年内，横山桥智能电力装备产业园 9 个重点项目集中开工，总投资 18 亿元。

（沈立人）

【中铁建轨道交通器材公司获全国首个架空接触网欧盟互联互通认证】 6 月，中铁建电气化局集团轨道交通器材有限公司（简称"中铁建轨道交通器材公司"）被 TÜV 北德集团授予电力牵引架空接触网（OCL）欧盟铁路互联互通（TSI）认证证书，成为国内首个获此证书的企业，标志中国电气化铁路接触网产品可进入欧洲市场。中铁建轨道交通器材公司位于雪堰镇，主营电气化铁路接触网器材及零部件、城市轨道交通接触网器材等产品。引进吸收德国先进技术，建立科技研发中心、国家级检验检测中心等，自主研发电力牵引架空接触网，其接触线和接触网零部件抗腐蚀性好、性能优、成本低，符合 ISO 9001、ISO 3834 等管理体系要求，适用于高寒铁路、大风区铁路、高盐高湿铁路，在安全性、可靠性与可用性、技术兼容性、环境保护效果、无障碍环境建设效果等方面，通过严苛测试获得 TSI 证书。

（吴志坚）

【博瑞智能电网研发及总装基地一期项目竣工】 该项目由常州博瑞电力自动

化设备有限公司于2016—2019年度实施，2019年5月竣工投产。总投资7亿元，用地面积13.33公顷，建设研发试验孵化及生产厂房15万平方米，新增自动化生产线等设备，达产后可年产智能电网成套产品3000套、发电机励磁系统200套，新增年产值50亿元。

（叶　昕）

优势传统产业

纺织业

【概况】 武进区纺织企业主要集中在湖塘镇，有企业2000多家，多为中小企业，是国家火炬特色产业基地、江苏省新型工业化产业示范基地（新型色织），湖塘镇两次获评“中国织造名镇”，是中国面料之都。2019年，全区纺织行业有规模以上工业企业198家，主要生产纱、混纺纱、绒线、布、印染布、服装等，形成灯芯绒、色织布、牛仔布和经编布等优势特色产品，年产纱5.83万吨、布4.62亿米、服装192万件。规模以上纺织工业企业完成产值191.83亿元，实现主营业务收入188.84亿元，分别比2018年增长2.81%和2.54%。

（吴志坚）

【一纺织机械被列为省重点推广应用新技术新产品】 6月，永旭晟机电科技（常州）有限公司自主研发的YXS-A型自动穿经机被列入江苏省第二十批重点推广应用的新技术新产品目录。该穿经机具备每分钟140根左右的穿经速度，可将纱线同时穿入停经片、综丝以及钢筘；创新采用电子双经检测装置，可在不分绞的情况下检测出双纱并自动停机，实现穿经过程自动化，工作效率是人工穿经的7倍；其控制系统人机交互性强，便于发现故障并快速处理。经鉴定，产品属国内首创，部分技术达国际先进水平。8月，该产品作为首台套高端装备自动穿经机在全市示范应用。

（毛　丹）

冶金业

【概况】 2019年，武进区冶金业有规模以上工业企业96家，骨干企业主要有中天钢铁集团有限公司（简称“中天钢铁集团”）、东方润安集团有限公司等，主要产品有粗钢、成品钢材、铁合金、生铁、电解铜等，产粗钢1475.15万吨、钢材1474.81万吨、铁合金29.88万吨。该行业规模以上工业企业全年完成产值1178.87亿元，实现主营业务收入1178.93亿元，分别比2018年增长9.77%、10.77%，分别占全区规模以上工业企业的27.69%和25.24%。年内，冶金业企业落实省“两减六治三提升”行动、生态保护和环境治理专项行动要求，持续开展节能减排，加大技术投入，促进传统冶金业转型升级。中天钢铁集团紧盯装备提升、智能改造、绿色发展，做优做强钢铁实业，首创一项世界连铸技术，汽车发动机曲轴用非调质钢、免退火冷镦钢盘条、高档合金工具钢热轧盘条等优特钢线棒材新品实现量产，优特钢产品超300多种，产能突破600万吨；启动实施信息化、智能化五年发展规划，建设5G智能园区，促进新一代信息技术与制造业深入融合；完成所有烧结机超低排放改造，实施炼铁、炼钢等全流程生产工序环保提标升级，停运热电厂燃煤2号机组，年减少标准煤12万吨、二氧化碳排放29.04万吨、二氧化硫排放1440吨、氮氧化物排放1080吨。集团连续7年入围全球钢铁企业50强，入围“一带一路”中国百强企业，位列第29名。

中天钢铁集团有限公司运用PMO—EMS组合调控高均质化矩形坯连铸技术开展生产

（供图／武进日报社）

【中天钢铁集团首创一项世界连铸技术】 2019年7月，“脉冲磁致振荡（PMO）—电磁搅拌（EMS）组合调控高均质化矩形坯连铸技术”科技成果评价会在中天钢铁集团召开，经中国金属学会组织的评审组专家评审，认定该技术符合评价要求，成功实现工业化应用，属世界首创。该技术由中天钢铁集团和上海大学共同研发，利用PMO促进形核和EMS强制对流作用，通过电磁感应效应，使钢水中不断形成细小结晶，并均匀分布于矩形坯液芯中，避免出现粗大的柱状结晶，大幅提高铸坯均质化效果和稳定性。2017—2018年，该技术先后运用于研制高品质轴承钢、齿轮钢、弹簧钢、工程机械用钢、合金高压锅炉用管坯钢、非调质钢等特殊钢，累计产量31.91万吨，轴承钢、齿轮钢和高碳工具钢等相关规格产品等轴晶率分别提高40%、108%和95%。该技术对小批量多钢种的特钢连铸生产适应性强、效果稳定，属于绿色节能的凝固均质化技术，经济、社会效益显著。

（吴志坚）

【中天钢铁集团绿色循环减量提升工程一期项目竣工】 该项目由中天钢铁集团于2018—2019年度实施，2019年12月竣工投产。总投资24.46亿元，在原有厂区内，新建500平方米烧结机1台、400吨／小时高温超高压纯燃高炉煤气锅炉1座、一台135兆瓦凝汽式中间载热汽轮发电机组，6万立方米／小时制氧机组1台，封闭改造厂区内所有露天料场。项目改造完成后，可压减炼铁产能103万吨、炼钢产能24万吨，高炉排放浓度远低于国家标准，大幅降低能耗和生产成本，实现绿色生产。

（叶　昕）

金属制品业

【概况】 2019年，武进区金属制品业有规模以上工业企业128家，主要产品有金属集装箱、无缝钢管、冷轧薄板、锁具、钢芯铝绞线等。该行业规模以上工业企业全年完成产值159.92亿元，实现主营业务收入157.93亿元，分别比2018年增长25.78%和25.87%。

（吴志坚）

【三鑫重工公司发电机组精密铸钢件项目】 该项目由三鑫重工机械有限公司（简称“三鑫重工公司”）于2017—2019年度实施，2019年12月竣工投产。总投资3.9亿元，用地面积5.93公顷，建设厂房4万平方米，新增热处理设备、加工设备、检测设备等100台套，达产后可年增发电机组精密铸钢件1.3万吨。

【九洲创胜铜业公司特种铜管项目竣工】 该项目由常州九洲创胜特种铜业有限公司（简称“九州创胜铜业公司”）于2018—2019年度实施，2019年12月竣工投产。总投资2.5亿元，利用原有土地，新建厂房1.2万平方米，新增行星轧机、复绕机等生产设备，达产后可年产特种铜管2万吨。

【空天轻合金公司镁合金项目竣工】 该项目由江苏空天轻合金科技有限公司（简称“空天轻合金公司”）于2018—2019年度实施，2019年12月竣工投产。总投资2亿元，租赁厂房1.5万平方米，新增低压反重力成型铸造生产线、五轴加工中心等设备，达产后可年产镁合金毛坯铸件2000台套、高端镁合金成品件2000台套。

（叶　昕）

地板制造业

【概况】 武进区地板制造业以生产强化木地板、钢质地板、多层复合地板、PVC地板、木塑地板、防火板、墙板为主，以横林镇最为集中，建有横林强化木地板产业集群。横林镇先后获“中国强化木地板之都”“中国强化木地板出口基地”“中国出口地板产业集群监管示范区”“国家外贸转型升级专业型示范基地”等称号，多个木地板品牌获评江苏省区域名牌。2019年，该产业集群有地板终端产品制造企业及配套企业400多家，从业人员3万多人，产能规模大、花色品种多、配套协作强、商务成本低、集聚效应好。面临市场份额缩小、客户需求变化，集群企业走绿色家居产业的转型升级之路，实施智能化改造和产品更新换代，自动上料机器人、码堆机器人、打包机器人等有效推广，智能化工厂不断涌现，横林镇绿色家居材料产业技术研究院、绿色家居产业园等平台载体不断完善，横林地板集聚区获评全国唯一的国家外贸转型升级基地（地坪地材）。全区销售强化木地板和石塑地板2.8亿平方米、实木木地板8.28万平方米、复合木地板6131.36万平方米。3月，第十三届（中国·横林）国际地板博览会举行，近100家横林地板企业参展，石塑地板、地暖地板等新品亮相，吸引专业观众2万多人次。

【洛基木业公司石墨烯地板通过国家科技成果鉴定】 4月，江苏洛基木业有限公司（简称“洛基木业公司”）承担的“低电压驱动石墨烯发热地板的研发及应用”项目通过国家科技成果评价。该项目由洛基木业公司、常州大学、江南石墨烯研究院共同研发，历时3年多联合攻关，开发石墨烯发热地板。产品以石墨烯发热浆料为发热体，电热转化效率高，以低电压驱动发热地板，使用安全；采用难燃氧化镁无机高分子材料制造基材，节能环保，无甲醛释放；地板间使用锁扣式拼接，实现无导线连接，有效简化地板安装工艺，实现地板与地暖二合一。产品具有自主知识产权，获多项专利，经国家红外及工业电热产品质量监督检验中心检测，符合国家相关标准，先后获评常州市高新技术产品、中国国际高新技术成果交易会优秀产品奖。

（吴志坚）

【博大木业公司高分子新型表面装饰材料项目竣工】 该项目由江苏博大木业有限公司（简称“博大木业公司”）于2018—2019年度实施，2019年12月竣工投产。总投资2亿元，利用存量土地0.67公顷，新建生产车间3.1万平方米，新增连续压贴生产线、浸胶线、多层压机等主要生产及辅助设备59台套，达产后可年产连续层压板3500万平方米、装饰板1500万平方米。

（叶　昕）

重点企业选介

【中天钢铁集团有限公司】 成立于2001年9月，位于常州经开区，是一家以钢铁产业为主，现代物流、国际贸易、教育、体育等多元产业并举的国家特大型钢铁联合企业，总占地面积10平方千米，员工超1.3万人，其中各类科技人员1500人。拥有德国西门子奥钢联连铸机、美国摩根轧机、德国考克斯轧机、美国摩根减定径机组和棒材自动精整线等先进装备，建有钢铁研究总院研究应用基地、干勇院士工作站、中天钢铁研究院、中天钢铁汽车用钢研究所、国家级实验室、省级企业技术中心等高层次科研平台，配套全流程ERP（企业资源计划）信息化系统。专业生产轴承钢、焊丝钢、硬线钢、弹簧钢、锚链钢、冷镦钢、帘线钢、机械用钢、高压锅炉管等高技术含量和高附加值优特钢种300余种，形成建筑用钢、工业棒材、工业线材、热轧带钢四大产品系列，年产钢超1200万吨。产品广泛用于铁路轨道、汽车轴承、船舶锚链、石油化工、海洋工程、核电、风电等领域，远销70多个国家和地区，其中“一带一路”沿线国家和地区20多个，先后获国家标准创新贡献奖、冶金产品实物质量金杯奖等荣誉。作为国家级绿色工厂，集团坚持绿色发展理念，累计投入超150亿元，实施烧结脱硫脱硝、城市中水回用、综合污水处理站、能源管控中心、全封闭料场、高炉煤气及冶金废渣综合利用等节能减排和循环利用工程110余个，主要环保指标均达行业领先水平，成为全省首家实现超低排放的钢铁企业。2019年，集团炼铁1037万吨，炼钢1193万吨，轧材1172万吨，完成工业产值653.85亿元，实现主营业务收入938.30亿元、利税28.07亿元，连续7年入围全球钢铁企业50强，连续15年入围中国企业

500强，位居2019年中国企业500强第148位、中国制造业企业500强第57位、中国民营企业500强第34位、江苏省百强民营企业第7位，位列“一带一路”中国企业100强第29位。

【今创控股集团有限公司】 始创于1988年，位于常州经开区，拥有员工近万名，业务涵盖轨道交通装备、环境环保、通讯装备、新能源新材料、工矿机械、房地产等板块等。今创品牌体系内今创集团股份有限公司于2018年在上海证券交易所挂牌上市，主要从事轨道交通车辆配套产品的研发、生产、销售及服务，涵盖内装系统、门系统、座椅系统、风挡系统、照明系统、箱体、厨房系统、给水卫生系统、司机台等千余个细分产品，以及内燃机车和特种工程车辆、预埋槽道、高速铁路与异物自然灾害侵限监测系统等，是工业和信息化部制造业单项冠军示范企业、国家火炬计划重点高新技术企业、江苏省创新型企业、中国轨道交通装备定点生产企业、江苏省轨道交通装备产业基地。集团在国内外多个地区建有生产基地，拥有国家级博士后科研工作站、江苏省企业技术中心、江苏省工业设计中心、江苏省轨道车辆内饰装备工程技术研究中心、江苏省外国专家工作室等科研平台，配备国内外先进研发、试制、检测设备，相关领域设计、研发、生产规模及综合配套能力全球领先。拥有专利400多件，主持制定行业标准《冷链物流用蓄冷超导箱式转运设备技术条件》(JB/T 12908—2016)，“KTK及图”为中国驰名商标。参与承担标准化动车组内装、侧拉门机构、厨房、座椅等产品配套研发及国产化任务，参与国内主要城市百余条城轨线路项目，与阿尔斯通、庞巴迪、西门子、日立、Rotem等知名公司建立战略合作伙伴关系，产品出口并应用于英国、法国、意大利、比利时、新加坡、印度等30多个国家的轨道交通车辆项目，为“一带一路”建设、“中国高铁走出去”等做出重大贡献。2019年，完成产值148.17亿元，实现主营业务收入139.83亿元。

【东方润安集团有限公司】 成立于2010年，位于湟里镇，是集特钢制造、机械加工、工业服务于一体的产业集团，总资产200亿元，有常州东方特钢有限公司、马拉兹（江苏）电梯导轨有限公司、常州同泰高导有限公司等分公司5家，员工5000余人。围绕钢铁、导轨、铜业领域，先后建成精品棒材线、精品型材线、高速电梯导轨线等生产线，配备德国普瑞特PRIMETALS连铸机、意大利达涅利连轧机、摩根轧机、全自动精校检测机、SCR—7000连铸连轧机等进口生产设备，主要生产合金钢、弹簧钢、轴承钢、齿轮钢、电梯导轨钢、铜管等产品，应用于汽车、石油、电力、交通、机械、汽车线、电子线、光伏线等领域。集团有优特钢产能330万吨，是华东地区优特钢精品棒材、型材主要供应商，是品质及市场份额全球领先的电梯导轨专业制造商，铜业板块涵盖铜材加工、国际贸易等，拥有年产40万吨铜杆、9万吨铜丝、4万吨铜管的生产能力，是长三角地区颇具影响力的铜杆、铜线、铜管供应商。2010—2019年，实施装备升级、结构调整战略，总投资45亿元，先后改造烧结、炼铁、炼钢、轧钢系统，完成除尘环保、排放治理、节能降耗工程项目。先后获评中国优特钢行业最具影响力生产企业、江苏百强民营企业、江苏省民营企业就业先进单位、江苏省管理创新优秀企业、江苏省节水型企业等。2019年，集团完成工业产值199.72亿元，实现主营业务收入198.27亿元、利税11.02亿元、利润4.83亿元，位居中国民营企业500强第367位，中国民营制造业500强第212位。

【瑞声科技控股有限公司】 成立于1993年，位于武进高新区，是中国电子元件业领军企业、精密制造龙头企业、工业和信息化部认定的制造业单项冠军示范企业，在美国、德国、中国香港地区设分公司，有员工5万人，其中研发工程师1800多人，2005年8月在香港上市。主要生产微型电声器件、微型振动电机、陶瓷传感器、射频模块、微型摄像镜头等，涵盖声学、微机电、触控马达、射频及结构件、光学等新型微型技术器件领域，应用于移动终端、机器人、无人驾驶汽车等智能设备，为谷歌、微软、华为等国内外30多个知名品牌企业提供产品和技术方案服务，市场份额占全球的35%。有研发中心15个、制造基地9个、销售服务中心35个，拥有各类专利约5000件，在微型声学、精密光学、电磁传动、射频天线等领域拥有全部自主核心技术。在声学领域，为全球超90%的旗舰智能手机提供声学解决方案，与全球前六大手机品牌商达成长期战略合作伙伴关系。在光学领域，在全球率先实现WLG（晶圆级玻璃）镜片量产，是全球三大塑胶镜头供应商之一。在电磁传动领域，在全球率先研制X轴触控产品。在射频天线领域，先后开发出手机天线、基站天线等6种不同5G天线解决方案。2019年，完成产值114.76亿元，实现主营业务收入100.37亿元，位居2019年（第32届）中国电子元件百强企业第5位。

【江苏恒立液压股份有限公司】 始创于1990年，位于武进高新区，是全球知名大型高压油缸生产基地、盾构机专用液压油缸生产企业。总资产超80亿元，年销售额超42亿元，有员工5000余人，2011年在上海证券交易所主板上市。先后在武进高新区建成恒立油缸、恒立铸造、恒立液压三大基地，出资并购上海立新、德国INLINE油泵等品牌工厂，在欧洲、美国、日本成立海外销售服务公司。产品从油缸发展到液压阀、液压泵、液压系统、精密铸件等，涉及工程机械、港口机械、船舶海事、新能源发电、特种车辆、盾构、水泥等行业，销往20多个国家和地区，服务全球各领域企业1200多家，包括美国卡特彼勒、日本神钢、日立建机、日本久保田等全球知名工程装备制造商。建有江苏省工程技术研究中心、江苏省企业技术中心、江苏省博士后科研工作站等，拥有亚洲最大高压油缸研发中心、省内唯一超高压油缸小型化轻量化设计工程技术研究中心，有专业技术研发人员200余人，年研发投入占销售额的4%以上，在国内外建设研发中心4个、制造基地8个，是高新技术企业、工业和信息化部制造业单项冠军示范企业、国家知识产权示范企业、中国智能制造百强企业。其中，油缸生产基地有国际领先水平的油缸制造、自动化加工及测试设备800多台套，年产挖掘机油缸48万只、特种油缸15万只。2019年，完成工业产值54.89亿元，实现主营业务收入55.51亿元。

【旷达控股集团有限公司】 创建于2000年，位于雪堰镇，有全资和控股子公司、孙公司32家，员工近4000人，2010年在深圳中小企业板上市，业务横跨交通工具内饰面料、生态合成革、新能源投资、机械制造、医疗养老、房地产、进出口贸易、实业投资等领域，是综合性现代化企业集团。集团下属汽车内饰件事业部是国内行业龙头企业，国家重点高新技术企业，具备从有色差别化纤维生产到座套成品的完整产业链生产体系和先进的生产技术装备，产能、规模、市场占有率均居同行前列。在全国各地设有子公司，销售、售后网络遍布国内主要汽车主机厂，长期向全国60多家汽车代工制造商配套内饰用织物面料、内饰合成革、蒙面座套等产品，获得大众、通用等品牌汽车企业全球供应商资格，产品远销欧美。曾获第四届中国工业大奖提名奖、国家守合同重信用企业、江苏省优秀民营企业、中国汽车零部件百强企业等，多项产品获江苏省工业设计产品优秀奖，2019年获中国纺织联合会产品开发贡献奖。集团下属常州旷达威德机械有限公司是中国压力容器封头行业的龙头企业、国内设备种类最多最齐全的封头专业生产厂家之一，拥有国家封头制造许可证A3证、美国机械工程师协会“U”钢印证书、美国压力容器NB注册资格、欧盟PED（压力设备）相关资格认证、CCS（中国船级社）认证，具有年产封头2.4万吨的能力，可制造各类材质、各种形状规格封头及相关产品。2019年集团贸易、投资、三产累计完成产值43.21亿元，利税3.14亿元。

【柳工常州机械有限公司】 成立于2010年，位于武进高新区，是广西柳工机械股份有限公司的全资子公司。注册资本5.3亿元，主要研制并销售挖掘机、推土机、移动破碎筛分和矿山机械等工程机械设备及配件。有现代化工业厂房10万平方米，建有省级工程技术中心，配备数控加工中心、焊接机器人等先进设备。产品符合安全、环境质量管理体系，采用企业管理、产品研发平台系统，完善质量管理和标准化管理。2019年，柳工东部基地二期大型智能矿山机械项目获批启动，公司生产挖掘机11880台、推土机732台、矿山产品548台，分别比2018年增长9.4%、32.4%和1422%，完成产值42.47亿元，实现产品销售收入42.68亿元，产销均有20%以上的增长。

【纳恩博（常州）科技有限公司】 成立于2014年，位于常州科教城内，是一家智慧移动能力公司，为人的智慧移动（平衡车、滑板车等智能短交通产品）和物的智慧移动（配送等服务机器人）提供相关产品、服务及数据。包含平衡车、滑板车和卡丁车等在内的多款产品均获得了iF设计奖、红点最佳设计奖、至尊奖等国内外设计大奖和创新产品奖项。作为全球智慧移动产品类独角兽企业，车辆产品联网累计超过1亿次，总里程超过12亿千米，产品销往全球100多个国家和地区。2019年，公司完成工业产值39.35亿元，实现主营业务收入37.36亿元，被评为常州市明星企业（工业四星企业），获常州市年度工业亩均效益奖第二名。

【江苏国茂减速机股份有限公司】 成立于2013年，位于武进高新区，有员工1800余人，2019年在上海证券交易所挂牌上市，是高新技术企业、中国通用机械工业减变速机行业龙头企业，年产减速机50万台。拥有模块化设计、精益生产等核心技术，有零部件类别3万多种，产品型号15万种，应用于环保、建筑、电力、化工、食品、物流、塑料、橡胶、矿山、冶金、石油、水泥、水利、纺织、印染、粮食、制药等行业，产品与服务拓展至东南亚、欧美等海外市场。据上市公司年报统计，2019年，完成工业产值18.96亿元，实现主营业务收入18.76亿元。

【江苏万帮德和新能源科技股份有限公司】 成立于2014年10月，位于武进高新区，注册资本12亿元，有员工714人，其中专业技术人员186人，在国内新能源汽车充电设备制造企业中排名第二，是国内首个拥有售配电牌照的充电桩企业、全国电动汽车充电设施发展促进联盟发起单位，唯一成功加入欧标委员会国际充电标准制定协会的中国桩企。有专业生产线10条，研发、设计、生产、销售、运维新能源汽车充电设施，主要产品有直流充电桩系列、交流充电桩系列、大功率直流充电一体机系列、移动储能充电机、便携充电桩系列及充电设施管理平台等，年产电动汽车智能高效充电设施50万台套，先后承担工业和信息化部绿色制造项目、科技部重点研发项目、能源局互联网示范项目。其充电控制系统产品运用互联网思维、云平台，搭载充电应用软件，建立数据服务平台和设备跟踪系统，实施在线监控检测，提供在线数据采集、运行分析、故障诊断、系统维护和设备升级等服务，解决充电设施跨时空、跨区域运营难题，提高充电设施间互联互通。公司参与制定相关国家标准4个，完成团体标准2个，充电桩产品具有完全自主知识产权，累计获专利授权89件。2019年，研发投入6154万元，占销售收入的4.83%。完成工业产值16亿元，实现主营业务收入12.7亿元，增长76%。

（张杏阳）

国茂高精密减速机和齿轮项目厂房 （摄影/陆　新）

商贸服务业

Commercial Service Industry

栏目编辑　周小红

房地产业

【概况】 2019年，全区新设立房地产企业10家，年末具备有效开发资质企业79家（其中一级房地产企业5家、二级7家、暂二级65家、暂三级2家），比2018年增加房产开发企业2家（以上数据均不含常州经开区）。全年完成房地产业投资额281.15亿元，其中住宅投资额216.92亿元，分别比2018年增长77.40%和75.30%；新开工面积356.03万平方米，其中住宅新开工面积271.50万平方米，分别比2018年增长18%和20.80%；竣工面积120.05万平方米，其中住宅竣工面积74.36万平方米，分别比2018年下降4.40%和24.70%。

【房地产市场销售】 2019年，全区商品房销售面积339.82万平方米，其中住宅销售面积249.83万平方米，分别比2018年增长12.62%和10.31%。完成商品房销售额367.30亿元，其中住宅销售额318.27亿元，分别比2018年增长19.70%和20.43%。商品房销售均价10809元／平方米，其中住宅销售均价12739元／平方米，分别比2018年增长6.29%和9.17%。商品房批准预售面积（市场新增供应面积）337.55万平方米，其中住房预售面积220.94万平方米，分别比2018年下降10.53%和下降18.06%。

【房地产市场管理】 2019年，武进区完善样板房管理，并加强日常巡查。重点查处“首付贷”，维护宏观调控政策有效性。加强商业项目开发进度监管，以项目销售资金作为待建商业的资金担保。同意具备销售条件的商品房正常销售，销售资金进入区监管账户，要求监管账户的资金余额大于未建商业部分的建设成本。根据商业部分的建设进度，逐步返还监管资金，直至商业建筑封顶；以预售托管资金作为商业建设的监管资金。区住建局、市预售资金托管单位和开发企业签订三方协议，直接将可支付的托管资金转入区政府指定的监管账户，作为商业建设的监管资金；以可售房源作为未建成商业的担保。开发企业取得商品房预售许可后，由区房地产开发和市场处通过销售系统管理平台将房源锁定，限制备案。按照商业开发进度逐步释放限制，保持限制房源的价值大于商业建筑未建部分的建设成本。加强房地产开发数据管理和统计，利用预销售管理系统每天监测市场基础数据，重点关注销售数量和价格的变动，及时掌握市场变化。统计分析房地产市场动态数据，形成月报、季报和年报，准确及时上报相关部门，为相关决策提供可靠依据。

表13　2019年武进区商品住宅销售额前十名楼盘情况表

楼盘名称	开发单位	销售面积（万平方米）	销售量（套）	销售金额（亿元）	销售均价（元／平方米）
星河城市花园	常州星河协通房地产开发有限公司	17.03	1210	27.32	16047
润城花园	常州润辉置业有限公司	14.22	1434	18.95	13322
瑞宁新园	常州伟伟置业有限公司	11.08	1085	5.31	4798
樾华名苑	常州新城亿瑞房地产开发有限公司	10.01	825	14.42	14406
紫竹悦庭	常州梁兴房地产开发有限公司	8.86	878	8.74	9863
荣瑞御园	常州荣盛亿鑫房地产开发有限公司	7.81	660	8.71	11159
横麓雅居	常州邦德置业有限公司	7.54	721	3.62	4803
湖悦朗隽花园	常州新城悦佳房地产开发有限公司	7.37	690	7.16	9723
翰美豪园	常州市美业房地产发展有限公司	6.88	575	10.73	15597
和昱云璟苑	常州兴都房地产开发有限公司	6.86	595	6.30	9181

【金新·滟澜湖楼盘】 位于武进西太湖岸畔，距湖直线距离576米，总建筑面积9万平方米，容积率1.8，由金新控股集团开发，项目规划建设6层宽景洋房11幢、17层观湖小高层7幢、售楼处1幢。该楼盘毗邻规划中的常州地铁5号线和7号线，与市政公园和生态公园双公园为邻，配套建设典雅园林、智能化系统，建成后可成为西太湖高品质低密洋房社区。于2019年3月23日开工，9月6日开盘销售，年内销售住宅288套，完成销售总额5.01亿元。

【新城璞樾春秋楼盘】 位于武进延政中大道南侧、凤林路东侧地块，占地面积13.78万平方米，总建筑面积28.4万平方米，由新城控股集团开发，总投资39亿元，该项目为低密用地，内含幼儿园用地和商业设施用地各1幅，整体采用新中式建筑风格，南地块配置毛坯院墅建筑面积260平方米，以及精装洋房建筑面积143平方米—230平方米，北地块配置精装洋房143平方米－190平方米、叠墅建筑面积230平方米。项目一期于2018年12月30日开工，2019年8月29日首期开盘，2019年完成销售额12.25亿元。

（徐亚芬）

【物业管理】 2019年，区物业管理工作领导小组印发《关于明确2019年武进区住宅小区物业管理工作考核办法和考核标准的通知》，重点考核基础管理、责任落实、业委会（物管会）监督管理、长效考评等方面内容，全年开展乡镇板块和职能部门考核3次。针对辖区内179个商品房住宅项目以及提供物业服务的80家企业，按季度考核，年末为评分排名前10位的物业服务企业颁发奖牌。建立物业企业诚信红黑榜，根据物业服务企业获评诚信档案情况，在第二年度物业管理招投标中加（减）分。区房管处帮助乡镇物管科解决小区管理的矛盾问题32项，协同各职能部门联合执法334人次，组织培训镇物管科、社区、物业企业相关人员140人次。依托武进广播电视台“政风热线”“在线访谈”专栏，重点宣传《常州市住宅物业管理条例》，开展物业服务与管理诉求网上调查等，了解小区业主诉求。全年办理人民来信1216件，接待人民来访47次，回复人大建议、政协提案12件。有7个物管项目获评“常州市市级示范物业管理项目”。5月，省专家组现场验评区申报省级示范物业管理项目5个。7月，武进区获评“江苏省省级示范物业管理项目”4个。区房管处获评2016—2018年度江苏省文明单位。

【物业维修基金管理】 2019年，区房管处完善归集和使用物业维修基金管理工作机制，按照《常州市物业管理条例》的要求，对已竣工验收并达到交付条件尚未售出或者未交付业主以及其他属于建设单位所有的物业，由建设单位在办理房屋所有权首次登记前，将首期住宅专项维修资金先行交存至住宅专项维修资金专户，保证交付项目住宅专项维修资金的应收尽收。全年受理维修资金申报业务2983户，审核拨付维修资金1198.96万元，收缴房屋维修资金17928.86万元、消防电梯专项维修资金798.18万元。通过产权转移前查询，补交维修资金364户102万元。住宅类物业前期物业招投标合同备案24个，完成前期物业招投标小区16个；收取项目接管保证金94万元。

（杨　欣）

商贸流通

【概况】 2019年，武进区统筹推进“稳增长、促转型、惠民生”等工作，推动商贸流通健康发展，提升商贸服务质量。区商务局持续加强监测分析，确保市场有序运行。针对非洲猪瘟疫情，启动猪肉市场监测日报制度，保证猪肉市场供应。开展惠民促销、汽车下乡、消费促进月和新十大农家招牌菜评选等活动，社会反馈良好。强化行业安全监管，与加油站和重点商贸流通企业签订安全生产承诺书。加强辖区商场、超市和综合体等人员密集场所安全隐患排查，督促落实安全制度，确保全区流通领域零事故。组织3家企业参加东亚国际食品交易博览会，组织常州市雅浦酿酒有限公司参加第三届中国（江苏）老字号博览会。国庆黄金周期间，城区10家商超企业实现商品销售额1.03亿元，与2018年同期基本持平，全区消费市场总体运行平稳。妥善处理商贸流通领域投诉纠纷，全年受理12345政府公共平台交办单21件，其中加油站类投诉5件、汽车销售类投诉14件、餐饮企业投诉2件。全区社会消费品零售总额697.39亿元，比2018年增长8.1%。其中，批发业实现零售额91.48亿元，增长38.5%；零售业实现零售额512.87亿元，增长3.4%；住宿、餐饮业实现零售额93.04亿元，增长11.4%。城镇消费品零售额602.17亿元，增长8.6%，农村消费品零售额95.22亿元，增长4.5%。亿元市场全年成交额754.31亿元，增长1.1%。

【第七届武进汽车下乡活动】 5月18日至8月12日，2019“山水田园相映、绿色畅行相融”第七届武进汽车下乡活动由武进商务局主办，武进汽车城建设指挥部、武进广播电视台承办。活动深入

11月5日，市、区领导考察大学新村消费品综合市场　（摄影/陆　新）

遥观、嘉泽、南夏墅、礼嘉、潞城、湖塘6个镇（街道），组织19家品牌商参与，销售奇瑞、北汽等多款享受高额补贴和全额减免购置税的新能源汽车品牌。其间，共收到销售订单500多个，收集意向客户3000余人，参观人数超2万人。

【武进万达广场获批商务部2019年绿色商场创建单位】 11月，常州武进万达广场商业物业管理有限公司（武进万达广场）获批商务部2019年绿色商场创建单位。武进万达广场位于武进区中心城区核心区，占地面积12万平方米，总建筑面积近60万平方米，是大型城市综合体，其中商业面积18万平方米，拥有停车位1300多个，辐射市区及周边百万人口，是常州商业地标之一。2019年，实现总销售额6.25亿元。

从2017年起，武进万达广场从基础管理、设备设施、建设绿色供应链、实施绿色服务、引导绿色消费、资源循环利用与环境保护6个方面开展创建工作，指导商户装修时选用发热较低的节能型光源（LED）；定期进行空调末端设备保养，提高换热效率；执行“三关一闭”（关水、关电、关煤气和关闭厨房门）条例，要求商户与商场同步开启照明等电气设备；通过智能化的楼宇控制系统，实行电梯、灯具、节水设备等精确管理；采取科学系统的运营管理把控食品安全、货品品质等，保证消费者有最佳的绿色消费体验。2018年12月，创建为全区首家省级“绿色商场创建单位”。

（赵　璐）

【武宜路商圈】 武宜路作为贯通常州市区与武进中心城区的南北方向主线之一，道路沿线聚集新城吾悦广场、星河国际商业街、四季青购物中心等商业载体。星河国际商业街总规模30万平方米，星河商业体系注重儿童主题定位，形成星趣小镇、国际影城等多功能业态组合，毗邻体量5000平方米的星居生活馆，无缝对接麦德龙超市，联合周围金街商业，完美呈现了同栖商业体的联动性。周边社区及星河小学、星河幼儿园，引进美吉姆早教中心、芝麻街英语、东书房等教育体育类品牌，其中迪卡侬（健康运动基地）2019年销售额4228万元。新城吾悦广场总建筑面积80万平方米，涵盖大型超市、购物中心、主题会所、会议中心、酒店式公寓、高端住宅等业态，汇集购物、美食到娱乐、休闲，亲子、超市到电影、步行街，运营易买得、孩子王、优衣库、NIKE、海底捞、哥老官、周大福等商业品牌336个，全年销售额13.72亿元。

【花园街商业街】 位于人民路以南、滆湖路以北，和平路以西、武宜路以东，以花园街为中轴线，涵盖百货、超市、餐饮和娱乐多种业态。运营商业有常州武进万达广场、新天地不夜城、新城上街、路劲又一城等，周边有新天地公园、春秋淹城乐园、春秋淹城野生动物园、武进市民广场，花园街沿线有大量新建商业楼盘交付入驻，为花园街商街提供充足的消费动力。2019年9月常州地铁1号线开通，花园街商业动脉速率快速提升。位于花园街北端的常州武进万达广场集百货、超市、五星级酒店、影院、KTV、美食以及办公、居住于一体，2019年武进万达广场总客流1600万人次，增长8%，日均客流4.5万人，全年销售额6.25亿元，增长1%。路劲又一城位于花园街、长虹路高架交汇处，建筑面积18万平方米，集旅游、购物、休闲、娱乐为一体，是武进区最大的公园购物中心。入驻运营品牌97个，其中代表性品牌有耐克、阿迪、哥弟、阿玛施、百丽、周大福、海底捞、煮男音乐餐厅、钱小奴海鲜自助等，全年销售额8亿元，增长0.5%。

【武进乐购商圈】 位于湖塘镇常武路与定安路交会处，拥有乐购生活超市、富克斯流行广场、武进购物中心、南洋广场等大型商业体，以及周边住宅楼盘的沿街商业。武进购物中心总建筑面积16万平方米，设购物区、休闲餐饮区、主题休闲娱乐区、主题文化艺术区以及金融商务区，入驻主力商家深圳海港大酒楼、苏宁电器、莱蒙电脑城、海乐迪量贩KTV都是有影响力的品牌。富克斯流行广场是武进人民商场有限公司与台湾高青开发公司投资开发的大型综合体项目，建筑面积7.2万平方米，营业面积4.8万平方米，运营品牌有周大福、潮宏基、百丽、千百度、新秀丽、沙驰、哥弟、波司登、耐克、阿迪、狼爪、富安娜、梦洁、丽婴房等，2019年销售额4.57亿元。

（赵　璐）

武进万达广场外景　　（供图/武进日报社）

【武进汽车城实现销售总额 138 亿元】武进汽车城位于武进中心城区，占地面积 100 公顷，是华东地区名列前茅的大型综合汽车市场，拥有品牌汽车 4S 店集中区、二手车（卡车）交易市场、汽车配件市场、配套商业服务区四大功能板块。其中，品牌汽车 4S 店集中区有保时捷、玛莎拉蒂、奔驰、宝马等国际品牌店 45 家，其他品牌汽车门市部 23 家；汽车二手车市场入驻商户 260 家，年交易二手汽车 3.3 万辆；汽车配件市场入驻商户 450 家，汽车市场配套服务区建有 5 万平方米停车场地。2019 年，开展汽车下乡活动，重点销售新能源汽车。全年品牌汽车 4S 店集中区销售新车 4.80 万辆，销售额 103.80 亿元；二手车市场销售汽车 3.37 万辆，销售额 26.89 亿元；汽车配件市场销售额 6 亿元。武进汽车城全年实现销售总额 138 亿元，上缴税款 1.67 亿元。

（梅旭中）

【江苏明都汽车集团年销售额超 67 亿元】江苏明都汽车集团创建于 1996 年 1 月，是一家以汽车销售服务为核心、金融投资及高星级宾馆为辅的多元化集团企业。总部位于常州市，拥有全资子公司 40 家、控股公司 3 家、参股公司 2 家，员工 2800 余人，固定资产账面余额 16.5 亿元。公司代理销售汽车主流品牌 24 个，有品牌 4S 店 40 家，分布在常州、无锡、苏州、镇江、扬州、南通等地，同时经营汽车租赁、二手车置换等业务，是江苏省汽车销售和服务领域的领军企业。该集团公司名列 2019 年度中国汽车经销商集团第 57 名、2018—2019 江苏省汽车销售服务四十强，2019 年实现销售收入 67.71 亿元，比 2018 年增长 1%。

（周佩吉）

【夏溪花木市场深耕园艺板块】2019 年，夏溪花木市场积极引导和践行美好园艺生活，深耕市场园艺板块，推动家庭园艺发展，稳步推进在线品牌活动及园艺村专区建设。9 月 28 日至 10 月 4 日，该市场联合中国花卉报社、澳门江苏联谊会举办 2019 中国（夏溪）园艺嘉年华暨江苏·澳门园艺文化周。该届展会共吸引国内 15 个省市知名花卉园艺企业近 200 家以及荷兰、比利时、日本、丹麦等 8 个国家和地区多家企业参展，设花艺与生活、园艺与生活、园艺秀场和园艺集市 4 个主题馆，有大型特装展位 150 个和标准展位近 300 个，展览区面积近 5 万平方米，除园艺村外还搭建展示区面积 1.5 万平方米。园艺嘉年华活动吸引全国观众 7 万多人次，初步达成交易额 2.3 亿元，其中游客消费金额 2000 万元，订单交易额 2.1 亿元。夏溪花木市场进一步推动园艺村等专区板块建设与发展，注重行业与终端、原材料市场对接，逐步深化园艺文化、家庭园艺产品交易、庭院设计施工等，打造出可触及的园艺生活平台。全年市场交易额 203.38 亿元，继续领跑全国同类市场。

（应　彦）

2019 中国（夏溪）园艺嘉年华暨江苏·澳门园艺文化周现场　（供图 / 嘉泽镇）

粮食购销

【概况】2019 年，全区具备粮食收购资质企业 43 家，其中国有及国有控股企业 4 家。推进“放心粮油”工程建设，新增区级“放心粮油销售店”1 家，有市级示范粮油销售及加工企业 7 家、区级“放心粮油销售店”28 家。全年轮换地方储备小麦 2826 万千克、粳稻 2457 万千克，区地方储备粮管理符合规定要求。

【粮食应急保供建设】2019 年，全区各类粮食收购主体理性参与粮食市场收购，全社会完成粮食收购 2.81 亿千克，其中小麦 6160 万千克、粳稻 2.19 亿千克，比 2018 年增加 4969 万千克（主要是粳稻）。开展粮食产销对接，区粮食部门做好武进地区粮食收购，组织粮油经营企业建立粮食协作平台，实施与外地粮食生产基地的零距离衔接，全年签订协议粮食购销数量 1.60 亿千克。按照要求落实应急成品粮油存储，由区发改局和财政局联合监管，与优选部分粮食企业签订协议，确定区粮油应急加工企业和粮油应急保供网点。6 月，武进粮食物流园正式启用。该物流园是集粮油采购、交易、运输、仓储功能的现代化粮食物流园区，仓储规模 9150 万千克，武进区粮食应急保障能力进一步提升。

（谢志峰　唐　莉）

供销合作

【概况】2019 年，武进区供销合作总社紧贴农业生产发展实际，引导企业树立为农服务粮油购销意识。武农农资有限公司做好农资保供保质稳价工作，全年销售化肥 35320 吨、农药 7240 万元，实现销售收入 1.56 亿元。切实保障农业生态环境安全和农产品质量安全，做好农药包装废弃物的回收工作，全年回收农药包装废弃物 26 吨。开展农业生产全产业链服务，举办农民职业技术培训班 12 期，参训 300 余人次。江苏明都超市有限公司和常州市信特超市有限公司开展“农超对接”平价店活动，助力农民增收，全年分别完成农产品销售额 5567 万元和 4501 万元。全系统实现销售收入 85.61 亿元，利润总额 4088 万元，增长 3.56%。其中，江苏明都汽车集团有限公司实现销售收入 67.71 亿元，常州五星电器有限公司销售收入7.54亿元，常州五星电器有限公司实现利润总额2001万元。年末，区供销合作总社获常州市供销社综合业绩考评优良等次，江苏明都汽车集团有限公司获常州市“提质争效、创新争星”活动现代服务业“五星企业”称号。

【工贸资产经营管理】 2019年，武进工贸资产经营管理有限公司发挥党委在保障队伍稳定、国有资产保值增值、企业安全生产等方面的作用，推进资产处置，清理商业系统资产、供销社系统资产、食品总公司资产63宗，公开拍卖原武进化肥厂的职工宿舍1套、邹区供销社生产资料、卜弋药厂部分危旧房屋、漕桥食品公司等资产4宗，共得价款607.8万元。公开招租湖塘人民中路617号武进商业公司资产，有序推进众恒肉联公司屠宰项目迁建，完成环评报批及项目立项、设计方案完善等工作。采取土地收储方式解决原武进供销社干部学校资产的历史遗留问题，确保国有资产保值增值。配合全区安全生产专项整治行动，开展“标准化、清单化、责任化”安全生产大检查4次，坚决排除租赁单位及企业生产安全隐患。

（陆梦琦）

烟草专卖

【概况】 2019年，区烟草专卖局（分公司）设置稽查中队4个、市场服务部3个，有一线专卖营销人员54人。年内，新办烟草零售许可证1156户，处理停业烟草零售户6户，整顿38户，收回157户，注销122户，歇业272户，变更32户；烟草零售户恢复营业4户，延续经营702户。全年烟草经营贡献税利6.17亿元，区烟草专卖局获省烟草专卖局嘉奖令表彰4次。

【烟草市场监管】 2019年，区烟草专卖局围绕大户治理、烟卡整治、无证户管理、打假破网、“放管服”改革试点五大工程开展工作。建立违法违规大户档案和监管名录，按黑牌、红牌、黄牌分类监管大户，共建大户名单139户，发现违法大户112户，打击违法大户13户次，依法取消经营资格12户。开展“烟卡治理”工程，组织联合检查39次，涉及零售户326户，排查疑似售卡零售户60户；开展内部交叉互查和专项督查9次，发放宣传资料5300余份，切实构建长效管理机制。强化无证户管理，开展“百日清无”行动，共取缔无证户4户，拘留5人，无证户经教育转化新办证10户，有序规范辖区卷烟市场。完善情报体系建设，开展“打假破网”行动，到广东、吉林、广西等省市开展案件侦办24次，抓捕带回嫌疑人8人。制定“放管服”改革预案，实现新旧布局规定无缝对接，加强“互联网＋政务服务”。实现零售许可办结时间4个工作日以内，网上申办比率93.27%，高于年度目标13个百分点。全年查处各类涉烟违法案件372起，其中5万元以上案件66起，破获符合国标网络案件2起；查获各类违法卷烟3.19万条，上缴财政罚没款228.83万元。

【卷烟营销】 2019年，区烟草分公司制定《自律互助小组推进实施方案》，组织“客我共建 共谋发展”组长专题培训，线上线下开展“品牌培育看我的”主题活动，持续推动自律互助小组建设。建成自律互助小组384组，开展活动6487次，参与零售户5436户次。全面构建文明吸烟环境建设，召开文明吸烟环境建设推进会，制定《武进区文明吸烟环境建设管理制度》，新建淹城公园、嬉乐湾、吾悦广场等吸烟亭8处，安装吸烟柱（烟灰收集柱）224个，实现吸烟设施主城区重点区域全覆盖。提升终端形象维护，每周检查卷烟陈列、明码标价、亮证经营、“四个相符”等基础工作，开展“终端陈列看我的”主题竞赛，成立“新零售”学习研讨小组，不定期在10个零售户店内采集消费数据400多条，摸排选取优质意向采集客户24户。围绕数据分析采集，创新课题“卷烟消费者信息智能采集终端”获省烟草系统QC小组发布二等奖。创新课题“研发新品卷烟信息传播新工具”获市局2018年优秀质量管理小组成果发布会一等奖，其中卡片收纳环取得国家知识产权局实用新型专利。

（张　珏）

物流业

【概况】 2019年，全区拥有AAAAA级物流企业1家、AAAA级物流企业3家、省级以上物流基地2家。武进区基本构建物流园区、物流中心、乡镇物流场站三级物流体系，形成以常武地区为中心，辐射周边城市、农村的区域性专业配送网络，快运快递网络基本覆盖全区，快递基本做到进村入户。6月，武进粮食物流园正式启用。9月，常州易呼通物流科技有限公司通过江苏省无车承运人试点企业评估，试点资格延续。8月，常州正广通物流基地获评国家AAAA级物流企业。武进区邮政快递业继续保持平稳快速发展。全年交通运输、仓储和邮政业完成增加值85.26亿元，增长2.0%。其中交通运输和仓储业增加值76.97亿元，增长1.0%。

【武进粮食物流园启用】 2019年6月18日，武进粮食物流园启用，江苏奔牛国家粮食储备库同时启用，常州前黄粮食购销有限公司、常州市冉裕搬运装卸有限公司、江苏阳湖红粮食购销有限公司、江苏申新米业有限公司4家企业入驻。该项目是以江苏奔牛国家粮食储备库为主体异地新建的粮食仓储设施项目，承担全区140多万人的粮食应急保障任务，肩负6000公顷粮食收购任务、37家粮食企业可持续发展的引领任务，具有储存、中转、贸易、检测、信息等功能，是集粮油采购、交易、运输、仓储多种功能的现代化粮食物流园区。项目于2017年3月开工建设，同年12月主体工程完工，2019年5月实行试运行。项目建设总投资1.58亿元，占地面积6.03万平方米，规划总建筑面积2万多平方米，主要建设9.15万吨粮食仓储设施、内河300吨泊位2个以及烘干房、器材库、综合楼、道路、绿化等配套设施。

【常州易呼通物流科技有限公司获省级交通发展专项资金60万元】 2019年9月12日，常州易呼通物流科技有限公司获省级交通发展专项资金60万元。该公司成立于2011年12月，注册资金200万元，占地面积1200平方米。至2019年累计完成技术相关投资额121万元，创建运支宝网络货运业务管理系统平台，优化信息发布、线上交易、全程监控、金融支付、咨询投诉、在线评价、查询统计和数据调取等功能，为物流交易双方打造了安全、绿色、高效的互联网交易平台。全年平台完成交易额2.5亿元，税收500多万元。

【常州正广通物流基地获评AAAA级物流企业】 常州正广通物流基地位于武进区湖塘镇，成立于2015年4月21日，北倚312国道，南接金鸡路，西靠东宝路，占地面积15.8公顷，规划总建筑面积3.3万平方米，拥有专线仓库130间，停车场面积5.33万平方米。2019年，该物流基地专注于现代物流企业建设、现代人力资源管理、硬件装备建设，严格规范操作流程，有效提升整体管理水平。8月，被中国物流与采购联合会评为国家AAAA级物流企业。年末，该基地入驻物流专线企业45家，拥有可调度车辆2000余辆，从业人数超1000人，全年营业收入5299.19万元，完成税收94.95万元。

（韦仙芳）

住宿餐饮业

【概况】 2019年，武进区限额以上住宿餐饮业营业收入14.1亿元，其中住宿业收入4.45亿元，餐饮业收入9.65亿元。全区有各类餐饮单位1万余家，从业人员5万多人；有三星级以上旅游饭店14家。全区餐饮业发展亮点纷呈，休闲餐饮、中式正餐及团餐、快餐等业态百花齐放，消费规模、餐饮企业发展速度及菜品质量实现稳步提升。中心城区形成淹城美食街、古方路餐饮街以及常州武进万达广场、新城吾悦广场等商业体美食集聚区，规模餐饮企业有金色南都大酒店等30多家，周边集镇有特色土菜馆和农家乐特色饭店60多家。9—12月，区商务局、农业农村局联合媒体、旅游等部门举办2019明都·林肯武进新十大农家招牌菜评选活动，推动餐饮消费市场发展。

【美食专题电视栏目《食全食美》录制播出30期】 5月31日，《食全食美》电视栏目开机仪式在家缘大酒店举行。该电视栏目由区商务局联合武进电视台、武进烹饪协会精心筹划，专题内容有“武进招牌面”“武进名点”“武进家乡菜”等系列，旨在推动武进餐饮品牌建设，弘扬武进特色美食，传承本土餐饮文化，展示特色菜肴和交流烹饪技艺，倡导绿色安全与营养美味的健康消费理念，促

2019年武进区主要餐饮企业情况表

表14

企业名称	地址	设施配套	接待能力（人／日）	年营业额（万元）
武进假日酒店	延政中路33号	中西餐宴会厅2个、包厢6个	1000	5000
华美达森林公园酒店	淹城旅游区	自助餐厅和宴会厅各1个、包厢9个	330	3700
夏岩三勤生态园酒店	湖塘镇三勤村	宴会厅3个、包厢35个	1000	2100
锦海国际大酒店	常武中路89号	宴会厅1个、包厢10个	1000	6300
金龙大酒店	人民路1号	宴会大厅1个、包厢25个	800	840
常州嬉戏谷开元度假村	雪堰镇太湖湾	湖景餐厅4个、宴会厅2个、包厢7个	2000	2650
九洲喜来登酒店	长江路与延政中路交叉口	宴会厅2个、自助餐厅1个、包厢9个	1900	6500
金色南都大酒店	武进区行政中心东侧	宴会厅5个、包厢15个	2000	3200
常州明都紫薇花园酒店	嘉泽镇环湖西路98号	宴会厅3个、包厢19个	1000	540
金鼎明都国际大酒店	湟里镇	宴会厅6个、包厢27个	1100	6000
国瑞宾馆	横山桥镇	宴会厅2个、包厢19个	840	3908
常州奥阳华美达大酒店	横山桥镇潞横路178号	宴会厅4个，包厢43个	1400	—
鸣凰国际大酒店	湖塘镇鸣凰	宴会厅4个、包厢35个	980	1300
常州体缘大酒店	永胜路99号	宴会厅2个、包厢16个	600	950
枫泽山庄大酒店	嘉泽镇章庄	特色包厢18个	450	480
明都国际会议中心	武进经发区凤苑北路18号	宴会厅3个、包厢25个	1300	4000
新城希尔顿大酒店	虹北路68号	宴会厅2个、包厢35个	1000	—
豪庭皇悦大饭店	府东路9号	宴会厅2个、包厢50个	1000	3600
常州九重天海港大饭店	定安东路413号	宴会厅3个、包厢50个	1600	3000
家缘大酒店	湖塘镇花园街159号	宴会厅4个、包厢15个	2000	—
恒记饭店	湖塘镇花园街15−1号	宴会厅9个、包厢40个	1000	—
常州花鸟园生态酒店	武进经发区祥云路2号	厅3个、包厢14个	1000	2000
常州太湖三白餐饮有限公司	淹城美食街	厅2个、包厢10个	500	700
常州宴	湖塘府东路六号	厅2个、包厢27个	600	1700
京港花苑大酒店	古方路758号	厅1个、包厢14个	800	600
全聚德武进店	武进区漏湖中路29号	厅2个、包厢25个	1500	3000

“老东门”味道节目录制现场　（供图 / 武进日报社）

进消费。《食全食美》电视栏目于6月6日首播，参加录制单位有帝景大酒店、静逸大酒店、家缘大酒店、鸣凰国际大酒店等30家餐饮单位，全年录制播出节目30期。

【武进新十大农家招牌菜评选】 2019年9月10日至12月，区商务局联合区农业农村局等部门举办武进区第二届“十大农家招牌菜”评选活动，大力弘扬武进特色美食，传承本土餐饮文化，促进消费升级。经乡镇（街道）推荐或餐馆自荐报名、组委会严格审定，雪堰湖滨酒家的糖醋小凤尾鱼干、横山桥味真源山庄的农家四宝、洛阳明珠花园酒店的戴溪青鱼狮子头等40家餐馆共113道菜品入围，角逐武进新十大农家招牌菜头衔。经专家、达人和媒体记者与候选餐馆交流互动，在媒体全面报道参评菜品质量、试吃、评价方法。采用专家评价、“试吃达人”试吃评价和网友体验评价相结合评分，最终评定武进新十大农家招牌菜和入围菜品的名单。嘉泽阿兴鸭头等10道菜品获2019武进新十大农家招牌菜，鱼头大咖等10道菜品获2019武进新十大农家招牌菜入围奖。

表15　2019明都·林肯武进新十大农家招牌菜获奖及入围菜品情况表

奖　项	菜　名	单位（餐馆）名称
获奖菜品	嘉泽阿兴鸭头（冷）	武进区嘉泽阿兴卤菜店
	石斛炖蛋（热）	江苏嬉乐湾生态农业示范园（礼嘉新家园酒店）
	干烧寨桥老鹅（热）	武进区寨桥坊前市场饭店
	牛肉（冷）	湟里冯氏牛肉馆
	酱椒滆湖大鲢鱼（热）	常州明都枫泽山庄大酒店
	半糖神仙鸡（热）	武进区雪堰半塘农家乐饭店
	红烧肉蟹（热）	武进区湟里雅味楼饭店
	老法扣三丝（热）	武进区前黄壹佳人农庄
	农家酒香浸猪肝（冷）	常州西太湖明都国际会议中心有限公司
	干烧滆湖老鸭（热）	明都紫薇花园酒店
入围菜品	鱼头大咖（热）	宋剑湖得园大酒店
	桃胶布丁（冷）	武进区洛阳明珠花园酒店
	蒋凤记醉草鸡（冷）	蒋记食品有限公司
	鸡汤百叶（热）	常州国瑞宾馆
	散养老母鸡（热）	湖塘武家蓬田园餐馆
	清炒白虾仁（热）	横林福缘大酒店
	自制戴溪咸青鱼（冷）	锦海武进宾馆
	木桶豆腐花（热）	武进区雪堰湖滨酒家
	毛豆米燕鸡（热）	金润发老饭店
	菌菇王螺丝（热）	西新芙蓉鲜螺馆

【常州恒记饭店（莱蒙城店）开张】 2017年11月8日开业，位于武进区花园街延政大道15-1号，经营面积1.5万平方米，设置大小宴会厅9个、包厢40个，经营特色以江浙菜为主，招牌菜有鱼翅、爆鱼、烤牛肋排、东坡肉等，兼营粤菜、杭帮菜、淮扬菜和川菜。

（赵　璐）

邮政快递

【概况】 2019年，武进区（含常州经开区）有快递品牌30余个，注册企业15家，其中独立经营许可企业9家、直营分公司6家，大型区域分拨中心3个，营业网点378个，从业人员2926人，机动车475辆，电动三轮车1800辆。武进邮政管理局（区邮政业发展中心）着力推动邮政业安全有序发展，严格执行寄递安全管理100%“收寄验视、实名收寄、过机安检”三项制度，全区实名信息化率99.6%以上。落实《武进邮政、快递企业“扫黄打非”工作举报奖励办法》，开展扫黄打非工作，协助区公安部门缴获非法出版物300余册；开展“清风”专项行动，严防涉恐涉暴宣传品、危险化学品、易燃易爆品流入寄递渠道，打击寄递安全违法行为。全年查处快递营业网点违法违规行为20起，约谈企业5家次，立案15起，处罚金5.5万元。贯彻省行业生态环境保护“9585”工程要求，推动邮件快件包装标准化和绿色化，全区电子运单使用率97.1%，电子商务快件不再二次包装比例95%，循环中转袋使用率81.6%，营业网点包装废弃物回收再利用装置设置率55.4%。全区快递服务企业完成业务量7940万件，实现快递业务收入12.2亿元，分别增长12.28%、18.42%。

【“网格志愿者服务站”项目实施】 2019年，武进邮政管理局按照提高全区寄递安全防范水平，网点实名登记率、收寄验视率均达到100%目标要求。1月，实施快递网格志愿者服务站项目。依据《关于全面推进快递网点标准化建设工作意见》，通过“以奖代补”激励寄递企业创建服务站，要求服务站悬挂快递组织统一服务品牌标识标牌，所有工作人员（包括快递员）加入江苏省平安志愿者，并以各网点为单位成立平安志愿者服务队，参加有关服务活动。年内，全区快递三轮车实施外观标识、车辆尺寸、车辆编号和登记发证“四统一”管理，快递车辆统一喷刷“平安武进、人人参与”字样。年末，辖区952辆快递三轮车统一管理，建成网格志愿者服务站19家，涉及快递服务品牌中通、申通、韵达、百世、顺丰、德邦、跨越7个，建立志愿者服务队6个，打通服务群众“最后一公里”。“网格志愿者服务站”项目获评武进区2019年度创新社会治理项目三等奖。

（潘　璠）

电子商务

【概况】 2019年，武进区加强基础设施和软环境建设，推进电子商务应用普及和发展。区商务局组织各类项目申报2次，开展走访调研10次，指导开展培训活动2次，有19家企业获评省、市级电商示范企业，全区获上级扶持资金237.6万元。新增2019—2020年度常州市电子商务示范企业9家，获评企业数量位列常州市各辖市区第一。江苏中鑫成功木业有限公司等10家企业成功申报2019—2020年度省级电商示范企业，西太湖电商产业园和科教城电商基地被认定为2019—2020年度省级电商示范基地。开展乡镇和企业调研对接，深入湖塘镇、雪堰镇电商产业园及西太湖电商产业园、科教城电商基地、湖塘纺织城、常州市青之峰网络科技有限公司、常州市焜崊贸易有限公司、常州市龙道电子商务有限公司、万帮充电设备有限公司、江苏贝尔装饰材料有限公司等园区和企业，了解企业电商发展情况，帮助企业促成合作交流。指导常州市移动电子商务协会和横林镇电子商务协会开展电商法主题讲座，提高企业规范守法经营意识。

常州西太湖电子商务产业园　　（供图／武进日报社）

【入选省级电商示范企业和园区12家】 6月26日，江苏省商务厅官网公布2019—2020年度江苏省电子商务示范基地、示范企业创建工作入选名单，武进区申报的江苏中鑫成功木业有限公司等10家企业和常州西太湖电子商务产业园等2家电商园区入选，全区组织申报入选成功率达100%。

【横林电商“双11”成交额2.1亿元】 2019年电商狂欢节“双11”期间，横林电子商务交易额达到2.1亿元，比2018年同期增长5%，产生的物流订单超过163万件。其中，纯电商企业简尚家居交易额达5500万元，产生物流件63万件，位居小家具类目全网第一；中淘家居交易额超3000万元，名列小家具类目全网第二。中淘家居公司依托横林绿色家具之都品牌，主要在京东、淘宝、唯品会等第三方平台上出售各类小家居，该公司拥有仓库面积1万多平方米，平时货仓只要备满三分之二，“双11”备货除公司自有仓库满仓外，还临时租用3000平方米的仓库，部分货物甚至暂存在生产厂家。伴随企业“互联网+”转型进程，全镇电子商务发展迅猛，拥有电商企业、网店800余家，横林镇于2016年成为首批省级农村电商示范镇、2017年成为全市唯一入围的省农村电子商务十强镇，横林镇电子商务产业园2018年成为首批省级乡镇电子商务特色产业园。2019年，横林镇电子商务成交额达26.1亿元。

表16　武进区获评2019—2020年度江苏省电子商务示范企业情况表

企业名称	示范类型	注册资本	地　址
江苏嗨购网络科技股份有限公司	电商服务	1324万元	西太湖科技产业园
江苏中鑫成功木业有限公司	网上零售	8098万元	武进区横林镇
常州安科电子商务有限公司	网上零售	1100万元	武进经济开发区
常州市龙道电子商务有限公司	电商服务	500万元	常州科教城东区实训基地
常州易得利供应链管理有限公司	电商服务	500万元	武进经济开发区
常州市青之峰网络科技有限公司	电商服务	100万元	常州科教城创研港
江苏贝尔装饰材料有限公司	网上零售	420万美元	武进区横林镇
万邦充电设备有限公司	电商服务	28578万元	武进高新区
江苏洛基木业有限公司	网上零售	2180万元	武进区横林镇
江苏整搜在线电子商务有限公司	电商服务	500万元	武进经济开发区

（赵　璐）

对外及港澳台经济合作

External Economic Co-operation with Hong Kong, Macao and Taiwan

栏目编辑　周小红

融入"一带一路"建设

【概况】　2019年，武进区企业对"一带一路"沿线国家进出口231.5亿元，增长1.54%。其中，出口186.38亿元，增长3.42%；进口45.12亿元，下降5.53%。在"一带一路"沿线65个国家中，有63个国家与武进企业有贸易往来。进出口排在前三位的国家是越南、印度、孟加拉国，进出口额分别为31.97亿元、23.97亿元、18.04亿元。主要出口商品为太阳能电池、扬声器、合金钢热轧条，主要进口商品为已烧结的铁矿砂及其精矿、晶体管、集成电路。

【国际合作平台建设】　中以常州创新园　参见"产业园区"类目P81相关条目。

中罗绿色科技产业园区项目　10月10日，在常州举行的中国（江苏）中东欧经贸合作论坛上，武进绿建区管委会与罗马尼亚阿拉德自贸区签署共建项目备忘录。

中俄科技产业园　年内设立"常州市外国专家工作室"，与俄罗斯科学院化学物理问题研究所、俄罗斯全俄电力安装生产研究与设计院等多家科研院所形成深入合作关系，梳理独联体国家先进技术700余项，建立技术、专家、企业数据库，为100余家企业提供技术服务；同步实施"引进来、走出去"双向发展战略，结合常武地区的科技资源与制造业优势向外输出，把长江经济带与"一带一路"经济带紧密联系，建设成为长三角地区对俄合作全新窗口。

教育国际化交流合作　2019年4月16—17日，清英外国语学校接待澳大利亚劳斯山公立学校师生49名，两校自2014年结为姊妹学校起不断加强合作与交流互访。武进区有3所学校与境外学校结成友好学校，累计29所；有16所学校与29个国家的学校合作办学，与19个国家的教育机构共建联合课程部29个；有11所学校聘请外籍教师162人，其中威雅公学有外籍教师122人。

【中天钢铁集团有限公司获评首届"一带一路"中国企业100强】　11月，由每日经济新闻主办，欧盟中国联合创新中心、太和智库及保和安全联合主办的"2019'一带一路'商协会对话与合作年会"在成都举行。会上首次发布《"一带一路"中国企业100强在地贡献研究报告（榜单）》，共有6家钢铁企业入围，中天钢铁集团有限公司（简称"中天钢铁集团"）位列榜单第29位。该榜单以承担"一带一路"投资任务的中国国际企业为主体，以其对东道国贡献为研究坐标，翔实研究中国企业在"一带一路"所在地贡献，并以此勾画中国国际企业发展路径及国际画像，为更好地绿色投资和发展提供参照系统和指标体系。至2019年，中天钢铁集团已形成建筑用钢、工业棒材、工业线材、热轧带钢四大产品系列，产品主要涵盖轴承钢、帘线钢、齿轮钢、弹簧钢、工程机械用钢、易切削非调质钢、锚链钢、焊丝钢、冷镦钢等高技术含量、高附加值钢种300余种，并远销全球70个国家和地区，广泛用于铁路轨道、汽车轴承、船舶锚链、石油化工、海洋工程、核电风电等领域，公司产品远销"一带一路"沿线20余个国家和地区，2018年累计出口额近6000万美元，2019年中天钢铁集团有限公司完成进出口额94.9亿元。

【中车戚墅堰公司出口尼日利亚首批机车交付】　2019年10月16日，中车戚墅堰公司出口尼日利亚首批10台机车交付。该批机车发运至尼日利亚，行驶在阿卡、拉伊铁路干线。尼日利亚阿卡铁路（阿布贾—卡杜纳）、拉伊铁路（拉各斯—伊巴丹）由中国土木工程集团有限公司承建，是尼日利亚铁路现代化项目的第一个和第二个标段。其中，阿卡铁路于2016年7月投入商业运营，拉伊铁路将于2020年开通运营。阿卡、拉伊铁路对拉动当地经济发展、促进民众就业发挥重要作用，是"一带一路"标杆项目。2019年1月，中车戚墅堰公司与中国土木工程集团有限公司签署出口尼日利亚21台内燃机车合同，包括4台NDJ3N型内燃动车、6台DF11GN型客运内燃机车、9台DF8BN型货运内燃机车和2台DF7GN型调车内燃机车，为中车戚墅堰公司出口海外市场单笔机车车型最多的订单。

（赵　璐）

对外及港澳台贸易

【概况】　2019年，武进区积极培育对外及港澳台贸易新增长点和新业态，推进企业进出口基地建设，组织企业参加国际商务展会，宣传信贷优惠新政，扩大出口信保覆盖面，推动对外及港澳台贸易企业转型升级，促进对外及港澳台贸易结构优化转型，确保对外及港澳台贸

2019年武进区进出口额20强企业情况表

表17

企业名称	进出口额(亿元)	比2018年(±%)
中天钢铁集团有限公司	94.90	23.36
光宝科技（常州）有限公司	21.58	−4.78
纳恩博（常州）科技有限公司	15.70	32.43
常州亨通海晨物流有限公司	14.88	8.91
爱科(常州)农业机械有限公司	14.72	−26.03
常州一达通企业服务有限公司	12.85	14.84
瑞声光电科技（常州）有限公司	10.86	−43.24
江苏常宝钢管销售有限公司	10.69	11.33
江苏中天钢铁国际贸易有限公司	10.32	113.48
光宝光电（常州）有限公司	10.11	−14.80
江苏贝尔装饰材料有限公司	9.57	14.05
江苏赛拉弗光伏系统有限公司	9.32	18.83
江苏恒立液压股份有限公司	7.92	4.07
灏讯电缆连接器制造（常州）有限公司	7.55	−7.88
今创集团股份有限公司	6.65	11.72
安费诺（常州）高端连接器有限公司	6.44	−9.77
常州市凯迪电器股份有限公司	6.03	15.64
江苏雷利电机股份有限公司	5.97	1.76
常州新华昌国际集装箱有限公司	5.75	−41.61
瑞声精密制造科技（常州）有限公司	5.72	−26.65

2019年武进区进出口贸易情况表

表18

地区	进出口额(亿元)	比2018年(%)	占总额(%)
主要进出口市场			
欧盟	158.21	12.39	19.54
美国	132.61	−14.67	16.38
东盟	88.58	1.15	10.94
澳大利亚	81.53	6.69	10.07
日本	41.9	−12.6	5.17
出口商品类别			
氯乙烯聚合物制铺地制品	49.03	30.59	8.58
装有驱动电动机的摩托车及脚踏车	18.31	33.91	3.21
太阳能电池	18.22	39.85	3.19
加工中密度板，密度＞0.8克/平方厘米，厚＞9毫米	8.39	−32.64	1.47
不规则盘卷的未列名合金钢热轧条、杆	7.19	40.21	1.26
进口商品类别			
平均粒度≥0.8毫米，＜6.3毫米未烧结铁矿砂及精矿	47.32	17.03	19.84
平均粒度≥6.3毫米未烧结铁矿砂及其精矿	25.98	15.2	10.89
已烧结的铁矿砂及其精矿	23.33	50.57	9.78
其他用作处理器及控制器的集成电路	7.89	−7.22	3.31
发光二极管	4.63	−19.29	1.94

易稳步发展。全区实现对外及港澳台贸易进出口总额809.71亿元，增长1.6%，占全市进出口总额的34.74%。其中，出口额571.17亿元，增长1.1%，占全市出口总额的32.85%；进口额238.54亿元，增长2.8%，占全市进口总额的40.29%。

对外及港澳台贸易内生动力不断增强，民营企业活力持续释放。2019年，全区对外及港澳台贸易发展环境持续优化，企业进出口积极性明显提升，对外及港澳台贸易主体数量持续扩张，有进出口实绩的企业2566家，比2018年增加11.66%。武进民营企业完成进出口额512.94亿元，增长10.41%，占进出口总值的63.35%，占比提高5.06个百分点。

贸易伙伴位次发生变化，全球市场布局更趋优化。2019年，全区有贸易往来的国别和地区202个，比2018年增加2个，双边贸易前五位的市场依次为欧盟、美国、东盟、澳大利亚、日本。欧盟跃升为武进第一大贸易伙伴，对欧盟进出口额158.21亿元，增长12.39%。受中美经贸摩擦影响，美国降为武进的第二大贸易伙伴，对美国进出口额132.61亿元，下降14.67%。武进对外及港澳台贸易企业继续优化全球市场布局，不断加大对新兴市场的开拓力度。全区对"一带一路"沿线国家进出口额231.5亿元，增长1.5%；对非洲进出口额17.98亿元，增长26.37%。

贸易方式结构持续优化，一般贸易进出口比重提升。2019年，全区产业链更长、附加值更高、更能反映企业自主发展能力的一般贸易，实现进出口额697.83亿元，占全区进出口总额的86.18%，占比提高2.54个百分点。加工贸易累计进出口额85.8亿元，占全区进出口总额的10.6%；其他贸易累计进出口额26.07亿元，占全区进出口总额的3.22%。

【横林镇地坪地材产业集聚区被认定为国家外贸转型升级基地】 2019年7月，经企业申报，区商务局推荐，专家考核、评审和打分，横林镇地坪地材产业集聚区被商务部认定为国家外贸转型升级基地。横林镇地坪地材产业集聚度高，拥有各类企业600余家、国内外专利800多件以及商标500多件，相关企业参与起草修订国家标准、行业标准13个，年销售各类地坪地材产品2亿多平方米，其中出口PVC地板、强化木地板1.8亿平方米，产品内销、对外及港澳台贸易分别占全国同类产品总量的35%和65%以上。2018年，该基地内的骨干企业均获江苏省质量信用A级，其中230家企业通过ISO 9001质量认证，150家企业通过ISO 14001环保认证，50家企业通过CE认证，2018年该基地企业完成总产值158亿元，实现对外及港澳台贸易出口超12亿美元，其中强化木地板出口4.7亿美元，PVC地板出口达7.12亿美元，产品远销美国、加拿大、俄罗斯等180个国家和地区，基本构筑起一个产业布局集中、行业配套齐全、创新活跃、发展迅猛的特色产业集群，先后获评中国强化木地板之都、中国强化木地板出口基地、国家级出口地板质量安全示范区、江苏省区域品牌等称号，持续保持在全国同行业生产的领先发展态势。

【武进370家企业组团参加第二届中国国际进口博览会】 11月5—10日，第二届中国国际进口博览会在上海国家会展中心举行，有64个国家、3个国际组织以及150多个国家和地区的3000多家企业参展，其展厅规模、参展国家、地区及企业数量均超过首届。武进区积极响应进口博览会经济活动，加强供需对接，推动行业龙头企业骨干参会，组织370家单位、1500余名采购商参加博览会。

【武进区组织81家企业参展广交会】 10月15日至11月4日，第126届中国进出口商品交易会（简称广交会）在广州举行。区商务局组织江苏贝尔装饰材料有限公司、江苏友奥电器有限公司、江苏雷利电机股份有限公司等81家企业参展，展位数达122个，涉及建筑及装饰材料、家用电器、医保医疗等26类产品。

（赵　璐）

利用外资及港澳台资

【概况】 2019年，武进区始终秉承高质量发展导向，聚焦重大项目招引，持续优化引资结构，利用外资及港澳台资总体呈现量增质优态势。以区项目集中签约仪式、“5·18”展洽会、“6·20”工博会、“9·28”科技经贸洽谈会、深港经贸活动等重大活动为契机，全力以赴推进项目招引。新增世界500强投资项目1个，为德国大众汽车公司投资的开迈斯充电桩项目。金融业利用外资及港澳台资取得突破，注册资本2亿元的中银富登村镇银行落户武进高新区，成为武进区第一家外资银行。现代物流业利用外资及港澳台资有进展，总投资3550万美元的岭郅供应链（京东医药电商物流）项目落户西太湖科技产业园。

按照自身产业定位，开展产业链招商，重点引进世界500强、欧美日和境外上市企业投资项目。做强做优常州经开区、武进高新区、西太湖科技产业园三大开发区平台，加速国际化进程，增强对重大项目的吸引力、承载力。培育扶持更多外资及港澳台资企业拓展总部和共享功能，推进总部经济发展载体建设和功能完善，强化总部项目招商。新增跨国公司地区总部1个，累计有跨国公司地区总部和功能性机构8个。

全年新增外资及港澳台资项目113个（新设项目73个，增资项目40个），完成协议注册外资及港澳台资11.20亿美元，下降1.17%；完成实际到账外资及港澳台资7.60亿美元，下降1.27%。全区产业类项目（制造业和生产性服务业项目）累计到账7.03亿美元，占全区的92.4%。新增协议注册外资及港澳台资超3000万美元以上项目11个（制造业项目7个，生产性服务业项目3个，房地产项目1个），其中协议注册资金

表19　2019年武进区到账外资及港澳台资前10位国家和地区情况表

国　别（地区）	到账金额（万美元）	占总额（%）
中国香港	46148.45	60.7
中国澳门	6697.12	8.79
德　国	5725.23	7.53
日　本	4388.23	5.77
中国台湾	3451.14	4.54
韩　国	1294.01	1.7
美　国	1231.20	1.62
新加坡	1173.77	1.54
开曼群岛	712.61	0.94
越　南	700.85	0.92

表20　2019年武进区“荣誉市民”情况表

姓　名	公司名称及职务	国别（地区）
Thiemo Cordes（孔思铭）	贝内克长顺生态汽车内饰材料（常州）有限公司总经理	德　国
Takashi Fukui（福井隆）	常州纳博特斯克精密机械有限公司总经理	日　本
David Elwyn Griffiths（葛瑞飞）	常州市武进区威雅公学实验学校外方校长	英　国
Hitoshi Hashiba（羽柴仁志）	爱德克斯（常州）管理有限公司总经理	日　本
Masaki Nomura（野村正树）	南武油缸（常州）有限公司总经理	日　本
Akira Okamoto（冈本晃）	贝亲母婴用品（常州）有限公司总经理	日　本
Pan Zhaojin（彭兆津）	江苏南方包装有限公司法定代表人	新加坡
Hiromasa Yuminaga（弓长博正）	江苏滨名机械有限公司总经理	日　本
Zhou Yijing Cecelia（周逸晶）	创生医疗器械（中国）有限公司总经理	美　国

2亿美元的太阳诱电项目，是武进历年来单体投资规模最大的日资项目。另外，日本安川机器人零部件、大隈机床、德国仪诺万车用高端精密部件、瑞士科凯司表面处理和美国康宁反应器等一批重大项目相继落户武进。

【高效太阳能电池新项目】 3月11日，江苏格林保尔光伏有限公司通过企业增资备案，新增总投资10.12亿元、注册资本4.1亿元，主要用于投资新建高效太阳能电池项目，成为2019年武进区第一个重大引资项目。该公司是专业从事晶体硅太阳能电池、太阳能组件、光伏发电系统研发、生产、销售和服务的高新技术企业，为澳门新阳有限公司的全资子公司。

【日本太阳诱电项目】 8月30日，太阳诱电（常州）电子有限公司通过商务部门设立备案。该公司由日本太阳诱电株式会社等投资设立，总投资6亿美元，注册资本2亿美元，主要从事片式元器件研发、生产和销售，是2019年度武进区单体投资规模最大的日资项目。

【跨国公司地区总部新增1个】 9月17日，江苏省第十批跨国公司地区总部和功能性机构认定名单公布，武进区创生医疗器械（中国）有限公司被省商务厅认定为跨国公司地区总部，以授权管理的形式管理境内外多家独立法人企业。该公司始创于1986年，2013年被美国史赛克公司收购，是中国骨科行业领军企业和国内行业领先的创伤及脊柱产品生产商。至年末，武进区有跨国公司地区总部和功能性机构8个，包括6个地区总部和2个功能性机构，涉及光伏、电子、家电、装备制造、纺织、医疗器械等行业。

【首家巴拿马企业落户武进】 11月26日，常州市易富为软件科技有限公司完成外商投资企业设立备案，成为首家落户武进的巴拿马企业。该公司主营行业为软件和信息技术服务业，从事应用软件开发。自2017年6月13日中巴两国签署《中华人民共和国和巴拿马共和国关于建立外交关系的联合公报》，两国在经贸领域的合作日益增多，常州市易富为软件科技有限公司成立标志武进的国际合作更加多元化。

（赵 璐）

表21 2019年度武进区对外及港澳台投资情况表

国别／地区	项 目（个）	比2018年（%）	比 重（%）	协议投资（万美元）	比2018年（%）	比 重（%）
合 计	40	5.26	100	21747.08	−42.37	100
亚 洲	27	17.39	67.50	19546.75	−25.45	89.88
中国香港	10	−9.09	25.00	3906.37	−82.29	17.96
印 度	1	—	2.50	9880	—	45.43
印度尼西亚	2	100	5	216	200.00	0.99
以色列	1	—	2.50	100	—	0.46
日 本	2	0	5.00	1210.3	2.57	5.57
马来西亚	1	−66.67	2.50	597.21	−24.76	2.75
巴基斯坦	0	−100	0	0	−100.00	0
菲律宾	0	−100	0	0	−100.00	0
新加坡	2	—	5.00	210	—	0.97
韩 国	1	—	2.50	100	—	0.46
越 南	7	75.00	17.50	3326.87	83.66	15.30
欧 洲	7	−12.50	17.50	1795.33	−74.83	8.26
英 国	1	—	2.50	10	—	0.05
德 国	4	33.33	10	285.33	140.64	1.31
法 国	1	−50.00	2.50	500	−85.56	2.30
波 兰	1	−66.67	2.50	1000	−71.85	4.60
拉丁美洲	1	—	2.50	120	—	0.55
哥伦比亚	1	—	2.50	120	—	0.55
北美洲	5	−28.57	12.50	285	−93.50	1.31
美 国	5	−28.57	12.50	285	−93.50	1.31

境外经济技术合作

【概况】 2019年，全区共备案境外投资项目（含增资）40个，增长5.26%，武进方协议投资额2.17亿美元。完成服务外包执行额3.21亿美元，增长23.46%。其中“一带一路”项目为15个，增长15.38%，武进方协议投资额1.53亿美元，增长134.77%。捷成华视网聚（常州）文化传媒有限公司和该公司土耳其中国影视展映项目，被商务部认定为国家文化出口重点企业和重点项目，是武进区首家国家文化出口重点企业和首个国家文化出口重点项目。

【武进区境外承包工程企业新增1家】 8月12日，常州海登赛思涂装设备有限公司向江苏省商务厅递交300万元备用金保函，标志武进区境外承包工程企业又增1家。常州海登赛思涂装设备有限公司是汽车涂装设备生产企业，其技术团队由原英国海登德莱塞国际公司中国代表处和原北京海登德莱塞涂装设备公司的工程技术团队组成，在汽车制造生产线工程领域拥有超过20年的施工经验。该公司致力国际市场的开拓，并于2019年获戴姆勒股份公司在德国北部的设备安装项目合同额1838万欧元，实现开拓欧洲市场新突破。国务院于2017年3月21日取消境外承包工程资格审批，商务部落实对外承包工程企业缴足备用金300万元。至2017年年底，武进区境外承包工程由11家缩减至5家，至2019年年底有境外承包工程企业6家。

【今创集团进军印度电子设备制造业】 4月，今创集团股份有限公司与常州欧帝盟通信科技有限公司合资成立金鸿运电子印度有限公司，在印度注册，投资总额9880万美元，两家公司持股比例为60%、40%，从事手机、家电等产品生产。该合资公司成立标志作为轨道交通行业重点企业的今创集团进军电子设备制造业，并成为武进首个近亿美元制造业境外投资项目，是武进民营企业融入“一带一路”建设成果之一。

【武进高科技企业积极应对美国技术壁垒】 7—12月，武进高科技企业江苏芯盛智能科技有限公司、江苏聚芯供应链有限公司、常州奥智高分子新材料有限公司、快克智能装备股份有限公司、常州纵慧芯光半导体科技有限公司等企业，分别在香港独资设立技术研发和技术贸易公司，积极应对美国的技术壁垒，5家企业协议出资额依次为1500万美元、1000万美元、200万美元、100万美元和300万美元，逐步提升技术水平。

【捷成华视被认定为国家文化出口重点企业】 2019年，捷成华视网聚（常州）文化传媒有限公司（简称“捷成华视”）和该公司土耳其中国影视展映项目被认定为国家文化出口重点企业和重点项目，是武进区首家国家文化出口重点企业和首个重点项目。捷成华视于2013年入驻武进区，主要从事影视产品版权发行，是国内最大数字版权分销商。该公司2016年成功开拓影视剧国际市场，实现影视剧版权出口零突破，2017年影视版权出口额超100万美元，2018年电视剧《南方有乔木》《扶摇》和热播网剧《寻秦记》等50余部国产影视剧版权出口额超450万美元。捷成华视与土耳其BLACKWELL公司共建土耳其中国影视展映项目，借助该平台，《快把我哥带走》于2019年2月成功登录土耳其院线。土耳其中国影视展映项目成为中国文化向世界传播的重要桥梁。

（赵　璐）

口岸管理

【概况】 2019年，常州海关驻武进办事处推进关检深度融合，提升通关效率。开展综保区保税展示交易新业务，全程监管自芬兰进口的57台移动式破碎机运入常州武进综合保税区，货值1.36亿元；保税展示销售36台、货值8212万元。梳理落实综保区新政21条，复制推广自贸区试验区改革试点经验，推动区内一般纳税人资格试点企业申请业务。一次性核准业务企业25家，自主备案电子账册69本，自主确定核销周期企业25家，自主核报税款企业25家，自主核报税款金额3264万元；1—12月，卡口非报关便捷进出1.8万票，金额2.9亿元，涉及综保区内光宝、瑞声等5家企业。6月14日起，对区内光宝汽车电子一般纳税人资格试点，为企业减免税收600多万元。扶持加工贸易监管白名单企业，为新科博华、法福莱医疗、英博科技等11家海关白名单企业实施差别处置、分类审核，免担保金额1.3亿元。推广原产地证自助打印，向辖区内企业宣传引导，优化原产地证签证流程，全年签发原产地证书20288份，有387家企业实施证书自助打印，累计成功2750份，占签证量的13.6%，为企业减免关税2803.4万美元。针对进口棉花存在品质和短重问题，落实随到随检、严格执行检验操作规程、批批取样送实验室检验等措施，对比集装箱整箱称重和逐包过秤两个鉴重结果，加强现场检验监管，协助企业索赔。全区棉花检验重量鉴定138批次，价值3501.16万美元，出具品质证书84份，其中不合格39批次，占比46.4%；重量证书84份，不合格80批次，短重占比95.23%，协助企业索赔273.49万元，为进口棉花企业挽回经济损失。

【海关新政落地落实】 2019年，常州海关驻武进办事处推进加工贸易监管改革，开展加工贸易作业集中审核，实施集约管理，明确监管事权；优化作业流程，简化监管环节，取消加工贸易企业备案资料库审核等13个环节。审批加工贸易手册515份，备案金额1.79亿美元，保税税额2.76亿元。压缩进出口通关时效，推广提前申报、预归类、汇总征税等通关举措，优化验估作业，提升归类、审价业务能力，进一步压缩整体通关时效，进口整体通关时间42.16小时，压缩62.17%，出口通关时间4.68小时，压缩59.12%，各项指标均好于2018年同期水平。

【海关监管效能提升】 2019年，常州海关驻武进办事处，采用函询、约谈、实地察看等柔性监管方式，共处理监管任务40起，掌握辖区内企业的生产经营状况，并针对企业良性发展提出整改要求。强化工业品目的地监管，加强进口商品入境验证、通报召回、旧机电产品和出口政府协议装运检验，重点监管进口医疗器材，提高安全、卫生、环保、健康和反欺诈项目的不合格检出率，严把进出口商品质量关。武进地区检出进口不合格15批次，价值193.1万美元；出口政府协议装运检验2批次，价值1.76万美元，协助退运修理物品调查49批次，货值33.57万美元。综保区实行食品监管新模式，对境外进入综保区的食品实行“抽样后即放行”，食品从申报到出区通关的时长可缩短5-7天。新政实施后，进口食品通关效率更快，消费者购买进口商品物流价格更便宜。加强业务数据风险监控，注重对风险异常数据进行日常监控，降低业务执法风险，加强对影响通关监管、通关时效等异常数据原因分析，通过召开专题会议、个别约谈等方式，提醒和督促做好提前早报工作，严格控制删改单，确保完成常关全年整体通关时效优于2018年的目标。

【海关助力外贸经济发展】 2019年，常州海关驻武进办事处组织辖区内40余家企业、80余人参加金关二期加工贸易系统操作和政策宣讲会，帮助企业解决实际操作中的重点难点问题。宣传税单自报自缴，让企业减少往返海关时间和费用支出，企业能更快地办理税务抵扣，企业资金流动更顺畅，年末企业自报自缴率在98.5%。推广税收改革举措，2019年汇总征税业务新增庞巴迪和恒立机械2家企业，累计开通企业7家，为企业节约资金成本200余万元。关税保证保险新增玉玲珑公司。提前介入区内重点项目重点工程，围绕武进区先进技术装备等重点产业，精准提出税政建议；落实减免税政策，支持高端装备、关键零部件、紧缺原材料及民生消费品进口；联合区商务局召开武进区重点企业座谈会，配合协调区内加工贸易企业“白名单”政策的实施。助推企业信用认证，4月，武进区内企业瑞声光学从一般信用升格为海关AEO高级认证企业。至年底，全区海关AEO高级认证企业共9家。

（周学文）

旅游业

Tourism

栏目编辑　周小红

旅游开发

【概况】 2019年，武进区围绕创建国家全域旅游示范区建设，坚持“一古一今一生态”发展定位，着力推动重点载体建设，积极拓展休闲旅游、研学旅游、乡村旅游、工业旅游、体育旅游等旅游新业态。跟进景区项目建设，太湖湾露营谷中心餐厅、迷你高尔夫、呐喊喷泉和嬉戏谷萌宠乐园、二期入口门头、梦幻星空网红馆等项目按期完成。至年末，全区拥有省级旅游度假区1个、国家AAAAA级旅游景区1个、国家AAAA级旅游景区2个、省星级乡村旅游示范区（点）8个、省自驾游基地2个。三星级及以上酒店14家，其中五星级酒店2家（九洲喜来登酒店、明都紫薇花园酒店）、四星级酒店6家。旅行社28家，其中省四星级旅行社1家（常州广电大陆国际旅行社有限公司）。全年旅游接待总人数2017万人次，实现旅游总收入271亿元，旅游业增加值130亿元，分别增长6.15%、6.27%和6.55%。

（王元霆）

2019年武进区主要旅游景区景点情况表

表22

名　称（级　别）	地　址
太湖湾旅游度假区（省级旅游度假区）	雪堰镇
中国春秋淹城旅游区（国家AAAAA级旅游景区、省级自驾游基地）	武宜南路588号
淹城野生动物世界	武宜南路588号
宝林寺	虹西路98号
淹城春秋乐园	武宜南路588号
环球动漫嬉戏谷（国家AAAA级旅游景区）	雪堰镇太北路1号
中华孝道园（国家AAAA级旅游景区）	雪堰镇环湖路101号
宋剑湖生态旅游区（国家AAA级旅游景区）	遥观镇得园路1号
横山桥白龙观（国家AA级旅游景区）	横山桥镇西崦村白龙观
清都紫薇园（省级自驾游基地）	嘉泽镇晨山村
城西回民村（省四星乡村旅游点）	雪堰镇城西回民村
江苏嬉乐湾生态农业示范园（省四星乡村旅游点）	雪堰镇南环路66号
舍园盆景园（省三星乡村旅游点）	嘉泽镇禾香路6号
太滆村（省三星乡村旅游点）	雪堰镇太滆村
骐骥庄园（省三星乡村旅游点）	湖塘镇南田大道1号
谷神庄园（省三星乡村旅游点）	雪堰镇嬉戏路16号
南山村（省三星乡村旅游点）	雪堰镇雪堰桥
雅浦村（省二星乡村旅游点）	雪堰镇雅浦村
光大能源环保（常州）有限公司（省级工业旅游点）	遥观镇观庄村208号

【太湖湾露营谷开园】 3月23日正式开园。太湖湾露营谷位于太湖湾旅游度假区，总投资2.4亿元，于2017年启动建设，2018年9月试营业，项目依托太湖湾自然山水生态资源和嬉戏谷游乐主题文化底蕴，以户外运动休闲为主题，集住宿露营、美食、游乐、休闲、运动跨界融合于一体。项目占地面积近50万平方米，设置房车宿营、生态游乐、农趣体验、拓展培训、格子吧街5个区域，整个景区通过多元体验功能构成户外休闲度假大场景，形成独具魅力的新休闲、微度假、慢生活目的地。2019年，太湖湾露营谷举办抖音网红音乐会、帐篷节、民族风情季、体育嘉年华等活动10余场，实现旅游接待24万人次，旅游营收2400万元。

（蒋　薇）

【婚庆基地项目建设】 2019年8月，江苏乐缘湖景酒店管理有限公司租赁三勤生态园地块，打造融合婚庆的商业业态，一期投资8000万元，建设有宴会厅15个、

乐缘湖景婚庆基地　（供图／淹城管委会）

室外草坪婚庆基地1个，配套宴会中心、国学文化讲堂、室外婚庆基地和户外郊游项目等，将三勤生态园改造成以婚庆行业为主，融合餐饮宴会、婚礼策划、婚纱摄影等功能齐全、服务一体化的乐缘湖景婚庆基地。该基地项目计划于2020年1月试营业。

（陆丽娜）

【嬉戏谷新增游戏项目3个】 环球动漫嬉戏谷位于武进太湖湾旅游度假区内，是以“动漫艺术、游戏文化”为主题的动漫游戏体验博览园。2019年，嬉戏谷景区建成并运营游戏项目3个。

萌宠乐园。总体分展示区和互动区两大块，神奇动物城以中小型动物展示、科普为主，萌宠部落以中大型哺乳动物及鸟类的互动体验为主，通过生态场景和现代化科普模式，寓教于乐，增加家长与孩子的亲子娱乐。

游戏要塞。以电子游戏编年史为主题，按照游戏机发展的年代顺序将场馆分为时空隧道、游戏博览区、经典游戏机展示区和经典街机体验四大区域，让游客体验电子游戏创造过程，感受电子游戏文化魅力。

洛克王国淘淘乐、欢乐对对碰。淘淘乐是适合儿童的索道挑战，穿梭在充满障碍的路途上，锻炼勇敢的品质和坚韧的毅力，感受无穷欢乐。欢乐对对碰作为赛车休闲游戏，在碰撞中增加亲子间感情，激发无限欢乐。

（蒋　薇）

乡村旅游

【概况】 2019年，武进区鼓励乡村旅游项目建设，编制《武进区旅游民宿规划发展实施意见（讨论稿）》，推进旅游民宿建设。经全面摸底全区旅游民宿建设资源，共排出项目18个，完成签约项目6个。陡门塘美丽乡村改造完成，建成区域内游览环道，实现村居环境美化。区旅游部门组织乡村旅游单位参加省第十届乡村旅游节，推广武进乡村旅游和特色商品，推出2019武进乡村旅游线路。开展乡村旅游区普查，按要求普查区内星级乡村旅游区8家。至年末，全区有省级美丽乡村（含特色田园乡村）7个、市级美丽乡村8个和市级美丽乡村示范点1个、区级“美丽型”村庄20个、区级“康居型”村庄169个。

【城西回民村获评2019年中国美丽休闲乡村】 12月，农业农村部通过网站公示2019年中国美丽休闲乡村名单，武进区雪堰镇城西回民村名列其中，成为常州市唯一获此殊荣的乡村。城西回民村地处太湖湾城湾山区，南临万顷太湖和城湾山脉，北依锡宜高速，342、232省道贯村而过，坐落在太湖湾旅游度假区范围内，是苏南地区唯一的少数民族聚居地。全村总面积5.08平方千米，其中耕地213.33公顷、丘陵306.67公顷，种植梨、桃、葡萄、茶叶等经济林果面积266.67公顷。该村于2017年8月入围江苏省首批特色田园乡村建设试点以后，全力打造民俗体验区、梨园赏花区、桃园观光区、葡萄品享区、山林观光区、茶禅休闲区、农家乐活区、农事科普区八大区域，丰富美丽乡村内涵，将美丽乡村建设与农村特色产业相结合，实现“生态优、村庄美、产业特、农民富、集体强、乡风好”的特色田园乡村和美丽乡村。

（王元霆）

旅游营销与服务

【概况】 2019年，区文体广电和旅游局将旅游景点景区整体策划包装、捆绑营销宣传，以“花都水城·浪漫武进”为

城西回民村滨水休闲区　（供图／武进日报社）

核心旅游品牌主题，在南京、苏州、无锡等周边城市开展旅游节巡展活动，在西安、洛阳、北京、太原、广州、珠海等地进行客源地宣传推介，组织相关企业赴云南、武汉等地参加中国旅游交易会和长江旅游文化博览会。开展相关规划修编，完成春秋淹城规划修编样稿，太湖湾片区美丽乡村示范区规划于8月通过终期评审。加强景区综合管理，全面复核检查区内AAA级及以上旅游景区，中华孝道园通过省级AAAA级旅游景区复核工作。全年，区旅游专委会共组织检查督查13次，累计抽查旅游企业48家，排查治理隐患157条。

【2019“花都水城·浪漫武进”旅游节】 6月2日，2019“花都水城·浪漫武进”旅游节暨第六届长三角运动休闲体验季江苏分站活动在西太湖揽月湾开幕，该次活动由武进区委、区政府主办，区文体广电和旅游局、常州西太湖科技产业园管委会承办，以“文体旅融合、打造旅游明星城”为主题，举办系列活动32项，旅游节活动持续至7月15日。整届旅游节融入文化、体育、旅游等元素，除了景区、景点一些活动，还举办太湖水上电子音乐节、不止骑·2019第七届中国24H单车环太湖骑行认证赛、武进区首届西太湖龙舟邀请赛、常州市首届青少年马术比赛、中国—菲律宾体育文化交流活动、2019武进—南浔文化走亲文艺演出暨旅游推介会、舌尖上的端午——2019年文化和自然遗产日暨端午节主题活动、第十一届阳湖果品节等活动。其中，2019第六届长三角运动休闲体验季江苏武进站活动为期2天，吸引三省一市200名代表参加。

【明都紫薇花园酒店获评五星级旅游饭店】 2019年3月，明都紫薇花园酒店经全国旅游星级饭店评定委员会批准为五星级旅游饭店。该酒店位于武进区延政西路与环湖西路交汇处，距S38沿江高速滆湖道口3千米，距武进中心城区15分钟车程，占地40公顷，建筑面积4万余平方米，拥有豪华客房170间(套)、会议厅6个，其中紫薇婚庆广场为无柱式宴会大厅，可设宴席30桌至60桌。餐饮部有风味特色餐厅，配套地下车库、SPA会所、KTV包厢以及棋牌中心、

表23 2019年武进区三星及以上旅游饭店情况表

名称	星级	床位(张)	地址
九洲喜来登酒店	五星	384	武进区延政西大道1号
明都紫薇花园酒店	五星	313	武进区嘉泽镇环湖西路98号
金陵明都大饭店	四星	332	常州市和平北路258号
金鼎明都国际大酒店	四星	330	武进区湟里镇金鼎路28号
明都国际会议中心	四星	353	武进经济开发区禾香路118号
金色南都国际大酒店	四星	110	武进区环府路58号
明都枫泽山庄大酒店	四星	300	武进区嘉泽镇花海大道88号
金龙大酒店	三星	140	武进区湖塘镇人民中路1号
新苑宾馆	三星	225	武进区环府路18号
常州国瑞宾馆	三星	314	武进区横山桥镇江南路12号
锦海城市大酒店	三星	130	常州市钟楼区会馆浜路11号
锦海假日大酒店	三星	108	武进区长虹路88号湖塘纺织城F1幢
锦海石头大酒店	三星	51	武进区雪堰镇漕桥金三角东路61号

表24 2019年武进区旅行社情况表

名称	地址
常州市广电高塔国际旅行社有限公司(出境游)	武进传媒大厦1楼
常州广电大陆国际旅行社有限公司（出境游）	武进区定安中路613号
常州凤凰国际旅行社有限公司（出境游）	武进区武宜中路3号
江苏卡麦国际旅行社有限公司（出境游）	武进区武进汽车城D区8号
常州市乐橙国际旅行社有限公司（出境游）	武进区星河城市花园5区16号
常州市明都国际旅行社有限公司	武进区广电中路19号
常州交通国际旅行社有限公司	常州市广化街丰臣海悦901室
常州太湖湾国际旅行社有限公司	太湖湾旅游度假区太北路1号
常州蓝春旅行社有限公司	武进区中源大厦414、415室
晨风国际旅行社	武进区永胜路康居大厦301室
阳光国际旅行社	武进区永胜路康居大厦3楼
常州耀莱国际旅行社有限公司	武进区科技城创研港3-703室
常州荣融旅行社有限公司	武进区万达广场B1幢1917号
常州畅游旅行社有限公司	武进区科教城天润科技大厦B幢502室
常州西太湖旅行社有限公司	西太湖科技产业园禾香路123号
江苏飞马旅游服务有限公司	武进区湖塘镇延政中路5号
江苏三见客旅行社有限公司	武进区湖塘镇人民中路29-1号
常州众游旅行社有限公司	武进区常武中路18号
常州乐汀旅行社有限公司	武进区湖塘镇花园街159号
江苏佳农旅行社有限公司	武进区湖塘镇人民中路29-1号
常州大国国际旅行社有限公司	武进区吾悦大厦2609-2612室
常州乐思度假云旅行社有限公司	西太湖科技产业园禾香路123号
常州市常孝康养旅行社有限公司	武进区雪堰镇环太湖路101号
常州淹城旅行社有限公司	武进区湖塘镇武宜中路197号
常州泰华旅行社有限公司	武进区常武中路18号
江苏锦鸿旅行社有限公司	武进区广电路19号
常州诚阳旅行社有限公司	武进区湖塘街9号阳湖广场9幢
江苏在路上旅行社有限公司	武进区嘉泽镇花都嘉园二区3幢105号

桌上足球、户外自行车等设施，是会议、观光、度假、养生、拓展体验首选的综合花园式酒店。2019年度酒店实现经营业绩2870万元。

【旅游厕所管理】 2019年，武进区共建成旅游厕所18座，其中新建16座，改扩建2座。重新核实2018年建成的旅游厕所34座，更新建设单位、管理单位、经纬度、各类厕位数、建筑面积等信息。4月，市文化广电和旅游局评定等级厕所25座，其中AAA级2座、AA级9座、A级14座。

（王元霆）

【淹城品牌旅游宣传】 2019年，春秋淹城旅游区拓宽宣传渠道，将品牌曝光覆盖常州地铁一号线全线29个站点；利用旅游区官网、微信公众号、微博等自媒体发布信息超600条，总阅读量超100万次。打造新媒体矩阵，每月不少于两次在国内有影响力的媒体推广旅游区信息。开设《常州日报·淹城旅游》专版，各自媒体平台发布旅游类文章10余篇。在《常州日报·新中国70周年特刊》刊登淹城专版，多角度宣传景点资源，提升品牌知名度和增强品牌公信力。与新华报业传媒集团联合举办“城门挂春联 江苏开门红”活动，入选市文明办“我们的节日”优秀案例。策划开展“我和我的祖国”快闪活动，提升淹城品牌社会关注度。举办“翰墨绘春秋·淹城汇遗风”书画名家走进春秋淹城旅游区艺术交流活动，邀请陈海良、刘跟弟、曲修诚等10位著名书画家参与。通过深圳文博会、2019文旅融合发展大会、江南文脉论坛等活动，展示淹城形象，促进与业内信息交流。与广州市东方文旅产业开发有限公司达成战略合作，重新梳理和设计淹城整体规划、市场定位、业态项目等内容，以科学性、前瞻性引领旅游区新发展。

【春秋文化品牌特色活动】 2019年，淹城春秋旅游区管委会持续举办淹城标志性品牌活动——淹城新春灯会，灯组设计融入国家富强、百姓和睦、“一带一路”成果等现实素材，增强活动魅力。春游和秋游版块围绕“汉服季”和“研学季”主题，推出免费穿汉服、文武挑战赛、春秋荐书研学打卡系列活动，其中“汉服季”获评园区主题活动口碑最佳，“研学季”春秋荐书活动有效参与人数超10万人次。演艺编排突显中国特色，形成篇章式演出，经典节目《祈福大典》推出《朝拜》《季子颂》等提升篇章；暑期《春秋狠狂浪》主题演艺，以《有戏啦！淹城》《好嗨哟！戏精》《放肆嘢！小主》《狂浪吧！春秋》为完整配套；汉服季、研学季活动推出《古风小姐姐快闪》《淹城古风小姐姐游园会》《儒风雅颂》以及《儒风雅颂之国风美少年》节目，在“十一”黄金周推出《国潮新时代》主题式演艺。淹城野生动物世界推出鸬鹚潜水、鹈鹕放飞、黑熊开坦克、动物体能操练等动物驯化表演，向游客展示“水路空”三军齐上阵的盛况。新增孔小二微信表情“上班族”和“古语问候”2套，孔小二系列微信表情下载量突破23万人次，发送总量超250万次。与和平假日酒店等合作，布置孔小二主题氛围展陈，孔小二形象相关氛围装饰受到广大游客喜爱。

（陆丽娜）

【太湖湾嬉戏跑】 太湖湾嬉戏跑是由江苏省武进太湖湾旅游度假区管委会、江苏武进太湖湾旅游发展有限公司、环球动漫嬉戏谷主办，壹山藏传媒有限公司承办，集“休闲体育、趣味运动、微旅行”概念为一体的大型休闲体育品牌IP活动。该活动已连续举办5年，嬉戏跑已跨越杭州、苏州、镇江、湖州等多个城市。2019太湖湾嬉戏跑共在6个城市举行活动6场，分别是：6月1日泰州太湖湾嬉戏跑、6月15日南京太湖湾嬉戏跑、7月7日宜兴太湖湾嬉戏跑、8月24日扬州太湖湾嬉戏跑、9月21日无锡太湖湾嬉戏跑、11月2日常州太湖湾嬉戏秋酷跑。太湖湾嬉戏跑主要传播健康生活方式，平均每场活动吸引千余人参加。

（蒋　薇）

景区景点

【春秋淹城旅游区】 位于武进中心城区，总面积3.22平方千米。景区内古淹城遗址具有2700多年历史，其“三城三河”建筑形制是国内形制最独特的春秋地面城池遗址，于1988年被列为全国重点文物保护单位。春秋淹城旅游区依托淹城遗址的核心文化资源，以“文化休闲型旅游目的地”的功能定位，按照“唤醒历史记忆，再现人文精神，弘扬民族文化，发展休闲旅游”的思路，遵循“保护、利用、开发、创新”的原则，将春秋文化元素与现代科学技术无缝对接，将中华文化与旅游产业有机结合，建成包括淹城遗址公园、淹城春秋乐园、淹城野生动物世界、淹城传统商业街坊、淹城宝林禅寺五大板块，包含主题景点30余处。春秋淹城旅游区于2017年创建成为国家AAAAA级旅游景区和全国春秋文化旅游知名品牌创建示范区，2018年入选“中国优质服务100强”，多次上榜华东地区“全域旅游

淹城汉服季　　（供图/淹城管委会）

太湖湾旅游度假区远景 （供图 / 武进日报社）

排行榜”前10名。2019年11月，启动融入国家大运河文化带发展建设，围绕实现大运河遗产的全民共享与永续传承，打造国家级文化遗址公园并进行前期策划。春秋淹城旅游区获评最美中国文化旅游目的地、全域旅游人气目的地、优质人气户外主题景区、主题景区品牌影响力TOP10等称号，全年接待游客总量390万人次，总营业收入4.9亿元，实现旅游总收入38.5亿元，游客满意率超97%。

（陆丽娜）

【太湖湾旅游度假区】 位于武进区南部雪堰镇境内，规划控制范围30平方千米，核心区域18.6平方千米。域内东至雪马路，南濒太湖，西至232省道，北至锡宜公路，以低山丘陵为主，山丘占土地面积的66%。有山头19座、山坞11个、大小水库8个，临湖有山湾7个，黄金湖岸逶迤绵长7.8千米，湖中有大小椒山岛。区内植物生长茂盛，植被良好，大气环境达国家一级标准。区内创建有国家AAAA级旅游景区（环球动漫嬉戏谷和中华孝道园）2个，五星房车营地（太湖湾露营谷）1个，以及太湖湾广场、海棠园、竺山湖度假村、竺山湖小镇、全国龙舟竞赛基地、开元名庭大酒店、嬉戏谷凯莱大饭店等休闲设施，形成多元化休闲旅游度假区。2019年，该旅游度假区举办国家级活动2项、省级活动4项、市级活动8项，包括“不止骑”24H单车环太湖赛、“太湖湾微度假”摄影大赛、太湖湾嬉戏跑、“太湖湾杯”卡丁车邀请赛等，举办“春聚太湖湾”推介会等活动10余场，并同周边20多家长三角旅游度假区组成“长三角旅游度假区联盟”。自媒体平台运营机制不断完善与推广，整合并认证太湖湾度假区官方抖音、微博，对接文旅常州云平台，为打响“微度假·太湖湾”品牌奠定基础。全年实现旅游接待520万人次，旅游营收55亿元，并获全省46家省级旅游度假区年度考核第二名。

（蒋　薇）

表25

2019年武进区旅游基本线路情况表

类　别	线　路　安　排
特色综合旅游线路	生态之旅：滆湖湿地公园—揽月湾—中国花卉博览园—夏溪花木市场
	文化之旅：淹城遗址公园（淹城博物馆）—西太湖影视基地—西太湖雅集园—嘉泽镇花神宫
	静心之旅：太湖湾中华孝道园—雪堰镇南山寺—淹城宝林禅寺
	穿越之旅：淹城春秋乐园—环球动漫嬉戏谷
	休闲之旅：淹城野生动物世界—骐骥马术庄园—太湖湾露营谷
醉美乡村旅游线路	春季赏花踏青游：参加雪堰桃花节，游览谢家村（赏万亩粉色桃花，进行人面桃花相映红的自拍）—游览南山村（登南山寺，拜佛祈福）—游览城西回民村（赏洁白梨花，看苏南地区最大的回民聚集区，在谷神庄园尝农家菜，住小木屋）
	夏季欢乐采摘游：城西回民村（采摘翠冠梨）—谷神庄园（采摘葡萄，看网红墙绘）—谢家村（采摘汁多甜蜜的水蜜桃）—嬉乐湾生态示范园（参加杨梅采摘活动，看石鲋培育基地，生态餐厅用餐）
	秋季太湖品鲜游：参加武进太湖“开湖节”，游览太湖渔村太滆村—水产市场（购买新鲜出水的太湖湖鲜）—美食街（品太湖三白）—雅浦村（橘子红了，带一筐甜蜜的橘子回家）
	冬季激情运动游：骐骥庄园（专业教练教习马术，与马儿来次亲密接触）—龙凤谷（滑雪）

（王元霆）

金融业

Financial Industry

栏目编辑　周小红

金融管理与服务

【概况】 2019年，武进金融业继续保持良好运行态势，产业规模持续扩大，组织体系加快健全，金融市场秩序整体平稳。年末有银行业金融机构27家、保险支公司16家、小贷公司11家、融资性担保公司6家、典当行12家、融资租赁公司4家、证券分公司1家、证券营业部16家、风创投企业176家。新增上市企业2家，累计上市企业32家。新增“新三板”挂牌企业2家，累计38家。

【金融监管】 2019年，区地方金融监管局根据机构改革“三定”方案，负责监管辖区内小额贷款公司、融资担保公司、典当行等类金融机构。梳理监管服务行业，明确监管服务行业执法依据、权限、类型，依法依规开展监管。全区11家小贷公司中，常州市武进区和正农村小额贷款股份有限公司等5家小贷公司被评为省A级。省、市、区地方金融监管局和第三方机构对全区各融资担保公司开展2018年度经营合规性现场检查和监管评级，常州市武进高新技术融资担保有限公司和江苏武进信用融资担保有限公司获评省A级。落实工业和信息化部及省、市、区各级融资担保奖励政策，武进区融资担保公司共获2018年度各级专项奖励资金1500多万元。

（杨　勉）

【金融业服务实体经济】 2019年，区金融局引导各银行业机构向上多争取、向内挖潜力、向下接地气，加大实体经济、特别是制造业信贷投放，不断提升企业融资服务水平，至12月末，全区（含经开区）新增制造业贷款24.49亿元。加强各类金融目标和各金融机构考核，人民银行武进支行将各银行完成制造业贷款增量情况纳入年度考核，通过定期通报、走访督查、约谈高管等措施推动目标任务完成。各金融机构加大“首贷户”拓展力度，促进民营小微企业金融服务提质扩面，推出“E抵快贷”“云税贷”等产品。组织实施“金惠武进”乡村振兴品牌计划，引导金融机构将更多资源配置到乡村振兴重点领域和薄弱环节，促进城乡金融服务均等化发展。拓宽农村地区中小企业融资渠道，有效增加农村金融资产供给。探索土地制度改革和金融服务新模式，累计办理“三权”抵押贷款868笔26.78亿元。宣传推广江苏省综合金融服务平台，帮助小微、民营企业纾困解难，完成省综合金融服务平台注册13687户,发布需求2512家，融资59.57亿元，三项指标均名列全市第一。发挥各类金融机构作用，全区11家小贷公司注册资本17.72亿元，贷款余额20.56亿元，当年累计放贷27.27亿元，服务“三农”比例100%。全区融资担保公司注册资金总计19.66亿元，新增担保金额43.67万元，比2018年增加168%；在保责任余额50.41亿元，比2018年增加149%，总体放大倍数2.4倍。为企业提供区应急转贷资金转贷服务64笔，发放贷款11.158亿元。

【金融风险防范】 2019年，武进区贯彻落实各级政府防范金融风险攻坚战的决策部署，开展互联网金融风险专项整治，打击和处置非法集资工作。发现可疑和异常经营情况，联合相关单位综合运用风险警示约谈、现场核查等手段，强化互联网金融市场监督管理，并录入江苏省非法金融活动监测预警系统。摸排点对点网络借款（P2P）网贷平台隐患，有效排除安全隐患。加大打击非法集资力度，守住省政府要求的不发生区域性系统性风险、不发生规模性群体事件两条底线。编制《常州市武进区金融突发事件应急预案》，严格实施投融资企业会商机制，加强审核以财富公司、投资管理为名的新设机构和分支机构，严格防范各类借金融创新之名行非法集资之实的机构注册，引导不从事相关业务的存量企业更名、核减投融资服务企业经营范围，坚决遏制增量风险。全年完成变更或新设企业6家，办理不涉及敏感字眼企业常规变更42家。印发《关于对全区类金融机构涉黑涉恶情况进行排查的通知》等文件12个，全面排摸处置金融领域涉黑涉恶线索。全年组织各类集中宣传活动50余次，开展进企业、进学校、进中介等“九进”集中宣讲活动224次，参与人数4万余人次，发放传单、手册、购物袋等9.59万份，制作海报、展板、横幅3826张，发送短信46.55万条，提高市民对非法金融活动的防范意识和鉴别能力。针对重点楼宇非法集资、“套路贷”等违法犯罪活动，深度排查常州世贸中心、常发大厦、财富中心、誉天大厦等楼宇市场主体1000余家，驱离风险企业246家。排查发现涉嫌非法金融活动线索40起，全部处置或移交相关部门。

（杨　勉　郭　芸）

【直接债务融资和风创投发展】 2019年，全区企业直接债务融资额新增242亿元。其中，新誉集团、新城控股等公司发行超短期融资券26亿元，先行公司、滨湖建设等公司发行中期债券25.3亿元，伟驰集团、经发集团等公司发行中期票据29亿元；新城控股发行资产支持票据15.6亿元，新城发展控股发行优先票据20.4亿元，新城控股、中天钢铁等公司发行公司债125.8亿元。创业投资机构和资本不断扩大，新增常州经开民投涌创股权投资合伙企业（有限合伙）等创投（股权投资）机构18家，新增创投资金12.24亿元。年末有风创投（股权投资）机构176家，比2018年增加18家，创投资本达218.52亿元，比2018年增加12.24亿元。全区有新兴产业发展基金投资子基金8只、直投项目1个，投资总规模超15亿元，撬动社会总资本超13亿元，累计服务企业80家，母基金认缴出资0.96亿元，完成出资0.92亿元。

（杨　勉）

企业上市

【概况】 2019年，区地方金融监管局多次举办企业上市挂牌宣讲会和推进会，开展进镇入企点对点对接指导、走访企业40多家，激发企业参与股改上市积极性。年内，立华股份、国茂股份分别在深交所创业板、上交所主板上市，分别募集资金12.12亿元、8.73亿元。全区累计上市企业32家、募集资金279.6亿元。“新三板”挂牌企业新增亚美特、海恩德2家，累计挂牌企业38家、定增融资6.6亿元。在江苏股权交易中心挂牌震华干燥等企业105家，区域性股权转让市场挂牌企业累计323家。新增高凯精密等市级上市后备企业5家，建立区科创板上市后备资源库。

【新晋上市企业2家】 2019年，武进区新晋上市企业2家，募集资金20.85亿元。

立华股份　2月18日，江苏立华牧业股份有限公司在深交所挂牌上市，股票名称“立华股份”，代码“300761”，成为全省首家上市的畜禽养殖企业、全市首家上市的农业企业。该公司公开发行股票4128万股，发行价格29.35元/股，募集资金总额12.12亿元。在拓宽融资渠道、利用资本市场加快企业发展的同时，继续带动广大农户共同脱贫致富，为解决“三农”问题及“精准扶贫”做出贡献。

6月14日，江苏国茂减速机股份有限公司在上交所主板上市（供图/武进日报社）

国茂股份　6月14日，江苏国茂减速机股份有限公司在上交所上市，股票名称“国茂股份”，代码“603915”。该公司主要研发、生产和销售各类工业减速机，产品广泛应用于环保、建筑、电力、食品、物流、矿山、冶金、船舶、水利等领域。此次发行股票8438万股，发行价格10.35元/股，募集资金用于年产35万台减速机项目、年产160万件齿轮项目及研发中心建设项目。

【上市企业再融资与股权收购】 2019年，武进区上市挂牌企业完成定增融资1000万元，即山由帝奥（江苏山由帝奥节能新材股份有限公司）非公开发行股票募集资金1000万元。日盈电子（江苏日盈电子股份有限公司）以1.64亿元现金收购常州惠昌传感器90%股权，江苏雷利（江苏雷利电机股份有限公司）以1.05亿元收购常州鼎智机电70%股权。

（杨　勉）

银　行

【概况】 2019年，武进区有银行机构27家、金融网点266个，在册从业人员2182人。年末，各金融机构本外币各项存款余额3246.7亿元，比年初增加351.45亿元，增长12.15%。各金融机构人民币单位存款余额1786.38亿元，比年初增加177.41亿元，增长11.04%；人民币个人存款余额1274.72亿元，比年初增加151.97亿元，增长13.54%。本外币各项贷款余额2459.44亿元，比年初增加182.14亿元，增长8.0%。各金融机构票据融资余额99.45亿元，比年初增加29.67亿元，增长42.52%。各银行本外币存、贷款余额比例75.8%。全辖本外币不良贷款（五级分类）余额18.65亿元，比年初增加0.54亿元，不良贷款率0.76%，较年初下降0.04个百分点。全年银行结益49.98亿元，增长15.67%。

【人民银行武进支行】 2019年，人民银行武进支行围绕一流支行建设目标，强化政治引领，聚焦主责主业，完善内部治理，主动担当作为。推进供给侧结构性改革，制定《2019年武进区金融系统目标考核办法》和《2019年武进区货币信贷窗口指导意见》，精准服务实体经济。落实金融监管职能，做好“两管理两综合”（开业管理、营业管理，综合执法检查、综合评价）相关工作，强化地方法人机构监管，注重重大事项报告管理，切实掌握辖区金融运行动态。落实减税降费政策，提振武进小微企业发展信心，办理小微企业退税4.56万笔，金额1054.3万元。

经理国库　做好武进金库和经开区金库各项业务，办理预算收入入库

614.35亿元，增长20.73%；办理拨款支出486.55亿元，增长26.79%；办理退库85.22亿元，增长12.01%。全年办理预算收入、拨款、退库业务分别为413.19万笔、5.05万笔、7.21万笔，比2018年增长25.18%、4.77%、250%。推进武进区财政电子凭证库建设，6月中旬上线运行，全面启用国库集中支付业务，提高对国库支拨资金的监管与服务效率。

征信建设　强化征信信息安全管理，开展征信合规培训、信息安全巡查等，全年提供社会个人和企业征信查询报告7万多笔。探索建设高校学生征信教育宣传长效机制，6月在常大商学院（西太湖校区）设立首家征信宣传教育基地，以讲座与授课模式开展征信宣传，取得阶段性成效。

外汇管理　2019年，全区落实“放管服”要求，推进“国家外汇管理局政务服务网上办理系统”，高效开展行政许可。开展“外汇服务银企行”近40场次，有效解决银行企业在员工股权激励计划、外债、境外投资、外商投资、货物贸易等政策和业务难题。办理省内首笔境内企业业务，首期落地亚开行贷款6000万元。办理辖内首笔境内个人参与境外上市公司股权激励计划，提供今创集团大额境外投资外汇方案。全区受国际市场不确定性因素和人民币双向波动加剧的影响，出口贸易收汇下降，进口支付购汇大幅增加，涉外主体跨境收支顺差、结售汇顺差同比均下降。辖区跨境收入112.53亿美元，减少3.19%，跨境支出53.78亿美元，减少2.85%，收支顺差58.75亿美元，减少3.50%；结汇75.10亿美元，减少2.87%，售汇27.83亿美元，增长30.05%，结售汇顺差47.27亿美元，减少15.47%。

金融服务　2019年，人民银行武进支行稳妥实施取消企业银行账户许可试点工作，加强企业银行账户事中事后监督，全年监督核查开户资料2万多份。5月，制定《武进区创建现金服务示范区活动工作方案》，在雪堰镇试点，开展现场座谈和实地调研，建立网格化定点联系制度。设立现金服务点，提供了农村普惠金融服务站、便民金融自助服务点、银行卡助农取款点等金融服务功能，年末示范区创建在辖内具有一定影响力。持续推进金融知识纳入国民教育体系，在庙桥小学等6所学校试点，构建多方参与的联合机制。

（郭　芸）

【工商银行武进支行】　2019年，该支行辖营业部1个、营业网点14个，离行式自助银行6个，有员工227人。全年发挥信贷资金的资源配置作用，加快地方经济产业转型升级，重点扶植发展新能源、新材料、智能制造装备业、节能环保、轨道交通和绿色建筑等特色产业，依托武进高新区等园区，加大实体企业信贷投放力度，全力保障高新技术产业、科技型等实体经济企业的融资需求，全年制造业贷款余额比年初新增2.5亿元。促进普惠金融业务开展，通过营销法人、个人经营快贷及e抵快贷等创新产品，实现普惠金融贷款余额比年初新增2.48亿元。加快金融创新步伐，做好重大项目对接工作，全年累计投放项目贷款11笔26.32亿元，新审批隐债置换项目7个35亿元，实现投放1亿元，覆盖辖区所有政府平台公司，完成省内首单“开发区园区产业升级”创新项目5.3亿元。践行“服务普惠金融、支持实体经济”的初心使命，完成人行口径普惠金融贷款余额7.3亿元，较年初增加2.49亿元。推进大零售转型，个人按揭贷款增加5.8亿元，全年个人按揭贷款11亿元。提升网点服务质量，新增个人客户数3.4万户，累计66万户。办理收费公路ETC（电子不停车收费系统）业务，完成ETC开卡总量2.21万张。建设互联网场景生态圈，通过e生活绑卡、融e购、网点O2O活动、增设融e联社保查询功能等，加快线上发展步伐。至年末，各类人民币存款余额196.05亿元，比年初增加21.77亿元；各类人民币贷款余额185.21亿元，比年初增加15.57亿元。支行获评江苏省分行精品城区支行，支行党委分别获评工商银行总行、省分行、市分行先进基层党组织。

（蔡　琴）

【农业银行武进支行】　2019年，该支行辖营业部1个、营业网点30个，有员工422人。开展对成熟优质的小微企业、农户和个体工商户攻坚行动，完成3000万元以下小微企业普惠贷款余额16.97亿元，比年初净增6.51亿元，占全市系统内贡献度38.3%。个人生产经营普惠贷款余额3.94亿元，比年初增2.34亿元，全市占比35.48%。农户普惠贷款余额3.60亿元，比年初增0.99亿元。点均普惠金融贷款8170万元，比年初增3260万元。实施“一项目一方案一授权”加快发展普惠业务，获批公司类

表26

2019年武进区银行业金融机构网点情况表

机构名称	网点（个）	人员（人）	机构名称	网点（个）	人员（人）
人民银行	1	35	浦发银行	1	18
农发银行	1	18	兴业银行	1	25
工商银行	15	227	民生银行	4	31
农业银行	31	422	渤海银行	1	41
中国银行	15	267	江苏银行	7	115
建设银行	28	385	南京银行	2	192
交通银行	5	63	苏州银行	1	72
邮储银行	38	297	上海银行	1	59
中信银行	1	20	江南银行	58	629
光大银行	3	34	江阴银行	1	62
华夏银行	3	39	无锡银行	1	33
广发银行	1	14	首都银行	1	6
平安银行	3	24	中银富登	1	41
招商银行	1	13	合计	226	2182

说明：表格数据不含常州经开区

项目6个，总用信余额1.1亿元；获批个人类项目8个，总用信贷款额2.55亿元。其中，“苏担通”金额超1亿元，列全市首位。优先发展互联网金融业务，围绕产品、场景、数据和渠道等环节做出特色与优势，基本完成常发豪郡和御龙山智慧社区、常州幼儿师范学校智慧校园、武进青少年活动中心智慧教务和瑞声工业园、雷利电机智慧企业等项目，新增消费类场景67个。全行个人掌银活跃客户新增9.7万户，掌银月活跃客户总量12.6万户，占全市的28.3%。重点拓展线上产品，线上融资业务以税e贷、微捷贷、抵押e贷等，按旬开展线上业务竞赛活动，上线常发农装链捷贷，发放全省首笔增额保贷款，完成投放全市首单税e贷、抵押e贷、e账通。线上产品贷款客户295户、余额3.33亿元，占全行新增普惠贷款额的51%。至年末，各项存款余额335.9亿元，比年初增24.3亿元。其中，人民币个人存款余额198.5亿元，比年初增15亿元，占武进区四大行份额35.7%；人民币对公存款余额124.7亿元，比年初增加7.7亿元，占武进区四大行份额44.3%。本外币贷款余额225.8亿元，占武进区四大行份额30.6%；比年初增16.9亿元，占武进区四大行份额38.9%，贷款余额总量、增量均列武进区四大行首位。实现营业收入9.8459万元，中间业务收入2.88亿元，比上年增1144万元。

（王佳丽）

【中国银行武进支行】 2019年，该支行辖营业部1个、营业网点14个，配套自助银行2个和离行式自助区4个，有

2019年武进区银行业务情况表

表27

金融机构	人民币（万元）				外币（万美元）	
	存款余额	比年初增减额	贷款余额	比年初增减额	存款余额	贷款余额
人民银行	86990	3352	—	—	—	—
工商银行	2926992	258901	2604492	251728	14155	840
农业银行	4097922	333087	2556229	211969	20535	514
中国银行	1560332	156350	1696967	237557	81780	6933
建设银行	2954443	175442	2354816	−80397	12342	1936
农发银行	135169	18896	577985	8508	—	—
交通银行	703670	33764	736481	−11742	5563	232
中信银行	630536	12127	609016	−29949	1441	—
招商银行	237890	52681	138666	−13172	446	—
江苏银行	1208715	191555	957287	30355	1012	—
江南银行	6894984	750653	4062329	394537	29665	1111
华夏银行	388553	30496	794239	19211	106	—
浦发银行	552100	117423	453689	3140	662	—
民生银行	654790	130261	598892	−99853	—	—
兴业银行	743485	284629	528622	−25758	9801	—
光大银行	756671	115341	751979	−52188	—	—
中银富登	53157	715	42359	765	—	—
邮储银行	1749642	155081	557126	111895	47	—
南京银行	1827199	91529	925482	185314	3803	5603
苏州银行	654363	68427	790073	131099	1	—
平安银行	198832	−110895	78078	−108093	92	—
广发银行	200022	28311	133075	18627	—	—
上海银行	945108	66164	11654925	231821	5848	2277
江阴银行	412084	165863	601667	157287	—	—
无锡银行	318494	100001	482395	138922	—	—
首都银行	46594	16738	34350	7650	—	—
渤海银行	221625	89803	228200	81239	—	—
合计	31160363	3336697	24458725	1800470	187299	19446

员工 267 人。围绕转型创新和渠道效能，推动劳动组合优化，强化公私联动，提升营销交叉合力。业务创新获省、市、区首单多次，办理省分行首笔在线开立信用证业务，成为武进区取消开户许可后首单开户行，开立武进区首个破产管理人专户等。深化政银企合作，聚焦重点行业，助力实体经济发展，实体经济新增批复 70 户，总金额 9.83 亿元；实体经济新增投放 92 户，总金额 22.65 亿元。做优普惠金融，助力小微企业，新增民营小微企业客户 50 户，普惠人行降准口径贷款余额 5.25 亿元，普惠重点领域口径贷款余额 5.38 亿元。在牛塘高家村委共建农村金融服务站，促进“三农”发展。依托外汇、贸易金融及资金业务优势，办理首笔股权激励资金收汇结汇 216 万美元，叙做国内信用证福费廷 2000 万元，叙做汇出汇款融资 1.95 亿美元，揽储大额外币资本金 7321 万美元。围绕消费、财富、网络、跨境四大金融开拓市场，打造跨境金融服务品牌，开展跨境宣传活动 60 场，结售汇交易金额 6631 万美元，新增零售贷款 6.41 亿元，银行卡分期发放 5.2 亿元，拥军卡代发额 3462 万元。至年末，本外币存款余额 180.27 亿元，比年初新增 27.7 亿元，本外币贷款余额 127.57 亿元，比年初新增 16.46 亿元。该支行获评全国金融工会“职工书屋”示范点、省分行文明单位，支行营业部获评省分行青年文明号、省分行四星级跨境金融中心，鸣凰支行获评省分行青年文明号。

（唐　岑）

1 月 18 日，武进区召开 2019 年金融工作座谈会　（供图 / 人民银行武进支行）

【建设银行武进支行】 2019 年，该支行应上级行机构整合要求，完成机构合并，设置内设部室 3 个、经营中心 2 个、营业部 1 个，下辖营业网点 27 个，有员工 385 人。推进业务创新，零售业务在基金、实物金、账户、信用卡分期、商户、代发工资个人有效账户等均在系统内排名前列，获建行总行 2019 年度信用卡业务专项营销活动“新零售、新消费、新支付，打造客户家庭第一钱包”先进县域支行奖；全年 ETC 总任务完成率位列市分行第一，拓户超过 3 万户，网络金融 KPI 排名省分行第一名。拓展对公业务，操作全国首单 5 年期 LPR 利率互换交易、全国首单利率互换业务、全省首单信保贷业务、单一窗口汇出汇款业务、全市首单出口贷业务、全市首笔外币流贷投放等新产品，提升对客户差异化服务能力；取得武进区社保费代收结算行资格，营销信托资金托管账户 3 亿元、资金托管账户 2 亿元和两单撮合业务，“一行一单”营销业绩领先，其中债券承销、新型财务顾问、净值型理财产品销售均排名第一，债券投资排名第二；发行私募债 5.7 亿元，发行中期票据 4 亿元，金融市场业务党群平台签约 549 户，为系统内第一，成功营销大宗套保业务 100 户，拓展国内五大货币经济机构之一的信唐货币经济公司及利位基金公司作为利率债推荐的合作伙伴；营销全省第一大单团体养老管理保障产品 2000 万元，建信人寿团险完成总量及完成率在系统内领先。扩大普惠金融业务，普惠金融贷款新增和任务完成率均排在武进区四大行首位，获全省首家“普惠金融钻石支行”、省行旺季普惠金融综合营销“领军支行”和二季度全省首家“金牌支行”称号。加强金融科技能力，完成市行首单电子功德箱业务、首单大宗商品远期预付款交易及大宗套保业务 100 户，通过“我的常州”App 与新奥燃气达成智慧政务合作上线协议、与太平洋保险公司签约党群综合服务平台，利用“聚合 + 无感支付”平台，在 4 月上线常州分行首个无感支付停车场场景。整合营销武进世贸大厦、武进中医医院、金百国际广场等 41 家单位上线智慧停车产品，同步推进停车场开立对公账户及商户业务。推进住房租赁，与伟驰控股合作签署省行首笔存房业务，通过“建融家园”平台实施智慧化升级改造，累计上线房源 3000 多套，提升建融品牌租赁住房的影响力。至年末，日均存款余额 252 亿元，其中企业存款日均余额 104 亿元；个人存款日均余额 148 亿元，余额占比 32.87%，份额提升 0.29%；存款余额新增 18.77 亿元，占武进区四大银行总额的 35.04%。各项贷款余额 205 亿元，占比 27.58%，其中公司类贷款 111 亿元，余额占比 24.36%，个人贷款余额 94 亿元，新增额占武进区四大银行的 19%，个人住房贷款发放、新增及个人贷款余额新增均排名三县第一。

（季秋洁）

【交通银行武进支行】 2019 年，该支行辖营业部 1 个、二级支行 4 个，配套自助银行 5 个、ATM 机 22 台，有员工 63 人。围绕“服务实体经济、防控金融风险、深化金融改革”三大任务，全面落实高质量发展要求，主要经营指标呈现“稳中有进、稳中提质”的良好态势。至年末，各项存款年均余额 74.25 亿元，增加 4.09 亿元；各项贷款年均余额 73.81 亿元，减少 1.18 亿元；国际结算量 5.85 亿美元，增加 1.42 亿美元；不良资产率 0.38%；经营利润 1.43 亿元。该支行获武进人行和武进外管 AA 评级、获市级单位治安保卫工作先进集体。徐国琴被评为交通银行江苏省分行“优秀党务工作”、顾佳烨被评为交通银行江苏省分行“优秀共产党员”。

（周冬银）

【农发行武进区支行】 2019年，该支行辖营业部1个，有员工18人。中国农业发展银行常州市武进区支行是区内唯一一家农业政策性银行，秉承“服务三农”的宗旨，积极支持粮食储备体系建设，服务于国家宏观调控，保护农民利益，维护农村稳定。全年助力美丽乡村建设、支持地方经济发展，支持雪堰镇城西回民村陡门塘特色田园乡村建、中以创新园等项目。做精做细传统业务，拓展涉农领域支持农业产业新格局，支持各类粮食收购贷款3.11亿元，收购入库各类粮食9.21万吨。年末各项贷款余额57.80亿元，各项存款余额13.52亿元，实现账面利润7600万元。

（徐 斌）

【江南银行武进支行】 2019年，江南农村商业银行在武进区域设银行机构58家，有员工629人。围绕“扩客群、稳经营、优管理、治风险、活机制”的工作思路，践行支农支小使命，切实防范金融风险，持续深化改革转型，经营发展总体平稳、稳中向好。全行聚焦主业稳经营，精准施策，提升支农支小业务成效，线上与线下、产品与渠道、服务与营销有机结合，打造“微小”系列信贷产品体系，全面推广“快抵贷、农担贷、诚税贷”等标准化产品，试点30万元以下小额信用贷款，为客户提供源头化、批量化、项目化的服务方案。深入开展“百行进万企”活动，主动对接农户、新型农业经营体、民营及小微企业等重点目标客户，结合企业真实融资需求匹配金融产品和服务，提升支农支小业务的广度和深度。持续优化信贷结构，深挖“产业链”需求，为客户提供一揽子金融服务。推出大额存单、“年年盈组合”“江南专属”3款拳头产品，提升普惠金融覆盖面。至年末，各网点本外币存款余额710.19亿元，比年初增长12.16%，在武进区市场份额占比21.87%，存款总量、增量区域排名均居第一。其中，单位存款余额364.77亿元，比年初增加27.86亿元；个人存款345.42亿元，比年初增加49.15亿元。各网点本外币贷款余额407.01亿元，比年初增加39.66亿元，增幅10.8%，在武进区市场份额占比16.55%，贷款总量、增量均居区域首位。其中，对公贷款余额286.01亿元，制造业贷款余额170.51亿元（不含贴现），占对公贷款余额的59.62%。

（诸冬梅）

保 险

【概况】 2019年，武进区有各类保险机构37家，其中财产险机构18家，人身险机构19家。全区保费总收入31.84亿元，增长7.91%。其中，财产类保险实现收入9.71亿元，人寿类保险实现收入21.86亿元，分别增长14.23%和5.17%。全区保费业务支出13.39亿元，下降2.01%。其中，财产类保险费支出5.19亿元，增长12.46%；人寿类保险支出8.02亿元，下降9.8%。

（郭 芸）

【人保财险武进支公司】 2019年，该公司辖营业部4个、营销服务部4个、专业销售团队3个、社区门店1个，网点覆盖武进区各大重点乡镇，有员工110人。积极履行保险职能，承保武进区政策性农业保险、自然灾害公众责任险项目、区域护理保险项目、大病保险等民生、公共资产类保险项目，在试点乡镇持续建设“民生服务”“三农服务”“警保联动”“产寿健一体化”的保险综合金融服务平台，发挥社会发展稳定器与推进器作用。全年累计承担风险责任2900亿元，完成保费收入5.54亿元，增长12.32%，保费额占区域市场份额近45%；处理各

2019年武进区保险业务情况表

表28

项目 险种	保险业务总收入（万元）				保险业务总支出（万元）			
	本期累计	其中			本期累计	其中		
		人保	太保	平保		人保	太保	平保
一、财产小计	97061.37	51223.05	22434.32	23404.00	51897.04	27170.75	9876.29	14850.00
企财险	6867.30	3082.62	1547.68	2237.00	3219.62	1424.51	327.11	1468.00
运输工具及责任险	83880.87	43767.40	18946.47	21167.00	47236.59	24671.70	9182.89	13382.00
货运险	288.66	197.09	91.57	—	19.32	10.71	8.61	—
家财险	321.80	301.24	20.56	—	29.20	25.43	3.77	—
其他	5702.74	3874.70	1828.04	—	1392.31	1038.40	353.91	—
二、责任保险	2743.61	2743.61	—	—	1790.21	1790.21	—	—
三、人身保险	218578.25	95691.27	105264.53	17622.45	80230.69	49748.76	21829.53	8652.40
养老年金险类	56500.60	51163.44	—	5337.16	19156.83	19156.83	—	—
意外短期险类	4994.23	4018.74	920.10	55.39	3473.78	3286.88	186.90	—
健康险类	17932.75	13374.49	1708.64	2849.62	14941.80	5754.40	535.00	8652.40
寿险类	139150.67	27134.60	102635.79	9380.28	42658.29	21550.65	21107.64	—
总计	318383.23	149657.93	127698.85	41026.45	133917.94	78709.72	31705.82	23502.40

类赔案3.94万件，赔款支出2.93亿元，缴纳各类税费6017万元。

（林 翔）

【中国人寿武进支公司】 2019年，该公司辖湖塘、湟里、前黄、雪堰、夏溪、奔牛、邹区等网点8个，有正式员工58人、持证销售人员2034人。持续深化改革，推进全区安康关爱行动、农村小额保险及慈善大病救助保险等民生安全保障。全年实现新单保费2.84亿元，市场份额44.88%。其中，首年期交突破2亿元，增幅16.6%；短险保费8153万元，增长12.8%。全年处理赔付案1.85万件，金额8161万元，满期等各类给付1433件，金额1.94亿元。

（张曙炎）

【太平洋财险武进支公司】 2019年，该公司辖湖塘、横林及前黄3个营销服务部，有员工32人。年内落实太保转型2.0的战略目标，全面推进业务快速发展。全年完成保费收入2.24亿元，其中车险保费收入1.87亿元，增长28.75%；非车险保费收入3702万元，增长24.19%。1—12月，车险综合成本率96.21%，非车险综合成本率76.04%，全险种综合成本率93.66%。全险种赔款支出1亿元。

（施 敏）

【太平洋寿险武进中心支公司】 2019年，该中心支公司辖湖塘、礼嘉、洛阳、横林、怀德北路5个营销服务部，拥有营销持证业务员2648人。围绕分公司下达年度经营责任目标，坚持价值持续增长，坚持协调平衡发展，坚持合规经营，强化基础管理规范，推进转型项目融合日常工作。全年实现总保费收入10.52亿元，市场份额40.91%。受理理赔案4265件，各类给付6.15万件；赔款支出金额4170.32万元，各类给付金额1.42亿元。

（刘 丹）

【平安产险武进支公司】 该公司位于武进区延政中路经纬大厦一楼，经营面积650平方米。2019年辖横山桥、前黄、孟河和钟楼支公司4个基层网点，有员工58人。重点开展数据经营、科技赋能、生态共建等工作，为持续推升高质量发展提供动能；开展精准扶贫，助力夺取脱贫攻坚战全面胜利；以服务客户、回馈社会、奉献国家为己任，服务实体经济，坚守企业社会责任。全年完成保费收入2.4亿元，增长10.09%。其中，车险保费2.17亿万元，财产险保费945万元，意健险保费1442万元。

（章佳英）

证券业

【概况】 2019年，武进区域设有证券机构17个，其中证券分公司1家、证券营业部16个。全年开户数新增2.15万户，年末总账户数21.44万户，全年交易量3190亿元。

（杨 勉）

【中信证券常州环府路营业部】 2019年，该证券营业部依托总公司大平台优势，重点提升融资融券客户和规模。继续开拓股票期权与港股通等创新类业务，做好高端客户投教与服务。加强与外部监管机构等单位互动，承办“武进区最佳金融讲师评选”活动和“金融进校园”理财系列讲座。7月，联合中信银行举办年度中期策略会，到场客户超过300人。全年新增有效客户数1800户、两融账户200户，年末资产额9.15亿元，实现产品销售额11亿元，综合实力位居常州地区券商分支机构的前列。

（郑 欢）

【国盛证券常州营业部】 位于万博生活广场，营业面积400平方米，有正式员工8人。2019年，该营业部紧跟行业发展步伐，全面实现线上客户服务。坚持落实各项监管制度，切实开展投资者教育和保护工作，立足经纪业务，拓展机构业务市场。全年实现产品销售额1亿元。

（高 柯）

【东北证券常州花园街证券营业部】 位于武进区花园街168号H-12，营业面积263.55平方米，有员工13人。具备经纪业务、融资融券、股权质押、港股通、约定购回、股票期权、科创板等业务资格，协助有关企业和个人开展投融资项目、“新三板”业务和客户申请网下配售资格等业务，开展基金申购赎回及基金定投等理财业务。2019年，新推在深交所质押式报价回购业务基础上的现金理财工具“固鑫宝”等产品，全年新增投资账户500余户。

（陆大荣）

【中信建投证券常州广电西路营业部】 位于武进区湖塘镇广电西路539号，营业面积206平方米，有资质从业人员9人。营业部设置经理室、后台和前台两个大部门，其中前台部门包括公司金融部、机构金融部、个人金融部子部门3个，主要开展证券经纪、资产管理、融资融券、代销金融产品、销售贵金属制品等业务。2019年，新增客户1268户，年末客户总数1.48万户，客户资产总额7.6亿元；全年累计证券交易金额98.7亿元，标准金融产品销售总规模1.14亿元。

（朱 青）

9月，举办全员合规培训　　（供图/中信证券营业部）

城乡发展

Urban and Rural Development

栏目编辑　周小红

乡村振兴战略实施

【概况】 2019年，武进区严格贯彻落实中央和省、市“三农”决策部署，大力实施乡村振兴战略，坚持科学谋划，实行重点突破，全力推动“三农”工作高质量发展，全区农业农村发展延续良好态势，乡村振兴战略实施取得实质性进展。

致力于提质增效，增强农业经济　全面发展现代农业，嘉泽、雪堰2个省级现代农业产业园区（示范园）和礼嘉市级现代农业产业园区（示范园）加速建设，江苏立华牧业股份有限公司开创全省畜禽养殖类企业上市先河。特色产业优势明显，武进水稻育种领跑全国，通过省级以上审定水稻新品种5个，雪堰镇创成省级绿色优质水稻基地，全区绿色优质农产品占比超70%。基础设施持续完善，武进农业机械化水平全省领先，累计建成高标准农田2.35万公顷，提前完成2020年目标任务，成功申报省级生态型高标准农田建设试点项目。农村新产业、新业态蓬勃发展，常州懒人园艺有限公司等农产品电商企业全年完成销售额超10亿元，武进区获评全国县域数字农业农村发展水平评价先进县。

致力于生态优先，改善镇村环境　深入推进村庄规划，全区119个行政村全面完成村庄规划编制和审批，武进区成为全国首个完成全域全覆盖村庄规划编制及验收的地区。美丽乡村成效明显，雪堰镇城西回民村入选2019年中国美丽休闲乡村，前黄镇杨桥村入选第七批中国历史文化名镇名村。镇村环境有效提升，农村分散式污水处理PPP项目一期建成投用，滆湖围网整治入选全省生态环境十大先进典型。农村人居环境整治深入实施，创成省级农村人居环境整治综合示范行政村20个，累计288个自然村（不含常州经开区）达到美丽宜居乡村标准。

4月30日，省长吴政隆（右二）考察雪堰镇新康村　（摄影/陆　新）

致力于民生工程，提升农民生活　深入推进富民增收小康工程，村级集体经济大幅增收，村集体平均年收入586万元（含组级，不含组级367万元），农村居民人均可支配收入达3.24万元。征地补偿和被征地农民社会保障政策持续完善，建档立卡低收入农户全面实现脱贫。农村改革深入开展，逐步完善重要农产品（水稻）收入保险体系，农村土地经营权入股发展农业产业化经营和重要农产品（水稻）收入保险两项改革通过省级评估；成功申报国家级改革拓展试点项目1项、省农村改革试验任务2项；组织开展农村集体经济组织股份制改革和农村土地承包经营权确权登记颁证“回头看”。镇村民生设施持续优化，教育、卫生、文体等公共事业均等化步伐加快，城乡学校结对共建、村级医疗卫生人才“区管镇用”机制作用凸显。

致力于和谐文明，优化乡村治理　持续强化基层党组织建设，深入实施基层党组织“书记项目”26个，以党建“软实力”催生乡村振兴“硬实力”。农村精神文明建设深入推进，新时代文明实践中心建设模式逐步打响，嘉泽镇跃进村等10个村新时代文明实践站点全面建成。网格化社会治理深化，创新“党建＋网格”治理模式，有效提高乡村治理能力和精细化治理水平，雪堰镇新康村、洛阳镇岑村村入选全国乡村治理示范村。

【特色强镇建设】 参见“专记”类目 P6 同名条目。

【扶贫开发】 2019年，武进区全面推进脱贫攻坚责任落实、政策落实、工作落实“三落实”，认真做到识别精准、帮扶精准、退出精准“三精准”，全力实施义务教育保障、基本医疗保障、住房安全保障“三保障”。加大财政兜底保障力度，全区居民最低生活保障标准从每人每月800元提高至850元。推进产业扶贫，通过举办就业技能培训、提供公益性服务岗位及产业发展帮扶，促使部分贫困户家庭劳动力就业，增加其工资性收入和经营性收入，在年度脱贫人口中有9人就业，占脱贫人数的13%，就业增收成为贫困户家庭增收脱贫的重要途径。加强党员干部结对帮扶，实现“阳光扶贫”建档立卡低收入农户全覆盖。按照应进则进、应退则退的原则，完成全区扶贫对象年度动态调整。2019年，全区建档立卡低收入农户年人均收入均超过常州市定脱贫收入标准，提前一年实现脱贫。

【农村生态保护补偿】 2019年，武进区严格落实生态保护主体责任，全面完成2018年度农村生态保护补偿考核和补偿资金发放工作，共发放补偿资金3400多万元，其中补偿水稻种植户540多万元。实施部门联动、齐抓共管，充分利用第三方卫星遥感监测影像图片资料，加大对农村生态保护工作的分析研判，加强对“两违”（违法用地和违章建筑）问题的通报曝光和督促整改，严格落实生态保护补偿“一票否决”制度。

【农村人居环境整治】 2019年，武进区深入贯彻省、市工作部署，全面推进农村人居环境整治。实施生活垃圾治理，建设垃圾分类设施，全区3个全域乡镇（街道）、开发区和102个行政村、7个集镇区建成垃圾分类设施，农村垃圾分类设施覆盖率60%。开展厕所粪污治理，无害化卫生户厕普及率100%，新建和改造农村公共厕所39座，累计890座；新建和改造乡村旅游公共厕所14座，完成年度目标任务的200%。实施生活污水治理，农村分散式生活污水处理PPP项目一期215个工程年内建成投用，二期250个工程开工建设，累计实施农村分散式生活污水处理工程663个，规划发展村生活污水治理率90%，其中7个镇涉及120个行政村实现污水治理全覆盖。深入推动农业废弃物治理，全区190多家农资店共收集处置农药包装废弃物28.49吨，废旧农膜回收率75%，规模养殖场粪污处理设施配套率98.48%，畜禽粪污资源化利用率98.51%。优化农村环境面貌，全区农村公路三类及以上桥梁的比例达99%，实现县道亮化全覆盖，乡道亮化率在90%以上，村道亮化率在60%以上，创建美丽农村路8条24.5千米。持续开展卫生镇、村创建，全区创成国家卫生镇8个、省级卫生村154个，创建率均达100%。加强传统村落和建筑保护，前黄镇杨桥村杨桥老街、雪堰镇城西村陡门塘、洛阳镇天井村杨巷等5个村落列入省级及以上传统村落，获得省级及以上传统村落保护资金1100万元。全区被确认为省级农村人居环境整治综合示范村20个、市级农村人居环境整治综合示范村14个，创成美丽宜居乡村191个。

【美丽乡村建设】 2019年，武进区按照特色强镇美丽乡村建设工程方案及决胜年方案要求，全面推进美丽乡村建设。礼嘉镇何墅村投入800余万元，高标准完成省级美丽乡村示范村重点项目建设，通过省级验收。按计划推进市级美丽村庄“一区两点”建设，太湖湾片区美丽乡村建设规划形成中期深化成果，嘉泽镇跃进村、湟里镇西墅村重点建设项目基本完成。至年底，全面完成整洁型村庄建设，新建康居型村庄152个、美丽型村庄24个，分别累计325个、42个。

【村级集体经济发展】 2019年，武进区把强村富民作为实施乡村振兴战略的重要抓手、促进区域均衡发展的重要举措、增进民生幸福的重要支撑，完善村级集体经济发展的政策措施，积极鼓励各地探索集体资产保值增值的方法和途径，全面激活内生动力，多措并举拓宽收入来源，确保村级集体收入持续稳定增长。积极引导有关村借力土地制度改革，采取共建、联建、参股等经营模式发展集体经济，组织5个村向上争取项目资金，项目总投资额2240万元，向上争取市级奖补资金314万元。至年底，全区259个行政村（涉农社区）村组资产达160.37亿元，村组集体收入总额15.57亿元，村均集体年收入601万元，其中集体年收入超1000万元的村29个。

【农村集体“三资”管理】 3月，武进区作为常州市农村集体资产监管平台试点单位，在南夏墅、西湖街道开展试运行工作，将“三资”（农村集体所有的资金、资产和资源）监管相关的资金监管、财务核算、“三资”信息化、阳光村务等功能优化整合。经过系统调研、试运行和推广使用等工作阶段，于11月中旬在全市率先全面推广使用，建立起“互联网+”的农村集体资产监督管理新模式，实现对农村集体“三资”的大数据管理，包括“一中心、九系统”，即集体资产监管大数据中心和资金管理系统、资产管理系统、资源管理系统、产权交易系统、股权管理系统、综合查询系统、阳光扶贫系统、阳光村务系统、金融服务系统。做到建成1个新平台，替换取消3个旧平台，切实减轻了基层负担；通过统一的农经业务标准和工作流程，实现全区农村集体资产标准化管理、全流程监管，进一步提升工作效能和规范化管理水平。

【农村产权交易】 2019年，武进区严格落实农村集体资产资源交易全部进场交易的规定，全面提升农村产权交易平台建设，创新农村产权交易机制，将交易监管和项目交易工作分离，由区公共资源交易中心负责交易工作，区农业农村局成立区农村产权监管中心，结合“三资”监管工作建设农村产权项目监管平台。结合农村改革创新的要求，拓展交易品种，创新开展农村土地精细化综合整治指标交易工作。全年实现农村产权交易项目2180笔，交易金额25.77亿元，武进区农村产权交易额列全省县区级排名第二，南夏墅街道农村产权交易额列全省乡镇级排名第一。全区累计实现农村产权交易项目7746笔，交易金额61.68亿元。做好土地经营权抵押贷款权证办理工作，有效缓解农业经营主体融资难问题。至年底，累计办理土地承包经营权抵押贷款43笔，放贷总额3052.7万元。

（蒋政阳）

城乡规划

【概况】 2019年，武进自然资源和规划分局围绕武进区“五个三年行动计划决胜年”主题和市自然资源和规划局中心工作，统筹抓好优空间、护资源、促集约、保发展等工作。贯彻《中共中央、国务院关于建立国土空间规划体系并监督实施的若干意见》要求，开展全区国土空间规划编制的前期准备，形成武进区国土空间总体规划工作方案，积累国土空间规划的编制经验。按照区委、区政府提出的挺进西太湖战略，结合滆湖退田还湖要求，编制《环滆湖地区发展战略规划与城市设计》，落实生态先行区和高质量发展的现实诉求，整合环滆湖周边高新区、西太湖及前黄、湟里、嘉泽等板块空间资源，制订环滆湖地区的“多规合一”空间发展蓝图，形成环滆湖地区一致的行动计划。按照国家、省、市乡村振兴战略规划及实施方案要求，综合分析村庄发展条件和潜力，将现状村庄划分为集聚提升类、特色保护类、城郊融合类、搬迁撤并类和其他一般村庄等类型，融入省市美丽乡村建设要求，为村庄后续规划建设提供依据。注重动态更新，强化基础支撑，完成《武进城区控制性详细规划更新》，为行政审批工作提供支撑。完成《2018年武进区城乡建设发展报告》，强化对城乡质量作出及时反馈与核验，为城市规划实施评估奠定良好基础。修编各镇村庄规划，推进农村土地制度改革试点工作，完成武进区及所辖牛塘镇等镇（街道）土地利用总体规划修改及报批，为各镇项目落地提供空间保障。

【常州市自然资源和规划局武进分局成立】 2019年2月28日，常州市自然资源和规划局武进分局在鑫源大厦挂牌成立，常州市自然资源和规划局武进分局筹建工作组同时成立。该分局作为市自然资源和规划局派出机构，行使原武进国土资源分局和原武进规划分局所有职责、水资源调查和确权登记管理职责、区农业农村局林业管理职责。6月3日，经常州市自然资源和规划局党组批复，为正科级行政单位，设立内设机构12个。10月，根据常州市分类推进事业单位改革要求，整合重组第一批涉改事业单位：原武进9个中心国土资源所整合组建为常州市自然资源和规划局武进高新区中心所、常州市自然资源和规划局武进经济开发区中心所、常州市自然资源和规划局雪堰中心所，原常州市武进国土资源基础地理信息勘测中心和常州市武进规划与测绘院成建制整合为常州市武进规划勘测设计院，同时设立常州市土地储备中心武进分中心、常州市自然资源监察支队武进大队，均为正科级事业单位。全系统有在职人员234人，其中行政编制人员25人（含行政附属编制人员2人）、参公人员85人、事业单位人员82人以及派遣人员42人。

【规划管理】 2019年，武进自然资源和规划分局推进行政服务改革，优化业务流程，压缩办理时限，提高办事效能。制定完善议事规则，整合相关审批环节，打破原有审批隔阂，全面实现全区工业项目“一站式办结”，确保审批、制证、收发件、归档等环节达到集中办理部门、减少审批环节、提高审批效率的要求。深化园区、村镇规划师制度，推进基层国土所土地和规划业务融合，在礼嘉、湟里试点推进简政放权，由镇国土所全面履行自然资源和规划前期服务。武进规范“一书两证”（建设项目选址意见书、建设用地规划许可证和建设工程规划许可证）核发及建设项目核实，全区核发选址意见书59份、总用地面积214.74公顷，建设用地规划许可证111份、总用地面积388.48公顷，建设工程规划许可证187份（含市政18份）、总建筑面积685.14万平方米，核实建设项目97个、总核实面积468.01万平方米。

（季　云）

市政建设

【概况】 2019年，区住建部门按照区委、区政府提出的“五个三年行动计划”决胜年发展主题目标，实施市政设施、海绵城市工程、精致集镇打造工程、老小区改造等工程，累计市政投资1.47亿元，完成龙江路—长虹路立交改扩建工程、轨道交通一号线武进区段沿线（花园街）市容环境综合整治工程，继续推进海绵城市建设工程、城区部分桥梁安全改造及城区跨运河桥梁安全助航设施改造等项目。抓实抓细市政养护管理，完成人民东路、鸣新路等路面改造，路灯设施完好率在95%以上，亮灯率在98%以上。

【龙江路—长虹路立交改扩建工程】 该工程为高架互通项目，2017年4月开工，2019年12月底竣工通车，总投资4.6亿元。项目新建地面道路3600米，改建地面快速路280米，新建互通匝道5条，改建互通匝道1条，相应改建立交范围地面道路、2座地面桥梁桥的面系、管线、照明、交通设施及交通监控等。该工程实现龙江路—长虹路立交北至常州市新北区，南至西太湖，东至常州市武进区，西至金武快速路的四个方向全互通，紧密连接了新北区、武进区及金坛区，推动区域融合发展。

【桥梁安全改造】 2019年，区住建局实施城区部分桥梁安全改造工程及城区跨运河桥梁的安全助航设施改造，提升城区部分桥梁通行安全性，完成投资约600万元，纳入该次养护范围桥梁为新龙大桥、阳湖大桥、武南河大桥，重点实施桥头平顺处理、桥梁铰缝及伸缩缝更换处理，施工采用部分封闭施工。

【轨道交通一号线武进区段市容环境综合整治工程】 该工程实施范围为花园街（聚湖路—武南路）各站点之间沿线地面景观整治，全长7.3千米，包括土方工程、园林工程、绿化工程、安装工程、路面改造工程、建筑整治工程等。完成修复人行道、花坛及铺装面积3.08万平方米，提升绿化面积9500平方米，改造路面面积6323平方米，完成投资3800万元。工程实施后，轨道交通各站点周边和沿线道路基础设施及景观风貌提升，在地铁站点周边布局机动车和非机动车停车位，并配置共享单车解决地铁出行最后一公里交通，提升市民乘坐地铁的便捷度与舒适度。

【海绵城市建设工程】 2019年，武进海绵城市建设工程重点推进武进行政中心

1月15日，区住建局实施城区桥梁结构检测　　（摄影/高　岷）

片区建设工程，建成老年大学雨水花园及停车场，完成府西路改造及武宜路雨水管网工程，投资296万元，建成包括收集、灌溉于一体的生态绿色雨水循环处理系统1套。上述区域经过改造后，雨污水排放能力有所增强，积水、旱涝情况明显改善，周边市容环境得到优化提升。

【市政设施养护】 2019年，全区完成各类市政设施养护投资8000万元。其中，道路维修投资2400万元，完成人民东路、鸣新路等路面改造，修复人行道长度50.89千米、更换道板面积7943平方米、恢复路面面积2万平方米。开展城区30余座桥梁贴面维修，特别是阳湖大桥、新龙大桥等特大型桥梁实施安全检测及加固施工，消除安全隐患。精细绿化养护投资2000万元，按季组织修剪、治虫、施肥、浇灌等养护，营造城区四季常绿、鲜花盛开的宜居环境。城市照明维护投资3065万元，完成箱变改造6台，维修路灯5830盏、维修高架线性灯2700盏，恢复损坏电缆4300米等，路灯设施完好率95%以上，亮灯率98%以上。

【老小区改造】 2019年，区住建部门结合中心城区住宅小区城市长效综合管理与和“263”专项行动要求，围绕小区及周边基础配套设施提升、雨污分流及停车位改造等，推进老旧住宅小区综合整治工程。3—10月，完成湖塘镇花东二村C区260幢至271幢居民楼区域整治。3—11月，完成牛塘镇竹园社区片区合成新村片区（4幢居民楼及周边民宅）综合整治。雨污分流后，小区周边水质及综合环境显著改善。整治后的花东二村C区及竹园社区增加停车位80个，小区健身广场出新并增设文化墙等设施，居民生活品质得到显著提升。

【常州市地铁1号线开通运营】 9月21日，常州地铁1号线正式运营。常州地铁1号线工程于2014年10月28日开工，历时5年建设。地铁1号线路呈南北走向，北起常州市新北区的森林公园站，途经天宁区，南至武进区的南夏墅站，全长34.24千米，其中地下线31.64千米，高架线2.19千米，共设地铁车站29个，在武进区域有站点10个，其中重点站有延政大道站、科教城南站、武进沿江城际站。

（徐亚芬）

征收与拆迁

【概况】 2019年，武进区征迁工作部门围绕“重大项目攻坚年”的主线，坚持和谐征迁理念，保障南沿江高铁项目、天宁凤凰城项目、星河地块项目、定安西路项目、聚湖旧城改造项目、新长铁路平改立项目等重点项目建设。年初印发《关于深入开展我区房屋征迁行业扫黑除恶专项行动的通知》，全面指导全区征迁领域扫黑除恶工作开展。坚持问题导向，全力以赴破解历史遗留问题，全年化解历史遗留问题20户。完成征迁签面积163.54万平方米，签约民房2263户、企业263家。

【安置房屋办证1万余套】 2019年，区征收办高质量推进安置办证工作，全面保障群众安居乐业和幸福生活。安置过渡。围绕年度安置任务，妥善做好在外过渡户安置，完成安置户数2707户。保障分房。全程参与沟南工业园项目商品房安置分配，严格把关流程设计、资料审核、协议确定、资金支出等环节，完成商品房分配155套。办证服务。安置房权证办理列为年度区政府为民办实事项目，全区在完成区级安置房办证后，权证办理范围逐步扩展到南夏墅街道、西湖街道、牛塘镇、嘉泽镇等周边板块，全年办理安置房不动产权证1.13万套，超额完成办证1万套的年度任务。

（曹　泽）

镇村建设

【概况】 2019年，全区围绕“五个三年行动计划决胜年”的目标要求，继续推进精致集镇打造工程，开展治三乱、补三短、提三质的“333工程”，进一步完善集镇基础设施，着力改善集镇面貌和开发经营环境。重点抓好治理黑臭河道、雨污分流、市政道路提升、街面美化，补齐公共服务基础设施短板，提升社会事业基础设施水平。精致集镇打造工程共规划建设项目192项，至11月，已开工项目175项，开工率达91%，完工工程133项，完工率达70%。雪堰镇吴韵公园、兴政路绿化等项目完工。礼嘉镇坂上浜景观提升、礼嘉中心公园、礼毛路北沿等工程完工。嘉泽镇花海大道医疗服务用房，厚余、成章片区污水管网等项目完工。洛阳镇珠光街北沿，洛阳初中宿舍楼工程完工。湟里镇湟里、东安自建区，桃园路景观提升等项目完工。前黄镇状元文化园、运村卫生院、运村东桥等项目完工。牛塘镇虹西路两侧绿化提升，合成新村老小区改造等工程完工。横林镇精工路、遥观镇常和路、横山桥镇潞横河（路）景观提升等项目完工。推进美丽宜居乡村建设，改善农村人居环境，雪堰镇陡门塘省级特色田园乡村和礼嘉镇何墅村邢溪桥省级美丽乡村通过市级验收，洛阳天井村杨巷、雪堰南山村朱家旦、雪西村雪西等村做好传统村落保护，嘉泽镇西城村作为常州市唯一的农房建设优秀案例被住建部列为全国优秀乡村建设试点案例。

【3个村落入选第一批省传统村落】 2019年3月初，省住建厅公布第一批江苏省传统村落名录，武进区前黄镇杨桥村杨桥老街、雪堰镇城西回民村陡门塘和雪西村雪西3个村落上榜。

杨桥老街自宋代兴起，至明、清及民国年代是苏南地区重要商埠，为宋朝理学家朱熹后裔、徽商为首发展形成的古街。杨桥古韵风貌和历史民俗文化保存较完整，其丰富的古物质有南杨桥、太平桥、牧斋院、百岁庄等6处市级文物保护单位建筑，杨桥庙会、调三十六行、调犟牛、掮轮车、捻纸5个市级非物质文化项目，2008年3月评定为常州市“历史文化街区”，2013年9月入选第二批中国传统村落。

城西回民村拥有800多年历史，深入挖掘少数民族特色，改造提升回族聚居区陡门塘自然村标志性的伊斯兰风格门楼、回族元素房屋、篝火广场、游客中心、展览馆等，抢救性恢复回马灯表演，立体打造陡门塘回族文化园。

雪西村先后投资500多万元修复吴稚晖故居、吴氏祠堂、雪西老街，以村历史文化和古迹等旅游资源为依托，大力发展服务业。2019年，城西回民村的农家乐、休闲采摘成为居民消费热点之一，其中陡门塘村接待游客21万人次。

【嘉泽镇西城村被列为全国优秀乡村建设试点案例】 2019年7月，嘉泽镇西城村作为常州市唯一的农房建设优秀案例，被住房和城乡建设部列为全国优秀乡村建设试点案例。西城村位于嘉泽镇西南部，村域总面积7.95平方千米、人口5281人。2016年起，该村在农村土地改革试点中先试先行，宅基地改革自建区建设农家别墅128套，配套文化广场、文化长廊、农家书屋、公共服务中心等公共设施，改造主要骨架及村组道路并实施道路两侧亮化，两级河道完成生态驳岸和整治，4个保留居住点完成生活污水管网建设，村庄环境质量和生活条件得到根本改善。该案例分基本情况、农民自建区建设、机制建设、三方联动合作共建的理念、用好三个方法追求最优“性价比”五部分，农房建设在机制建设中突出政府支持宅基地改革、设计师团队与村委及议事会协商制度、本地工匠参与自建区建设机制，建设亮点归纳三个好方法，即房屋功能布局设计完善合理、新型建造技术推广、环保新型建材使用。

【礼嘉公园建成】 礼嘉公园位于礼嘉百兴路东集镇中心地段，占地面积3.47万平方米，包括陆地面积3.13万平方米和水域面积4917平方米。该工程于2019年3月启动建设，总投资800多万元，建设运动区、健身点、赏景空间和慢跑系统等多个空间，在园区种植银杏、桂花、红叶李、紫薇等，运动设施有灯光塑胶篮球场、健身路径、羽毛球场、健身步道、健身广场、室外乒乓、室外象棋、太极拳场、电子屏舞台等，建成集生态、休闲、运动于一体的“全民健身、生态健身”的综合性公园，提升了集镇市民生活品质。年末，公园建成开放。

【吴韵公园建成】 吴韵公园位于雪堰镇邀沿河两侧，北起腾业路，南到老锡宜公路，占地5.5公顷，于2018年底启动建设，总投资1200万元。该公园建设单位依托雪堰风土人情的特色实施合理规划，结合龟山书院景区、阖闾春秋景区、雪堰传说3个节点主题特色进行景观设计，强调人与自然的对话，内设交通流线2条，即人行通道和滨水休闲景观道，连接各平台，展示滨水风光。在锡宜公路等节点设置活动广场，作为滨水公园主要进出口。景观项目采用景观灯、文化景墙、绿化、雕塑、亭廊组合等，结合色彩和材料运用以体现当地景观面貌、地域文化内涵。吴韵公园融入中国古典园林风格，创造以绿地景观为主，具有文化品位、文化展示、环境舒适、功能合理及空间尺度宜人的江南水乡风格的滨水绿地。至2019年年末，公园建成开放，成为雪堰中心镇建设的亮丽风景线。

（徐亚芬）

杨桥古韵　　（供图/武进日报社）

公用事业

【供水】 2019年，全区自来水供水量1.56亿立方米，售水量1.37亿立方米。新增自来水用户3.61万户，用户总数50.82万户。全区自来水水质综合合格率100%。

【排水】 2019年，区水利局开展城区“清源”行动，排查城区河道污染源。开展全区“一张网”普查行动，全面摸清污水厂、网、站等污水设施覆盖以及片区、企业等接管情况。开展“惊蛰”行动，针对问题来水的重要节点、泵站、重点企业开展全面排查、夜查，逐步建立联合排查机制。全区加快污水收集处理系统建设，建设污水管网132千米，其中污水主管网建成45千米，污水管网累计长度1715千米。推进老旧管网改造，修复雨污水管道110千米，非开挖修复缺陷点1284处，完成排水片区接管346个、企业接管2317家。提升（改造、扩建）改扩污水处理厂8座，全区处理城镇生活污水1.22亿立方米，城区生活污水集中处理率96.8%，集镇区生活污水处理率89.4%，城镇污水集中处理率93.5%。

（石贤锋）

【供电】 2019年，武进区完成电力投资7.17亿元，推进中吴变配套220千伏线路送出等9个重点输变电项目建设，建成投运杨区变2号主变扩建工程、遥观—横林、洛西—崔南110千伏线路输变电项目3个，新增变电容量215万千伏安，新增电力线路长度188千米。有序推进分布式光伏发电项目应用，新增非居民并网用户23户，并网容量32.97兆瓦；新增居民并网用户46户，并网容量0.49兆瓦。全社会用电量205.29亿千瓦时，增长5.38%，其中工业用电量171.41亿千瓦时，增长6.02%。

（金　婷）

【供气】 2019年，武进区新建各类天然气管道线路158.7千米，全社会天然气消费量5.54亿立方米，比2018年增加17.9%。其中，工业用天然气4.4亿立方米，商业用天然气0.3亿立方米，城乡居民用天然气0.84亿立方米。推进天然气进村入户，新增配套通气行政村20个。新增天然气居民用户1.6万户，累计40.8万户，比2018年增加5.2%，实现乡镇天然气利用全覆盖。老旧管网改造投资2077万元，老小区庭院管网改造完成26个。全区有经营性汽车加气站6座，全年汽车用压缩天然气销量1134万立方米，减少18%。销售液化天然气489万立方米，减少7%。

（徐亚芬）

【公交】 2019年，区交通运输部门配合常州轨道交通一号线开通，实施公交惠民工程，优化公交线路8条，临时调整公交线路12条，新增公交站点1个。调整287路行驶至何墅村，方便礼嘉镇何墅村村民出行；71路、503路、534路行驶至花园街，与地铁1号线湖塘站和聚湖路站对接。配合常宜高速武进段高架桥建设、夏溪桥危桥改造、洛阳大桥改造、湟里大桥改造等重点工程施工，临时调整272路、312路、275路、327路等公交线路12条。287路增设何墅东巷头村站。

（韦仙芳）

2019年武进区公交线路调整情况表

表29

线路	始发站	终点站	线路	始发站	终点站
70	漕桥首末站	湖塘乐购	534	湖塘科技产业园	聚湖家园南
287	阳湖广场	礼嘉何墅邢溪桥	B15	嘉泽集镇	花园街聚湖路
71	湖塘针纺城	卢家巷枢纽	320	礼嘉集镇	广电路花园街
503	南苑枢纽	阳湖广场	68	雪堰集镇	滆湖回车场

建筑行业管理

【概况】 2019年，全区有建筑企业490家（含劳务企业25家），企业资质类别涵盖房屋建筑施工、市政施工、装饰、钢结构、机电安装等领域和专业。其中，一级资质企业49家（总承包企业25家，专业承包企业24家），二级资质企业164家（总承包企业64家、专业承包企业100家），三级资质企业226家（总承包企业182家、专业承包企业44家），不分等级企业26家。全区施工企业完成总产值376.81亿元，比2018年增长26.02%；全员劳动生产率31.51万元／人，期末从业人员12.46万人。全年累计施工面积2770.14万平方米，比2018年增长7.45%。其中，年内新开工面积869.64万平方米。全年新增受监建筑工程180项，总面积643.04万平方米，造价143.92亿元。全区获评省建筑施工标准星级工地项目19个，建筑工程项目获评江苏省“扬子杯”优质工程奖5项、常州市优质结构工程奖28项、武进区优质结构工程奖29项。

【建筑市场监管】 2019年，区住建局落实建筑企业信用动态考核制度，核查外来施工企业信用36家次，办理分包合同备案51份。强化建筑业企业诚信建设，推行建筑市场与施工现场联动管理，净化全区建筑市场环境。开展全区建筑工程款和农民工工资支付情况专项检查2次，全年收缴农民工工资保证金2290万元，接待拖欠农民工工资投诉106批次，涉及农民工1347人、欠款额2921.5万元。开展建筑行业安全生产专项检查12次，配合区安委会重点排查整治大型起重机械、深基坑、高大支模等

重点项目建设工地　　（供稿/区统计局）

隐患，检查工程项目399个次，查出安全隐患2329条，处理各项安全投诉28起，开出整改通知书371份，停工通知书24份。开展日常质量分部巡查585次，其中桩基163次，基础127次，隐蔽80次，主体215次；开出整改通知102份，停工通知书1份，处理各类质量投诉36起；参与工程竣工验收103项，预验收90项，办理竣工验收备案工程130项。继续加强对装配式工程项目及全区混凝土搅拌站的巡查力度和巡查频次，7月组织全区装配式工程项目的调研评估，5月和11月组织混凝土企业现场检查，全年无重大质量事故。

表30 2019年武进区建筑企业施工产值超5亿元企业情况表

单位名称	资质等级	产值(亿元)
江苏武进建工集团有限公司	A1	44.48
江苏成章建设集团有限公司	A1	28.04
常州市戴溪建筑工程有限公司	A1	15.01
中绿建欣达建设工程有限公司	A1	14.34
常州明大建设工程有限公司	A2	10.96
江苏丰润建设有限公司	A1	8.41
江苏雪湖建设工程有限公司	A1	7.75
江苏恒基路桥有限公司	A1	7.46
江苏常虹钢结构工程有限公司	B1	7.01
常州市科豪建设工程有限公司	A2	6.88
江苏鑫洋装饰工程有限公司	B1	6.28
常州伟业混凝土有限公司	B4	5.84
江苏华丽智能科技股份有限公司	A2	5.17
常州市神州园林建设有限公司	A1	5.10

表31 2019年武进区企业获省级及以上建筑工程质量奖情况表

奖项	项目名称及内容	施工单位
中国建筑工程装饰奖	江苏中关村孵化中心大楼幕墙工程	江苏鑫洋装饰工程有限公司
	盐城移动生产调度用房室内装修及土建改造	江苏鑫洋装饰工程有限公司
	江苏省工人常州疗养院常州市康复医院迁建一期工程内装饰工程二标段	常州中泰装饰工程有限公司
	常州市新北区辽河路以南、寒山路以东地块建设项目科技转化楼装修工程	常州中泰装饰工程有限公司
江苏省"扬子杯"优质工程奖	常州市反恐维稳综合训练基地教学楼及综合楼项目	常嘉建设集团有限公司
	武进区星河国际四期（七区）	江苏成章建设集团有限公司
	武进新城市广场(莱蒙城)5-A组团1-2房地下室	江苏武进建工集团有限公司
	常州市武进区李公朴小学教育集团人民路校区	武进三建建设有限公司
	常州大学西太湖校区建设项目公共教学楼	常州市戴溪建筑工程有限公司

【新墙体材料和散装水泥管理】 2019年，区住建局加强建筑工地新墙体材料和散装水泥节能宣传力度，确保在建项目使用新材料。全年检查相关工地及企业39家次，返退新墙体材料专项基金19笔、1185万元，返退散装水泥专项资金18笔、262万元，全区3家新墙材生产企业完成省产品认定证书换证，1家新墙材企业完成省产品认定证书领证，3家预拌砂浆生产企业完成省备案换证。

【建设工程造价管理】 2019年，区住建部门发放《常州造价信息》350份，核定类别和工期项目51个（土建20个、市政30个、安装1个），竣工项目安全文明施工费核定51个，建设工程招标控制价备查70个。集中治理造价工程师违规"挂证"现象，查处造价工程师100人次。开展武进区建设工程项目代理业务的专项检查，并全面清理了武进区建设工程领域涉及工程项目招投标相关的地方性法规、政府规章、规范性文件及其他政策文件，备案建设施工专业分包合同49份，变更关键岗位人员52人，申报竣工工程115个，申报交工工程30个，补录施工业绩6个，解除合同4份。

（徐亚芬）

城乡管理

【概况】 2019年4月26日，区城管局根据《武进区机构改革方案》，不再保留区城市管理行政执法局、区城市管理监督指挥中心牌子，增挂区综合行政执法局牌子。年末，区城管局机关设置职能科室6个，下辖事业单位3个。主要履行城区市容和环境卫生的管理和监督，负责城区环卫设施的建设管理、建筑渣土管理监督、城市长效综合管理考评等职能。全年按照"大城管精细管理三年行动计划"决胜年工作要求，全面开展"抓重点、顺机制、补短板、提品质、强保障、树形象"六大行动，着力提升长效管理水平，推进市容环境、户外广告、渣土运输、环境卫生、城管行政执法等工作取得明显成绩，全年城镇长效综合管理考评成绩全市第三。

【城镇长效管理】 2019年，区城管局加强城镇长效管理重点问题整治督查，推进市委督办问题整治，何留路整治进度完成约80%，广告整治工程基本完工。三河村棚户区整治全部完成，共拆除居住大棚面积1.96万平方米，搬离人口685人，复耕土地33.47公顷。区重点问题数据库更新，梳理城镇长效管理三级网格区域问题，将23个重点问题纳入2019年问题库。全年考评网格175个、事部件样本959个，扎实开展镇村考评，完成9个乡镇暗访、明察各12次，检查集镇432次、行政村648次，检查各类问题3328件，及时进行预警通报，遏制失分趋势，发放预警通报14份，涉及9个单位。提升平台效能，全年城镇长效管理数字化平台接听电话3万余个，处理问题25.82件，年末办结率达99.91%。

【城镇管理扫黑除恶专项斗争】 2019年，区城管局印发《常州市武进区城市管理局关于开展扫黑除恶专项斗争的通知》，成立扫黑除恶专项斗争领导小组，将专项斗争摆到全局工作突出位置。全年组织落实公益宣传版面面积1.50万平方米，在吾悦广场、星河国际等5处大型显示屏发布公益宣传信息，发放宣传资料1.20万份，微信公众号推送专题文章30余篇，走访群众5000余人次，召开恳谈会40余场。结合城市管理和行政执法工作实际，地毯式、常态化滚动排查城管领域涉黑涉恶线索，梳理涉嫌“套路贷”线索135条，组织专人调查核实区扫黑办移交的涉黑涉恶线索9件，并将调查结果及时回复。

【城市执法管理】 2019年，区城管局紧扣“大综合、跨部门”改革方向，进一步梳理城市管理权力事项清单，城市规划、绿化、建设、物业管理全部或部分行政处罚权整合划归区综合行政执法局，区综合行政执法局列明、拥有区一级行政权力事项161项。落实执法重心全面下移，全年派驻属地中队执法队员38人和派遣员工19人，实现执法派驻全覆盖。推进执法队伍规范化建设，开展作风纪律整顿活动和“一队一品”创建、中队等级评定等活动，促进队伍效能提升。严格落实重大案件通案制度，共受理案件2707件，结案2573件，申请法院强制执行62件。加强“两违”（违法用地、违法建设）执法，办理违法建设案件75件，会同属地政府依法拆除违法建设410处面积3.53万平方米。

【城市管理基础设施升级改造】 2019年，区城管局升级改造聚湖、小庙、定安东（城中）、十里、长虹5座转运站，全面升级压缩设备，转运能力提升显著。城东大型转运站项目落实选址，开工前准备工作加快推进。完成城区改造提升、新建公厕36座，常州经开区改造提升公厕15座，属地板块改造提升公厕9座。在城南地区选择10座单位公厕向社会开放共享，弥补公厕规划建设的不足。牵头各属地板块统筹建设有机易腐垃圾处理设施，建成南夏墅街道学府综合消费品市场等单位的处理设施。全面拆除乡镇集镇区范围的垃圾房，改建分类收集亭222座。

整治后的花园街 （供图/武进日报社）

【生活垃圾分类处置】 2019年，全区垃圾分类设施建设完成的有住宅小区88个、企事业单位77家、行政村71个、集镇区7个、全域街道和开发区各1个，城区建成区垃圾分类设施覆盖率超80%，行政村分类设施覆盖率超50%。开展培训指导，抓好分类示范，提升物业主体分类责任意识。区城管局通过现场督查和指导，督促责任单位提升垃圾分类运行成效。开展生活垃圾智能化分类市场化试点，湖塘镇、高新区、常州经开区分别针对各小区摸底筛选，优选30个条件成熟的商业或安置住宅小区纳入试点，建立垃圾分类市场化运营清单。深化生活垃圾无害化处置，保障生活垃圾日产日清，全区共处理生活垃圾47.4万吨，其中焚烧发电30.6万吨、安全填埋16.8万吨，生活垃圾无害化处理率100%。

【建筑装潢垃圾资源化处置】 2019年，区城管局深化装潢垃圾处置，规范定点收集，打造全覆盖收运链。将城区134个新建小区纳入收运体系，其中52个小区完成密闭化改造提升。在符合条件的新建小区推广新型“箱体式”收集点，在无物管的老小区建立零星中转站集中收运装潢垃圾。强化途中监管，制定统一管理标准，运用信息技术，加强运输车辆监督管理。强化终端资源化处置，指导并提升春秋华城和绿和环境2家专业公司的终端处置能力，全年资源化处置建筑装潢垃圾17.4万吨。推进城乡统筹一体化处置，向各镇推广城区建筑垃圾资源化处置模式，由点带面实现“镇收运，区处置”，垃圾资源化处置实现全域覆盖。

【餐厨垃圾规范收运】 2019年，区城管局扩大餐厨废弃物收集面，将乡镇5桌以上规模性餐饮单位纳入餐厨废弃物集中收运，新增乡镇扩面签约单位381家，日均增加集中收运量14吨。开展餐厨

区领导视察住宅小区配套建设　　　　（供图/区住建局）

废弃物领域执法检查42次，纠正各类违规行为120余次。全区集中收运处置餐厨垃圾3.13万吨（含科教城、常州经开区）。

【渣土管理】 2019年，区城管局做精做细渣土管理服务，核发处置证2472张，处置渣土261万立方米。将城区25个在建工地纳入统一监管，有68辆渣土车被扣分通报，9辆渣土车被取缔准运资格并退出渣土市场，立案查处渣土车抛洒地漏、带泥行驶等违规案件76件，有力保障了城区道路的清洁与通畅。

【市容环境管理】 2019年，区城管局按照“能划尽划”原则，深化车辆停放序化行动，整合设置城区30条主干道两侧公共车位，标划机动车位4073个，非机动车停车线3.34万米。全面实施空间立面净化行动，以地铁1号线沿线环境综合整治为重点，完成花园街沿线建筑物外立面粉刷出新面积1.78万平方米，拆除广告版面1800处（面积约3万平方米），规范设置沿线店招标牌，增设部分集中指示牌和电子屏。推进街区形象美化行动，沿花园街辐射武进中心城区主干道沿线，开展全方位综合整治，处理各类市容问题1.20万起。

【市容管理示范创建】 2019年，区城管局印发《关于开展2019年武进区城乡市容环境提升行动的通知》和《关于深入推进落实市容环卫责任区制度的通知》等，明确2019年市容管理示范创建重点目标，通过由点到面、示范引领，推动城市管理精细化水平再上新台阶。至年末，有61个村（小区、菜场、道路）通过区级示范路（社区）初检，礼嘉镇百兴路等6条道路和湖塘镇长安大巷社区等5个社区通过市级示范路（社区）初检，十里社区和香溢澜桥社区获省级示范社区命名。

（周　喆）

房屋安全管理

【住宅小区专项整治】 从4月2日起，区房管处牵头开展全区城市长效综合管理现场考评区域的住宅小区专项整治“回头看”，全面检查住宅小区167个，涉及建筑面积2398万平方米，督促相关管理单位整改规范物业管理行为，减少小区不文明现象。开展物业服务行业“双随机”双检查，完成全区第三年的“双随机”检查任务。推进电动车专项整治行动，结合物业日常巡查、专项活动等，持续巩固电动车充电问题整治成果，重点防范小区楼道内电动车乱停放、杂物乱堆放、过道乱占用、小广告乱张贴、环境脏乱、消防设施缺损、配套设施不全等问题，营造良好小区生活环境。共检查物业管理住宅小区292个，发现问题693处，均限期整改，住宅小区环境有效改观。2019年6月，区房管处获评全市“诚信物业、美丽家园”活动的优秀组织奖。

【房屋安全审定与鉴定】 2019年，全区完成房屋安全鉴定项目284个，面积16.68万平方米；完成公共场所房屋安全审定项目29个，面积76.99万平方米；房屋安全技术评价项目2个，面积200平方米；住宅装饰装修审核项目2993个，受理改造投诉65个。有序推进住宅改造管理工作，定期组织巡查武进城区和常州经开区发生的乱改造、乱建设违规行为，加大执法力度，确保房屋改造使用安全。开展既有住房安全排查整治专项督查。全区各镇（街道）、开发区落实部门、专人负责危房排查和治理工作，排查发现C级房屋9幢、D级房屋94幢。完成整改加固房屋25幢，整体拆除房屋20幢，关停使用房屋32幢，落实日常巡查制度，制定重大危害天气应急预案，预防自然灾害对房屋使用带来不良影响。做好房屋安全检查，配合教育部门完成72个简易幼托机构的房屋安全排查。

【房屋白蚁预防和灭治】 2019年，武进区白蚁防治所受理新建房屋白蚁预防项目（受理单、正式合同）201项、面积813.5万平方米，补办项目1项、面积0.4万平方米；组织新建预防施工303项、面积690万平方米；发放白蚁防治手续证明和竣工报告304项。受理蚁害报治507项，组织蚁害勘查和灭治施工449项。灭治和预防高峰期，及时发布白蚁分飞预警，并在规定时间完成施工任务。开展已建房屋包治期内质量回访复查1152项、建筑面积1956万平方米，开展新建房屋白蚁预防施工土壤质量抽检2项。深入社区，开展白蚁防治科普宣传，提高市民对白蚁危害认知度。利用微信公众平台，处理虫害防治业务。有序推进科研项目，利用“人工气候室”科研平台开展野外土白蚁幼年巢群相关实验，丰富白蚁灭治技术手段。申报实用新型专利2项。区白蚁防治所2人入选全国白蚁防治专家库成员，金占宝获评“全国住房和城乡建设行业技术能手”称号。

（杨　欣）

交通·水利

Transportations · Water Conservancy

栏目编辑　王国新　周小红

交　通

交通建设

【概况】 2019 年，武进区实施政府性投资交通项目 15 个，完成投资 26.61 亿元。其中，省、市重点工程投资 25.36 亿元，地方交通工程投资 1.25 亿元。常宜高速武进段全线实现无障碍施工，苏锡常南部高速武进段完成交地，南沿江城际铁路武进段完成交地 90%。武进站综合客运枢纽启动征地拆迁。青洋路快速化二期工程启动。大明路（中吴大道—312 国道）整体工程移交，长虹西路通过竣工验收。新长铁路平改立工程谭庄道口、杨桥道口主体工程完成。前黄枢纽前期基本完成，投资 5111 万元。实施农村公路桥梁改造、农村公路安全生命防护等惠民工程，做到“一县一品牌、一区一特色”，“至善吾径”农路品牌通过省级验收。投资 2856 万元，实施主要交通干道绿化提升工程，新增绿化面积 30.8 万平方米。深化交通干线沿线环境综合整治，国省干线公路路况综合指数（MQI）94.8、优良路率 100%，县道公路优良路率 94.31%。干线公路二级（含）以上、县道公路三级及以上管养桥梁占比 100%。至年底，全区公路里程 2449.05 千米。其中，高速公路里程 80.82 千米、一级公路里程 426.06 千米、二级公路里程 438.38 千米、三级公路里程 437.88 千米、四级公路里程 1065.91 千米；国道里程 90.25 千米、省道里程 135.71 千米、农村公路 2223.09 千米（县道里程 459.57 千米、乡道里程 725.08 千米、村道里程 1037.71 千米）。公路面积密度 2.3 千米 / 平方千米，公路人口密度 25.3 千米 / 万人。全区航道总里程达 362.91 千米，其中三级航道 29.13 千米、六级航道 83.78 千米、七级航道 84.49 千米、等外级航道 165.51 千米。全区港口 46 个，其中企业码头 44 个、私人散货码头 2 个，码头泊位 179 个，总延长 5.96 千米。长虹西路快速化改造工程主线高架桥创成“江苏交通优质工程”，“五彩党建”被评为全省公路系统优秀党建品牌。

在建中的常宜高速锡溧漕河特大桥　　　　（供图 / 区交通运输局）

【省、市重点交通项目建设】 2019 年，武进区坚持交通先行，抢抓重大交通基础设施建设机遇，全面推进省、市重点交通项目建设。

公路建设。常宜高速公路武进段 13.8 千米全线实现无障碍施工，苏锡常南部高速公路武进段 21.5 千米全面完成交地。配合协调锡宜高速公路拓宽、沪武高速公路、341 省道无锡马山至宜兴周铁段、340 省道武进牛塘至丹阳皇塘东段各项前期工作。

航道建设。前黄枢纽船闸主体基本完成。该工程为新孟河延伸拓浚工程组成部分，采用双线设计，闸室长 230 米，口门宽 23 米，门槛水深 4 米，为三级通航建筑物。

铁路建设。9 月 21 日，常州地铁一号线正式运营，武进境内设站点 12 个。配合江苏南沿江城际铁路建设，完成 2019 年度资本金解缴，交地 90%。确定武进站综合客运枢纽方案，启动征地拆迁和立项报批。全面启动江苏南沿江城际铁路环境整治工程，嘉泽夹心带房屋拆迁完成 89%。

【地方干线公路项目建设】 2019年，区交通运输部门完成青洋路快速化二期工程设计招标及施工图审查，全面启动征地拆迁、杆管线迁移。深化花海大道涉铁段落施工图设计，开展桥梁方案的专项论证。大明路通过交工验收并整体移交常州经开区。完成长虹西路（凤苑北路—武宜运河段）扫尾及线外道路施工，通过竣工验收。青洋路、武进大道、长虹西路交通设施监控系统工程竣工，完成投资4050万元。完成新长铁路武进段平改立（杨桥道口、谭庄道口）工程前期拆迁、管线迁移，谭庄道口主体工程完工，完成投资3600万元。实施常溧线杨庄桥段护岸工程项目，新建驳岸330米。实施锡溧漕河华渡水上服务区支浜岸坡整治，建设嘉泽、牛塘泵站2座。完成为民办实事桥梁改造10座，投资1063万元。完成大明路绿化工程16.35万平方米，投资2091.27万元。完成长虹西路绿化投资420万元。大明路创成常州市公路建设品质工程，长虹西路快速化公路工程创成江苏省优质工程。

【农村公路品牌“至善吾径”通过省级验收】 10月，武进区农村公路“至善吾径”通过省级验收。武进区按照省交通运输厅农村公路“一县一品牌、一区一特色”创建活动要求，在建成省政府“四好农村路”示范县（区）的基础上，致力打造特色农村公路品牌“至善吾径”，推动“四好农村路”高质量发展。区交通运输部门制定创建方案，组织品牌名称征集，加强对品牌的宣传、推广和应用。打造特色路线，指导各乡镇创建美丽农村路8条24.5千米。加大对乡村道、文明样板路的管理养护，实施南环线预防性养护及县道平交道口车辙处置，完成阳湖路路面改造及运村大桥接线以及延政西路、武南路、湖滨路等水热毁专项整治工程，完成湟水线、嘉新线县道养护五项整治工程，完成20条道路交通安全设施的完善和更新。全面实施农村公路安全和农桥隐患排查治理，修复公路面积3.72万平方米；完成太滆运河大桥、孟津河大桥、扁担河桥等88座县道桥梁定期检查以及运村大桥、朱家渡桥和西杨墅大桥3座桥梁特殊检查。实施县道桥梁维修改造和农村公路桥梁管理指导，完成湟里桥全桥改造、新科大桥桥面大修，维修运村大桥、朱家渡桥，专项改造雪漕线4座桥梁栏杆。

【绿色港航建设】 参见“生态环境”类目P157同名条目。

（韦仙芳）

交通运输与管理

【概况】 2019年年末，全区有普通道路货运企业（含个体户）15562家，普货运输车17740辆，厢式货车等特种货车3133辆，重型普货汽车、自卸货车4690辆。危险品运输企业26家，营运车565辆；水运企业5家，营运船舶126艘；货运代理等运输服务业383家。有客运企业8家，客车152辆；出租车公司3家，出租汽车392辆。有汽车综合性能检测站5家。2019年，全区货物周转量65088万吨千米、旅客周转量18999万人千米、港口货物吞吐量1100万吨，与2018年持平。圩塘汽渡全年安全航行4.52万个航次，渡运车辆101.54万辆。春运期间（1月21日至3月1日），全区“两站一渡”运送旅客35.49万人次，其中武进汽车客运站发送客车1.36万车次、运送旅客6.29万人次；常州汽车客运站东站发送客车4199车次、运送旅客1.25万人次；圩塘汽渡安全渡运4221航次，渡运车辆10.16万辆次、旅客27.95万人次，实现“平安春运”目标。

区交通运输部门全面实行执法人员持证上岗制度，组织“1·10”“安全生产月”“消防宣传月”普法宣传，发放宣传资料1500余份，接受咨询200余人次。深化系统政务和公共服务改革，实现“进一门、集中办、高效批”。强化“互联网+监管”工作，运用市场监管信息平台和区政务服务“一张网”业务系统，实现许可和监管的无缝衔接。专项整治路域环境、航道巡查、包车客运市场、重点站场客运、危险货物运输等，联合公安部门查处各类客运违章158起、危险货物运输违章88起、未经许可从事汽车客运经营“黑车”11起。全年办结交通行政处罚案件608件，收取罚没款194.97万元、赔（补）偿费1076.13万元。行政处罚案件100%回访。办理建议提案22件，见面率、答复率、办结率、满意率均为100%；处理各类平台信件536件，接待来访群众3批19人次。

【低碳交通建设】 参见“生态环境”类目P157同名条目。

【交通干线环境整治】 2019年，区交通运输部门全力提升全区交通干线沿线环境面貌，深化开展普通国省道、高速公路、航道、港口码头、铁路周边洁化绿化美化五项行动，邀请第三方对交通干线沿线环境进行航拍模拟验收。建立交通干线沿线环境综合整治系统平台，严格整改各类问题，初步完成省级验收。

常州地铁1号线武进段高架南夏墅站 （摄影/陆 新）

重点排查事故多发路段和临水无防护设施路段，完成G312、S239、S232等干线公路警示桩补缺、防撞护栏增设、围网整修、标志维护等，修补国省干线公路搭接道路接头4处。清理整治桥下空间，完成蒋庄大桥北侧、S232上跨G312大桥等11座桥梁安全隐患治理；为蒋庄大桥、武宜河大桥等42座桥梁增设防抛落网。普通国省道清除堆积物168处，拆除沿线高炮广告21处，绿化补种面积8500平方米，实现集镇段路域环境洁化治理31千米；清除高速公路堆积物29处，拆除高炮广告8处；清除中小型公路活动非标广告牌230余块，拆除大型广告牌3块，清除摊点130余个。清除干线航道生活垃圾32处，常州经开区打造京杭大运河戚墅堰段“民国风情带”，完成内河干线航道沿线港口和船舶污染物接收转运及处置设施建设。铁路沿线综合环境三年整治任务完成率100%，建立长效管理机制。

【平安交通建设】 2019年，区交通运输部门推进实施“平安交通”建设三年行动计划，督促企业落实安全生产责任制，与客运、货运、维修、驾培等道路运输企业签订承诺书131份，行业内创建成区安全文化建设示范企业10家。推进全区危险货物运输企业安全标准化达标工作，8家企业通过验收，区内26家危险品运输企业全部达到二级标准，565辆危险品运输车辆智能视频监控报警技术装备全覆盖。加强对客运、危运车辆的动态监管，累计监控车辆2028车次，提醒上线84车次。开展“两客一危”、道路交通运输安全、危险化学品物流安全等专项整治，责令10家非法超限运输行为较多的企业停产停业，年内共查处超限车辆1192辆，其中“百吨王”15辆，卸驳载9328.91吨。投入安保设施日常维修保养80万元，完善道路安防设施20千米，修复公路面积3.72万平方米；新建航道护岸348.6米，完成扫床航道39条，航标正常率100%；29座桥梁完成助航设施施工，14座通航河道桥梁完成桥墩防撞设施安装。推进安全文化建设，开展安全生产月、安全生产法宣传周、事故警示教育、“安全隐患随手拍”等活动。健全应急保障体系，完善应急预案，调整应急队伍、储备应急物资装备，举办应急救援演练54场。区内5家水运企业均通过市级核查并换发许可证。

【维修驾培行业管理】 2019年，全区有维修业户761家，其中一类104家、二类132家、三类525家；货车维修企业61家、客车维修企业2家、危险品运输车辆维修企业2家、4S店46家。有机动车驾驶员培训机构19个，其中一级资质4个、二级资质10个、三级资质5个；有教练车1203辆，其中C1型1054辆、C2型132辆、B2型（货车）15辆、B1型（中型客车）2辆，教练员1475人。实施机动车维修经营备案制，驾考全面实现学员网上自主约考、电子路考。全区19所驾校及26个训练场地实现电子围栏全覆盖，推行“计时培训、先培后付”服务模式。完善配套平台建设，规范引导网约车、汽车租赁、机器人驾培等新业态发展。开展汽车维修企业质量信誉考评，51家申报企业通过现场考评。全年开设市道路运输从业资格培训班168期，培训从业人员1.37万人，增长59%。受网约车政策影响，全年培训网约从业人员8200人，增长200%。

【超限超载集中整治】 2019年，武进超限检测站加强辖区超限超载严重路段、农村公路桥梁管控的力度，控制辖区内公路超限率，确保公路、桥梁完好畅通。“10·10”无锡桥梁坍塌事故发生后，与公安部门联合开展治超专项行动，重点查处三轴以上重型超限超载车辆及“百吨王”等严重违法行为，严格卸驳载过程视频纪录、一车一档制度，严格落实交通运输治超新规，加强卸驳载执法监管，保持高压严管的态势。全年查处超限车辆1192辆，其中“百吨王”15辆，卸驳载9328.91吨。恶意超载、“黄牛”带车、占道集结、强行闯卡和暴力抗法现象得到明显遏制。

（韦仙芳）

水 利

水利建设

【概况】 2019年，武进区以水安全、水资源、水环境统筹，大中小工程配套、工程措施和非工程措施结合为重点，城乡一体协调推进水利建设，实现水环境明显改善、水资源配置持续优化、防洪排涝能力不断提高。推进新沟河延伸拓浚工程、新孟河延伸拓浚工程、永安河拓浚整治工程（简称“三河”工程）。完成农村水利建设投资1.8亿元，疏浚河道237千米、河塘1193处。防洪大包围龚巷河北站工程于9月通过完工验收，完成投资1400多万元。雅浦港综合整治工程于12月底通过完工验收，累计完成投资3000万元。年末，武进区水利工程建设管理中心获评全省水利系统先进集体，新沟河桥梁三标段、马杭枢纽两个工程获评江苏省“文明工地”。

【“三河”工程建设】 新沟河、新孟河和永安河三河拓浚工程分别是《太湖流域水环境综合治理总体方案》确定的重点骨干引排工程和江苏省确定的重点骨干工程，于2013年启动建设。2019年，区水利部门继续推进“三河”工程。永安河工程全线完工，10座桥梁全部贯通，景观绿化施工全部完成。新沟河工程进入扫尾阶段，遥观南枢纽投运、移交，遥观北枢纽、马杭枢纽试运行，武进港、漕河和三山港工程主体全部完工，沿线15座桥梁全部贯通。新孟河工程累计完成投资额28.35亿元，占总投资额的81.49%，移民安置工作接近尾声。

【智慧水利工地建设】 2019年，区水利部门在新孟河延伸拓浚工地试点水利工程智慧工地建设，实现水利建设项目自动化采集、智慧化管理、全过程管控。智慧工地建设的主要方法是，安装远程摄像监控设备，实时查看工程施工现场情况；采用钉钉考勤App，录入每标段主要人员信息，长效监管参建单位人员到岗情况，严格对参建单位进行履约考核；配置专业无人机，每周巡查工程现场，从宏观的角度展现工程各阶段进展成果，及时发现工程实施中的困点难点，实时反映工程最新建设情况。

【水环境整治】 参见“生态环境”类目P155相关条目。

（石贤锋）

水利工程与河湖管理

【概况】 2019年年末，全区有区直管水利枢纽（闸站）23座，其中环太湖水利枢纽2座、遥观南枢纽1座、太湖流域武澄锡引排西控制线口门建筑物9座、中心城区水利枢纽7座、节制闸2座。遥观北枢纽和马杭枢纽完成试运行。镇、村管理闸站共1208座（灌溉站553座，排涝站484座，水闸171座），圩堤290千米，灌区584个，塘坝5座。

2019年，区水利部门加强直属水利工程管理，检查考核绿化、机电维护、保洁等管养分离项目实施情况，督促闸站年度维修及省、市专项维修养护资金项目的实施。加强农村水利工程长效管理，督查指导镇、村管理闸站、圩堤等农水工程，委托第三方绩效考评机构开展季度检查考核，印发考核情况通报4期，雪堰镇、南夏墅街道、洛阳镇位列考核前三位。武进区农村河道长效管护在常州市考评中上半年、下半年两次均位列第一；在省级绩效考评中获第一等次，农村水利工程管护获优秀等级。依据第三方机构四个季度考核结果，全区下达水利工程长效管护考核奖补金额1038.81万元。推进河道长效管理，通过政府购买服务，将全区区级河道管护项目打包采购专业化社会服务，投入管护资金约3000万元，并按月检查考核区级河道管护项目，落实问题整改。开展区级河道联合巡查12次，及时发现、阻止和震慑涉河违法行为。开展中干河及锡溧漕河的生态状况评估，并通过专家评审。开展市级“五好河道”（规划好、治理好、维护好、管理好、美化好）创建，永安河湖塘段、黄土浜、宋剑湖、阳湖大圩内浜支浜岑村段、大墩浜5条河道入选2019年度市级“五好河道”，并获以奖代补资金50万元。委托第三方定期开展湖泊岸线巡查，开展区河湖处联合巡查湖泊12次，同时使用无人机航拍，破解部分地区水系复杂、道路不通的难题，巡查发现报告涉嫌湖泊违法行为51处。规范涉湖违法行为监管，开展湖泊遥感核查，利用核查App，逐一核查武进区范围内70处遥感变化点，确认违建5处，及时落实整改。

【生态河道建设】 2019年，全区开展生态河湖行动，促进人居环境改善。区水利局于年初编制《常州市武进区2019年农村生态河道建设总体方案》，5月10日出台《常州市武进区生态河道建设指导意见》，全面落实河道断面参考、量化指标任务。10月31日，印发《常州市武进区生态河道建设资金奖补办法》，明确生态河道评定范围、评定标准、评定流程、奖补标准及资金使用办法，实施期限为2020—2021年，综合评定20条左右镇村河道作为奖补对象。年内，区河长办会同区水利局、区财政局确定参评河道名录，做好参评河道申报资料的收集、审核和归档，组织专家评定，以点带面、示范引领，打造样板生态河道。全区落实雪堰、洛阳、嘉泽、湟里等镇实施生态河道建设项目10多个。

【河长制工作推进】 2019年，武进区进一步充实河长体系，推进河长巡河治河，完成河长巡河2.38万次。区河长办根据河道整治进展和河湖水质现状，进一步梳理问题，细化市级河道年度目标任务，提出新孟河、新沟河、太湖、滆湖、南运河（武宜运河部分）5条市级河道七类83项年度任务。牵头推进重点河道水环境整治任务，推行“一事一办”，发放河长交办单25份114项。牵头做好区污染防治平台问题交办，处理平台线索88件；全面开展河湖专项整治，对发现的河湖“乱占、乱建、乱排”问题做到分级交办、流程化处置，完成省级河道“乱占、乱建、乱排”问题整改8项、销号8项，河湖违法圈圩、违法建设“两违”问题，完成年度整改任务17个。健全河长制工作体系，壮大企业河长、民间河长和青年护河志愿者队伍，企业河长增至188人。12月23—24日，2019年江苏省“保护母亲河，争当‘河小青’”推进会在武进召开。武进河长制工作获2019年江苏省落实重大措施真抓实干成效明显激励表扬。

（石贤锋）

水资源管理

【概况】 2019年，区水利局执行最严格水资源管理制度，征收水利规费3817万元，其中水资源费2965.89万元、水利工程水费793.11万元、岸线费58万元。加强取水工程（设施）核查登记，区取水核查登记系统核查入库取水工程656个，并完成区、市两级现场检查。全年立案查处涉水违法案件13起，罚款69万元，追缴水资源费57.8万元。完成节水型城市复查、省级节水型社会示范区创建工作，武进区国家级节水型社会达标县创建通过验收。年末，区有省级节水型企业25家、市级节水型企业8家，省级节水型社区9个，省级节水型高校8所、省级节水型学校8所、市级节水型学校57所，省级节水型居民小区35个、市级节水型小区34个，省级节水型灌区3个。全区城市供水管网综合漏损率降至7.5%，达国内先进水平。

【农业水价综合改革】 2019年，武进区推进农业水价改革，建立农业灌溉用水总量控制和定额管理制度，提高农业用水效率。依照核算出的农业水价进行精准补贴，对照已下达的用水指标和灌区运行管护情况执行精准补贴和节水奖励。横林、横山桥、湖塘、湟里、嘉泽、礼嘉、洛阳、牛塘、前黄、雪堰、遥观11个镇均成立灌排合作社，管理灌溉面积2.23万公顷，参与会员单位55个，全区实现农业乡镇灌排专业合作社全覆盖。各镇合作社将小型农水工程长效管护等职能纳入管理，强化农民用水合作组织规范化建设，切实发挥其管护主体和水费计收的职能作用，并发挥应有的使用效益。

【水土保持专项执法】 全区按照省市关于开展长江经济带生产建设项目水土保持监督执法专项行动实施方案的要求，5月，水政监察大队会同区水利局水利科现场核查全区未开展水土保持方案审批的生产建设项目。通过实地查看生产建设项目施工现场，当场告知水土保持方案审批流程以及监测、验收要求等方式，在加强执法监管的同时，做好宣传和服务工作。全年共核查上报水土保持类项目违法12起，并全部落实12家单位水土保持方案的编制、报批及许可。

（石贤锋）

生态环境

Natural Environment

栏目编辑　王国新　周小红

环境质量

【大气环境质量】 2019年，全区优良天数为235天(实况)，较2018年减少16天，空气优良率64.7%，$PM_{2.5}$均值为46.8微克／立方米，下降2.7%。

【水环境质量】 2019年，武进港、太滆运河、漕桥河3条入太湖河道水质均为Ⅲ类，比2018年水质均有所改善。“水十条”15个地表水水质考核断面（其中裴家断面暂停考核），12个断面达到考核要求，符合Ⅲ类水标准的断面9个，较2018年增加6个，无劣Ⅴ类断面。29个镇域交界断面中Ⅲ类水断面较2018年增加14个。

（朱小峰）

资源保护

【《武进区饮用水安全保障规划》编制完成】 6月，区发展改革局牵头区水利、自然资源和规划、生态环境等部门及编制单位，完成《武进区饮用水安全保障规划》编制。该规划对于理清区内饮用水安全保障现状及需求、加强区域内饮用水水源地管理与保护、优化水资源配置、抓好饮用水水量及供水保障、建立完善饮用水长效管理机制、保障饮用水安全方面提供了规划支撑。

（汤　伟）

【武进区创建国家级节水型社会达标县通过省级验收】 2019年，全区各级、各相关部门坚持“节水优先、空间均衡、系统治理、两手发力”的治水方针，按照《武进区创建国家级节水型社会达标县实施方案》《武进区节水型社会建设规划》，推进国家级节水型社会达标县创建工作。区水利水务部门在“世界水日”“中国水周”“城市节水周”等节点活动期间，利用160个社区电子屏幕连续播放宣传口号，布置展板100余块，张挂横幅200余条，发放宣传册5000余册。组织创建省、市、区级节水型企业5家，省级节水型社区1个，省、市级节水型学校2个，省、市级节水型单位5个，完成节水型城市复查、省级节水型社会示范区创建工作。12月，武进区创建国家级节水型社会达标县通过省级验收。年末，全区有省级节水型企业25家、市级节水型企业6家，省级节水型社区8个，省级节水型高校8所、省级节水型学校8所、市级节水型学校89所，省级节水型居民小区24个、市级节水型小区34个，省级节水型灌区3个。全区城市供水管网综合漏损率降至9.99%，达国内先进水平。全区全年节水1.56亿立方米。

【耕地保护】 2019年，武进区落实耕地保护制度，与各镇（街道）、开发区签订耕地保护目标责任书，并纳入各地考核工作。区自然资源和规划部门通过政务服务一体化监管平台加强临时用地监管，协调永久基本农田和生态保护红线划定，确保全区耕地面积和永久基本农田保护面积不减少、质量有提升。开展基本农田储备区补划和核实工作，完成江苏南沿江城际铁路（武进段）、沪武高速公路太仓至常州段扩建工程（武进段）及无锡至宜兴高速公路扩建工程占用永久基本农田补划工作，补划永久基本农田26.408公顷。将土地整治与生态保护

12月24日，江苏省“保护母亲河，争当‘河小青’”推进会的与会代表在武进区滆湖低碳湿地公园观看“河小青”工作展示　（摄影／陆　新）

相结合。立项耕地占补平衡补充耕地项目19个，建设总规模62.84公顷，可新增耕地61.49公顷；增减挂钩复垦项目立项15个，建设总规模25.02公顷，可新增农用地25.02公顷，可新增耕地23.48公顷；上报至省级城乡建设用地增减挂钩结余耕地用于占补平衡（2019年度）项目8个，可将20.62公顷结余耕地用于非农建设占用耕地占补平衡；全面清理检查2006年以来已审批和已验收的增减挂钩和精细化整治项目399个，涉及地块1.54万个，总规模1212.46公顷（包含956.24公顷新增耕地），形成涉及8个镇（街道）涵盖疑似问题项目216个，涉及地块3627个、耕地面积396.07公顷的问题清单，年内完成整改。开展耕地保护督察，完成辖区内所有乡镇涉及全部或部分违法图斑、存在绿化景观情况的图斑、存在设施农用地（未审批备案）图斑、无问题图斑4个类型共67个图斑的核实举证工作，年内涉及问题均整改到位。开展设施农用地备案，全年备案6宗、规模1.45公顷。推进太湖流域湿地生态修复，定期巡护滆湖、太湖湿地保护小区；开展动植物栖息地保护与生态恢复，收割芦苇200余公顷，开展湿地植物管护，修复湿地267公顷；完成造林绿化面积481.67公顷，四旁植树163万株，改造林相13公顷，新建绿美村庄示范村10个。至年末，武进区（不含常州经开区）有耕地面积27132.94公顷、永久基本农田面积22034公顷，山地面积1866.67公顷、湿地面积23153.3公顷、森林覆盖面积24087.7公顷。

【土地资源节约集约利用】 2019年，区自然资源和规划部门落实“从严管控、纵深挖潜、力促节流、并重开源”基本理念，按照“调整存量、做优增量”要求，挖潜盘活存量土地。年内，通过增减挂钩、“退二进三”、收回重供等方式，盘活存量用地303.8公顷；实施低效用地再开发，涉及面积253.87公顷；对往年度建设用地批供情况开展摸底调查，按照逐级负责、分类处理原则，加大批而未供土地处置力度，涉及面积313.33公顷。完成标准厂房供地5宗、面积34.93公顷，提升土地产出效益。围绕“660”(从2018年11月起到2019年年末，常州市拟在全市范围内培育60个农村土地资源统筹配置示范点，将重点培育6个类型、60个示范点）示范工程要求，开展武进高新区戴家头村生态修复整治示范点，雪堰镇新康村农用地整治示范点，前黄镇杨桥村建设用地整治示范点，雪堰镇城西回民村、湟里镇西墅村村庄规划编制示范点，雪堰镇城湾村产业融合项目点状供地示范点，湟里镇葛庄村、嘉泽镇跃进村闲置集体建设用地盘活利用示范点6个大类8项试点，促进乡村振兴；开展土地供后监管，实施土地全程跟踪管理制度、开竣工履约保证金制度和土地节约集约利用考核制度等，利用部级土地市场动态监测与监管系统和市土地利用动态巡查系统，实现对国有建设用地供地的全流程监管。

（季　云）

节能减排

【工业节能降耗】 2019年，武进区持续开展重点用能企业“百千万”行动（国家发展和改革委根据用能量划分百家、千家、万家重点用能单位，并实施目标责任评价考核），持续压降能源消耗，扶持发展循环经济。在规模以上工业产值较快增长的同时，全年规模以上工业能源消耗量控制在982.68万吨标准煤，实现单位规模以上产值能耗0.23吨标准煤/万元，下降5.73%，武进区被省政府办公室评为2018年江苏省资源节约集约利用综合评价成绩优异地方，获得新增建设用地计划指标奖励33.33公顷。集中整治“散乱污”企业（作坊）3591家，完成企业能源审计16家（含常州经开区3家）、清洁生产审核13家（含常州经开区3家）。推进清洁原料替代和资源综合利用，区工信局会同武进生态环境局推进14家企业按要求完成清洁原料替代。淘汰低端落后产能，关闭验收化工生产企业31家、印染企业4家、电镀企业1家。按照《关于武进区化工产业安全环保整治提升实施方案的通知》要求，从优化提升化工产业布局、严格化工产业准入、规范化工生产企业管理、加强化工行业监管、提升化工产业服务和救援能力方面，落实减化政策，全年下达资金5174.51万元，奖补企业70家，争取省化工企业“四个一批”（关停一批、转移一批、升级一批、重组一批）奖补资金2775万元。

【工业绿色制造体系建设】 2019年，武进区加快构建绿色制造体系，强化节能目标管理、节能环保监管，推进清洁生产、循环经济和节能技改。瑞声光学科技（常州）有限公司、光大环保技术装备（常州）有限公司、江苏南方通信科技有限公司完善基础设施和管理体系，优化能源资源投入，减少污染排放，入选工业和信息化部绿色工厂，累计7家。江苏恒立液压股份有限公司、江苏万帮德和新能源科技股份有限公司、江苏瓯堡纺织染整有限公司等10家企业入选常州市第一批绿色工厂名单，占全市入选企业的50%。坚持项目节能，区节能与循环经济项目库新增项目12个，总投资近2.3亿元，全部完工后每年可节

工业企业废气处理设施　　（供图/区生态办）

能标准煤1万吨。常州汉科汽车科技有限公司的铝合金车身再制造项目进入工业和信息化部再制造产品目录，江苏嘉轩智能工业科技股份有限公司的节能电机滚筒进入工业和信息化部节能技术装备推荐目录和能效之星产品目录。

（万永吉）

环境治理

【概况】 2019年，全区各级、各相关部门按照《全面加强生态环境保护坚决打好污染防治攻坚战的实施意见》《2019年武进区打好污染防治攻坚战工作计划》及《武进区太湖治理目标责任书》，打响“蓝天、碧水、净土”三大攻坚战，重点在产业结构调整、饮用水安全保障、城乡污水处理和垃圾处理处置、河网综合整治、农业面源污染治理、生态保护与恢复等方面，实施污染企业关停并转和“散乱污”企业整治，企事业单位生活污水接管、雨污分流和排水片区整治，垃圾分类设施建设，农村分散式生活污水处理设施建设，滆湖围网拆除，太湖3千米缓冲区水产养殖污染整治，湿地修复，滨湖污水处理厂一期工程新建，漕桥和太湖湾污水处理厂提标改造，污水管网建设，河网综合整治和小流域治理等工程，取得污染防治攻坚战阶段性成效。武进生态环境局被评为2019年全国环境执法大练兵先进集体。

（朱小峰）

【大气污染防控】 2019年，武进生态环境部门组织对货运车辆违法行为集中整治，现场查处货车闯禁区3100余起，查扣违法货车1462辆，查处非法流动加油车22辆。淘汰老旧车辆，共淘汰报废老旧汽车4222辆，其中符合补助的3186辆。提高港口码头岸电设施使用率，完成6家码头岸电建设，拆除非法码头22家，整治提升码头38家并通过验收。完成中天钢铁集团有限公司4台烧结机超低排放工程、常州东方特钢有限公司无组织整治、300平方米烧结机超低排放提升改造、186平方米烧结机湿电除尘建设和脱硫设施提升改造。严格施工扬尘监管，工地扬尘防治检查1522批次（其中夜查185批次），对未落实到位的109个工地出具整改通知书，在全区建筑工地现场安装视频监控149个，安装$PM_{2.5}$、PM_{10}在线监测系统147个；开展建筑工地非道路移动机械抽查，抽查项目34个，检查机械67台，组织城区10个标段共15辆高压冲洗车，累计增加冲洒水8115车次，基本实现全天保障。完成电子、橡胶、塑料、印刷包装、工程机械等行业14家企业清洁能源替代工程，完成385企业VOCs综合整治工程、6家重点监管企业VOCs综合整治“一企一策”专家评审。横林镇地板行业基本完成废气设施安装，52家红色关停取缔类企业停产，186家整治提升企业，其中压板类企业全部完成整治。全区累计开展“散乱污”企业整治3713家，其中2018年排查认定3591家，2019年认定122家。截至11月30日，3713家企业整治工作全部完成，其中2018年完成关停取缔2252家、改造规范910家；2019年完成关停取缔257家、改造规范294家。完成8家规模餐饮企业电力监控设施安装，开展露天烧烤整治，每天巡查管理烧烤店100余家，共出动执法人员4.4万人次。开展污染天气管控督查，对湖塘、牛塘、高新区等板块的重点管控企业、在建工地、地铁工地等开展不定时抽检，督促落实整改。查处违规燃放烟花爆竹案件6起，行政处罚违法嫌疑人7人。

（王炳豪　徐亚芬）

【水环境综合治理】 2019年，武进区推进水环境综合治理。礼河水厂深度处理工程土建工程、横林污水处理厂扩建工程、东方前杨污水厂扩建工程、横山污水处理厂扩建工程完成，武南污水处理二厂（10万吨／日）一期于9月底开工，漕桥污水厂新建扩容工程启动，建成污水主管网44.67千米、支管网87.17千米，完成336个排水单元污水接管、58条黑臭水体治理任务，全区范围内黑臭水体基本消除，省级水功能区达标率由2017年的47.6%提升到2019年的85.7%。清淤河道233.4千米、河塘1212处。半夜浜、战斗河、里底河水质提升工程基本完工。全年完成2314家企业接管和新孟河工程省定建设目标任务。推进太湖蓝藻打捞及资源化利用，全年累计打捞太湖蓝藻21.41万吨、水草垃圾50吨，生产藻泥3615.86吨；累计打捞滆湖蓝藻7981吨、水草垃圾181吨，生产藻泥786吨。推进加油站地下油罐防渗改造，完成48个民营加油站、36个中石化加油站、14个中石油加油站改造。农村分散式生活污水处理工程PPP二期项目250个自然村基本完工，至2019年年底，全区规划发展村生活污水处理设施覆盖率93%（含常州经开区），太湖一二级保护区村庄治理率90.1%。滆湖剩余14户网围设施于上半年拆除，并通过省级验收；按计划完成沿太湖周边3千米缓冲带水产养殖污染整治共76户，通过省、市验收。针对滆湖周边3800公顷水产养殖，开展结构调整，完成养殖尾水示范净化工程3个、池塘标准化池塘改造5个，实施水产养殖原位修复试点工程3个。关停拆除畜禽养殖场3家，全区保留规模养殖场67家，通过整治认定66家，规模养殖场治理率达98.51%。在雪堰镇继续

前黄镇水环境新貌　　（供图／前黄镇）

推进绿色农药推广试点，覆盖农户1.4万户。全区农作物秸秆生产总量39180吨，综合利用38050吨，秸秆综合利用率在96%以上。

（王炳豪　蒋政阳　石贤锋）

【农药包装废弃物和废旧农膜回收】 2019年，武进区采取“政府引导＋农资牵头＋网点回收＋农户参与”模式，将全区190多家农资经营店设置为废弃农药包装物回收点，方便农户就近投放；由常州市五星禾丰农资有限公司、常州农资化肥有限公司、常州市武农农资有限公司牵头负责废弃农药包装物的回收存储，常州润克环保科技有限公司负责无害化处置收集的农药包装废弃物。在雪堰、洛阳镇建设农膜回收站2个，设立回收网点20个，扶持废旧农膜利用企业1家。全年回收农药包装废弃物28.49吨，无害化处理25.7吨。

（蒋政阳）

【固体废物治理】 2019年，武进区推进固体废物治理。全区垃圾分类小区、分类单位分别完成垃圾分类设施70个、38个，建成区外垃圾分类小区、分类单位、分类行政村分别完成垃圾分类设施50个、73个、74个，城区建成区垃圾分类设施覆盖率在80%以上，行政村分类设施覆盖率在50%以上。深入推行“房改亭”工程，全年完成“房改亭”225座。江苏绿和环境科技有限公司建筑垃圾资源化处置生产线、常州春秋华城基础工程有限公司装潢垃圾资源化处置生产线建成，年处理量分别为190万吨、30万吨。江苏中天危废处理有限公司10万吨／年酸洗污泥资源化综合利用项目完工，一期1条5万吨／年综合利用生产线建成。西太湖危废收集贮存试点主体工程完工。加强固体废物监管，武进生态环境部门完成6家单位危险废物经营许可证换领，推进2家废铅蓄电池收集单位申领危险废物经营许可证。预审危废跨省转移30批次，其中移出24批次、移入6批次。推进危废减库存工作，至12月底，全区危废库存量2659吨，完成年度不超过4089吨的目标任务。开展固废历史遗留问题排查，上报并落实处置措施4处（庙桥地块处置启动、雪堰朱家渡地块应急处置申请、雪堰楼村地块应急处置方案编制、礼嘉地块前期调查）。开展预审核技术项目6个，在全区开展核与辐射安全隐患排查整治，排查异地探伤、伴生矿利用单位、金属熔炼单位的隐患。9—11月，开展放射源与工业辐照加速器安全检查专项行动。

【土壤污染治理】 2019年，武进区建立关闭化工企业遗留场地污染地块名录及开发利用负面清单，开展相关地块采样调查方案制订工作。武进绿建区原常州市金隆化工厂地块场地（北区）地下水生态修复已经省生态环境厅向生态环境部报告。江苏庙桥绿舟生物科技有限公司非法填埋场地应急处置和风险管控工作第一阶段固废清理处置工程完工，共清理处置固废8111吨；第二阶段处置固废1570.5吨。

【“生态绿城”建设】 2019年，武进区对照《常州市“生态绿城”建设2019年目标任务书》，推进生态源保护工程、城乡公园绿地建设工程、生态廊道工程、生态绿道建设工程、特色主题建设工程五大类13个，其中生态源保护工程项目2个、城乡公园绿地工程项目5个、生态廊道工程2个、生态绿道建设工程2个、特色主题建设工程2个，雪堰吴韵公园、太湖流域永安河拓浚整治工程景观绿化工程、龙江路—长虹路立交改扩建项目配套工程、永安河庙桥段景观工程等5个生态绿城项目被市绿城办评为2018年度优秀项目，并获奖补资金。实施生态细胞创建工程24个。全年修复湿地超267公顷，造林480公顷。全区创成省级农村人居环境整治综合示范村20个，城西回民村获评中国美丽休闲乡村；新增绿色建筑面积200万平方米，武进绿建区获批江苏省建筑产业现代化示范园区。

2019年武进区“生态绿城”建设工程实施情况表

表32

类　型	项　目　名　称	区　域　位　置	建设规模
生态源保护工程	太湖（武进区）重要保护区提升工程	太湖一级保护区	—
	滆湖（武进区）渔业资源保护工程	滆湖周边	—
城乡公园绿地工程	吴韵公园	雪堰镇曹家村	8.7万平方米
	长虹路—龙江路高架互通绿化提升改造工程	长虹路与龙江路高架交汇处	31.6万平方米
	虹西路绿化工程	湖滨至凤苑路段	3万平方米
	经开区中心城区综合提升	大明路、华丰路、五一路、富民路	—
	大明路绿化工程	大明路（宋剑湖大桥至G312）道路两侧	20.86万平方米
生态廊道工程	永安河绿化工程	湖塘、前黄镇	20千米
	高新区永安河庙桥段景观工程	高新区庙桥集镇区	14.6万平方米
生态绿道建设工程	高新区永安河庙桥段景观工程	高新区庙桥集镇区	14.6万平方米
	永安河绿化工程（绿道）	湖塘、前黄镇	20千米
特色主题建设工程	龚巷河清淤工程	湖塘镇	3.5万立方米
	湟里河清淤工程	湟里镇	20万立方米
生态细胞建设工程	生态细胞建设工程	武进区	24个

（王炳豪　朱小峰）

【绿色港航建设】 2019年，区交通运输部门提出“绿色港航”融合发展理念，开展“江河碧空”蓝天保卫四号行动，控制船舶大气污染、垃圾排放、码头扬尘等环境问题，加强辖区航运基础设施建设，构建生态绿色航道走廊。建设船舶岸电互联互通系统，布点LNG加气站，建成船舶废水回收处置系统，有效降低空气和水域污染，累计完成建设岸电桩98套，实现全区范围内所有服务区、港口码头配备安装全覆盖。完成太阳能一体化航标灯改造，实现航道固定断面测量“数字化”。建设服务区船舶污染物收集设施，打造一批环境美、生态优的绿色航道示范段。强化工地扬尘、港口码头大气污染管控，拆除干线航道沿线非法码头4个，完成整治提升3个，确保港区“应绿尽绿”；完成垃圾收集、转运、处置设施建设，提升港区环境；推进锡溧漕河全线绿化提升工程，新增绿化面积4万平方米。

【低碳交通建设】 2019年，区交通运输部门落实“263”专项行动和大气污染防治工作要求，严格管控扬尘，督促落实港口码头堆场覆盖、洒水淋尘、封闭车厢等扬尘防治措施，累计出动1395人次，巡查港口码头675个次。专项整治内河码头，拆除非法码头22个，整改提升码头36个。推动移动污染源防治，推广使用清洁能源车辆、船舶，严厉打击流动黑加油车。加强涉及喷漆业务维修企业的长效管理，全年检查相关维修业户291个次，确保按规定更换烤漆房相关滤材，巩固挥发性有机污染物专项整治的效果；5个综检站完成营运车辆综合性能检测18532辆，严格执行I/M制度，治理超标车辆669辆次。建设港口船舶生活污水和含油污水接收设施36套，基本具备船舶含油污水、生活污水和垃圾接收处置能力。开展“精细城管在行动”义务劳动12次，受理各类案卷250余件。总结运用BIM技术、监控技术，细化建设各环节的质量标准，创建“品质工程”，打造“标准化、信息化、绿色化”样板。推广使用环保新技术、新工艺、新设备，在道路工程中使用抑尘降尘雾炮机、道路灌缝维修中使用环保吸尘式开槽机等新设备；在养护工程等项目中试点采用地聚合物注浆技术；在平交道口车辙处置工程项目中首次试点采用渗固磨耗层新材料以及SUP-25+渗固磨耗层新工艺，降低扬尘污染和对道路交通的影响。

（韦仙芳）

环境监管

【概况】 2019年，武进生态环境局贯彻实施“生态文明三年行动计划”，以改善环境质量为目标，扎实推进环境执法监管，开展“双随机”检查、太湖安全度夏专项执法、VOCs专项执法行动、化工企业及危废单位隐患排查行动等专项行动27项。全年出动执法人员26276人次，检查12263厂次，立案查处环境违法案件563件，下达行政处罚决定书355件，罚款3522万元。适用《环境保护主管部门实施按日连续处罚办法》等4个配套办法，办理各类案件228件，其中按日计罚3件，查封扣押141件，限产停产整治7件，移送公安行政拘留71件，移送涉嫌环境污染罪案件6件。针对锡溧漕河总磷异常问题，联合公安、海事等部门开展“水、陆、空”拉网式排查，加密监测河道及支浜，成功侦破偷倒废酸案件，该案件被生态环境部列入六大典型案例之一。开展“百名环保干部走进千家企业”活动，对接走访区重点企业270家，宣传环保政策法规，累计解决企业诉求198件，为企业发展“精准把脉、辨证施治”。每月定期开展企业接待日活动，接受企业相关咨询，结合“不忘初心，牢记使命”主题教育，邀请武进公安分局、检察院、法院、工商联、行业商会、企业代表召开环境违法典型案例宣讲会，提升企业环境守法意识。

【环境风险隐患排查】 2019年，武进生态环境部门深刻吸取响水“3·21”重大爆炸事故教训，针对重点企业、重点区域、重点等级“三个重点”全力排查环境风险隐患，重点排查化工及危废隐患，共排查化工生产企业60家、危废重点企业55家，其中较大风险等级单位24家。主动搭建科技服务平台，为企业查找问题、制定整改措施、提供专业服务，促进企业及时消除风险隐患，共排查出环境隐患55个，全部整改到位。组织1166家危废经营单位签订自查承诺书并落实自查工作，共排查并整改风险隐患942个，保障全区环境安全。

【环境信访调处】 2019年，武进生态环境局创新信访调处机制，建立信访预警制度并完善审核制度，制定《关于进一步加强生态环境信访调处工作的意见》，进一步规范信访调处行为。完善值班制度，合并局机关和各环保所值班力量，每天安排10人集中值班。全年受理各类环境信访投诉2111件，下降26.4%。其中，省级以上交办、转办信访案99件，下降20.2%，年内均及时办结答复。

【生态文明宣传】 2019年，区生态办结合“6·5”世界环境日主题，组织开展系列宣传活动。6月5日，围绕“生态引领美丽武进”主题，组织区级机关单位600余人，在湖塘开展永安河生态环保公益行活动；在《武进日报》刊登生态专版8个，扩大“263”行动影响力和知晓度。结合上级调研、领导督查、问题整改、亮点推荐等，利用电视台、报社、网站、微信等媒体，曝光环境违法问题，报道环境工作亮点、经验。全年涉及武进生态环保类信息被“美苏263”平台录用23篇、被常州市263工作动态平台录用19篇。其中，微视频《白水鉴心》获评省污染防治攻坚办“263”故事微电影评选三等奖，遥观镇“吉祥三宝”信息被新华社引用，《武进：腾退“散乱污”让路绿色发展》报道文章被《新华日报》录用，《常州武进构建社会环境治理体系》《太湖小流域治理治出好风景》等消息被《中国环境报》录用。“企业河长向社会发出绿色‘约定’”“滆湖不再有隔”入选江苏环境保护十大典型案例。武进生态环境局加强与新闻媒体合作，组织开展环保主题日活动和“6·5”世界环境日、臭氧层保护日等活动，开展涉气涉水污染整治专项行动执法宣传、环保法律法规知识培训、“苏小环”夏令营、中华环保世纪行主题活动，一线环保人故事《80后神探——韩明伟》《方三郎的故事》分别入选省生态环境厅组织的主题宣传内容，小流域综合整治试点系列报道入选2019年江苏省生态文明改革创新试点。

（朱小峰　王炳豪）

信息化建设

Information Construction

栏目编辑　张新辉

信息基础设施建设

【概况】 2019年，武进区按照"十三五"信息化发展规划、《武进区信息化建设项目管理暂行办法》，依托铁塔、移动、电信、联通、广电五家通信公司，稳步推进信息基础设施建设。全区（含常州经开区）建成移动通信基站累计11505个，其中4G基站7168个、5G基站120个，宽带端口123.33万个，光端口113.39万个，光纤到户（FTTH）用户64.52万户。宽带接入能力城镇1000兆、农村100兆，超过"宽带中国战略"中的发达城市水平。无线局域网（WLAN）接入点（AP）数1.47万个。免费Wi-Fi上网工程"无线武进"全年登录21.04万人次，使用网络流量23263.02千兆字节（Gb）。全区累计有固定电话用户32.97万户、移动电话用户197万户、移动互联网用户190万户、宽带用户82.61万户、有线电视用户27.26万户、数字电视用户27.2万户、高清电视用户14万户，IPTV、手机电视、云媒体电视用户数分别为16.44万户、103.71万户、11万户，有线电视入户率保持100%。

【政府投资信息化项目管理】 2019年，区工信部门依托云计算、物联网、移动互联网等新一代信息技术，加强政府投资信息化项目管理。组织相关部门和专家联席评审区水利局排水信息管理（GIS）平台（二期）建设项目，武进公安分局武警武进中队智慧磐石工程项目、升级版技防城前端高清监控和智能监控项目、道路监控网"3·20"一期二期及道路提升维保和改造项目，区财政局国有企业出资人监管信息平台项目、预算绩效管理信息系统项目，区林业工作站森林防火监测预警系统改造工程项目，区人大办人大预算联网监督系统，区生态环境局地表水水质自动站监测平台项目，区卫健局居民健康门户网站升级改造项目及武进高新区智慧园区项目（一期）等政府投资信息化项目11个，对项目建设方案、实施内容、资源共享、网络安全等方面提出合理性建议；协同区财政局细分项目预算，合理压缩项目实施单位预算成本，预算投资共计1.93亿元。

（许湘平）

信息化和工业化融合

【概况】 2019年，武进区加快工业互联网建设与应用，推进"企业上云"工程，深化制造业与互联网融合发展，推动企业数字化转型，促进企业高质量发展。推动工业互联网信息基础设施建设，开展大数据、区块链等新技术应用，落实工业领域网络安全要求。组织开展"两化"融合、"企业上云"系列培训和咨询诊断服务，引导企业推进信息化建设。年内，新增工业和信息化部"两化"融合管理体系贯标示范企业3家，累计4家；通过工业和信息化部"两化"融合管理体系贯标评定企业16家，累计59家；新增省级"两化"融合管理体系贯标试点企业9家。常州天正工业发展股份有限公司的工业互联网金融云服务平台、万帮充电设备有限公司的新能源汽车智能充电运维平台被认定为江苏省重点工业互联网平台。新增省"企业上云"五星级、四星级、三星级企业7家、20家、127家，分别累计8家、25家、129家。新增省级工业互联网服务资源池企业6家，累计10家，获评市级工业互联网服务资源池企业9家。武进高新区获评江苏省首批互联网＋特色产业基地，江苏龙城精锻有限公司获评江苏省工业互联网标杆工厂。

【武进高新区获评江苏省工业互联网示范工程"互联网＋先进制造业"基地】 参见"产业园区"类目P80同名条目。

【获评省重点工业互联网平台2个】 2019年3月，工业互联网金融云服务平台、新能源汽车智能充电运维平台被省工业厅认定为省重点工业互联网平台。

工业互联网金融云服务平台由常州天正工业发展股份有限公司开发，以海量的单机设备为接入节点，以时序数据库为分析基础，以中小微企业数据评估为分析目标，建立以工业设备电控信号、数据采集分析为核心，构建精准、实时、高效的数据采集互联体系，为工业企业提供从设备数据采集、实时数据存储和转换、数据分析和建模，到工业大数据的深度处理和分析等多维度服务，为中小微企业提供包括金融服务、协同制造、产能协调、行业知识、设备地图、履约担保等服务。天正基于"数据＋模型"构建的金融评估体系自2016年上线以来，为中小微企业提供金融借贷13亿元、联合授信300亿元以上。承担工业和信息化部2019年工业互联网创新发展工程专项。至年底，累计获授权专利57件，其中发明专利25件、实用新型专利28件、外观设计专利4件。

新能源汽车智能充电运维平台由万帮充电设备有限公司开发，涵盖能源传输、能源交易、能源管理、职能决策、安全预警五个系统，通过实时采集桩端状态数据，利用边缘计算技术，在桩端进行计量、计费、配置转化等运算，全范围监控充电桩。实现充电桩可在无人值守情况下支持用户刷卡、扫码、屏幕启动充电操作。至2019年年底，平台累计接入充电设备终端近22万个，日均充电量超过500万千瓦时。平台获授权发明专利5件、实用新型专利20件、软件著作权29件。

（杨　燕）

【中天钢铁集团“基于5G+工业互联网的数字炼钢智造项目”入选江苏省5G创新应用优秀案例】 12月，中天钢铁集团有限公司（简称“中天钢铁集团”）“基于5G+工业互联网的数字炼钢智造项目”入选江苏省5G创新应用优秀案例。该项目于2019年9月建设，计划于2020年7月建成，总投资2500万元。利用“5G+工业互联网”技术，建设包括铁钢包识别和跟踪、行车准确实时定位及称重、钢包跟踪、数字工厂管控大屏、智能调度模型、表计数据采集、设备状态监控及预防性维护、基于5G及物联网技术的数字工厂一体化管控平台共八方面内容，服务于高品质优特钢生产管控。项目建成后，可应用于高品质优特钢新品研发、生产动态排程、过程质量控制、库存管理等场景，实现高品质优特钢高效研发及新产品快速投产，达到满足下游高端装备制造行业大规模定制化数字智造能力。

（许湘平）

【2019世界工业和能源互联网博览会“智慧能源”高峰论坛在武进举行】 6月21日，由武进区政府和万帮新能源投资集团有限公司联合承办的2019世界工业和能源互联网博览会“智慧能源”高峰论坛在武进举办。该论坛是6月20—22日在常州举办的2019世界工业和能源互联网博览会的重要组成部分，省工信厅、市政府相关部门、区相关部门负责人，及来自全国各地的大专院校、科研机构、领军企业负责人或代表共300

6月21日，2019世界工业和能源互联网博览会“智慧能源”高峰论坛在武进举行
（供图/区工信局）

2019年武进区新增“两化”融合企业情况表

表33

类　别	公　司　名　称	属　地
工业和信息化部“两化”融合管理体系贯标示范企业	江苏龙城精锻有限公司	武进高新区
	中车戚墅堰机车车辆工艺研究所有限公司	常州经开区
	中车戚墅堰机车有限公司	常州经开区
工业和信息化部“两化”融合管理体系贯标企业	常州市月仙冷藏设备有限公司	洛阳镇
	江苏川通金属科技有限公司	湖塘镇
	光大环保技术装备（常州）有限公司	常州经开区
	常州合泰电机电器股份有限公司	常州经开区
	常州市艾迈斯电子有限公司	礼嘉镇
	常州鼎健医疗器械有限公司	西太湖科技产业园
	常州联德电子有限公司	西太湖科技产业园
	常州强力电子新材料有限公司	常州经开区
	常州欧瑞电气股份有限公司	西太湖科技产业园
	新恒东薄膜材料（常州）有限公司	西太湖科技产业园
	安费诺（常州）高端连接器有限公司	武进高新区
	常州市苏迅电子有限公司	牛塘镇
	创辉医疗器械江苏有限公司	武进高新区
	江苏常宝钢管股份有限公司	常州经开区
	晶品光电（常州）有限公司	武进高新区
	常州天虹纺织有限公	常州经开区
江苏省“两化”融合管理体系贯标试点企业	晶品光电（常州）有限公司	武进高新区
	常州液压成套设备厂有限公司	武进高新区
	江苏常宝钢管股份有限公司	常州经开区
	亚邦投资控股集团有限公司	牛塘镇
	安费诺（常州）高端连接器有限公司	武进高新区
	江苏慕林智能电器有限公司	常州经开区
	光宝科技（常州）有限公司	武进高新区
	常州欧瑞电气股份有限公司	西太湖科技产业园
	常州泰勒维克今创电子有限公司	常州经开区

表 34　2019 年武进区新增江苏省工业互联网发展示范企业（五星级、四星级上云企业类）情况表

类别	公司名称	属地
五星级上云企业	江苏龙城精锻有限公司	武进高新区
	常州市盈能电气有限公司	湖塘镇
	江苏常发农业装备股份有限公司	礼嘉镇
	坤泰车辆系统（常州）有限公司	常州经开区
	中天钢铁集团有限公司	常州经开区
	中车戚墅堰机车车辆工艺研究所有限公司	常州经开区
	中车戚墅堰机车有限公司	常州经开区
四星级上云企业	江苏万帮德和新能源科技股份有限公司	武进高新区
	新誉集团有限公司	武进高新区
	常州电站辅机股份有限公司	武进高新区
	常州市美尔娜服饰有限公司	武进高新区
	江苏平安电力实业有限公司	武进高新区
	三艾（江苏）控股集团有限公司	武进高新区
	常州博菲特纺织有限公司	湖塘镇
	常州澳海纺织有限公司	湖塘镇
	江苏瓯堡纺织染整有限公司	湖塘镇
	江苏顺修能源科技有限公司	礼嘉镇
	常州市武进天元纺织有限公司	牛塘镇
	常州文盛纺织有限公司	牛塘镇
	常州市天纺苑智造科技有限公司	牛塘镇
	江苏鑫和泰机械集团有限公司	前黄镇
	江苏福隆生物技术有限公司	西太湖科技产业园
	江苏福创医疗器械有限公司	西太湖科技产业园
	江苏赛拉弗光伏系统有限公司	常州经开区
	常州祥明智能动力股份有限公司	常州经开区
	江苏常宝钢管股份有限公司	常州经开区
	信承瑞技术有限公司	常州经开区

余人参加。围绕论坛主题“智慧能源推动人类全面进入电动时代”，南瑞集团公司电网事业部总经理罗剑波，格力电器新能源环境技术研究院院长赵志刚，河海大学特聘教授、全国输配电技术协作网智能配电专委会秘书长、配电设备一二次融合专项工作组组长沈兵兵，航天科工深圳（集团）有限公司电气研究院院长朱发国，万帮新能源投资集团有限公司高级副总裁张育铭 5 人分别演讲。特别邀请《电动汽车观察家》创始人、总编辑邱锴俊，信承瑞技术有限公司总裁金良赞，江苏九洲投资集团副总裁陈祥彬，苏文电能科技股份有限公司技术总监李英利，江苏省新能源汽车智慧能源装备创新中心总工程师李德胜，华北电力大学能源互联网研究中心主任助理、副教授王永利 6 位行业嘉宾，围绕“智慧能源与交通电气化”开展高峰对话。论坛现场，武进区签约项目 10 个，总投资 54.8 亿元。

（杨　燕）

电子政务

【电子政务项目管理】 2019 年，武进区加强和规范全区电子政务项目管理，落实政务信息系统整合共享要求，推动电子政务基础设施集约建设和政务数据资源共享利用，提高财政资金使用效益。10 月出台《区电子政务项目管理实施细则（暂行）》，对全区所有使用财政性资金和非财政性资金建设的，以计算机和通信技术为主要手段的硬件与网络系统，软件应用系统，信息化咨询与服务，网络安全保障等新建、续建、升级改造、运行维护和购买服务的项目（包含与电子政务建设相关的规划设计等软课题项目），从规划、申报、评审、实施、归档、备案、审计、绩效评估、责任追究等方面实施全流程管理。年内申报电子政务项目建设计划 48 个，备案电子政务项目 81 个；组织开展技术评审项目 6 个，均予以通过。

【区级电子政务平台建设和运维】 2019 年，武进区按照上级统一部署，开展专网、专线与电子政务外网的整合工作，建设区政务数据资源共享交换交换平台。加强区政府门户网站和其他平台运维，确保各平台稳定、高效、安全运行。

电子政务外网。加强区电子政务外网安全管理，区电子政务中心协同接入单位做好网络安全建设，保障网络安全顺利运行，全年不间断运行 8760 小时。11 月，全面开展区机关事业单位电子政务外网整合工作，指导机关事业单位取消互联网专线接入，通过区电子政务外网访问互联网，取消或联通机关事业单位非涉密业务专网，推进全区业务系统互联互通，加快数据交换，协同互用，预期每年可节省互联网、专网经费 380 余万元。至年末，完成 21 个单位 31 个业务系统迁入电子政务外网。

区政务数据资源共享交换平台。2019 年，按照《市政府办公室关于印发常州市政务信息系统整合共享工作实施方案的通知》要求，武进区依托市政务数据资源共享交换平台，采用“租户”模式建设区级平台，实现市、区两级政务数据互联互通；建立数据治理体系，对数据采集、汇聚、整合、交换、共享及开放等过程实行全生命周期管控。年末，该平台建设方案通过区级电子政务项目专家评审，并立项入库。

区政府网站及其他平台。按照国务院办公厅 4 月印发的《政府网站与政务新媒体检查指标》和《政府网站与政务新媒体监管工作年度考核指标》要求，规范网站内容保障工作。全年区政府门户网站发布信息 23596 条，其中政务动态信息 19928 条、信息公开 3611 条、

概况类信息57条；制作专题32个、在线访谈46期、政策解读57条；组织在线调查34次、民意征集22次、新闻发布会23期、网上直播27期，收到并办结网上来信1058封。被省、市政府网站录用信息518条。内容保障工作位列全市第一。开展政府网站域名清理注销工作，共清理注销不合规、网站已关停但仍未注销的政府网站域名49个。保障区协同工作平台稳定运行，平台全年发文11074份，办理批示件261件、请示件104件。

（王一路）

通　信

【电信通信建设与服务】 2019年，区电信局围绕发展光纤通信要求，加大基础设施建设投入，增强综合通信能力。投资8.2亿元，新建4G基站55个，累计2511个，覆盖小区448个；新建室内无线分布系统107个，累计602个。实施“光进铜退”网络光纤化改造，全区（含常州经开区）新增通信管道里程39千米、计135孔千米，累计1942.66千米、5739.68孔千米，光纤覆盖到自然村。实现1000兆光纤带宽传输目标，加快带动物联网发展。区电信局参与武进区社会治理视频云平台建设项目，协助武进公安分局扩充计算资源，加固网络安全，升级机房设备；参与实施前黄高级中学国际分校私有云及智慧建设项目，整合资源并完成计算资源虚拟化，提升校园整体网络环境稳定性；参与实施武进人民医院外科大楼机房建设项目，新建院方中心机房，实现机房现代化智能化管理，提升机房安全性及稳定性。做好2019常州西太湖半程马拉松、不止骑·2019第七届中国24H单车环太湖认证赛武进段等重要时期通信保障工作。落实提速降费政策，推出千兆光宽带猫免费升级和千兆路由器免费更换升级服务。至年末，全区累计电信移动手机客户35万人，营业网点通过合理整合累计142个，从业人员277人。

（仲文虎）

【移动通信建设与服务】 2019年，中国移动通信集团江苏有限公司武进分公司（简称“武进移动”）投资1.1亿元，完善区域内（不含常州经开区）4G网络覆盖建设，新增4G基站92个、4G室内分布系统88个、FDD（频分双工）站点610个，扩容载频1500个（其中F频段500个、D频段800个、E频段200个）。优化汇聚层光缆120皮长千米，优化综合接入小区42个，新建通信管道里程超1000千米，实现覆盖宽带信息点1.2万个，家庭有线宽带覆盖率99.5%。完成重要集团客户覆盖650户，厚覆盖比例93%。武进移动联合区文体广旅局在太湖湾景区、淹城旅游区景区开发完成欢迎名片公益短信项目，宣传城市品牌，让游客快速了解武进，提升体验感。参与实施辖区智慧停车、智慧林业、智慧水务等业务管理及政府盘活国有资产信息化建设工程，提升运营管理水平。依托云业务，推进辖区星级企业上云工程，提升企业运营效率。推动辖区物联网市场发展，打造NB（NB-IOT窄带物联网）在智慧路灯、智能停车、智能烟感、水电气表等行业的标杆应用。落实国家提速降费要求，通过推出“任我用”套餐，降低用户流量费用，至年末，“任我用”产品渗透率42%。同时针对大面市场上热点会员，推出任我选会员增值服务（每月可以根据需求选择不同的增值服务），渗透率16.7%。升级改造宽带电视服务站50个，同时推出500兆、1000兆品质宽带及智能组网服务，为市民提供高速网络、智慧家庭、智能组网服务。至年末，武进具备千兆宽带接入能力小区20余个，武进移动手机客户累计超89万人，其中4G用户77万人。武进移动网点累计160余个，从业人员近400人。

（钱　洵）

8月19日，施工人员维护武进经发区通信线路　（供图 / 区电信局）

【联通通信建设与服务】 至2019年年末，中国联合网络通信有限公司常州武进区分公司（简称“武进联通”）有营业网点70余个，从业人员140人。2019年，武进联通围绕网络质量提升要求，加大基础设施建设投入，增强综合通信能力，完成投资6167.84万元。新建4G基站475个，累计1625个；有5G基站39个，基站累计数2923个，覆盖小区120个；新建室内无线分布系统15个，累计154个。实施“光进铜退”网络光纤化改造，武进（含常州经开区）新增通信管道里程23.4千米、计76孔千米，累计1120千米、3680孔千米。武进联通运用物联网、云计算、大数据、5G、人工智能等技术，推动工业互联网产业发展。依托建设5G网络，推动工业场景中机器视觉检测的应用发展，降低人工成本；结合省、市、区工信部门意见，落实“企业上云”工程，与BATJ（百度、阿里、腾讯、京东）等拓展合作模式，为企业引入优势互联网企业云应用，拓宽企业产品应用方向，提升云计算应用成效；与常州天正工业发展股份有限公司合作，联合研发和推广智能制造应用服务，实现轻资产及灵活化，开辟企业融资新途径。全区累计有手机用户20.5万户。

（陈家宏）

网络安全管理

【概况】 2019年2月，中共常州市武进区委网络安全和信息化委员会办公室（简称“区委网信办”）组建成立。年内，区委网信办逐步健全网信工作体系，围绕庆祝新中国成立70周年和全区“五个三年行动计划决胜年”主题，抓好网上正面宣传、网络舆情引导、网络安全防护等重点工作，组织开展各类网络主题宣传、网络安全宣传和网信普法活动100余场次，上报舆情信息1500余条，编发《舆情专报》11期、《年度舆情综述》，有效引导处置“E租宝”“韦博开心豆少儿英语”跑路等重点舆情，清查属地网站13000余家，关停涉黄涉赌网站700余家，举报涉政治类不良信息和涉互联网非法金融类不良信息11万余条，建立全区网络安全基础数据库和网络安全咨询专家队伍。年内，区委网信办被评为全市网评工作先进集体、互联网违法和不良信息举报工作先进集体，在全市网络安全竞赛中获得团体二等奖。

【区委网信办成立】 2月，根据武进区机构改革方案，组建区委网络安全和信息化委员会，作为区委议事协调机构。其办事机构区委网络安全和信息化委员会办公室，于3月6日挂牌成立，作为区委工作机关，挂区互联网信息办公室牌子，为正科级建制，整合区经济和信息化局的网络信息安全相关职责，负责全区网络意识形态管理工作，统筹协调全区网络安全和信息化工作。单位位于区行政中心1号楼4楼。设置网络宣传和舆情管理科、网络安全和信息化协调科2个内设机构，设置行政编制7个。2019年有工作人员6人。

（张银超）

【工业网络信息安全管理】 2019年，区工信局履行工业领域网络安全管理职责，开展重点工业企业工控系统信息安全巡检诊断，组织工业企业参加江苏省工控安全防护贯标培训会、工业信息安全业务培训，建立规模以上企业网络安全员队伍，宣传落实《常州市工业信息安全事件应急预案》，及时组织应对网络高危预警，开展工业控制网络安全宣传活动，夯实全区工业信息安全基础。7—9月，组织开展全区工业信息安全自查工作。在全区被国家、省、市三级工信部门认定的“两化”融合示范试点企业、贯标企业、智能车间（工厂）、双创示范平台等信息化基础较好的工业企业名单中，确定重点调研企业108家，要求企业自评估应覆盖企业运行的所有工业控制系统和工业互联网平台。发放调研表格108份，回收有效调研表格88份。通过自查，反映当前工业信息安全工作各项机制、设施、人员基本到位，但存在工业企业安全意识不强、关键核心技术能力不足、专业人才队伍缺乏等问题。组织网络安全专家深入22家重点工业企业，开展网络安全检查和评估检测，以点带面宣传网络安全工作要求。依托全区网络安全宣传周活动，牵头开展“进企业—工控网络安全宣传活动”，发动全区镇、开发区和重点工业企业参与，发放网络安全宣传材料1000余份。

（许湘平）

9月19日，区委网信办在南夏墅街道南苑社区开展网络安全宣传

（供图／区委网信办）

【网络安全防护】 2019年，区委网信办紧抓网络安全工作责任落实，于9月研究制定《武进区党委（党组）网络安全工作责任制实施细则》，形成网络安全情报第一时间传达、网络安全处置第一时间启动、网络安全支撑第一时间响应的快速联络处置通道。11月，修订完善《武进区网络安全事件应急预案》，明确应急处置组织机构与职责，进一步完善应急响应机制流程。建立网络安全基础数据库，针对全区政务及公共服务信息系统开展网络安全专项调查，梳理信息系统底数，摸清网络系统现状，累计摸排相关单位194家、信息系统225个。建立关键信息基础设施清单，开展能源、金融、交通等19个行业24项具体业务的关键信息基础设施调研，初步确定关键信息基础设施目录清单30个。依托市监测平台，实施月度监测通报，分批对全区203家政务和公共服务网站从可用性、脆弱性、域名劫持、挂马、暗链、网页篡改等多个维度开展周期性监测，累计发现高危漏洞106个，及时修复率达90%。9月，组织全区各级各单位开展网络安全宣传周活动，发放宣传资料及宣传品共2.3万份，开展各类网络安全宣传活动55场次。精心策划全区网络安全应急演练，检验区网络安全事件应急预案的完整性、实用性、可操作性，于6月在全区择优遴选6名技术过硬人员组建2支代表队参加全市网络安全竞赛并获团体二等奖。组建网络安全智库，在大专院校、区级机关、网络安全服务单位中选聘武进区首批网络安全咨询专家20名，并从中选取10名专家建立武进区网络安全应急专家队伍，有效提高全区网络安全工作专业化水平。

（张银超）

经济管理

Economic Management

栏目编辑 张新辉

发展计划管理

【概况】 2019年，区发改局落实“推动武进高质量发展走在前列”总体要求，紧扣“五个三年行动计划决胜年”主题，科学制定全区经济社会发展目标，牵头区工信、财政、科技、商务等部门，将地区生产总值、固定资产投资年度主要经济指标指导性计划下达到各镇、开发区及重点板块，制订完善年度镇、重点园区高质量考核工作实施方案及区级机关目标管理考核实施细则，及时跟踪管理各地各部门完成情况，全面推进全区高质量考核相关工作。每月跟踪经济社会发展重点指标进展情况，组织开展阶段性和专题性经济运行分析，按季度完成经济社会运行情况分析材料，及时为区委区政府决策提供服务。推进产业创新，做优做强服务业，完善公共服务平台建设，营造良好发展环境，2个省级生产性服务业集聚示范区、4个省级现代服务业集聚区通过省级考核评价；发展工业经济，调整确定十大产业链企业395家，十大产业链规模以上企业完成产值超1566.44亿元；推进现代农业发展，推进市级中心镇建设，组织雪堰、湟里两镇编报年度重点建设项目。推进双创示范基地建设，武进双创示范基地建设工作获国务院督查激励表彰，2019年“创响中国”常州站启动仪式暨第五届汽车行业关键与共性技术高层研讨会5月22日在武进启动，长三角双创示范基地联盟全体大会12月13日在武进区举行，武进高新区等4个单位获批第三批省级双创示范基地。加快国家级产城融合示范区建设，推进五个市级试点建设，8月完成的《产城融合示范区实施情况自评报告》通过省级评估。统筹推进全区特色小镇建设工作，在省级2018年度特色小镇考核中，石墨烯小镇获评优秀小镇、瑞声科技小镇获评合格小镇。围绕“重大项目攻坚年”主题，全区列入区重点项目投资计划的220个项目完成投资539亿元。为民办实事活动全面推进，有序实施22项“两促三优三提升”为民办实事项目。分别获批建设省级、市级工程研究中心2个、6个。积极向上争取各类扶持资金1.45亿元，2个地方专项债券获国家发展改革委核准发行，募集资金9.71亿元。开展区级机关职能工作目标考核，“创建新时代‘两个健康’先行区，加快民营经济高质量发展”等20个重点工作获“创新创优奖”，孔和生等20人获“突出贡献奖”，丁斌等273人获“服务标兵奖”。全区实现地区生产总值2483.42亿元，按可比价计算，比2018年增长6.9%。其中，第一产业增加值38.77亿元，下降4.5%；第二产业增加值1359.09亿元，增长7.8%；第三产业增加值1085.56亿元，增长6.2%。服务业增加值占GDP比重43.7%，较2018年提高0.5个百分点。固定资产投资增长5.3%，其中工业投资增长4%、服务业投资增长6.9%。武进区连续第七年获评中国中小城市综合实力百强区第三名，获投资潜力百强区第一名、全国绿色发展百强区第二名、全国科技创新百强区和全国新型城镇化质量百强区两项第三名。

2019年武进区获批建设市级及以上工程研究中心情况表

表35

类别	平台名称	承担单位	产业领域	属地
省级工程研究中心	江苏省太阳能电池片工程研究中心	江苏顺风光电科技有限公司	新能源	武进高新区
	江苏省热镀锌废酸资源化处置工程研究中心	江苏永葆环保科技有限公司	节能环保	常州经开区
市级工程研究中心	常州市太阳能电池片工程研究中心	江苏顺风光电科技有限公司	新能源	武进高新区
	常州市锂离子电池材料成套装备工程研究中心	常州百利锂电智慧工厂有限公司	新能源汽车	西太湖科技产业园
	常州市微型半导体封装工程研究中心	江苏欧密格光电科技股份有限公司	电子信息	武进高新区
	常州市绿色展览展示技术工程研究中心	灵通展览系统股份有限公司	会展业	常州经开区
	常州市晶雪冷链物流装备与材料工程研究中心	江苏晶雪节能科技股份有限公司	节能环保	西太湖科技产业园
	常州市风力及轨道交通电机工程研究中心	常州神力电机股份有限公司	高端装备	常州经开区

表 36

2019 年度武进区“创新创优奖”情况表

工作名称	牵头部门	配合部门
创建新时代“两个健康”先行区 加快民营经济高质量发展	区委统战部、区工商联	区委办、区政府办、区纪委监委、区委组织部、区委宣传部、区委政法委、区委研究室、区委党校、区发改局、区科技局、区工信局、区城管局、区政府研究室、区行政审批局、区市场监管局、区金融监管局、区生态环境局
创新形式　做优载体　切实提升“不忘初心、牢记使命”主题教育实效	区委组织部	区纪委监委、区委办、区政府办、区委宣传部、区委统战部、区委政法委、区委研究室、区编办、区委离退休干部工委、区委党史工委、区委党校、区发改局、区教育局、区财政局、区人社局、区机关事务管理中心
“礼赞新中国 奋进新时代”武进区庆祝新中国成立 70 周年系列活动	区委宣传部	区档案馆、区委党史工委、区委组织部、区委统战部、区委党校、区武进日报社、区武进广播电视台、区文体广电和旅游局、区机关事务管理中心、区总工会、区文联、区退役军人事务局、各镇（街道）、开发区
深化纪检监察机构改革，构建区、镇（开发区、街道）、村（社区）三级监督体系	区纪委监委	区委办、区政府办、区委组织部、区委编办、区财政局（国资办）、区机关事务管理中心、各区属国有企业、各镇（街道）、开发区
严打深挖无缝对接，纵深推进扫黑除恶	区委政法委(区扫黑办)	区纪委监委、区委组织部，区法院、区检察院、武进公安分局、区司法局
深化农村土地制度改革 最大限度释放改革红利	武进自然资源和规划分局、区试点办	区农业农村局
资本市场“武进板块”位居全省前列	区金融监管局	上市工作领导小组成员单位、区行政审批局、区城管局、区工商联
打造“双创”新苏南模式 建设国际化创新基地	区发改局	区委组织部（人才办）、区科技局、区人社局
争取政府债券资金超 36 亿元，支持重大项目建设	区财政局	区发改局、区住建局、区交通局、区水利局、武进自然资源和规划分局
全面推行“企业河长制”，决胜碧水保卫战，全面提升全区水环境	区水利局	区卫健局、区发改局、区工信局、武进公安分局、区交通局、区市场监管局、区生态办、区农业农村局、区城管局、区生态环境局
洛阳戴溪片区小流域水环境综合整治项目二期	区生态办	区生态环境局、区水利局、洛阳镇
武进法院“量身定制”一站式司法服务助力民企高质量发展	区法院	区委政法委、区检察院、区司法局、区市场监管局、区人社局、区工商联
开展延时服务　打造教育惠民暖心工程	区教育局	—
“察民情、解民忧”，安置房办证高效推进	区住建局	区不动产登记交易中心、区房屋征收与补偿管理中心、区税务局、区公证处
推行长期护理保险工程，助力全区民生事业高质量发展走在前列	区人社局、区医疗保障分局	区政府办、区发改局、区财政局、区民政局、区卫健局、区残联
跑出常宜高速前期工作“加速度”，助推长三角一体化进入“快车道”	区交通局	武进高新区、前黄镇
创建基层党建“一突出四联动”机制	区委办、区委党建办	区党建工作领导小组成员单位
社会治理视频“12345”工程	武进公安分局	—
强化安全生产责任，预防遏制生产安全事故	区应急管理局	区委办、区政府办、区纪委监委、区发改局
创优垃圾分类体系，助力城乡高质量发展	区城管局	武进高新区北区、先行集团

【重点项目推进】 2019 年，武进区实施“重大项目攻坚年”活动，完善项目推进机制，建立区重点产业项目库，于 10 月制定出台《武进区重点产业项目库管理办法》，落实和完善重大项目联席会议制度，完善《2019 年重点项目建设推进工作考核办法》，通过重点项目集中开工、会办、督办、督查等活动，推动项目加快建设。全年编印重点项目推进简报 9 期。强化重点项目储备，编制 2020 年重点产业项目投资建设计划，走访调研重点企业，全面摸排梳理项目，积极对上衔接，争取更多项目纳入省、市重点产业项目库。年内，5 个省重大项目投资完成率 128.2%；49 个结转市重点项目均开工建设，投资完成率 124.7%，竣工项目 23 个；新增市重点产业项目库项目 32 个，累计 81 个。220 个区重点项目完成投资 539 亿元，投资完成率 103.9%，115 个新建项目均开工建设，竣工项目 100 个，新增区重点产业项目库项目 90 个，累计 310 个。

（潘　茹）

2019年武进区承担省重大项目情况表

表37　　单位：亿元

项目名称	实施主体	建设性质	项目归属地	建设年限	总投资	2019年完成投资
常州坤泰汽车七速双离合变速箱	坤泰车辆系统（常州）有限公司	续建	常州经开区	2018—2021	104	26
常州星源涂覆隔膜	常州星源新能源材料有限公司、江苏星源新材料科技有限公司	续建	常州经开区	2018—2020	50	19.5
常州信承瑞轨道交通运营智能管理装备	信承瑞技术有限公司	新建	常州经开区	2019—2022	30	10.3
常州纳恩博全地形车	赛格威科技有限公司	新建	武进高新区	2019—2021	30	3.5
武进水环境综合治理工程	区农业农村局、常州经开区农工局、江苏大禹水务股份有限公司、太湖湾旅游发展有限公司、江河港武水务（常州）有限公司、常州禹安水务有限公司	续建	武进区	2017—2020	30	5.45

【投资管理】 2019年，武进区对照国务院《政府投资条例》修改完善区政府投资项目管理办法，明确范围、程序及责任追究等内容。区发改局牵头编制《武进区2019年政府投资项目建设计划》，列入计划项目123个，总投资134.01亿元，年计划投资41.9亿元。建立全区政府投资项目储备库，武进区政府投资项目信息化管理系统同步运行，实现线上线下同步申报、联合审核、项目入库滚动管理目标。严格审批项目，对照政府投资项目年度建设计划开展项目审批，全年办理各类审批件108件，并及时公开信息。同步加强政府投资项目监管和推进服务，协同区财政、住建、城管、交通等部门加强项目巡查，保障项目推进实施。

10月10日，市领导对武进区市重点项目开展督查　（供图/区发改局）

2019年，武进区（含常州经开区）完成固定资产投资额比2018年增长5.3%。其中，第二产业增长4%、第三产业增长6.9%。烯望家园、聚新家园列入2020年保障性安居工程配套基础设施中央预算内投资计划，获申报资金10688万元；武南污水处理二厂新建、漕桥污水处理厂、湟里污水处理厂改扩建等工程申报列入水污染防治中央预算内投资储备项目库。

（汤　伟）

【创投工作及债券管理】 2019年，区发改局组织辖区内7个创投机构和2家创业投资企业参加江苏省首届创业投资发展峰会，峰会围绕“汇聚创投资本，推动产业链创新链融合”主题，聚焦全省高质量发展重点领域，共同探讨全省创投行业发展趋势，推动产业链创新链融合，构建“创新创业创造＋创投”的创新生态体系。申报省级创业投资企业竞争力提升行动计划和创业投资示范载体建设工程，11月西太湖科技产业园获批省级创业投资集聚发展示范区。辖区新增创业投资企业18家，累计创业投资机构176个；新增创业投资资本10.1亿元，总资本规模218.52亿元。对处在债券存续期的3家企业开展定期检查，强调企业债券的全过程管理，及时掌握募集资金投入领域情况和募投项目运营效益情况，年度本息兑付风险级别平稳、可控。

（唐　晓）

【引导现代服务业转型升级】 2019年，区发改局根据《武进区加快现代服务业发展的扶持政策（2017—2019）》，完善产业平台，优化服务业集聚区内展示交易、研发设计、检验检测、知识产权保护、中小企业融资等公共服务平台建设，营造服务业良好发展生态环境。定期开展重点企业运行情况调查，全面摸排了解企业情况。注重产业运行分析，定期编制服务业发展情况专报，供区领导参考决策。集聚区建设取得新突破，常州市太湖湾数字文化服务业集聚区获省级现代服务业集聚区综合评价第二，武进绿建区生产性服务业集聚区、武进高新区津通现代服务业集聚区获批市三星级现代服务业集聚区。推进新经济业态重点项目建设，常州武进创智云谷、江苏长三角环境科学技术研究院、联东U谷常州国际企业港、盈立方智慧云基地、常州优力动力电池检测实验室等优质项目加快建设，苏文电能科技有限公司获评省生产性服务业领军企业。万云汇信息科技云计算服务平台等“三新”（新产业、新业态、新商业模式）经济项目建成。新城控股集团股份有限公司、江苏明都汽车集团等43家服务业企业获评市星级企业，比2018年增加7家。万帮德和新能源科技股份有限公司等5家企业获评市“三新”经济示范单位，武进被表彰单位数占全市的二分之一。全区服务业增加值1085.56亿元，增长6.2%。服务业增加值占地区生产总值比重43.7%，较2018年提升0.5个百分点。

（方丽媛）

【社会信用体系建设】 2019年，武进区多方位开展诚信宣传教育，结合季子诚信日、“3·15”宣传等时机，利用报纸、电台、网络、社区宣传栏等渠道发布各类诚信典型名单，引导全社会诚信建设。完善企业信用修复机制，全区首期企业信用修复培训班于9月举办，171家企业参加培训，重点围绕企业信用管理制度建设、失信联合奖惩措施、信用修复流程和要求等方面开展专题授课，普及社会信用体系建设相关政策法规，引导企业提高诚信经营意识。开展企业信用管理贯标、示范创建，年内，获评市信用管理示范企业4家、贯标企业47家。探索诚信实践应用，针对不同市场主体推出多种“信易+”应用产品。推出“信易阅”，依托支付宝芝麻信用基础分免押金办证，读者使用手机即可办理辖区图书馆借阅证电子证，实现图书检索、借阅、过期提醒等功能，至年末，办证人数达1.26万人，外借图书14.5万册。推出“信易批”，推动实施应用承诺预审制，由项目建设主体填写建设审批信用承诺预审服务单作出相关承诺，相关审批部门预先受理并出具预审查服务意见，项目建设主体根据意见开展相关工作，当申报材料齐全且达到法定审批条件后，再办理相关行政许可手续。年内办理信用承诺制预审11件，总投资额46.7亿元。探索“信易贷”实践应用，常州天正工业发展股份有限公司开发应用“工业大数据征信”系统，通过广泛布点收集工业设备运行数据，标定中小微企业信用水平。至年末，平台接入各类企业2.2万家、各类设备3.2万台，合作的金融机构22个，先后帮助1200余家企业获得各类贷款12.8亿元。

（沈　杨）

【营商环境优化】 2019年，武进区根据中央、省、市关于优化营商环境重要部署，于8月出台《武进区大力优化营商环境行动方案》，提出实施十大攻坚工程（优化投资环境攻坚工程、政务服务提质攻坚工程、政务信息共享攻坚工程、水电气保障攻坚工程、企业减负攻坚工程、金融支持实体经济攻坚工程、信用体系建设攻坚工程、人才生态优化攻坚工程、司法保障攻坚工程、强化监管攻坚工程），构建市场化、法治化、国际化营商环境新格局。区发改局发挥跟踪研究和协调督促作用，各责任单位推进实施82项清单任务，全区营商环境建设成效明显。“一门、一网、一窗”，工程建设项目审批和“证照分离”改革推进，开展证明事项告知承诺制试点，1193项业务纳入“一窗通办”，整合形成“一件事”套餐办标准指南，水电气等市政服务入驻区政务服务大厅。不动产交易登记“一窗受理、集成服务”模式持续优化，不动产登记电子证照上线运行。基层政务服务体系建设能力加强，加快“互联网＋政务服务”向基层延伸，镇（街道）为民服务、村（社区）便民服务中心实现全覆盖。探索实施工程建设“不见面”开标，试点建立镇级电子化交易系统，制度性交易成本有效减少。信用监管体系逐步完善，实现“双随机、一公开”监管全覆盖、常态化。有效落实减税降费政策，累计为实体企业降低成本超60亿元。开展纾困工作，为实体民营企业提供资金支持。成立民营企业法律服务团，开展“百所帮千企”专项法律服务活动，维护企业合法权益。

（杨　波）

【能源物资管理】 2019年，武进区围绕提升产业结构、保障发展目标，推进减煤、电网、天然气、光伏发电等能源项目建设。

减煤　2019年，全区非电行业规模以上企业煤炭消费232.89万吨，比2016年削减38.22万吨；常州市湖塘热电有限公司扩建B12MW背压机组项目，并实施超低排放改造，年内完成项目扩建和环保改造。

电力　全年全社会用电量205.29亿千瓦时，其中工业用电量171.41亿千瓦时，分别比2018年增长5.38%、6.02%。完成电力投资7.17亿元，推进建设常州500千伏中吴（常州南）输变电工程、中吴变配套220千伏线路送出等9个重点输变电项目，杨区变2号主变扩建工程、遥观－横林、洛西－崔南110千伏线路3个输变电项目建成投运。新增变电容量215万千伏安、电力线路长度188千米。

天然气　新建各类天然气管道线路582千米，累计4500千米；新增居民用户1.8万户，累计36.6万户。投入2077万元，完成26个老小区庭院的老旧管网改造。武进区全年全社会天然气消费量5.54亿立方米，比2018年增长6.23%。其中，工业用天然气3.88亿立方米、商业用天然气5897.46万立方米、城乡居民用天然气9170.66万立方米，分别增长6.75%、10.31%、4.67%。

光伏发电　推进分布式光伏发电项目应用，全年备案光伏项目企业30家，备案容量24.581兆瓦。新增非居民并网用户23户，并网容量32.97兆瓦；新增居民并网用户46户，并网容量0.485兆瓦。

（金　婷）

财　政

【概况】 2019年，区财政局落实上级各项财税政策，加强财政收入征管，提升财政收入质效。统筹安排资金，支持全区产业发展、生态环境改善、特色强镇建设、社会保障水平提升、教育卫生均等化发展及文化体育事业发展。开展基层财政管理规范化提升年活动，加强财政监督管理，严格预算决算管理，加强专项资金监督管理，推进国库集中支付电子化、区级预算执行动态监控和财政电子票据管理改革工作，提升财政管理信息化水平。深化国有企业改革，推进区镇国有企业一体化管理改革及全民所有制企业公司化改制，加快国有资产资源盘活，严格政府性债务管理。通过组织培训及开展区级部门预算绩效目标编制，加快实施绩效管理。落实区机构改革方案要求，做好机构改革单位经费预算调整、资产划转工作，保障新老机构顺利衔接、正常运转。

2019年，全区完成一般公共预算收入187.51亿元，比2018年增收9.02亿元，增长5.06%。其中，税收收入完成161.21亿元，增长2.16%，占比85.98%；非税收入26.3亿元，增长27.15%。全区政府性基金收入191.25亿元、国有资本经营预算收入1.12亿元，分别完成调整预算的108.91%、100%；社会保险基金收入108.88亿元，完成年初预算的103.49%。

2019年，全区一般公共预算支出178.75亿元，增长4.5%，完成调整预算的115.72%。政府性基金支出214.98亿元，完成调整预算（不含债券支出）的120.5%；国有资本经营预算支出11193万元，完成调整预算的100%；社会保险基金支出109.1亿元，完成年初预算的117.2%。全年预算收支平衡。

【机构改革】 根据区机构改革方案，3月，武进区国有资产监督管理办公室整建制划入区财政局，挂武进区政府国有资产监督管理办公室牌子。同时，区财政局履行的预算执行和其他财政收支情况的监督检查职责、国有企业监事会管理职责划到区审计局，农业综合开发项目管理职责划到区农业农村局，非税收入征管职责划到区税务局。新调整的区财政局为正科级单位，负责落实中央关于财政、国有资产监督管理工作的方针政策，落实省委、市委、区委决策部署，加强财政、国有资产监督管理。设办公室、预算科、国库科、综合科、行政事业与社会保障科、农业农村科、工贸发展科、经济建设科、资产与债务管理科、国有企业管理科、财监会计科、组织人事科12个科室，有在职人员50人，其中行政编制48名。

【财政收入征管】 2019年，面对宏观经济形势下行压力和新一轮减税降费政策实施情况，武进区加强部门信息互通、征收联动，合力推进财政收入管理。区财税部门开展财政收入预测分析，于4月下达各镇、开发区年度一般公共预算收入预期目标任务，跟进并掌握各地收入任务完成情况，督促各地挖潜增收。完善协税护税管理制度，执行协税护税专职主任会议制度，测算并下达各地年度收入任务，提高协税护税水平。开展税收属地管理，梳理排摸区内外当地生产、异地注册企业情况，妥善解决企业生产经营地与营业执照注册地、税收注册地不一致等问题，理顺税收征管关系。定期召开财税库行联网会议，增强收入征管力度。全区（含常州经开区）入库个体私营税收70.04亿元，比2018年增长13.44%。及时分解调整非税收入征收计划，加强非税收入完成情况考核，确保非税收入应收尽收，全区完成非税收入26.3亿元，增长27.18%。摸排清理全区土地使用情况，加强土地出让金、集体土地入市资金征收，全年收缴集体土地入市资金14.96亿元、收缴2018年度土地租金2.72亿元。

3月29日，调整成立的区财政局揭牌　　（供图/区财政局）

【财政支持产业发展】 2019年，区财政部门落实高新技术企业培育政策及各项惠企政策，服务全区经济高质量发展。优化完善产业创新发展政策，对做大做强、特色企业、两化融合、科技创新、国际经济等五个领域的重大项目、重点企业和关键环节实施重点扶持，全年兑现产业扶持专项资金17.5亿元。贯彻执行上级扶持政策，全年争取上级产业创新资金9.23亿元；全面贯彻落实增值税、个人所得税及小微企业普惠性减税及行政事业性收费减免等政策，全区减免税费56亿元。支持人才招引工作，全年兑现区级领军型人才及人才开发资金3536万元。完善“苏科贷”操作规程补充条款，规范工作流程，引导金融机构加大对科技型中小微企业信贷支持。

【财政支持生态建设】 2019年，区财政贯彻落实蓝天碧水净土保卫战要求，优先保障生态项目实施。安排区级生态环境提升资金4.32亿元，支持大气、水、土壤污染防治和城乡环境综合整治。严格落实区域开发生态补偿制度，加强生态红线保护，筹集生态补偿资金5808万元，支持农村生态补偿项目推进。及时兑付“减化”、老旧汽车提前报废、“禁燃”等资金。落实绿色金融政策，引导银行业金融机构加大“绿色”信贷投入，全区绿色信贷余额78亿元，压缩高能耗、高污染信贷1.49亿元。会同区环保部门开展环境污染强制责任险试点工作，参与并完成试点企业18家。支持符合条件的绿色企业上市融资和再融资。引导社会资本参与生态建设，加强PPP项目投资和建设管理，保障农村分散式生活污水处理一期项目竣工运行，加快二期项目启动实施；推进实施污水处理厂网站一体化特许经营项目，实施河道长效养护管理政府购买服务模式。

【财政支持社会民生事业】 2019年，区财政坚持民生优先，全区民生类财政支出137.05亿元，比上年增长4.56%，占一般公共预算支出比重76.67%。区镇两级安排扫黑除恶专项斗争经费2777.05万元，保障专项斗争工作持续、深入、有效开展；围绕社会治理创新工作要求，支持推进升级版技防城、社会治理云平台建设和网格化集成管理。支持乡村振兴发展，安排特色强镇专项资金5000万元。安排农业专项经费、镇村道路、农桥经费共1.65亿元，加大农田、水利、路桥等基础设施投入，发展村集体经济，提高农业保险保障水平。支持实施农村小型公益设施一事一议项目148个，总投资4000多万元。兑付各类社保资金22.82亿元，进一步提高城乡低保、城乡居民养老、社会抚恤等社保标准，及时落实社保补贴、见习补贴、职业技能和高技能培训补贴等就业扶持政策；支持加快发展养老服务业、推进家庭医生签约服务、开展长期护理保险等工作。支持发展教育事业，预算安排建设经费3.2亿元，保障推进实施教育重点工程项目；安排经费6600万元，继续支持义务教育教师备案制、中小学集团化管理等改革；筹集资金支持优秀教育人才队伍建设，实施幼儿园教师员额管理改革，促进教育均衡发展。支持发展

2019年武进区财政收入情况表

表38

收入项目	金额(万元)	比2018年(±%)	收入项目	金额(万元)	比2018年(±%)
一、一般公共预算收入	1875062	5.06	契税	136472	75.55
(一)税收收入	1612094	2.16	环境保护税	13660	58.69
增值税	765491	8.14	其他税收收入	5	
企业所得税	268961	−15.11	(二)非税收入	262968	27.15
个人所得税	77136	−34.50	专项收入	91070	−1.68
城市维护建设税	102960	−2.20	行政事业性收费收入	47626	14.04
房产税	74817	3.73	罚没收入	32064	7.61
印花税	23842	−5.99	国有资源(资产)有偿使用收入	86725	352.47
城镇土地使用税	64387	−6.98	其他收入	5483	−76.64
土地增值税	64974	17.15	二、政府性基金收入	1912471	19.77
车船税	12326	−2.07	三、国有资本经营预算收入	11193	932.56
耕地占用税	7063	−22.92	四、社会保险基金收入	1088762	−5.31

2019年武进区财政分项支出情况表

表39

支出项目	金额(万元)	比2018年(±%)	支出项目	金额(万元)	比2018年(±%)
一、一般公共预算支出	1787549	4.50	商业服务业等支出	18265	−17.87
一般公共服务支出	197713	4.40	金融支出	6328	−24.87
外交支出	0		援助其他地区支出	11140	18.81
国防支出	2824	−33.22	自然资源海洋气象等支出	9745	8.60
公共安全支出	110833	4.07	住房保障支出	45398	−29.38
教育支出	278009	2.21	粮油物资储备支出	1406	28.40
科学技术支出	81666	−8.56	灾害防治及应急管理支出	3047	
文化旅游体育与传媒支出	11903	0.35	预备费	0	
社会保障和就业支出	160234	26.67	其他支出	2736	4.95
卫生健康支出	116243	7.82	债务付息支出	24225	58.75
节能环保支出	97589	187.69	债务发行费用支出	53	−72.40
城乡社区支出	346424	−9.94	二、政府性基金支出	2149757	18.16
农林水支出	174921	0.52	三、国有资本经营预算支出	11193	1019.30
交通运输支出	28653	103.16	四、社会保险基金支出	1091019	0.71
资源勘探信息等支出	58194	−8.96			

公共卫生事业，兑付基本公共卫生服务补助、基层卫生院经常性收支差额区级补助、区级公立医院改革补助等资金共2亿元，保障全区各级医疗机构正常运转。兑付资金483万元，支持推进村级医疗卫生人才“区管镇用”、村级卫生室达标创建工作，提升基层公共卫生服务能力。支持发展文化体育事业，安排各类文化事业建设补助资金1317万元，多层次支持打造文化精品、发展文化产业、加大文化惠民力度。安排健身中心建设、学校体育场地对外开放补助和公共体育设施维护等经费585万元，满足群众多元化健身需求。

【国有企业改革】 2019年，武进区审计清理局属国有公司，注销住建局下属村镇规划中心、武建建设中心。全面推行区镇国有企业一体化管理模式，规范镇级国有企业管理，至年底，全面完成雪堰、礼嘉、洛阳、牛塘、湟里镇级国有公司管理责任的移交和审计。调优存量国有资本配置。落实《市属企业违规经营投资责任追究暂行办法》，规范国有企业违规经营投资责任追究工作。开展国有企业财务预算、融资备案工作，有效防范风险。推进全民所有制企业公司化改制，协助常武航运总公司、武进宾馆公司建立现代法人治理结构。落实区级集团公司、板块国有公司绩效考核办法，激发国企发展活力。加强国有企业干部队伍建设，推行建立与现代企业制度相适应的市场化用工制度，有序推进区级集团公司领导人员市场化管理。开展国有企业公车管理专项整治，规范国有企业公车使用制度。

【国有资产管理】 2019年，武进区完善国有资产管理体系，贯彻落实财政部行政事业单位长期已使用在建工程转固（转入“固定资产”）工作，提高资产使用效益。创新委托国有企业运营管理行政事业单位经营性资产、公共停车泊位等国有资产、资源，盘活闲置资产，实现国有资产保值增值，提高国有资产运营绩效。推进国有资产信息化管理平台建设，提升信息化监管水平。采取公开招标方式，择优选择拍卖、评估中介机构，通过国有资产公开拍卖、统一招租方式，规范开展资产处置。全年资产处置收入3.5亿元；完成资产出租审批事项30批次，年合同金额890万元。

【地方政府性债务管理】 2019年，武进区从严审核年度投资计划，严防增量债务。按季召开债务工作会议，制定债务管理考核细则，压紧压实债务管理主体责任。筹措资金，完成年度化债任务。落实上级债务综合监管要求，依托财政部债务监测平台，开展日常数据申报，实现债务数据实时、动态监管。积极向上争取地方政府债券资金，支持重大项目建设。2019年到账地方政府债券资金36.15亿元，其中一般债券1.35亿元、土地储备专项债券16亿元、城市建设专项债券9亿元、再融资债券9.8亿元。

【财政预决算管理】 2019年，武进区按照“保吃饭、保运转、保民生”原则，继续压减财政一般性支出，压降公务用车运行维护费和部门专项业务经费支出标准；加强区级行政运行成本考核，提升单位厉行节约意识。实行行政事业单位年度预算追加事项按月集中会审决策机制，强化预算刚性约束力。建立预决算公开常态化检查机制，提高财政信息公开质量。加强财政性资金预算绩效管理，完善绩效目标与指标体系，强化评价结果运用。推进国库集中支付电子化、区级预算执行动态监控和财政电子票据管理改革工作，提升财政管理信息化水平。强化部门责任主体意识，组织完成全区行政事业单位内部控制报告。加强政府采购审批管理，加大“网上商城”推广力度，规范行政事业单位电子化零星采购行为。支持区机构改革，做好机构改革单位经费预算调整、资产划转等工作。

【财政资金监管】 2019年，区财政局按照“纵向到底、横向到边”原则，全面梳理2018年度涉农资金，涉及资金线15条、资金规模1.7亿元，及时将资金数据录入涉农资金综合监管平台，强化涉农资金管理。组织开展区行政事业单位公务、商务接待情况检查及违规公款吃喝和购买烟（卡）专项检查，在全区427个单位自查基础上，选取56个单位检查，发现存在报销票据不够规范等问题，有关单位年内均整改到位。配合完成中央基建投资大众创业万众创新项目重点绩效评价工作、国务院安全生产委员会巡查安全生产和消防工作、减税降费落实情况检查、2018年度保障性安居工程投入和使用绩效审计、2018年环保专项及生态绿城建设专项资金预算执行情况审计、农村集体资产清产核资等专项检查，严格财政资金监督管理。

【基层财政管理】 2019年，区财政局4月制定下发《关于进一步明确镇（开发区）财政财务核算工作的通知》，在账簿设置、会计核算等方面指导乡镇财政落实新政府会计制度改革。于5月制定下发《关于开展“基层财政基础管理规范化提升年”活动的实施意见》，指导基层财政进一步健全制度、完善标准、规范流程、强化监管、加强考核，推进落实各项工作措施。改进完善乡镇项目管理信息系统，规范镇级政府性工程财政财务管理工作，提高工作效率。

（陈　丹）

税　务

【概况】 2019年，区税务局坚持稳中求进总基调，实行税收征管体制改革，落实减税降费政策，履行税收职能，强化税收风险防控和税收管理，改进服务举措，优化税收营商环境，服务全区高质量发展。全年全区（含常州经开区）组织完成各项税费收入386.47亿元，与上年基本持平。其中税收收入300.44亿元、社保费75.15亿元、非税收入10.89亿元。完成一般公共预算收入161.21亿元。落实深化增值税改革、小微企业普惠性税收减免等系列减税降费政策，全区新增减税降费56.12亿元。落实“放管服”改革，推进依法治税，实施进户管控制度，推进行政执法“三项制度”（行政执法公示制度、执法全过程记录制度、重大执法决定法制审核制度）试点，初步建立规范公正文明执法体系；发挥公职律师专业支撑作用，落实税收执法责任制。配合开展扫黑除恶专项斗争，对辖区内可能涉黑涉恶的重点领域、重点行业，开展线索排查；健全虚开骗税快速反应机制，全年接收税务总局增值税发票风险快速反应任务户次比2018年下降99%，有效遏制虚开骗税问题。创新开展税收经济分析，制定《国家税务总局常州市武进区税务局税收经济分析实施办法》，撰写《新形势下民营经济在推动武进经济发展中的作用》《从税收数据看武进区县经济发展的优势与不足——基于武进、常熟、宜兴三地比较》等分析文章，为地方党政领导提供决策服务。

【税收征管体制改革】 2019，区税务局落实各项税制改革措施，完善税收征管体系，提升税收现代化发展水平。构建“属地＋专业化”税收征管体系，厘清职责边界，转变税收征管方式。与常州经开区税务局、武进高新区税务局建立联席会议制度，解决业务交叉、边界不明事项；与区人社、医保、财政、银行等部门，构建常态化工作协调机制，提升征管效率。4月，完成金税三期并库工作，10月，完成增值税发票系统2.0升级，为税收征管服务和税制改革提供信息化支撑。区税务局根据社保费征管职责划转方案，健全完善常态化部门协作机制和标准化社保费征管岗位职责体系，平稳完成机关事业单位和城乡居民社保费及部分非税收入项目征管职责划转目标。实施个人所得税改革，通过宣传培训配套政策，开展专项附加扣除信息采集、个人所得税手机App推广应用和培训辅导三个100%全覆盖等重点工作，推进个人所得税征收。

【税收风险应对】 2019年，区税务局依照“分类管理、分级实施、总量控管、统一推送”原则，健全风险事项管理体系，开展统筹分析、细化操作，抓好风险防范管理。制定《税收风险管理工作运行机制》等八项制度，梳理税收风险事项116项并汇编管理清单；制定《关于加强办税厅点、延伸点代开发票管理的若干意见》和《关于加强委托代征点管理的若干意见》，提前防范虚开发票风险。年内组织发票协查704户次，追缴税款7698万元。加强税种管理，确定房地产业为税源管理重点行业，对增值税、企业所得税、土地增值税三个主要税种实施联动管理，对个人所得税、契税、房土两税（房产税、土地增值税）等税种实行关联风险提醒。深化大数据应用，制定税收数据管理办法，提供相关部门税收数据35批次60余万条，通过互联网、第三方部门交换等渠道采集数据千余条；自主产生系统非识别任务7户次，综合成效1868万元。发挥专业化团队优势，编写并落实《房地产开发经营行业风险应对指引》《房地产企业土地增税应对指引》，解决涉税疑难问题。全年完成风险应对1017户，直接入库税款2.03亿元，综合成效5.85亿元，比2018年增长31%。

【税收服务优化】 2019年，武进区围绕优化营商环境目标，聚焦纳税人和缴费人反映强烈的问题，优化办税缴费服务措施，提升纳税服务质量。推进办税缴费便利化，构建“1234”（在1个综合办税服务厅、2个专业办税场所、3个办税延伸点的基础上，在4个属地分局打造4个办税自助区）服务体系，初步形成“半小时纳税服务圈”，引导纳税人、缴费人就近办税（费）。开展“便民办税春风行动”，全面落实“全程网上办”和“最多跑一次”清单，取消税务证明事项60项，推广套餐服务和发票配送服务，推进“简事易办”，拓展移动缴费方式，优化电子税务局线上办税功能。提升培训咨询辅导精准化。举办“线上直播互动＋线下面授辅导”纳税人学堂，重点培训办税基础知识及高频事项内容；组建“税收智囊团”，为纳税人、缴费人提供个性化、预约式服务；畅通接听热线“12366”，全年接受咨询6.2万人次。武进“税收智囊团”预约式专家服务助力企业发展工作获省级领导表扬批示，“税收智囊团”相关服务举措被中央电视台报道。

【减税降费】 2019年，区税务局落实深化增值税改革、小微企业普惠性税收减免、个人所得税改革、降低社会保险费率等减税降费政策，通过开展宣传培训、督察督办，让纳税人依法享受税收改革优惠。通过建立政策落实组、征管信息化组、统计核算分析组、服务宣传组、督察督办组、深化增值税改革专项工作组、社保费专项工作组、第三方涉税服务乱收费排查整治工作组8个专项工作组，规范开展工作。全面梳理近两年的减税降费政策，形成《减税降费政策选编》并印发给纳税人、缴费人；组建减税降费专业辅导员队伍，分批、分类对辖区享受相关减税降费政策的纳税人、缴费人开展现场及专项培训，对重点企业开展精准辅导。同时利用纳税人学堂等网络直播平台开展线上培训。借助“报、网、视、台”等全媒体平台，扩大政策宣传。年内，发放减税降费宣传手册6万份，开展各类实体培训167场，通过电话、短信等方式辅导16万人次。强化督察督办，开展减税降费政策效应核算分析。全年全区新增减税降费56.12亿元，区减税降费工作被中央电视台新闻频道报道。

（方青恬）

3月18日，区税收宣传志愿者利用杨桥庙会向游客宣传减税降费政策

（供图/区税务局）

土地资源管理

【概况】 2019年，根据常州市自然资源局机构改革方案，常州市自然资源和规划局武进分局（简称“武进自然资源和规划分局”）成立，为市自然资源和规划局派出机构。围绕“优空间、护资源、促集约、保发展”职责，全区自然资源和规划部门加强资源供给，聚焦规范管理，注重统筹协调，开展自然资源和规划管理。全面加强规划引领，完成规划编研任务，积极谋划国土空间规划，完成控制性详细规划及村镇规划编制。加强资源保护，提升耕地和农用地管理质量；推进太湖流域湿地生态修复，开展动植物栖息地及湿地保护与生态恢复。盘活存量土地，加强闲置土地、批而未供土地处置，保障建设用地。严格执行征地程序和补偿标准，维护被征地农民知情权。围绕违法违规用地及有关林业、矿产资源管理法律法规，开展国土资源监察管理，查处违法用地案件7起，办理行政诉讼案件2起、行政复议案件3起，受理信访事项167件，审核并办理政府信息依申请公开117件。优化服务保障，推进“放管服”改革，落实“3550”（企业3个工作日内注册开业、5个工作日内获得不动产权证、50个工作日内取得工业生产建设项目施工许可证）改革等重大决策部署，优化业务流程，压缩办理时限，提高办事企业和群众的满意度和获得感，8月1日起100%实现工业项目一站式办结目标。农村土地制度三项改革试点顺利完成，出台试点政策30多个，制定配套政策40多个，尤其是利用集体经营性建设用地使用权成功入市的改革做法被国务院点名表扬。武进区被省自然资源厅评为2018年度江苏省土地执法先进县（市、区）和2018年度国土资源节约集约利用模范县（市、区）。

【违法用地查处】 2019年，区自然资源和规划部门按照“全员执法、全程监管、全面覆盖”执法要求，落实土地执法共同责任机制，加大土地执法监管力度，运用实时监管系统及执法用地台账式和差别化管理模式，结合日常巡查与全区网格化管理，通过加强生态补偿考核、落实责任追究等手段破解执法难点，保持对违法用地监管的高压态势，实现违法用地发现率、制止率、上报率均达100%。全年立案查处违法用地5宗，通过区镇联动，拆除违法用地74宗，退还土地面积9.41公顷。围绕违建别墅清理、“大棚房”整治、“群租房”排查等执法热点，经四轮排查，确定违建别墅问题2个，年内全部拆除整改到位。属于管辖范围的23个“大棚房”问题完成排查、整改和上级验收工作。三年整治专项行动（对2013年以来发生的未处理到位的违法用地，要求在2022年5月31日前全部整改到位）有序推进，至年末，完成辖区43个项目总计面积10.4公顷的整改任务，项目整改到位率25.9%，面积整改到位率18.2%。完成全区41个宗教活动场所和2个高尔夫练习场用地现状排查工作。

【项目用地保障】 2019年，区自然资源和规划部门围绕服务长江经济带、长三角一体化和全区高质量发展要求，强化要素保障，服务市、区重大项目建设。全年办理供地116宗、面积555.83公顷、金额133.45亿元；完成集体经营性建设用地入市373宗、面积321.88公顷。通过向上争取用地计划，保障12个省、市、区重点项目用地需求，涉及面积33.66公顷。调研项目用地服务需求，及时跟进土地保障工作，加快征地进度，抓紧组织报批，全区征地总面积223.36公顷，征地补偿费用20517万元。落实《重大项目服务管理办法》，为重点项目提供“全程包办”“全程代办”“容缺受理”服务，走访市级以上有规划需求的重大项目31个，对有用地需求和急需解决用地问题但不符合土地利用总体规划的项目，及时调整完善规划，帮助企

7月12日，湟里镇拆除一宗疑似“大棚房”违章建筑（上为拆除前，下为拆除后）
（供图/武进自然资源和规划分局）

业解决问题。推进实施“放管服”改革，按照100%实现全区“工业项目一站式办结”要求，推进基层自然资源和规划所土地和规划业务融合，在礼嘉、湟里两镇试点推进简政放权，由自然资源和规划所全面开展项目咨询、协助办理国土规划手续、经办当地区域工业项目等前期服务工作。规范“一书两证”核发及建设项目核实工作，核发选址意见书59份、总用地面积214.74公顷；建设用地规划许可证111份、总用地面积388.48公顷；建设工程规划许可证187份（含市政18份）、总建筑面积685.14万平方米。核实建设项目97个、总面积468.01万平方米。

（季　云）

市场监督管理

【概况】 2019年，区市场监管部门聚焦重点领域、聚力民生关注，推动市场监管平稳发展。全年新增市场主体3.19万户，累计18.98万户。有药品生产企业14家、药品经营企业737家；医疗器械生产企业196家、医疗器械经营企业（含零售、批发）440家；餐饮服务单位12016个、食品生产企业224家、食品添加剂生产企业5家；在用特种设备50447台（套），全区特种设备超期未检率压降至0.2%。引导企业提升核心竞争力，全区完成专利申请18297件，专利授权10394件，万人有效发明专利50.19件，各项专利指标占全市比重均超过三分之一，武进高新区于7月获评国家知识产权示范园区；新注册商标7406件，累计有效注册量36086件，位列全省县级区第六；新增认定驰名商标2件，累计51件，连续第七年位列全省县（市、区）第一。推进质量品牌建设，新增市长质量奖企业2家、区长质量奖企业6家，累计获评江苏省质量奖企业1家、市长质量奖企业10家、区长质量奖企业24家；获评市质量管理先进单位4个，获评质量信用AA级企业4家、A级企业37家；辖区企业参与制（修）订国际标准1项、国家标准10项、行业标准16项，新增省级标准化试点企业2家，累计有国家级、省级、市级建成和在建标准化试点示范单位5个、23个、3个。深入实施民生工程，完成食品安全抽检7920批次，合格率98.5%，建成“安心菜场”3家，累计30家，新增“阳光餐饮”上线单位1850家，累计2600余家。区投诉举报中心及区消费者协会共受理投诉举报1.34万件，为消费者挽回损失525万元。推进实施以“双随机 一公开”为基本方式的市场主体监管机制，形成重点行业、重点领域、重点地域网格化监管执法体系，全年查处各类案件410起，案值金额986万元。依托企业年报制度完善信用体系建设，优化营商环境，全区市场主体2018年度年报率76%，其中企业年报率88.9%，高于全市企业平均年报率88.8%，个体工商户年报率68.4%。协助企业融资，全年完成动产抵押登记313件，担保主债权168.82亿元。区市场监管局获评2019年度区综合考核优胜单位，局党组获区“五星党组织”称号。

【区市场监督管理局完成机构改革】 3月，根据武进区机构调整方案，区科技局、区商务局、区发改局分别所属的知识产权管理、反垄断和反不正当竞争职责划转区市场监管局，10名转隶人员就位。新组建的区市场监管局属区政府工作部门，正科级，挂区知识产权局牌子，负责贯彻落实上级关于市场监督管理工作的方针政策和区委的决策部署，负责全区市场综合监督管理，及全区产品质量安全、特种设备安全、食品安全的监督管理，及知识产权保护和服务等工作。共设办公室、组织人事科、财务装备科、政策法规科、信用监督管理科、价格监督检查和反不正当竞争科、市场与网络交易监督管理科、质量与标准计量监督管理科、特种设备安全监督管理科、食品安全监督管理科、药品医疗器械监督管理科、知识产权监督管理科12个内设机构，下设常州经开区、武进高新区、西太湖科技产业园、雪堰、礼嘉、前黄、湖塘、牛塘、洛阳、湟里、嘉泽、横林、遥观、横山桥14个派出机构，名称统一为“常州市武进区市场监督管理局XX分局”，设区市场监管综合行政执法大队、区市场监督管理信息中心、区消费者权益保护中心3个直属事业单位。6月，区市场监管局机构调整到位。局机关有在职人员111人，其中行政编制69人。

【市场主体责任落实】 2019年，区市场监管部门围绕源头预防抓好市场主体责

表40　2019年武进区市场主体情况表　单位：个（家、户）

所属镇（街道）、开发区		市场主体数				
		私营企业	国有（集体）控股企业	外资及港澳台资企业	个体工商户	农民专业合作社
总数		62745	3752	1228	121481	573
常州经开区	戚墅堰街道、丁堰街道、潞城街道	3258	248	73	6763	0
	横林镇	3349	153	36	6557	26
	遥观镇	3447	146	54	4968	10
	横山桥镇	3467	144	47	5997	32
武进高新区		10873	740	415	15097	21
西太湖科技产业园		3132	273	173	1858	11
雪堰镇		2897	208	37	8998	95
礼嘉镇		2732	210	28	4931	50
前黄镇		2076	96	21	5104	94
湖塘镇		17737	1088	233	36841	9
牛塘镇		4622	149	62	9348	6
洛阳镇		2473	114	20	4800	35
湟里镇		1363	73	11	5048	94
嘉泽镇		1319	110	18	5171	90

任落实。完善市场主体责任落实载体，根据职责调整，在2018版《市场主体责任实用手册》（通用篇、专业篇）基础上，增加价格、知识产权方面内容，详细罗列各类市场主体所需承担的主体责任，全年发放《市场主体责任实用手册》3万余册；通畅运行“审管联动、告知承诺”工作机制，与行政审批局联合建设并运行“审管联动、告知承诺”工作机制，在市场准入阶段，做好市场主体信息的收集与反馈。至2019年年末，完成市场主体告知承诺2万份，为事中事后监管提供执法依据；加深市场主体责任落实的社会协同，从行业、企业、社会公众三方面入手，开展多种形式宣传，提升全社会对市场监管认同度，营造社会共治氛围。先后开展能源计量、食品、药械、特种设备等行业培训30余期，与辖区食品生产企业、药品批发及零售企业签订承诺书，推动市场主体责任落实。通过“武进市场监管”微信公众号发布信息111条，开展进社区走访宣传活动5次。至年底，全区有市场主体18.98万户，其中私营企业6.27万家、国有（集体）控股企业3752家、外资及港澳台资企业1228家、个体工商户12.15万户。

【质量强区建设】 2019年，区市场监管局围绕区高质量发展目标，夯实基础，推动全区质量建设。推进质量品牌建设，

表41

2019年武进区企业参与制（修）订国际、国家和行业标准情况表

企业名称	标准名称	标准编号
中车戚墅堰机车车辆工艺研究所有限公司、江苏恒立液压股份有限公司	铸铁显微组织—第4部分：球墨铸铁球化率评定方法	ISO 945-4—2019
江苏万帮德和新能源科技有限公司	城市公共设施 电动汽车充换电设施运营管理服务规范	GB/T 37293—2019
江苏万帮德和新能源科技有限公司	城市公共设施 电动汽车充换电设施安全技术防范系统要求	GB/T 37295—2019
江苏兰陵高分子材料有限公司	色漆和清漆 干燥试验 第1部分：完全干燥状态和完全干燥时间的测定	GB/T 37362.1—2019
江苏兰陵高分子材料有限公司	色漆和清漆 遮盖力的测定 第1部分：白色和浅色漆对比率的测定	GB/T 23981.1—2019
江苏兰陵高分子材料有限公司	漆膜厚度的测定 超声波测厚仪法	GB/T 37361—2019
金石机器人常州股份有限公司	桁架式机器人通用技术条件	GB/T 37415—2019
江苏亚邦染料股份有限公司	染料产品中4-氨基偶氮苯的限量及测定	GB/T 24101—2018
江南石墨烯研究院	纳米科技 术语 第13部分：石墨烯及相关二维材料	GB/T30544.13—2018
江苏河马井股份有限公司	埋地排水用硬聚氯乙烯(PVC-U)结构壁管道系统 第3部分：轴向中空壁管材	GB/T 18477.3—2019
中车戚墅堰机车有限公司	内燃机车功率确定办法	GB/T 3316—2019
江苏江南铁合金有限公司	铝铁	YB/T 4664—2018
江苏兰陵高分子材料有限公司	聚天门冬氨酸酯防腐涂料	HG/T 5368—2018
常州安科电子商务有限公司	床上用品用针织面料	FZ/T 72024—2019
江苏德智重工有限公司	建筑用免拆复合保温模板	JC/T 2493—2018
江苏德智重工有限公司	水泥基复合材料保温板	JC/T 2479—2018
江苏德智重工有限公司	钢框架轻质混凝土复合屋面板	JC/T 2480—2018
中车戚墅堰机车车辆工艺研究所有限公司、中车戚墅堰机车有限公司	机车车辆用锻件 第1部分：碳素钢	TB/T 2944.1—2019
中车戚墅堰机车车辆工艺研究所有限公司、中车戚墅堰机车有限公司	机车车辆用锻件 第2部分：合金钢	TB/T 2944.2—2019
中车戚墅堰机车车辆工艺研究所有限公司、中车戚墅堰机车有限公司	机车车辆螺栓连接设计准则 第1部分：螺栓连接的分类	TB/T 3246.1—2019
中车戚墅堰机车车辆工艺研究所有限公司、中车戚墅堰机车有限公司	机车车辆螺栓连接设计准则 第2部分：机械应用设计	TB/T 3246.2—2019
中车戚墅堰机车车辆工艺研究所有限公司、中车戚墅堰机车有限公司	机车车辆螺栓连接设计准则 第6部分：连接尺寸	TB/T 3246.6—2019
中车戚墅堰机车车辆工艺研究所有限公司	机车车辆车钩缓冲装置计量器具 15型车钩量具	TB/T 1670—2019
中车戚墅堰机车有限公司	机车、动车用柴油机零部件 第3部分：连杆	TB/T 3475.3—2019
中车戚墅堰机车有限公司	机车、动车用柴油机零部件 第5部分：主轴瓦及连杆轴瓦	TB/T 3475.5—2019
中车戚墅堰机车有限公司	机车车辆视听警示装置 第2部分：辅助照明灯和标志灯	TB/T 2325.2—2019
灵通展览系统股份有限公司	环保展台评定标准	SB/T 11217—2018

表 42

2019 年武进区获评质量奖企业情况表

类别	企业名称
市长质量奖	新誉集团有限公司
	江苏雷利电机股份有限公司
区长质量奖	中车戚墅堰机车车辆工艺研究所有限公司
	新誉集团有限公司
	江苏万帮德和新能源科技股份有限公司
	江苏众恒染整有限公司
	常州强力电子新材料股份有限公司
	常州市戴溪建筑工程有限公司
常州市质量管理先进单位	常州强力电子新材料股份有限公司
	常州常发制冷科技有限公司
	江苏友奥电器有限公司
	常州博瑞电力自动化设备有限公司

3 月，制定下发《2019 年武进区质量品牌工作要点》及《2019 年武进区质量品牌年度考核细则》，指导各镇（街道）、开发区开展质量工作，引导企业重视并开展质量品牌创建。9 月，常州市机器人产业质量提升暨 2019 年质量月启动仪式在武进区举行，发布《常州市机器人产业质量提升倡议书》，推动机器人及智能装备重点产业领域的质量提升。年内，获评市长质量奖企业 2 家、市质量管理先进单位 4 家，获评区长质量奖企业 6 家，全区企业累计获评江苏省质量奖、市长质量奖和区长质量奖企业分别为 1 家、10 家和 24 家。获评 2019 年省质量信用 AA 级企业、A 级企业 4 家和 37 家。推进质量标准化建设，引导并推动企业开展技术标准研制工作，年内，全区企业完成制（修）订国际标准 1 项、国家标准 10 项、行业标准 16 项，主要集中于新材料、轨道交通、机器人制造领域。指导推进企业产品标准自我声明公开工作，全区企业自我声明公开标准 950 项。鼓励引导企业申报省级标准化试点项目，发挥标准化试点企业示范带动作用，获批省级标准化试点单位 2 个，3 个省级标准化试点项目通过验收。

【“双随机一公开”抽查】 2019 年，区市场监管局深化实施以“双随机一公开”为基本方式的新型监管机制，提高综合监管执法效能。开展金融领域“双随机”抽查。5 月底到 6 月底，开展非法金融活动专项排查整治，抽查市场主体 26 户。经查，正常经营主体 13 户，通过登记场所无法取得联系主体 13 户，被列入经营异常名录。同时，实施“套路贷”及非法集资等乱象问题专项整治，针对全区经营市场主体范围中含有“贷款”“贷款中介”“借贷咨询”“投资”“信息咨询”等字样的 1.3 万多家企业和个体户（非专业金融、类金融机构），按照 3% 的抽查比例开展抽查，共抽查市场主体 353 家。经查，正常经营主体 225 户，通过登记场所无法取得联系主体 128 户，被列入经营异常名录。8 月底至 10 月底，联合区金融局、武进公安分局开展非法金融活动专项治理检查，在重点检查中，抽查企业 585 家。经查，正常经营企业 277 家，通过登记场所无法取得联系企业 307 家，未依法履行公示义务企业 1 家；在一般检查中，抽查企业 451 家。经查，正常经营企业 227 家，通过登记场所无法取得联系企业 220 家，不予配合企业 4 家。开展其他企业不定向抽查。根据省市场监管局关于印发〈2019 年度双随机、一公开抽查计划〉的通知》要求，制定《武进区市场监管局开展 2019 年省局不定向双随机抽查实施方案》，8—11 月，组织实施其他企业不定向双随机抽查，涉及登记事项、公示信息、价格行为等检查事项 46 个。共抽查企业 1951 家。经查，正常经营企业 1391 家，注销企业 3 家，不予配合企业 28 家，发现问题完成整改企业 1 家，未公示应该公示信息企业 3 家，通过登记住所无法联系企业 525 家，后两类均被列入经营异常名录。

表 43

2018—2019 年度武进区“双随机、一公开”抽查情况对比表

单位：家（个）

年度	总量	正常	通过登记的场所无法联系	不予配合	未履行公示义务
2018	3164	2565（占总量 81.07%）	363（占总量 11.5%）	124（占总量 3.9%）	16（占总量 0.5%）
2019	1951	1391（占总量 71.3%）	525（占总量 26.9%）	28（占总量 1.4%）	3（占总量 0.15%）

【食品安全监管】 至 2019 年年末，全区有持证餐饮服务单位 12016 个，比 2018 年增长 15.68%。区市场监管部门重点围绕食品安全民生实事工程开展食品安全监管。常态化开展专项整治，全年开展校园及周边、食品添加剂、保健食品、乳制品及婴幼儿配方奶粉生产原料、猪肉等动物产品质量、中央厨房食品安全等专项检查，检查食品经营主体 2.2 万家（次），核查生产企业 323 家（次）；完成涉及高考等重大活动及会议的食品安全保障任务 21 次，确保 18 万人次用餐安全；新增建成电子追溯系统食品生产企业 9 家，累计 34 家。开展食品抽检，全年抽检各类食品共 7920 批次，合格 7804 批次，合格率 98.5%。实施民生工程，新建成“安心菜场”3 家，累计 30 家，占全市总数的 30%，辖区菜场完成食用农产品快检 7.6 万批次，占全市快检总量的 36.8%；推进“阳光餐饮”建设，通过“阳光餐饮”App 及武进市场监管微信公众号向大众公开。新增上线餐饮单位 1850 余个，累计 2600 余个；开展餐饮服务质量安全示范街区和示范店创建，申报示范街区 1 条、示范店 35 家，年内均通过市级验收。

2014—2019 年武进区持证餐饮服务单位情况表

表 44

年度	户数	增长（±%）	年度	户数	增长（±%）
2014	6640	15.76	2017	10823	9.17
2015	7168	7.95	2018	10387	−4.03
2016	9914	38.31	2019	12016	15.68

2013—2019 年武进区食品安全抽检情况表

表 45　　单位：批次

年度	种植养殖	生产加工	市场流通	餐饮消费	总批次数	合格率（%）
2013	857	800	1400	1500	4557	96.97
2014	883	800	1400	1577	4640	97.24
2015	900	1013	2295	1937	6145	98.41
2016	780	668	2333	1899	5680	98.73
2017	600	649	2808	2393	6450	98.37
2018	700	607	3430	2463	7200	97.92
2019	600	464	3877	2979	7920	98.50

9 月 29 日，区市场监管人员在信特超市开展节前食品安全检查

（供图 / 区市场监管局）

【药品及医疗器械安全监管】 2019 年，武进区完成药品省级抽样 200 批次、化妆品抽样 4 批次，医疗器械国家抽样 36 批次，上报药品不良反应 722 例。2 月，应对上海新兴免疫球蛋白事件，区市场监管部门核查全区所有药品批发企业和 18 家血液制品零售企业。经查，辖区没有相关厂家免疫球蛋白经营使用情况；5—10 月，开展执业药师“挂证”整治，召集辖区 8 家医药连锁总部和 290 余家单体药店的质量负责人、注册执业药师共 300 余人召开部署会议，明确整治要求。重点抽查 23 家存在问题的药品零售企业，检查其执业药师在岗履职情况，当场实施行政处罚企业 5 家，其中被申请撤销 GSP 认证企业 1 家；7—9 月，开展流通领域中药饮片专项整治，重点检查购进渠道、储存条件、代煎服务等方面，检查药品经营企业 327 家、医疗机构 23 个，中药饮片抽样 45 批次。经查，因严重违反 GSP 被当场实施行政处罚药店 1 家。

组织开展医疗器械专项检查，依据无菌和植入性医疗器械经营及使用专项检查要求，监督检查医疗器械经营企业 179 家、医疗机构 77 个，检查角膜接触镜及护理液经营企业 26 家；7—10 月，开展医疗器械“清网”专项行动，严厉查处医疗器械网络销售违法违规行为，清理违法违规企业、非法产品及违法违规信息，专项检查辖区内 18 家有互联网销售资质的医疗器械经营企业，均符合要求；开展民营医疗机构诊断试剂使用情况及过期诊断试剂处理情况专项检查及避孕套专项检查等。

【特种设备安全监管】 至 2019 年年末，武进区在用特种设备 50447 台，比 2018 年增长 8%；持证特种设备制造、改造单位 82 个（不含气瓶充装和电梯安装维保单位），其中锅炉制造单位 8 个、压力容器制造单位 24 个、压力管道元件制造单位 19 个、压力管道安装制造单位 12 个、电梯制造单位 1 个、起重机制造单位 17 个、厂内机动车辆制造单位 1 个；工业气体和液化石油气充装单位 26 个，其中液化石油气充装单位 10 个、工业气体充装单位 16 个。2019 年，依托特种设备安全专业特委会（2018 年成立）发挥部门联动作用，区市场监管部门牵头组织开展联合专项督查 7 次，共督查企业 14 家，推动企业落实特种设备安全主体责任，建立安全监管长效机制。“3 · 21”响水事故发生后，立即开展涉危化品专项整治，对 170 家涉危化品企业登记在册的 929 台套特种设备开展专项检查；国庆前组织开展叉车、简易升降机、压力管道、“防风险、保平安、迎大庆”等专项整治。组织开展老旧电梯安全评估试点工作，梳理出全区使用年限超过 15 年的居民住宅小区电梯 28 台，经现场调研后确定 10 台作为评估对象，为协调解决老旧电梯使用中的安全问题提供技术支撑；举办“电梯安全进社区”宣传活动。全年新增检验注册厂内机动车辆 1795 台、简易升降机 67 台。检查压力管道 384.8 千米，完成检验 61.7 千米；出动监察人员 900 余人次，处理特种设备安全隐患单 226 份；办理特种设备开工告知单 3550 份。全区特种设备超期未检率从 2015 年年底的 5.5% 压降至 0.2%。

2019年武进区各镇（街道）、开发区在用特种设备情况表

表46 单位：台套

镇（街道）、开发区	锅炉	压力容器	电梯	起重机械	场车	游乐设施	合计
武进高新区	48	1652	3043	2452	1093	0	8288
西太湖科技产业园	36	398	1031	784	339	0	2588
雪堰镇	20	246	554	3566	337	35	4758
礼嘉镇	25	265	366	989	328	0	1973
前黄镇	26	446	195	1071	262	0	2000
湖塘镇	48	2148	5053	987	360	33	8629
牛塘镇	24	226	899	533	266	0	1948
洛阳镇	33	328	373	1388	406	0	2528
湟里镇	29	390	164	990	167	0	1740
嘉泽镇	8	41	225	287	103	0	664
横林镇	102	450	472	832	1747	0	3603
遥观镇	69	1010	575	2533	642	0	4829
横山桥镇	40	377	548	1449	515	0	2929
潞城街道	20	280	937	446	114	0	1797
丁堰街道	7	135	198	314	77	0	731
戚墅堰街道	5	373	347	516	201	0	1442
合计	540	8765	14980	19137	6957	68	50447

【消费者权益保护】 3月15日，以“信用让消费更放心”为主题的武进区2019年国际消费者权益日纪念宣传活动在武进高新区富克斯广场举行，该活动由区市场监管局与区消费者协会联合主办，区商务局、烟草局等10余个政府部门共同参与。现场安排食品快检车辆对群众所购蔬菜开展农药残留检测、真假香烟对比展示、讲解如何识别劣质盐、为群众测血压等活动，分发《中华人民共和国消费者权益保护法》《2018年消费维权典型案例》等宣传资料5000余份，解答群众咨询100余人次。2019年，区市场监管部门依托局投诉举报复杂疑难事项会商工作机制，加强投诉举报处置工作，全年接转办理投诉举报13394件，比2018年增长44.5%，办结率86.43%，挽回经济损失525万余元，其中价格咨询投诉举报562件，协调退还消费者156万元。“武进区消费投诉公示平台”于2018年11月上线运行，2019年向全社会公示数据2223条，涵盖交通工具、餐饮住宿、食品药品等十大类别。

2019年武进区消费投诉公示情况表

表47

类别		公示信息（条）	同类占比（%）	总量占比（%）
商品类	交通工具	961	51.22	43.24
	食品药品	356	18.98	16.01
	服装鞋帽	229	12.21	10.30
	家居用品	133	7.09	5.98
	预付卡	100	5.33	4.50
	装修建材	61	3.25	2.75
	首饰	21	1.12	0.94
	通信产品	15	0.80	0.67
服务类	餐饮住宿	232	66.86	10.44
	教育培训	98	28.24	4.41
	预付卡	17	4.90	0.76
合计		2223	—	100.00

【网络市场监管】 2019年，区市场监管部门加强网络市场监管力度，依托省网络交易监测中心平台，掌握辖区网络主体情况。全区市场主体共开办网站7288个，设立网店24747个，设立微信公众号381个。对全区385家医疗机构自建网站及微信公众号开展摸排清理。全年检查网站、网店4283个，实地检查360家，督促网络交易平台删除违法商品信息172条，责令整改网站204个次，开展约谈、函告和行政指导行为79次。履行广告监管职责，先后开展涉嫌非法集资广告资讯信息排查清理活动、医疗机构虚假违法广告专项整治等宣传87次。依托区虚假违法广告联席会议制度，开展各类虚假广告专项整治，检查广告经营单位、发布单位481个，监测广告和咨询信息3338条次，查处虚假违法互联网广告案件95起。加强行政指导，对全区3家主流媒体开展集中行政约谈1次；对288家广告经营单位行政约谈107次，签订“有关履行金融业务广告发布前审查义务的承诺书”。

【稽查执法】 2019年，区市场监管部门落实《关于进一步加强全区市场监督管理行政执法与刑事司法衔接工作的意见》，完善市场执法体系。围绕知识产权、广告监管、食品药品安全、电动自行车生产经营、汽车零配件市场、保健品市场、农村假冒伪劣食品等重点领域及行业存在的违法违规行为，加强与其他相关部门协作，开展系列专项执法行动与扫黑除恶专项斗争，维护市场经济秩序和民生安全。严格落实食品药品违法行为处罚到人规定，对20名涉及食品药品犯罪人员实施禁业限制；查处虚假违法互联网广告案件95起，罚没合计52.86万元；报送涉黑涉恶线索5起。同时开展审慎包容执法，综合企业和经营者违法行为的事实、情节、危害程度等，遵循处罚与教育相结合原则，合理使用自

由裁量权，共作出减轻处罚案件 45 起，不予处罚案件 56 起。全年查处案件 410 起，案值 986 万元，罚没总额 855 万元，移送区公安机关涉嫌犯罪案件 4 起，收到并回复公安机关的商请认定函 21 份。

【知识产权管理】 2019 年，落实区机构改革方案，知识产权管理工作由区科技局划转到区市场监管局，过渡期间，基层知识产权工作仍由各镇、开发区科技管理部门负责。年内，区知识产权管理部门加大指导项目申报和宣传培训，引导企业规范开展知识产权工作。申报省级知识产权战略推进计划 19 项，获立项 10 个；申报并获立项省级高价值专利培育计划 1 项，申报省级正版正货示范街区 2 项，获立项 1 个，新增省级企事业单位知识产权贯标示范创建企业 33 家，累计 66 家；获省级配套奖励经费 90 万元；获省级知识产权保护能力提升项目立项 4 个、市级知识产权战略推进项目立项 11 个。围绕服装、小商品、地板、电子产品生产经营执法重点，严厉打击侵权假冒等违法行为，维护企业合法权益。对礼嘉镇常润发超市、牛塘亚邦医药物流公司开展现场执法，查处假冒专利案件 15 件。全年查结“双打”（打击侵犯知识产权和制售假冒伪劣商品）案件 189 件，案值 928.35 万元，共罚没 290.47 万元，移送司法机关 3 起。其中

10 月 12 日，区市场监管人员到润源精编有限公司开展现场辅导，了解产品专利情况（供图 / 区市场监管局）

2012—2019 年武进及周边县（市、区）、园区有效商标注册情况表

表 48 单位：件

年份	常熟	江阴	昆山	苏州工业园区	江宁	武进
2012	23595	21227	11684	—	6741	14042
2013	25068	23086	13467	—	8131	15368
2014	26530	25581	16021	—	9746	17013
2015	29753	28446	20343	13777	12642	19194
2016	32834	30671	24574	18085	16250	21404
2017	40571	33547	29415	24034	20878	24051
2018	63596	36034	34556	30841	29163	28649
2019	100806	49354	47155	41912	41055	36086

2019 年武进区企业获国家、省专利奖情况表

表 49

类　别	申　报　单　位	专　利　名　称	专利号
中国外观设计银奖	江苏小牛电动科技有限公司	电动自行车（U1 基本版）	ZL201730064208.4
中国专利优秀奖	江苏龙城精锻有限公司	汽车发电机用爪极的制造工艺	ZL200510095172.2
	新誉集团有限公司	一种导电轨接头	ZL201080001092.5
	瑞声光电科技（常州）有限公司	振动电机	ZL201510464827.2
	新誉轨道交通科技有限公司	一种电容异常检测系统及其工作方法	ZL201510504872.6
	常州恒利宝纳米新材料科技有限公司	一种石墨烯复合材料的连续式生产设备以及制备方法	ZL201710222715.5
	碳元科技股份有限公司	一种石墨层压结构及其制备方法	ZL201610659160.6
	江苏靶标生物医药研究所有限公司	一种肿瘤坏死因子相关凋亡配体融合蛋白及其制法和用途	ZL201310432137.X
江苏省专利奖金奖	常州强力电子新材料股份有限公司	咔唑肟酯类光引发剂	ZL200910030326.8
	江苏雷利电机股份有限公司	端子连接装置、应用其的步进电机及步进电机的装配方法	ZL201310340500.5
	江苏小牛电动科技有限公司	电动自行车（U1 基本版）	ZL201730064208.4

侵犯商标专用权案件24起，案值21.26万元，罚没47.93万元。配合市知识产权局开展专利侵权案件现场调查取证工作，执法7次，涉及企业10家。举办“4·26”知识产权周系列活动，提升企业、社会尊重知识产权意识。全年申请专利18297件，获专利授权10394件，全区有效发明专利7279件，万人有效发明专利50.19件。武进高新区7月获评国家知识产权示范园区；江苏小牛电动科技有限公司等8家企业获中国专利奖，常州强力电子新材料股份有限公司等3家企业获江苏省专利金奖。新增注册商标7406件，累计有效注册量36086件，位列全省县级区第六；新增认定晶雪、河马井驰名商标2件，累计51件，连续第七年位列全省县（市、区）第一。

（孙琳娜）

价格管理

【概况】 2019年，区价格管理部门聚焦民生领域改革，落实各级价格收费政策，加强价格宏观调控，突出民生价格监管，营造良好消费环境。实施价格监测，面对全区生猪存栏量严重不足、生猪价格上涨形势，牵头区商务、农业农村、市场监管等部门，做好冻猪肉储备，完成全区生猪保供应稳价格任务。严格执行商品房宏观政策，确保商品房价格相对稳定，年内审议商品房价格153个批次、面积337万平方米。加强游览参观点门票价格管理，梳理、巡查辖区各主要景区的门票价格、优惠政策及明码标价情况，确保各项优惠政策落实。完善平价商店管理，落实平价、惠民政策，执行平价商店退出机制，年内退出2家，累计有平价商店38家（其中常州经开区10家）。全年办理各类价格咨询、求助、投诉678件，全部按时办结。全年CPI（居民消费价格指数）涨幅3%，完成涨幅控制不超过3%的价格调控目标。

天然气价格调整　疏导天然气上游门站价格上涨矛盾，自2019年6月1日起，民用管道天然气由每立方米2.45元调整至2.72元，每立方米上调0.27元。自2019年10月1日起，非居民用天然气中准销售价格由每立方米2.85元上调至2.92元，最高销售价格由每立方米3.27元调整至3.36元。

2019年武进区成品油价格情况表

表50　　　　单位：元／升

时间＼零售价格＼最高规格	89号国Ⅴ汽油	92号国Ⅴ汽油	95号国Ⅴ汽油	0号国Ⅴ（Ⅵ）柴油
1月14日	6.10	6.51	6.92	6.11
1月28日	6.28	6.70	7.13	6.31
2月14日	6.32	6.74	7.17	6.35
2月28日	6.52	6.96	7.40	6.57
3月28日	6.58	7.02	7.47	6.64
3月31日	6.41	6.84	7.28	6.47
4月12日	6.53	6.96	7.41	6.60
4月26日	6.67	7.12	7.57	6.75
5月13日	6.62	7.06	7.51	6.69
5月27日	6.65	7.10	7.55	6.73
6月11日	6.31	6.73	7.16	6.35
6月25日	6.22	6.63	7.05	6.25
7月9日	6.33	6.75	7.18	6.37
8月6日	6.27	6.69	7.11	6.31
8月20日	6.11	6.52	6.94	6.14
9月3日	6.20	6.61	7.03	6.23
9月18日	6.29	6.71	7.14	6.34
10月21日	6.18	6.59	7.01	6.21
11月4日	6.26	6.68	7.10	6.30
11月18日	6.31	6.73	7.16	6.36
12月2日	6.35	6.78	7.21	6.40
12月30日	6.53	6.96	7.41	6.60

成品油及热力价格管理　贯彻落实国家成品油调价政策，及时关注市场动态并做好预警预报。全年调整成品油价格22次，油价总体上涨8.4%。疏导煤热价格矛盾，按照煤热价格联动办法及时调整蒸汽到户中准价格，全年调价3次，价格由每吨188元调至189元。

【价格监测】 2019年，区价格管理部门加强价格监测，及时做好预警预报工作。实施综合消费品市场居民食品零售价格常规监测，对全区37个价格监测点的170余种商品，特别是与群众生活密切相关的肉、禽、蛋、蔬菜等近90个品种，将“五日一报”制度调整为“一日一报”，同时增加猪肉替代品监测品种，全年上报各类监测数据2万余条。针对生猪、猪肉价格上涨形势，加强对生猪出栏价格、零售价格、苗猪价格、相关饲料价格及非洲猪瘟疫情的监测，开展调研分析，发布预警预报、信息报道30余篇；编报猪肉等主副食品价格监测周报9期。督促、指导国家监测直报点常州市众恒肉联有限公司和省监测直报点中天钢铁集团有限公司2家企业开展直报工作。监测到8月及10—12月4个月的月度CPI涨幅均超过3%，武进区及时启动低收入群体价格补贴工作，缓解物价上涨对低收入群体生活的影响。按照月度CPI在3%～5%之间、补贴标准为当地当月低保标准的十二分之一，取整为71元。年内发放补贴572万元,涉及2万余人(户)。

（雷　蕾）

【收费管理】 2019年，区价格管理部门执行省、市关于政府定价和收费减免与优惠政策（特定情形免征不动产登记费，调整专利收费减缴条件；降低无线电频率占用费、出入境证照类收费、商标注册收费标准；放开机动车检验检测服务收费；对易地扶贫搬迁项目免征城市基础设施配套费、不动产登记费；放开房产测绘服务收费、民航机场延伸服务收费、涉外事项服务收费、供热服务收费、电动汽车充换电服务收费、港口服务收费、公共文化体育设施收费、司法服务收费）要求，及时通知相关收费单位实施落实，全年减少社会负担230万元。落实收费清理政策，动态调整涉企收费目录清单，完善涉企收费目录和公示制度，规范行政事业性收费。组织辖区127家行政事业性、政府制定价格的经营服务性收费单位开展收费情况报告，报告率100%。全区2018年度行政事业性收费总额62406.32万元，比上年减少7490.47万元，降幅10.72%；收费总额占一般公共预算收入的3.5%。

根据成本监审相关文件要求，对辖区申请调整学费的5所民办中小学开展2016—2018年度三年学费定价成本监审。按照《常州市物价局制定和调整价格程序规定》文件要求，经举办座谈会、集体审议等程序，最终形成文件批复：民办小学每生每学期学费8000元，民办中学每生每学期学费11000元。

（唐君韬）

审　计

【概况】 3月，落实武进区机构改革方案，调整区发改局重大项目稽查、区财政局区级财政预算执行情况和其他财政收支情况的监督检查和原区国资办相关经济责任审计等职责到区审计局，增加行政编制5名。推进审计管理体制改革，于5月成立区审计监督服务中心；7月成立区委审计委员会，其办公室设在区审计局。2019年，区审计部门实施“五个强审”（党建强审、改革强审、质量强审、科技强审、人才强审）行动，发挥促进政令畅通、维护经济安全、推动深化改革、推进全面从严治党方面积极作用。围绕重大政策落实、财政预算执行、政府投资、经济责任等审计工作重点，完成财政预算执行和决算草案审计、领导干部经济责任审计、专项资金审计等项目34个，查出违规资金85.92亿元，管理不规范资金586万元。在南环线、湖滨路、花园街绿化等政府投资重点项目审计中，出具审计报告10份，送审金额3.19亿元，审定金额2.7亿元，核减0.49亿元，被审计单位存在不及时提交工程相关资料，造成跟踪审计组信息滞后、监督不及时等问题，提出相关审计要求，年末均整改到位。全区内审机构43个，内审人员163人，完成审计项目3446个，提出审计建议408条，查出损失浪费资金0.23亿元，增加效益2.27亿元。8月，区审计局获评市级文明单位，重大政策措施落实情况跟踪审计组获评2019年度武进区“三八”红旗集体、全省乡村振兴相关政策和资金审计先进集体。

【区审计监督服务中心成立】 5月，落实区机构改革方案要求，成立局下属公益一类事业单位区审计监督服务中心，与区审计局合署办公。指导监督镇（开发区、街道）内审机构对辖区内社区、村委和镇（开发区、街道）所属事业单位、国有企业开展财务收支审计、经济责任审计、专项审计调查等。设综合科、审计监督一室、审计监督二室、审计监督三室，核定事业编制20个。年内，通过选调、商调、招聘等方式，引进财务、工程等方面审计人才14人，参与领导干部经济责任审计、专项资金审计等项目10个。

【重大政策落实情况跟踪审计】 2019年1—5月，按照审计署和省审计厅统一部署，区审计局组织开展对溧阳市2016至2018年乡村振兴相关政策和资金的审计，重点关注乡村振兴任务安排和资金管理使用、惠农补贴资金及涉农类项目资金安全绩效、任务完成及政策目标实现情况，同时关注扶贫相关政策及精准扶贫工作落实情况、扶贫资金管理使用及扶贫项目建设管理情况，检查村级涉农财政资金和村集体“三资”管理情况。抽查涉农专项资金2.05亿元、扶贫资金2.21亿元、村级涉农财政资金6.44亿元，涉及项目150个、单位11个、乡镇11个、村61个、农户134户。经审计，在乡村振兴相关政策和资金、惠农财政补贴“一卡通”发放、扶贫减贫政策措施落实、村级涉农财政资金使用及村级“三资”管理五个方面存在问题70余个，针对性提出审计建议4条，至年末全部落实整改。

【财政预算执行和决算草案审计】 2019年3—5月，区审计局开展2018年度区级财政预算执行和决算草案审计，对区发改局、统计局、司法局、残联、科协5个单位开展预算执行审计。重点关注区级决算草案及预算执行情况、部门预算执行情况、重大财税政策落实、财政专项资金绩效以及政府重大投资项目推进等情况。依托大数据分析技术及现场审计实施系统（AO），筛查预算编制、预算指标追加、非税收入管理、财政专项资金、“三公经费”、国有资产等数据资料，与财政系统中123个预算单位的政府采购预算及执行数据实施比对分析，实现部门预算执行审计全覆盖。区级财政预算执行审计报告向区党政主要领导、审计委员会成员单位、区人大专题汇报。区级财政预算执行和决算草案审计发现存在预算批复不规范、部分单位项目结转资金未及时清理等问题，出具审计决定书1份。在部门预算执行审计中，发现部分预算调整存在未经人大审查和批准先下达使用、部分预算单位政府采购

3月28日，区审计组开展乡村振兴审计，实地抽查、走访家庭农场和合作社

（供图／区审计局）

管理执行不到位的情况，要求相关被审计单位反馈整改落实情况报告，出台相关整改制度，至10月底均完成整改。

【党政领导干部经济责任审计】 2019年年初，由区审计局与区委组织部共同商定年度审计计划，对嘉泽镇、南夏墅街道、区发改局等13个单位的15名领导干部开展经济责任审计，其中对湖塘镇、南夏墅街道党政主要领导开展“三责联审”（对领导干部开展用人责任审查、经济责任审计和编制责任审核），重点关注领导干部履行经济发展、生态保护、民生保障、债务管理和廉政责任等情况。在部分经济责任审计项目中采用“巡审联动”模式，与区委巡察办共同比对分析发现疑点和问题，相互借鉴利用工作成果，提升经济责任审计成效。经审计，共发现财务收支及管理、国有资产管理等问题128个，提出整改意见和建议23条，查出管理不规范金额3733.33万元。至年底全部完成整改。

【援疆项目审计】 9月，区审计局派审计组到对口支援新疆伊犁州尼勒克县开展援疆项目审计，现场审计项目建设及资金使用情况，重点关注援建项目计划情况、建设及资金情况。审计城乡住房及配套基础设施建设、教育、就业培训、卫生等其他社会事业、科技和产业支撑、干部人才、交流及其他七大类17个援疆项目，包含尼勒克县第三小学、富民安居工程、旅游规划及景区基础设施提升完善工程等。发现存在部分基建资金支出不合规、部分项目超计划投资等问题8个，提出规范基金资金支出、规范票据管理等审计建议8条。至年底，被审计单位全部完成整改。

（谭　论）

统　计

【概况】 2019年，区统计部门全面贯彻实施中央《关于深化统计管理体制改革提高统计数据真实性意见》《统计违纪违法责任人处分处理建议办法》《防范和惩治统计造假、弄虚作假督查工作规定》精神，推进依法统计工作。开展区高质量发展监测评价考核，推进区第四次全国经济普查，有效提高统计数据质量，夯实统计基层基础，提升统计服务能力。于3月发布《2018年武进区国民经济和社会发展统计公报》、7月编印《武进统计年鉴2019》，全面反映全区经济社会发展成果。全年分别印发《统计专报》《统计分析资料》《统计政务信息》《统计经济信息》《统计快讯》31期、40期、178期、113期、30期，反映镇、开发区主要经济指标进展情况，为各级党政领导和有关部门提供参考。推进统计基层基础建设，出台《2019年武进区统计基层基础建设工作意见》，完善村级、企业统计规范化建设标准，申报省级规范化合格企业465家；推行基层基础规范化电子台账建设，申报省级村级统计规范化建设“千佳单位”14个。区统计局被省统计局评为2019年县级统计规范化建设“十佳”单位，其“‘点面跟学’提升镇级统计业务能力”工作获评省级规范化管理创新项目；牛塘镇统计科被省统计局评为乡镇（街道、园区）统计规范化建设“百佳单位”，武进区被市统计局评为2019年度辖市（区）统计工作先进地区。区农普办撰写的《武进区乡村经济振兴探索》入选市第三次全国农业普查研究报告汇编。

9月11号，援疆审计组现场察看尼勒克县武进实验学校　　（供图／区审计局）

【武进区高质量发展监测评价考核】 2019年年初，根据《2019年度江苏省高质量发展监测评价考核实施办法》，明确武进在经济发展高质量、改革开放高质量、城乡建设高质量、文化建设高质量、生态环境高质量、人民生活高质量六大指标体系35个指标的高质量发展监测评价考核要求。区统计部门围绕武进高质量发展走在前列目标，开展区高质量发展监测预警工作。于3月建立由分管区领导任组长、相关部门分管领导为成员的监测评价工作联席会议制度，部署推进考核工作。区统计局全面征求相关部门意见，加强部门联动和跟踪调研，定期收集、整理、分析指标监测数据，分析武进高质量发展亮点及短板，并提出针对性建议，及时向区委、区政府报送监测评价考核分析报告。4月，武进区被省委办公厅、省政府办公厅评为2018年度高质量发展先进县（市、区）。武进区2018年高质量发展总水平指数80.32，列全省63个县（市、区）第13位。

【重点领域统计方法制度改革】 2019年，区统计部门按照上级统计部门统一部署，推进投资“一套表”统计制度改革。联合区发改、工信等职能部门，对全区省、市、区级重点项目进展情况开展现场走访、排查摸底，确保符合条件项目应报尽报、应统尽统；2月，根据国家投资改革实施方案，科学合理逐月调整各镇、开发区投资基数。对照区第四次全国经济普查名录，及时更新十大产业链、战略性新兴产业、高新技术产业名录，切实反映武进转型升级成果。按照上级统计制度要求，全面开展小康统计监测、西太湖石墨烯特色小镇监测、电子信息产业调研、三新统计调查工作，构建武进新经济体系。及时做好单位新增和变更工作，于9月出台《武进区“一套表”调查单位增减变动审核确认工作规范》。至年末，经

9月19日，市、区普查办在武进高新区开展四经普单位清查（供图/区统计局）

审批进入“一套表”单位600多个。按照“专人负责、专业配合”模式，完善基本单位名录库工作制度。全年新增法人单位5685个、产业活动单位504个。

【统计法治建设】 2019年，区统计部门贯彻落实中央《意见》《办法》《规定》和《中华人民共和国统计法》等相关法律法规，于3月制定出台常州市武进区统计局《关于统计机构负责人和统计人员防范和惩治统计造假弄虚作假责任制实施办法（试行）》《常州市武进区统计局统计执法“双随机”抽查办法》《常州市武进区统计局统计违法举报工作实施办法》，完善统计法治制度。通过全区及各镇（街道）、开发区年定报制度培训会议，区第四次全国经济普查工作会议，各专业培训会议等途径，加强对统计人员的学习培训。发挥统计监督功能，提升统计数据质量，通过行政指导方式纠正轻微统计违法行为，将行政指导贯穿于统计督查、统计检查、数据核查工作全过程。下半年，对横林、遥观、礼嘉3镇开展统计督查，其中横林镇由市统计局负责，同时，依托省统计依法行政管理系统，随机抽取镇、开发区各20家企业开展统计执法检查，全区各镇（街道）、开发区全面开展统计数据核查，共核查工业、贸易业、服务业企业160家。年内对新增485家“四上”（规模以上工业、规模以上服务业、限额以上批零住餐饮业、资质以上建筑业和房地产业）企业下发《统计法律事务告知书》，书面告知其权利、义务和统计法律责任。

【区第四次全国经济普查】 武进区第四次全国经济普查（简称“区四经普”）于2018年5月启动，至12月底完成统计组织建立及人员配备、宣传培训及单位清查工作。2019年，区统计部门围绕四经普数据质量要求，开展普查登记、数据审核、事后质量抽查等工作。区普查办于1月初组织开展登记业务培训，培训普查业务骨干180余人，推进各镇（街道）、开发区开展培训工作，确保基层每一位普查员、普查指导员业务熟练。推进“四上”单位联网直报工作，做好“四下”单位及个体工商户PDA（掌上电脑）数据采集、录入工作。围绕“把经济总量搞准、把行业结构搞清”经济普查数据质量控制根本要求，制定出台《武进区第四次经济普查质量控制方案》，完善工作制度，利用大数据做好查疑补漏，确保单位应报尽报。加强数据审核力度，开展普查数据在线检查和审核，依托统计新干线多维分析工具，重点关注指标数据平衡关系和逻辑关系、数据奇异值和指标统计单位、口径和范围的一致性。在4月市普查办组织的数据质量抽查中，武进区数据质量获充分肯定。12月，区普查办获省级“优秀集体”荣誉，副区长、区四经普领导小组组长陆秋明，区四经普领导小组办公室主任王勇等15人获省级“先进个人”荣誉。

（蒋利金）

行政审批服务

【概况】 2019年，区行政审批局围绕“服务再加力，满意再提升”发展理念，落实“放管服”改革要求，推进行政审批制度改革，优化行政审批服务环境，健全基层政务体系，加强公共资源交易规范创新，优化区域营商环境，服务全区高质量发展。区行政审批制度改革工作领导小组办公室（简称“区审改办”）牵头推进政府职能转变和落实“放管服”改革，启动工程建设项目审批改革。对国务院明确的第一批106项涉企行政审批事项，分别按照直接取消审批、许可改为备案、实行告知承诺、优化准入服务四种方式实施“证照分离”改革，至年末已取消审批2项，许可改备案2项。推进实施“互联网+监管”改革，协调各监管部门采集监管业务数据。落实“一门、一网、一窗”审批服务改革。完善基层政务体系建设，实现全区17个镇（街道）为民服务中心全覆盖。全年区行政审批局办结市场准入项目7.46万件、投资建设项目8500余件、综合事务项目7500余件，完成现场踏勘3600余趟。政务服务中心窗口办件12万余件。公共资源交易中心全年完成工程类145个标段、政府采购类686项，节约资金8.6亿元；完成国有产权类和农村产权类交易项目2170余项，增值资金2100余万元；完成医药采购项目670项，成交额730万元。办事群众第三方满意度98.2%。省、市领导多次调研区公共资源交易中心及行政审批局，对区审批和交易工作给予充分肯定。相关工作被省、市、区媒体报道共50余次。《武进区打出组合拳，按下快进键，让“放管服”改革释放红利》《常州武进：当好营商环境“优等生”》两篇专题报道被“学习强国”江苏学习平台收录。区公共资源交易中心被《政府采购信息报》评为“全国政府采购百强区（县、市）突出贡献单位”。

【企业登记全流程电子化推行】 武进区从2018年7月推行开办企业全程电子化登记，申请人无须到审批登记窗口递交纸质材料，通过“江苏工商”手机App操作即可办理企业营业执照。2019年，区行政审批局加快推进企业登记全程电子化进程，取消登记名称预先核准环节，实行企业名称自主申报，企业申请人到政务大厅自助服务区自主申报企业名称，常规企业名称100%实现自主申报。开展工商开业登记与公章刻制备案并联工作，优化审批流程。6月推广使用省企业开办全链通平台，该平台整合企业登记注册、刻制公章、办理涉税事项、银行预约开户等开办企业事项，实现开办企业综合事项的一网通、全链通、即时通。11月启用“证照登记自助服务一体机”，依托移动互联网，集身份证识别、人脸识别、语音提示、有限公司设立登记办理、自助打印服务等功能于一体，实现企业设立自主申报、自行负责、自助打造的全流程自助登记模式。年内，辖区内资企业在2个工作日以内完成开办比例达99%以上，通过全程电子化登记设立公司1722个。

【镇（街道）为民服务中心全面成立】 2019年，武进区优化政务服务功能，在2018年成立2个镇级服务中心的基础上，全面推进镇（街道）为民服务中心和村（社区）便民服务中心建设，实施在机构设置、大厅建设、事项清单及办事指南编制、服务流程、平台建设、中心管理六大方面的标准化建设。区行政审批局编制镇（街道）公共服务事项标准化事项清单和办事指南，明确事项名称、政策依据、办事程序、承诺时限、收费标准、服务电话等内容，提高群众办事精准性。推动“互联网＋政务服务”向基层延伸，组织开展政务平台应用、网络安全管理等培训，指导基层智慧政务大厅建设，方便基层群众网上办事，让“数据多跑路，群众少跑腿”。至年底，完成全区17个镇（街道）的为民服务中心全覆盖、村级便民服务中心全覆盖。

【工程建设项目审批改革启动】 内容参见“专记”类目P3相关条目。

【“一门、一网、一窗”审批服务】 2019年，武进区围绕便民利民目标，推进落实“一门、一网、一窗”行政审批服务改革。区审改办于4月制定出台《关于推进区级部门政务和公共服务“进一门、集中办、高效批”改革的实施方案》，推进区级服务事项向政务服务中心集中，推动区级职能部门六大类政务服务事项、公共服务事项（依申请类）和垂直管理部门政务服务事项100%进驻区政务服务中心实体大厅。区行政审批局梳理汇总进驻政务服务大厅的政务服务和公共服务事项清单，共涉及全区35个部门的政务服务事项700项、依申请类公共服务事项64项，全区事项进驻率达100%。落实“放管服”和“不见面审批”改革要求，依托省政务服务“一张网”和区政务服务一体化平台，深度定制一批服务事项，逐步推进政务服务实现“网上办、移动办、自助办、异地办、套餐办”目标。至年底，全区政务服务事项的网上可办率94.6%，其中，通过江苏政务App和区行政审批局自助设备办理事项110余项、通过套餐化办理服务事项5项。根据群众办件频率、办事习惯及审批事项专业化程度，按照前台综合受理、后台分类审批、窗口统一出件目标，4月在区政务服务中心大厅分别设置“综合一窗”和“专业一窗”。将22个审批事项主项、47个业务项分两批纳入新设立的综合受理科办理。全年办件1.03万件。

【公共资源交易管理】 2019年，武进区以阳光高效为目标，推动公共资源交易规范创新。探索建立“不见面开标”大厅，制定适合辖区的EPC（Engineering Procurement Construction）项目招标导则，修改、简化和完善各类招标示范文本，推进招标文件范本格式化，提升进场交易项目标准化程度。扩大定点政府采购项目范围，发挥集中采购优势，推行绿色采购。3月，落实区政府机构改革方案要求，原区委农工办下属事业单位武进区农村产权交易所整建制移交至区行政审批局。区行政审批局加强协调融合，落实划转后续工作，确保整合后的公共资源交易平台有序运行。优化产权项目交易流程和非国有资金投资项目发包流程，简化投标保证金收退程序，提高为民办事效率。加强基层交易管理，建立限额项目系统平台，在西太湖科技产业园及洛阳、湖塘、雪堰、前黄4个镇开展工程建设项目全流程电子化交易试点，减少人为因素对交易过程的干扰。围绕依法必须招标规模标准调整，制定出台《镇级工程建设项目招投标操作细则（试行）》，确保权力规范有序运行。加强交易监管，健全完善招标代理评价机制，定期发布招标代理考核结果，推进行业信用体系建设。年内，处理7家投标单位、评委、中介机构的不良行为，并根据失信行为情节轻重给予约谈警告、扣除诚信分，将其中4家嫌疑串标、弄虚作假单位移交相关主管部门处理，净化交易市场秩序。

（蒋秋玉）

不动产登记交易管理

【概况】 2019年，常州市不动产登记交易中心武进分中心（简称“武进不动产中心”）继续优化“一窗受理、集成服务”模式，全面实现“一般不动产登记3个工作日内办结”，落实“质量提升年”行动，打造优质的交易登记营商环境。全年受理各类不动产登记13.01万件，其中登记类10万件、查询类3万件。

【提升不动产登记交易效能】 2019年，武进不动产中心持续优化“一窗受理、集成服务”模式，推进3个工作日办结不动产权证工作。全年提供水电气联动过户（7678件）、EMS免费送达（5242件），提供自助查询服务9325件。与银行等金融机构拓展数据共享范围和应用，延伸抵押登记办理。开通建设银行抵押登记便民服务网点28个，在武进多个建行网点提供抵押登记“不见面服务”3500次。对接上线不动产登记电子证照，实现不动产电子印章线上线下一体化运作。11月15日，武进不动产中心制发全区首本集体土地加盖不动产登记电子印章的证书。

【不动产登记惠民政策落实】 1月，武进不动产中心全面启动农村不动产权籍调查，加快推进整合存量数据，配合区土地改革试点做好农房宅基地及集体经营性用地入市交易登记。稳步推进安置房办证工作，完成金鸡花园等9个安置小区登记材料受理。落实降费惠民政策，针对变更、更正登记等3种情形，免征不动产登记费；对车库、车位、储藏室单独发证的，继续执行按住宅类不动产登记每件80元的优惠标准；严格执行小微企业免收不动产登记费优惠政策。有效解决群众办理登记过程中公示时间长、公证费用高等问题，实施继承公证政府买单，受理继承登记公证政府买单业务603件。

（姜　钰）

科技创新

Scientific and Technological Innovation

栏目编辑　陈　蓉

创新示范基地建设

【概况】 2019年，武进区坚持创新发展理念，实施创新驱动发展战略，落实江苏省委、省政府《关于深化科技体制机制改革推动高质量发展若干政策》，省、市《2019年苏南国家自主创新示范区建设工作要点》，继续实施产业创新发展三年行动计划，加强统筹谋划，集聚优势创新资源，加快苏南国家自主创新示范区（简称“自创区”）、全国双创区域示范基地（简称“双创示范基地”）建设，为高质量发展提供科技支撑。全区双创工作获国务院督查激励。年内，全

表51　2019年武进区新增自创区和双创示范基地建设示范企业情况表

认定类型	企业名称
苏南国家自主创新示范区瞪羚企业	江苏国茂减速机股份有限公司
	江苏恒立液压科技有限公司
	江苏万帮德和新能源科技股份有限公司
	常州携手智能家居有限公司
	柳工常州机械有限公司
	金石机器人常州股份有限公司
	安费诺（常州）高端连接器有限公司
	北汽新能源汽车常州有限公司
	江苏君华特种工程塑料制品有限公司
	常州铭赛机器人科技股份有限公司
	江苏欧密格光电科技股份有限公司
	江苏新瑞齿轮系统有限公司
	江苏恒立液压股份有限公司
	常州今创风挡系统有限公司
	快克智能装备股份有限公司
	常州龙骏天纯环保科技有限公司
	常州工利精机科技有限公司
	常州龙翔气弹簧股份有限公司
	江苏振邦智慧城市信息系统有限公司
	常州鼎健医疗器械有限公司
苏南国家自主创新示范区潜在独角兽企业	常州纵慧芯光半导体科技有限公司
	常州龙腾光热科技股份有限公司
苏南国家科技成果转移转化示范区产业化基地成果转化示范企业	江苏恒立液压股份有限公司
	碳元科技股份有限公司

认定类型	企业名称
武进区国家双创示范基地示范单位	常州先进制造技术研究所
	常州科教城大学生创新创业园
	创业邦（常州）邦空间 DEMO SPACE
	常州铭赛机器人科技有限公司
	常州天正工业发展股份有限公司
	中车戚墅堰机车有限公司
	中车戚墅堰机车车辆工艺研究所有限公司
	江苏普灵仕集团有限公司
	中汽研（常州）汽车工程研究院有限公司
	阿里巴巴创新中心（常州武进）
	江苏恒立液压股份有限公司
	江苏万帮德和新能源科技股份有限公司
	江苏龙城精锻有限公司
	常州固高智能装备技术研究院有限公司
	常州石墨烯科技产业园
	常州医疗器械产业研究院有限公司
	碳元科技股份有限公司
	江苏绿弘科技发展有限公司
	武进科技金融中心
	武进湖塘科技产业园
	江苏武进科创园
	常州九洲创投园管理有限公司

区R&D经费（科学研究与试验发展经费）占地区生产总值的2.96%。其中，规模以上工业企业完成研发投入64.5亿元，增长4.23%。武进自创区获省财政厅、科技厅专项奖励资金2780万元，其中武进高新区获2350万元、西太湖科技产业园（武进经发区）获430万元。企业借助科技创新引领工程增强自主创新能力，推动创新创业平台建设，加快产学研合作，引育高层次创新创业人才，20家企业入选苏南国家自主创新示范区瞪羚企业，2家企业入选苏南国家自主创新示范区潜在独角兽企业，2家企业被评为苏南国家科技成果转移转化示范区产业化基地成果转化示范企业，2个中心建设项目被列为2019年苏南国家自主创新示范区省市共同推进重大科技创新建设项目，22个单位被命名为武进区国家双创示范基地示范单位。全区全年立项区级及以上科技项目599个，其中国家级7个、省级81个，13个项目获省科学技术奖；申请专利18297件，获授权10394件，其中发明专利1175件，万人有效发明专利拥有量50.19件，3件专利获省专利项目金奖；新增国家级孵化器1个、省级工程技术研究中心14个、市级工程技术研究中心20个，与省产业技术院共建企业联合创新中心2个，年内实现科技成果技术转让1019项，成交额35.38亿元；组织区内企业和科研院所参与第十四届中国常州先进制造技术成果展示洽谈会，组织第二届中国·以色列医疗科技产业高峰论坛、人工智能外籍院士武进行等专场活动23场。至年底，全区有效高新技术企业增至679家，有江苏省创新型领军示范企业7家，完成规模以上高新技术产业产值1872.5亿元，占规模以上工业企业产值的44%。武进区获2019年度全国科技创新百强区第三名。武进高新区在全国169个参评的国家级高新区中综合排名第39位，比2018年上升6位，连续3年位居全国县区级国家级高新区首位，获批建设国家知识产权示范园区；常州经开区在省级经开区综合考评评价中位列第9位，上升4位；西太湖科技产业园（武进经发区）在省级高新区、省级经开区综合排名中分别位列第6、第31位，分别比2018年提高6位、5位。

（张建忠）

【武进区国家双创示范基地建设获国务院督查激励】 2019年5月，武进区国家双创示范基地因推动双创政策落地、扶持双创支撑平台、构建双创发展生态、打造双创升级版等方面大胆探索、勇于尝试、成效明显，首次获国务院督查表扬，成为全国14个受表彰的基地之一。相关内容参见“专记”类目P2相关条目。

【新增省级双创示范基地4个】 6月13日，2019年全国大众创业万众创新活动周江苏分会场启动仪式在扬州市举行，省发展改革委公布第三批省级双创示范基地名单，武进区入选4个。分别是：武进高新区双创示范基地入选区域示范基地，中车戚墅堰机车车辆工艺研究所有限公司双创示范基地入选企业示范基地，常州轻工职业技术学院双创示范基地、常州轻工职业技术学院双创示范基地入选高校示范基地。全区累计有省级双创示范基地6个。其中，武进高新区聚焦发展高端装备、节能环保、电子和智能信息、新型交通、机器人及系统集成、智电汽车“4+2”产业，借助科技创新、平台建设、人才招引、技术转化等驱动高质量发展。至2019年年初，武进高新区累计拥有高新技术企业165家，汇聚创业投资企业63家、各类金融机构100余个，设立风险补偿资金池3500万元，累计引进领军型创新创业团队904个，培育省双创团队4个、双创人才93人，集聚新型研发机构、技术转移转化中心等41个，建成省级及以上孵化器9个、众创空间12个，孵化场地面积累计100万平方米。

（吴志坚）

高新技术产业

【概况】 2019年，武进区贯彻省政府《关于印发江苏省推进高新技术企业高质量发展若干政策的通知》，持续实施高新技术企业三年倍增工程，加快发展高新技术产业，推进自创区、双创示范基地建设。全年新认定高新技术企业160家、省民营科技企业97家、市创新型领军企业34家、市科技型上市培育企业180家。区委、区政府以科技项目为抓手，引导企业加大研发投入，从税收优惠、研发奖励、贷款争取等方面鼓励高新技术企业研发创新，269家高新技术企业获减免企业所得税10.85亿元，1109家企业享受研发费用加计扣除额53.27亿元，扶持61家中小企业争取科技贷款2.05亿元。年内，武进区持续引导高新技术企业加大研发投入，开展科技攻关、自主创新，开发具有自主知识产权和自有品牌高新技术产品，新增市级高新技术产品806个，涵盖电子信息、航空航天、新材料、生物与新医药、新能源与节能、资源与环境、高技术服务、先进制造与自动化八大技术领域。至年底，全区规模以上高新技术产业完成产值1872.5亿元，占规模以上工业企业产值的44%，比2018年增长6.5%。

【高新技术企业增至679家】 2019年，武进区量质并举壮大高新技术企业集群，区政府办印发《武进区加快推进高新技术企业培育的若干政策》，加大高新技术企业培育资金投入力度，支持企业开展新技术、新产品、新工艺研究，降低科技型中小企业研发成本，加大高新技术企业信贷支持。区科技局优化工作机制和服务举措，支持科技企业开展高新技术企业申报和到期重新申报，组织召开大型申报辅导培训会，分片召开企业申报实务培训会、2018年申报未获认定企业座谈会等，提高企业申报积极性和成功率。全年新增省高新技术企业培育入库企业245家，组织申报高新技术企业384家，其中新申报245家、重新申报139家，累计认定高新技术企业291家，其中新认定160家、重新认定131家。全区有效高新技术企业累计679家，占全市的38.6%，涵盖电子信息、新材料、新能源、高端装备智造、高技术服务等领域。679家高新技术企业聚焦研发投入和成果产出，全年投入研发经费63.94亿元，完成产值1328.13亿元，实现销售收入1341.29亿元、净利润116.55亿元。其中，常州经开区、武进高新区、西太湖科技产业园（武进经发区）分别有高新技术企业180家、205家、98家，分别完成规模以上高新技术产业产值667.2亿元、629.6亿元、147.3亿元，分别比2018年增长8.7%、3%、14.9%，分别占全区规模以上高新技术产业产值的35.6%、33.6%、8.1%。

表 52

2019 年武进区新认定高新技术企业情况表

企业名称	所在地	企业名称	所在地
常州迈纳光电科技有限公司	常州科教城	常州市诚鑫金属制品有限公司	常州经开区
常州威图流体科技有限公司	常州科教城	常州市海宝焊割有限公司	常州经开区
江苏鑫华禹测控技术有限公司	常州科教城	常州市金鹏液压件制造有限公司	常州经开区
常州艾恩替机械科技有限公司	常州科教城	常州市巨能王电机有限公司	常州经开区
常州高晟传感技术有限公司	常州科教城	常州市清泉环保成套设备有限公司	常州经开区
常州世竟液态金属有限公司	常州科教城	常州市顺龙宏源包装有限公司	常州经开区
常州制邦信息科技有限公司	常州科教城	常州市伟邦光电科技有限公司	常州经开区
常州市云艺光电科技发展有限公司	常州科教城	常州市英杰工具有限公司	常州经开区
常州涛涛智能科技有限公司	常州科教城	常州市知宇粉末冶金有限公司	常州经开区
常州一粟水下机器人科技有限公司	常州科教城	常州卫星装饰材料有限公司	常州经开区
常州亘源数控设备有限公司	常州科教城	常州欣盛半导体技术股份有限公司	常州经开区
江苏精拓机器人科技有限公司	常州科教城	常州医疗器材总厂有限公司	常州经开区
江苏立教信息科技有限公司	常州科教城	常州鑫德源恒耐火板装饰材料有限公司	常州经开区
常州百美金属科技有限公司	常州经开区	江苏爱芮斯医疗科技有限公司	常州经开区
常州贝伦迪线束技术股份有限公司	常州经开区	江苏华艺泡棉科技有限公司	常州经开区
常州凯润科技有限公司	常州经开区	江苏元隆电器有限公司	常州经开区
常州市立时灵胶粘材料有限公司	常州经开区	常州艾卡新材料科技有限公司	武进高新区
常州兴力机车车辆配件有限公司	常州经开区	常州固高智能装备技术研究院有限公司	武进高新区
常州中衡机械科技有限公司	常州经开区	常州华数锦明智能装备技术研究院有限公司	武进高新区
江苏先电机械有限公司	常州经开区	江苏武运传动机械有限公司	武进高新区
常州诚磊阀门科技有限公司	常州经开区	峻邦特种线缆科技（常州）有限公司	武进高新区
常州多博特机器人科技股份有限公司	常州经开区	常州莱控电子科技有限公司	武进高新区
常州恒干干燥设备有限公司	常州经开区	常州市都威电子有限公司	武进高新区
常州市成丰流量仪表有限公司	常州经开区	常州市丰乐精锻有限公司	武进高新区
常州市康捷特种无纺布有限公司	常州经开区	常州市武进长江滚针轴承有限公司	武进高新区
常州市迈特装饰材料有限公司	常州经开区	常州市武进华菱电工机械有限公司	武进高新区
常州市往复世佑高压泵阀有限公司	常州经开区	常州市武进天一电子器件有限公司	武进高新区
常州市卓奥光电科技有限公司	常州经开区	常州佑佳新材料科技有限公司	武进高新区
常州威肯过滤分离环保技术有限公司	常州经开区	江苏博人文化科技有限公司	武进高新区
常州睿纯佳金属制品有限公司	常州经开区	江苏海鋆自动化技术有限公司	武进高新区
江苏博大木业有限公司	常州经开区	江苏百惠电子新材料有限公司	武进高新区
江苏华骏丰金属制品有限公司	常州经开区	江苏兴广包装科技有限公司	武进高新区
江苏亚示照明集团有限公司	常州经开区	江苏中科云控智能工业装备有限公司	武进高新区
倍得福机械科技（常州）股份有限公司	常州经开区	博世力士乐（常州）有限公司	武进高新区
常州德玛利特数控机械有限公司	常州经开区	常州奥智高分子新材料有限公司	武进高新区
常州华通新立地板有限公司	常州经开区	常州常珏精密机械科技有限公司	武进高新区
常州九圣焊割设备有限公司	常州经开区	常州宏力称重设备制造有限公司	武进高新区
常州朗逊防静电地板有限公司	常州经开区	常州怀玉电子有限公司	武进高新区
常州市白鹭电器有限公司	常州经开区	常州力诺电子衡器有限公司	武进高新区
常州市昌隆电机股份有限公司	常州经开区	常州瑞尔特测控系统有限公司	武进高新区

续表 52

企 业 名 称	所在地	企 业 名 称	所在地
常州市美尔娜服饰有限公司	武进高新区	常州南鹏机械有限公司	礼嘉镇
常州市清潭特种轴承有限公司	武进高新区	常州市武进润丰塑料制品有限公司	礼嘉镇
常州天正信息科技有限公司	武进高新区	常州市永邦塑业有限公司	礼嘉镇
常州天之盛汽车部件有限公司	武进高新区	江苏常力电器有限公司	礼嘉镇
常州益辉金属科技有限公司	武进高新区	常州嘉瑞特环保能源科技有限公司	前黄镇
江苏顺风新能源科技有限公司	武进高新区	常州九天新能源科技有限公司	前黄镇
诺克威特种导体（常州）有限公司	武进高新区	常州圣雅塑母粒有限公司	前黄镇
泓准达电子科技（常州）有限公司	武进高新区	常州市佳博机械制造有限公司	前黄镇
常州富美环境科技有限公司	武进高新区	常州北川机械制造有限公司	前黄镇
常州天地人和生物科技有限公司	西太湖科技产业园	常州市耕耘电器有限公司	前黄镇
常州易藤电气有限公司	西太湖科技产业园	江苏龙禾轻型材料有限公司	前黄镇
江苏特普优微创医疗科技有限公司	西太湖科技产业园	江苏秋泓环境检测有限公司	湖塘镇
新恒东薄膜材料（常州）有限公司	西太湖科技产业园	常州市武进建筑设计院有限公司	湖塘镇
永旭晟机电科技（常州）有限公司	西太湖科技产业园	江苏智马科技有限公司	湖塘镇
常州集硕医疗器械有限公司	西太湖科技产业园	常州科旭纺织有限公司	湖塘镇
常州市南翔医疗器械有限公司	西太湖科技产业园	常州市辉廷机械有限公司	湖塘镇
江苏长三角环境科学技术研究院有限公司	西太湖科技产业园	常州市前峰汽车附件有限公司	湖塘镇
江苏科利恩净水科技有限公司	西太湖科技产业园	常州市武进区湖塘常松建材有限公司	湖塘镇
常州大章医疗器械有限公司	西太湖科技产业园	江苏正德轨道科技有限公司	湖塘镇
常州二维暖烯科技有限公司	西太湖科技产业园	沃沛斯（常州）能源科技有限公司	湖塘镇
常州高清信息技术有限公司	西太湖科技产业园	欣瑞德（江苏）医疗科技有限公司	湖塘镇
常州瑞丰特科技有限公司	西太湖科技产业园	常州市春晖纺织染整有限公司	湖塘镇
常州桐树生物科技有限公司	西太湖科技产业园	常州凯瑞莱精密工具有限公司	牛塘镇
常州益锐医疗器材有限公司	西太湖科技产业园	江苏创立康医疗器械有限公司	牛塘镇
江苏尊道科技有限公司	西太湖科技产业园	常州市苏迅电子有限公司	牛塘镇
可丽尔医疗科技（常州）有限公司	西太湖科技产业园	江苏克力空调有限公司	牛塘镇
盈帜科技（常州）有限公司	西太湖科技产业园	常州市钧达轴承有限公司	牛塘镇
常州瑞捷生物科技有限公司	西太湖科技产业园	常州市泰博精创机械有限公司	牛塘镇
常州礼乐医疗科技有限公司	西太湖科技产业园	江苏德越标牌有限公司	牛塘镇
常州市恒具森自动化设备有限公司	雪堰镇	常州酷冷制冷设备有限公司	洛阳镇
常州市湘林嘉雨机械有限公司	雪堰镇	常州市永安电机厂有限公司	洛阳镇
常州爱克普换热器有限公司	雪堰镇	常州韩清机电科技有限公司	洛阳镇
江苏华盾复合材料有限公司	雪堰镇	常州市胜彪标准件模具有限公司	洛阳镇
常州博人精工机械有限公司	雪堰镇	常州市新月成套冷藏设备有限公司	洛阳镇
常州回回机械科技有限公司	雪堰镇	常州万兴纸塑有限公司	洛阳镇
常州金海防静电地板有限公司	雪堰镇	常州市多维电器有限公司	洛阳镇
常州市华瑞焊割机械有限公司	雪堰镇	常州新骏电机有限公司	洛阳镇
常州市武进鸿程汽车配件有限公司	雪堰镇	江苏永阳新材料科技有限公司	湟里镇
江苏恩菲环保装备有限公司	雪堰镇	常州坚鹏建材有限公司	湟里镇
常州市峰月机械有限公司	礼嘉镇	常州阿科牧机械有限公司	嘉泽镇

【245家企业入选省高新技术企业培育库】 2019年，武进区贯彻《江苏省推进高新技术企业高质量发展若干政策的通知》《江苏省高新技术企业高质量培育“小升高”行动工作方案（2019—2020年）》和《常州市加快推进高新技术企业培育的若干政策》要求，统筹推进高新技术企业源头培育。7月，区政府办印发《武进区加快推进高新技术企业培育的若干政策》，转发区科技局《关于进一步做好2019年高新技术企业培育工作的通知》，组织创新基础好、发展潜力大的科技型企业申报进入省高新技术企业培育库，加速成长为高成长、新模式、新业态的高新技术企业。至年底，全区新增入库企业245家，涉及电子信息、航空航天、新材料、生物与新医药、新能源与节能、资源与环境、高技术服务、先进制造与自动化八大技术领域，入库企业均获区级奖励资金5万元。入库企业由省市县三级科技、财政、税务部门实施联动培育，培育期3年，享受培育奖励、创新支撑、载体建设、融资扶持等服务，通过增加研发投入，建立研发机构，引进高端创新人才，加强知识产权创造，加快成长为有行业影响力的高新技术企业。培育期内通过高新技术企业认定的，予以出库；未通过认定的，调整出库且不再受理入库申请。

【科技贷款扶持中小企业57家】 2019年，区科技局联合中国工商银行武进支行、中国农业银行武进支行、江苏银行武进支行、南京银行武进支行，组织科技型中小企业申请“苏科贷”（江苏省科技成果转化风险补偿资金贷款业务）、“武科贷”（武进区科技型中小企业风险补偿资金贷款业务），争取免担保、低利率科技贷款，解决融资难题。区科技局组织科技金融服务进园区、进载体活动，在武进绿建区和前黄镇、礼嘉镇等开展科技金融培训讲座，帮助企业对接银行，修订《武进区“苏科贷”操作规程补充条款》，放宽贷款申请条件，完善贷后监管措施。全年“苏科贷”“武科贷”支持企业61家，发放贷款20510万元。其中，“苏科贷”支持企业33家，贷款金额1亿元；“武科贷”支持企业28家，贷款金额10510万元。

（张建忠）

科技项目

【概况】 2019年，武进区坚持创新驱动发展战略，争取各级政策资源，鼓励企业自主创新。申报市级及以上科技项目629个，获立项266个，争取项目经费1.76亿元。其中，立项国家级科技项目7个、省级科技项目81个、市级科技项目185个，分别获项目经费30万元、13367.65万元、4217.5万元。区科技局根据产业创新发展三年行动计划目标，按照创新导向、技术突破和高端引领原则，重新开发武进区科技计划项目管理系统，优化项目管理机制，编制《2019年常州市武进区科技发展计划项目申报指南》，突出支持高新技术产业、双创示范基地、现代农业、医疗卫生基础研究、民生领域等七大类科技项目，立项区级科技项目333个，下达项目经费1436.3万元，有效提升科技创新在农业、社会发展等方面引领支撑作用。年内，全区建设重大科技项目8个，总投资61.53亿元，当年完成投资9.75亿元。至年底，南德新能源汽车动力电池检测实验室等5个项目竣工。

【农业科技项目获立项13个】 2019年，武进区发展高效绿色生态现代农业科技，围绕新品种选育、智慧农业、生态和生物农业、农产品精深加工等高技术领域，重点支持农业科技园区、科技型企业、科技型合作社等开展关键技术攻关，依托星创天地、江苏省农村科技服务超市、江苏（武进）水稻研究所等载体平台，扶持重点农业企业做大规模，做优农产品及深加工，做强产业品牌，提高科技创新能力和农产品市场竞争力。全年申报市级及以上农业科技项目12个，获立项5个，获项目经费120万元。在新品种选育和畜禽疫病防控方面，江苏（武进）水稻研究所承担的“优质长粒香粳稻的选育与研究”项目、常州市枫华牧业有限公司承担的“基于精确育种技术创制猪抗病毒性腹泻育种新材料”项目获市级立项。在生物农业、智慧农业等高新技术方面，常州工程职业技术学院承担的“Cd-耐受微生物在水稻土镉污染监测与修复中的应用研究”项目、江苏立华牧业股份有限公司承担的“黄羽肉鸡舍环境智能控制技术研究与应用”项目、江苏华丽食品机械股份有限公司承担的“智能高效健康养殖成套设备及系统”项目获市级立项。立项区科技发展（农业）指导性计划项目8个，采用后补助方式，待项目执行到期并验收合格后下达相应经费。

【社会民生领域科技项目获立项70个】 2019年，武进区围绕保障和改善民生的重大科技需求，发挥科技在卫生医疗、安全环境、教育文化等社会民生领域方面支撑作用，开展技术攻关、重点关键技术推广和示范，全面推进社会事业科技创新。鼓励常州国家医疗器械国际创新园、武进高新区、湖塘科技产业园、常州科教城等产业重点集聚区内企业坚持自主创新，加强与高校科研院所合作。在医学研究领域，依托常州市武进人民医院为首的区内医疗机构平台，支持胃癌、直肠癌、肝癌等重大癌症疾病以及胸腰椎骨折、糖尿病、心脑血管系统等常见病的临床关键诊疗技术研究，支持武进区中医药内涵质量提升研究、手足口病流行现状及CoxA6感染所致手足口病疾病负担调查研究、慢性阻塞性肺疾病社区防控策略研究等。在生态环境领域，开展水污染治理、土壤修复、固体废弃物资源化利用关键技术研究及应用示范。在教育文化领域，立项支持“着眼学生优质发展构建自主学习型教学模式的研究”“基于育人视域探索学校资源融创的实践研究”“非遗传承（留青竹刻）与学校社团活动的结合的教学新模式探索及研究”项目，促进科技成果惠及民生。全年申报市级及以上社会民生领域科技项目32个，获立项16个，获项目经费300万元。其中，创辉医疗器械江苏有限公司承担的“多角度锁定接骨板”等3个项目获常州市重点研发计划社会发展科技项目立项，获项目经费70万元；常州市钱璟康复股份有限公司承担的“国产创新脑卒中康复设备的标准化应用评价与示范推广研究”等13个项目获常州市科技支撑社会发展项目立项，获项目经费230万元。常州市五洲环保科技有限公司承担的“纺织白泥资源化制备环保超锌活化材料关键技术研究与应用”等54个项目获区级社会发展科技项目立项（含18个指导性立项），获项目经费195.5万元。

（张建忠）

【武进获国家级科技项目立项7个】 2019年，武进区有7个项目获国家级科技项目立项，均属人才项目，其中国家级重大人才工程A类项目1个、B类项目6个，获上级项目经费及奖励资金480万元。

（吴林立）

【武进获省级科技项目立项81个】 2019年，武进区组织申报省级科技项目246个，获立项81个，获项目经费13367.65万元。其中，“工程机械核心部件高压柱塞泵关键技术研发及产业化”等6个项目立项省科技成果转化专项资金项目，获项目经费6200万元，涉及高端智能装备制造、新一代信息技术行业等领域；“三维矢量精确成形机器人研发及示范应用”等6个项目立项省重点研发计划项目，获项目经费1080万元；立项科技公共服务平台和研发机构建设类项目7个、省级科技人才类项目36个，分别获经费1080万元、410万元。

2019年武进区新增省级科技项目情况表

表53

项目类型	项目名称	承担单位
苏南国家自主创新示范区建设高新区奖励补助资金项目	苏南国家自主创新示范区建设	武进高新技术产业开发区管委会
省级高新技术产业开发区奖励资金项目	江苏省西太湖高新技术产业开发区建设	江苏省西太湖高新技术产业开发区（筹）管委会
省科技成果转化专项资金项目	具有自动驾驶功能的智能拖拉机研发及产业化	江苏常发农业装备股份有限公司
	面向人机交互的高精度智能控制协作机器人研发及产业化	遨博（江苏）机器人有限公司
	大型挖掘机高压长寿命液压核心部件的研发及产业化	江苏恒立液压股份有限公司
	“复兴号”中国标准动车组齿轮传动系统研发及产业化	中车戚墅堰机车车辆工艺研究所有限公司
	高速车辆新型轻量高安全风挡系统的研发及产业化	常州今创风挡系统有限公司
	微电子产品精密流体封装产线智能装备的研发及产业化	常州高凯精密技术股份有限公司
省重点研发计划项目	三维矢量精确成形机器人研发及示范应用	常州固高智能装备技术研究院有限公司
	基于第三代半导体和复合晶体荧光材料的高可靠车载激光模组关键技术研究	常州市武进区半导体照明应用技术研究院
	大口径平面离子束超精密抛光机的关键技术研发	常州卓研精机科技有限公司
	高性能锂离子电池湿法隔膜的研发	常州星源新能源材料有限公司
	面向激光设备企业的生产实时大数据智能征信平台研发	常州天正工业发展股份有限公司
	面向夏热冬冷地区的建筑节能关键技术集成与开发及应用	江苏首创新能源科技有限公司
省科技成果转化（贴息及后补助）项目	粗细联合智能纺纱生产线的研发及产业化	常州市同和纺织机械制造有限公司
	年产2万吨蒽醌型染料清洁生产成套工艺技术研发及产业化	江苏亚邦染料股份有限公司
	满足欧Ⅴ排放尾气测控用宽域和片式氧传感器总成研发及产业化	常州联德电子有限公司
省科技平台建设项目	新能源汽车能源与信息创新中心建设	国创新能源汽车能源与信息创新中心（江苏）有限公司
	石墨烯产业技术研发中心建设	江南石墨烯研究院
省工程技术研究中心项目	江苏省新型智能微创手术器械工程技术研究中心	常州安康医疗器械有限公司
	江苏省电子功能显示膜材料工程技术研究中心	新纶科技（常州）有限公司
	江苏省生物基高分子材料工程技术研究中心	常州龙骏天纯环保科技有限公司
	江苏省高精密永磁减速微型电机工程技术研究中心	常州市运控电子有限公司
	江苏省高精密智能化液压元件工程技术研究中心	江苏恒立液压科技有限公司
	江苏省电动汽车智能高效充电系统关键工程技术研究中心	江苏万帮德和新能源科技股份有限公司
	江苏省智能阀门电动执行机构工程技术研究中心	常州电站辅机股份有限公司
	江苏省高速高频电子连接器工程技术研究中心	安费诺（常州）高端连接器有限公司
	江苏省汽车安全气囊金属部件特种拉伸工程技术研究中心	常州工利精机科技有限公司
	江苏省特种印制电路板工程技术研究中心	常州安泰诺特种印制板有限公司
	江苏省数控机床关键功能部件工程技术研究中心	常州市德速机械有限公司
	江苏省血液净化材料工程技术研究中心	常州华岳微创医疗器械有限公司
	江苏省智能包装成套装备（汤姆）工程技术研究中心	江苏汤姆包装机械有限公司
	江苏省大型复杂汽车注塑模具（博赢）工程技术研究中心	常州博赢精密模具科技股份有限公司
省科技公共服务平台项目	江苏省轨道交通齿轮传动技术重点实验室	中车戚墅堰机车车辆工艺研究所有限公司

续表 53

项目类型	项 目 名 称	承 担 单 位
省科技服务骨干机构能力提升项目	国家科技服务业区域试点	武进国家高新技术产业开发区管理委员会
省新型研发机构奖补项目	2019 年江苏省创新能力建设专项资金	常州西南交通大学轨道交通研究院
	2019 年江苏省创新能力建设专项资金	常州光电技术研究所
	2019 年江苏省创新能力建设专项资金	常州湖南大学机械装备研究院
	2019 年江苏省创新能力建设专项资金	常州数控技术研究所
	2019 年江苏省创新能力建设专项资金	大连理工江苏研究院有限公司
省政策引导类计划项目（国际科技合作）	针对伊朗欧 V 排放用高端氧传感器总成技术应用合作开发	常州联德电子有限公司
	高效复合恶性心脏事件风险预测诊断试剂盒的联合研发	常州博闻迪医药股份有限公司
	中以（常州）国际技术转移平台建设与国际技术转移服务	中以创新园（常州）发展有限公司
省政策引导类计划项目（软科学研究）	面向江苏自主可控石墨烯产业的科技资源统筹机制研究	常州机电职业技术学院
	产学研深度融合背景下工业机器人技术技能人才培养机制研究	常州轻工职业技术学院
省双创人才项目（企业创新类）	创新创业人才王郢	中天钢铁集团有限公司
	创新创业人才陈务军	新誉集团有限公司
	创新创业人才疏坤	江苏中科云控智能工业装备有限公司
	创新创业人才姚静	江苏恒立液压科技有限公司
	创新创业人才唐润理	常州第六元素材料科技股份有限公司
	创新创业人才张磊	福隆医用材料（中国）有限公司
省双创博士项目（企业创新类）	创新创业博士方明	万帮充电设备有限公司
	创新创业博士徐鹏程	光大环保技术装备（常州）有限公司
	创新创业博士徐建飞	中天钢铁集团有限公司
	创新创业博士徐少轶	联泓（江苏）新材料研究院有限公司
省双创博士项目（科技副总）	创新创业博士傅小飞	常州科力尔环保科技有限公司
	创新创业博士蔡纪鹤	江苏夏博士环境科技股份有限公司
	创新创业博士诸一琦	常州市延陵电子设备有限公司
	创新创业博士顾晓利	常州恒利宝纳米新材料科技有限公司
	创新创业博士宋艳	常州树杰塑业有限公司
	创新创业博士崔翠梅	江苏优埃唯智能科技有限公司
	创新创业博士徐吉	常州市武进广宇花辊机械有限公司
	创新创业博士万志龙	常州旺童半导体科技有限公司
	创新创业博士李旭军	江苏佰腾科技有限公司
	创新创业博士刘文斌	江苏绿和环境科技有限公司
	创新创业博士刘义	江苏南方轴承股份有限公司
	创新创业博士左士祥	常州纳欧新材料科技有限公司
	创新创业博士孙致平	江苏晨光涂料有限公司
	创新创业博士马立波	常州安康医疗器械有限公司
	创新创业博士相入喜	灵通展览系统股份有限公司
	创新创业博士楼竞	五洋纺机有限公司
	创新创业博士宋翔	江苏中汽高科股份有限公司
	创新创业博士殷竟洲	常州夏青科技有限公司
	创新创业博士魏浩翰	江苏莱特北斗信息科技有限公司
	创新创业博士夏军	常州千帆环保科技有限公司
	创新创业博士姜一波	常州恒锌禹晟智能装备股份有限公司
	创新创业博士程庆霖	常州市爱伦机械有限公司
	创新创业博士陶磊	常州市振邦化工制造有限公司
	创新创业博士陈浩	江苏轩瑞减振设备股份有限公司
	创新创业博士周文鳞	常州威肯过滤分离环保技术有限公司
	创新创业博士袁晓宇	常州燕润能源科技有限公司

具有自动驾驶功能的智能拖拉机样机 （供图/区科技局）

【"具有自动驾驶功能的智能拖拉机研发及产业化"项目】 9月，被省科技厅认定为省科技成果转化专项资金项目，获省级资助经费1200万元。该项目由江苏常发农业装备股份有限公司承担，新增投资6300万元，实施期限3年。研究基于北斗多星系统多频高精度定位技术，运用全球卫星定位系统/惯性导航系统（GNSS/INS）的多传感器组合定位和姿态测量方法，提高农机绝对定位与姿态测量精确度；研究自动驾驶拖拉机推进、作业等典型动力特征自学习模型，设计适应不同工况的动力系统工作模式及其智能切换控制策略，提高环境适应性与可靠性；采用高精度比例阀控制技术，提高自动驾驶横向精准控制，研发动力换向及电控湿式离合器系统，实现田间作业转向时离合器自动结合与分离；基于CAN总线整机控制系统的数据融合，研究面向农机安全行驶与避障的智能检测与控制技术，实现故障自动诊断与安全预警，提高农机作业过程安全性。项目实施期内，形成年产2000台自动驾驶拖拉机的生产能力，累计实现销售收入1.8亿元。

【"面向人机交互的高精度智能控制协作机器人研发及产业化"项目】 9月，被省科技厅认定为省科技成果转化专项资金项目，获省级资助经费1200万元。该项目由遨博(江苏)机器人有限公司承担，新增投资7500万元，实施期限3年。优化精确位置控制和阻抗控制方案，实现机械臂重复定位精度±0.02毫米、力控制精度1牛；开发机器人智能控制系统，提升系统智能性和人机协作安全性；研究复杂、抽象任务的自主分解和组合理论方法，自主规划任务种类有5种；研究基于多模态环境感知的人行为意图理解及动态规划方法，实现人机交互自规划功能；开发机器人关节模块智能生产线，机器人可自主完成一般性装配，与人协作完成关键性装配，装配成功率100%。项目实施期内，形成年产S系列协作机器人8000台套的生产能力，累计销售1200台，新增销售收入1亿元。

【"大型挖掘机高压长寿命液压核心部件的研发及产业化"项目】 9月，被省科技厅认定为省科技成果转化专项资金项目，获省级资助经费2000万元。该项目由江苏恒立液压股份有限公司承担，技术依托单位为南京航空航天大学，新增投资1.23亿元，实施期限3年。研究泵阀内部空化演变与气蚀抑制技术，提出抗空化与减气蚀产品制造工艺，液压泵高压大流量下工作效率提至85%；提升柱塞泵额定工作压力等级、整体式多路阀额定工作压力，采用主轴支撑方式等系列工艺措施，降低产品振动与噪音；研究阀内微米油膜调控与颗粒运移技术及规律，提出结构改进与工艺控制策略，降低阀芯卡滞故障率；通过阀口微动压力流量以及闭环电比例控制研究，提高液压泵控制精度；提出高响应数字化高速开关阀控技术，解决泵流量解耦控制与多路阀阻性能耗损大难题，实现高速开关阀开关频率100赫兹以上，主阀工作响应时间20毫秒以内；开发高精度柔性自动化生产线，实现零部件生产数字化和智能化。项目实施期内，形成年产大型挖掘机用高压柱塞泵与整体式多路阀10000套的生产能力，累计销售10000套，实现销售收入3亿元，创汇700万美元。

【"'复兴号'中国标准动车组齿轮传动系统研发及产业化"项目】 9月，被省科技厅认定为省科技成果转化专项资金项目，获省级资助经费1200万元。该项目由中车戚墅堰机车车辆工艺研究所有限公司承担，技术依托单位为河海大学，新增投资1.1亿元，实施期限3年。基于模块化设计，建立齿轮传动系统智能化精益研发平台，梳理建立产品模块库，固化产品设计与选型规范，开展自主标准产品智能化精益研发。针对既有线路恶劣工况对于齿轮传动系统的影响，开发齿轮传动系统PHM（故障预测和健康管理）技术框架体系及验证系统；基于线路应用研究动车齿轮箱用铝合金材料性能技术，形成完整铝合金材料工艺和服役系数体系；突破金属型压力铸造技术，提升产品性能，兼顾批量化生产效率和环保，开发基于智能制造流水线的加工和组装工艺技术，开发产业化铸造工艺技术。围绕高铁运输安全要求，建立智能制造加工和组装流水线，保证大批量产品参数高度可靠和一致。项目实施期内，形成年产5500套齿轮传动系统的生产能力，累计实现销售收入12亿元。

【"高速车辆新型轻量高安全风挡系统的研发及产业化"项目】 9月，被省科技厅认定为省科技成果转化专项资金项目，获省级资助经费300万元、地方配套经费300万元。该项目由常州今创风挡系统有限公司承担，技术依托单位为中南大学，新增投资7000万元，实施期限3年。从优化型材截面、选取轻量化材料考虑，研究刚度好的轻量化风挡产品；研发全包、胶囊外风挡，满足2万次S曲线耐久试验，满足客户降阻、节能降耗需求；优化高速列车风挡系统舒适性、安全性、防火性、耐高寒，提高隔音、隔热、气密性及气密强度性能；研究实现高速车辆风挡系统的快速解编，满足列车车体设计要求；从高速风挡空气动力学角度，开展风挡系统空气动力学仿真和模态试验，增强运行稳定性。项目实施期内，形成年产1000套风挡系统的生产能力，累计销售2000套，实现产品销售收入1.5亿元。

【“微电子产品精密流体封装产线智能装备的研发及产业化”项目】 9月，被省科技厅认定为省科技成果转化专项资金项目，获省级资助经费300万元、地方配套经费300万元。该项目由常州高凯精密技术股份有限公司承担，技术依托单位为吉林大学，新增投资4500万元，实施期限3年。在视觉运动平台上配置胶量闭环反馈系统，优化胶量精密控制技术和信息通讯控制技术；开发智能化精密流体封装控制系统，促进系统自动化与信息化两相融合；采用直线电机、大理石平台和深度优化软件算法、二次开发，增强产品定位精度；放大单元驱动快速充放电回路，优化PID反馈算法和纹波控制，精准高效控制压电驱动；优化避免或延缓压电驱动喷射中胶体液固相变问题，优化参数；采用偏心单螺旋线结构转子及螺杆泵转子、定子的自密封设计，开发双组份螺杆泵，增强螺杆泵输出压力，控制单泵吐胶量；优化精密焊接部件沟槽结构，开发精密印刷部件。项目实施期内，建成维保产线、压电控制生产线、熔锡喷射焊产线各1条，形成年产3000台套精密流体封装系统的生产能力，累计实现产品销售1.5亿元。

（张建忠）

科技奖励

【概况】 2019年，武进区按照省科技厅《关于2019年度江苏省科学技术奖提名工作的通知》要求，组织科技企业申报科技奖励项目。全区获省科学技术奖13个，其中一等奖3个、二等奖4个、三等奖6个。中车戚墅堰机车车辆工艺研究所有限公司技术研发中心传动技术研发部副部长李枫获省青年科技杰出贡献奖。

【“能源高效利用中纳米杂化材料的结构设计、制备及应用”项目获省科学技术奖一等奖】 该项目被省政府授予2019年度江苏省科学技术奖一等奖，由南京理工大学、常州大学、常州纳欧新材料科技有限公司、南通江海电容器股份有限公司联合承担。分析组分间的相互作用方式，设计特色溶剂配位竞争结构控制方法，实现多种氧／氢氧／硫／硒／磷化物的可控合成，研发碳基杂化材料、二维异质结构材料的通用制备方法，实现70余种材料可控合成。项目成果应用于电存储转化、高氯酸铵固体推进剂和含能点火桥等能源系统，解决材料组份间作用力弱问题，稳定性明显提升，克服电存储材料能量密度偏低、特种能源能量利用率偏低难题，获得良好经济与社会效益。项目实施期内，获发明专利授权27件，发表SCI（《科学引文索引》）论文80余篇。

【“农村经济作物废弃物高值化利用技术”项目获省科学技术奖一等奖】 该项目被省政府授予2019年度江苏省科学技术奖一等奖，由常州大学、常州美胜生物材料有限公司、中国科学院广州能源研究所、中国纺织建设规划院、常州云卿纺织品有限公司、黑牡丹（集团）股份有限公司、江苏丹毛纺织股份有限公司联合承担，投入研发经费5000余万元开展自主化联合开发。从经济作物废弃物中提取植物染料和热解制备生物炭，开发高附加值全色系天然植物染料和残渣生物炭土壤改良新产品，建立废弃物提取色素及其应用的绿色循环体系，填补国内空白。该项目从基础理论研究、关键技术发明到核心产品及装备开发，形成具有自主知识产权的整套技术体系，并实现全流程清洁生产。项目实施期内，获发明专利授权56件，其中PCT专利3件，牵头制定首个中国植物染料团体标准，成果在全国12个省市72家企业推广应用，帮助云南、安徽、贵州等地3131户农民家庭脱贫，社会经济和环境效益显著。经中国环境科学学会组织鉴定，项目成套技术属国内首创，整体达国际领先水平。

【“时速350千米速度级动车组摩擦副”项目获省科学技术奖一等奖】 该项目被省政府授予2019年度江苏省科学技术奖一等奖，由常州中车铁马科技实业有限公司、中车戚墅堰机车车辆工艺研究所有限公司联合承担。针对高速列车紧急制动温度高、频繁停站制动极易造成摩擦副疲劳裂纹问题，攻克高热熔限材料设计及制备技术，通过优化合金元素配比及纯净化提炼技术提高材料高温力学性能，通过梯度加压多步烧结提升材料强度，抑制闸片裂纹产生。针对摩擦副需满足大跨度多变工况制动要求，基于摩擦副温度场优化设计三级浮动调整结构，提升盘、片表面贴合状态，改善磨耗量和摩擦系数；创新基于材料微观匹配特性技术，设计高、低温工况下稳定的摩擦界面膜，确保摩擦系数稳定，磨耗量适中。针对国内制动盘裂纹失效技术空白，提出裂纹扩展寿命计算方法，掌握制动盘疲劳裂纹扩展规律，建立制动盘裂纹失效寿命评价体系，实现在长期裂纹条件下寿命预测和评估。项目产品批量运用于CRH380A、CRH380B、CR400AF等型号动车组，打破国外技术垄断，全面实现国产化替代。经行业专家鉴定，整体技术达国际先进水平，其中锻钢制动盘达国际领先水平。项目实施期内，获专利授权25件，其中发明专利12件，制定行业标准3项，登记软件著作权1项。

【“植入类医用材料的成形及表面功能化关键技术集成应用”项目获省科学技术奖二等奖】 该项目被省政府授予2019年度江苏省科学技术奖二等奖，由淮阴工学院、江苏大学、常州安康医疗器械有限公司和威高集团有限公司承担。在国家自然科学基金、省级专项资金项目资助下，实施自主化联合开发，突破植入类医疗器械在有序调控“材料—组织”界面应答、临床应用安全性和有效性等关键技术，创新空间复杂结构植入体激光加工技术、激光精密成形技术以及激光增材复合制造技术、血管内植入材料表面功能化等系列技术，跨越式发展植入性医疗器械关键生物医用材料表面功能化及成形技术。经行业专家鉴定，项目整体技术处国内领先、国际先进水平。项目实施期内，获发明专利授权30件、其他知识产权认定11项。

【“城轨车辆用分块式橡胶弹性车轮的研发及产业化”项目获省科学技术奖二等奖】 该项目被江苏省政府授予2019年度江苏省科学技术奖二等奖，由中车戚墅堰机车车辆工艺研究所有限公司、同济大学和常州中车铁马科技实业有限公司联合承担。针对中国城市轨道交通车辆载客量大、线路复杂，气候多变等工况，基于车辆动力学理论和Hirschfeld理论，建立针对不同城轨车辆平台的弹性车轮刚度匹配模型，提出橡胶刚度匹配设计技术，解决低刚度减振降噪和高刚度安全承载的匹配难题，形成满足不同刚度匹配要求的弹性车轮模块化设计平台；自主开发综合性能优良的新型特殊橡胶材料，满足 -45℃ ~ 130℃极端环境运用要求，使用寿命6年以上；轮心和轮箍首次采用高强度合金钢材料，显著提升金属件疲劳强度和 -40℃环境下低温性能。发明轮心与压环过盈压配结构，配合螺栓连接和止挡结构设计，实现弹性车轮的双重冗余保护；金属件与橡胶件的接触面采用表面喷砂和富锌涂层的特殊处理工艺，提升接触面摩擦力，增强车辆防弛缓能力；建立弹性车综合性能和服役寿命评价体系，实现产品快速设计和验证，指导维护和检修。项目产品批量运用于国内多条轻轨线路，出口埃塞俄比亚、菲律宾、以色列等国家，运用里程超50万千米，运用情况良好，减振降噪效果突出，国内市场占有率80%以上。项目成果经行业专家鉴定，整体技术达国际领先水平。项目实施期内，获发明专利授权5件、实用新型专利授权5件，登记软件著作权1项，发表科技论文9篇。

【“小型挖掘机用斜盘式轴向柱塞变量泵关键技术的研发及产业化”项目获省科学技术奖二等奖】 该项目被省政府授予2019年度江苏省科学技术奖二等奖，由江苏恒立液压科技有限公司、兰州理工大学、南京航空航天大学、常州轻工职业技术学院、江苏恒立液压股份有限公司联合承担。突破耐压精密绿色铸造技术、泵内关键摩擦副改性延寿技术、紧凑型电比例控制技术、高压柱塞泵减振降噪技术等工程机械核心液压件关键技术，将国产小型挖掘机的液压系统压力等级由25兆帕提升至32兆帕，满足国产挖掘机对复杂工况及高可靠性工作要求，填补国内空白，打破国外长期技术垄断。经行业专家鉴定，该项目整体技术处国内领先、国际先进水平。项目实施期内，获专利授权20件，相关产品及技术获液压液力气动密封行业技术进步一等奖、中国机械工业科技进步二等奖、中国工程机械工业协会创新产品白金奖、中国机械工业协会杰出产品奖，项目产品HP3V80型斜盘式轴向柱塞变量泵被省工业和信息化厅认定为省首台套重大装备和关键部件。

【“高精度钢管在线内外表面脱脂清洗成套装备关键技术研发及产业化”项目获省科学技术奖二等奖】 该项目被省政府授予2019年江苏省科学技术奖二等奖，由江苏博隆锦欣环保设备有限公司、宝银特种钢管有限公司、南京航空航天大学、常州大学、常州机电职业技术学院联合承担。着眼核电和能源等领域重大装备国产化方向，突破钢管内外壁脱脂清洗智能自动化集成、绿色酶法脱脂、钢管长度自适应调节等科技难点，实现管壁脱脂清洗过程全智能化，生产效率提高50%以上，达核一级管脱脂标准，脱脂清洁度提高60%以上，产品合格率99%以上，节约能耗40%以上，生产成本降低30%以上。项目实施期内，获专利授权34件，其中国际发明专利1件、国内发明专利6件，项目产品获评省高新技术产品，获省首台套重大装备和关键部件认定，进入省新技术新产品重点推广应用名录。经鉴定，属国内首创，技术水平领先于国内同行，达国际先进水平。

高精度钢管在线内外表面脱脂清洗成套装备生产场景　　（供图 / 区科技局）

【“粗细联合智能纺纱生产线的研发与产业化”项目获省科学技术奖三等奖】 该项目被省政府授予2019年度江苏省科学技术奖三等奖，由常州市同和纺织机械制造有限公司、江南大学联合承担。项目集聚纺、自动落纱、高性能牵伸专件、牵伸和卷绕数字化控制系统、数字化监控系统等技术为一体，研制集聚纺自动落纱细纱机，插、拔管率超99.5%，开车留头率超99%；研制粗纱机卷绕成形装置，取满纱、放空管正确率100%，落纱成功率99.9%以上；利用粗、细纺纱自动化输送系统，实现整线换纱系统全自动智能控制，粗纱输送定点准确率超99%；设计在线去尾纱装置，可同时处理6锭在轨道运行中的纱管表面残纱，尾纱清除率、尾纱识别率100%。项目实施期内，获专利授权12件，其中发明专利6件，获软件著作权1项，获中国纺织之光科技进步一等奖。经行业科技成果鉴定，项目技术及应用能力达国际先进水平。

【“航空复杂薄壁结构铣削连接混合智能制造关键技术及应用”项目获省科学技术奖三等奖】 该项目被省政府授予2019年度江苏省科学技术奖三等奖，由常州工学院、天津大学、南京航空航天大学、新誉集团有限公司、黄山学院联合承担。在国家自然科学基金、江苏高校自然科学基金等项目支持下，突破传统大型薄壁复杂结构整体数控加工设备要求高、变形难以控制局限，基于超精密免磨复杂曲面智能加工、电解加工和搅拌摩擦连接系统工艺，开发参数自适应模糊控制规则优化系统，提出基于变形调控的铣削—连接混合制造技术思路，形成薄壁复杂结构铣削—连接混合制造技术体系，解决大型复杂结构变形调控难题。

【“面向智能终端产品的线性驱动系统关键技术研发及产业化”项目获省科学技术奖三等奖】 该项目被省政府授予2019年度江苏省科学技术奖三等奖，由常州市凯迪电器股份有限公司、东南大学、常州机电职业技术学院联合承担。突破智能设施线性控制系统技术，在医疗康护、智慧办公、智能家居关键制造技术领域，打破国外品牌产品垄断。项目成果扩大运用于工业自动化等领域，成功应用于3家国内智能家居上市公司、6家欧美智慧办公制造商及数家汽车制造商，进入众泰汽车、华达利家具等品牌供应链体系，取代部分国外同类产品。项目实施期内，获专利授权53件，其中发明专利23件，经行业专家鉴定，主要技术性能指标处于国际先进水平。

【“全成形经编智能生产关键技术及产业化”项目获省科学技术奖三等奖】 该项目被省政府授予2019年度江苏省科学技术奖三等奖，由江南大学、江苏华宜针织有限公司、江苏润源控股集团有限公司、福建佶龙机械科技股份有限公司联合承担。创新全成形经编装备高速提花、集成控制、高速数据加载和生产在线管理等关键技术，率先研制全成形经编系列装备，实现国产化并远销海外，同类装备国内市场占有率第一。项目实施期内，获专利授权15件，其中发明专利4件，多项成果被评为江苏省高新技术产品、江苏省优秀新产品金奖，项目产品、技术经中国纺织工业联合会鉴定，处国际先进水平，部分技术处国际领先水平。

【“高性能生物基食品包材绿色制造技术装备研发与产业化”项目获省学技术奖三等奖】 该项目被省政府授予2019年度江苏省科学技术奖三等奖，由常州龙骏天纯环保科技有限公司、江南大学、北京工商大学联合承担。研发淀粉基生物降解材料的高效绿色炼制技术装备，攻克淀粉树脂化利用中所需力学强度、稳定性、可降解性等难题；创新适用于网络餐饮包装需求的功能化食品接触材料分子设计技术，研发高阻隔、抗菌保鲜、保温耐候等复合材料加工工艺；开发个性化食品包装全流程协同优化的先进制造模式与绿色标准化体系，研发基于中餐烹饪食用特点的全品类包装方案与个性化模具设计，形成清洁生产体系与规模化应用。项目实施期内，获专利授权34件，其中发明专利15件，参与制订国家标准9项，发表SCI论文25篇，出版中英文科技专著5部。经中国轻工业联合会、中国食品科学技术学会、江苏省经信委组织的专家评审，项目总体技术达国际领先水平。

【“具有感知智能的工业混联机器人关键技术研究及产业化应用”项目获省科学技术奖三等奖】 该项目被省政府授予2019年度江苏省科学技术奖三等奖，由常州先进制造技术研究所、常州大学、常州轻工职业技术学院、常州市荣创自动化设备股份有限公司联合承担。结合并联机器人和混联机器人两种构型优点，根据高速高精作业对机器人运动学、动力学特性的要求，基于自主发明的并行导轨二滑块同侧驱动的二自由度解耦并联机构，提出四自由度混联机构；开展尺度优化和轻量化设计，建立机器人误差模型；设计机器人视觉系统，实现混联机器人快速高精作业；研制具有视觉感知的混联机器人，具有运动控制解耦、工作空间大、刚度好、结构简单、制造方便等优点。项目实施期内，获专利授权23件，其中发明专利15件、实用新型专利8件，获软件著作权7项，项目产品及技术获江苏省机械工业科技进步三等奖、江苏省轻工业科学技术进步二等奖、国家轻工业科技进步三等奖。

（张建忠）

国际科技合作

【概况】 2019年，武进区加快科技创新国际化步伐，开放整合创新资源，对接海外科技成果和人才，推进建设中国以色列常州创新园、江苏中德创新中心等国际科技合作平台。全年立项各级国际科技合作项目9个，获项目经费760万元，其中省政策引导类计划（国际科技合作、软科学）项目5个、市国际科技合作项目4个，分别获项目经费640万元、120万元，中以国际技术转移平台建设项目获省国际合作专项立项支持。年内，举办第二届中国·以色列医疗科技产业高峰论坛、2019武进国家高新区创新指数发布会暨第五届海智对接交流会、2019年中英合作创新中心揭牌仪式暨项目对接交流会、2019中欧绿建项目对接会、德国莱比锡大学项目路演暨中德技术交流对接会等国际科技交流活动8场。

【“中以（常州）国际技术转移平台建设与国际技术转移服务”项目】 9月，被省科技厅认定为省政策引导类计划（国际科技合作）项目，获省级资助经费300万元。该项目由中以创新园（常州）发展有限公司承担，合作方为以色列Trendlines孵化器、以色列IVC数据研究中心，总投资1300万元。建设中以技术转移线上平台，实现企业技术需求与以方创新技术精准匹配；建立中以技术转移合作联盟，推动国内高校科研机构与以方专业技术转移机构建立合作；建设

2月20日，中以常州创新园专业服务体系启动　（摄影/何克来）

"共建计划"技术转移服务平台，挖掘以方优质创新项目申报"共建计划"，推动项目与省内企业研发合作，服务省内重点产业转型升级。项目期内，计划引进以色列国际科技合作服务机构2～3个，推动30～40个以色列创新项目申报"共建计划"，推动2～3个国内高校科研机构与以方达成合作，完成国际技术转移对接100～150个，促成技术转移合作项目6～8个，中以科技孵化器平台孵化以色列创新项目4～6个，实现6～8个以方项目通过"共建计划"审核并落户中以常州创新园，争取承建并运营国家级中以创新合作中心网络平台。

【江苏中德创新中心】 位于常州科教城内，2013年启动建设，2016年落成，被国家发展改革委和欧盟驻华使团联合授予"中欧城镇化伙伴关系示范区"称号，是德资企业创新集聚孵化基地和成果产业化转移功能载体，先后建成中德产业创新与合作中心（常州）、常州科技经济发展中心（埃森）等平台，助推企业"引进来、走出去"，深化产业科技合作交流，促成科技成果落地转化。园区实体平台——常州科教城创研港6号B楼于2016—2019年建设完成，建筑面积1.31万平方米。2019年，卡尔斯鲁厄（常州）智能科技有限公司投入运营，博士洪浩入选市"龙城英才计划"；中德（常州）设计研究中心有限公司完成常州长荡湖场地、金坛丹金船闸等环境提升改造设计。"5·18"中国常州先进制造技术成果展示洽谈会期间，中国（常州·机器人及智能硬件）知识产权保护中心与外资及港澳台资企业签署《建设"企业创新服务站"战略合作协议》，园区8家外资及港澳台资企业受牌成立企业创新服务站，成为全市首批涉外知识产权服务平台。推进园区相关单位和企业与德国政府、企业及其他组织友好互访，接待德国DEKRA公司、德国福通集团首席执行官推进合作与落户事宜，组织赴德公务团与德国中国研发创新联盟达成初步合作意向，推荐德国高科技人才在园区发展，与埃森市经济促进局、埃森科技创新园等持续保持友好合作。加强中德"双元制"、胡格教学模式等项目人才培养，推进中德职业教育合作。园区建有常州中德教育培训中心、AHK（德国工商大会）常州科教城研究发展中心，培养掌握德国先进技术、具有国际先进理念的高素质技能型人才，中德AHK"双元制"班、胡格教学模式改革实验班等全年培养人才608人；常州科教城管委会与巴符州教育、青年、体育部续签《职业教育合作谅解备忘录》；常州科教城现代工业中心（大型共享实训基地集聚中心）与德国莱茵科斯特公司签订合作意向，约定建设高水平职业教育产教融合型智能制造人才培养与认证基地。

（张建忠）

产学研合作

【概况】 2019年，武进区以企业为主体、市场为导向，构建产学研相结合的技术创新体系，贯彻省政府《关于加快推进全省技术转移体系建设的实施意见》精神，持续推进高校成果顺利转化为企业生产力，深化科技经济对接，推动科技成果转化。立足武进产业特色培养技术交易专业人才，建立和完善技术经纪人制度，联合常州大学组织技术经纪人培训2场、200余人，鼓励技术经济执业人员组建技术经纪人队伍，培育、发展、规范技术交易市场，推动产学研工作向市场化迈进，全年完成签订技术合同交易额35亿元。组织"中以科创荟"技术对接活动走进湖塘、礼嘉、雪堰、洛阳等镇，向企业推广国际技术成果和国际合作资源。争取上级立项支持，中以国际技术转移平台建设项目获省国际合作专项立项。年内，区科技部门组织百名专家教授走进武进百家企业对接活动、东南大学全球校友企业家"六朝松"论坛大会、全区新能源汽车和智能制造产业企业走进吉林大学、哈工大威海校区产学研对接活动等较大规模产学研活动20余场，签订合作意向项目300余个。新增实施产学研项目77个，合同金额3533万元。组织区级产学研合作补助项目14个，下达经费150万元，产学研活动补助项目9项，下达经费39.9万元。

【第十四届中国常州先进制造技术成果展示洽谈会武进区专题活动】 5月18日，第十四届中国常州先进制造技术成果展示洽谈会在常州科教城开幕，由科技部、中国科学院、江苏省政府主办，常州市政府承办。北京大学、重庆大学、东南大学、南京理工大学、吉林大学、北京理工大学等20多个高校院所的100多名专家教授及8个院士团队受邀参加武进区专题活动。开幕式上，武进区签约项目14个。其中，招商引资项目6个，总投资超90亿元；产学研合作项目3个，合作金额475万元；重大平台共建项目3个，总投资1.5亿元；人才项目2个，合作金额4500万元。展洽会期间，武进区以开发区为主阵地，举办高端产业峰会、论坛、技术对接交流会、项目签约揭牌、开竣工投产等专题活动23场，其中人工智能外籍院士武进行、中汽研第五届关键与共性技术高层研讨会、第二届中国·以色列医疗科技产业高峰论坛、智能微电机产业技术对接交流会等活动嘉宾层次高、与板块特色产业结合紧密，较好推动高端科技人才资源集聚和特色产业提升。

【省科技镇长团武进团第十一批团员产学研活动】 2019年8月，江苏省科技镇长团武进团第十一批团员23人完成任职，第十二批团员23人入驻武进，任职时间2019年9月至2020年8月。第十一批团员任职期间，走访企业1400余次，依托专业优势和后方单位资源优势，发挥科技参谋、桥梁纽带、专业服务、引才育才作用，提升武进区人才引育和科技创新水平。在拓宽校企合作渠道方面，实施科教资源招引，先后与集美大学、南京航空航天大学、遵义医学院、厦门两岸集成电路产业园、国家大数据中心等对接，争取合作项目；推动哈尔滨理工大学和武进区政府实现全面战略合作，江苏理工学院与丁堰街道开展校地全面合作、博士后工作站共建，常州工程职业技术学院与西太湖科技产业园（武进经发区）签订校地合作协议。在提升板块能级方面，促进地方特色产业与高校专业资源精准对接，引导医药类高校与西太湖医疗产业密切对接，推动南京航空航天大学与武进高新区智能机器人产业深度合作，促成南京大学医学院附属口腔医院与常州市达辉医疗器械有限公司共建口腔医学材料联合研发中心，引导哈尔滨工业大学建筑设计研究院入驻武进绿建区；协调成立苏南数字化研发与制造创新中心，引入专家团队实施智能化改造、运营，推动企业解

GREEN+ 人才共享空间内聚集一批创新创业人才　（供图 / 武进绿建区）

决转型升级中存在的问题；利用专业知识帮助企业申报省、市科技项目和常州市创新创业大赛等系列项目。在引荐优秀人才方面，先后在黑龙江、武汉等地宣介武进人才政策，组织复旦大学、吉林大学、浙江大学等高校师生在武进考察接洽，联系对口专业毕业生在武进就业；推动武进绿建区成立 GREEN+ 人才共享空间，推动上海大学研究生实训基地、上海第二工业大学研究生实训基地、同济大学技术转移中心常州分中心落户武进；引进国家级人才 3 人、省双创人才 14 人、省科技副总 8 人，培训人才 926 人次。在引导科技成果转化方面，助力企业提升研发实力和知识产权保护水平，帮助企业申报省级及以上科技项目 113 个，其中获立项 29 个，获各级财政经费 3500 万元，帮助企业申请专利 2072 件，其中获授权 1219 件。

（张建忠）

【区科技成果转移中心产学研合同签约 55 个】 2019 年，区科技成果转移中心整合科技创新优势资源，稳步推进政产学研合作。招引东南大学、南京大学常州高新技术研究院 2 所高校技术转移分中心签约入驻，累计 19 家。全年组织专家进企业 51 场，对接企业 156 家；组织企业进高校 17 场，考察专家实验室和高校成果，引进人才和技术到武进；组织加盟高校与企业签订产学研合同 55 个，合同金额 2995 万元，合同金额比 2018 年增长 1 倍。牵线校企联合申报各类科技、人才项目 12 个，其中国家级项目 1 个、省部级项目 10 个、市级项目 1 个。协助校企共建科研平台 3 个，分别是江苏大学与常州纳捷机电科技有限公司共建江苏省研究生工作站，江苏大学与江苏汤姆包装机械有限公司共建江苏省研究生工作站、江苏省工程技术研究中心。

（盛文贤）

科技创新创业服务平台

【概况】 2019 年，全区根据苏南国家自主创新示范区建设目标和《江苏省政府关于深入推进大众创业万众创新发展的实施意见》要求，围绕常州市新一轮“十大产业链”（新能源汽车及汽车核心零部件、新能源、新材料、新一代信息技术、新医药及生物技术、轨道交通、航空装备、节能环保、智能制造装备、智能电网产业链），“十百千”创新型企业培育工程（加快培育以 10 家左右创新型领军企业为龙头、100 家左右科技型上市企业为骨干、1000 家左右高新技术企业为支撑的创新型企业集群），突出增强原始创新能力，提升产业技术实力，深挖科技资源潜力，优化创新基地布局，新增市级及以上科技创新平台 34 个，其中省级工程技术研究中心 14 个、市级工程技术研究中心 20 个。累计拥有市级及以上“二站三中心”651 个，其中博士后科研工作站 29 个（含国家级 9 个、省级 18 个）、院士工作站 15 个、工程技术研究中心 415 个（含省级 154 个）、企业技术中心 156 个（含国家级 4 个、省级 79 个）、工程研究中心 36 个（含省级 23 个）。全区大中型工业企业、规模以上高新技术企业中企业研发机构建有率分别达 88%、93%。新增国家级科技企业孵化器 1 个、市级众创空间 1 个，累计有科技企业孵化器 38 个（国家级 10 个、省级 6 个、市级 22 个）、科技企业加速器 11 个（省级 3 个、市级 8 个）、众创空间 28 个（国家级 3 个、省级 18 个、市级 7 个）。市级及以上科技孵化器、加速器、众创空间面积 321.02 万平方米，入驻企业 2007 家，累计孵化企业 2850 家。

【大连理工大学江苏智造产业技术育成中心被认定为国家级科技企业孵化器】 2019 年 12 月，该中心被科技部认定为国家级科技企业孵化器。中心成立于 2012 年 11 月，位于常州科教城内，由大连理工大学投资建设、大连理工江苏研究院有限公司运营，是智能制造方向专业型孵化器，建筑面积 1.87 万平方米，可同时容纳 100 多个高层次人才团队创新创业，有专职管理团队人员 56 人、兼职技术经理人和研发团队 100 余人。坚持企业技术创新开发商定位，面向企业提供知识、技术、人才等创新要素，结合企业需求争取政府支持和大学支撑，围绕产业链整合建立创新链，搭建中小企业公共服务平台、生态化科技成果孵化平台、产业共性技术创新平台，架构立体化、多层次、全方位、全过程孵化服务体系，提升服务水平和孵化效率，形成大学研究院孵化培育科技型企业模式。曾获评江苏省科技企业孵化器绩效评价结果优秀（A 类），获江苏省科技服务业“百强”机构、江苏省技术转移工作创新奖、江苏省技术转移工作促进奖，入围江苏省综合孵化器十强。至 2019 年年底，中心累计孵化培育企业 120 余家，直接转移、转让技术 20 余项，培育拟上市企业 1 家、高新技术企业 3 家，获批市级及以上人才项目 9 个，带动就业 200 余人。

【14 个平台被认定为省级工程技术研究中心】 11 月，武进区 14 家企业的科技创新平台被省科技厅认定为省级工程技术研究中心，全区累计有省级工程技术研究中心 154 个。

江苏省新型智能微创手术器械工程技术研究中心　由常州安康医疗器械有

限公司联合淮阴工学院、常州工程职业技术学院共同建设，位于湖塘科技产业园标准厂房内，面积2500平方米，拥有各类专业技术人员30余人。投入500余万元，配备研发用生产、检测设备数十台，研发可替代进口的微创类智能手术器械，开发具有经济效益和社会价值的新型智能微创手术器械。中心可作为省内外同行技术交流合作公共平台，提供相关技术和产品开发合作，推进国产智能微创手术器械研发和生产。

江苏省电子显示功能膜材料工程技术研究中心 由新纶科技（常州）有限公司建设，总投资2000万元，占地面积4600平方米，有研发人员59人，其中博士3人、硕士14人，海外归国人员2人，外籍专家5人，配备荧光光谱仪、静电测试仪、激光导热仪等100余台套研发设备。中心对标国际电子信息行业显示材料领域先进水平，实施新技术、新工艺、新产品的自主研发和引进吸收，开发显示材料新产品，提高国内显示材料的总体结构设计、基材开发、配方研制等方面技术的整体水平。

江苏省高精密永磁减速微型电机工程技术研究中心 由常州市运控电子有限公司建设，拥有实验、中验场地面积500平方米，总投资660万元，配备仪器设备，新建研发场所，建成中试生产装置2套。主要从事智能控制类永磁减速微型电机新品开发和测试，承担产品性能研究和优化任务，吸引行业专家研究交流。着眼加速科研成果产业化转化，永磁减速微型电机新产品中试放大，建设永磁减速微型电机产业化基地，产品技术和性能处国内同行先进水平。中心作为永磁减速微型电机领域人才培养平台，培养专职研发人才队伍、工艺试验人才队伍、检测及型试试验人才队伍、装配调试队伍、科技及行政管理人才队伍、新产品及应用推广销售人才队伍，研发队伍固定研究人员和管理人员编制不少于52人，中高级职称研发人员占比不低于50%。

江苏省汽车安全气囊金属部件特种拉伸工程技术研究中心 由常州工利精机科技有限公司建设，总投资907万元，场地面积1800平方米，有技术人员36人，其中高级工程师9人。购置仪器设备近10台套，研究汽车安全气囊金属部件精密冲压模具技术、高强度钢板拉深成型技术、自动化生产技术、自动化在线检测技术等，打造集安全气囊零部件工艺分析、精密模具设计研发、自动化生产技术和产品检测技术于一体的研发平台。

江苏省高速高频电子连接器工程技术研究中心 由安费诺（常州）高端连接器有限公司建立，总投资1200万元，面积1800多平方米，拥有各种测试设备100多台，可检测高速高频电子连接器机械、电气、环境方面性能。有研发人员95人，外聘专家4人，计划3年内建设成为有区域影响力的高速高频电子连接器工程技术研究中心。

江苏省特种印制电路板工程技术研究中心 由常州安泰诺特种印制板有限公司建设，总投资1100万元，场地面积1500平方米，配备中试车间智能化设备，拥有研发人员47人。围绕通信基站用特种印制电路板核心技术，为国内电子企业、高等院校和科研机构承担技术研究、试验和科技服务，借助技术和重大装备的引进、消化、吸收、再创新、再反馈等方式，为印制电路板行业和5G技术发展提供技术支撑。

江苏省大型复杂汽车注塑模具（博赢）工程技术研究中心 由常州博赢精密模具科技股份有限公司建设，总投资1000万元，总面积650平方米，有专职研发人员28人，其中中高级工程师13人，配备五轴加工中心、龙门式坐标测量机等高精密研发及检测设备。计划3年内实施场地改建、研发设备购置及中试生产线建设，支撑模具数字化设计制造技术、凸凹模配合加工技术、模具成型在线智能化控制等技术的研究，提高全省大型复杂精密汽车注塑模具技术整体水平，缩短与国际先进水平的差距。

江苏省数控机床关键功能部件工程技术研究中心 由常州市德速机械有限公司建设，总投资1200万元，中心场地面积7000平方米，有研发人员47人，重点规划建设ATC自动换刀装置、凸轮结构等关键技术的研发实验室和刀库中试基地，增加产品设计和开发所需各种软硬件设施，引进高端专业技术人才及国内外知名专家，建成一流数控机床关键功能部件工程技术研究中心。

江苏省高精密智能化液压元件工程技术研究中心 由江苏恒立液压科技有限公司建设，总投资1650万元，拥有研发办公区域1000平方米、精密测试室800平方米、研发测试中心1200平方米，有技术研发人员96人，先后投入8600万元购置泵阀性能试验台等国外先进研发、测试和试制装备，研究开发工程机械液压系统、液压阀、液压泵和液压马达等产品和技术。

江苏省血液净化材料工程技术研究中心 由常州华岳微创医疗器械有限公司建设，总投资1000万元，占地面积约2500平方米，有研发人员约30人，开展血液透析浓缩液技术研究。投入550万元，添置研发及产业化设备20台，拟建设新型血液透析浓缩液及透析干粉生产线1条，引进高层次研发人员2人，培养技术骨干10人，培训人才30人次，增强企业自主研发能力，开发具有自主知识产权的超低钙血液透析浓缩液。

江苏省智能阀门电动执行机构工程技术研究中心 由常州电站辅机股份有限公司建设，总投资850万元，场地面积1550平方米，拥有阀门电动装置寿命试验台、电动装置型式试验台、液压加载试验台等先进检测设备，用于智能阀门电动执行机构、气动执行机构的寿命试验、产品型式试验等。有研发人员30人，其中具备中高级及以上职称的20人，科研队伍涵盖机械、电气控制、液压流体、电机设计等专业学科。通过自主研发、联合研发等形式，建立国内领先并接近国际同类产品研究开发水平的智能阀门电动执行机构工程技术研究中心，培养一支集科研、设计、技术管理及产业化开发的技术复合型人才队伍，提高智能阀门电动执行机构整体技术水平，缩短与国内外先进水平差距，建成江苏省阀门电动执行机构新产品研发、测试与生产基地。

江苏省智能包装成套装备（汤姆）工程技术研究中心 由江苏汤姆智能装备有限公司建设，总投资850万元，有场地6120平方米，研发人员55人，配备各类研发及产业化设备，拥有智能包装成套装备的研发、制造、实施、运维一站式服务能力。中心计划3年内建成具有国际先进水平专业性科技平台。

江苏省电动汽车智能高效充电系统关键工程技术研究中心 由江苏万帮德

江苏省智能包装成套装备（汤姆）工程技术研究中心内景　（供图 / 区科技局）

和新能源科技股份有限公司建设，场地面积 1.88 万平方米，有研发人员 186 人，2019 年投入 5387 万元，新增交流逆变负载、三次元影像测量仪、高低温箱、静音室、电动汽车充电参数智能检测仪器等研发检测仪器 20 余台，实验室通过 CNAS（中国合格评定国家认可委员会）认证，可开展 19 个大类、900 余项实验。

（张建忠）

科技人才

【概况】 2019 年，武进区坚持市场主导、政府引导、企业主体原则，深入实施人才优先发展战略，突出量质并举、优化结构，引进培育科技人才，构建创新人才、创业人才、领军人才、科技型企业家人才梯队。年内，按照《武进区领军型创新人才发展行动计划（2018—2020 年）》《武进区科技服务业人才发展行动计划（2018—2020 年）》要求，围绕国家、省、市高层次创新人才引进培育目标，实施“武进英才计划”，推进区领军型创新人才“倍增工程”，重点引进新一代信息技术、轨道交通、机器人、航空航天装备、先进碳材料、生物医药与医疗器械等战略新兴产业领域创新人才。区委人才工作领导小组制定出台《深入推进“武进英才计划”加强领军人才引进的实施办法》，加大领军人才（团队）引进和资助力度。全年组织申报国家级重大人才工程 A 类项目、科技部创新人才推进计划暨国家级重大人才工程 B 类项目各 7 个，立项国家级重大人才工程 A 类项目 1 个、B 类项目 6 个，6 名人才获省双创人才项目（企业创新类）立项。9 月，全区科技创新与人才发展大会召开，表彰有突出贡献的科技型企业家 10 人、有突出贡献的科技工作者 10 人、优秀专业技术工作者 50 人、科技系统先进工作者 8 人，按《常州市武进区科技工作者奖励办法》给予奖励。至年底，全区形成高层次人才 855 人，高层次人才总量 2.15 万人。

（张建忠）

【“武进英才计划”领军型创新人才“倍增工程”】 2019 年，武进区持续实施“武进英才计划”领军型创新人才“倍增工程”，衔接常州市领军型创新人才引进培育项目和江苏省双创计划，鼓励企业发挥主体作用，通过实施产学研项目、成果转化及产业化项目、建设研发机构等，引进培育高层次创新人才及创新团队，提升企业技术进步和自主创新能力。年内，组织企业和人才申报企业领军型“人才引进”培育项目和“科技创新团队”培育项目。至年底，立项“武进英才计划”领军型创新人才“倍增工程”项目 6 个，累计下达资助经费 90 万元。其中，湟里镇 1 个、西太湖科技产业园（武进经发区）1 个、武进高新区 2 个、常州科教城 2 个。

（吴林立）

2017—2019 年度武进区有突出贡献的科技型企业家和科技工作者情况表

表 54

荣誉类型	姓　名	工作单位及职务
有突出贡献的科技型企业家	王文虎	中车戚墅堰机车车辆工艺研究所有限公司董事、总经理、党委副书记
	田学峰	斯泰必鲁斯（江苏）有限公司总经理
	苏建国	江苏雷利电机股份有限公司董事长
	吴智华	新纶科技（常州）有限公司董事副总裁（兼）总经理
	张翀昊	常州天正工业发展股份有限公司董事长
	和江镇	征图新视（江苏）科技有限公司总经理
	周立成	新誉集团有限公司董事长
	谈　行	江苏洛凯机电股份有限公司董事长
	戚国强	快克智能装备股份有限公司总经理
	潘政民	瑞声科技控股有限公司执行董事兼行政总裁
有突出贡献的科技工作者	冯江涛	常州联德电子有限公司总经理
	刘古春	江苏（武进）水稻研究所育种主任
	刘红光	江苏恒立液压科技有限公司研究院副院长
	刘岳龙	江苏立华牧业股份有限公司技术部总经理
	李景山	今创集团股份有限公司控股子公司高级管理人员
	张广泰	常州博瑞电力自动化设备有限公司副总工程师、技术研究中心主任
	周国祥	常州凯达重工科技有限公司技术副总经理
	周敏伟	江苏河马井股份有限公司董事
	钱卫东	武进中医医院大内科主任、副主任医师
	韩恩林	江苏先诺新材料科技有限公司副总经理

（张建忠）

教 育

Education

责任编辑　杨汉平

综 述

【概况】 2019 年是武进区“五个三年行动计划”教育均等化收官之年。2017—2019 年，武进区坚持教育优先发展战略，大力推进教育均等化三年行动计划，取得显著成绩。全区新建、改扩建学校项目 46 个，累计投资超 34 亿元。首创“区管校聘”教师人事制度，并在全省推广。全区形成以名师领衔、骨干教师为主力、优秀年轻教师为梯队的教育师资体系。省、市优质幼儿园比例超过 90%，集团化办学在义务教育阶段实现全覆盖。建成全国首批“义务教育发展基本均衡区”。高考录取人数继续领先全省。武进职业教育中心校创成国家中等职业教育改革示范学校。“武进教育”品牌得到社会各界的广泛认可。

2019 年，武进区深入贯彻落实全国教育大会精神，深化教育教学改革、人事制度改革、办学模式改革，整体推进教育现代化建设，构建“一管两聘三机制”（管聘用合同，工资岗位聘任、工作岗位聘任，“能进能出”的退出机制、”能上能下”的竞岗机制、“能留能走”的转岗机制）的制度体系。创新交流轮岗方式，倡导“组团式”交流，加强交流轮岗考核，提高教育教学实效。持续推进义务教育优质均衡发展，有 4 所学校创建成市“新优质学校”，累计 11 所。深化集团化办学。义务教育阶段 13 个教育集团、21 个城乡结对联盟参加全区办学水平考核及素质教育考评，其中 9 个教育集团、14 个结对联盟涉及 89 所学校获评优秀级。完成职教资源整合工作，职业教育发展内涵质量提高，服务发展能力提升。创建省级现代化专业群 2 个、省现代化实训基地 1 个、“1+X”试点项目 3 个。持续推进政、校、企产教深度融合，开展企业新型学徒制培训，共建企业学院和技能大师工作室 3 家。社区教育基础能力和品牌建设进一步提高。创成江苏省标准化社区教育中心 1 个，累计 15 个。武进社区培训学院被评为 2019 年全国“优秀成人继续教育院校”，“江苏 3D 社区教育发展合作联盟”（武进社区培训学院为联盟成员）被评为 2019 年全国“终身学习品牌项目”。教育督导坚持政策导向，深入推进教育现代化建设，扎实有效开展各类专项督导，创新开展中小学校素质教育督导评估，精准研判监测数据，助推教育高质量发展。全区省教育现代化建设水平监测继续保持在 90 分以上，义务教育优质均衡率 78.1%，义务教育质量监测获教育部优秀组织奖。

表 55　**2019 年武进区各类中小学、幼儿园情况表**

学校类别	学校数（所）	毕业生数（人）	招生数（人）	在校生（在园幼儿）数	
				2019 年（人）	占 2018 年(%)
普通高中	9	4575	5737	15547	107.65
职业高中	2	2301	2150	6042	50.88
初中（含一贯制初中部）	36	11911	14422	41061	106.04
小学（含一贯制小学部）	59	16538	19595	108737	103.19
幼儿园（注册）	86	14271	14185	43440	102.87
特殊教育学校	1	40	34	153	110.87

表 56　**2019 年武进区各类中小学校、幼儿园教职工情况表**

学校类别	教职工总数（人）	其中：专任教师数（人）	达到规定学历的专任教师比例（%）
普通高中	1297	1201	100.00
职业高中	1006	922	99.13
初　中	2447	2290	98.12
小　学	4306	4162	99.78
幼儿园	3118	2168	99.86

【武进出台政策性文件助推教育现代化】 9 月 8 日，全区教育大会发布助推教育现代化政策文件，包括《武进教育现代化 2035》《加快推进武进教育现代化实施方案（2019—2022）》《深化幼儿园教师

管理改革实施员额管理的指导意见》《武进区优秀人才奖励办法（试行）》，系统部署当前和今后一个阶段的教育工作。《武进教育现代化2035》明确，到2035年，武进区将高水平实现教育现代化，建成更加公平、更加优质、更具活力的教育强区，教育事业主要指标达到同期世界发达国家或地区的平均水平，教育质量全面提升，政府充分保障、社会广泛支持、学校自主办学、教师敬业乐教、学生健康发展的良好教育生态全面形成。为加快落实《武进教育现代化2035》，出台《加快推进武进教育现代化实施方案（2019—2022）》。到2022年，全区预计新建、改扩建中小学和幼儿园28所，其中，幼儿园9所、小学11所、初中6所、普通高中2所。此外，实行公办幼儿园教师员额管理，启动幼儿园备案聘用教师招聘，新增市优质幼儿园12所、省优质幼儿园10所，推进集团化办学纵深发展，加快城乡义务教育一体化进程，争创常州市“新优质学校”5所。《深化幼儿园教师管理改革实施员额管理的指导意见》对解决学前教育资源配置不均衡、编制供需矛盾突出、教师专业素质不强等问题制定应对措施。《武进区优秀人才奖励办法（试行）》对优秀教育人才进行奖励，分为人才成长奖励、人才贡献奖励、人才引进奖励三种类型，奖励金额从2000元至6万元不等。奖励经费由区财政纳入年度预算，按现行财政体制承担。

【地方教育经费投入】 2019年，全区落实《武进区教育事业均等化三年行动计划》和《2019年武进区政府投资项目建设计划》，精准落实政府教育财政投入，有序推进基建项目实施进度，有重点加快中心城区、经开区和高新区等教育资源紧缺区域学校建设。全区国家财政性教育投入29.07亿元，其中一般公共预算安排的教育经费29.04亿元、政府性基金预算安排的教育经费335万元。一般公共预算安排的教育经费比2018年增加1.37亿元，增长4.96%。其中，公用经费和专项补助经费7.37亿元，学校基本建设经费3.53亿元。全区普通学校小学生、初中生、高中生生均一般公共预算教育经费分别为1.58万元、1.84万元、2.88万元。2019年建成投用小学1所，幼儿园3所，分别增加学额小学21601个、幼儿园2310个。累计实施教育三年行动计划（2017—2019）新（改、扩）建项目49个，竣工验收32个，面积39.1万平方米，完成投资额20亿元；开工12个。按照教育精准扶贫政策要求，配合区相关部门开展全学段帮困助学活动。2019年，学前教育阶段获助319人，资助金额61.77万元；义务教育阶段获助2720人，资助金额229.73万元；高中（含职中）及以上阶段获助604人，资助金额101.10万元，共计获助3643人，资助总金额392.61万元。

【校长队伍建设】 2019年，武进区委教育工委以构建高素质干部队伍为目标，严格执行干部选拔任用工作规定和《干部选拔任用工作条例》，坚持正确的选人用人导向，严格选任程序、严格教育管理、严格监督考核，加强各级学校领导班子和干部队伍建设，为教育改革发展提供组织保证和人才支撑。2019年提拔副职校领导22名，正职校领导5名，交流任用校级干部16人。创新培训方式，提升干部整体素质，开展校长任职资格培训，严格落实校级领导“五个一”（担任一门学科教学、阅读一本专著、参与一项课题、撰写一篇文章、举办一次讲座）要求，开展校长聚焦课堂活动，组织64名中小学校长开展听评课活动，组织185名中小学校长上公开课。举办“武进教育讲堂”第十一期和暑期教育干部培训班，有10位校长分别从党建领航、师德建设、特色德育、劳动实践、家校共育、课程教改、学校管理等不同层面，分享各校立德树人的做法和经验。新增常州市第三批特级校长7人、高级校长13人、骨干校长16人，累计有特级校长14人、高级校长18人、骨干校长20人。继续完善学校领导干部考核体系，兼顾城乡差异、办学特色等情况，优化考核结果运用。严格执行《武进区教育系统退出现职岗位校级领导纪律要求告知书》，明确遵纪、履职、守纪规定，充分发挥退出岗位校级领导在全区教育改革发展中的积极作用。

9月8日，区委、区政府召开全区教育大会　（供图/武进日报社）

【教师队伍德能建设】 2019年，武进区出台《关于武进区教职工全员岗位竞聘工作的指导意见（试行）》，完成全区教职工全员竞聘；继续完善教育编内、备案聘用、编外聘用人员相结合的用人机制，启动“优才计划”，增加教师资源，招聘全日制应届研究生、“双一流建设”高校本科生46人，公开招聘中小学编制教师106人、幼儿园编制教师72人、备案聘用教师291人，有效弥补教师数量不足短板。加大教师交流轮岗力度，教育集团、城乡结对学校之间及区内交流教师658人，有力地促进全区师资均衡配置。同时进一步完善教师待遇保障机制，出台《关于发放教师专项绩效奖励的实施意见（暂行）》，提升广大教师工作积极性与主动性。武进区连续第11年召开全区师德建设推进会，评出师德建设先进学校20所，“双十佳三好教师”20人。继续开展教师队伍师德师风师能建设和师德大督查，组织学习“新时代教师职业行为十项准则”，开展拒绝有偿补课公开承诺活动，筑牢“底线工程”。继续以教育改革与发展为动力，以骨干教师队伍培养与管理为龙头，引导教师向精专方向发展。全区有59人被评为市教学能手，99人被评为市教坛新秀。2019年，全区有5人获省正高级教师职称，高级教师职称83人，一级教师职称201人，初级教师职称818人。累计有正高级教师职称17人，省人民教育家培养对象1人，省特级教师27人，市特级教师后备人才13人，市学科带头人296人，市骨干教师497人，市教学能手、教坛新秀、区学科带头人、区骨干教师2432人。出台《深化幼儿园教师管理改革，实施员额管理的指导意见》《武进区优秀教育人才奖励办法（试行）》。加强班主任队伍建设。在全市班主任基本功竞赛中获12个一等奖、21个二等奖，其中武艳云、李向分别获江苏省高中组、小学组班主任基本功大赛二等奖，有3人被评为市特级班主任、12人被评为市高级班主任、27人被评为市骨干班主任，123名班主任获“区名班主任”称号，1人被评为常州市“龙城十佳班主任”，成立第一批“名班主任工作室”11个。全区教师队伍整体素质进一步提高。

【教育科研】 2019年，武进区组织省教育科学规划课题、省教研课题、市教育科学规划课题和区教研课题211项，开展新课程培训、专题性研讨、单元教学研究、课例研究、教研观摩研讨、同课异构联校教研活动、优质课评比、青年教师基本功比赛、教师发展中心教科研基地校活动、省、市、区规划课题及教研课题结题、学科带头人高级研修、课题组长培训会、名师工作室开讲研究课、常州市优质教师城乡牵手行动等教科研活动200余场，评选出优秀教科研成果一等奖38项、二等奖35项。继续开展数字化学习应用实践与研究。组织参加全国“智慧教育成果展示暨高峰论坛”活动，在全国遴选的100节优秀成果展示课例中，武进有5节。另外，还有10节微课、27节录像课、19个微视频进入全国现场说课介绍，区教育局荣获优秀组织奖。全面落实“一师一优课”晒课活动，认真组织学校教师进行网上晒课。全区有2545名教师报名，晒课2651节，获市级优课81节，省级优课1节。继续开展“校长聚集课堂”活动，组织高中校长参加听课、评课和中小学校长上公开课，提升校长对课程建设和课堂管理的领导力。创新导师聘任方式，做强“送培上门”培训工作，确定21个送培基地，培训范围辐射至全区16个镇和街道，共计50所小学，31所初级中学，培训人数1200余人。通过区级“师训专家库”和“人才培育库”等多种资源、途径提升教师专业发展水平。坚持面向全体、突出骨干、讲求实效、提高素质的原则，实施“名师大讲堂”暑期教师培训、农村学校骨干教师培育站、名教师工作室、中小学学科骨干教师专题培训、新教师集中培训、教师信息技术应用能力提升培训等送培上门项目，全年累计培训教师3.7万人次。

【教育国际化交流】 2019年，武进区继续探索教育国际化办学新途径，坚持以“走出去、引进来”的发展思路，推进合作办学。4月16—17日，澳大利亚劳斯山公立学校49名师生走进清英交流访问。自2014年清英外国语学校与澳大利亚Rouse Hill学校成为姊妹学校以来，两校不断加强合作与交流互访，两校办学理念、课程创设、国际教育实施等都有共通共融之处。4月23日，美国新泽西州米德尔塞克斯郡Kyle Anderson督学及校长、师生代表一行走进武进区实验小学、清英外国语学校、星辰实验学校参观访问，通过丰富多彩的语言课程与活动，推进双方师生交互体验，分享教学经验和体会，共同推动双方教育交流与发展。美国新泽西州米德尔赛克斯郡Kyle Anderson督学与这3所学校分别签署“友好学校”协议。至年底，全区有3所学校与境外学校结成友好学校，累计29所；16所学校与29个国家的学校合作办学；与19个国家的教育机构共建联合课程部29个；有11所学校聘请162名外籍教师任教，其中威雅公学有122名。

【核心价值观培育与核心素养培养提升】 2019年，武进区各中小学校落实立德树人根本任务，构建各学段相互衔接的一体化德育教育目标、重点、途径和评价体系，通过组织“奋进新时代”主题读书教育活动、开展关工委主题教育活动，突出德育工作实效性。着力学生品格提升工程建设。确立21个区学生品格提升工程项目，6所学校申报项目获评2019年市学生品格提升工程项目。全区有省级项目4个、市级6个、区级30个。其中，武进区星河实验小学省级项目《FSC：儿童品格社区的实践建构》结项，武进区实验小学、星河实验小学分校、江苏省武进高级中学省级项目顺利实施。着力德育队伍建设。通过区、市班主任基本功竞赛、名班主任评选等方式提升一线德育工作者的德育能力。着力德育活动建设。全面开展生命教育月活动，共评出30个市食育教育优秀成果视频、15个市劳动实践教育优秀校本课程。着力推进家校共育。依托武进区家长学校总校，指导不同学段的学校推进家校共育工作，有7所学校被命名为“常州市优秀家长学校”，2所学校被评为“江苏省优秀家长学校”，武进区被评为“江苏省家庭教育先进区”。着力做好创建工作。组织参加常州市“最美校园竞晒”、文明校园创建专题宣传活动。获评江苏省文明校园8所、首批常州市文明校园标兵3所、首批常州市文明校园19所、武进区文明校园标兵24所、武进区文明校园49所。评选出省市区级三好学生565名，表彰一批区级“美德少年”。深入推进法治进学校“六个一”工程。全区有23所学校被评为常州市依法治校示范校，17所学校被评为常州市依法治校先进单位。强化学生关键能力培养，促进学生全面发展。举办区级中小学生田径、球类、游泳等20余项体育竞赛，全区17.58万名中小学生参加体质健康测试，优秀率15.2%、合格率97.3%。组织开展各级各类中小学生艺术展演、比赛活动和“戏曲进校园”活动，获省级奖项26个、市级奖项46个。江苏省武进高级中学等组织开展机器人、汽航模、3D打印等科技创新大赛项目比赛和展示，1.8万名学生参加各类竞赛，1万余人次获奖。

（陆　琪）

学前教育

【概况】 2019年，武进区进一步完善由政府牵头，教育部门主管，规划、国土、建设、财政等职能部门分工负责的学前教育工作机制，继续强化主体责任，扩大公益普惠学前教育投入保障机制，引进区外高品质教育资源，提升社会化办学水平。全区新开幼儿园6所，新增9所省、市优质幼儿园，2所幼儿园接受省优质幼儿园现场复审。年末，全区有各级各类幼儿园86所，其中省、市优质幼儿园72所，省、市优质率83.72%。在园幼儿58208人，其中在公办及普惠性民办幼儿园幼儿38035人，占全部入园幼儿的65.34%。教职工6069人，有专任教师3349人。其中，市、区级教学能手（骨干）及学科带头人186人，省特级教师3人。全区有市、区级前瞻性教学改革实验项目13个，有省、市、区级课程游戏化项目园20所，幼儿园课程游戏化项目建设由点及面，形成区域化推进的好态势。10月，成功承办常州市课程游戏化建设和前瞻性教学改革实验项目共同体活动，全区学前教育教学成果不断巩固和发展。

【3所幼儿园获评省级优质幼儿园】 4月通过江苏省教育评估院认定。

常州市武进区机关幼儿园星河国际南园分园　位于武进区湖塘镇玉塘路星河国际小区，是武进区教育局直属管理的公办幼儿园。开设24个班级，在园幼儿800人，教职工85名。该园依靠、融合并扩大武进区机关幼儿园教育集团的先进教育理念和优质教育资源优势，以“为每个人的快乐成长服务”为办园宗旨，秉承集团“爱·和·荣”三味精神，以“一棵树摇动另一棵树”为教育哲学，以“一树一树的花开”为文化主张，打造“各美其美、美人之美、美美与共”的团队文化，建设“心灵向往、流连忘返、念兹在兹”的幸福玩学园。

常州经开区东城幼儿园　位于常州市潞城花苑73幢，公办幼儿园，为武进区机关幼儿园合作办学园。开设18个班级，在园幼儿500人，专任教师42名。该园秉承“呵护孩子、追随孩子、启引孩子、共同成长”的教育理念，着眼于孩子的潜能开发、能力锻炼、兴趣培养、习惯养成和生命成长，形成东幼品格——和悦·乐创。东城幼儿园以“创游绘本”为特色，培养幼儿阅读兴趣。

常州经开区青洋幼儿园　位于常州市青洋花苑22幢，公办性质，为常州市鸣珂巷教育集团合作单位。开设14个班，在园幼儿414人，教职员工56名。该园秉承集团“着眼于全面，致力于创新，为幼儿提供优质教育，为家长提供优质服务”的办园宗旨，倡导“体验快乐，享受成长”的教育理念，以培养“活泼、勇敢、自信、大方”的孩子为目标，促进幼儿全面发展。

【6所幼儿园开园】 2019年，全区有6所幼儿园开园，其中公办1所，民办5所。

常州市武进区遥观中心幼儿园　位于武进区遥观镇常和路5号，由遥观镇政府投资1亿元建造，占地面积2.01万平方米，建筑面积1.47万平方米，规划设置30个班。9月开园，设8个小班，在园幼儿216人，每班配备“两教一保”，全园有教职员工35名。

常州市武进区横山桥镇山水实验幼儿园　位于常州市经开区横山桥镇山水花苑西侧，是常州灵一教育集团旗下一所现代化的新园，占地面积1.51万平方米，建筑面积7800平方米，规划设置24个班级。9月开园，设6个班，在园幼儿203人，每班配备“两教一保”，全园有教职工31名。

常州市武进区星安幼儿园　位于武进区横山桥镇新安，总投资7585万元，占地面积1.16万平方米，建筑面积7986平方米，办学规模6轨18个班。9月开园，设4个班，在园幼儿51人，教职工27名。

常州市武进区牛塘镇柏克莱幼儿园　位于常州市武进区牛塘镇招商花园城1—5幢101号（金东方对面）。总投资2500万元，占地面积981平方米，建筑面积1549平方米，该园规划设置8个班级。9月开园，设2个班，在园幼儿16人，有教职工共13名。

常州市武进区宝丽幼儿园　位于武进区湖塘镇花园街虹北路98号，常州首家公园里的幼儿园，总投资1500万，占地面积5614.7平方米，建筑面积3696平方米，规划设置12个班级。8月开园，设2个小小班和1个小班，在园幼儿41人，全园有教职工17名。

常州市武进区莱德幼儿园　位于武进区雪堰镇潘家兴政路326号，总投资1500万，是一所现代化、高标准的优质双语幼儿园。占地面积2928平方米，建筑面积4503平方米，规划设置12个班级。9月开园，设托、小、中、大幼儿班4个，在园幼儿38人，教职工16名。

【幼儿园课程、教学改革实验项目研讨】 10月29日，“2019年常州市幼儿园课程游戏化建设项目暨前瞻性教学改革实验项目现场观摩研讨会”在武进区崔桥幼儿园举行。市教育局、市教科院、区教育局、横林镇政府等相关负责人及各辖市区幼教专干、幼教教研员，各项目组成员单位的近百名园长、一线教师参加活动。全市50多所省市课程游戏化项目园和前瞻性教学改革实验项目园通过展板向参会代表展示各自的研究成果，承办学校崔桥幼儿园展示12个戏剧游戏活动和2个戏剧综合活动，展现孩子在自在、创造化的氛围下玩转戏剧，获得成长的风采。崔桥幼儿园等4所共同体单位进行经验交流，分享各自在“课程游戏化建设和前瞻性教学改革实验”中的探索方向、行走路径以及成长收获。

【幼儿教育成果展评】 2019年，武进区致力提高幼儿园办园特色和幼儿教师专业技能，在全国、省、市各项教学成果比赛中屡有获奖：东方名园幼儿园于8月获评全国首批“足球特色幼儿园”，横林中心幼儿园获“童画之星·第二十一届世界华人幼儿创意美术大赛”特等奖，雪堰中心幼儿园获上海国际幼儿创意绘画比赛中国幼儿启蒙教育协会教育成果三等奖。礼嘉中心幼儿园入选2019年度中国教育技术学会中小学专业委员会理事单位。全区幼儿教师在各级各类专业技能比赛中累计获全国、省奖项26次。其中，经开区东方名园幼儿园案例“基于观察鹰架儿童发展——记大班建构游戏《城市立交桥》”被评为教育部“全国优秀案例”，滆湖科技幼儿园洪柳、姚黎案例和机关幼儿园火炬路分园谈丽娟、陈雨婷案例分别被评为2019年江苏省幼儿园课程游戏化活动优秀案例。横林中心幼儿园徐明英《我们身边的科学》获第三届江苏省乡村骨干教师培育站优秀课评比一等奖。

（陆　琪）

义务教育

【概况】 2019年，武进区持续推进义务教育优质均衡发展，通过教育集团、城乡结对、教育联盟三种形式，分层推进和实现义务教育阶段集团化办学全覆盖。建立集团组织运行机制、教师交流机制、考核评价机制、经费保障机制四项管理机制，保障集团化办学有效运行。启动新一轮区内教师交流轮岗工作。制定学校交流轮岗规划，创新交流轮岗方式，加强交流轮岗考核。全区义务教育阶段交流教师占应交流总数的30.7%，其中区级骨干以上的梯队教师占交流教师的48.7%。修订完善《武进区义务教育集团化办学考核办法》，制定统一的质量标准和评估方法。评出优秀级集团9个，良好级4个。开展城乡结对现场考评，完善考核体系，14个结对校获优秀级，7个良好级，结集出版集团化办学典型经验，扩大优质经验共享。区政府每年核拨专项经费，按照考核评定等级合理安排奖励各教育集团。集团融合成效初显，内涵建设得到提升。2019年有4所学校创成市“新优质学校”，累计11所。集团学校在全区办学水平考核和素质教育评估中表现突出，集团分校提升明显。择校现象得到缓解，保障随迁子女入学。就业人员随迁子女在武进区和当地生源基本保持1:1的比率，基本满足随迁人员选择家门口的好学校要求。实施公民办学校同步招生，各民办学校按照市教育局统一部署，根据“自主招生、免试入学”的原则，按核准招生方案规范招生。推动公办学校与新市民学校建立教育共同体，提升新市民学校办学水平。流动人口子女入学管理继续实行积分制。全区提供积分入学学位8978个，接受流动人员有效申请8700人。全区发放入学准入卡7443张，积分入学录取率84.31%，公办学校录取率74.57%。全区小学适龄儿童入学率、残疾儿童入学率100%，在校学生巩固率99.9%，毕业生升学率100%，初中入学率100%，在校学生巩固率99.8%。

【义务教育课程改革】 2019年，武进区持续深化义务教育课程改革，不断提升课程改革实施水平。湖塘桥实验小学“小学‘1+1+x’体育课程的整体构建与创新实践”获江苏省前瞻性教育科学实验项目中期评估优秀等级，清英外国语学校“人类命运共同体视域下国际理解教育的研究与实施”成功申报为江苏省基础教育前瞻性教学改革实验项目。星河实小分校“好奇工场：指向儿童科学素养的逆向学习设计”、雪堰中心小学“故事田：儿童‘一百种语言’的实践探索”、横林实验小学“DI学习坊：让创新思维活动发生”、戚墅堰东方小学“‘学科教学’走向‘学科育人’的实践探索”4所学校项目成功申报为常州市基础教育前瞻性教学改革实验项目。另有23个项目立项为武进区前瞻性教学改革实验项目，在常州市第七届学校主动发展优秀项目评选活动中获一等奖5个、二等奖10个。加快推进“名师空中课堂”，组织全区中小学帮助和指导学生家长注册开通名师空中课堂使用账号共计14万个，遴选推荐1000余名一线优秀教师为网上答题名师，截至年底，共为学生答疑6000余人次。

【义务教育科研成果】 2019年，武进区坚持科研兴教、科研兴校、科研强师，扎实推进江苏省“精品课题实验区”建设，积极营造良好的教科研氛围，通过抓科研过程管理，落实各项课题研究规范，着力培养科研骨干，实现全区教科研管理水平和研究品质稳步提升。在江苏省教学研究第十一期课题成果评奖活动中，武进区星河实验小学王素旦、庄惠芬主持的《小学数学游戏化学习的教学策略研究》获特等奖（全省共20项），区教师发展中心贲新文和洛阳高级中学沈纯芳主持的《基于学科核心素养培养的史料教学优化研究》获一等奖，武进区实验小学王佳栋主持的《小学数学“核心问题”教学的实践研究》获二等奖。在江苏省教研十三期课题评审中，清英外国语学校校长奚亚英主持的《“互联网+”视域下小学生非正式学习的指导策略研究》、横山桥中心小学孙红霞和张黄婷主持的《基于写实记录的小学综合实践活动表现性评价研究》立项为重点资助课题（全省共20项），湖塘桥第二实验小学朱燕芬、谢月红主持的《“教育即生长”理念下生长课堂的架构与实践》立项为重点自筹课题，6项课题被确定为江苏省教研立项课题。教育科研促进教师专业成长，武进区湖塘桥实验小学杨丽、刘海粟小学蒋虹、星河实验小学分校孙晔隽三位老师获2019年江苏省中小学“师陶杯”教科研论文评选特等奖(全省共32名)，7人获省一等奖、3人获省二等奖。在省学科教师基本功比赛和优质课评比中，湖塘实验初中李焕、前黄实验学校鲍雪峰、湖塘桥实验小学沈莉、湟里中心小学吕卉获一等奖，湖塘实验初中贲洵获二等奖，获常州市一等奖16个、二等奖25个，星韵实验学校万银洁获江苏省小学语文评优课特等奖，武进区实验小学孙琪、武进区潘家小学陈燕青获江苏省书法评优课特等奖。

【中小学校体育教育活动】 2019年，武进区教育系统开展各类阳光体育活动，举办区级体育赛事20项。全区新增3所全国青少年校园足球特色学校，累计32所；全国青少年校园篮球特色学校7所；江苏省体育传统项目学校11所；常州市校园足球示范学校14所；常州市校园

2019年，武进洛阳中心小学实现机器人课程全覆盖，三年级就将机器人列入校本必修课，曾获世界奥林匹克机器人竞赛一等奖等奖项 （摄影/陆 新）

足球试点校22所；常州市体育特色学校27所。继湖塘桥实验小学深入推进学校体育综合改革之后，清英外国语学校、星河实验小学、崔桥小学、武进区实验小学、戚墅堰东方小学等5所学校成为常州市第二批深化学校体育改革实验学校。各级体育特色学校和体育传统项目学校、体育布局项目学校参加各级各类比赛成绩突出。在全国各项竞赛中共获冠军3项、亚军2项、季军2项。其中，鸣凰中学在全国第二届青年运动会女子曲棍球U15组和全国青少年曲棍球女子U15组比赛中分别获第一名；在全国青少年U系列曲棍球锦标赛中，运村实验学校分别获U10女子组冠军、U12女子组亚军，前黄中心小学获U10女子组亚军；湟里初级中学在全国青少年花样跳绳比赛中获团体第三；牛塘初级中学武术队获全国中学生武术锦标赛长拳二段第三名。在江苏省各项竞赛中，全区获冠军9项，亚军1项，季军5项。其中，淹城初中获江苏省第二十届中学生田径运动会（苏南片）男、女团体冠军，庙桥初中获江苏省少儿门球比赛中学组冠军，湖塘桥第二实验小学获江苏省青少年篮球锦标赛小学女子组冠军，潘家小学获江苏省棋类锦标赛象棋丙组第一名，星韵学校获江苏省三门球比赛男子组第一名，鸣凰中学获江苏省曲棍球锦标赛U15女子组第一名。武进区鸣凰中学初二女学生沈俊彤9月15—17日参加英国伦敦“2019年伦敦世界残疾人游泳锦标赛”，获100米自由泳第四名、200米自由泳第六名、50米仰泳第七名三枚奖牌。9月，沈俊彤获评“江苏省新时代好少年”称号学生。在常州市举办的体育竞赛中，武进区获45项团体冠军。

【中小学校艺术教育活动】 2019年，武进区组织开展青少年学生艺术竞赛和展演活动，内容丰富多样，有合唱、朗诵、戏剧和中小学生硬笔、软笔书法比赛，书画摄影评比等。在常州市中小学生艺术节比赛中，武进区获特等奖2个、一等奖38个、二等奖70个，获第三届常州市合唱大赛3个金奖、4个银奖、10个铜奖、19个优秀奖，武进区星辰实验学校获少年组金奖，湖塘桥实验小学荣获童声组金奖。在第十届江苏省中小学“校园心理剧”优秀剧目比赛中，武进区星河实验小学、遥观中心小学获特等奖，星辰实验学校、星河实小分校、刘海粟小学、潘家小学分别获一等奖，11个学校剧目获二等奖、19个剧目获三等奖，武进区星河实验小学、星辰实验学校、刘海粟小学、潘家小学、坂上初级中学等10所学校获“优秀原创剧本奖”，获奖数量和质量均居全省前列。全区有全国“中华优秀传统文化艺术传承学校”2所，江苏省艺术教育特色学校4所，江苏省书法特色学校2所，2019年星河实验学校、横林实验小学、牛塘中心小学、湟里中心小学、村前小学被评为市第八批书法示范学校，累计44所；入选常州市首批戏曲进校园实验学校4所。

武进区坂上小学2012年成立全区教育系统第一个锡剧培训基地，2019年6月举办首届戏曲节
（供图／武进日报社）

【4所优质学校升级为“新优质学校”】 2019年，武进区实验小学分校、雪堰中心小学、横林实验小学、戚墅堰东方小学4所学校通过常州市“十三五”期间第四轮“新优质学校”评审。武进区实验小学分校将课程建设、教学改革、教师发展、管理以及评价构成立体网，系统架构课程体系，充分尊重教师差异发展，进行分层培养，个人定制和专业发展。雪堰中心小学围绕“敬于做人，恒于学问”主题，探索引领学生自发学习、自我发展、自主建构的怡情课堂教学策略，获全国德育工作优秀学校、武进区素质教育质量评估连续十年一等奖。横山桥中心小学着力构建以国家课程为主干、校本课程为枝叶，涵盖品格与社会、语言与人文、数学与科技、体育与健康、艺术与审美、实践与创新六大学习领域，进行基础性课程、拓展性课程、探究性课程研究，连续多年获武进区素质教育质量评估一等奖，先后被评为全国新教育实验优质学校、全国足球特色学校称号。戚墅堰东方小学深化课堂改革实践，丰富教研组、学科组研讨和跨学科、教育集团联合研讨四级教研，先后获江苏省先进教育集体、江苏省教材改革先进单位称号，连续获评武进区素质教育质量评估一等奖，办学水平考核优秀级。年内，第三批新优质学校湖塘桥第二实验小学、礼河实验学校提升新优质教学成果，分别举办常州市“新优质学校”风采展示活动。湖塘桥第二实验小学的《融通理念下“生长性阅读”的实践研究》、礼河实验学校的《“和乐”田园劳动课程的构建与实施》通过答辩评审，成为常州市2019年义务教育“新优质学校”高品质项目。全区学校在集团化办学大背景下逐步形成各自优质办学特色。

【特殊教育发展】 贯彻执行国家和江苏省《第二期特殊教育提升计划（2017—2020年）》，按照《关于加强普通学校融合教育资源中心建设的指导意见》要求，全区形成以特殊教育学校为骨干，以普通学校随班就读为主体，以送教上门为补充的特殊教育格局。截至2019年，全区有特殊教育学校1所，在校学生135名，涵盖学前、小学和初中三个学段，教师47名。在普通学校就读的随班就读特教学生333名。2019年分两批认定32个普通学校融合教育资源中心，实现学前阶段和小学阶段全覆盖。全区送教上门的重度残疾学生有27名。按照省定标准加大融合教育资源中心配备特教教师力度，举行四次区域性上岗集中培训。以省特教发展工程项目《区域随班就读学生个别化教育的生态支持》为抓手，推进融合教育资源中心工作深入发展。按照“全覆盖、零拒绝”的要求，结合残疾儿童少年的实际和家长意愿制订教育安置方案，逐一做好适龄残疾儿童少年的入学安置工作，确保建档立卡适龄残疾儿童少年的安置到位，确保全区残疾儿童少年的义务教育责任。

【武进区湖塘桥第三实验小学投用】 学校位于定安路以北、火炬路以东、古方路以南、夏城西巷以西。项目总投资1.83亿元，占地面积3.9万平方米，总建筑面积3.95万平方米，共建共建有教学楼3幢、行政楼1幢、综合楼1幢、餐厅（体育馆）1幢、操场1面。按8轨48个教学班规划设计，可增加学位2160个。该校为武进区星辰实验学校教育集团紧密型集团校，9月开12个班，学生520人。师资由区教育局统一调配，教学由星辰实验学校教育集团派驻管理团队管理。学校以“做最好的‘我’，成就更好的‘我们’”为校训,以“行有矩，思无涯，做快乐而优秀的自己；心有爱，肩负责，成和谐而向上的大家”为培养目标，着力打造人人向往、人人留恋的高品质学校。

【星河控股集团捐资8000万元改扩建星河实验小学分校】 9月8日上午，星河控股集团捐资助学星河实验小学分校仪式在区行政中心举行。区领导李林、戴土福，星河控股集团董事长黄楚龙、副董事长、总裁姚惠琼等参加活动。

星河控股集团是全国知名大型综合性投资集团，自入驻武进以来，先后出巨资筹建星河实验小学和机关幼儿园星河南园、北园，为武进教育事业发展做出突出贡献。星河控股集团此次向区教育局捐赠星河实验小学分校建设款7500万元，向星河实验小学教育集团捐赠500万元成立“楚才奖教基金”。截至2019年，星河控股集团在教育事业方面捐资超18亿元，已经在全国兴建20余所学校，其中4所在武进。武进坚持教育优先发展战略，加快推进人才强区和科教兴区建设，不断加大教育投入力度，教育事业取得长足发展，涌现出一批特色鲜明的品牌学校。星河实验小学作为其中的典范，自创办以来，始终坚持“创想无界，心筑未来”的教学理念，深耕教育、务实前行，获全国人工智能特色学校、中国未来学校示范校等诸多荣誉，成为全区第一家常州市新优质学校。星河实小教育集团成员学校从1所增加至6所。

【前黄实验学校一项目入选省教改优秀成果】 12月27日，第十二届江苏省初中校长峰会在常州举行，前黄实验学校《建设智慧课堂，提升教学品质》教改项目入选“初中课堂教学改革优秀成果”。该届组委会收到全省300余件参评材料，有118所学校课改成果入选，前黄实验学校为武进区唯一入选课题。该校着眼学生全面发展、主动发展，倡导少教多学、先学后教、学教互动的主体探究型教学模式，课堂上以学生自主学习为主体，以问题探究为载体展开教学活动，指导学生在问题探究、实践体验、合作交流的活动过程中领悟知识，习得方法，提高能力，发展智慧。

8月29日，武进区湖塘桥第三实验小学投用　　（摄影 / 徐梦超）

【湖塘实验中学入选全国“人工智能”实验校】 9月12日，中央电化教育馆公布22所中小学人工智能教育实验校（中学阶段）名单，武进区湖塘实验中学入选，湖塘实验中学是江苏省唯一一所入选的初中实验校。该校重视科技创新教育，配置科技馆、创客教室和机器人实验室等科技活动场所，开设创客社团、编程社团、机器人社团等一系列科技社团，着力培养学生创新实践能力。该校于2019年年初筹建人工智能实验室，并在七、八年级两个实验班开设科创类课程——人工智能课，每周一节课，旨在为更多孩子心里种下科创的种子。

（陆　琪）

普通高中教育

【概况】 2019年，武进区深化普通高中课程改革，加强特色课程建设，促进全区高中教育优质发展。继续扩大高中招生规模，比上年增加9.5%。全面推进普通高中学生综合素质评价工作。全区4550名学生被各类高等院校录取，录取率96.71%。其中，本科录取4319名，本科录取率91.8%；高职单招（大专）录取692人。江苏省前黄高级中学（以下简称省前中）、江苏省武进高级中学（简称“省武高”）、江苏省横林高级中学（简称“省横中”）、常州市武进区湟里高级中学获武进区高中阶段素质教育评估特等奖，省前中国际分校、常州市武进区横山桥高级中学、常州市武进区洛阳高级中学、常州市武进区礼嘉中学、常州市戚墅堰实验中学获武进区高中阶段素质教育评估一等奖。省前中入选全省首批20所“江苏省高品质示范高中”建设立项学校。高品质示范高中建设是省教委继四星级高中、国家级示范性高中后创设的引领性项目，具有高品质示范前瞻性意义。省武高申报的《公朴精神：基于名人资源的理想信念教育》获批2019年江苏省中小学生品格提升工程项目。戚墅堰实验中学“核心素养导向的高中课堂深度教学的探索与实践”、湟里高级中学“智能环境下精准教学的探索与实践”、洛阳高级中学“基于核心素养的高中艺术教育模式建构与实践”被评为武进区基础教育前瞻性教学改革实验项目。

【新高考研究与指导】 武进区普通高中教育研究重点把握新高考形势、方向和任务，调整课程、教学管理策略及配套保障，加强课程研究和指导，强化优势学科，转化薄弱学科，切实提高教育教学质量。1月3日，常州市高中物理陶兆宝名师工作室在礼嘉中学开展课研活动，工作室领衔人陶兆宝和全体成员参加。武进区教师发展中心高中物理教研员尹庆丰、工作室成员开讲研究课《牛顿第二定律及其应用》。5月23日，常州市青年英才培养对象暨武进区薛新洪名师工作室教研活动在湟里高中举行，围绕“语文学科核心素养”，展开古典诗词教学研讨。5月30日，武进区徐红芬名师工作室第八次活动在洛阳高级中学举行，以“基于提升学生核心素养的普通高中班级文化建设的研究”课题研究为主题，开展班级文化系列主题班会活动观摩、讲座和深入研讨。11月29日，以“高效互动，合作共赢”为主题——“湟里高中—横山桥高中同课异构联合教研活动”在湟里高中举行，常州市、宜兴市20所兄弟学校和江苏省兴化中学、江苏省宿迁市马陵中学、楚水实验学校等友好学校的150多位老师参加活动，武进区教师发展中心教研员参加并作指导。通过城乡结对教研活动，促进课程建设。5月22日，常州市优秀教师城乡牵手行活动在礼嘉中学举行，常州市物理教研员、正高级教师刘霁华，市特级教师后备人才、区高中物理教研员尹庆丰以及礼嘉中学高中物理教研组全体教师参加。9月25日，“常州市优秀教师城乡牵手行动”教学研讨活动在湟里高级中学举行，江苏省教授级中学高级教师、武进区教育学会学术委员会委员秦亚平及其名师工作室成员、湟里高中生物组教师参加教研活动。

【省前中一教学成果获国家级二等奖】 12月，省前中陈国祥老师参与的《3S技术支撑高中地理实践型教学创新》项目获国家级教学成果二等奖。国家级教学成果奖是按照国务院《教学成果奖励条例》在教育教学研究和实践领域设立的最高奖，用于奖励反映教育教学规律，具有独创性、新颖性、实用性，对提高教学水平和教育质量产生明显效果的教育教学集体和个人。3S技术包括遥感技术（RS）、全球定位技术（GPS）和地理信息技术（GIS）。陈国祥及其团队通过使用3S技术对地理教学进行改革创新，撰写《信息技术对高中地理课程与教材的重构》等8篇科技教学论文，被教育界广泛引用。省前中自2013年开展国际青年物理学家竞赛项目研究，物理教研组组织师生积极开展课题研究，从兴趣小组到社团，从研究性学习、校本课程的开设到省级课题的立项研究，努力提高学生物理学科核心素养，激发学生的创新潜能，培养“三可”（可爱、可信、可为）人才。学校国际青年物理学家竞赛社团积极开展实践活动，在中国高中生创新大赛、澳门华语物理学术辩论赛和江苏省中学生物理学术竞赛等历届比赛中获特等奖、一等奖等，在全国青少年创新大赛中获二等奖等好成绩。省前中被授予“中国高中生物理学术竞赛教育教学改革先进单位”，耿宜宏被授予“物理学术竞赛教育教学改革先进个人”。

【省前中国际分校二位教师获省教学基本功竞赛一等奖】 10月，江苏省开展基础教育青年教师教学基本功大赛各学科比赛。该项赛事每三年举行一次，是全省基础教育领域规格最高的教师专业能力竞赛，全方位考察选手的教学基本功。省前中国际分校教师袁家永获本届大赛信息技术学科一等奖，严婷获音乐学科一等奖。2019年，省前中国际分校教师有44人次获基本功大赛或评优课省市区级奖项，其中严婷、袁家永、何梦皓获省一等奖，隋玉霞、谭磊、徐婷获省二等奖，10人获市一等奖，8人获市二等奖，12人获区一等奖，3人获区二等奖。

（陆 琪）

中等职业教育

【概况】 2019年，武进区有江苏省武进职业教育中心校（简称“武进职教中心”）和常州幼儿师范学校（简称“常幼师”）两所中等职业教育学校。武进职教中心实施“一所学校、一套班子、多块牌子”管理模式，与江苏联合职业技术学院武进分院、江苏省武进中等专业学校、武进技师学院、武进开放大学开展联合办学；常州幼儿师范学校包括武进女子中等专业学校。全区有中职专任教师920人，具备高级及以上执业（职业）资格教师376人；年末在校学生10225人，学生参加普通高校单独招生考试192人，录取本科101人、专科91人，本科录取率52.6%。完成职教资源整合，实现全区职业教育资源优化重组、科学布局。创建省级现代化专业群2个、省现代化实训基地1个、1+X试点项目3个。持续推进产教深度融合，开展企业新型学徒制培训，研发职业体验课程，共建企业学院和技能大师工作室。技能大赛成绩优异，双创工作扎实推进。全区获技能大赛省赛16金36银31铜，国赛获1金1铜；获省创新创业大赛4金1银5铜，名列全省中职校第一。武进职教中心获批全省第一批50所中等职业学校领航计划建设单位，获评常州市职业学校技能大赛突出贡献奖，常幼师被认定为第四批江苏省职业学校智慧校园，获第八届省师范生基本功大赛2金2银3铜和省优秀组织奖。武进职教中心校青年教师刘旭获常州市华英文教基金管理委员会第13届教师“华英奖”。

【武进职教中心校获批教育部首批“1+X”证书制度试点院校】 6月17日，武进职教中心校建筑工程系申报的“建筑信息模型（BIM）”和汽车工程系申报的“汽车运用与维修”项目，获批教育部首批“1+X”证书制度试点院校，可开展“建筑信息模型（BIM）”和“汽车运用与维修”职业技能培训与鉴定。10月10日，学校“网店运营推广”获批第二批“1+X”证书试点项目。12月26日，学校入选江苏省中等职业学校领航计划建设单位。领航计划是江苏省教育厅、江苏省省财政厅为全面落实立德树人根本

11月20日，武进技师学院新型学徒制班开班，学生由企业导师指导学徒
（摄影 / 高　岷）

任务制定的学校发展计划，要求经过3—5年努力，建成50所扎根江苏、引领全国、世界水平的一流中等职业学校”。

【武进职教中心与企业院所共建智能制造学院】 12月20日，武进职教中心与北京机械工业自动化研究所、江苏长江智能制造研究院共建智能制造学院，在武进职教中心校举行揭牌仪式。智能制造学院是校企二级学院，主要由北京机械工业自动化研究所——江苏长江智能制造研究院培训中心和武进职教中心电气工程系两部分组成，分设两个基地。学院的主要功能为开展教学科研、实习实训、师资队伍、人才培养、创业就业、社会服务、学徒制推进、技术培训和智能生产等方面的工作，目标是通过校企合力，把智能制造学院建成一个“高地”和两个“中心”，即面向区域智能制造产业转型升级的技术高地和面向智能制造企业的技术服务中心和人才培养中心。校企共建智能制造学院是贯彻新发展理念、落实职教20条、携手推进产教深度融合、校企紧密合作的重要举措。武进职教中心与江苏长江院围绕专业和产业，强强联合，共建智能制造学院，旨在打造一个有智能制造企业、职业院校、大院大所共同参与的智能制造技术和人才培养的综合体。

【创新创业教育】 2019年，武进职业教育中心校继续以创新创业教育带动学生高质量就业和学校高质量发展，通过培“创心”、提“创技”、育“创芯”、结“创果”，把培养创新性高素质技术技能人才作为教育教学改革的出发点和落脚点，三年探索出一条职业学校创新型人才培养的新路径。2017年10月，全校从各系遴选8个不同类型的创新创业项目，成立双创社团。2018年，学校创新创业教育向纵深发展，既注重学科基础建设，又注重实践开展，在全国、省、市创新创业比赛中成果累累，其中钱成昊获常州市首届科技创新市长提名奖。2019年，武进职教中心创新创业实验项目辅导和管理进入分层精细化阶段，学生自主搭建运行平台。信息系电商专业学生陶帅组建团队，创建校内第一个学生创业平台，标志着学校创新创业生态系统和创业网络社交平台进入自动造血、自动运转阶段。各系负责人、班主任联合深入学生创办的一批公司调研创新项目营运情况，带领项目负责人、指导教师参加常州科教城、中以产业园等孵化基地项目路演学习，与多个创投机构交流，探讨适合职校学生发展的创新创业模式。在校内，每周坚持开展创新创业社团分层辅导，把创意阶段和实践阶段的学生分班，针对各自的特点和需求展开辅导，激发学生创新创业热情。2019年职教中心校3个毕业生创业项目参加2019年武进区大学生优秀项目评选，12月12日，武进区人力资源和社会保障局认定：《打破常规，创造新氧》（常州创氧新文化传媒有限公司），项目负责人为电气工程系毕业生姜娣同学；《米洛涂鸦，体现城市的温度》（常州市米洛文化艺术有限公司），项目负责人为建筑工程系毕业生戚大方同学；《特色美食》（常州市音源餐饮管理有限公司），项目负责人为建筑工程系蒋音源。

【职业技能竞赛】 2019年，武进区继续开展职业院校技能竞赛活动，在国赛、省赛等各级各类比赛中取得优异成绩。6月2日，武进职教中心信息工程系学生丁毅桂、程晓霞（班主任：申悦）从全国121支代表队中脱颖而出，获全国职业院校技能大赛“计算机检测维修与数据恢复”赛项金牌，教练姚强，董玉芳获“全国优秀指导教师”称号。丁毅桂还曾获省技能大赛“计算机组装与维护维修技术”项目一等奖、首届中职国家奖学金、常州市“三创”优秀学生、武进区“最美职校生”等荣誉。程晓霞曾获省技能大赛一等奖、第二届校级创新创业大赛创业项目“一种功能电路板故障分析仿真器”一等奖等荣誉。12月8日，由江、浙、沪三省一市共同举办的首届长三角师范生教学基本功大赛在安徽师范大学举行，长三角地区61所高校的326名参赛选手参加此次大赛。江苏省参加首届长三角师范生教学基本功大赛的六位选手均是在第八届江苏省师范生教学基本功大赛的选手中选拔出来进入总决赛。总决赛主要从教学活动设计和说课、基本技能展示（儿童故事讲述、音乐技能、舞蹈技能、美术技能）和保教活动分析三个模块综合评比，常幼师学前教育专业的芮景宜和马添烨两位同学在大赛中获学前组一等奖和二等奖。常幼师专注于创新人才培养机制，探索师范生人才培养方式创新，重视学生综合素养的培育养成、专业理论知识的体系建构、专业技能的扎实锤炼，形成“以练代教”“以赛促学”“以研提质”的常幼培养方式。

【常幼师助力尼勒克县学前教育】 武进与新疆伊犁尼勒克是对口支援区县，10—12月，常幼师接受尼勒克县选派11位幼儿骨干教师到武进跟岗培训，为学员们制定为期9周跟岗培训计划，安排跟岗教师到相关附属幼儿园进行多元化学习，包括理论培训、问题研究和研学实践等，注重班级活动与幼儿园管理相结合，使个人教育教学能力及管理水平得到有效提升。选派优秀毕业生赴新疆实习支教。9—12月，常幼师师范专业部择优推选24名毕业生赴尼勒克实习支教，带队教师进班开展常规教学，以先进的教学理念、教学手段，与当地教师组成教学团队，带动尼勒克县相关幼儿园提升幼教水平和育人管理能力，尼勒克县电视台制作专题新闻报道。帮扶尼勒克教育系统进行软硬件建设。2018年以来，常幼师整合学校教学资源，将节余的软硬件设施资助尼勒克教育系统，累计捐赠电脑100台，钢琴30架。三次专门安排技术老师对相关教师进行使用培训，丰富尼勒克教育教学手段，有效提升当地教学效率。

（陆 琪）

驻武进高（职）校

【概况】 2019年，常州科教城5所高职院校及常州大学有专任教师3433人，其中具有高级专业技术职务教师1537人。有全日制在校学生75567人，其中高职学生54789人、本科生18292人、研究生2486人。应届毕业生初次就业率94.08%。推行“学院+”发展模式，深化产教融合、校企合作。园区有34个专业入选全国优质专科高等职业院校骨干专业，85个项目获批省现代职教体系建设试点；园区院校多次进入中国高等职业教育就业竞争力、国际影响力、服务贡献力50强，常州信息职业技术学院、机电职业技术学院入选中国特色高水平高职学校，常州工程职业技术学院入选中国特色高水平专业群建设单位；常州大学在ESI国内高校综合排名135位，在省内高校排名20位，化学、材料科学、工程学3个学科进入ESI全球排名前1%。园区院校获国家教学成果一等奖2个、二等奖4个。全年中德“双元制”、胡格教学模式等项目培养学生608人。围绕地方产业的发展需求，园区院校遴选优势专业参与高职百万扩招计划，两批社会招生录取新生4293人，提升产业工人整体素质，助推地方产业结构调整。拓宽“1+X”证书制度试点，立项特殊焊接技术、传感网应用开发、工业机器人操作与运维、工业机器人应用编程、网店运营推广等12个职业技能等级证书，试点学生1万余人。常州科教城5所高职院校与常州大学以及园区外的江苏理工学院、淮海工学院2所本科院校、42所中职学校、54家企业联合获批江苏省现代职教体系建设试点项目85项，完成年初计划数170%，其中“4+0”联合培养试点项目3项、“3+4”试点项目4项、“3+2”分段培养试点项目4项、“3+3”试点项目74项，各类试点项目累计获批招生计划3390人。

【常州大学】 2019年，常州大学有三个校区，其中在武进区境内有2个。全校有全日制在校本科生、研究生、留学生2万余人。有教职工1800余人，其中专任教师1250人，硕士及以上学位教师占比95%，博士学位占比57%，有高级专业技术职务629人。年内录取本科生4926人、硕士研究生942人、博士研究生18人。2019届毕业生就业率95.2%，考研录取率（含出国）19.9%。新增博士生导师11人、硕士生导师77人；柔性引进中国工程院院士1名。西太湖校区续建工程有序推进。新增中国工程教育认证专业2个，获批国家一流本科专业7个、省一流本科专业10个。获批国家虚拟仿真实验教学项目1个、国家精品在线开放课程3项、省重点教材立项7部。学校获省研究生教育改革成果二等奖1项、省研究生教育教学改革项目8个。学生获全国大学生创新创业大赛等单项竞赛一、二等奖16项。

科学研究　获批首个国家级科研平台——生物质高效炼制及高质化利用国家地方联合工程研究中心；在化学化工领域首获美国授权专利1项；获批国家基金项目51个，其中自然科学基金32个、社会科学基金19个，自然科学基金实现重大仪器项目零突破。获教育部优秀成果科技进步奖一等奖1项、二等奖2项，自然奖二等奖1项；省科学技术进步奖一等奖2项、二等奖3项，国际合作奖1项；中国石油和化学工业联合会赵永镐科技创新奖1项，科技进步奖二等奖1项；中国机械工业联合会科学技术奖二等奖2项；中国化工学会侯德榜化工科学技术奖1项，科技进步奖二等奖1项。专利排名连续四年位列全国高校前50强，在Nature Index（自然指数）的最优排名位列全国高校第60位。

学科建设　工程学学科首次进入ESI前1%，在最新的ESI学科排名中，学校位列内地高校第136位，化学、材料科学、工程学3个学科ESI排名稳步前移。化学与工程技术、材料科学与工程2个学科进入江苏高校优势学科三期立项项目。4个学科入围2019软科世界一流学科排行榜，7个学科入围2019软科中国最好学科排行榜。

国际交流合作　提升合作办学质量，孔子学院孔子课堂的内涵不断深化。成功加入江苏—英国高水平大学20+20联盟；与多所院校建立留学生联合培养机制，留学生总人数770人，其中学历留学生670人、非学历留学生100人。获批普通高校联合招收华侨及港澳台学生考试招收港澳台学生资质。

（朱菁菁）

【常州工程职业技术学院】 2019年底，常州工程职业技术学院有全日制在校生11718人，招收全日制新生4305人，招生规模创历年最高，2019届毕业生年终就业率97.8%。有教职工672人，其中专任教师505人、副高及以上职称教师233人、博士81人（含在读26人）。有国家级教师教学创新团队1支、省级优秀教学团队6支、省级科技创新团队2支，有省级教学名师、省有突出贡献中青年专家、省“333”及青蓝工程等各类人才58人。在2019—2020年中国高职高专院校竞争力排行榜中，学校综合排名全国第52、江苏省第7；入选中国特色高水平专业群建设单位和教育部首批“1+X”证书制度试点院校，获评高等职业教育创新发展行动计划国家优质学校、江苏省文明校园、江苏省双创示范基地，第四次蝉联全国职业院校服务贡献50强，首次入围全国职业院校育人成效50强，获批国家自然科学基金依托单位。9月，常州工程职业技术学院与中国化工教育协会、化学工业出版社合作共建国家开放大学石油和化工学院（简称“石化学院”），招收全国15个省、直辖市的19个大型化工园区的学员。首批录取156人。应用化工技术团队获全国职业院校技能大赛14连冠，焊接团队获2019年嘉克杯国际焊接大赛团体金奖，励志机器人团队在第十八届全国大学生机器人大赛中获机器人国际赛一等奖。

专业建设 应用化工技术、工业分析技术、焊接技术与自动化、精细化工技术、建筑工程技术、药品生产技术被教育部认定为国家骨干专业，化学检验与环境检测协同实训平台、智能焊接实训平台、现代地下工程与建筑技术实训中心被教育部认定为生产型实训基地，能源互联网及大数据集成应用协同创新中心、绿色节能与新能源材料技术协同创新中心被教育部认定为协同创新中心。应用化工技术教师团队入选首批国家级专业教师教学创新团队；物联网技术教师团队入选江苏省青蓝工程教师教学创新团队；汽修团队获中国技能大赛—全国新能源汽车关键技术技能大赛汽车装调工赛项职工组团体一等奖，3 位老师被授予“全国技术能手”称号；能源与化工专业类“双师”型（同时具备教师资格和职业资格）教师培养培训基地被教育部认定为国家级“双师”基地。

（万　劼）

【常州信息职业技术学院】 2019 年，常州信息职业技术学院有全日制在校生 12290 人，招收全日制新生 4614 人，毕业学生 3968 人，毕业生年终就业率 98%。有教职工 729 人，其中专任教师 537 人、正高职称教师 48 人、副高职称教师 232 人、博士 51 人。学院入选中国特色高水平高职学校建设单位（B 档），被教育部认定为国家优质专科高等职业院校，第四次蝉联国家教学成果奖，再次获评全国高职院校国际影响力 50 强和服务贡献 50 强，入选江苏省卓越高等职业院校，学院成为工业和信息化部中国工业互联网人才培养培训示范基地、国家自然科学基金依托单位、国家首批“1+X”证书制度试点院校和江苏省首批高职扩招试点院校，新增国家级骨干专业 7 个、国家级生产性实训基地 2 个、国家级“双师”（同时具备教师资格和职业资格）型教师培养培训基地 1 个、国家级协同创新中心 1 个。学生在省级以上职业技能竞赛获奖 108 人次，其中获国际级金奖 1 项、国家级二等奖以上 7 项、省级一等奖 26 项，获江苏省高等职业院校技能大赛突出贡献奖。教师参加省级大赛获一等奖 13 项。

专业与课程建设 推进“双高计划”（中国特色高水平高职学校和专业建设计划）建设，推进 10 大项目，重点建设软件技术（软件与大数据技术）、信息安全与管理（工业网络与安全）2 大专业群，培养高素质复合型信息技术技能人才，构建高质量技术技能创新平台，在首批“双高计划”建设院校遴选中进入前 30。按照工业互联网体系架构，组建 6 个专业群，打造工业互联网专业集群。完善专业建设跟踪管理机制，1 个国家职业教育专业教学资源库、2 个江苏高校品牌专业通过验收，5 个省级骨干专业和 6 个校级重点专业年度建设任务完成。获批省级教改课题 7 项。整合政府、行业、学校、企业资源，共建 16 个国家、省、市科技创新平台，取得发明专利授权 105 件（其中学生 4 件），实现专利成果转化 30 件，发明专利授权总量排名全省高职院校第一，专利授权总量位居全国高职院校第一，获评 2019 年江苏省知识产权工作先进单位。

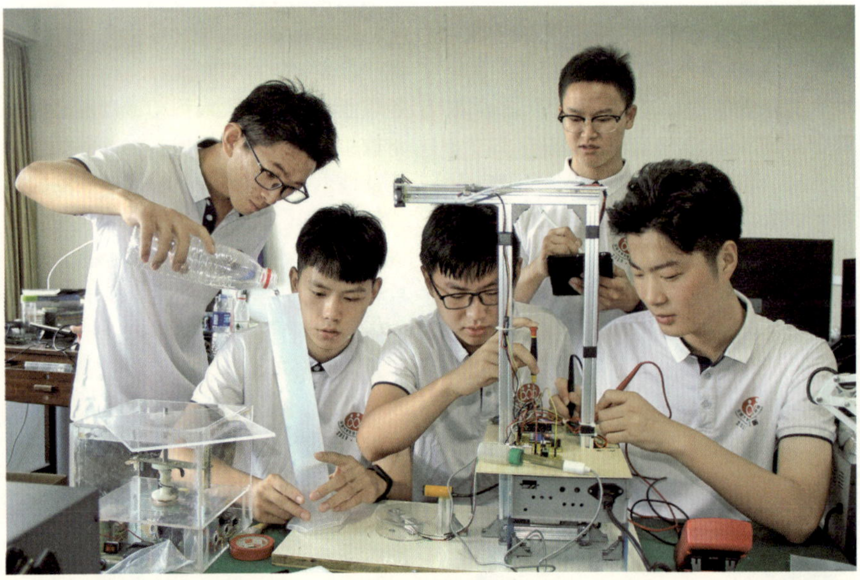

常州信息职业技术学院注重学生的创新能力培养，在 2019 年 8 月举行的全国电子设计大赛中获全国一等奖两项

（摄影 / 陆　新）

产教融合 联合国内 46 家知名企业，组建工业互联网产教创新联盟，共建中兴 ICT（信息、通信和技术三个英文单词的词头组合）基地、阿里云大数据学院、科大讯飞工程中心、航天云网工业大数据应用技术常州中心等，完成 1 个省级产教融合平台年度建设任务。完善现代学徒制培养方式，通过教育部第二批现代学徒制试点项目验收；依托 14 个双主体学院，与 34 家行业知名企业开展联合培养班、创新班等订单培养，培养学生 35 批次 1734 人。

（唐　凯）

【常州机电职业技术学院】 2019 年底，常州机电职业技术学院有全日制在校学生 11414 人，其中留学生 335 人；有教职工 714 人，其中专任教师 506 人，专任教师中有高级职称教师 218 人、硕士学位教师 329 人、博士学位教师 55 人、“双师”（同时具备教师资格和职业资格）资格教师 459 人；从行业企业中聘用兼职教师 350 人。年内招收全日制新生 4839 人，毕业学生 3509 人，年终就业率 98.1%。聘请知名职教专家、大国工匠等高端人才 14 人，新增国家级职业教育教师教学创新团队 1 个、省“青蓝工程”优秀教学团队 1 个、中青年学术带头人培养对象 1 人、优秀青年骨干教师 3 人、全国行业协会教学名师 1 人。学校获评全国高职院校育人成效、服务贡献、国际影响力、亚太影响力 50 强，入选中国特色高水平高职学校建设单位。获全国职业院校技能大赛一等奖 2 项、三等奖 2 项，江苏省高职技能大赛一等奖 4 项、二等奖 3 项、三等奖 10 项；获“互联网 +”大学生创新创业大赛省二等奖 1 项、三等奖 3 项，获挑战杯大学生课外学术科技作品竞赛省一等奖 1 项、二等奖 1 项、三等奖 2 项。

专业与课程建设 有机械工程、电气工程、模具技术、车辆工程、轨道交通、信息工程、经济管理、创意设计、国际教育 9 个二级学院，文化基础、专业基础、体育3个部和马克思主义学院、继续教育学院等教学部门。重点建设6个专业群，开设42个专业。建成国家骨干专业7个、生产型实训基地2个，新增国家精品在线课程1门，立项国家职业教育专业教学资源库建设2项、省重点教材5部、省在线课程13门、省高等教育教改课题6项。获批中等职业教育与高等职业教育“3+3”分段培养项目22个，年内转本升学189人；获批机械设计制造及其自动化专业“4+0”高职本科联合培养项目1个，录取新生41人；获批为物流管理等7个“1+X”证书试点单位。学校获全国职业院校教学能力大赛国家级奖项1项、省级奖项9项，获省微课教学比赛奖12项。获批国家自然科学基金项目1项、教育部人文社会科学研究项目2项、全国教育科学“十三五”规划课题1项。获知识产权授权294件，转移转化发明专利5件，纵横向项目科研到账2517万元。获省科学技术奖二等奖1项、三等奖2项。学校获批为江苏高校知识产权管理贯标立项单位。

校企合作　新增校企合作基地39个，建设“立体化”校企合作基地50个；联合政府、企业共建省级职业教育产教融合平台3个；建成明材工业互联网学院等2个企业学院，与中天钢铁集团有限公司等20余家企业合作开设“订单班”40个，培养学生1337人，工业机器人与智能装备职教集团入选国家示范职业教育集团。

（甘迎春）

【常州工业职业技术学院】 2019年，常州工业职业技术学院更名获教育部正式批准。年底，有在校学生1万余人；有专兼职教师917人，其中校内专任教师471人；教职工中，副高以上职称比例39.5%，硕、博士学位比例75.4%，90.7%的专任教师具有“双师”（同时具备教师资格和职业资格）素质。年内招收全日制新生3854人，毕业生年终就业率99.4%；社会化招生1043人。学校新增省高校优秀科技创新团队、省“青蓝工程”优秀教学团队各1个，获评全国高职院校育人成效50强、国际影响力50强和江苏省来华留学生教育先进集体。教师中获评全国优秀教育工作者1人、“江苏工匠”1人。获全国职业院校技能大赛一等奖2项、二等奖、三等奖各1项，江苏省高等职业院校技能大赛一等奖4项。获全国3D大赛12周年精英联赛江苏赛区复赛特等奖2项、全国三维数字化设计大赛一等奖1项、机械行业职业教育技能大赛复杂零部件五轴加工工艺技术竞赛二等奖1项。获江苏省第十六届挑战杯竞赛特等奖1项、二等奖1项，第五届江苏省“互联网+”大学生创新创业大赛职教赛道一等奖1项。在第三届中英“一带一路”国际青年创新创业技能大赛中获中国赛区总决赛二等奖和国际风尚奖。

专业建设与科研成果。有材料工程、现代装备制造、智能控制、经贸管理、信息工程、旅游与烹饪、艺术创意、轨道交通、马克思主义9个二级学院和基础教学部、体育工作部、创新创业学院、继续教育学院、海外教育学院。设机械设计与制造、工业机器人技术、无人机应用技术、物联网应用技术等43个专业，与江苏恒立液压股份有限公司等企业合作，共建336个校外实习实训基地。获江苏省科学技术奖二等奖1项、三等奖1项；申请专利250项，获专利授权67件；专利转化14件。

（黄　衡）

【常州纺织服装职业技术学院】 2019年底，常州纺织服装职业技术学院有在校生9521人。年内招收全日制新生3774人，毕业学生3112人，年终就业率98.2%。引进或聘用高层次、高技能人才30余人，其中引进教授2人、博士5人；成功申报省级人才项目20项，其中江苏省“青蓝工程”培养对象2人、优秀教学团队1个、江苏省产业教授3人、江苏省首批紫金文化艺术人才1人、紫金文化优秀青年人才3人、江苏省中青年骨干教师境外研修项目2人、江苏省高端研修项目培养对象9人。有各类成人学历教育在籍学生2263人，组织完成数控铣工、育婴员等工种的6个批次国家职业技能鉴定工作，继续教育规模5000人，培训和鉴定人次达1.2万以上。学生参加国家级、省级和行业协会技能大赛获奖40项，教师获2019年江苏省职业院校教学大赛一等奖1项、二等奖3项。获江苏省高校微课教学比赛一等奖4项、二等奖5项、三等奖5项。学生参加中英“一带一路”创新创业教育技能大赛获中国赛区一等奖和英国总决赛银奖，学校获杰出院校奖。

专业与课程建设　设有创意学院、纺织学院、服装学院、机电学院、经贸学院、人文学院、创业学院、国际学院、继续教育学院，有专业42个，新增国家级高水平专业（群）1个，建成江苏省品牌专业1个、江苏省骨干专业5个。服装立体裁剪成为教育部国家精品在线开放课程，新立项10门省高校在线开放课程，3门国家级精品资源共享课程、3个国家级专业教学资源库子项目在建。现代职教体系试点项目建设取得新突破，立项14项，其中包含“3+3”12项、“3+2”1项和“4+0”1项，招生480人。学校与淮阴师范学院、江苏海洋大学合作的“3+2”项目98人成功转段，转段率91.6%。完成3项国家级教学成果培育项目。19个国家的118名外国留学生在校学习，在2019年第二届外教社杯江苏省跨文化大赛中获特等奖第一名。

科研与社会服务　建成省、市科研基地3个，申报专利191件，获专利授权70件。获国家、部省、省教育厅课题4项，累计立项、在研和结题项目为国家级1项、部委级1项、省级15项、市级88项。在中文核心期刊发表论文80篇。牵头40余家纺织服装、新材料及智能制造企业联合建立生态纺织产学研创新联盟，与常州市高等职教园、常州创意产业园及武进纺织工业园联合申报的纺织服装数字创意公共技术（集成）平台获江苏省科技厅立项。加强大学生创新创业实践训练，毕业生创业率6%，创业孵化存活率40%。连续十年承办常州市高等教育和职业教育创新创业大赛。

学生实践　连续三年亮相中国国际大学生时装周，获时装周人才培养成果奖、立体裁剪奖、面料运用奖和全国知名高校时尚教育成果展十佳视觉设计奖等奖项。参加紫金奖2019中国（南京）大学生设计展、2019（首届）常州时装周等活动。加强实验实训基地建设，新建“互联网+”国际贸易、服装陈列展示、生物质材料、幼健、新能源汽车等10余个实验实训室。

（陈　思）

社会教育

【概况】 2019年，武进区着力整合社区各类教育资源，健全城乡一体的区、镇（街道）、村（社区）三级社区教育办学网络，拓展培训内容和对象，办好居民家门口的社区教育，服务地方经济社会发展，促进居民整体素质提高和社会文明程度提升。全区有开放大学1所、社区培训学院2所、镇（街道）社区教育中心16所、居（村）民学校307所。丁堰街道社区教育中心创成省级标准化社区教育中心，累计14所，市级2所，标准化居（村）民学校省级26所、市级266所。非学历教育机构年检通过64个。全区有社区教育志愿者1.66万人，常年帮助开展各级各类培训，城乡居民参与社区教育活动参与率64%。

【终身教育体系构建】 2019年，全区参加成人考试8396人、自学考试23677人次，分别比上年增加2060人、4241人次，两项考试规模均创历史新高。加强职业教育和社区教育的延展辐射作用，开展劳动力转移、建筑三类人员、退役军人、执业药师、安全员、育婴师、保育员等各类职业技能培训，累计培训72.66万人次，有6.75万人次参加省“5112”教育富民工程（通过职业教育与成人文化技术培训，转移500万名农村劳动力，培养100万名农村致富骨干，重点推广1000个农村科技致富示范项目，培训200万名下岗转岗职工，全面提高城乡劳动者科学文化技术素质，使接受教育培训人员年收入高于全省从业人员年均收入的10%以上）培训。其中，农村新增劳动力和剩余劳动力转移教育培训0.86万人次，农村致富骨干培训3.74万人次，下岗（失业）转岗职工培训0.87万人次。继续深入开展“养教联动”老年教育，为老年人提供学习指导、养身服务、身心健康一体化支撑服务。武进开放大学创建“养教联动银光课堂”特色品牌项目实践研究被评为大学生主动发展一等奖。武进社区培训学院被评为2019年全国“优秀成人继续教育院校”，武进社区培训学院参与的“江苏3D社区教育发展合作联盟”被评为2019年全国“终身学习品牌项目”。湟里镇社区教育中心编写《苗木种植技术》被评为全国优秀乡土课程十佳课程奖。洛阳镇社区教育中心的“楹联文化”被评为江苏省“社区教育品牌项目”，顾晓霞、张丹墨被评为江苏省“社区教育先进工作者”。“情携夕阳——经开区老年学习乐园的哺育”获市特色项目一等奖。

【“江苏3D联盟”获全国终身学习品牌项目】 武进社区培训学院参与的“江苏3D社区教育发展合作联盟”（以下简称“江苏3D联盟”）项目获2019年全国“终身学习品牌项目”。江苏3D联盟是由常州市武进区社区培训学院、南京市玄武区社区进修学院、苏州张家港金港镇（保税区）社区教育中心、锦丰镇社区教育中心、乐余镇社区教育中心同仁于2016年通过智慧碰撞达成共识，结成互惠互利的利益、命运和责任的共同体。本着本商、共建、共享的原则和“3D整合、创新驱动、均衡发展”的共同愿景，建立新型的合作伙伴关系，形成苏南片跨区域合作的社区教育特色＋均衡发展的新格局。四年来，联盟成员在科研、项目、课程、师资、资源、品牌、管理模式等方面开展社区教育跨区域合作，进行社区教育工作深度、广度、高度的3D探索。每年通过不同的主题开展联盟活动。2019年5月11日，江苏3D联盟汇聚武进，启动“大美民间——艺术名家社区行”暨“善学武进·尚学湖塘”主题活动。此次活动苏南三地根据不同的区域文化特色和资源优势，展示各具特色的“非遗”项目：玄武区金陵竹刻、武进面塑、堆花糕团、常州纸刻、小热昏、丰乐马灯、金港竹编、锦丰葫芦丝、乐余风筝等12“非遗”项目。武进社区培训学院在特色发展和继续教育培训方面结出累累硕果，终端服务理念指引下的“学习苑”建设、终身学习理念指引下的数字化学习、共赢理念指引下的共同体建设三大特色发展备受瞩目。对重点人群进行不同侧重的教育，全方位开展各类培训，“尚学湖塘居民文化素养提升工程”“企业员工中高技能提升工程”“教育致富技能提升工程”“晚晴怡然工程”“朝阳常辉工程”“新市民融合工程”“送课程进社区（企业）工程”等七大培训工程成效显著。江苏3D联盟武进社区培训学院四年来共接待来自省内外的社区教育同仁30余批次数千人。武进社区培训学院获2019年全国“优秀成人继续教育院校”称号。

【《苗木种植技术》获全国优秀乡土课程十佳课程奖】 湟里镇社区教育中心挖掘整合本地特色资源，加强乡土课程建设。2019年结合本地苗木种植的产业特色和生产实际，制作微课程《苗木种植技术》合集，抓住苗木生产的重点难点，推出苗木嫁接、扦插、大树移植、修剪、造型等五个专题微视频，重点突出，贴近实际接地气，易学易懂易操作，可作为配合新型职业农民培训的辅助教材，助力新型职业农民培训，促进农业高质量发展。同期该中心还紧密结合现代生活，拍摄制作微课程《生活垃圾分类》，引导居民特别是青少年树立绿色环保的生态文明理念。

【政校企陕、湘、苏“山果在武进行动”】 9月，武进社区培训学院“山果在武进行动”政校企合作班第二期在湖塘镇政府举行开学典礼，新增博世力士乐（常州）有限公司、常州市中淘家居用品有限公司、金色南都国际大酒店三家合作单位，再添学生73人，其中26名湖南怀化学生是常州市人社局与怀化团市委联合发起的教育扶贫项目“山果行动”计划的帮扶对象，15名陕西安康学生是武进区对口扶贫地区的生源。纳入帮扶项目的学子，学校除根据国家政策免学费外，其余代办费、鉴定费、住宿费等杂费皆由合作企业承担，部分企业还提供学生的生活费。武进区人社局、区教育局以用为本，积极探索企业新型学徒制校企合作班办学模式。武进社区培训学院落实培养职责，精心挑选教师，根据企业工种要求，量身定制详细的专业课程。举办“山果在武进行动”政校企合作班，目的是通过政、校、企三方紧密合作，使其培养的优秀技术性人才真正落实到企业发展中去，缓解就业矛盾，助力“武进制造”更好地向“优质制造”“精品制造”迈进，营造一个资源集聚、共享共赢的新路子，也帮助怀化、安康贫困学子完成学业并实现高质量就业，让“山果”变甜果，确保学生“毕业”即能“就业”。

（陆 琪）

文 化

Culture

责任编辑 张怡菁

文学艺术

【概况】 2019年，武进区举办“牙竹文心”常州牙竹刻艺学术展、“山水恋·家乡美”宜兴丹阳溧阳武进金坛五市区摄影联展、“艺术点亮生活”大型公益惠民演出等主题性文艺活动34场次，参与2万人次。戏剧曲艺家协会全年文化惠民、送戏下乡演出200余场，观众达21万人次。区文联全年刊出《武进文艺》3期。美术家协会陈金柳《丝路文明》、摄影家协会姚向明《宋剑湖湿地公园》、工艺美术家协会徐文博留青竹刻《清白传家》等90件文艺作品获省级及以上奖项。

【主题性文艺活动】 2019年，区文联围绕中华人民共和国成立70周年主题，举办“牙竹文心”常州牙竹刻艺学术展、武进区书法家协会理事会成员作品展、“太湖湾·微度假”摄影大赛、“山水恋·家乡美”宜兴丹阳溧阳武进金坛五市区摄影联展、“艺术点亮生活”大型公益惠民演出。开展“阳湖印记”征文大赛，共征稿近300篇，评出一、二、三等奖和优秀奖共18篇。举办“我和我的家乡”摄影作品系列展，通过全区摄影大赛、地方摄影展览交流、个人展等方式，结合乡镇、企业特色，分别在嘉泽镇、横山桥镇、南夏墅街道、雪堰镇、瑞声科技（常州）有限公司等地开展，从不同角度反映武进经济社会发展的变化。举办第二届武进诗词大会，吸引诗词爱好者近2000人参加，激发武进市民的诗词文化情结。开展“武进画家画武进”系列活动，组织武进中青年优秀画家20余人在雪堰镇、嘉泽镇、中天钢铁集团有限公司等地开展现实题材创作，提升武进的文化艺术创作力量，产出高质量、接地气的艺术作品53件。3—12月，开展“翰墨春秋·武进优秀书画家风采展示”活动，每周在《武进日报》开辟专版，深度采访宣传报道优秀书画家40人，宣传武进书画家的笔墨人生和艺术追求。

（葛　岩）

【“太湖湾、微度假”摄影展（赛）】 4—9月，由武进太湖湾旅游度假区管委会、江苏省摄影家协会、区文联联合举办。该活动以庆祝中华人民共和国成立70周年为契机，以太湖湾旅游度假区的春、夏、秋、冬为主题，表现太湖湾文化底蕴和旅游生态环境。从4月开始征稿，吸引全国约400名摄影爱好者在太湖湾创作投稿，共收到航拍、相机、手机组3个组别作品约5000张。10月28日，武进太湖湾旅游度假区微信公众号公布100张获奖作品及作者名单。

（蒋　薇）

6月1—2日，2019第六届长三角运动休闲体验季江苏分站在西太湖举行　　（供图/西太湖科技产业园）

表 57

2019 年武进区文艺创作主要成果情况表

艺术门类	获奖作品名称	作　者	展出、获奖情况
摄影	《青春岁月》	李维明	“太湖湾、微度假”摄影赛手机组优秀奖
	《大浪来临时……》	李维明	“太湖湾、微度假”摄影赛相机组优秀奖
	《美丽乡村》	李维明	江苏省第二届“长江明珠·世业洲”摄影大赛优秀奖
	《颂》《出摊去》《检》《整装待发》	尤理明	入选“放歌新时代”全省企业职工书画摄影作品展
	《向起点出发》	姚向明	入选“康美千岛湖”全国摄影大展
	《望星亭之约》	姚向明	入选“新湖杯”2018 年全国“田园松阳”传统村落摄影大展
	《知识改变命运》	姚向明	入选“阅读改变人生”2019 年全国全民阅读摄影大展
	《宋剑湖湿地公园》	姚向明	入选 2019 年度“水韵江苏”摄影图片展
中国画	《绿水青山就是金山银山》	徐尉刚	入选“悲鸿精神”——第三届全国中国画作品展
	《启程》	张家毅	入选“共和国礼赞”——江苏省庆祝新中国成立 70 周年主题美术作品展
	《大山深处朴无华》	张　振	入选“共和国礼赞”——江苏省庆祝新中国成立 70 周年主题美术作品展
	《绿水青山出新图》	徐尉刚	入选“祖国礼赞”——庆祝中华人民共和国成立 70 周年江苏美术作品展
	《秋语》	沈　钢	入选 2019 年江苏省“妙笔墨韵”优秀花鸟画展
	《松鹤长青》	肖　青	入选 2019 年江苏省“妙笔墨韵”优秀花鸟画展
	《姹紫嫣红》	徐思齐	入选 2019 年江苏省“妙笔墨韵”优秀花鸟画展
油画	《绿映江南》	张　锐	江苏第二届青年油画展优秀奖
	《城市文脉一》	张　锐	入选“共和国礼赞”——江苏省庆祝新中国成立 70 周年主题美术作品展
	《城市之像 5》	张　锐	入选“家国情怀”——庆祝新中国成立 70 周年全省群众美术书法优秀作品展
	《西行日记·拉扑楞寺大广场》	张　锐	入选“正青春”——第十五届上海青年美术大展
	《天台古寺·智者塔院》	张　锐	入选纪念五四运动 100 周年暨五彩缤纷中青年书画作品展
水粉	《家乡梨花开了》	张　锐	入选第八届江苏省水彩（粉）画作品展
	《家乡梨花开了之五》	张　锐	入选第十届上海美术大展暨白玉兰奖评选活动
留青竹刻	《秋意叠翠》	张　琪	2019“工美新力量——为青春加冕”长三角工艺美术新人新作大赛银奖
	《踏雪访友》	徐文博	入选“大美民间·雕刻世界”——中青年艺术家优秀雕刻作品展
	《紫藤花开》	徐文博	入选“大美民间·雕刻世界”——中青年艺术家优秀雕刻作品展
	《凝芳》	沈华强	入选第十三届全国美术作品展览
象牙雕刻	《三星报喜》	高杜平	长三角工艺美术精品展金奖
陶刻	《书论双儿瓶》	张毓阳	入选“大美民间·雕刻世界”——中青年艺术家优秀雕刻艺术展
玉雕	《除魔》	陈思羽	2019“工美新力量——为青春加冕”长三角工艺美术新人新作大赛银奖
书法	中楷 东坡诗词三首	唐东进	第三届“平复帖杯”国际书法篆刻大赛一等奖
	昆陵洪贻孙诗数首	章哲诚	入选“共和国礼赞”——江苏省庆祝新中国成立 70 周年主题美术作品展
	大楷 古诗三首	唐东进	入选第二届“华佗杯”全国书法篆刻作品展
	中楷 张岱诗三首	唐东进	入选第六届中国海丝书画小品作品展
	书法作品	戚散花	入选第三届“翰墨醇香·六十年代”全国书法名家学术邀请展
	大楷 古诗三首	唐东进	入选全国第二届“沈延毅奖”书法篆刻作品展
	小楷 自作文四则	唐东进	入选首届“卫夫人奖”全国书法篆刻作品展
戏剧曲艺	锡剧《葬花》	朱丽芳	江苏省文艺大奖·第九届江苏戏剧奖铜奖
	锡剧《祥林嫂》	薛平鸽	江苏省文艺大奖·第九届江苏戏剧奖银奖
	小锡剧《满树桃花》	曾丽军	中国非遗（稀有）剧种小戏展演优秀演员
	小锡剧《满树桃花》	薛平鸽	中国非遗（稀有）剧种小戏展演优秀演员
音乐论文	《群众文化集散地调查》	王晓艳	江苏省“我爱我的祖国”征文比赛二等奖
综合材料	《西行日记·折多山》	张　锐	入选第十届上海美术大展暨白玉兰奖评选活动
	《丝路文明》	陈金柳	入选第十三届全国美术作品展览综合材料绘画作品展

（葛　岩）

9月4日，武进区第七届市民艺术节暨第五届锡剧艺术节开幕。图为文艺演出——锡剧《红军故事·半条棉被》　（供图/区文体广旅局）

群众文化

【概况】 2019年3月，武进区文体广电和旅游局（简称“区文体广旅局”）组建成立。下辖区图书馆、区文化馆、区博物馆等直属事业单位9个。全区有镇（街道）文化站16个，299个村（社区）建有文化室或图书室，配备兼职文化管理员。有专职文化工作者120人、业余文化工作者6024人。其中，业余文化骨干968人、文化志愿者组织54个587人、文化类社会组织121个4170人、村（社区）文化室（中心）工作者299人。区文体广旅局组织区凤凰艺术团送综艺节目、区锡剧团送戏下乡演出各200场，举办阳湖大讲堂12期，开展流动图书服务180次。实施农村电影“2131”工程（21世纪，在广大农村实现一村一月放映一场电影），放映电影3360场。第七届市民艺术节暨第五届锡剧艺术节、“艺行武进、旅动生活”公益毅行等活动成功举办。

【第七届市民艺术节暨第五届锡剧艺术节】 9月4日至10月8日，由区委、区政府主办，区委办、区政府办、区委宣传部、区教育局、区文体广旅局等组成艺术节组委会，围绕“日出阳湖·风雅江南”主题，分第七届市民艺术节、全民艺术普及周、第五届锡剧艺术节三大部分，开展包括展演、比赛、展示等活动60项，展示全区群众文化建设成果。依托太湖湾、淹城等景区引入体育项目，举办第十届成人舞蹈大赛、“我们是小小非遗传承人”活动等。9月8—14日，全民艺术普及周系列活动举行，区、镇、村三级联动开展文艺会演、书画培训、艺术鉴赏等活动300余项，参与群众17万人次。9月24日至10月8日，第二届“艺美武进、民星大舞台”才艺大赛举行，参赛选手1000余人。活动期间，每年一届的市民艺术节和每两年一届的锡剧艺术节同时举行，开展“腔调——常州锡剧艺术特展”“我画锡剧美”社教活动等。组织“歌唱祖国”快闪视频大赛、“时代新人说——我和祖国共成长”演讲比赛、“不忘初心、牢记使命”业余群众文化团队展演等群众性文化活动。

11月10日，“艺行武进、旅动生活”公益毅行活动——一本图书的暴走活动现场　（供图/区文体广旅局）

【区文化馆公益性培训】 2019年，区文化馆公益性培训联盟春、夏、秋季班共开设拉丁舞、油画、创意美术、玉石鉴赏、国际象棋等专业300余个，招收学员3000余人，受益群众超3万人次。馆内公益性培训班三季共开设小主持人、小提琴、葫芦丝、二胡、国画、书法、剪纸、太极拳等公益课程50门，培训学员1.2万人次。针对中青年人群开设特色公益性培训班，包括茶道、篆刻、插花、木艺、瑜伽、化妆等2期22门特色课程，培训学员3000人次。在湖塘镇永定、丰乐、府东等社区开展公益性培训进社区活动，全年培训社区群众3000人次。

【“艺行武进、旅动生活”公益毅行活动】 11月10日，在淹城东广场举行。活动由区委宣传部、区文体广旅局、区工商联共同主办，以“一本图书的暴走”为主题，每位参与者携带一本图书捐赠给陕西省安康市汉滨区，用于资助当地公共图书馆建设。活动包括区文化馆与陕西省安康市汉滨区联合举办的文艺演出以及象牙浅刻、横山桥百叶、湖塘剪纸等15个非遗项目展示活动，毅行路线从淹城东广场开始，行经江苏省绿色建筑会议展览中心、春秋淹城遗址公园返回至淹城东广场，全程约10千米，沿途设置打卡点3个，共有毅行爱好者、文化爱好者等2000余人参加。

（王元霆）

文化场馆建设

【概况】 2019年，武进区有图书馆、文化馆、博物馆、书画院4家公益性文化场馆，全年免费开放，接待群众140万人次，比2018年增长8%。有民办博物馆7家，接待群众10万人次。

图书馆　位于延政中大道65号，建筑面积4500多平方米。年内，接待读者73万人次，外借图书52万册，新增村（社区）通借通还点67个。“阳湖书房”凤凰谷点接待读者25万人次，外借图书6.8万册。开展阅读推广主题活动300余次，参与3万多人次。开通“云书馆”网上借阅快递到家图书借阅服务，上线手机端借还图书服务，通过支付宝芝麻信用免押金办证6000余人。

文化馆　位于淹城丰乐坊1号，建筑面积7529平方米。开展公益性培训，受益群众超5万人次。举办“我们的节日·元宵”惠民演出、“舌尖上的端午”——2018年文化和自然遗产日暨端午节主题活动、“不忘初心·红色记忆”江苏省油画学会延安写生作品展、迎国庆“爱国、爱家、爱生活”少儿书画精品展、武进区小戏小品曲艺大赛等，配合中心工作开展“倡导移风易俗·弘扬时代新风”及扫黑除恶专题巡演。百相阁举办活动40余场，凤凰艺术团在雪堰、嘉泽、湖塘、湟里等地开展送综艺下乡演出200场，受益近20万人次。

博物馆　位于春秋淹城旅游区内，建筑面积8728平方米。接待游客40.6万人次，举办展览23场次。结合“5·18”国际博物馆日、中国“文化和自然遗产日”等节日，开展教育活动85场次，参与6万余人次。志愿者165人，参与展览、社教活动等服务共计1117个小时，义务讲解518批次6000人次，受惠公众近10万人次。

【基层综合性文化服务中心实现全覆盖】 2019年，武进区针对全区村（社区）综合性文化服务中心建设推进情况，加大区、镇、村三级专项经费的投入，确保全年建设任务顺利完成。其中，武进高新区北区十里社区、湟里镇村西村、嘉泽镇三星村、南夏墅街道新联村等全部新建或部分新建综合性文化服务中心，每个村的投入均超过100万元；嘉泽镇士桥村、牛塘镇塘口村、南夏墅街道南夏墅村和九华村、横林镇顺庄村等全部或局部翻建、改建和装修综合性文化服务中心，每个村的投入均超过50万元。11月12日，86个村（社区）建成并通过市级验收，实现村（社区）综合性文化服务中心全覆盖。在验收合格的基础上，每个村（社区）获得5万元～7万元奖励，以弥补资金缺口。年内，共有93个村（社区）获得行政村（社区）综合性文化服务中心建设奖补资金各5万元，累计村（社区）212个、合计获奖补资金1060万元。

（王元霆）

【西太湖美术馆承办特色书画展15次】 西太湖美术馆位于第八届中国花博园内，建筑面积约2000平方米，展线近500米，2015年9月25日开馆。2019年，西太湖美术馆承办特色书画展15次，参观展览累计7万人次。

“金陵风骨·其命惟新”——2019江苏省国画院中国画书法作品展　4月10日至5月12日举行，展出江苏省国画院全体在职书画家新近创作的书画作品100余件。

“溪山画章”——宜兴当代美术作品展　6月21至7月2日举行，展出宜兴书画院60余名画家作品120余件。

“多彩贵州”——大山的节日美术作品展　9月10—22日举行，展出贵州画院艺术家精品画作70余件。

“美的传递”——刘勃舒、何韵兰、何钟台作品展暨特邀“天真水墨”助展　11月6—20日举行，展出原中国国家画院院长刘勃舒、原中国美术家协会少儿美术艺术委员会主任何韵兰、原嘉兴市美术家协会主席何钟台3名艺术大师作品100余件与少儿美术作品百余件。

“心顺花开”——赵治平、赵怡文中国画作品展　12月27日启幕，展出原江苏省美术馆副馆长、原刘海粟美术馆馆长赵治平，南京书画院院务委员、青年书画院院长赵怡文父子作品90余件。

（杨茗茜）

文化遗产保护

【概况】 2019年，武进区有不可移动文物393处、非物质文化遗产（简称“非遗”）项目118项。其中，文物保护（简称“文保”）单位国家级2处、省级10处、市级73处、未公布为文保单位的不可移动文物308处，非遗项目国家级1项、省级7项、市级21项、区级89项。年内，区文保部门加强管理、修缮文物保护单位，强化日常巡查，网上录入信息和上报不可移动文物393处，现场复核和更新一般不可移动文物308处。完成第八批省级文保单位、第八批市级文保单位申报，成功申报省级、市级文保单位各1处。

【文物遗迹保护】 2019年，区文保部门完成李公朴故居、恽南田纪念馆、恽南田陵园日常开放管理，全年共接待游客1.2万人。完成李公朴故居电路改造和监控系统安装、恽南田陵园电路改造和绿化整治。完成富源米厂、太平庵修缮，湖塘北街黄氏宅赵氏宅、双庙桥移建，新四军南杨桥地下交通站旧址修缮方案、蛮塘庙移建方案、王诤故居陈列室扩容布展提升方案编制的业务指导和监管。完成省文保单位李公朴故居和顺庄戏楼修缮方案编制工作。

【非遗保护】 2019年5月，武进区召开非遗保护工作会议，发放年度保护经费20万元。年内，完成第五批区级非遗代表性项目名录申报工作，民间文学朱龙川挑水救娘亲，传统美术碳精（粉）画像和马杭木雕，传统技艺打铁技艺、古琴制作技艺、杨大荣剪刀制作技艺、稻草鸭制作技艺、戈裕良氏造山叠石技艺，传统医药周氏正骨推拿技法9项入选，全区各级非遗项目达118项。启动第四批区级非遗传承人和第一批区级非遗传承基地申报。完成《常州非遗》丛书编撰供稿，修订和扩充市级及以上非遗项目简介29项。在区文化馆开设剪纸、堆花糕团、烙画、乱针绣等公益性非遗课程，与鸣凰实验幼儿园和礼河幼儿园联合举办面塑、剪纸、堆花糕团等民俗节活动。端午节期间，湖塘镇与武进日报社联合举行“亲子汉服秀”公益活动，参与家庭100余户，包括着汉服、行古

9 月 21 日，武进区第七届市民艺术节——我们是小小非遗传承人文艺演出现场
（供图 / 区文体广旅局）

礼、制香囊、品民俗体验，以及艾叶沐浴、雄黄画额、投壶比赛等活动。

（王元霆）

文化产业与管理

【概况】 2019 年，武进区有文化产业企业超 4000 家，完成文化产业增加值 141.67 亿元。全年年检印刷企业 322 家、出版物零售单位 213 个。有农家书屋 279 家，牛塘镇卢家巷社区农家书屋获评江苏省五星级示范农家书屋。有网吧 149 个、歌舞娱乐场所 68 个、电子游艺场所 110 个。推进全民阅读推广活动，全民阅读率达 96.25%，武进区全省排名第三位。

【文化产业增加值占 GDP 比重 6.1%】 2019 年，武进区有文化产业企业近超 4000 家，其中规模以上企业 225 家。完成文化产业增加值 141.67 亿元，占 GDP 比重达 6.1%。其中，规模以上制造业 101 家，完成文化产业增加值 72.02 亿元，占比 64.4%；规模以上批发零售业 17 家，完成文化产业增加值 0.43 亿元，占比 0.4%；规模以上服务业 107 家，完成文化产业增加值 39.31 亿元，占比 35.2%。开展影院电影放映经营许可审批工作，完成 15 家影院审批换证，全年放映电影 19.8 万场次，观众 343 万人次，票房 1.17 亿元。江苏环太湖文化艺术城有限公司获市级文化产业发展引导专项资金 50 万，嬉戏族集团有限公司、江苏西太湖影视拍摄基地有限公司、常州凤凰谷剧院管理有限公司、常州蓝创文化科技有限公司、常州骐骥马术俱乐部有限公司获市级文化产业发展引导专项资金各 20 万元。

（石栋文　王元霆）

【西太湖影视产业基地外场景区对外开放】 2019 年 6 月 2 日，西太湖影视产业基地外场景区正式对外开放，至年末共接待游客超 8 万人次。基地一期占地面积近 20 公顷，由近代及现代风格内外影视文旅场景区和影视公寓配套生活区构成，以影视剧拍摄、配套服务和特色景区游览融合体验为主营业态。基地一期于 2016 年 8 月开园，至 2019 年年底累计接待电视剧《热血军旗》《猎毒人》《爱国者》《面具》《筑梦奇缘》、电影《一炉香》《解放终局营救》《刀尖》等剧组近 200 个，入驻影视企业和名人工作室近 180 家。

（杨茗茜）

大众传媒

武进日报

【概况】 2019 年，武进日报社以“内容为王，移动优先”为工作主线，推进新闻宣传、提升舆论引导水平，推进媒体融合、提升新闻传播质效，推进媒体经营、提升报业发展实力。围绕“五个三年行动计划”决胜年、中华人民共和国成立 70 周年等契机推出系列宣传报道。开展第二届武进诗词大会、“增强四力（磨炼脚力、精练眼力、研练脑力、凝练笔力）项目行”年度大型采访等活动。《武进日报》全年出报 302 期，日发行量 3.5 万份；《常州经开区》出报 50 期；双月刊《古运丁堰》出刊 6 期；季刊《新武商》出刊 4 期。全年累计招募小记者 1645 人，覆盖全区 21 所学校，代理官方微信 32 个，官方微信“今日武进”用户 13.1 万人，官方新浪微博“武进日报社”粉丝 5154 人。武进新闻网平均月访客量 300 万人次，“武进新闻”客户端用户 2.2 万人次，户外阅报栏 35 个。武进日报社被“学习强国”平台录用稿件 35.5 篇，被上级主流媒体录用稿件 68 篇，其中被《人民日报》录用 1 篇、《新华日报》录用 2 篇。年内，选送的作品获奖 37 件，其中获省级及以上奖项作品 14 件。

【重大主题报道】 2019 年，武进日报社围绕“五个三年行动计划”决胜年主题，聚焦支持实体经济、优化生态环境、推进开放开发等五大重点工作，从 3 月起，推出《武进新力量》《攻坚重大项目，决胜三年行动》专栏报道共 26 篇，报道镇（街道）和开发区的规模企业、隐形冠军企业等新生力量，通过采访相关部门“一把手”报道部门履职尽责、创新举措。从 5 月 29 日起，推出《扫黑除恶，武进在行动》专栏，宣传开展扫黑除恶专项斗争的举措、典型案例、成果等文章 20 篇，提高专项斗争知晓率，营造舆论声势和全民参与氛围。7 月，在武进新闻网开设《不忘初心、牢记使命》专题，诠释主题教育意义和目标要求，武进新闻网、“今日武进”官方微信等全媒体平台全年发稿 50 余篇。

【庆祝中华人民共和国成立 70 周年系列宣传】 从 4 月 18 日起，武进日报社联合区政协学习与文史委、区委党史工委、区档案局（馆）、区退役军人事务局推出《红色记忆》专题报道共 35 篇，聚焦为革命、为解放做出贡献的先辈，通过采访故事、探访故居、追忆情怀，向读者传播革命精神，于 9 月 23 日将报道文章集结成《阳湖印记》发行。9 月 20 日，

10 月 26 日，第二届武进诗词大会总决赛在嬉戏谷举行　　（供图 / 武进日报社）

推出《逐梦 70 年——庆祝新中国成立 70 周年》特刊，分光辉岁月、产业雄风、强镇风采、美丽乡村、逐梦前行 5 个篇章，围绕阳湖精神、武进故事和时代先锋，体现武进人民为实现中国梦努力奋斗的伟大实践。年内，推出《征集“共和国同龄人”和国货老物件》《壮丽 70 年、奋斗新时代》《数说武进 70 年》专栏，合计刊出报道 36 篇，通过采访报道长者和老物件、讲述武进故事、用数据展现武进从农业大县到工业强区的转变，展示武进 70 年的发展成就。

【第二届武进诗词大会】 2019 年，武进日报社承办第二届武进诗词大会，从 5 月 22 日起启动报名，吸引 1600 余人参加。6 月 18 日至 9 月 30 日，在湖塘、前黄、礼嘉等 16 个镇（街道）、开发区分会场举办预赛，预赛冠军晋级决赛。该届诗词大会首次设置全国选手专场，于 10 月 12 日在新天地公园举行，来自天津的岳彩霞夺得冠军。10 月 26 日，第二届武进诗词大会总决赛在嬉戏谷举行，湟里分会场潘粉枝、湖塘分会场邹艳州分获冠军和亚军，雪堰分会场强名菊、武进高新区北区分会场庄雅棋并列季军。总决赛结束后，第二届诗词大会冠军潘粉枝与第一届冠军吴翔、全国选手专场冠军岳彩霞开展王者争霸赛，最终岳彩霞拔得头筹，获得第二届武进诗词大会特别奖。该届诗词大会采取“诗词大会＋纳凉晚会”的形式，融合各镇（街道）和开发区特色文化展示、群众文艺表演以及宣传中华人民共和国成立 70 周年发展成果。18 场比赛均通过微信直播，线上观众 100 余万人次，官方

表 58

2019 年武进日报社获省级及以上奖项作品情况表

作品名称	作者	体裁	奖项	等次
《武进率先完成农村集体经营性建设用地入市》	鞠燎原　马叶星	消息	江苏省报纸优秀作品	一等奖
			江苏省县市报新闻奖	荣誉奖
《40 位代表“吵着吵着”解了“第一道题”》	诸丽琴	通讯	江苏省报纸优秀作品	三等奖
			江苏省县市报新闻奖	三等奖
《武进日报》2018 年 1 月 29 日 5 版	陆　卓　吕丹丹　黄晓倩	版面	江苏省报纸优秀作品	三等奖
			江苏省县市报新闻奖	好版面
《“当代时传祥”——水族汉子投身环卫 30 年》	高　岷	摄影	江苏省报纸优秀作品	三等奖
			江苏省新闻摄影学会优秀作品	银奖
《大姐夫的诗词》	周二中	散文	江苏省报纸副刊优秀作品	三等奖
《今天清晨，你遇见了谁？》	筒　淡	散文	江苏省报纸副刊优秀作品	三等奖
《守护生命最后的尊严——走近龙城春晓临终关怀服务队》	高　岷	摄影	江苏省新闻摄影学会优秀作品	铜奖
《新城帝景 8 户业主将通风井改造成自家房间》	张　莉	通讯	江苏省县市报新闻奖	一等奖
《汤墅村 1344 位村民喜领首笔 A 股分红》	鞠燎原　马叶星	消息	江苏省县市报新闻奖	二等奖
《汶川十年，再回金花》	鞠燎原　俞　兢　高　岷	通讯	江苏省县市报新闻奖	二等奖
《武进民营企业家拿下“中国民航第一证”》	马叶星	消息	江苏省县市报新闻奖	三等奖
《雪堰新康村“生态乡村试验”为全国探路》	鞠燎原　周　健　徐维庆	消息	江苏省县市报新闻奖	三等奖
《横山桥金丰村环境卫生指数与村民福利挂钩，保护环境成了村民“自家事”》	范玉贤	消息	江苏省县市报新闻奖	三等奖
《武进日报》2018 年 3 月 16 日 3 版	陆　卓　张　丽　刘文燕	版面	江苏省县市报新闻奖	好版面

微信“今日武进”发布的诗词大会内容总点击量超10万次。

【融媒体传播】 2019年，武进日报社新增代理运营官方微信“武进科普”“武进民政”“武进市场监管”3个，累计32个，其中“美丽嘉泽”和“武进教育”微信用户均超4万人。官方微信“今日武进”粉丝13.1万人，位居常州市辖市区第一名，发布的“杨桥庙会”“武进严打赌博”等贴近民生的热点新闻，阅读量均超1万次。“武进日报”抖音官方账号于2018年12月20日开通，至2019年年末有粉丝2.2万人，发布作品358个(点击量超10万次的有6个)，其中“武进民营企业家驾驶‘自造’直升机起飞”点击达492.9万次、“武进90后男子朋友圈直播飙车被查”点击达842.6万次。2019年12月21日，官方微信“花园街驿站”更名为“最常州生活圈”，立足武进、面向常州，内容定位为常州市域范围内的社会热点、民生服务、商务服务和旅游等内容。

【文创营销活动】 2019年，武进日报社继续推行融新闻宣传、创意营销、文创服务于一体的整合式营销活动，组织开展牛塘读书节、第二届武进诗词大会、武进新十大招牌菜评选等活动。3月14日，承办第十一届“古村春韵·杨桥印象”杨桥庙会文化节，通过发布系列报道、开通现场直播扩大庙会影响范围。5—7月，承办湖塘首届城市商业广场欢乐季，推出“一中心、六平台”(“一中心”包括一次开幕发布、一系列消费联动、一组评选活动，“六平台”是武进吾悦广场、武进万达广场、路劲又一城、银谷广场、凯尔LOMO广场、星河COCO CITY 6个商场)系列活动，包括吾悦快闪活动、万达端午活动、美食评选和抖音网红评选等活动，以及6个商场分别进驻南街、湖塘、府南等6个社区开展新时代文明实践活动。武进日报社文创工作室于2018年12月成立，至2019年年末，完成洛阳镇岑村村和圻庄村、礼嘉镇何墅村、雪堰镇等地的墙绘业务以及洛阳镇东尖村党建元素布置，施工面积达1890平方米，完成江苏天启控股集团有限公司20周年宣传画册2本。

(张雅清)

广播电视

【概况】 武进区有镇(街道)广播电视经营管理站16个，有广播频率1个、电视频道1套，广播电视塔信号覆盖江苏、浙江、安徽3个省18个县(市)，数字电视连通整个常州市，信号覆盖人口超过400万人。武进传媒大厦配备国内一流广播电视制编系统，实行节目编播全自动化和数字化，有面积800平方米演播大厅、多功能广播电视移动直播车、15米长摇臂摄像机等，可举办大型演艺活动并全程直播。有广播电视工作人员120人，其中编制内记者23人、编辑7人、播音员10人。开办门户网站“阳湖网”、官方微博“微武进”、官方App“爱武进”，有微信公众号“微武进”“生活连线”“乐活常州”“886武进之声”“跟我出发”等，累计粉丝数65万人次。

2019年，武进广播电视台围绕区委区政府中心工作，以正面宣传为主，弘扬主旋律，积极打造全媒体格局，巩固壮大主流舆论阵地，圆满完成庆祝中华人民共和国成立70周年等主题报道。“886武进之声”开办《886新闻广场》《武进政风热线》《畅行龙城路》等自办栏目11个。武进电视台开设新闻、生活、人文、影视4个频道，有自办栏目《武进新闻》《生活连线》《连线帮帮团》《嚼百趣》等12个。广播全年播音8655小时，电视全年播出6752小时。全年播发新闻8716篇，被中央、省、市级媒体录用稿件300多篇。其中，被“学习强国”平

2019年武进区广播电视作品获省级及以上奖项情况表

表59

作品名称	类 别	作 者	奖 项	授奖部门
《好大一个家》	广播剧	顾 芳 杨富春 贺敏伟	2019年江苏省第十一届精神文明建设“五个一工程”奖	江苏省新闻出版局、江苏省广播电影电视协会
			2018年度江苏广播剧一等奖	江苏省新闻出版局、江苏省广播电影电视协会
《王华峰和三百个快递》	电视社教节目短纪录片	刘 露 张逸骁 秦瑞刚 孙 超	2018年度江苏电视社教节目短纪录片二等奖	江苏省新闻出版局、江苏省广播电影电视协会
《丁堰新运》	对外电视节目地方形象片	丁正伟 尤幸来 钱晓禹 孙梦囡	2018年度江苏彩虹奖地方形象片二等奖	江苏省新闻出版局、江苏省广播电影电视协会
《沈俊彤：“泳”往直前的折翼天使》	电视社教少儿节目	王黎丽 陆彩芬 陈 杰 罗 涛	2018年度江苏电视社教节目少儿节目三等奖	江苏省新闻出版局、江苏省广播电影电视协会
《把“丰收”写在大地上》	电视播音社教	段 敏	2018年度江苏广播电视播音与主持作品奖电视播音社教三等奖	江苏省新闻出版局、江苏省广播电影电视协会
《为什么节俭》	电视节目	秦 琳 陆丽萍 蒋 静	2018年度江苏省广播电视节目录制技术质量奖(广播)三等奖	江苏省新闻出版局、江苏省广播电影电视协会
《武进新闻》	电视节目	包晓峰 顾爱国 顾 琳 陆丽萍	2018年度江苏省广播电视节目录制技术质量奖(电视)三等奖	江苏省新闻出版局、江苏省广播电影电视协会

台录用25篇、《江苏新时空》录用23篇，报道《武进推进菜篮子市长工程》被央视《新闻联播》录用。在今日头条、腾讯视频、梨视频、抖音等媒体上发布新闻5400多条。承办“生态万步行、乐跑新武进”公益行活动，通过新闻频道、“886武进之声”“爱武进”App、阳湖网及“乐活常州”微信平台同步直播，吸引在线观众12万人次。举办“武进十大农家菜”评比、《非常6+1》《黄金100秒》等活动，累计100多场次，50多万人次参与。开拓创收渠道，重点开展资料片摄制、微信代理等业务，有“武进党建云平台”“生态武进”“飞博·私人订制”3家微信代理客户，全年发布微信推送300档。“飨家”电商平台共上架新产品66个，其中有70%来自陕西安康、新疆尼勒克，种类涵盖水产、干果、茶叶、水果等农副产品30多个，全年接到订单151个，销售额共计10367.5元。2月，青少年法治电影《冬雪暖阳》在武进传媒大厦开机。年内，广播剧《好大一个家》获江苏省第十一届精神文明建设“五个一工程”奖；《王华峰和三百个快递》等56个广播电视作品在省、市节目创优评比中获奖。

【广播电视新闻宣传】 2019年，武进广播电视台围绕建设“强富美高”新武进及“五个三年行动计划”决胜年主题，强化主流引领作用，为全区经济社会发展营造良好舆论环境。《武进新闻》栏目着眼基础设施、医疗卫生和社会保障等民生热点问题，推出《70年巡礼新武进》《寻找共和国同龄人》《致敬奋斗者》等系列报道50多篇，举办活动100多场次。《生活连线》栏目播出食品安全、医疗卫生、社会公平正义以及民生实事等方面监督类报道400余篇。7月，推出《物业大调查》特别报道，组织小区居民公开投票35个小区物业满意度，评出全区最佳、最差物业小区各10个；《生活连线》栏目在“263”专项行动中发挥媒体力量，推进报道常态化，形成生态问题搜集、曝光、办理、反馈、评估的全程问题解决链条，推出环境专项整治报道80多篇。《武进政风热线》栏目积极回应百姓诉求，跟踪报道市民反响强烈的违章搭建、土地确权、公共设施缺损等问题，播发新闻56篇。

【广播电视节目改版】 2019年，武进广播电视台以“深耕本土、放眼全局、兼济天下”为发展原则，通过包装、扩容、改版等方式调整节目布局。《标榜汽车》栏目改版，增加《二手车》《小常识》《咨询》3个版块。官方App“爱武进”增设视频点播“标榜汽车”，可点播节目或通过微信、QQ等转发；微信公众号“乐活常州”每周六推送《标榜汽车》专栏。6月，开设栏目《食全食美》，邀请名师大厨分享烹调窍门，重点打造精品美食资讯节目。开展“净音工作”，缩减保健品广告比重，武进电视台新闻频道于10月全部停播医疗服务类广告，至年末实现保健品专题广告零播出。2017—2019年，武进广播电视台以每年30%的速度逐步缩减医疗服务类和保健品类广告，共计减收广告费约1000万元。

2月26日，青少年法治电影《冬雪暖阳》在武进传媒大厦开机（供图/武进电视台）

【融媒体中心建设】 2019年，武进区根据中共中央《关于加强县级融媒体中心建设的意见》，坚持党管媒体原则，于10月出台《常州市武进区融媒体中心建设的实施方案》，整合报纸、广播电视、新闻网站及媒体所属官方微信微博等新媒体资源，实现“一次采集、多种生成、多平台传播”的采编播流程再造，形成“报纸+广播+电视+网站+微信+手机客户端”融媒体中心，计划于2020年正式运行。武进日报社、武进广播电视台名称以及报纸刊号、广播电视台原频率频道和呼号予以保留，单位性质为区委直属正科级建制的事业单位，归口区委宣传部管理，设置行政运行系统、策采编发系统、经营管理系统。融媒体中心按照“移动优先”原则，以“两微一端”（微博、微信、手机客户端）为载体，以推动媒体融合发展为目的，建设新型主流全媒体，构建渠道丰富、覆盖广泛、传播有效、可管可控的移动传播矩阵。开展“媒体+党建”“媒体+政务”“媒体+服务”“媒体+文旅”等业务，提供生活服务、社交服务、演艺服务、广告宣传、教育培训等综合服务，从单纯的新闻宣传向党建、政务、公共服务领域拓展。

【广电通信建设与服务】 2019年，武进广电网络公司坚持“保存量、促发展、稳增长”，推进广电通信业务平稳发展。推广新产品、新业务，升级机顶盒软件版本，实现江苏广电网络公司《孝乐神州》《电影院线》《名师空中课堂》和《爱艺在线》等特色栏目点播；加强跨界合作业务，全年办理农行“有线宝”业务、“广联合家欢”业务和华泰证券金融业务337笔；上线优化微信和支付宝生活缴费功能，实现定额充值和部分产品在线订购。推进“智慧社区”“智能家居”项目，新签约“智慧社区”村（镇）44个，累计95个，其中制作上线53个；销售智能锁、门铃、远程监控等智能终端1300余个。开拓集客业务，承建武进区升级版技防城监控项目，完成一期人脸识别和社会治安探头2100多路。全年数字电视个人用户24.76万户，保有率93.9%；发展高清电视互动用户15472

户，净增4741户，入户率62.7%；宽带用户17919户，净增12816户，入户率13.4%；开通网络基础设施建设光节点14495个，双向覆盖用户544531户，双向覆盖率94.55%。

（潘燕萍）

史志编纂

【概况】 2019年，区委党史工委（区地方志办）围绕庆祝新中国成立70周年，推进党史征编、地方志编修及史志宣传工作，发挥资政、育人、存史作用。《武进改革开放40年》下册12月出版；落实中国老促会和省委党史工办要求，与区老促会共同承编的《常州市武进区革命老区发展史》11月公开出版；参与编纂的《阳湖印记》9月公开出版发行，被区委确定为全区“不忘初心、牢记使命”主题教育教材。《武进年鉴（2019）》于9月由方志出版社出版。落实省方志部门要求，服务特色强镇建设，武进首部《江苏名镇志·湖塘镇志》3月通过省级终审，11月完成终审意见修改工作。完成《江苏援藏援疆建设志（武进部分）》初稿，武进援疆干部文集《尼勒克，遇见最美的自己》11月出版。贯彻落实全国地方志系统援藏援疆座谈会精神，3月与新疆伊犁州尼勒克县地方志办签订援建工作备忘录，完成《尼勒克县志（1995—2015）》纲目审稿意见反馈。年内，《武进档案志》《政协武进志（1949—2019）》《武进检察志（2007—2017）》和《汤墅村志》先后出版发行，全区累计出版部门（行业）志23部、村志16部。配合区委宣传部做好《中国方志影像·江苏武进篇》选题工作，提供文字资料1.4万字。与有关部门及基层单位联合，多形式开展武进史志宣传工作，讲好红色故事。5月，《武进年鉴（2018）》获全国第六届年鉴编纂出版质量评比综合特等奖，包揽框架设计、条目编写、装帧设计、检索编校质量4个单项特等奖，成为连续六届获全国年鉴编纂出版质量评比特等奖的县（区）级年鉴；10月获第六届全国地方志优秀成果（年鉴类）一等年鉴。

5月9日，在成都举行的第六届年鉴编纂出版质量评比颁奖大会上《武进年鉴（2018）》获特等奖

（供图/区委党史工委）

【《武进改革开放40年（下册）》征编出版】 2019年12月，《武进改革开放40年（下册）》由中共党史出版社出版。《武进改革开放40年》由区委党史工委承编，分上下两册，于2017年年初启动征编工作，上册于2018年12月公开出版。下册收录《真理标准问题的讨论》《非公有制企业党组织建设》《法治武进与平安武进建设》《教育体制改革与教育现代化工程实施》等政治、社会类专题52篇，共74.5万字。

【《常州市武进区革命老区发展史》编纂出版】 2019年11月，《常州市武进区革命老区发展史》由江苏人民出版社出版。该书是《全国革命老区县发展史》丛书，由区老促会和区委党史工委共同承编，于2018年年初启动征编。围绕提升编写质量、凸显武进特色的目标，征编人员在编写过程中注重多渠道收集资料，开展业务研讨及理论研究，优化调整框架结构。全书设8章46节153目，共30万字，收录历史图照164张，选介武进英模人物30人、革命遗迹和纪念设施12处，系统记述1919年至2018年间，全国一类革命老区之一——武进的百年革命斗争史和建设发展史。

【《武进年鉴（2019）》出版发行】 9月，《武进年鉴（2019）》由方志出版社出版，12月在全区全面发行。武进年鉴编纂部门坚持年鉴常编常新原则，结合年度武进机构调整和庆祝新中国成立70周年，适当调整年鉴框架结构，加强“农业和农村工作、纪检监察、旅游、文化、体育”等所涉栏目组稿，重点把握好年鉴选题立目、条目要素齐全及行文规范标准，提升年鉴内容质量，巩固提升年鉴文化品位。2019卷《武进年鉴》翔实记载2018年度全区经济社会发展基本情况，突出反映改革开放40年武进经济、社会发展成就和产业创新发展、城乡精细管理、生态保护引领、教育卫生事业均等化、特色强镇建设“五个三年行动计划”实施成果。全书设置栏目40个、分目（子分目）216个，收录条目1223个、照片270幅（随文照片189幅）、表格96个、图表2个，共计92.1万字。

【史志文化宣传】 2019年，区委党史工委围绕中华人民共和国成立70周年及全区“不忘初心、牢记使命”主题教育，多形式组织开展史志工作宣传教育，弘扬革命文化。年初，与区政协文史委、武进日报社、区档案局（馆）等单位联合启动《阳湖印记》系列宣传报道，聚焦一批为革命、为解放做出贡献的革命英烈和为巩固新生人民政权御敌支前的革命老兵，通过采访他们的后代、探访他们的故居，挖掘武进红色故事。区委党史工委参与方案策划、采访对象筛选及采访稿件审核等事项。该书9月由红旗出版社公开出版，共26万字，分追忆先烈、追访足迹、追寻老兵3个篇章。9月23日，发行仪式在武进传媒大厦举行，同时被列为全区“不忘初心、牢记使命”主题教育教材。与基层镇、村、社区、企业密切联系，拓展党史宣教阵地。参与协助横山桥镇第一支部及王玉如烈士展馆、今创集团党群服务中心、遥观镇宋建湖党建生态圈筹建，审核展陈方案与内容，重点把关党史、新中国史方面内容。为横山桥镇东风村、马家巷社区等地开展党课宣讲，为农村基层党组织建设凝心聚力。利用“武进印记”微信公众号，推出“武进解放”系列文章及党史人物事迹专栏。

（张新辉）

档案管理

【概况】 武进区档案馆为县区级国家综合性档案馆。2019 年年末，拥有馆藏全宗 216 个，384684 卷、430946 件，资料 15565 册，代保管档案 30350 卷、3280 件，向社会开放全宗 128 个、7952 卷。2019 年，区档案馆围绕全区中心工作，提供有效档案服务保障，依法向社会开放档案，提供档案查阅利用服务及政府信息公开，为中心工作、民生工程和重点项目提供档案基础支撑。持续做好档案接收工作，接收区农业局、文广新局、安监局等涉及机构改革的 12 个单位的文书档案 1565 盒 38323 件，业务档案 1103 卷、348 盒 3312 件，照片 30 盒 1144 张，光盘 2 盒 19 张，实物 125 件。年内，区档案馆获评江苏省档案宣传工作先进集体。

【档案利用服务创新】 2019 年，区档案馆全年接待现场查档 4031 人次、电话查档 1837 人次，提供查阅 5214 卷（件），复制 12035 张。在全市率先开展“就近查”政务试点，梳理知青档案、婚姻登记档案查询等七类事项，编制查档办事指南、优化服务流程，依托政务服务一体化平台在湟里镇为民服务中心大厅设置档案查询窗口试点，试点工作经验被常州市政务服务管理办公室在全市 62 个乡镇（街道）推广。实现婚姻档案跨部门查询，与区婚姻登记中心签订《婚姻档案委托查询协议书》，在婚姻登记中心设立婚姻档案代查阅服务点，将区档案馆 1950—2018 年的 32 万条婚姻登记历史数据共享至婚姻登记管理信息系统，实现档案查询、业务办理一体化。开通网上查询系统 3 条，利用长三角地区民生档案服务平台、江苏省民生档案便民服务平台和常州档案就近办系统，实现民生档案跨区域异地利用服务。2019 年，区档案馆查档利用中心被常州市文明办、档案局评为全市档案系统优质服务窗口、被区妇联评为武进区“三八”红旗集体。

【档案资源建设】 2019 年，区档案馆组织全区机关单位归档 2018 年度文件材料，立档单位 100 个共整理归档文书 68195 件、纸质照片 2538 张、数码照片 460 张、实物档案 287 件、专门档案 2056 卷。开展档案接收工作，接收区委办、区政府办、湖塘镇等 35 个单位文书档案 7854 盒 190328 件。接收区婚姻登记中心 2015—2018 年婚姻档案 1107 盒 44599 卷。开展档案资料征集活动，征集武进地方特色重要档案 14 种、15 套、79 册，其中宗谱 8 部，征集资料 38 种、56 套、63 册。加强援疆和对口支援档案工作，分类整理援建金花镇档案 14 盒 410 件。开展“百村万户”口述档案采集工作，采集 73 人，完成文字稿 86 篇、13.9 万字，录音 946 分钟，获江苏省“百村万户”口述历史采集工作三等奖。2019 年 6 月，区档案馆举办《武进档案志》首发式，召开建馆 60 周年座谈会，利用《武进日报》开展专版宣传，在区行政中心举办档案工作专题展览，展出展板 26 块。

6 月 5 日，《武进档案志》在区行政中心首发　　（供图 / 区档案馆）

【基层档案工作规范化建设】 2019 年，区档案局、馆开展机关企事业单位档案规范化建设，提高全区档案工作规范化、科学化、信息化水平，推进星级档案室创建。武进区星河实验小学、戚墅堰街道社区卫生服务中心等 5 个单位档案室创成省三星级档案室。武进公安分局、北汽新能源汽车常州有限公司等 16 个单位档案室创成省级数字档案室。4 月，《加强全区行政村（社区）档案工作实施意见》出台，区档案局、馆以申报全国档案工作服务农村基层社会治理试点项目为契机，开展村级档案专题调研，研究符合农村基层社会治理需求的村务管理档案基本目录和管理手段，指导 14 个行政村申报档案工作服务农村基层社会治理试点项目，推动村级档案工作规范化。

【重大项目档案管理】 2019 年，区档案馆按照“主动提前介入、全程跟踪服务”要求，做好全区重大活动、重要领域档案工作。根据省太湖治理工程建设管理局对新沟河移民安置档案工作要求，联合区水利局推进新沟河移民安置档案工作，明确横山桥镇、湖塘镇等项目涉及的 6 个乡镇的归档内容和整理要求。指导服务和现场验收常州二维碳素、新纶复合（常州）有限公司开展的国家级工业强基项目档案。对北汽新能源汽车常州有限公司专兼职档案人员实施培训和档案数字化加工现场指导。联合区工商联开展“档案管理与应用”专题讲座，百余家企业经理人 188 人参加，提升企业档案管理水平。

（吴　杰）

体 育

Sports

责任编辑　张怡菁

群众体育

【概况】 2019年，武进区实施全民健身战略，开展新时代体育强区建设，推进全民健身“6个身边”（完善群众身边的体育健身组织、建设群众身边的体育健身设施、丰富群众身边的体育健身活动、支持群众身边的体育健身赛事、加强群众身边的体育健身指导、弘扬群众身边的体育健身文化）工程，拓展公共体育设施网络。全区新增社会体育指导员234人，累计3226人，其中国家级57人、一级138人、二级546人，每万人拥有社会体育指导员28.5人（国家级文明城区标准≥10人／万人）。新增水上运动协会、健身健美协会2个区级单项体育运动协会，累计有单项体育社团32个（AAAAA级1个、AAAA级7个、AAA级13个、AA级4个，参评率达85.7%）、体育类民办非企业14个，有镇级单项社团109个。区文体广旅局组织“江苏雪湖杯”民间乒乓球高手排位赛、“谁是球王”羽林争霸赛、第九届“武进杯”城市体育舞蹈赛、西太湖龙舟赛、2019年“淹城杯”太极交流赛、“万达杯”击剑邀请赛等健身活动和综合性体育赛事300余次。开展国民体质测试，通过购买服务的方式为5000人实施体质测试。

【体育设施建设】 2019年，全区各级投入资金17948万元，增加健身休闲场地面积119.65万平方米，投资60万元扶持礼嘉镇镇级和雪堰镇城西村村级2个体育公园建设，投资350万元完成49个健身场地设施建设和提档升级，完成西湖街道、遥观镇、牛塘镇和洛阳镇的二代健身路径选址、申报和安装工作，完成新建小区公共体育设施面积验收17个。全区人均文体公共面积达3.52平方米。

【不止骑·2019第七届中国24H单车环太湖认证赛】 6月1日，在武进太湖湾开赛。该赛事由江苏省自行车运动协会、江苏单车网主办，武进区文体广电和旅游局、武进太湖湾旅游度假区、南京先锋体育俱乐部承办，是首批国家体育旅游精品赛事、江苏省体育旅游精品赛事，是规模大、比赛时间长、难度大的自主知识产权长距离自行车认证赛。比赛线路设置在太湖环湖路段，途经无锡、苏州、湖州、宜兴等地，有100千米、200千米、300千米、400千米、500千米5个组别，最高级别500千米的选手需要在24小时内完成。来自美国、德国、韩国、马来西亚等国家的100多名国外选手参赛，选手和观众总人数超10万人。

（王元霆）

【2019 GPKS第三届中国江苏武进“太湖湾杯”卡丁车邀请赛】 6月28—30日，决赛在常州嬉戏谷的卡丁车赛场举行。该赛事是国家级赛事GPKS（未来之星卡丁车大奖赛）系列赛之一，是2019“GYT杯”中国华东卡丁车联赛常州站比赛，由武进区卡丁车运动协会主办，常州市錡灏卡丁车文化传播有限公司和武进太湖湾旅游度假区承办。赛事采用最新的赛制和模式，由首次举办的公开组和传统统规组2组比赛构成，分

6月28—30日，2019 GPKS第三届中国江苏武进“太湖湾杯”卡丁车邀请赛决赛在嬉戏谷举行

（供图／太湖湾旅游度假区）

别有 8 支队伍和 10 支队伍参加，共吸引全国各地近百位专业卡丁车车手及爱好者参赛。

（蒋　薇）

【2019 首届武进体育嘉年华】 10 月 19—20 日，2019 首届武进体育嘉年华暨 2019 常州聚驾派大众公社驾咖理想生活节在太湖湾露营谷举行。该活动由武进区体育总会和武进太湖湾旅游度假区管委会联合主办，常州市錡灏体育文化传播有限公司、太湖湾露营谷和上海聚驾网络科技有限公司联合承办，推出品牌车秀、复古车评比、金卡纳专场等主题活动，马术教学体验、卡丁车驾驶体验以及自行车、体育舞蹈等展演活动，吸引 2000 余人参加，开创了“体育 + 旅游 + 文化”的全新活动模式。

（王元霆）

【2019 第六届长三角运动休闲体验季江苏首站在西太湖举行】 6 月 1—2 日，以“活力西太湖、栖心好去处”为主题的 2019 第六届长三角运动休闲体验季江苏首站在西太湖举行。该活动由江苏、浙江、安徽、上海三省一市体育局主办，武进区人民政府承办，旨在共同推动运动休闲体育产业发展，促进体育与旅游深度融合，打造长三角知名户外体育休闲运动目的地。来自苏、浙、皖、沪三省一市的体育运动爱好者 200 余人，通过中国花卉博览园定向闯关、揽月湾广场荧光毅行、西太湖影视基地参观等活动，体验具有武进特色的文化旅游和运动休闲新方式。

（杨茗茜）

10 月 13 日，2019 常州西太湖半程马拉松赛在武进西太湖举行

（供图 / 区文体广旅局）

竞技体育

【概况】 2019 年，武进区以备战江苏省第二十届运动会为重点，加强教育和体育融合，提升竞技体育水平。全年共承办国际赛事 5 项次、全国赛事 8 项次、省级赛事 3 项次。全区有在训运动员 367 人、教练员 36 人。完善青少年体育竞赛机制，区文体广旅局与教育局联合举办区级青少年竞赛 25 项次，全区中小学校 100 多所参与，参赛 5000 多人。促进业余训练科学、持续发展，中期评估全区体育特色学校 58 所和体育项目定点学校 12 所。派员参加各项目晋升一级裁判员培训班，全年 30 余人参加省篮球、排球、田径、武术散打等 5 个项目的晋升培训。

10 月 25—26 日，东京奥运会女子曲棍球预选赛在武进曲棍球基地举行

（供图 / 区文体广旅局）

【世界女子曲棍球超级联赛（中国站）在武进举行】 2 月 23 日至 6 月 15 日，世界女子曲棍球超级联赛（中国站）在武进曲棍球训练基地举行。由国际曲棍球联合会主办，中国曲棍球协会和江苏省体育局承办，是国内举办的级别最高、国际影响力最大、观赏性最强的世界级曲棍球赛事。中国队、阿根廷队、澳大利亚队、英国队、德国队等 9 支世界顶级国家队参赛。比赛期间，超级联赛在各参赛国的国家级曲棍球场馆，通过主客场形式，举行比赛 72 场。其中，中国站是世界曲棍球超级联赛落户亚洲的唯一一站，中国队主场比赛 8 场均在武进曲棍球训练基地举行。经过角逐，中国队最终获得第七名。

【2019 常州西太湖半程马拉松赛】 10 月 13 日，在武进西太湖开赛。由中国田径协会、江苏省体育局、常州市人民政府主办，武进区人民政府、常州市体育局、常州西太湖科技产业园管委会、江苏常奥体育发展有限公司承办，常州

表 60

2019 年武进区承办体育赛事情况表

类型	赛　事　名　称	比赛时间
国际	世界女子曲棍球超级联赛（中国站）	2 月 23 日至 6 月 15 日
	不止骑 · 2019 第七届中国 24H 单车环太湖认证赛	6 月 1—2 日
	2019 国际篮球俱乐部对抗赛（武进站）（中国江苏肯帝亚对美国音乐之城）	7 月 30 日
	2019 常州西太湖半程马拉松赛	10 月 13 日
	2020 年东京奥运会女子曲棍球预选赛（中国对比利时）	10 月 25—26 日
全国	2019 长三角运动休闲体验季	6 月 1—2 日
	2019 中国体育彩票全国象棋业余棋王赛江苏赛区武进区预选赛	6 月 15—16 日
	2019GPKS 第三届中国江苏武进“太湖湾杯”卡丁车邀请赛	6 月 28—30 日
	第二届全国青年运动会决赛（U15 组）	7 月 18—23 日
	第十一届全国曲棍球后备人才基础训练营暨 2019 年全国青少年 U 系列曲棍球锦标赛（U18、U15 组）	8 月 11—20 日
	全国女子曲棍球锦标赛	11 月 13—21 日
	全国男子曲棍球锦标赛	11 月 13—21 日
省级	2019 年江苏省第十七届中学生乒乓球锦标赛暨江苏省青少年乒乓球冠军赛	7 月 8—13 日
	2019 江苏省青训足球俱乐部联赛苏中赛区分区赛（U12 组）	7 月 26—28 日
	2019 年江苏省青少年女子曲棍球锦标赛	9 月 17—22 日

市体育发展基金会特别支持，江苏卫视全程直播。共有 28262 人成功报名，其中半程马拉松 10999 人、10 千米 9263 人、迷你跑 8000 人。经过角逐，来自埃塞俄比亚的塔耶 · 吉玛以 1 小时 2 分 45 秒的成绩打破男子赛会纪录获得冠军，来自埃塞俄比亚的阿比迪 · 夫法和阿瑟法 · 曼吉萨分获男子赛亚军和季军；来自埃塞俄比亚的梵图 · 吉玛以 1 小时 11 分 46 秒的成绩打破女子赛会纪录获得冠军，来自埃塞俄比亚的安塔吉娜和泽纳斯 · 乐玛分获女子赛亚军和季军。中国选手陈龙和徐宁分别以 1 小时 10 分 51 秒、1 小时 19 分 17 秒的成绩获得中国籍男子组、女子组第一名。

【2020 年东京奥运会女子曲棍球预选赛（中国对比利时）在武进举行】 10 月 25—26 日，2020 年东京奥运会女子曲棍球预选赛（中国对比利时）在武进曲棍球训练基地举行，曲棍球爱好人士 1500 多人观看比赛。中国女子曲棍球队通过 23 米球大战战胜比利时队，获得东京奥运会参赛资格，连续第 6 次入围奥运会。中国队是第一支获得东京奥运会女子曲棍球资格的球队，江苏女子曲棍球队队员席夏云、罗甜甜代表国家队参赛。

（王元霆）

体育产业

【概况】 2019 年，武进区深入挖掘国家体育产业示范基地内涵，出台《武进区人民政府关于推动武进体育产业高质量发展的实施意见》，促进全区体育产业提档升级。区文体广旅局推荐太湖湾露营谷、常州龙凤谷二期体育休闲项目建设等 4 个项目申报省级体育产业发展专项资金，其中太湖湾露营谷和常州龙凤谷入围实地考察项目名单。全区体育彩票网点新增 18 个、累计 292 个，体育彩票销售总量 9 亿元。武进万达广场“YOUNG 生活馆”、太湖湾露营谷、常州龙凤谷被江苏省体育局命名为江苏省第二批体育服务综合体。

【武进区 3 个项目入选江苏省体育服务综合体】 3 月 27 日，武进万达广场“YOUNG 生活馆”、太湖湾露营谷、常州龙凤谷被省体育局命名为江苏省第二批体育服务综合体。6 月，在省体育局组织的国家体育产业基地授牌仪式上获授牌。武进万达广场“YOUNG 生活馆”属于商业中心内嵌型体育服务综合体，建筑面积 1.55 万平方米，体育服务部分总投入 2500 万元，由吉风卡丁车俱乐部、体育综合运动场馆、云顶球场、金吉鸟健身等组成，包含击剑、射击、瑜伽、舞蹈等特色体育项目 7 个。太湖湾露营谷属于其他类型体育服务综合体，建筑面积 1.19 万平方米，体育服务部分总投入 1030 万元，能够满足同时运动活动人数 3452 人，包含攀岩、垂钓、滑草等运动项目 14 个。常州龙凤谷属于其他类型体育服务综合体，建筑面积 2000 平方米，体育服务部分总投入 2.35 亿元，能够满足同时运动活动人数 5000 人，包含四季滑雪、漂流、拓展等运动项目 11 个。

（王元霆）

卫生健康

Hygiene and Health

责任编辑　张怡菁

综　述

【概况】 2019年，武进区不断完善现代医疗卫生服务体系，着力提升医疗卫生服务能力。全区医疗卫生机构434所，其中市级公立医院2个、区级公立医院3个、区级卫生机构4个、社区卫生服务中心5个、乡镇卫生院16家、社区卫生服务站50个、村卫生室134家、民营医院13家、护理院4个、医学检验实验室1个、医学检验所1个、个体诊所（门诊部）163个、企事业单位医务室（卫生所）38个。有医疗床位7914张，其中市级公立医院床位2716张、区级公立医院床位2470张、镇级卫生院（社区卫生服务中心）床位1426张、民营医院床位931张、护理院床位371张。有医疗卫生技术人员10348人，其中执业（助理）医师4214人、注册护士4670人。全区各级医疗机构总诊疗712.05万人次，比2018年增长6.09%。门急诊诊疗672.17万人次，其中区级医院178.52万人次、镇级卫生院（社区卫生服务中心）346.36万人次、村卫生室（社区卫生服务站）88.76万人次、非公立医疗机构58.53万人次，镇、村医疗机构门急诊诊疗量占总量的64.73%，区域内就诊率90.03%。住院12.84万人次，其中区级医院85287人次、镇级卫生院（社区卫生服务中心）40609人次、民营医院2522人次。住院病人手术46603例，其中区级医院38362例、镇级卫生院（社区卫生服务中心）7219例、民营医院1022例。全区医疗机构病床使用率78.7%，出院者平均住院日9.0天。推进双向转诊工作，全区门诊转诊1380人次，急诊转诊373人次，住院上转429人次、下转205人次。区域集中消毒供应中心为各基层医疗机构提供灭菌包裹合计23.4万个，获评常州市优秀集约化中心；区域心电会诊中心会诊1242人次；2个区三级医院集中临床检验中心共检测上送标本19016人次；区域PACS影像诊断中心远程影像会诊35365次；病理诊断中心累计诊断上送标本6818份。全区卫生经费支出11.62亿元，占预算内财政支出的6.50%。基本药物采购3.26亿元。年内，前黄人民医院、洛阳镇卫生院、横山桥镇卫生院创成二级综合医院，武进区中西医结合医院创成二级中西医结合医院，雪堰镇中心卫生院成为二级医院建设单位。嘉泽镇闵市村卫生室，礼嘉镇新辰村、大路村、毛家村卫生室，湟里镇西鲁村、武宜村、村前村卫生室，横林镇殷坂村卫生室，遥观镇建农村卫生室，洛阳镇朝安村卫生室创成省级示范村卫生室。

【区卫生健康机构组建】 2月26日，《常州市武进区机构改革方案》出台，整合原区卫计局职责、区民政局承担的区老龄工作委员会办公室职责，原区安监局承担的职业安全健康监督管理职责等，组建武进区卫生健康局（简称"区卫健局"），作为区政府工作部门；保留区老龄工作委员会，日常工作由区卫生健康局承担；不再保留区卫生和计划生育局。2月28日，区卫健局挂牌成立，为正科级单位。内设机构有办公室、组织人事科、计划财务科（审计科）、政策法规与综合监督科、医政中医科（科教科）、疾病预防控制科、健康促进与信息科（区爱国卫生运动委员会办公室）、人口监测与家庭发展科（老龄健康科）、妇幼健康科。机关行政编制32个，设局长1人、副局长4人。内设机构有中层职数19个，其中中层正职10人（含机关党组织副书记1人）、中层副职9人。整合下属常州市武进区卫生和计划生育局人事档案管理中心、常州市武进区医药学会、常州市武进区初级卫生保健委员会办公室3个事业单位，组建常州市武进区卫生健康服务中心，为区卫健局下属公益一类事业单位，经费渠道为区财政全额拨款。

【卫生事业均等化三年行动计划收官】 2019年，武进区按照《武进教育卫生事业均等化三年行动计划（2017—2019年）》要求，持续健全医疗卫生服务体系，推进卫生综合改革，提升家庭医生签约服务质量，实现卫生事业均等化三年行动计划收官。2017—2019年，全区投资11.62亿元，优化卫生基础设施，总建筑面积17.4万平方米。武进人民医院外科病房大楼、武进中医医院综合大楼、横山桥镇卫生院综合大楼建成投用；嘉泽镇卫生院、武进区中西医结合医院病房大楼主体封顶；武进第三人民医院由易地新建调整为原址改（扩）建；实施村卫生室提升工程，新建、改（扩）建村级医疗卫生机构64个，建成省级示范村卫生室36个。完善基层医疗卫生中心，推进雪堰、前黄、湟里、横林、横山桥、洛阳等重点镇的卫生院提档升级，湟里、前黄、洛阳、横山桥镇的4家卫生院先后创成二级综合医院，横林人民医院创成二级中西医结合医院，雪堰镇中心卫生院成为二级医院建设单位。妇幼健康保障加强。建成武进区妇幼医疗中心，全区新增妇产科床位100张、儿科床位50张；开展高危孕产妇规范管理和评审，强化孕产妇、新生儿危急重症救治，建成妇幼健康规范化门诊15个；开展儿童免费视力筛查建档，启动新生儿疾病筛查免费项目。智慧医疗体系基本建立，建成家庭医生签约、自助打印、健康门户网站、健康武进微信、妇幼健康服务等信息系统，与江南农村商业银行合作共建智慧医疗项目，实现自助服务、移动支付、信息共享等功能。至2019年年底，全区卫生事业费占财政一般预算支出的6.5%，比2016年增加0.62%，武进区先后创成江苏省卫生应急示范区、江苏省妇幼健康优质服务先进区、江苏省艾滋病综合防治示范区、江苏省健康促进区，通过国家级慢性病综合防控示范区验收，入选2019年江苏省基层卫生十强县（市、区）。

【医疗卫生机构基础设施建设】 2019年，武进区卫生健康系统完成财政预算内投入7.57亿元，其中基本建设投入4.2亿元。全区医疗卫生机构购置10万元以上医疗仪器设备106台（件），价值1.45亿元。6月30日，武进区中西医结合医院病房大楼主体封顶。9月17日，横山桥镇卫生院综合大楼建成投用。12月18日，武进中医医院新综合大楼启用。12月20日，嘉泽镇卫生院病房大楼主体封顶。12月25日，武进人民医院外科综合大楼启用。年内，实施村卫生室提升工程，新建、改（扩）建村级医疗卫生机构25个。

【卫生人才队伍建设】 2019年，区卫健局完善人才招聘办法，对高层次和紧缺专业人才实行全年长期招聘。全年引进各类人才268人，其中高层次人才34人、紧缺专业人才10人。持续加强高层次人才队伍建设，全区卫健系统入选省“双创博士”“333高层次人才培养工程”“支撑计划”和市卫生领军人才、拔尖人才等培养对象13人，有硕士及以上学历卫技人才421人、学科带头人和医学专家871人。成功推荐4人成为第三批常州市孟河医派百人传承培养工程培养对象。建立村级医疗卫生机构人员“区管镇用”机制，将村医纳入备案制管理。招录大学生村医、驻村护士和农村订单免费培养医学生31人。组织110名基层卫生骨干人才在高校开展能力提升培训。

【村级医疗卫生机构人员“区管镇用”机制试行】 10月，武进区委、区政府出台《关于创新武进区村级医疗卫生人才管理机制的实施意见（试行)》，按照“区招聘管理、镇考核使用”原则，建立村级医疗卫生机构人员“区管镇用”机制，将村医纳入备案制管理，在区级招聘、考核使用、待遇保障等方面实现创新和突破，系全省首创。区级招聘层面，实行核定人员总额、分类招聘管理、统一培训管理。镇级考核使用层面，完善在岗普通乡村医生管理使用和退出机制；建立镇卫生院（社区卫生服务中心）中级职称聘用前锻炼制度；创新医师执业管理模式，鼓励医师向下有序流动；建立备案制管理村医日常考核机制。在人员待遇保障上，纳入备案制管理的乡村医生基本工资和基础性绩效工资参照医院同类人员标准；在岗普通乡村医生在现有享受基本养老保险待遇的基础上增加医疗保险、生育保险、失业保险、工伤保险、长期护理险待遇。该政策得到国家卫健委、江苏省卫健委的肯定，先后在《江苏医改动态》《卫生健康工作交流》上宣传报道。

12月18日，武进中医医院新大楼启用　　（供图/区卫健局）

【武进新增省级医疗特色科室孵化基地2个】 7月13日，前黄人民医院挂牌江苏省消化内镜特色科室孵化基地，成为全市乡镇首家省级消化内镜特色科室孵化基地。2019年，前黄人民医院有内科医师19人，其中副高职称7人；有内科病房床位48张，其中消化内科开放床位18张；窥镜室有胃镜、肠镜设备各1台。建立省消化内镜特色科室孵化基地，可下沉优秀内镜诊疗技术，规范上消化道癌诊治筛查工作，提升消化科疾病综合防治能力。年内，前黄人民医院完成胃镜检查1500例，在武进人民医院支持下完成肠镜检查16例。

7月14日，遥观镇卫生院挂牌江苏省基层医疗卫生机构疼痛医学特色科室孵化基地，成为首批南京市鼓楼医院疼痛适宜技术孵化单位之一。2019年，遥观镇卫生院单独设立疼痛科，有副主任医师3人、护士1人，配备TMS经颅磁疗仪、冲击波治疗仪、电刺激仪、深层肌肉刺激仪、低频治疗仪等设备设施，设床位4张，定期接受南京市鼓楼医院专家指导，与常州市第四人民医院疼痛科合作，运用风湿与疼痛三联序贯疗法和其他疼痛治疗技术，中西医结合治疗各类急慢性疼痛。年内，遥观镇卫生院科室医生参加省、市疼痛治疗技术培训等，学习筋膜学理论、筋膜内热针治疗、冲击波治疗、银质针治疗、神经阻滞技术等疼痛治疗方法及治疗技术，熟练掌握疼痛科常见病的诊疗方案及治疗技术，完成诊疗1019人次。

【医疗联合体建设与管理】 2019年，区卫健局按照《常州市武进区紧密型、专科共建型医疗联合体建设考核标准》要求，明确各单位职责任务。医疗联合体（简称“医联体”）上级医院继续选派10名业务骨干下基层挂职副院长，不定期选派医疗、医技专家团队下基层帮扶，通过开展门诊坐诊、病区教学查房、处方和病历点评、疑难病例讨论、指导手术、专题讲座等方式，帮带基层医联体提升医疗服务能力。全区医联体牵头单位累计下派医生2632人次、门诊诊疗46194人次、实施会诊2152人次、指导手术593例、开展讲座培训60场次。7月18日，雪堰镇漕桥卫生院和武进中医医院组建紧密型医联体，秉承“资源共享、合作双赢”理念，重点在妇科、中医科、血透中心建设方面展开合作。漕桥卫生院妇科医生4人的人事管理和绩效考核分配权移交武进中医医院妇科管理，开创紧密型医联体病区合作新模式。年内，武进人民医院区域型医联体、武进人民医院—南夏墅街道社区卫生服务中心紧密型医联体以及7家专科共建型医联体（常州市中医医院—雪堰镇漕桥卫生院中医内科、常州市妇幼保健院—礼嘉镇卫生院妇产科、常州市第七人民医院—戚墅堰街道社区卫生服务中心康复医学科、武进人民医院—雪堰镇卫生院内分泌科、武进中医医院—湟里镇东安卫生院儿科）获评常州市医联体考核优秀奖，考核优秀单位数全市第一。

【家庭医生签约服务提质增效】 2019年，武进区推进家庭医生签约服务提质增效，满足群众多层次、全方位的健康需求。重点围绕推进家庭医生“互联网＋签约”服务、家庭医生工作室建设、家庭病床开设和家庭医生预约上门服务、家庭医生签约点单式服务试点等展开。9月，在全市率先试点家庭医生预约上门服务。戚墅堰街道社区卫生服务中心为活动障碍老人顾先生开设全市首张家庭病床，由医护人员每周上门一次，提供医疗服务，指导家属护理。至年末，全区试点开设家庭病床7张，建成家庭医生工作室148个，其中基层医疗机构外设58个。组建家庭医生签约服务团队260个，完成全人群签约47.98万人、签约率33.2%，重点人群签约37万人、签约率85%，特殊人群签约15558人、签约率91%，个性化有偿服务包签约10.7万人，占总签约人数的22.2%。区卫健局“基于信息化开展家医签约服务实现提质增效”创新项目获评2019年度江苏省家庭医生签约服务创新举措优秀奖，横林镇崔北村家庭医生工作室创成省级家庭医生工作室。

【卫健系统援疆援陕对口帮扶】 2019年，武进区卫健系统继续开展援疆援陕对口帮扶工作。自4月起，选派武进人民医院、武进中医医院7名医疗专家在新疆维吾尔自治区尼勒克县开展组团式柔性援疆。援疆专家以儿科、产科人员为主力，普外科、泌尿外科、超声科和院感科人员配合，打造全领域协同的产科危重症抢救中心，建设尼勒克特色产科。7月至8月，选派武进人民医院与武进中医医院骨科、消化内科、心内科和中医骨伤科5名医疗专家开展第二次组团式柔性援疆。诊疗1310人次，开展各类讲座13次，培训尼勒克县医技人员960人次。11月，选派武进中医医院中医药专家3人在尼勒克参加“尼武情·健康行”第五届中医膏方节暨大型义诊活动，中医传统膏方整体施治、辨证论治、治未病的防病治病理念受到当地群众广泛认可。2019年，援疆团队累计举办乡村级卫生技术人员职业技能培训5次，培训人员3300余人次，组织义诊30余次，接诊少数民族农牧民1000余人次。自9月起，选派11名医务人员在陕西省汉滨区、平利县开展支医扶贫，捐赠医疗设备20台套，价值202万元。全区8个医疗卫生单位分别与汉滨区、平利县的11个医疗卫生单位分别签订对口帮扶框架协议，通过长期合作与短期支援相结合、送出去和请进来相结合的帮扶模式，在人才培训、医院管理、业务帮扶、信息化建设等方面开展合作。年内，区卫健局获评“安康市社会扶贫先进集体”称号。

（郑冰研）

疾病防控

【概况】 2019年，武进区规范开展14类55项基本公共卫生服务，基本公共卫生服务项目人均补助经费由65元提高至75元。全区居民期望寿命82.74岁，其中男性为80.56岁、女性为84.95岁。无甲类传染病发生，乙类传染病发病1470例，发病率101.86/10万，较2018年上升0.55%。建成数字化预防接种门诊25个，建成率100%。累计建立居民电子化健康档案111.93万份，全人群建档率77.2%，居民健康档案手机查询于12月10日开放。加强儿童疾病预防控制，全年免费接种一类疫苗397270针次，接种率95%以上。全区23个儿童预防接种单位建成标准化儿童预防接种门诊。开展预防接种综合服务管理信息系统建设，“疫苗全程追溯子系统”于9月运行。2019年10月起至2020年9月底，武进区9～18岁在校女生接种二价宫颈癌疫苗，享受第三针免费。开展儿童眼保健和近视筛查工作，为28422名幼儿园儿童开展视力筛查，建立视力健康电子档案16750份。实施儿童口腔疾病干预项目，共计筛查12204人次，开展儿童窝沟封闭治疗9495人次。规范管理老年人健康12.81万人、慢性病高血压患者11.61万人、糖尿病患者2.99万人、严重精神障碍患者5760人。推进精神卫生综合管理，严重精神障碍患者检出率4‰，规范管理率90.26%。年内，武进区举办第三届“万步有约”职业人群健走激励大赛，获得全省先进单位二等奖。

【武进区通过国家级慢性病综合防控示范区验收】 2019年10月30日，通过现场评估验收。武进区于2013年创成江苏省慢性病综合防控示范区，自2014年起，全区以国家级示范区建设标准为目标，从政策完善、环境支持、体系整合、健康教育与健康促进、慢性病全程管理、监测评估、创新引领七大方面开展创建。至2019年，先后制定出台《武进区慢性病防控服务体系建设的方案》《关于建立武进区长期护理保险制度的实施方案（试行）》《关于进一步明确基本医疗保障政策和长期护理保险政策的通知》等政策性文件，健全政府主导、部门协作机制，建立部门联络员制度和区镇村三级防控网络，落实经费保障，推动慢性病防控联动展开。开展“全民健康生活方式”行动和健康支持性环境建设，累计建成健康主题公园11个、健康社区111个，“15分钟体育健身圈”建成率100%，公共体育场地和设施免费开放比例100%，社区卫生机构、社区居委自助式健康指标检测点覆盖率分别达100%、34.6%，基层的肺功能检测设备覆盖率65%。依托区域卫生信息平台实现医院、疾控中心和社区间的互联互通及数据共享，推进慢性病防、治、管信息整合。组织“三减三健”（减盐、减油、减糖，健康口腔、健康体重、健康骨骼）专题活动，开展合理膳食、“三减”培训，组织相关单位创建健康食堂、健康餐厅、健康酒店，面向全区8岁儿童开展口腔疾病筛查和窝沟封闭，组织口腔专题讲座、户外宣传、“万步有约”职业人群健走大奖赛、“健康体重”专项行动等。全面开展各类人群的体检，学生健康体检率90%以上，规范开展65岁及以上老年人健康体检，机关、企事业单位体检覆盖率79.25%。强化慢性病的早期发现，开展慢性病防控社会因素调查，提升疾病监测质量，做好死因监测。2019年，规范管理老年人健康12.81万人、慢性病高血压患者11.61万人、糖尿病患者2.99万人，培训健康生活方式指导员150余人。创新开展慢性病防控工作，以高质量科研助推慢性病科学防控，以“互联网+”开启慢性病患者管理新模式，创新医养服务模式，促进慢性病和养老深度融合。至年底，全区居民期望寿命为82.74岁，位于全省前列，心血管疾病、恶性肿瘤、糖尿病、慢性呼吸系统疾病四类主要慢性病早死概率8.91%，优于全省平均水平。

【武进区创成省级艾滋病综合防治示范区】 2019年12月3日，武进区被省政府艾滋病防治工作委员会办公室批准为江苏省省级艾滋病综合防治示范区。武进区坚持预防为主、防治结合、依法防治、科学防治的方针，按照全面开展、突出重点、综合防治、集中突破的原则，切实展开艾滋病防治工作。2018年起，武进区承担江苏省省级“青年学生艾滋病哨点监测”工作，全面落实预防“艾梅乙”（艾滋病、梅毒、乙肝）母婴传播实施方案，采取孕产妇HIV（艾滋病病毒）检测，阳性孕妇的抗病毒药的服用、新生儿的抗病毒药的服用、儿童早期诊断及18个月龄内的随访等综合干预措施，降低母婴传播。2017—2019年，门诊孕产妇HIV检测率达100%，病房入院待产孕产妇HIV检测率达100%。2019年，开展艾滋病高危人群干预，对公共娱乐场所服务人员开展高危行为干预5279人次，对流动人员实施外展干预14722人次，对男男性行为者实施外展干预1921人次。

【武进人民医院建成国家高级卒中中心】 2019年5月，武进人民医院获国家卫健委脑卒中防治工程委员会批准，成为国家高级卒中中心建设单位，12月3日建成。武进人民医院于2009年引入卒中单元管理模式，形成由神经内科、神经外科、急诊科、影像科、超声科、介入科、麻醉科、检验科、重症医学科、康复科等学科协同联动的卒中救治体系。2018—2019年，卒中中心以国内外高标准力推脑卒中介入治疗为契机，优化急诊静脉溶栓、动脉取栓绿色通道流程，完善脑卒中绿色通道质量管理体系，缩短脑卒中患者从入院到脑血管有效开通治疗时间。通过优化卒中绿色通道，静脉溶栓的DNT时间（患者入院到用上静脉溶栓的药的时间）从最长180分钟缩短至40分钟，动脉取栓的DPT时间（病人入院到成功股动脉穿刺的时间）控制在90分钟内，患者得到快速、科学诊治。2019年，全院完成静脉溶栓治疗110例、神经介入治疗63例。

【全区首个镇卫生院血透中心启用】 2018年9月，武进区漕桥卫生院启动病区血透环境布局达标改造工程。2019年10月30日，漕桥卫生院血透中心正式投用，总投资320万元，改造面积1000平方米，引入进口设备10台，成为全区首个基层医疗机构血透服务中心。中心可开展血液透析、血液滤过等治疗项目，2名医师、5名专业护士均取得血透专科技术合格证，依托武进人民医院和武进中医医院肾内科专家技术帮扶，强化人才培养，缓解雪堰镇及周边地区血透患者“看病远、看病烦”难题。2019年，16名患者在该中心开展血透治疗。

【重大传染病防控】 2019年，武进区经结核病定点医院排查确诊肺结核病人472例，其中阳性病人226例；手足口病共报告发病1626例，较2018年下降25.2%。区疾控中心建成分子生物PCR实验室（基因扩增实验室），提升疾病检测能力。全区有麻风现症病人1例，未有新发麻风病患者，麻风发病率控制在0.07/10万，保持在国家及省级标准以下。完成血防查螺调查面积575.25万平方米，未发现有螺条块，药物巩固灭螺面积3.9万平方米。发现艾滋感染者和病人96人，美沙酮药物维持治疗门诊服药人员480人。12月3日，武进区被省政府艾滋病防治工作委员会办公室批准为江苏省省级艾滋病综合防治示范区。

【突发公共卫生事件应急管理】 2019年，武进区发生一级突发公共卫生事件31起。区卫健部门规范高效处置学校和幼托机构等人群聚集场所流感、诺如病毒感染、手足口病等重点急性传染病疫情93起，完成中高考、西太湖国际半程马拉松赛、2019世界女子曲棍球超级联赛等重大活动和体育比赛医疗卫生保障任务39项，派出救护车124次，参加保障医务人员407人次。开展卫生应急预案培训演练28次，1442人参加。武进人民医院、武进中医医院承担全区4个院前急救分站任务，全年急救转运病人9556人次。

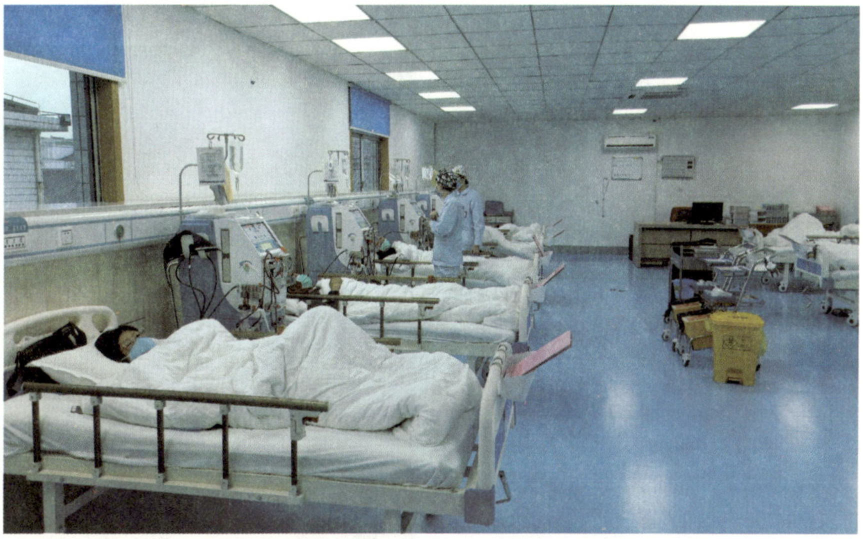

10月30日，全区首个镇卫生院血透中心——漕桥卫生院血透中心正式投用
（供图/区卫健局）

【前黄人民医院成立江苏省首批慢阻肺防治点】 2018年10月，前黄人民医院成立江苏省首批、武进区首个慢阻肺（慢性阻塞性肺病）防治点。该院成立慢阻肺综合防治工作领导小组，制定防治点建设方案，实施专人负责。2019年，该院呼吸科病房开放床位18张，服务人口5万余人，引进血气分析机、无创呼吸机、肺功能检测仪、压缩式雾化吸入机等先进设备，提高呼吸系统疾病诊治和预防水平。选派人员到江苏省人民医院进修学习，在专家指导下开展慢阻肺综合筛查工作，积累慢阻肺防治工作经验，将呼吸内科打造成品牌特色专科，为全区基层医疗机构防治慢阻肺提供可复制的成功经验。呼吸内科全年完成慢阻肺早期初筛332人，疾病年筛查阳性率15%，重点疾病患者健康管理率83%，年住院人数791人。

【常武太湖医院获评全国先进麻风院村】 9月，常武太湖医院被中国麻风防治协会评为全国先进麻风院村。该院是武进区唯一诊治麻风病的专业机构，承担麻风病防治以及常州地区住院麻风病人的治疗、代养工作。有麻风休养员20人，均办理城镇低保，享受常州市城镇低保的120%，达1020元，新农合参保率100%，10人获配备辅助肢具。2019年，麻风休养员被纳入家庭医生签约服务重点对象，其基本医疗卫生及康复服务需求得到保障。医务人员每周定期查房，检查休养员身体状况。医院坚持“预防为主，防治结合”，将常州、武进地区从以前的麻风病中度流行区治理成基本消灭麻风病。

（郑冰研）

公共卫生监督

【概况】 2019年，全区累计出动卫生监督员1855人次，监督检查单位2958个次，依法实施行政处罚131起。“双随机”（在监管过程中随机抽取检查对象，随机选派执法检查人员）监督抽查单位425个，出动监督人员320余人次，合格率92.6%。1032家单位日常监督和125起行政处罚案件查处过程中，实施行政执法全过程记录。推行移动执法系统应用，通过移动执法终端完成监督检查946户次。推进卫生监督协管信息平台使用，协管员通过平台巡查3372户次，更新1335个单位本底信息，发现违法线索135条。监督检查放射诊疗机构59所，6个单位存在未取得放射诊疗许可从事放射诊疗活动、放射诊疗许可证未校验的问题，卫生监督员均出具卫生监督意见书，提出整改要求，对相关单位立案查处。每季度监督检查江河港武水务（常州）有限公司礼河水厂、湖滨水厂、武进水厂3个集中供水单位，建立动态档案，确保两证（卫生许可证和健康证）齐全、台账规范、索证完善。日常监督江河港武水务（常州）有限公司所辖二次供水点26个，实施量化分级评分、随机采样抽检，抽检合格率100%。

【非法行医专项打击行动】 2019年，区卫生监督部门持续开展深化医疗秩序整顿、打击非法行医专项行动，主动联系公安部门、属地镇政府等开展联合执法，加大舆论宣传，加大非法行医者移送力度。全年查处取缔非法行医单位及个人572户次（人次），没收用于非法行医的药品、器械共609千克，向公安机关移送非法行医者9人，有效震慑非法行医行为。

【职业健康监管】 3月，区卫健局承接由原安监局负责的职业健康监管职能。至年底，区卫健系统开展职业健康检查11.8万人次。监督检查71家企业职业卫生情况，开具卫生监督意见书42份；将全区87家尘毒危害企业纳入治理范畴；对37家企业开展专项执法检查，采取边整改、边检查、边指导方式，促进企业对标找差，落实治理要求。根据常州市武进区疾病预防控制中心门诊部、常州武进职安医疗门诊部、常州武进卫安中西医结合门诊部3个体检机构报送的2018—2019年企业职工职业健康检查数据，排查重大风险企业40家，32家企业开展上门督促化解职业健康安全风险。

（郑冰研）

妇幼保健

【概况】 2019年，区卫健部门复核爱婴医院4所，合格率100%。完成4所医疗机构“母婴保健执业许可证”变更，按行业规范管理全区26所母婴保健执业机构以及助产技术人员、计划生育技术服务人员，依法规范执业行为，持证上岗率100%。发放出生医学证明13939份。孕产妇系统管理率95.69%，3岁以下儿童系统管理率93.04%，7岁以下儿童保健管理率95.89%，孕产妇死亡率7.5/10万，婴儿死亡率1.58‰，5岁以下儿童死亡率2.90‰，出生缺陷发生率10.68‰，严重致畸致残的出生缺陷发生率逐年下降。新增基层妇幼健康规范化门诊7个，累积15个（其中市级8个）。全区医疗机构建成母婴室17个。

【妇幼卫生服务】 2019年，区妇幼保健计划生育服务中心加强妇幼基本公共卫生服务，完成孕产妇早孕建册9829份，早孕建册率87.31%；产前健康管

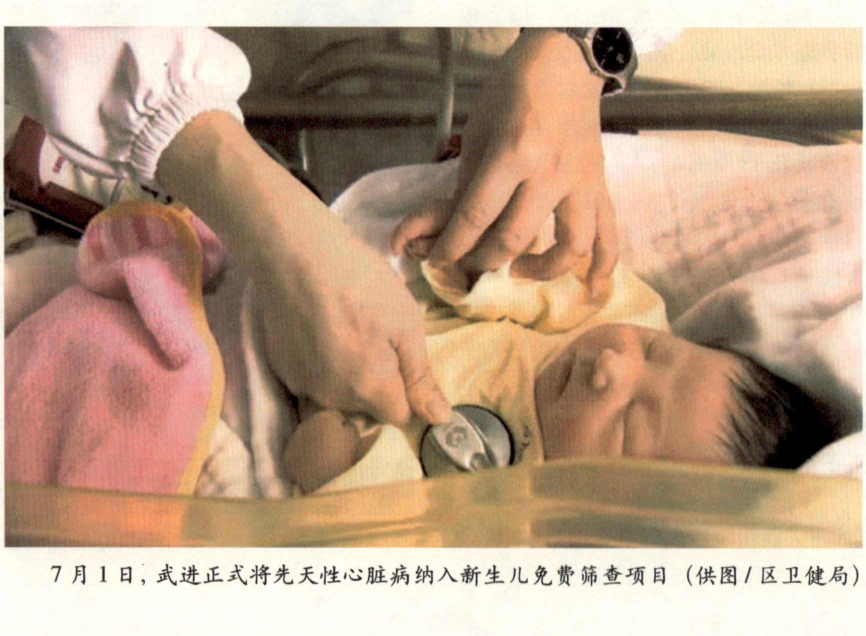

7月1日，武进正式将先天性心脏病纳入新生儿免费筛查项目（供图/区卫健局）

理11258人，健康管理率98.81%；产后访视11005人，产后访视率96.59%；新生儿访视11140人，新生儿访视率97.77%。免费唐氏筛查5677人；孕妇产前筛查10577人，筛查率95.13%；新生儿疾病筛查13016人，筛查率98.33%；孕前、孕早期妇女补服叶酸11735人。妇女宫颈癌检查27565人、乳腺癌检查28392人，查出宫颈癌9例、乳腺癌14例。推进艾滋病、梅毒、乙肝母婴传播阻断项目，检查孕妇12210人、检测率100%，筛出孕妇梅毒阳性24例、HIV阳性1例；筛查产妇13186人，检测率100%，筛出梅毒阳性20例、乙肝表抗阳性490例，全部实施母婴阻断。9750人接受免费婚检，婚检率93.62%。孕前优生健康检查1311对。10月1日，省妇幼健康信息系统上线。

【新生儿疾病筛查免费项目启动实施】 2019年，武进区落实省民生实事项目要求，开展新生儿疾病筛查工作。新生儿疾病筛查是预防出生缺陷的三级预防措施之一，其中新生儿心脏病（简称“先心病”）筛查项目为首次开展项目。7月1日，武进区启动实施先心病筛查，全区具有助产技术服务资质的新生儿分娩机构在新生儿出生6～72小时内开展先心病免费筛查工作。10月10日，区卫健局发出《关于做好新生儿先天性心脏病补筛工作的通知》，对2019年1月1日至7月1日出生的常住人口新生儿实施补筛。12月6日，区卫健局联合区财政局、区妇女儿童工作委员会出台《新生儿疾病筛查免费项目实施方案》，规定自2019年9月1日起出生的武进区常住人口新生儿可免费享受新生儿心脏病筛查、苯丙酮尿症和先天性甲状腺功能减低症两种遗传代谢性疾病筛查、听力障碍初筛各1次，完善出生缺陷综合防治体系，提高出生人口素质。至年底，全区完成新生儿先天性心脏病筛查10164人，苯丙酮尿症、先天性甲状腺功能减低症两种遗传代谢性疾病筛查13060人，听力障碍初筛13103人。

【雪堰镇卫生院妇产科被确认为省级基层特色科室】 2019年10月10日，雪堰镇卫生院妇产科被省卫健委确认为江苏省第四批基层医疗卫生机构特色科室。

表61 2019年武进区基层医疗机构特色科室情况表

基层医疗卫生机构	省级基层特色科室	市级基层特色科室
武进区中西医结合医院	示范中医科	偏瘫科
	偏瘫科	手外科
礼嘉镇坂上卫生院	眼科	眼科
横山桥镇卫生院	手外科	手外科
		慢病科
礼嘉镇卫生院	妇产科	妇产科
武进第四人民医院	示范中医科	妇产科
		消化科
雪堰镇中心卫生院	妇产科	妇产科
雪堰镇漕桥卫生院	示范中医科	消化科
前黄人民医院	—	妇产科
		呼吸内科
前黄镇寨桥卫生院	—	示范中医科
洛阳镇卫生院	儿科	儿科
		示范中医科
嘉泽镇成章卫生院	—	甲状腺专科
常武太湖医院	—	皮肤科

雪堰镇卫生院是一级甲等中心卫生院、爱婴医院，下辖潘家、雪堰2个院区，承担雪堰镇及周边近10万居民的医疗、公共卫生、康复等工作。该院妇产科有医疗卫生技术人员17人（医生9人、护士8人），其中副高职称4人、中级职称11人、省级基层卫生骨干人才1人，硬件设备齐全，病房、产房标准化，门诊诊室齐全合理，于2017年创成常州市城乡基层医疗机构特色科室。在处理胎儿宫内窘迫、头位难产、胎盘早剥以及无痛人流、慢性盆腔疼痛、宫外孕保守和手术治疗等方面取得较好成效。2019年，诊疗2.8万人次、住院579人次。

（郑冰研）

爱国卫生

【概况】 2019年，区爱国卫生运动委员会办公室推进健康促进与健康教育工作。举办健康知识讲座800余场、健康生活方式主题巡讲17场，受众2500余人次。组织居民网上健康素养知识测评，参与84442人次。4月，组织开展全国第31个爱国卫生月活动、省第23个健康教育宣传月活动，发放健康教育入户资料10万份，举办义诊21场、卫生健康知识讲座89场，受益18万人次。开展健康促进工作，全区建成江苏省健康村（社区）8个、健康单位6个、健康促进医院1家，武进区创成江苏省健康促进区，横山桥镇建成江苏省健康镇。开展卫生创建巩固活动，礼嘉、湟里、嘉泽三镇通过国家卫生镇复审，2014年创建的43个江苏省卫生村全部通过复审，完成国家卫生城市复审迎检任务。加强禁烟控烟宣传和监督，结合世界无烟日等活动开展宣传，组织控烟专题巡讲进校园活动4次，受众520人。推进病媒生物防治，加强社区居民院落环境卫生综合治理，新建灭鼠毒饵站5293个，投放鼠药7083千克、黏鼠板29750张，喷洒消杀药3735千克。

【武进区创成江苏省健康促进区】 12月16日，武进区通过省级健康促进区现场评估验收。从2019年起，武进区把制定促进健康的公共政策、创造支持性环境、加强社区行动、发展个人技能和调整卫生服务方向等健康促进五大领域融入所有政策，形成生态环境、教育、文化、体育、传媒、社会保障等多领域资源共促健康的新格局。形成“互联网+”慢性病管理新模式、医养融合健康养老服务新模式、“10分钟体育健身圈”公共体育服务新模式、“健康美食一条街”餐饮文化新模式、“五大中心”诊疗资源共享模式以及健康讲师团队科普巡讲模式。至2019年年末，累计建成江苏省健康镇6个、健康村（社区）69个，位居全市第一。有健康主题公园11个、健康小屋40个、健康步道98条。全区居民健康素养水平35.2%，成人吸烟率20.6%，低于省平均水平；经常参加体育锻炼的人口比例达43.9%。

（郑冰研）

中医中药

【概况】 2019年，武进区有三级乙等中医医院1家，设有中医科的三级综合医院1家、乡镇卫生院16家、社区卫生服务中心4个。新增省级基层医疗机构中医馆5个、累计19个，新增社会力量举办的中医门诊部和中医诊所8所、累计59所。全区有省、市、区名中医11人，新增执业（助理）中医师33人、累计348人。全年中医门诊诊疗134.4万人次。推进中医药服务能力提升工程和中医“治未病”健康工程，开展对65岁以上老年人和0～36个月儿童中医药健康管理服务。组织“中医药就在你身边”中医文化科普巡讲活动28场次。举办中医药适宜技术推广培训班4次，培训520余人次。全区建成村卫生室（社区卫生服务站）中医阁项目7个。鸣凰社区卫生服务中心设立中医家庭医生工作室——中医养身阁。全国名老中医药专家申春悌传承工作室基层工作站落户武进中医医院。王耀峰传承工作室入选第二批省名老中医药专家传承工作室。礼河卫生院、坂上卫生院、横山桥镇卫生院、横林人民医院、嘉泽镇卫生院被省中医药管理局确定为2019年基层医疗卫生机构中医诊疗区（中医馆）服务能力建设项目。

【王耀峰传承工作室成为全区首个省名老中医药专家传承工作室】 2019年10月28日，王耀峰传承工作室被省中医药管理局确认为第二批省名老中医药专家传承工作室，系全区首个。该工作室成立于2016年6月，是以江苏省名中医王耀峰为首，由副主任中医师张建玉、杜光瑜、王武强等优秀中青年医师共同组成的儿科专家团队，至2019年年末有高级职称4人、中级职称5人、初级职称4人。通过加强临床科研和人才队伍建设，挖掘名老中医专家的学术思想和临床诊疗经验，在此基础上拓展思路，开展学术创新。发表学术论文8篇、编写专著1部（待发），收集名老中医医案、验案、论文论著、处方100多件，省级科研项目结题1项，举办省级继续教育项目3次，建立名老中医药专家传承工作室的相关制度。

【江苏省“西学中”高级人才研修班（常州）在武进开班】 3月2日，该研修班在武进区中西医结合医院开班，首批招收学员69人。该研修班旨在培养一批既有扎实西医知识技能，又掌握中医药理论基础、基本知识技能，能积极开展中西医结合工作的人才，学制2年，由南京中医药大学研究生院和扬州大学医学院承担教学工作，每周周末集中授课，学习伤寒、中医内科学2门学科。研修班倡导西医学习中医辨证施治的临床思维，融合中西医优势，为健康提供“中国处方”，用西方现代医学的方法整理、挖掘中医药学宝库。

（郑冰研）

医学教育与科研

【概况】 2019年，武进区以科研创新和人才队伍为支撑，提升医疗卫生服务能力。全区卫计系统科研立项58项，获江苏省医学新技术引进奖1项、常州市医学新技术引进奖1项，获批国内外专利27项。区级医疗卫生技术人员全年在核心期刊及以上发表论文72篇，其中SCI 36篇、中华医学会级别2篇、核心期刊34篇，基层医疗卫生技术人员全年在省级及以上杂志发表论文50篇。推进重点专科和特色科室创建，武进人民医院创成国家级高级卒中中心，雪堰镇卫生院妇产科创成省级基层特色科室，常武太湖医院皮肤科、前黄人民医院呼吸内科、横山桥镇卫生院慢病科创成市级基层特色科室。

【“三叶法经尿道前列腺钬激光前列腺剜除术的临床运用”获省医学新技术引进奖】 2019年12月3日，“三叶法经尿道前列腺钬激光前列腺剜除术的临床运用”被省卫健委评为江苏省医学新技术引进奖。经尿道前列腺钬激光剜除术（HoLEP）为新西兰Tauranga医院Gilling PJ教授于1998年首创。2002年，浙江大学第二附属医院杜传军教授在国内首先开展经尿道前列腺钬激光剜除术。但由于采用传统前列腺整块剜除术，手术解剖间隙小，初学者手术时间长、学习曲线长，推广难度高。从2015年起，武进人民医院吕忠教授开始改良实施经尿道前列腺钬激光前列腺三叶法剜除术，到2019年6月共完成手术病例达240余例。与同期行TURP手术或钬激光整块剜除术患者对比，手术与术后恢复时间明显缩短，无严重尿失禁等手术相关并发症发生，总体手术疗效良好，尤其适合高龄老年和重度前列腺增生患者。同时手术流程清晰，初学者学习曲线短。该技术应用先后在常州武进地区和南通、盐城等医院推广，达到省内领先、国内先进水平。

【省级继续教育项目儿科疑难重症疾病中西医诊治进展学习班在武进开班】 7月26—28日，省级继续教育项目儿科疑难重症疾病中西医诊治进展学习班在武进举行，全省30多家医疗单位的医护人员136人参加。该学习班由武进中医医院主办，特邀江苏省中医院儿科主任中医师、硕士生导师孙轶秋，上海交通大学附属儿童医院肾内科主任、教授、硕士生导师朱光华，南京儿童医院医务处主任兼呼吸科副主任、儿科博士、博士研究生导师田曼，江苏省医学会儿科学会委员、儿科呼吸学组副组长和常州市儿童医院副院长、硕士生导师钱金强，江苏省名中医、常州市中医院儿科主任医师卞国本，王耀峰名中医工作室负责人、武进中医医院儿科主任、副主任中医师张建玉等知名专家授课，授课内容有“儿童蛋白尿的发病机制和治疗对策”“儿童支气管哮喘的规范化诊治”“儿童紫癜性肾炎诊断治疗”“如何识别儿童危重症”“儿童多发性抽动症的中医诊治”“王耀峰治疗儿童泄泻的经验介绍”，对于学员拓展临床思维和知识视野、提高临床工作能力和业务水平发挥了积极作用。

（郑冰研）

社会生活

Social Life

责任编辑　张怡菁

人口·计划生育

【概况】 2019年年末，武进区常住人口145.38万人，比2018年年末增加0.34万人，其中城镇人口99.06万人，城镇化率68.14%。户籍总人口980350人，其中男性477217人，女性503133人。户籍人口出生率8.89‰、死亡率7.22‰、自然增长率1.67‰。2019年，武进区保障全面二孩政策顺利实施，出生11157人，增加910人，自然增长率2.95‰（含部分流动人口），总体平稳。其中，二孩出生4728人，占新生人口的42.38%。出生人口性别比108.15，保持基本正常。办理生育登记9593件，计划生育率99.91%，计划生育政策兑现率100%。认真落实计划生育各项奖励扶助政策，发放农村部分计划生育家庭奖励扶助、独生子女伤残和死亡家庭特别扶助、持证企业退休职工一次性奖励和城镇非从业人员一次性奖励资金9164.69万元。为1311对夫妇提供免费孕前优生健康检查服务。严格执行凭证定点引产制度，促进社会性别比自然平衡。宣传普及出生缺陷预防知识，配合做好病残儿鉴定工作，提高出生人口素质。

（周世民　郑冰研）

【流动人口管理】 2019年年末，武进区（不含常州经开区）流动人口实有登记数64.9万人，其中常州科教城7.7万人。连续在武进居住半年以下16.1万人，半年至5年46.4万人，5年以上2.4万人。来自江苏省外县（市）23.4万人，外省41.5万人。武进公安分局全年发放流动人口居住证6.7万张。

（周世民）

【生育关怀行动】 2019年，武进区深入开展生育关怀行动，湟里镇、礼嘉镇2个生育关怀帮扶基地通过市级验收，遥观镇生育关怀帮扶基地创成市级春晖家园。关爱计划生育特殊家庭，为全区1921个失独、独生子女伤残家庭赠送住院护理服务保险。开展流动人口卫生计生关怀关爱专项行动，组织宣传活动306次、健康讲座53场，发放流动人口知识宣传折页和流动人口健康手册等宣传资料42920多份、避孕药具4860多份、健康礼包和宣传礼品1375份，走访慰问流动人口困难家庭200余户，发放慰问金8.25万元，提供健康老年体检、妇科检查等服务500余人次。开展流动人口子女积分入学审核工作，审核计划生育证明材料6459份。

（郑冰研）

就业创业

【概况】 2019年，武进区以实现高质量和充分就业为目标，实施就业优先战略和积极的就业政策，推进就业创业工作稳中有进。优化就业创业政策体系，出台《武进区职业技能培训补贴实施办法》《武进区创业扶持资金申领办法》等。组织就业创业特色活动，举办全省大学生职业规划大赛培训、武进区优秀农民工评选等。全区新增就业岗位11.4万个，城镇失业人员再就业2.4万人，城镇登记失业率1.62%，新增农村劳动力转移就业2103人，扶持创业5045人，创业带动就业2.6万人，新建市级及以上创业基地4个，发放创业扶持资金540万元，为330个单位发放创业担保贷款8625万元。

【就业帮扶】 2019年，区人社局组织开展“春风行动”、再就业援助月等活动，解决就业困难人员再就业，开发公益性岗位816个，新增认定就业困难人员1974人，城乡就业困难对象再就业1935人，发放社保补贴2771.36万元。实施稳岗补贴返还，为424家企业发放补贴资金1730万元。完善就业服务全能经办流程，失业登记、录用备案、劳动事务代理、再就业援助、人才服务五大类业务实现一窗通办。举办公共就业新春招聘月、“智汇武进校园巡回招聘会”、乡镇招聘会、赴外人才招聘会等招聘会220余场次，提供就业岗位22万个。举办第八届长三角（武进）校企人才交流洽谈会，与西安17所高校建立人才合作联盟关系。网络招聘提档升级，上线就业服务网络招聘系统，优化网上招聘功能。武进人力资源网注册企业会员1.2万家、个人会员8.9万人，网站微信粉丝数4.2万人。

【创业扶持】 2019年，区人社局扩大创业政策宣传，在创业载体和高校开展政策宣讲活动。健全创业服务跟踪机制，推动政策落实，发放各类扶持资金540万元。强化创业载体建设，加强众创空间、孵化器产业园区等创新创业载体服务，新增省级创业示范基地2个、市级创业基地2个、区级大学生创业园2个。搭建创业交流平台，在武汉、西安开展大学生优秀创业项目征集活动，征集到

9月18日，2019年武进区企业新型学徒制校企合作班开学典礼（供图/区人社局）

优秀创业项目212个。举办武汉优秀大学生创业项目引进洽谈会，8个创业项目与武进区创业载体签订意向合作书。开展武进区“创业标兵”评选活动，表彰大学生“创业标兵”10人。

【职业技能培训和鉴定】 2019年，区人社局加强职业技能培训力度，开展“送培训进企业、进乡镇、进社区”活动，举办培训班141期，培训人员6162人。提高培育成效，全区获评省“双创”高技能人才1人、市级技能人才培养示范基地1个、市级高技能人才培养基地2个、市级技能大师工作室4个、市级首席技师10人。加强培训品牌建设，深化校企合作人才培养模式，举办2019年企业新型学徒制校企合作班，3个班次共招收学员74人。完善网络职业技能培训监管流程，丰富网络职业技能培训工种和课程内容，覆盖维修电工、砌筑工、焊工、数控铣工4个工种，惠及1000余人。举办“技行武进”职业技能大赛10场，2000余人参与。组织职业技能鉴定143场次，鉴定5069人，取得证书4266人。受理专业初级职称申报3000余人次、中高级职称申报1500余人次。参加职业技能鉴定统考131人。

（张连惠）

劳动监察与仲裁

【概况】 2019年，区人社局加强劳动关系综合治理，化解劳资纠纷，营造和谐劳动关系。推进劳动争议预防化解，出台《武进区“保民生、促和谐、迎大庆”劳动关系领域社会矛盾专项治理工作方案》，维护职工权益，服务企业发展。健全劳动监察与仲裁工作机制，落实劳动争议案件仲裁公开，在江苏省人社服务大厅网上公布工伤类案件。坚持公开公正，提高案件审理透明度，依托南夏墅街道和横林镇巡回仲裁庭，庭审观摩典型案例。受理劳动者投诉举报1149件、劳动争议案件2455起。常州山由帝杉防护材料制造有限公司获评江苏省优秀劳动关系和谐企业。

【劳动者合法权益保障】 2019年，区人社局加强劳动行政执法力度，受理劳动者投诉举报1149件，出具限改指令146次，作出行政处罚决定12起，移送公安机关拒不支付劳动报酬案件15起，向社会公布重大劳动保障违法行为14起。开展主动监察、书面审查、专项执法、“双随机”检查、根治夏季欠薪、治欠保支等专项行动，为劳动者追讨工资待遇2083.71万元。推进劳动仲裁调解，区劳动仲裁机构立案受理劳动争议案件2455起，入网运行率100%，处理结案各类劳动争议案件2433起，结案率99.1%；基层调解组织受理劳动争议调解案件5432起，结案率100%。加强乡镇巡回仲裁庭标准化建设，扩大基层巡回庭受案范围，除5～10级工伤待遇案件外，由乡镇人社所所长决定受理案件范围，提高处理效能，乡镇巡回仲裁庭办理劳动仲裁案件699起，结案率100%。区人社局全年认定工伤5003起，组织劳动能力鉴定12次，受理工伤等级和护理程度鉴定等4073人次。

【和谐劳动关系构建】 2019年，区人社局加强企业用工指导，通过查阅台账、与企业管理层交流、职工代表座谈等方式为16家企业提供劳动关系诊断服务，提升企业经营者依法用工意识，帮助企业降低用工风险。加强企业工资收入分配宏观指导，在全区86家企业开展薪酬调查和最低工资标准调查，组织12家样本企业开展制造业人工成本监测工作填报，引导企业建立职工工资正常增长机制。推进集体合同网上审查，扩大集体合同覆盖面，审查集体合同3639份。提供法律援助服务，接待群众咨询5000余人。区预防劳动争议协会组织开展劳动法律法规培训50场次，参训1.5万人次。

（张连惠）

居民收支

【城镇居民人均可支配收入增长8.2%】 2019年，全区城镇居民人均可支配收入61229.4元，比2018年增长8.2%。城镇居民人均工资性收入、经营性净收入、财产性净收入、转移性净收入4项收入均有不同幅度增长。其中，城镇居民人均工资性收入41169.5元、经营性净收入7435.7元、财产性净收入5421.4元、转移性净收入7202.8元，分别增长8.1%、5.6%、14.1%、7.0%。工资性收入增长是推动城镇居民人均可支配收入增长的主体。

【农村居民人均可支配收入增长8.5%】 2019年，全区农村居民人均可支配收入32361.6元，比2018年增长8.5%。农村居民人均工资性收入、经营性净收入、财产性净收入、转移性净收入4项收入均有增长。其中，工资性收入16923.6元、经营性净收入10961.3元、财产性净收入1175.8元、转移性净收入3300.9元，分别增长8.6%、7.4%、15.0%、9.3%。工资性收入增长是推动农村居民人均可支配收入增长的主体。

【城乡居民人均生活消费支出增长7.2%】 2019年，随着城乡居民收入的稳步增长，居民消费水平不断提高。全区居民年人

2019 年武进区城镇、农村居民家庭每百户年末耐用消费品拥有量情况表

表 62

指　标	单　位	数　值	
		城　镇	农　村
人均年末住房面积	平方米	62	80
家用汽车	辆	70	60
摩托车	辆	4	22
助力车	台	121	143
洗衣机	台	109	103
电冰箱（柜）	台	109	100
微波炉	台	96	92
彩色电视机	台	194	193
空调	台	247	228
热水器	台	110	115
洗碗机	台	1	2
排油烟机	台	94	77
固定电话	台	24	12
移动电话	线	251	227
计算机	部	81	50
照相机	台	24	12
中高档乐器	台	13	5
健身器材	台	11	10
空气净化器（含新风系统）	台	10	2
吸尘器	台	25	18

均生活消费支出 28891.2 元，比 2018 年增加 1952.0 元，增长 7.2%。其中，城镇居民人均生活消费支出 32673.2 元，增长 7.0%；农村居民人均生活消费支出 21942.3 元，增长 7.4%。八大类消费支出中前七项均有不同幅度增长。全区城乡居民人均食品烟酒消费支出 8441.1 元、衣着消费支出 1876.4 元、居住消费支出 5746.2 元、生活用品及服务支出 1476.6元、交通通信消费支出 4759.3元、教育文化娱乐支出 3612.6 元、医疗保健消费支出 2256.0 元，分别增长 6.4%、3.1%、11.1%、7.4%、9.7%、6.9%、3.8%。其他商品和服务消费支出 723.0 元，下降 3.4%。全区城乡居民恩格尔系数为 29.2%，比 2018 年下降 0.3 个百分点，人均生活水平提高。

（袁美霞）

社会保险

【概况】 2019 年，武进区围绕加快建成覆盖全民、城乡统筹、权责清晰、保障适度、可持续的多层次社会保障体系目标，提升保障水平，扩大保障范围，健全保障制度，深化保障监管。养老、工伤、失业、医疗、生育保险参保人数分别达 47.3 万人、40.95 万人、40.4 万人、111.5 万人、40.9 万人，综合参保率达 98.82%。新增社保卡制卡 6.11 万张、激活 11.34 万笔，406 名参保人员在“人社微网厅”办理制卡申请服务。

（张连惠）

【社保征缴扩面】 2019 年，武进区养老、工伤、失业保险分别净增 3.64 万人、3.25 万人、3.24 万人，参保人数分别达 47.3 万人、40.95 万人、40.4 万人。征缴收入分别达 46.04 亿元、2.09 亿元、1.77 亿元，社保基金收支总体平衡。基本医疗保险参保新增 10.35 万人、净增 3.17 万人，参保人数达 111.5 万人，其中职工基本医疗保险 62.8 万人、城乡居民基本医疗保险 48.7 万人。职工基本医疗保险基金收入 20.49 亿元、支出 22.29 亿元，城乡居民基本医疗保险基金收入 7.27 亿元、支出 7.48 亿元，医疗保险基金运行基本平稳。生育保险和职工基本医疗保险合并实施，生育保险参保新增 9.96 万人、净增 3.2 万人，参保人数达 40.9 万人；全年征缴收入 1.5 亿元，结算 9298 人次，支出 1.2 亿元。

（张连惠　蒋艳娟）

【社保待遇提升】 2019 年，武进区城乡居民社会养老保险基础养老金由 250 元／人·月提至 270 元／人·月，城镇老年居民养老补贴由 390 元／人·月提至 410 元／人·月，被征地农民第四年龄段人员保养金统一由 800 元／人·月提至 850 元／人·月。区人社局为 15.2 万名企业离退休人员发放养老金 36.8 亿元，人均月增加工资 114.18 元、增幅达 6.19%，失业保险金由 1323 元／人·月提至 1475 元／人·月。

【社保制度完善】 2019 年，武进区实现社保降费，企业职工和机关事业单位基本养老保险单位缴费费率由 19% 降至 16%，职工基本医疗保险用人单位缴费费率由 8% 降至 7.5%，继续执行失业保险费率和工伤保险费率降低政策，各类降费政策为企业节约 7 亿元。机关事业单位养老保险改革完成，基本养老保险、职业年金征缴率达 100%。社保费征管职责划转平稳过渡，灵活就业人员、城乡居民社保费征收管理工作由税务部门全面负责，数据交接、业务培训等工作顺利完成。

【社保监管】 2019 年，武进区加强社保监管，完成全民参保核查，核查企业 263 家。实地稽核 80 家企业社保，严防重复享受待遇、冒名顶替、恶意骗保等违法行为。开展社保基金专项治理行动，通过基金专项审计、内部控制评估、风险防控检查、监管软件应用、监管制度建设等方式，确保基金监管无盲区、不留死角，网上监管审核定点单位 1586 个，追回违规费用 812 万元。

（张连惠）

住房保障

【概况】 2019 年，武进区加大保障性住房的政策扶持力度，解决城镇中低收入家庭的住房困难，实现“居者有其屋”，基本形成以公共租赁住房、经济适用住房、危旧房棚户区改造为主的住房保障体系。落实保障性安居工程建设，新开工棚户区改造项目3个2495套，基本建成427套。收缴开发项目异地移建款，提供住房保障资金4122.48万元，累计金额8.31亿元。完成老职工住房制度改革补差审批11人次、面积675.73平方米、收缴接轨费20272.46元，审核老职工一次性住房补贴9人次、面积470.32平方米、发放购房补贴157255.60元。配合查询住房制度改革档案30余人次。接待私房改造政策咨询2人次，现场查勘1次。协同人社、财政等部门做好2019年机关干部租房补贴调整工作。

【公共租赁住房和经济适用住房管理】 2019年，武进区低收入、中等偏下收入公共租赁住房和经济适用住房申请家庭人均月可支配收入分别由1920元调整为2080元（含）以下、3600元调整为3630元（含）以下、3600元调整为3630元（含）以下。享受租赁补贴城镇住房保障家庭409户，有公共租赁住房在保家庭122户（其中享受租金补贴94户、享受实物配租28户）。全年发放公共租赁住房租金补贴63.52万元、收取实物配租租金186.28万元。新增经济适用住房保障家庭1户。1月起，武进区将新就业大学生纳入公共租赁住房租金补贴发放范围，全年受理约20户（审核通过6户）。9月，启动永安花苑、晓柳花苑、府北新村等公共租赁住房及经济适用住房定点房源办证工作，至年末，办理公共租赁住房220套、经济适用住房41套。

（杨　欣）

【住房公积金管理】 从7月1日起，武进区执行住房公积金使用新政，实施差异化贷款政策，调整贷款额度计算规则，精准支持刚需购房。常州经开区住房公积金服务点于9月启用，累计有公积金业务网点8个。年内，武进区实施民生保障工程，低收入家庭贷款最高贴息额度由原来的每年每户5000元提高至6000元，累计为22户困难家庭贴息9.86万元。办理职工重病提取住房公积金38人次、金额172万元。为地方政府提供廉租住房建设补充资金8065万元，累计总额4.76亿元。推进住房公积金惠企便民服务，执行缴存比例浮动和困难企业优惠政策，为613家企业节省成本支出3704万元，从11月底起取消二手房住房公积金贷款评估报告，为贷款职工节省支出14万元。武进区全年新增住房公积金缴存单位1800个，增长5.08%，新增住房公积金缴存职工5.05万人；归集住房公积金32.1亿元，增长13.7%；提取住房公积金61.64万笔23.84亿元，增长16.4%。发放公积金贷款23.75亿元，满足5588户家庭购房资金需求。至年末，全区住房公积金应缴单位1.15万个，缴存人数25万人，归集余额83.27亿元，贷款余额86.81亿元，累计发放住房公积金贷款5.04万笔、152.4亿元。

（薛　霞）

医疗保障

【概况】 2019年，武进区全面推进医疗保障制度改革，统筹医疗保障监管和服务工作，保障人民群众就医需求，减轻医药费用负担。完善政策体系，确保保障待遇落实，实施生育保险和职工基本医疗保险合并，做好城乡居民基本医疗保险和长期护理保险集中参保缴费工作，审核符合城乡居民基本医疗保险免缴条件的困难群众1.7万人。加强医保基金监管，打击欺诈骗保行为，推进医保智能审核系统建设。优化经办模式，提升医保服务效能，建设和整合常州武进“金保工程信息管理系统”一体化，简化异地就医备案流程，跨省异地联网结算医院增加至25057家，新增办理异地就医1941人，发放异地就医人员门诊费349万元。严格费用控制，提高医保基金使用效率，核定武进第四人民医院、横山桥镇卫生院、礼河卫生院医疗机构床位费375张。

【武进医保分局成立】 6月22日，常州市医疗保障局武进分局（简称“武进医保分局”）挂牌成立，是常州市医疗保障局派出机构，为正科级。武进医保分局主要职责包括拟定基本医疗保险、生育保险、大病保险、长期护理保险、医疗救助、医药价格等医疗保障制度的政策和方案，制定实施医疗保障基金监督管理办法，组织实施医疗保障筹资和待遇政策等。内设办公室、医保业务科和基金监管科（法规科）机构3个。

【医保政策体系完善】 2019年，武进区城乡居民大病保险保障水平提高，城乡居民和困难群众医疗救助对象大病保险分段支付比例分别提高10%，临时救助对象和支出型贫困家庭中的重特大疾病患者参保人员被纳入城乡困难群众医疗救助范围。按照国家和江苏省统一部署，将新增的国家谈判药品36种和抗癌药17种纳入医保名录，调整特药价格4种和支付标准，贴近群众用药需求。深化“社商合作”（社会保险和商业保险合作）大病保险经办模式，按照合同期限，完成2020—2021年度城乡居民大病保险项目招标工作。医疗救助筹资比例优化，取消每人每月5元定额标准，改为每人每月按医保个人账户划拨基数的0.5%筹集（职工住院基本医疗保险参保人员按缴费基数或养老金的0.5%筹集）。医保待遇提高，职工基本医疗保险和城乡居民基本医疗保险住院医疗费用基金支付比例分别为87.3%和76.9%；城乡居民基本医疗保险财政补助标准为每人每年984.1元，大病保险报销比例为76.7%。困难群体纳入基本医保范围覆盖率达100%，个人自付医疗费用救助比例达80%。全年支付大病保险7196.9万元，城乡医疗救助2885.9万元，合计1.01亿元。

【医保基金监管】 2019年，武进区有医保定点单位1586家，其中药店1109家、门诊部372家、医院103家、保险公司2家；辖区内有定点医疗机构271家、药店543家。根据中央、江苏省、常州市部署要求，开展医保基金监管年活动，加强定点医疗机构和定点药店线上线下两方面监管。开展欺诈骗保专项行动，通过实地问询、当面约谈、持续跟踪、定期回查等形式，加强定点医药机构现场检查和监管力度，覆盖率达100%，暂停医药机构医保定点资格12家，取消医药机构医保定点资格18家。完善“互联网＋监管”防线，推进医保智能审核系统建设，接入运行的定点机构达到全覆盖，涉及医疗诊疗服务和药品金额1.4亿元、累计3.21亿元，直接减少不合

7月30日，区人社局举办武进区长期护理保险待遇发放仪式（供图/区人社局）

理支出1.18亿元、累计2.79亿元。开展“社商合作”强化外伤住院管理，依托商业保险公司布局网点广泛和上门服务优势实地稽核医保大额费用和外伤可疑费用，确保医保基金合理合规支出。

【长期护理保险试点】 2019年，武进区在全市率先开展长期护理保险试点，出台《关于建立武进区长期护理保险制度的实施方案（试行）》《武进区长期护理保险实施细则（试行）》《关于全面推进武进区长期护理保险失能等级评定体系建设的意见》等配套文件7个，明确长期护理保险实施方案、实施细则、失能评定委员会、失能评定标准体系、失能评定管理办法、护理服务项目与标准、定点机构管理具体工作七项，完成制度体系建设。推动政策咨询、经办受理、上门评定、结果公示、机构准入经办环节5个，梳理经办标准108项，制定管理表格16项，受理失能评定申请2869人，经评定重度失能2420人，兑现符合长期护理保险享受对象的基本生活照料服务和基本医疗护理服务待遇1791.69万元。

（蒋艳娟）

民政事务

【概况】 2019年，全区民政系统践行“民政为民，民政爱民”工作理念，推动现代民政建设高质量发展。推进社会救助精准规范，探索实施相对困难家庭成员重病患者单独施保，“一门受理、协同办理”救助机制运行顺畅。优化基层社会治理平台，新增嘉泽镇、前黄镇、丁堰街道3个镇级公共服务“一站式”平台建设市级试点，城乡社区治理能力创新和服务水平进一步提升。规范社会组织发展，结合社会组织年度检查、登记评估等排查社会组织运营情况，开展非法社会组织专项整治。加强社会事务服务发展，批准地名18条，办理婚姻登记9840件，销售福利彩票2.96亿元，免除基本丧葬服务费527万元。

【城乡社区治理】 2019年，武进区洛阳镇阳湖村、横林镇顺庄村、嘉泽镇跃进村等9个城乡社区综合服务中心改造提升工程完成，新增礼嘉镇新辰村、洛阳镇洛阳村2个农村社区建设市级试点。继续巩固社区“减负增效”（全面清理村和社区各类组织机构、活动阵地、工作任务与指标、创建达标评比、信息系统、台账任务、盖章项目等，提高基层社会管理服务效能）、“政社互动”（政府行政管理与基层群众自治有效衔接和良性互动）、“三社联动”（以社区为平台，以社会组织为载体，以社工为骨干）成果，编制村（居）民委员会依法履职和协助政府履职2份清单，签订双向履职协议，明晰基层政府与城乡社区基层群众自治组织权责边界。加强村务监督建设，报送有关村务监督事项1031件。新增持证社工234人、累计1235人，每万人有持证社工7.8人，发放社区持证社会工作者职业资格补贴133万元。优化调整全区集成化网格，网格总数为1144个，其中基础网格1024个、专属网格120个。

【社会组织培育】 2019年，全区有社会组织2902个，新增西湖街道滆湖之星、南夏墅街道益新、洛阳镇洛美3个镇级社会组织孵化基地，新增西湖街道聚新、西湖街道鑫河、洛阳镇圻心3个社区社会组织服务中心。社会组织培育创新，继续采用“公益合伙人”形式，首次依托镇（街道）社会组织培育中心、民政科（社区办）及慈善分会平台，建立三级联动落实机制，共计扶持大项目10个、子项目21个，投入资金113.46万元。根据各镇(街道)需求及特色包装可复制、推广的品牌项目，将单个项目资金提高到最高10万元。首次将项目路演改为项目洽谈会，供需双方面对面对接，根据镇（街道）大项目的子需求设计子项目。镇（街道）、社区探索建立枢纽型社会组织服务中心6个，扶持、培育基层社会组织参与公益服务和社会治理。

【最低生活保障与救助】 从7月1日起，武进区城乡居民最低生活保障标准由每人每月800元提高至850元。区民政部门全年发放最低生活保障金1756万元，惠及1836户低保家庭2427人（其中城镇居民532人、农村居民1895人）。同步提高特困人员、孤儿等困难人员保障标准。新增慈善资金6905万元，发放慈善救助金3800万元，惠及困难群众1万人次。将全区377名困境儿童纳入各项保障政策范围，发放孤儿保障金59万元，发放农村“五保”（保吃、保穿、保医、保住、保葬）供养经费184.4万元，发放城市“三无”（无劳动能力、无收入来源、无法定赡养人）老人保障金66.6万元。

【婚姻登记与收养登记】 2019年，全区办理结婚登记5496件、离婚登记2832件，补办结婚登记1350件、离婚登记155件，出具婚姻登记记录证明7件，婚姻登记合格率100%。武进区儿童福利院为符合条件的31户家庭办理收养登记，办理涉外收养案例4例。累计入院儿童210人。

【地名管理】 2019年，全区批准地名18条。其中，新命名居民区6条、建筑物1条、道路11条，办理地名预登记2条。做好第二次全国地名普查成果转化，基本完成《武进标准地名录》出版准备工

表 63

2019 年武进区新命名地名情况表

类别	新命名地名	所属镇（街道）	地　址
居民区	遥观临津家园	遥观镇	位于遥观镇留道社区，东至常和路，南至规划道路，西至华昌路，北至留道路
	白金公寓	丁堰街道	位于丁堰街道常丰村，东至朝霞路，南至常州白金汉爵大酒店，北至东方路
	祥运佳苑	前黄镇	位于前黄镇运村村，东至纵一路（暂定规划），南至运村东街，西至前黄医院运村院区以东，北至运村环镇北路
	横麓雅居	横山桥镇	位于横山桥镇省庄村委，东至兴庄路，南至山水路，西至 232 省道，北至规划绿化范围内
	和安家园	湟里镇	位于湟里镇东安村委，东至丰乐路，南至东安路，西至生产河，北至公寓路，东安集贸市场所建小区命名为“和安家园”
	瑞宁新园	横林镇	位于横林镇中部，红丰路东侧，东至横林医院，南至三观路，北至瑞安家园
建筑物	揽月湖畔商务广场	西湖街道	东至常州富都滨湖国际大酒店停车场，南至揽月路，西至常州金秋实业投资有限公司
道路	留道路	遥观镇	位于遥观镇，东至常和路，西至湖塘镇界，全长 1400 米
	临津路	遥观镇	位于遥观镇，东至江南银行，西端由镇转盘调整至湖塘镇界，全长 1600 米
	杨元路	遥观镇	位于遥观镇，东至华昌路，西端由留道村马元村民小组调整至湖塘镇界，全长 500 米
	常和路	遥观镇	位于遥观镇，北至常州市轨道车辆牵引中心有限公司，南端由广电东路延长调整至留道社区横墅浜，全长 800 米
道路	顾水街	湖塘镇	位于湖塘中凉社区顾家村南侧，东至花园街，经中凉消费品综合市场，西至老坝路，全长 500 米
	新研路	湖塘镇	位于常州科教城江南现代工业研究所科技大厦南侧，东至常州液体流量计量检测中心，西至新澜路，全长 150 米
	新澜路	南夏墅街道	位于南夏墅街道学府家苑社区，南起鸣新中路，北至江南现代工业研究院西北门，全长 167 米
	新武路	南夏墅街道	位于常州武进汽车客运站东侧，南至武南中路，经常州市武进人力资源市场西门，北至站北路，全长 180 米
	宸泰路	横山桥镇	位于横山桥镇，东至东风村、西至朝阳路，全长 1065 米
	夏明路	横山桥镇	位于横山桥镇，南至戚月线，北至东风村，全长 937 米
	德郡路	牛塘镇	位于牛塘镇卢家巷社区，南起横溪路，经环太湖艺术城，北至杉木路（武进烈士陵园），全长 600 米

作，补录全国第二次地名普查后 2015—2018 年新增地名 174 条。

【福利彩票管理】 2019 年，全区新增福利彩票电脑票销售站点 5 个，累计 211 个。全年销售福利彩票 2.96 亿元，其中，电脑票 1.53 亿元、即开票 1807 万元、中福在线 1.25 亿元。

【殡葬管理】 2019 年，全区有殡仪馆 2 个、骨灰寄存室 157 个。全年火化遗体 9948 具，其中横林殡仪馆火化 6546 具、武南殡仪馆火化 3402 具，火化率 100%。区民政部门按照《常州市殡葬基本服务项目费用免除办法》，对城乡低保对象等 4499 名死者免除基本丧葬服务费 527 万元。推进殡葬突出问题整治，排查整治违法违规殡葬设施，拆除超标墓 362 个。

（缪　苗）

退役军人事务

【概况】 2019 年，区退役军人事务局扎实推动退役军人移交安置、就业扶持、优待抚恤、褒扬纪念、权益维护和拥军优属等工作，初步建成覆盖区、镇（街道）、村（社区）三级的网格化退役军人服务保障体系。推进退役军人移交安置，通过以积分选岗为主体、部分岗位竞争选拔上岗为补充的创新安置举措，增强安置工作科学性和可操作性。深化政策引导，促进自主就业退役军人就业创业。加强双拥优抚，服务军队建设、巩固军政军民团结，发挥地方政府在服务国防建设上的支持作用。推进权益维护工作，接收接待退役人员来信来访咨询 895 人次，出具信访答复意见 29 件，信访办结率达 100%。11 月，集业务办理、信息管理、宣传教育、帮扶援助、权益维护功能为一体的区退役军人服务中心投入使用。年内，区退役军人事务局被省委退役军人事务工作领导小组办公室、省委组织部等联合表彰为江苏省退役军人工作模范单位。

【区退役军人事务局成立】 2 月 28 日，区退役军人事务局挂牌成立。根据区委、区政府深化机构改革要求，区退役军人事务局主要职责是贯彻落实和拟订退役军人思想政治、管理保障和安置优抚等工作政策，负责军队转业干部、复员干部以及随军随调家属等移交安置工作和自主择业、就业退役军人服务管理工作等。内设办公室、移交安置科（就业创业科）、优抚褒扬科（区双拥办）3 个机构。

【退役军人就业创业帮扶】 2019年，区退役军人事务局联合区财政局和人社局出台《关于积极开发岗位确保下岗、失业转业志愿兵(士官)就业工作的通知》，加强再就业工作指导、协调、推进和督查，帮扶下岗、失业转业志愿兵（士官）就业上岗52人。组织开展2019年度军转干部岗前培训班，选派军转干部7人参加高校专项培训。举办退役军人、随军家属和退役士兵招聘会2场，联系179家企业提供定向就业岗位，现场签订就业协议意向266份。启动部分退役士兵社会保险接续工作，完成信息审核1393人。组织退役士兵参加短期职业技能培训，提升退役士兵就业创业技能。2019年度退役士兵培训率、就业率均达100%。

7月19日，区首届“最美退役军人”颁奖典礼在凤凰谷大剧院举行
（供图/区退役军人事务局）

【双拥优抚】 2019年，区退役军人事务局开展走访慰问部队和祭扫活动，营造拥军氛围。组织“传承·2019清明祭英烈”活动，武进烈士陵园接待祭扫人员100余批次3万人次。组织对越自卫反击作战牺牲烈士家属13人到云南、广西祭扫烈士墓。开展“八一”走访慰问、迎新春座谈会和系列拥军活动，区四套班子领导带队走访慰问常州军分区、武警驻常州和武进部队官兵，向驻军部队官兵赠送慰问品价值40万元。开展为人武部、武警中队等驻地部队办实事活动，全年落实活动保障资金45万元。加强退役军人优抚优待，动态调整在乡复员军人、伤残军人、“三属”（烈士遗属、因公牺牲军人遗属、病故军人遗属）、老复员军人遗孀、老年烈士子女及60周岁以上农村籍退役士兵等对象抚恤补助标准，发放补助金3800余万元，惠及优抚对象4755人。持续开展解困帮困，向96名困难重点优抚对象发放医疗补助费40.9万元，发放临时救助经费50万元。落实义务兵优待政策，义务兵家属优待金标准由每户23544元提高到25475元。为120多名立功受奖现役军人发放奖励金20余万元。

【首届“最美退役军人”评选】 从3月起，区退役军人事务局、区双拥办联合开展武进区首届“最美退役军人”评选活动，发动全区军地相关部门和社会各界，深入挖掘、广泛推荐优秀退役军人。7月19日，武进区在凤凰谷大剧院举办首届“最美退役军人”颁奖典礼暨“颂祖国·庆八一”文艺会演，揭晓首届“最美退役军人”12名和“最美退役军人提名”15名，授予梅鹤康、陈建良、周小平、胡巧生、武美兰等12人“武进最美退役军人”称号，于亚芳等15人“武进最美退役军人提名”称号，激励退役军人投身武进高质量建设发展，在全社会营造关心国防、尊崇军人的浓厚氛围。

（姚　华）

民族与宗教事务

【概况】 2019年，区民宗局按照区委、区政府深化机构改革要求，由区委统战部统一领导，贯彻落实中央关于民族宗教工作的重大决策部署，依法管理民族宗教事务。全区有户籍登记的少数民族族别36个，常住少数民族人口4200多人，外来流动少数民族人口2.8万人。有回民聚居村1个(雪堰镇城西回民村)、回民聚居组1个（雪堰镇夏墅村后承村组），水族聚居点1个（丁堰街道蓝山湖社区）。有清真拉面馆216个，清真饭店及清真食品基本供应点2个（雪堰镇城西回民村伊清阁清真餐馆和武进区沙裕昌清真食品店）。全区有武进区佛教协会、道教协会、天主教爱国会、基督教三自爱国运动委员会爱国宗教团体4个；有依法登记的宗教活动场所60个，其中佛教39个、道教7个、基督教13个、天主教1个；有经过资格认定的宗教教职人员127人，其中佛教100人、道教18人、基督教9人。省五星宗教场所1个、四星宗教场所7个、三星宗教场所10个；省三星档案宗教场所23个。

【少数民族发展服务】 2019年，区民宗局争取中央和省少数民族发展资金94万元，支持雪堰镇城西村特色村寨建设和夏墅村道路改造工程，推进雪堰镇城西村创建全国民族团结进步示范单位。通过江苏“阳光扶贫”监管系统，依托常州宝林慈善基金会发放慰问金2.7万元，帮扶困难少数民族家庭26户。贯彻执行《关于回族等10个少数民族居民发放清真食品补贴的实施意见》，发放资金总额133740元，受益743人。免费为少数民族餐饮服务行业人员出具健康体检证明130份，受益400余人。推进少数民族流动人口市民化，服务协调流动少数民族群众子女就近入学49人。

【宗教领域和谐创建活动】 4月，武进区民族宗教工作会议召开，区政府与各镇（街道）签订《2019年度创建平安宗教活动场所责任书》，引导宗教界与社会主义社会相适应。年内，区民宗局扎实做好中央和省委宗教工作专项督查反馈意见整改工作，全面梳理上级反馈问题，明确责任分工，确定三大类8个方面20个问题39条整改措施，全部整改到位。与宗教活动场所、宗教团体签订《武进区宗教领域意识形态安全承诺书》64份，严格执行宗教活动报备审批制度，报备审批宗教活动28场次，与宗教团体联合清理检查宗教非法出版物，依法封存处置查获的宗教无准印证号出版物及宣传品等纸质材料。实施宗教界中青年后备人才培育，开展培训6次，培训300多人次，从院校引进人才3人，派出院校上学1人、院校培训18人。11月28日，区佛教协会第五次会员代表大会召开，113人参加会议，会议审议通过新修订的《常州市武进区佛教协会章程（草案）》，选举产生第五届理事会理事、监事，常州宝林寺住持慧闻当选为新一届区佛教协会会长。

（李美娟）

12月3日，武进区老年人心理关爱项目在湖塘镇花园社区启动（供图/区卫健局）

老龄事务

【概况】 2019年，武进区响应国家机构改革要求，积极应对人口老龄化，在区卫健局成立老龄健康科，负责推进全区老年健康服务体系建设和医养结合工作。全区60周岁以上户籍老年人口为25.07万人，占户籍总人口的25.38%，其中70～79周岁老年人口8.3万人、80周岁以上老年人口3.5万人（百岁老人95人）。有各级老龄协会300个、老年大学17所。新增居家养老服务中心5个，至年末有养老机构21个、镇级居家养老服务中心17个、社区和村居家养老服务站分别有128个和192个。年内，武进区充实优化养老服务，养老机构床位数增至6518张，每千名老人拥有床位数达54张；发放尊老金2326万元。加强老年人健康管理，开展慢病综合防治和家庭医生签约服务，65周岁以上常住老年人健康管理达12.82万人，健康管理率为70.4%；家庭医生签约16.73万人，签约率达91.9%。整合医疗和养老服务资源，发展医养结合机构，提升医养结合服务供给，共有医养结合机构9家。推进安康工程实施，为老年人15.12万人投保意外伤害保险，总保额达1512万元，理赔金额870万元，赔付率58%；为老年人维权141起，挽回经济损失近3万元。

（杨　烁　缪　苗）

【养老服务】 2019年，全区有标准化居家养老服务中心（站）183个，城乡覆盖率分别达75%、45%，有机构养老床位6518张，其中由社会力量举办或经营的养老床位4830张，占比74%。医养深度融合，新增养老机构内设医务室1个——湖塘镇玖玖江南护养中心，新增护理型床位230张，累计4633张，占比达71%。养老模式多元化，武进高新区北区居家养老服务中心、龚家社区居家养老服务站、南夏墅街道南淳家园居家养老服务站依托智慧养老服务指挥中心平台，整合社会养老服务资源为辖区老年人提供助餐、助浴、助行等服务；洛阳镇敬老院、礼嘉镇敬老院、横林镇敬老院分别与无锡净慧养老服务运营管理有限公司和常州市康惠养老服务有限公司签订公建民营委托运营协议，全区累计有共建民营敬老院6家。10月，武进区创成第二批省级财政支持开展居家和社区养老服务创新示范地区，获得财政支持370万元。

（缪　苗）

表64

2019年武进区医养结合机构情况表

机构名称	机构人员总数（人）	医疗服务人员数（人）	养老服务人员数（人）	机构床位总数（张）	医疗床位总数（张）	养老床位总数（张）	是否开办护理院	是否内设医务室	是否支持医保结算
常州金东方护理院	186	112	50	500	500	0	是	否	是
常州市武进区福星老年护养中心	104	76	8	186	100	86	是	否	是
常州市武进区夕阳红护理院	103	48	48	420	128	292	是	否	是
常州市武进区戚墅堰街道社区卫生服务中心	58	46	12	66	37	29	是	否	是
常州武进康惠护理院	42	29	10	300	72	228	是	否	是
常州市武进区玖玖江南护养中心	35	8	25	226	0	226	否	是	否
常州市武进区牛塘净慧颐养中心	30	17	12	355	99	256	是	否	是
常州市武进区康福老年公寓	17	2	15	110	0	110	否	是	是
常州市戚墅堰东方老年公寓	15	8	5	215	0	215	否	是	否

表 65

2019 年武进区百岁老人情况表

所在地	姓 名	性别	出生年月
雪堰镇	陆凤金	女	1915 年 12 月
	陈菊娣	女	1916 年 1 月
	王杏娣	女	1916 年 2 月
	吴玉英	女	1917 年 3 月
	李赛松	男	1917 年 7 月
	张凤英	女	1918 年 6 月
	李春先	女	1918 年 8 月
	曹大龙	男	1919 年 1 月
	徐梅娣	女	1919 年 4 月
	朱榴珍	女	1919 年 7 月
	陆玉秀	女	1919 年 8 月
	华凤梅	女	1919 年 9 月
	石菊娣	女	1919 年 9 月
礼嘉镇	汤炳耀	男	1913 年 11 月
	周瑞林	男	1917 年 7 月
	蒋新宝	女	1918 年 1 月
	王全娣	女	1919 年 1 月
	王秋玉	女	1919 年 7 月
	陆荷芬	女	1919 年 8 月
	徐永达	男	1919 年 11 月
前黄镇	朱凤大	女	1918 年 6 月
	许腊娣	女	1919 年 12 月
湖塘镇	管杏英	女	1915 年 2 月
	沈连娣	女	1916 年 4 月
	卞秀凤	女	1916 年 5 月
	张全妹	女	1917 年 1 月
	谢盘大	女	1917 年 11 月
	许杏大	女	1917 年 11 月
	蒋产洪	男	1918 年 1 月
	陆素宝	女	1919 年 1 月
	闻静珍	女	1919 年 4 月
	杨兴娣	女	1919 年 8 月
	何福珍	女	1919 年 11 月
	庄根洪	男	1919 年 12 月
牛塘镇	蒋瑞福	男	1916 年 11 月
	许留秀	女	1917 年 2 月
	蒋桂英	女	1917 年 11 月
	戴秀宝	女	1918 年 11 月
	钱文英	女	1919 年 1 月
	袁素琴	女	1919 年 7 月
	窦锡山	男	1919 年 9 月
	冯春根	男	1919 年 12 月
嘉泽镇	王产娣	女	1915 年 8 月
	沈小凤	女	1918 年 12 月
	蔡荣大	男	1919 年 1 月
	薛玉英	女	1919 年 7 月
	李云凤	女	1919 年 8 月
	钱珍娣	女	1919 年 12 月
洛阳镇	沈桂英	女	1915 年 12 月
	徐阿梅	女	1917 年 2 月
	彭福林	男	1917 年 4 月
	冯全娣	女	1918 年 6 月
	虞祥鳞	女	1919 年 2 月
	彭产娣	女	1919 年 12 月
	秦杏妹	女	1919 年 8 月
湟里镇	吴兰娣	女	1912 年 3 月
	王庚娣	女	1916 年 2 月
	蒋正华	女	1916 年 12 月
	刘保娣	女	1918 年 8 月
	赵凤娣	女	1918 年 8 月
	马所海	男	1918 年 9 月
	房玉勤	女	1919 年 7 月
	蒋小昌	男	1919 年 11 月
横林镇	王荷娣	女	1917 年 6 月
	吴 森	男	1917 年 11 月
	严产娣	女	1918 年 9 月
遥观镇	李金秀	女	1918 年 3 月
	章杏娟	女	1919 年 2 月
	袁春娣	女	1919 年 3 月
	王仁娣	女	1919 年 6 月
	金惠昌	男	1919 年 7 月
	丁金娣	女	1919 年 12 月
横山桥镇	吴秀珍	女	1919 年 1 月
	刘兰珍	女	1919 年 3 月
	余生凤	女	1919 年 7 月
潞城街道	王元生	男	1919 年 9 月
戚墅堰街道	徐阿英	女	1916 年 7 月
	蒋欣荣	男	1918 年 7 月
	王金林	男	1918 年 7 月
	刘兰秀	女	1919 年 1 月
	黄兆棣	女	1919 年 2 月
	林金山	男	1919 年 5 月
南夏墅街道	冯琴娣	女	1915 年 12 月
	陆珍宝	女	1917 年 1 月
	黄云娣	女	1918 年 1 月
	糜雪燕	女	1919 年 2 月
	陈志学	男	1919 年 4 月
	徐生娣	女	1919 年 4 月
	严兴元	男	1919 年 7 月
	潘巧珍	女	1919 年 7 月
西湖街道	陈秀英	女	1917 年 1 月
	陈菊大	女	1918 年 8 月
	徐桂英	女	1918 年 8 月
	张兴娣	女	1919 年 1 月
武进高新区北区	华 询	女	1917 年 1 月

【敬老月活动】 2019年10月是全国第十个敬老月，武进区以“孝老爱亲、向上向善”为活动主题，结合中华人民共和国成立70周年契机，组织开展丰富多彩的敬老、爱老、尊老、助老活动。敬老月期间，全区组织慰问老人44956人次，发放慰问品、慰问金合计519.28万元；组织开展歌舞、书法、绘画、门球等文化体育艺术活动100余场次，受益老人7109人次；开展健康义诊、发放重阳糕、照料护理、捐助等公益献爱心活动100余次，受益老人5519人次；开展健康知识讲座、孝老爱亲宣讲等主题活动50余场次，受益老人2022人次。年内，湖塘镇东华社区被江苏省老龄委评为第三届全省“敬老文明号”；万军、叶小玲、钱维力等7人获评常州市“十佳老有所为人物”“十佳孝星”称号或提名。

【老年人心理关爱项目】 12月3日，武进区老年人心理关爱项目在湖塘镇花园社区启动，该项目是由国家卫健委组织在全国开展的重点项目。花园社区有常住人口7161人，其中65周岁及以上老年人787人，涵盖贫困、空巢、失能老人等重点调查对象，具有老龄化程度高、有代表性的特点。项目分3个阶段实施，第一阶段问卷调查和评估社区内常住65周岁及以上老年人认知与心理健康状况；第二阶段社区根据调查评估结果，心理关怀和干预部分对象；第三阶段结合项目开展情况总结工作。年内，具有国家二级心理咨询师、中级社工师和医师资质的调查员12人和志愿者12人组成专业项目团队，集中培训上门礼仪、提问技巧、隐私保护、信息整理归档等内容3次。至年末，调查问卷787份全部完成，第一阶段调查工作圆满结束。

（杨　烁）

慈善事业

【概况】 2019年，区慈善总会以需求为导向，丰富救助内容，扩大受益人群；以项目为抓手，强化创新思维，落实精准施救；以宣传为渠道，拓展募集范围，增强慈善实力；紧密与分会联系，加强制度建设，推进慈善事业健康发展。总收入6905.36万元，新增慈善资金5137万元，直接下拨救助资金、社会公益事业补助资金4605万元，直接救助困难群众16.53万人。江苏天启控股集团有限公司董事长方沛琪和江苏卓睿控股有限公司董事长周飞耀被省慈善总会评为“慈善之星”爱心个人奖。

【慈善资金募集总量超13亿元】 2019年，武进区加强慈善总会和慈善分会建设，做好慈善资金募集工作。区慈善总会委托小土传媒（江苏）有限公司开发包括办公模块、捐赠模块、救助模块、审批模块、财务模块、文件系统、移动办公等内容的武进区慈善救助信息系统，利用数据库、计算机网络等技术实现工作信息化管理，提高工作效率，于11月交付完成。调研和审计慈善分会3次，出台《武进区慈善分会考核办法》，提高慈善分会公信力。年内，全区新增慈善资金5137万元，区慈善总会收回企业认捐资金2171.65万元，各慈善分会认捐收缴709.65万元，145个单位参加“慈善一日捐”活动募集善款599.6万元。至年末，全区慈善资金总量达13.12亿元。

【慈善救助】 2019年，区慈善总会围绕脱贫攻坚目标，通过“传统救助、专项救助、创新救助”相结合的方式实施慈善精准扶贫。开展慈善助困，为低保户、低保边缘户、建档立卡贫困户发放救助金1500元/户，救助6593人，共计988.95万元。开展慈善助学，为219名学生支出慈善资金211.19万元。开展慈善助老，为64名“三老”（老地下工作者、小乡干部、地下党员）人员发放9.6万元，为363名“五保”（保吃、保穿、保医、保住、保葬）老人发放36.3万元。开展慈善助医，保障范围新增烟雾病、克罗恩病、免疫系统疾病等病种，累计涵盖病种30种，救助对象扩大至所有武进区户籍居民，解决非低保人员因重病返困弊端，共发放慈善救助金1314.65万元，救助3231人。开展慈善助孤，为18名散居孤儿发放救助金9万元。开展慈善助残，为一户多残、依老养老的困难家庭拨款25万元。开展慈善专项救助，为762名尿毒症病人发放救助金481.77万元，为抗癌协会癌症患者拨款康复资金17万元，为幼儿园教育建设基金拨款10万元，为一名贫困家庭重大疾病患儿发放救助金26015元。

【慈善项目实施】 2019年，区慈善总会助推公益创投项目，投入35.44万元慈善金认领“暖心家园——失独家庭心灵关怀”“老伙伴计划”社区老年志愿者自组织培育项目、“三位一体、立体帮扶助残”3个公益创投项目。其中，“三位一体、立体帮扶助残”项目由武进同心助残驿站承办，扶持资金22.34万元，为武进高新区北区、湖塘镇、牛塘镇、南夏墅街道、嘉泽镇等镇（街道）社区的70户重度残疾群众提供每月2次上门专业助残服务，包括指导护理、康复治疗和康复训练，开展心灵关怀和物质帮扶。区慈善总会参加省慈善总会的子母项目计划，申报“照亮孤独、暖心行动”助老项目和“有情无碍、情暖重残”助残项目，分别筹得慈善资金200452元和39266.56元。

（赵　晶）

1月17日，湟里镇困难家庭救助金发放仪式　（供图/区慈善总会）

应急管理
Emergency Management

栏目编辑　张新辉

防灾减灾

灾害防治

【防汛抗旱防台风】 2019年，武进区汛情总体平稳。汛期降水量较常年偏少近2成，梅雨量较常年偏少1成多。常武地区汛期5—9月面平均雨量565.5毫米，为常年同期值的81%，降水量空间分布不均，总体呈南部大于北部，汛期降水日数38天，较常年（57天）偏少。全区6月18日入梅，7月21日出梅，梅雨期33天。受第9号台风“利奇马”影响，河湖水位有明显上涨过程，部分主要河湖水位出现超警现象，水位呈现起涨快、退水快、高水位维持时间不长的特征。全年无明显汛情、旱情。

【防汛抢险】 3月下旬，全区各镇（街道）、开发区成立防汛抗旱工作领导小组23个，组长均由政府一把手担任，各村、居委会成立相应的防汛抗旱组织。区相关部门负责承包全区5000亩以上重点圩区11只，明确防汛抢险单位和责任人。5月12日召开区防汛工作会议，区政府与各防汛责任单位签订防汛抗旱责任状，同时要求各镇（街办）将防汛责任落实到具体行政村。区级及各防汛责任单位均制定（修订）防汛、防台、抗旱、在建重点水利工程、重点防汛区域应急预案。全区共存储袋类129.41万个、桩木87.17立方米、毛竹3720支、铁丝4680千克、土工布9.51万平方米、救生衣2763件、钢管109.15吨、铁铲1750把、移动机泵587台套。各防汛责任单位成立防汛抢险队242支共5860人，其中7个镇（街道）成立社会化抢险队伍7支共194人。抗旱排涝总队与武进天龙设备安装工程公司、武进水利工程有限公司、常州市奔牛港务等9家企业签订工程抢险外包协议，共有专业抢险人员260余人，配备吊车、挖掘机等设备。区防汛防旱指挥部对每支队伍均登记造册，结合实际开展防汛抢险技能培训。开展新孟河工程（武进段）联合防汛应急演练，提高重点项目防汛抢险应急处置能力。完善全区防汛决策信息化系统，11座水文测站的14个测点全天候精准提供主要河流的水文信息。完善农村基层防汛预报预警体系，畅通水雨情、灾情及调度命令上传下达渠道。区水利局建立技术指导小组6支，每组负责3～4个镇（街道）、开发区。汛前督促各单位做好防汛准备，汛期深入一线了解灾情，抢险技术指导，确保安全度汛。

【抗击台风“利奇马”】 2019年汛期，受9号台风“利奇马”影响，8月10日武进区普降暴雨到大暴雨。9日至11日8时，常武地区的累计面平均雨量为131.8毫米，雪堰镇最大雨量达144毫米，并出现7～9级阵风，前黄寨桥最大风力达每秒21.1米（9级）。8月9日17时，区防汛抗旱指挥部启动全区防台风Ⅲ级应急响应，召开紧急会议部署防汛防台风工作。全区进入临战状态，领导靠前指挥。8月10日上午10时，副市长、区委书记李林、区长戴士福至区防汛防旱指挥部指导工作。全区各防汛应急队伍、物资进入待命状态，重点部门进驻防汛防旱指挥部，水利技术指导专家赴一线指导。受台风“利奇马”影响，全区部分河湖水位出现超警现象，但未发生受涝受淹情况。

（石贤锋）

6月27日，开展新孟河工程（武进段）防汛应急演练　（供图／区水利局）

【地质灾害防治】 2019年，区自然资源和规划部门落实《地质灾害防治条例》《江苏省自然资源厅关于进一步加强地质灾害防治工作的意见》等文件精神，建立健全地质灾害防治制度和突发险情处置机制。编制年度地质灾害防治方案，开展地面沉降监测。汛期地质灾害防治，建立汛前排查、汛中巡查、汛后复查“三查”制度、群测群防网络体系、汛期24小时值班制度等，防范辖区内14个隐患点的地质灾害风险。对于地质灾害所在的镇、村，发放地质灾害防灾工作明白卡，层层落实防灾责任；对于受地质灾害威胁群众，于汛前发放地质灾害防灾避险明白卡，普及防灾避灾知识，最大限度保障人民群众生命财产安全。全年未发生一起地质灾害事件。

【森林灾害防范】 2019年，区自然资源和规划部门加强基础设施建设，新建森林防火蓄水池、消防管网、消防通道等。开展林区监控补盲建设。在辖区四顶山、夹山、盘山公路、龙延路林区入口和凿缸山顶部等处新建监控探头8个，与原有16个监控并网，扩大监测范围。加强野外火源管理，清理嬉戏谷、露营谷、太湖湾管委会周围重点区域林下可燃物18.67公顷。在武进区与无锡市宜兴市林区交接处新建防火隔离网1300余米，修复主要道路两侧和重点林区破损防火隔离带。修订《常州市武进区处置森林火灾应急预案》，提高应对突发森林火灾的处置能力。上个防火期内实现森林火灾受灾面积控制在0.3‰以内和无人员伤亡目标。开展病虫防治，布设美国白蛾性诱捕器100个、太阳能杀虫灯70个。及时掌握区域内林业有害生物发生情况。

（季　云）

防震减灾

【概况】 2019年，区住建（地震）部门主动作为，确保苏19井地震监测设备正常运行，清明山地震台全年观测环境正常，测震和地壳形变观测运行正常，未记录到异常现象。开展对监测仪器的检查、维护，及时解决断电、断网等突发情况。全年共参与震情协商会议4次，根据掌握的测震和前兆观测资料，协助提出常州市及周边地区近期地震趋势意见。

【防震抗灾能力建设】 5月，区住建（地震）部门组织开展科普宣传、发放地震安全防范知识问卷调查等系列活动。10月，区应急管理局结合第30个国际减灾日组织局志愿者走进新城域社区向群众普及地震等自然灾害的防灾减灾知识，提高人民群众逃生自救能力。11月，常州市地震局组织区地震工作人员赴南京市大金山国防园开展防震减灾工作交流及应急技能培训。应急技能培训围绕高空缓降救助、烟雾逃生、危楼疏散、消防灭火以及心肺复苏等科目展开专项训练，进一步提高现场应急工作人员的快速反应和应急处置能力。每月定时开展市区两级地震应急视频会议，确保系统和设备全年运行正常。全年在12322灾情速报平台定期、不定期开展 应急通信演练，保证地震应急期间能正常发挥作用。

（任　磊）

安全生产管理

【概况】 3月，武进区成立应急管理局。年内，区应急管理部门围绕打牢安全基础、压降生产安全事故目标，推进应急管理体制改革，加强安全生产监督管理，提升安全保障能力。探索构建应急管理体系，统筹推进安全生产领域改革发展和应急管理体制改革。建立安全生产专家库，提高监管水平。加强区安委会组织领导建设，由区长担任安委会主任、常务副区长分管安全生产工作，区安委办新增参照公务员管理事业编制5个，共有行政编制35个、事业编制40个。加强安全生产基础建设，完善安全生产责任体系，结合安全生产精准执法年活动，加强危险化学品等重点行业监管，开展安全生产宣传教育，保障国庆期间等重点时段安全生产工作。防范化解安全领域重大风险，严厉打击各类违法行为，开展为期9个月的安全生产大排查大整治，安全生产事前违法立案181起，罚款918.94万元。全区安全生产形势持续稳定好转。

2019年，全区发生各类生产安全事故218起，死亡78人，与2018年相比，分别下降3.54%、26.42%。其中，道路运输事故183起，死亡43人，分别下降3.17%、37.68%；工矿商贸事故35起，死亡35人，分别下降5.41%、5.41%。未发生较大以上事故，全区安全生产形势总体平稳。

【区应急管理局成立】 3月1日，根据武进区机构改革方案，整合区安监局职责、区政府办公室应急管理职责、武进公安分局消防管理相关职责、区民政局救灾职责、国土资源武进分局地质灾害防治相关职责、区水利局水旱灾害防治相关职责、原区农业局森林防火相关职责、区住房和城乡建设局（区地震局）抗震救灾相关职责，及区防汛防旱、减灾、抗震救灾、护林防火等指挥部（委员会）职责，挂牌成立区应急管理局。

9月10日，开展森林防火安全督查　（供图/武进自然资源和规划分局）

属区政府工作部门，正科级建制，履行全区应急管理、安全生产综合监督管理、消防监督管理、综合防灾减灾管理职责，单位位于区行政中心3号楼6楼。设置办公室、应急指挥中心、调查减灾科、火灾防治管理科、自然灾害救援科、危险化学品安全监督管理科、安全生产基础科、安全生产综合协调科、法制宣传科、人事教育科8个内设机构，设置行政编制40个；下设区安全生产监察执法大队1个参公事业单位，参公事业编制44个。2019年，局机关（含监察执法大队）有工作人员62人。区安全生产监督管理局常州经济开发区分局同步更名为区应急管理局常州经济开发区分局，副科级建制。根据区应急管理局授权，负责遥观镇、横林镇、横山桥镇、戚墅堰街道、丁堰街道、潞城街道的应急管理、安全生产监督管理工作，至年末，有工作人员14人。

6月25日，区领导到常州星河COCO City督查消防安全工作（供图/区应急管理局）

【应急管理体系建设】 2019年，武进区探索建立统一指挥、专常兼备、反应灵敏、上下联动、平战结合的应急管理体制。修订完善应急预案，成立应急预案修编工作组，对危险化学品事故应急预案、突发公共卫生事件应急预案等38个应急预案开展修订工作。加强防灾减灾工作，建立区级自然灾害防治工作联席会议制度，含成员单位14个。组织相关职能部门开展防汛防旱、森林防火、地质灾害防治联合检查。加强应急救援能力建设，编制《武进区突发事件应急处置流程与规范》，明确应急处置流程和要求；推进综合应急管理监测预警平台建设，稳步接入重点企业、重点区域的监控设施，加快实现各部门间信息共享和对灾害点、重点部位的监测预警，年内完成4个重大危险源单位的监控设施安装。加强应急队伍建设，调查摸底全区各类应急救援队伍情况，全区有综合应急救援队伍1支（蓝天应急救援服务中心），重点领域的专项应急救援队伍10支和专业抢险队伍11支。此外，各镇（街道）、开发区及相关部门有各类应急抢险队伍51支。

【安全生产责任体系完善】 2019年，武进区落实《常州市党政领导干部安全生产责任制规定实施办法》，印发《关于区委常委联系安全生产工作的通知》，形成区委常委联系板块、分管区长负责条线的安全生产领导责任网络。年初召开全区安全生产工作会议，区政府主要领导与各行业分管领导、各部门板块层层签订安全生产目标管理责任书，同时将安全生产纳入全区高质量发展年度考核指标体系。区安委办结合综合督查、季度点评、安全巡查、明察暗访等举措，推动各级各部门压实安全生产责任。年内，区委常委会、区政府常务会议分别专题研究安全生产工作各5次，区委区政府主要领导对安全生产工作批示36次；区领导组织安全生产督查55次，走访企业和单位120个。

【安全生产大排查大整治】 在响水“3·21”特别重大爆炸事故发生后，区安委会先后于3月22日、3月29日印发《关于立即开展危化品等重点行业领域安全生产隐患排查整治的紧急通知》《关于实行安全生产大检查周报制度的通知》，组织各地各部门在危险化学品、道路交通、建筑施工、特种设备等重点行业领域开展为期9个月（3—12月）的安全生产大排查大整治工作，全面防范化解重大安全风险。区安委办建立重大隐患清单制度，将大排查大整治工作纳入季度点评范围。区应急管理部门组织召开全区化工生产企业负责人和安全员响水“3·21”事故警示教育大会，全面排查整治涉及重大危险源、高危工艺的化工企业46家，对其中35家危化企业开展夜间抽查。全面排查整治涉及金属冶炼、粉尘防爆、有限空间的重点工贸企业170家，组织停产复工化工企业相关负责人开展集体约谈和应知应会考试，对涉及重大危险源企业实行重大事项报告制度。区住建部门对15个在建深基坑施工项目、17个工程项目的37台建筑起重机械及158个在建项目防高空坠落措施落实情况开展专项检查；区发改部门结合全国政策性粮食库存数量和质量大清查工作，逐一检查粮食系统安全生产工作情况；区交通部门结合“两客一危”运输市场联合整治，对客运、货运、危险运输品企业及汽修行业企业实施全面安全检查，开展路面执法行动，查处道路运输违章行为110起；区市场监管部门开展特种设备领域企业安全专项治理；区文体广电和旅游部门对各旅游景点、文化场所、文物保护单位逐个开展检查，重点检查安全生产工作情况及游泳馆等高危场所；区公安部门组织开展人员密集场所、群租房等领域检查督查，整改涉及校园、群租房、城市综合体等部位的风险隐患32处；区消防救援部门组织开展消防安全专项行动。区政府成立由区领导带队的综合督查组8个、由部门牵头的专业小组14个，对大排查大整治工作开展明察暗访和督查考核。各地各部门共检查企业2.65万家次，排查事故隐患5.87万条，其中重大隐患97条，关闭非法违法企业29家，责令停产停业企业222家，处罚企业525家，罚款1167万元。

【危险化学品安全综合治理】 2019年是武进区开展为期三年的危险化学品安全

综合治理最后一年，重点开展排查危险化学品领域风险隐患、从严从重查处各类违法行为、持续推进化工产业整治提升、提升安全监管保障能力四方面的工作。2017—2019年，各镇（街道）、开发区及区应急管理、生态环境、交通运输等部门共组织检查化工企业1258家次，排查事故隐患3115条。区应急管理部门累计检查化工企业730家次，罚款622.95万元。通过关、停、并转，累计减少化工企业128家(不含常州经开区)，其中太湖一级保护区范围内的3家化工企业及中心城区（湖塘镇）的7家企业均关停退出。相比2017年初，全区化工企业减少比例超过60%。同时，通过实施“二道门”建设、自动化控制系统改造、设置应急处置卡、建立风险研判与承诺公告制度等措施，化工企业本质安全水平全面提升。加强安全监管力度，对所有化工生产企业安排专人挂钩联系、驻点监管，保障服务企业安全管理工作。

【安全生产行政执法】 2019年，区应急管理部门以“安全生产精准执法年”活动为抓手，规范执法程序，健全执法工作机制，建立“双随机”（随机抽取检查对象、随机选派执法检查人员）检查机制和“四不两直”（不发通知、不打招呼、不听汇报、不用陪同接待，直奔基层、直插现场）暗查暗访工作制度，形成严管重罚的安全生产行政执法高压态势。制定印发行政执法“三项制度”（行政执法公示制度、执法全过程记录制度、重大执法决定法制审核制度），建立行政执法案卷评审制度，加强行政执法考核，提升执法规范性。严格开展事前执法，检查督查企业820家，排查处置事故隐患4210个，办理事前违法案件181起，罚款918.94万元，并通过《武进日报》专刊公开安全生产违法行为；严格执行“黑名单”管理制度,限制企业在上市、融资、贷款等方面权利，80家涉及重大违法违规企业纳入失信“黑名单”；开展事故调查，刑事追责企业相关人员10人。

【安全生产宣传教育培训】 2019年，区应急管理局通过媒体宣传、开展活动方式加大安全生产知识宣传，营造安全生产氛围。在电视、电台、《武进日报》开设专版专栏，广泛宣传安全生产工作政策及法规要求，密集报道安全生产工作动态，增强全社会安全发展理念和依法治安观念。打造“武进应急”微信公众号品牌，至年末关注人数超过14万人。通过“线上线下”方式实行有奖举报制度，引导社会力量参与安全生产群防群治，全年受理群众举报139起，均按时处理完毕。组织开展安全生产“七进”(进企业、进校园、进机关、进社区、进农村、进家庭、进公共场所)、安全生产月、最美安全员评比等活动，提升广大群众对安全生产的知晓度。开展安全生产教育，各镇（街道）、开发区均建立事故现场警示教育机制，每发生一起事故，就组织同类企业负责人到事故现场接受教育，举一反三。编制《武进区生产经营单位安全生产主体责任告知手册》《武进区生产经营单位安全生产违法行为典型案例》，印发到全区生产经营单位各1.8万份，推动各单位落实安全生产主体责任。实施企业负责人、安全员、特种作业人员培训，举办培训班228场，培训人员3.12万人次。

（任　磊）

消　防

【概况】 12月30日，常州市武进区消防救援大队挂牌。2019年，武进区学习贯彻国务院办公厅《消防安全责任制实施办法》《江苏省消防安全责任制实施办法》，汇总整理区域消防安全形势分析报告15份，梳理出问题集中的区域底册和基础建设短板。召开政府常务会议研究解决消防安全工作重大事项，推动落实消防安全责任制、公共消防基础设施建设、“十三五”消防规划实施等工作。借助区安委会平台，每季度对行业部门和镇、街道开展督查并通报。结合机构改革及时调整区消防安全委员会组成机构，明确各行业部门监管责任，建立联席会议制度，强化部门协调、联合执法、工作交流和信息共享等机制。夯实单位主体责任，促进单位建立健全消防安全教育、培训，防火巡查等制度14项。加强消防基础建设，推进消防安全隐患整治，夯实消防防控基础。补齐短板、理顺机制、破解难题，全区火灾形势总体平稳可控。全年发生火灾248起、死亡2人、直接财产损失3157850元，分别比2018年下降48.52%、50%、79.93%。

【消防基础建设】 2019年，武进区将消防工作纳入经济社会发展总体规划，完成城镇、开发区消防专项规划（或消防专篇）修订，启动《武进区消防专项规划（2020–2030)》编制工作。合理规划全区消防站点布局，推动湖塘镇北部政府专职消防队建设。完成车辆装备建设三年规划任务，投入2400余万元，购置豪士科举高喷射消防车、60米高层供液车、20米高喷泡沫车、远程供水泵组、城市主战车和轻便水罐消防车各1辆，各类防护装备1058件套，抢险救援装备143件套，灭火类装备1267件套。加强消防水源建设，新建取水码头5个，

12月30日，武进区消防救援大队挂牌仪式举行　（供图/区消防救援大队）

累计37个；新建市政消火栓247个，累计2675个，完好率96.5%。

【消防安全隐患整治】 群租房火灾隐患整治。2019年12月，武进区成立群租房整治工作领导小组，从相关部门抽调人员组成专班实体运行。印发《关于加强群租房安全管理工作的实施意见》，重点整治违规设置影响疏散逃生和灭火救援金属栅栏、用火用电用油用气不规范、消防设施和逃生自救器材配置不到位等问题。运用“三色管理”法（对群租房安全等级用“红、黄、绿”三种颜色划分，并分别实施管理），绘制“三色地图”，依托大数据手段动态监管群租房现状，精准定位群租房聚集区。探索以租赁形式推广简易消防设施安装使用。年内共排查群租房1744家，新增灭火器2854具、应急照明1847具。电动车专项治理。关注电动自行车生产、销售、改装和使用等关键环节，成立由区工信、公安、住建、市场监管、应急管理、消防救援等部门组成的联合检查组，对全区电动车销售、维修企业的安全资质管理、产品质量检测、车辆注册登记、使用管理等环节开展动态监管。按照“源头管控、综合治理、建管结合”要求，推广新建电动车智能充电、集中停放场所。年内新建电动车智能集中充电设施180个，建成面积1.9万平方米。大型商业综合体消防安全隐患治理。开展大型商业综合体消防安全专项整治“回头看”，约谈大型商业综合体产权及商管主要负责人，逐家签订消防安全承诺告知书，对照自查排查整治重点，逐项整改隐患。组织区公安、住建、文旅、市场监管、应急管理、消防救援等部门对15家大型商业综合体开展集中检查，分别核查建筑使用功能、消防设施、防火分隔设施、消防安全管理、灭火救援条件五个方面，推动消防安全责任落实。高层建筑消防安全整治。以街道、社区为网格，重新摸排辖区高层建筑，修订“一楼一册”台账55份，重点详细标注建筑防火与安全疏散、外墙保温材料、消防设施、管道管井、日常消防管理五个方面18项内容。组织约谈物业公司、高层建筑住宅小区责任人及建筑工程消防安全管理人员，发放高层建筑消防安全自查表3568份，签订消防安全承诺书1622份，督促高层建筑物业管理单位与消防设施维保单位签订维保合同。加强微型消防站、志愿消防队力量建设，新建高层建筑微型消防站45个，配备各类灭火救援、个人防护、疏散逃生等专业器材1225件。分期分批举办培训班11次，完成对高层建筑微型消防站的联勤联训工作。电气火灾综合治理。发动电器产品及其线路生产、销售和使用单位，建设工程电气设计、施工及物业服务企业等单位开展自查自纠，督促整改电气火灾隐患5856处。组织区应急管理、消防救援、市场监管、电力等部门全面排摸高层建筑、医院、学校、宾馆、等场所重点部位电气线路安全隐患。将城中村、老旧小区等存在的隐患列入综合治理工作，彻底整治乱拉乱接电气线路问题，更换老化损坏的电气线路，安装漏电保护装置。全年全区消防机构及公安派出所共检查单位53056家次，督促整改火灾隐患60034条处，临时查封决定书61份，责令“三停”37家，拘留33人，新挂牌重大火灾隐患2处，提前整改销案1处。

【消防防控基础建设】 2019年，武进区健全乡镇、街道消防工作责任体系，基层消防安全委员会全部调整到位并明确工作职责。规范消防工作办公室建设，配齐配足工作人员，确保实体化运行。发挥网格力量，强化基层“末端”消防工作责任落实，将消防工作纳入基层综治网格化管理日常工作内容。发展群防群治力量，全区236个村（社区）、245个二级重点单位、562个三级重点单位全部建成微型消防站，在南洋、苏宁、新天地等商业聚集区建成联防组织10个；在“三合一”“群租房”“九小场所”推广安装点式报警2050个、简易喷淋154套，保护面积3.07万平方米；在人员密集场所、住宅小区推广安装电气火灾监控149套，提高初起火灾预警处置能力。深化“创建消防安全社区”活动，逐步明确居民楼院消防楼院长，做到楼前公示、制度上墙，落实网格化管理责任，90%的社区实现消防安全创建达标。

【消防宣传教育】 2019年，武进区将消防宣传教育作为宣传部门和媒体公益宣传重点，在武进电视台、武进日报高频次播放公益广告、飞屏字幕，依托品牌、专版专栏定期播报防火动态、曝光火灾隐患、传播平安文化。每天向10万微博、微信关注用户推送消防提示，精心策划“119消防宣传月”、政风热线等系列活动，与圆通快递等行业合作，融入消防宣传元素。打造“蓝精灵”消防安全小卫士教育平台，举办“公共安全教育开学第一课”活动，组织开展消防夏令营、绘制家庭疏散逃生图、网络消防知识系列竞赛等活动。年内，全区各级共开展集中宣传600余次，发放资料20余万份，发放告知单、倡议书、承诺书5万余份，张贴宣传海报3万余张，使用燃信（移动公司提供的群发短信业务）向目标人群发送提示短信50万条。

（杨娇娇）

11月2日，于9月创立的“蓝精灵”消防小卫士品牌项目授旗仪式举行

（供图/区消防救援大队）

镇·街道

Towns & Sub-district Offices

栏目编辑　万向阳

雪堰镇

【概况】 雪堰镇位于武进区东南部，东接无锡马山，西临宜兴，南濒太湖，总面积104.75平方千米，辖行政村25个、社区4个，2019年年末户籍人口78807人、常住人口10.32万人。境内有太湖岛屿焦山，春秋阖闾城、宋代龟山书院、南山寺、吴稚晖故居等人文景观，以及太湖湾旅游度假区、国际动漫嬉戏谷、中华孝道园等景区景点。农特产品有太湖“三白”（白鱼、白虾、银鱼）、水蜜桃、葡萄、柑橘、杨梅和绿茶等。获得国家级生态镇、国家卫生镇、国家园林城镇、江苏省电子商务示范镇、江苏省生态文明建设示范镇、江苏省健康镇等称号。

产业发展　推进现代农业发展，雪堰镇产业兴村强县示范项目通过省级验收，省现代农业产业示范园新康优质稻米园初具规模，夏庄精品葡萄园和雅浦精品桃果园基础设施建成，冷链加工物流园（一期）项目进入招投标程序；新康、城东村333.33公顷高标准农田项目通过省级验收，南山、雅浦村266.67公顷国家级高标准农田项目开工建设；雪堰镇创成省级粮食生产全程机械化示范镇和绿色优质农产品（水稻）基地，城西回民村被评为全国“一村一品”示范村。有工业企业1600家，年内新增规模以上企业23家，累计143家，全年完成规模以上工业产值104.6亿元，占全镇工业总产值的57%。新增高新技术企业10家，累计有效期内高新技术企业28家，全年完成高新技术产业产值42.8亿元，占全镇规模以上工业产值的40.9%；获授权专利344件，万人有效发明专利75件；开展银企对接、产学研合作，签订产学研合作协议22项。发展现代服务业，举办第五届雪堰桃花节、太滆开湖节和雪堰农特产品包装创意比赛，完成龙泉湾旅游民宿和半塘生态园民宿项目签约，城西回民村通过省特色田园乡村验收，获得中国美丽休闲乡村、江苏省特色景观旅游名村称号。全年完成服务业增加值63亿元、服务业投入9.3亿元，分别增长9%、37.9%。

雪堰镇万亩桃园　　（供图/武进日报社）

镇村建设　完善发展蓝图，完成雪堰镇总体规划（2016—2020年）、控制性详细规划修编和村庄规划、村土地利用规划调整，太湖湾美丽乡村片区规划定稿。推进重点项目建设，完成苏锡常南部高速、新孟河延伸拓浚工程和夹山垃圾填埋场三期项目前期工作，以及中吴（竺山）变一进三出线路工程总量60%以上，建成吴韵公园、浒南线（夏墅段）改造主体工程、兴政路绿化提升、洽盛桥、城西浜桥桥台基础，实施雪马大桥、十房桥、周桥维修。推进安置房建设，建成漕桥螺蛳湾安置区、楼村安置区三期自建房，开工建设南宅安置房，完成谢家、城东、城西、共建、潘家、圣烈、南山、雪西8个村10个安置点自建规划方案。保护生态环境，加强大气污染管控，完成“散乱污”企业（作坊）整治、码头堆场扬尘治理、工业炉窑企业整改和VOCs气体综合治理任务。推进水环境整治，建成污水管网13.3千米、排水片区48个、分散式生活污水处理设施61个，实现规划发展村生活污水处理率在90%以上；疏浚河道17.9千米，清淤河塘169个，完成4条生态河道主体提升工程；推广绿色农药，配送商品有机肥2400余吨；太湖3千米缓冲区水产养殖整治通过

表 66　　2019 年雪堰镇主要经济社会指标完成情况表

指　标	单　位	数　值	比 2018 年 (%)
地区生产总值	亿　元	97.66	5.1
公共预算收入	万　元	57673	−5.6
农业总产值	万　元	57481	−0.1
多种经营产值	万　元	54050	0.0
粮食总产量	万千克	932.7	−2.0
工业销售收入	亿　元	175.25	7.0
实际利用外资及港澳台资	万美元	1000	−1.9
自营出口额	万　元	139584.90	−3.9
第三产业增加值	亿　元	63.00	8.3
居民人均可支配收入	元	33367.00	8.5

省级验收，国考、省考断面水质全面达标。改善人居环境，新建、改造公厕 16 座，新建垃圾分类亭 450 余座，实现 25 个行政村和 46 家企事业单位生活垃圾日产日清、160 余家餐厨单位餐厨垃圾统一收运；新增造林绿化 35.6 公顷、湿地修复 40 公顷，吴韵公园生态绿城项目通过验收；创成区级美丽乡村 5 个、康居型村庄 13 个。加强镇村精细管理，实施“大棚房”、渣土车、殡葬用地、路域环境、户外广告、停车秩序等专项整治，推行雪堰、潘家片区环卫市场化运作，雪堰镇长效管理考核位居全区第一。

社会事业　推进教育、卫生事业协调发展，成立教育卫生千万光彩基金，新建民办幼儿园 1 所，实施雪堰初级中学、雪堰中心小学操场提升改造，雪堰中心小学创成市新优质学校，雪堰中心小学、潘家小学获得区素质教育质量评估一等奖，流动人口积分入学 455 名。雪堰中心卫生院争创二级综合医院，妇产科创成省基层医疗卫生机构特色科室；漕桥卫生院建成血液透析中心。发展文体事业，新建综合文化服务中心 4 个，实现基层综合文化服务中心全覆盖。举办庆祝新中国成立 70 周年系列活动、第二届武进诗词大会雪堰分会场活动，出版发行《雪堰文化丛书》，开展社区天天乐、全民健身活动，丰富群众文体生活。完善社会保障，新增就业 2897 人、公积金扩面 800 人、企业社保扩面 1688 人，全年发放低保补助金 202 万元、慈善救助金 100 万元，实施大病救助 106 例，完成贫困户危房改造 3 户。

太湖湾　　（供图 / 武进日报社）

【雪堰镇产业兴村强县示范项目通过省级验收】 2019 年 11 月，雪堰镇产业兴村强县示范项目通过省级验收。雪堰镇于 2018 年 6 月被列入农业农村部首批产业兴村强县示范镇后，坚持以“改善生态环境、美化乡村景观、服务城市需要”为出发点，立足交通便利的区位优势、山水兼备的景观优势、产销同位的市场优势，以土地适度流转和集约利用为基础，以农业基础条件提升改善为根本，以联农带农机制创新为纽带，发展优质水稻和精品林果产业，做大做强创意休闲农业与乡村旅游“增长极”。到 2019 年，完成农业产业强镇建设投入超过 2 亿元，建成新康村优质稻米示范园、谢家村桃标准园、城西回民村休闲农业园，以休闲创意为主题的现代都市农业初具规模，形成了“春赏花、夏摘果、秋品鲜、冬滑雪”特色旅游项目。

【雪堰新增年产值超亿元企业 3 家】 江苏威士服装机械有限公司　位于雪堰工业集中区恒立路 10 号，成立于 2004 年 11 月，占地 3.22 公顷。主要生产服装机械熨烫设备、洗涤设备、服装机械。2019 年，完成产值 11130 万元。

江苏奥奇海洋生物工程有限公司　位于雪堰镇漕桥金三角东路 54 号，成立于 2001 年 5 月，占地 7000 平方米，建筑面积 5000 平方米。主要从事软胶囊剂（奥奇牌鲛鱼油胶丸、奥奇牌角鲨烯胶丸）生产，水生动物油脂及制品的制造、加工、销售。2019 年，完成产值 11024 万元。

常州恒立气动科技有限公司　位于雪堰镇工业集中区，成立于 2013 年 8 月，占地 2 公顷，建筑面积 9000 平方米。主要从事气动元件、流体阀门、自动化元件、汽车配件、轨道交通车辆配件、精密机械设备、服装机械设备的研发、制造、加工、销售。2019 年，完成产值 11820 万元。

【雪堰新增高新技术企业 10 家】 2019 年，雪堰镇 10 家企业被全国高新技术认定管理工作领导小组办公室认定为高新技术企业。

常州爱克普换热器有限公司　位于雪堰镇间城路 7 号（雪堰工业园区），成立于 2007 年 11 月，占地 1.33 公顷，建筑面积8000平方米。主要研制、生产铝制板翅式换热器，产品广泛应用于工程机械、农林机械、空气压缩机、铁路机车、液压油和润滑油系统、汽／柴油发动机、风力发电站等领域。2019年，完成产值9756万元。

常州回回机械科技有限公司　位于雪堰镇潘家，成立于2006年，占地2.2公顷，生产车间1.5万平方米，专业生产农林机械、机具、煤矿机械、工程机械等专业设备。2019年，完成产值6810万元。

常州博人精工机械有限公司　位于雪堰镇夏庄村，成立于2007年1月，占地1.18公顷，建筑面积1.6万平方米。主要从事机械零部件、轴承、轴承座、齿轮、链轮、金属密封件、精密铸件、塑料制品（除医用塑料制品）制造、加工，钢球、紧固件、轴承、轴承座、标准件销售，创立自主品牌“CZBR”。2019年，完成产值2420万元。

常州市华瑞焊割机械有限公司　位于雪堰镇夏庄村，成立于2005年6月，占地3.5公顷，建筑面积1.6万平方米。主要从事焊割器材、塑料制品、焊机制造和五金加工。2019年，完成产值8018万元。

江苏恩菲环保装备有限公司　位于雪堰镇漕桥工业集中区，成立于2006年11月，占地2.43公顷，建筑面积1.29万平方米。主要生产经营恶臭气体除臭设备、工业废气处理设备、医药化工废气处理设备、电镀酸洗废气净化设备、废气洗涤塔等产品，具有乙级设计资质、污染治理能力资质及安全生产许可证。2019年，完成产值7839万元。

常州市恒具森自动化设备有限公司　位于雪堰镇夏庄村黄埝桥276号，成立于2015年10月，占地2500平方米，建筑面积2500平方米。专业生产模切生产线设备，包括高速精密模切机、多功能精密复合机、高速精密切片机、自动收放卷机、小孔套位模切生产线、异步送料模切生产线等产品，通过ISO 9001质量管理体系认证。2019年，完成产值1000万元。

常州市武进鸿程汽车配件有限公司　位于雪堰镇闾城路8号，成立于1998年10月，占地1.2公顷，建筑面积8000平方米。专业生产内燃机冷却水泵用各类机械密封件。2019年，完成产值4008万元。

江苏华盾复合材料有限公司　位于雪堰镇漕桥工业集中区洽盛北路8号，成立于2007年6月，占地1.04公顷，建筑面积约5000平方米。专业生产玻璃钢制品，获评江苏省绿色环保节能产品，公司是江苏省新材料产业协会常务理事单位。2019年，完成产值2097.8万元。

常州金海防静电地板有限公司　位于雪堰镇雪宏路2号，成立于2000年9月，占地1.41公顷，建筑面积9895.48平方米。主要从事防静电地板、抗静电活动地板、防静电塑料保温板、计算机机房辅助设备及金属天棚、电缆桥架的制造、安装，产品应用于电信、电子、电力、微电子、医学等行业。2019年，完成产值11321万元。

江苏湘林嘉雨机械有限公司　位于雪堰镇黄埝桥夏庄工业园，成立于2008年3月，占地1.13公顷，建筑面积11268平方米。专业生产大型矿山机械零部件，包括上部机架（顶部）、上机架、主机架、动锥体、锁紧螺母、主轴、支撑环、防尘罩、调整套、臂架衬套、双面螺母等。2019年，完成产值6337万元。

表67

2019年雪堰镇各村（社区）基本情况表

村（社区）名	户数（户）	户籍人口（人）	党组织书记	村委（社区居委会）主任	集体经济收入（万元）
共建村	1441	4443	龚建生	吴乐平	365.84
雪东村	960	3206	管立新	李瑞元	393.72
南山村	962	2977	钱亚清	吕　峰	184.19
绣衣村	990	3330	胡亚伟	胡亚伟	435.27
雪西村 雪西社区	1649	4309	徐建欣 徐建欣	冯　磊 吴雪良	329.07
雅浦村	816	2700	张伟德	陆育峰	234.99
阖闾城村	947	2796	蒋荣刚	蒋荣刚	473.61
谢家村	893	3030	秦伟新	董付兴	137.15
太滆村	815	2770	单小兵	单小兵	501.85
圣烈村	1081	3142	刘小明	王敏丰	170.97
曹家村	1371	3644	曹建祖	汪云飞	390.46
城东村	752	2085	陈正元	蒋　平	122.80
周桥村	1361	3562	钮建明	陈革新	127.86
城西回民村	990	2941	吴卫丰	吴卫丰	398.94
城湾村	727	2035	徐建达	高俊立	249.37
凤凰村	636	1857	王曙东	王光辉	183.61
夏墅村	700	2123	丁卫东	孙国才	129.74
王允村	1400	4090	周文良	盛建军	306.50
夏庄村	1192	3577	陆自强	刘勤贤	449.87
楼村村	1136	3423	边伟光	蒋颖涛	370.40
新康村	1264	3570	金建新	刘建平	510.54
浒庄村	797	2338	缪林香	董全荣	138.78
潘家村 潘家社区	839	2766	李惠全 李惠全	李惠全 王　薇	231.52
南宅村 南宅社区	1454	4363	蒋全茂 蒋福德	尹卫国 尹卫国	127.42
漕桥村 漕桥社区	1457	3409	李卫星 李卫星	王岳良 李卫星	374.43

说明：社区属村居合一，有关数据并入相关村统计

【城西回民村入选中国美丽休闲乡村】 参见“旅游业”类目P129同名条目。

【《雪堰文化丛书》出版】 2019年5月，《雪堰文化丛书》由江苏人民出版社出版。该丛书由武进区地方文献研究会谢达茂、肖飞等编写，分四册，共40万字。其中，《民间掌故》设置“帝王珍闻、名士传闻、坊间奇闻”3个篇目，介绍雪堰民间文化成果；《名人事略》以写实笔法记述雪堰古今名人行历和事迹；《方物风韵》融产品推介、知识普及等于一体，介绍雪堰果品、茶业、水产等名特产品；《人文胜景》细致描述雪堰境内文保单位和主要人文景观。

（朱佳平）

礼嘉镇

【概况】 礼嘉镇位于武进区东南部，东临洛阳镇，西接武进高新区，南靠锡溧漕河，北依武进中心城区，总面积57.84平方千米，辖行政村14个、社区3个，2019年年末户籍人口48932人。有葡萄、水蜜桃等名特农产品。获得“国家卫生镇”“国家级生态镇”“全国环境优美镇”等称号。

产业发展 推进现代农业提质增效，实现小麦、水稻优质高产品种全覆盖，蒲岸、武阳、陆庄5000亩国家级高标准农田建设通过验收，全镇高标准农田占比超过90%，农业生产机械化水平超过95%；礼嘉镇葡萄文化展馆竣工投用，农业电商平台建设启动，武南现代农业产业园春季、夏季、秋季观光采摘休闲游路线初步形成，推出“魅力礼嘉农业游”项目、嬉乐湾杨梅采摘节等品牌活动。实施优质企业培育计划，新增规模以上企业41家、“上云”企业7家，分别累计108家、7家，全年完成规模以上企业工业产值150亿元，占全镇工业总产值78%。推进市、区重点项目建设，引进投资超1亿元项目8个、5000万元以上项目11个，泛亚微透等7个项目开工建设。深入实施创新驱动战略，新增高新技术企业5家，累计26家，全年完成高新技术产业产值116亿元，占全镇规模以上企业工业产值的82%；江苏常发农业装备股份有限公司获批省科技成果转化项目，常州泰田机械有限公司等9家公司与湖南理工学院等4所高校分别签约合作，常州市达辉医疗器械有限公司与南京大学口腔医学材料筹建联合研发中心。推动企业上市，新增区域性股权转让市场挂牌企业6家，江苏泛亚微透科技股份有限公司准备科创板上市。发展房地产业，港龙大发龙悦府开盘，当年去化突破90%。

镇村建设 完善城乡规划体系，实施镇控制性详细规划局部修编、村庄规划调整；优化用地结构，调整青洋路西侧礼嘉工业坊用地15.5公顷，新增村庄建设用地40.4公顷；推进地块运营开发，镇中路商业地块2.76公顷土地挂牌出让。完善基础设施，实施讲学街改和青洋路线外道路、百兴路东延等重点工程规划建设，修补养护礼嘉集镇、礼坂路、城河路等道路面积超过2万平方米；建设防洪设施及小农水工程，新建茅堰水系沟通地下渠等水利设施近1000米，完成13个自然村排水片区改造，落实13座镇级排涝站长效管护；完成建东村等5个村天然气管道铺设，新增民商用户2048户。推进农村改革，办理农村集体经营性建设用地入市11宗，宅基地改革、农村土地承包经营权确权登记办证“回头看”持续开展。推进拆迁安置，配合南沿江城际铁路（礼嘉段）建设项目，完成民房签约腾房87户、企业签约9户；落实村民214户、嘉熙园安置小区选房分房495套和礼乐小区安置房颁证64户。推进绿色发展，加强大气污染防治、水环境治理，整治提升重点用能企业5家、挥发性有机物（VOCs）排放企业56家，整治取缔“散乱污”企业（作坊）80家，改造锅炉77台，清淤河道25千米、河塘188处，新建污水主管网8.8千米，新增接管企业81家。推进农村人居环境整治，开工建设农村分散式生活污水处理点19个，完成张家河1.5千米生态景观河道整治工程，建成生态湿地26.67公顷，新增造林面积53.33公顷，实现“康居型”“整洁型”村庄建设全覆盖，通过“康居型”村庄验收18个。加强镇村精细化管理，开展坂上集镇环境、村庄环境、户外广告、偷倒垃圾等专项整治行动和“精品街区”创建，启动运行集镇区垃圾分类点，全面改善城乡环境，礼嘉镇通过国家级卫生镇复检。

社会事业 推进文体阵地建设，改善镇综合文化站设施，建成投用礼嘉公园，实现村（社区）综合文化服务中心、城乡一体“十分钟公共文化体育圈”全覆盖，全镇公共文化面积近3万平方米、公共体育面积超过13万平方米。围绕“庆祝新中国成立70周年”等主题，组织开展《我和我的祖国》快闪、“社区天天乐”和民俗文化大巡游、“话运河说非遗”民间少儿讲故事比赛等活动，营造健康向上、文明和谐氛围。推进教育卫生事业均衡发展，礼嘉学前教育培训中心教学楼主体建成，坂上卫生院创建省级中医馆，全镇实现家庭医生重点人群签约21777人。推进省级文明村创建，庞家街村、武阳村被省文明委授予2016—

嬉乐湾 （供图/武进日报社）

表 68 2019 年礼嘉镇主要经济社会指标完成情况表

指　　标	单　位	数　值	比 2018 年 (%)
地区生产总值	亿　元	97.29	7.70
公共预算收入	万　元	33346.22	18.67
农业总产值	亿　元	3.81	-4.75
多种经营产值	亿　元	3.39	-5.04
粮食总产量	万千克	1237.00	-3.05
工业销售收入	亿　元	206.57	11.84
实际利用外资及港澳台资	万美元	1007.02	0.04
自营出口额	万　元	322947.40	0.49
第三产业增加值	亿　元	30.85	9.60
居民人均可支配收入	元	34563.00	8.49

2018 年度江苏省文明村称号。健全社会保障，组织职业农民培训 306 人次，新增就业岗位 3000 余个，净增社保扩面 1361 人，新增城乡居民养老医疗保险 1127 人，办理被征地农民整组保障、即征即保 3111 人，发放最低生活保障金 148 万元、救助金 625 万元。深化“阳光扶贫”，建档立卡低收入农户 270 户。

【新科人居智能舒适系统等 7 个市、区重点项目建设】 新科人居智能舒适系统项目　由江苏新科环保科技有限公司实施，于 12 月开工建设，完成投资 1.5 亿元。该项目占地 25.87 公顷，其中一期用地 11.33 公顷，新建厂房面积 13.6 万平方米，新增生产流水线 10 条及配套能效、环保排放、安全等测试设备，达产后建成后，形成年产 50 万台空气能及煤改电、1000 万台智能空调、500 万台空气净化器及新风设备生产能力。

海得游艇项目　由江苏海得游艇有限公司实施，于 12 月完成主体施工，投资 1.5 亿元。该项目用地 2.4 公顷，新建厂房面积 1.8 万平方米，采购 CNC 智能加工设备、工业机器人手臂等自动化设备，达产后可形成年产游艇 300 艘的规模。

林辉工业仓储、环卫制品项目　由江苏林辉塑料制品有限公司实施，于 12 月完成主体施工，投资 1.5 亿元。该项目用地 3 公顷，新建厂房面积 4 万平方米，新增大型滚塑设备、吹塑设备、注塑机等共计 19 台，达产后可形成年产工业仓储用塑料托盘 300 万个、环卫垃圾桶 60 万个的生产能力。

戴纳米克花辊机械项目　由江苏戴纳米克机械科技有限公司实施，2019 年完成投资 1.1 亿元，1 号车间主体在建。该项目用地 3.33 公顷，建设厂房面积 3 万平方米，新增进口瓦德里希轧辊磨床等设备 31 台套，达产后可形成年产高端塑料薄膜压延设备的花辊、轧辊 2000 根。

泛亚微透多种二氧化硅气凝胶等复合材料研发及产业化项目　由江苏泛亚微透科技股份有限公司实施，2019 年完成投资 1.7 亿元，6 号、7 号车间主体完工，8 号车间主体在建。该项目用地 2.7 公顷，新增二氧化硅气凝胶、窄幅 e-PTFE 等设备 45 台套，达产后可形成二氧化硅气凝胶 1604 立方米、二氧化硅气凝胶 /e-PTFE 膜复合材料 24 万平方米、透声膜 1 万平方米的生产能力。

艾美宠物用品项目　由常州艾美卫生用品有限公司实施，于 12 月完成主体施工，投资 1.25 亿元。该项目用地 2.35 公顷，建设厂房面积 2 万平方米，投入全自动宠物尿垫生产线，达产后可形成年产 1200 个标准集装箱宠物尿垫的生产能力。

奥凌燃气取暖器项目　由江苏奥凌机电科技有限公司实施，2019 年完成投资 3000 万元，1 号、2 号、3 号车间主体在建。该项目用地 1.79 公顷，建设厂房面积 3.3 万平方米，达产后可形成年产烤箱、取暖设备 50 万台的生产能力。

【礼嘉新增高新技术企业 5 家】 2019 年 11—12 月，礼嘉镇有 5 家企业被全国高新技术认定管理工作领导小组办公室认定为高新技术企业。

江苏常力电器有限公司　位于礼嘉镇工业大道 18 号，创建于 2000 年，占地 3.5 公顷，建筑面积 5 万余平方米。专业生产空调、冰箱管路件及各类起动电机，通过 ISO 9001:2015 质量管理体系、ISO 14001:2015 环境管理体系、GB/T 28001:2011 职业健康安全管理体系认证。2019 年，完成产值 15571.56 万元。

常州市永邦塑业有限公司　位于礼嘉镇工业集中区金球路 8 号，成立于 2007 年，租赁厂房面积 1500 平方米。专业研发、生产、销售特种工程塑料制品，应用于航空航天、能源开采、汽车、电子半导体、工业泵阀等领域，获得专利 10 余件。通过 ISO 9001:2008、ISO 9001:2015 质量管理体系和 ISO/TS 16949:2009 汽车行业质量管理体系认证。2019 年，完成产值 750 万元。

常州市武进润丰塑料制品有限公司　位于礼嘉镇礼坂路 163 号，成立于 2001 年，占地 3 公顷，建筑面积 1 万平方米。专业生产和销售汽车仪表台、汽车门护板及汽车车顶等部位所用的 PVC/ABS 合金表皮及其复合产品（复合 PP、XPE 等）、ABS 板材及其复合板、PC/ABS 板材及其复合板、PP 片材及中高端的 TPU、TPO 产品及其复合产品，通过 ISO/TS 16949 汽车行业质量管理体系、ISO 14000 环境管理体系认证，产品自 2013 年起出口欧盟和俄罗斯、伊朗、印度等国家。2019 年，实现销售收入 4800 万元（不含出口）。

常州市峰月机械有限公司　位于礼嘉镇秦巷工业园青洋路 51 号，成立于 2003 年，占地 2000 多平方米，租赁厂房 2000 平方米。专业生产涡轮增压器配件，通过 ISO/TS 16949 汽车行业质量管理体系认证。2019 年，完成产值 5885 万元。

常州南鹏机械有限公司　位于礼嘉镇工业集中区晨阳路 8 号，成立于 2013 年，占地面积 1.8 公顷，建筑面积 3000 平方米。主要研发、生产及销售 DESBOER 高精密行星减速器，广泛应用于机器人技术、机械手臂、机床和制造系统、食品和包装设备、印刷机械等领域。2019 年，实现销售收入 1968 万元。

礼嘉公园　　（供图/武进日报社）

【红光无线电被认定为省级企业技术中心】 2019年10月，常州市武进红光无线电有限公司（简称"红光无线电"）被省工业和信息化厅等部门认定为2019年省级企业技术中心。该公司位于礼嘉镇坂上村，成立于1998年，从事交换式电源产品开发、生产，主要产品通过中国3C、欧盟CE、德国GS和美国UL、FCC认证，并通过ISO 9001质量管理体系认证，广泛应用于家电、计算机、通信网络、工业设备等领域，公司从2006年起连续9年被认定为高新技术企业，于2015年通过江苏省工程试验中心评审，拥有专利20件和省级高新技术产品8种、市级高新技术产品10种，获得江苏省民营科技企业称号。

【港龙大发龙悦府开盘】 港龙大发龙悦府位于礼嘉镇百兴路南侧、礼百路东侧（规划），占地2.76公顷，总建筑面积6.69万平方米，规划户数436户、机动车停车位365个。该项目由常州市凯旸置业有限公司开发，常州华北建筑有限公司承建，江苏阳湖建设项目管理有限公司监理，于7月25日开工建设，8月30日开盘，当日去化率88%，当年去化突破90%。

表69

2019年礼嘉镇各村（社区）基本情况表

村（社区）名	户数（户）	户籍人口（人）	党组织书记	村委（社区居委会）主任	集体经济收入（万元）
新辰村	895	3447	李永祺	—	228
秦巷村	902	3020	唐文成	庄定海	241
礼嘉村	802	2814	李　强	李　强（兼）	195
建东村	1130	3996	上官直新	周志荣	248
陆庄村	813	2798	史仕兴	史新杰	206
毛家村	1017	3584	陆梦惕	张　进	118
何墅村	913	3026	周伟良	何文超	97
蒲岸村	2003	3540	殷德强	殷静波	210
武阳村	1070	3833	吴振宇	张仲新	263
坂上村（社区）	680	2063	李建一	庄燕军	183
大路村	1268	3950	李晓峰	杨益鸣	147
庞家街村	902	2841	庞新良	周文浩	109
华渡村	1275	3878	谢永良	—	104
政平村（社区）	1394	4090	范平益	赵　磊	232
礼嘉社区	450	936	史一平	陆　超	—

【礼嘉公园建成投用】 参见"城乡发展"类目P144相关条目。

（谈海燕）

前黄镇

【概况】 前黄镇位于武进区南部，东临太湖，西濒滆湖，南与宜兴市和桥镇接壤，北依武进高新区，总面积103.59平方千米，辖行政村20个、社区4个，2019年年末总人口85117人。境内有新长铁路货运站点，沪宁高速苏锡常南部通道、常宜高速，常武路、南环线、湖滨公路等区域交通干道，以及太滆运河、武宜运河、锡溧漕运河等水运等级河道。素有"鱼米之乡"之称，"前黄"优质大米、"绿天使"食用菌、"尊龙"酱鸭、"红高"螃蟹、"碧水"青虾、寨桥"老鹅"等品牌农产品远近闻名。获得国家级生态镇、江苏省外向型农业生产基地、无公害蔬菜生产基地和江苏省教育名镇等称号。

产业发展 全镇三麦种植面积500公顷、水稻种植面积1600公顷，水产养殖面积2333.33公顷，青虾、河蟹养殖面积增至800公顷；新增高效农业面积66.67公顷，累计933.34公顷；无公害农产品、绿色食品、有机农产品企业和品牌分别增至35家、66个。培育特色产业项目，建成优质稻米示范基地5个、水产养殖示范基地5个和林果、蔬菜示范基地9个。发展农村合作经济，成立全区首家农村合作经济组织联合会，促进农民增收增益。有工业企业1226家，年内新增规模以上企业19家，累计99家，全年完成规模以上工业产值101.58亿元，占全镇工业总产值的82%。建设重点项目，鑫和泰、九洲创胜特种铜管、迪宝新型建材3个区重点项目竣工投产，煜丰冷链物流、中新国际产业园、灵达特纤等区镇共建项目有序推进，协盛机械、达文西共享农场等6个项目加快实施。新增高新技术企业5家，累计35家，全年完成高新企业产业产值22.34亿元，占全镇规模以上工业产值的21.99%。

表 70 2019 年前黄镇主要经济社会指标完成情况表

指　　标	单　位	数　值	比 2018 年(%)
地区生产总值	亿　元	90.26	7.40
公共预算收入	万　元	31199.00	11.66
农业总产值	亿　元	11.90	7.00
多种经营产值	亿　元	11.30	−6.00
粮食总产量	万千克	1716.10	−26.30
工业销售收入	亿　元	119.16	5.59
对外及港澳台贸易进出口总额	亿　元	10.10	−3.60
自营出口额	亿　元	8.50	−6.30
第三产业增加值	亿　元	39.20	10.70
居民人均可支配收入	元	33851.00	8.51

推进企业股改上市，江苏国星电器有限公司、江苏海鹏防腐设备有限公司等 11 家企业在江苏股权交易中心挂牌。发展现代服务业，完成服务业增加值 39.2 亿元，限额以上社会消费品零售总额 2.2 亿元，分别增长 10.7%、32.1%。

镇村建设　深化城乡统筹，完善基础设施，常宜高速、苏锡常南部通道高速、新孟河拓浚等重大工程无障碍施工，小红星桥、农场后巷桥等 4 座农桥竣工通车，前庙路、敬业路、工业路、运农线等 6 条道路修复。推进拆迁安置，瑞声科技小镇、新长铁路平改立等项目拆迁完成，拆迁面积 6.3 万平方米；丁舍宅改区 350 套房屋主体工程基本完工，运村祥运佳苑安置小区二期、寨桥自建区房屋 62 套、红星自建区房屋 8 套开工建设，前黄文雅苑安置小区三期续建项目启动，运村祥运佳苑安置房 127 户、238 套分房完成。加强大气污染管控，完成企业 VOCs 整治 13 家，铸造企业通过专项整改验收 37 家，整治提升码头堆场 3 处。推进水污染治理，清淤河道 47 千米、河塘 73 个；实施池塘尾水净化试点工程，改造标准化池塘 1 个，原位修复池塘养殖面积 53.33 公顷；启动滆湖片区水产养殖整治，养殖退出面积 153.33 公顷；建成污水支管网 9.1 千米、排水片区 10 个和农村分散式生活污水处理设施 46 处，215 家企业完成雨污分流及污水接管。加强土壤污染管理，实施种植业清洁化生产工程，实现农药用量零增长，回收处置废弃农药包装和农膜 1.2 吨，建成生态湿地 73.33 公顷，绿化造林 40 公顷，实施农田休耕轮作 697.61 公顷。提升农村人居环境，开展农村生活垃圾、厕所粪污、生活污水、农业废弃物治理，完成集镇区垃圾“房改亭”工程和剩余 9 个行政村垃圾分类设施建设，新建农村分散式生活污水处理点 70 个以上。加强城乡精细管理，集镇、村庄、道路长效管理考核办法有效落实。

文雅苑安置房二期竣工交付　(供图 / 前黄镇)

社会事业　积极倡导乡风文明，深化省级文明镇创建，杨桥新书场、新时代文明实践站建成，前黄村、运村村、寨桥村 3 个村获评市文明村，丁舍村、前进村等 17 个村获评区文明村。发展教育事业，寨桥小学、前黄中心幼儿园教学设备和房屋改造完成，省前黄高级中学、前黄实验学校在中高考中分别再创佳绩。加强文化阵地建设，杨桥古村保护项目启动，前进、谭庄、观咀等 6 个省级综合性公共文化服务中心建成。全年开展文艺活动 27 场次，放映电影 240 场次，组织 300 多人次参加文化公益培训。加强社会民生保障，社会保险净增 839 人，发放低保、补贴、救助、抚恤共计 2200 余万元。发展养老事业，暖馨养老院投入运营，前黄敬老院提档升级改造完成。

【煜丰高端冷链物流园等 2 个重点项目建设】　煜丰高端冷链物流园项目　由常州煜丰冷链物流有限公司投资建设，用地 8.67 公顷，规划建筑面积 7 万平方米，其中冷库面积 3.5 万平方米，总投资 6 亿元。该项目于 2019 年 7 月开工，建设年限 2 年，年内完成投资 3 亿元。

梁盛置业梁颂雅苑项目　由常州梁盛置业有限公司投资建设，用地 3.75 公顷，总建筑面积 98201.54 平方米，计划总投资 6 亿元，主要建设住宅、商业，配套建设地下车库和环境绿化，道路及水、电、气等综合配套设施。该项目于 2018 年 12 月开工，2019 年完成投资 4.5 亿元。

【前黄新增高新技术企业 5 家】　2019 年月，前黄镇 5 家企业被全国高新技术认定管理工作领导小组办公室认定为高新技术企业。

常州北川机械制造有限公司　位于前黄镇红星村，创立于 2012 年 6 月，占地面积5200平方米，建筑面积5203.8平方米。主要从事冲锻复合精密钣金件、异型冲压锻造件、冲锻复合精密齿轮、大扭矩冲击钢球等产品研发、设计、制造，于2018年通过IATF 16949质量管理体系认证。2019年，实现销售收入13097.55万元。

常州市耕耘电器有限公司 位于前黄工业集中区，创立于20世纪60年代，前身为武进第二电器厂（常州市申达电器厂），占地面积1500平方米，建筑面积5300平方米。专业生产低压电器，通过ISO9001质量管理体系认证。2019年，实现销售收入2938.83万元。

常州市佳博机械有限公司 位于前黄镇农场村，创立于2008年3月，占地面积8000平方米，建筑面积6800平方米。专业从事锂电电动车高速电机生产企业，研制的锂电高速电机螺旋形钢齿为国内首创，已形成年产电机50万套的能力。拥有自营进出口权，通过ISO 9001质量管理体系认证和欧盟CE、RoHs认证及中国3C认证。2019年，实现销售收入4347万元。

常州嘉瑞特环保能源科技有限公司 位于前黄镇寨桥工业集中区，创立于2015年4月，占地面积15公顷，建筑面积3500平方米。专业生产除尘器，研发、制造、销售生物质燃料，制造、加工、销售及安装锅炉辅机、除尘设备、烟气净化装置、脱硫脱硝设备，制造、加工、销售钣金件、铁铸件、模具、普通机械设备及配件。2019年，实现销售收入4460.96万元。

2019年前黄镇各村（社区）基本情况表

表71

村（社区）名	户数（户）	户籍人口（人）	党组织书记	村委（社区居委会）主任	集体经济收入（万元）
运村村 运村社区	786	2420	张少一	王华明 张少一	319.94
农场村	878	2721	胥建定	胥晓宏	169.96
祝庄村	846	2875	叶建新	杨伯平	162.45
谭庄村	932	2837	胥国华	卢小东	185.33
杨桥村	1650	5012	朱志刚	朱志刚	226.44
大成村	997	3612	张一明	朱全良	171.95
丁舍村	1475	4245	王洪法	何建明	193.87
前黄村 前黄社区	822	2518	王　强	杨春凤 王　强（兼）	338.93
红旗村	916	2749	杨建明	—	169.7
前进村	805	2445	蒋东阳	徐志成	236.57
漳湟村	862	3130	鲍建中	沈细波	172.48
坊东村			柏益平	钱青全	298.43
联庆村	1173	4146	丁全民	张立成	207.06
灵台村	1752	5164	张建兴	蒋祥松	268.24
寨桥村 寨桥社区	836	2551	吴明亚	吴明亚（兼）	452.85
观咀村	965	3229	陈　刚	张志松	179.91
高梅村	915	2785	杨国兴	陈建良	189.2
坊前村	986	2960	王建强	李国富	205.75
红星村 红星社区	710	2355	李越飞	堵小南 李越飞（兼）	184.29
蒋排村	725	3023	赵　杰	宣晓南	289.74

常州圣雅塑母粒有限公司 位于前黄镇丁舍村，创立于2005年，占地面积1.8公顷，建筑面积18425平方米。专业生产PE抗静电母粒、PE开口母粒、阻燃母粒、PP抗静电母粒、无纺布改性母料、PE脱水母粒、PS改性母粒等产品，年生产能力达3万吨，通过ISO 9001:2000质量管理体系认证，产品远销东南亚、南美、南非等国家和地区。2019年，实现销售收入6628.89万元。

【前黄镇农村合作经济组织联合会成立】 6月22日，前黄镇农村合作经济组织联合会成立，成为全区首家农村合作经济组织。该联合会由常州市郭鲁农业专业合作社、常州市君辰农业服务专业合作社等7家单位发起成立，有团体会员55家，于当日召开第一次会员大会，通过农村合作经济组织联合会章程，选举产生第一届理事会会长、副会长，聘请顾问37人。年内，该联合会发挥组织、协调、指导、服务作用，吸收各类新型经营主体近105家，涉及农户1000余户；聘请农业专家、农产品销售专家举办实用技术培训会200余场次，邀请网红直播达人"石榴哥"为广大农户专题讲解直播知识、传授卖货技巧。通过农产品经纪人兜底包销农户的水蜜桃，累计销售总额超过3000万元。

（唐建安）

湖塘镇

【概况】 湖塘镇为武进区政府驻地，总面积80.9平方千米，辖社区45个，2019年年末户籍人口182659人（含集体户人口576人）。境内有全国重点文物保护单位——春秋淹城遗址和恽南田纪念馆、李公朴故居。有"中国百强乡镇""中国乡镇之星""中国织造名镇"之称，获得"全国环境优美镇""国家级生态镇""中国纺织面料之都""中国针织面料基地""中国纺织品贸易基地""棉纺织产业集群创新发展示范地区"等称号，2019年位列全国综合实力百强镇第21位。

产业发展 全镇有各类企业18000余家，其中工业企业3500余家，工业规模以上企业137家，全年完成规模以上工业产值139.3亿元，占全镇工业总

产值的41.1%。推进重点平台建设，湖塘科技产业园引进沃沛斯（常州）能源科技有限公司、江苏智马机电科技有限公司等优质企业，累计签约入驻企业130家，租赁厂房面积36万多平方米，厂房出租率达98%；湖塘科创园新增入驻企业4家，累计入驻企业45家。全镇新增高新技术企业11家，累计42家，完成规模以上高新技术产业产值24.6亿元，占全镇规模以上工业产值的17.6%。实施产学研合作8项，申请专利985件，获授权590件。推进企业上市，新设立股份制公司7家，江苏国茂减速机股份有限公司挂牌上市。发展现代服务业，武进汽车城、湖塘纺织城等重点市场运营良好，全年完成服务业增加值202.5亿元，增长6.4%。发展楼宇经济，举办湖塘首届城市商业广场欢乐季活动，入驻企业质量、业态和经营环境均有明显提升。

精致现代宜居新城区　　（供图 / 湖塘镇）

城市建设　推进拆迁安置，完成凤凰新城和聚湖路西侧、万科西侧等地块项目拆迁，全年累计签约拆迁面积近40万平方米，办理金鸡花园、永安花苑、南田家园等安置房4850套。推进绿色体系建设，基本完成“263”专项行动涉企关停整治任务。推进水环境治理，新建污水支管网32千米，累计133千米，基本完成城区支管网建设任务。推进大气污染治理，完成26家重点监管企业综合整治。加强城市长效管理，开展非机动车乱停放、乱设摊点、占道经营等综合整治60余次，处理违法用地11宗，拆除违章建筑32处，完成地铁1号线沿线市容环境综合整治。常态化推进文明城市建设，湖塘镇通过文明城市市级测评4次、省级测评2次，获评“2016—2018年度江苏省文明镇”，府东、府南、三勤、永定4个社区获评“江苏省文明社区”。

社会事业　优化配置教育资源，新建常发、弘阳幼儿园，实验幼儿园融创园、采菱小学建成开学，每年安排财政预算资金不少于200万元用于学校设备设施添置维护。建成投用镇为民服务中心，进驻工作部门7个，设立服务窗口37个，初步实现基层业务“一网统办”。全面建成新时代文明实践所（站），在全区树立起新时代文明实践的“湖塘样本”。深入实施文体惠民工程，提档升级公共文体设施，实现社区综合性文化服务中心多元化服务，开展庆祝新中国成立70周年系列文体活动，群众文化自信与归属感增强。发展卫生健康事业，新建社区家庭医生签约工作室8个，完成居民健康档案建档17.8万人，新增家庭医生签约服务8.2万人，完成国家卫生城市复审迎检、国家级慢病防控示范区创建和江苏省健康促进区创建任务。健全民生保障，完成为民办实事工程10件，累计投入近2亿元。推进就业再就业，办理就业创业证2802张，城镇失业人员再就业2173人，困难人员再就业473人。全镇社保扩面6858人，医疗保险新增4100人，完成率分别达278%、198%。全年发放被征地农民基本生活保障金、原镇办企业退休工人养老金、救助金等民生保障资金共计1.68亿元。加强阳光扶贫预防脱贫人员返贫。打造居家养老新格局，建成镇级居家养老服务中心1个、区域性社区老年人日间照料中心2个、社区居家养老服务站45个，基本实现居家养老服务网络全覆盖。

2019年湖塘镇主要经济社会指标完成情况表

表72

指　标	单　位	数　值	比2018年(%)
地区生产总值	亿　元	286.86	6.00
公共预算收入	万　元	176291.00	11.76
农业总产值	万　元	740.00	−37.20
多种经营产值	万　元	725.00	−37.60
粮食总产量	万千克	2.30	持平
工业销售收入	亿　元	307.57	2.00
实际利用外资及港澳台资	万美元	1453.00	−9.18
自营出口额	亿　元	49.50	2.70
第三产业增加值	亿　元	202.53	6.40
居民人均可支配收入	元	51485.00	8.50

【湖塘新增高新技术企业11家】 2019年12月，湖塘镇11家企业被全国高新技术认定管理工作领导小组办公室认定为高新技术企业。

常州市前峰汽车附件有限公司　位于鸣凰工业园南周路12号，成立于1985年，主要生产汽车管件、节气门轴承、冲压件等，拥有发明专利1件、实用新型专利10件。2019年，实现销售收入2808.48万元。

常州科旭纺织有限公司　位于湖塘镇定安西路188号，成立于2000年，从事高性能纺织品研发、生产，为防切割纺织品中国领军企业之一，主要生产防切割纱线、手套、面料、阻燃缝纫线、阻燃耐高温纱线等防护产品，拥有发明专利2件、实用新型专利9件、外观设计专利6件和PCT国际专利2件。2019年，实现产值11589万元。

江苏秋泓环境检测有限公司　位于湖塘科技产业园，成立于2017年，为社会第三方环境检测实验室，主要从事环境［水和废水、环境空气和废气（含室内空气）、土壤和底质、固体废物、噪声］、污泥（污水处理厂污泥）、工作场所、公共场所（游泳池水、物理因素、化学因素、集中空调通风系统）、生活饮用水等检测技术服务，拥有实用新型专利22件、软件按著作权5件。2019年，实现产值1146万元。

欣瑞德（江苏）医疗科技有限公司　位于湖塘科技产业园，成立于2015年，集研发、制造和销售医疗器械于一体，建有实验室，拥有实用新型专利25件、外观专利2件。2019年，实现产值3500万元。

常州市武进区湖塘常松建材有限公司　位于湖塘镇东新村，成立于2015年，专业从事外墙保温系统研发、生产、销售和工程施工，年产保温板10万立方米，配套砂浆2万吨，拥有实用新型专利11件、发明专利5件。2019年，实现产值559万元。

沃沛斯（常州）能源科技有限公司　位于湖塘科技产业园，成立于2016年，专业从事离网型和应用型太阳能组件的研究、开发、生产和销售，拥有发明专利1件、实用新型专利19件。2019年，实现产值6800万元。

江苏智马科技有限公司　位于湖塘科创园，成立于2016年2月，集伺服电机研发、设计和委托加工于一体，拥有实用新型专利18件。2019年，实现产值6000万元。

常州市辉廷机械有限公司　位于湖塘镇鸣凰新雅北路11号，成立于2014年，专业研发、生产、销售数控线材折弯成型设备，产品应用于汽车零部件制造、日用五金制品、园林机械、家具等行业，企业通过ISO 9001质量管理体系、ISO 14001环境管理体系、ISO 18001职业健康安全管理体系和欧盟CE认证，拥有实用新型专利14件、外观设计专利2件。2019年，实现产值1870万元。

江苏正德轨道科技有限公司　位于湖塘镇常武中路888号，成立于2016年，主要从事轨道交通行业专用器材、照明产品的生产、研发、销售、技术支持和技术服务，拥有实用新型专利15件。2019年，实现产值1789.78万元。

常州市武进建筑设计院有限公司　位于湖塘镇吾悦广场1幢15楼，成立于1976年，从事资质证书许可范围内工程设计、建设工程总承包业务以及项目管理和相关技术和管理服务。于2010年9月通过ISO 9001质量管理体系认证，2018年成为江苏省建筑产业现代化研发类示范基地，2019年获评江苏省工程总承包试点企业，并列入江苏省全过程工程咨询试点，拥有实用新型专利19件。2019年，实现营业收入3407万元。

常州市春晖纺织染整有限公司　位于湖塘纺织工业园，成立于2005年，主要从事化纤面料染色及后整理，2011年成立企业技术中心，配备用于产品试制专线及染色测试的场所，拥有发明专利1件、实用新型专利15件。2019年，实现产值1.6亿元。

【湖塘科创园新增入驻企业4家】 湖塘科创园位于湖塘镇鸣新中路256号，占地面积8万平方米，建筑面积8.6万平方米，以自动化、医疗、电子等产业为主，获得国家级孵化器、省级小企业创业示范基地称号。2019年，该科创园加快“腾笼换凤”，清退企业4家，腾出面积约6000平方米，新增入驻常州和昶特种合金有限公司、常州市赫墨斯精密机械有限公司、江苏海菲环境科技有限公司、常州鼎堂传动科技有限公司4家，累计入驻企业40余家。全年完成销售收入6.5亿元，实现税收6500万元，亩均税收超50万元。

常州和昶特种合金有限公司　3月1日入驻，总投资100万元，租赁园区面积540多平方米。主要从事研发和生产铜铁合金新材料，2019年实现产值15万元。

常州市赫墨斯精密机械有限公司　3月3日入驻，总投资200万元，租赁园区面积1600多平方米。主要研发、制造、加工、销售机电设备、机械零部件、五金件、模具，2019年实现产值300万元。

江苏海菲环境科技有限公司　6月1日入驻，总投资100万元，租赁园区面积900多平方米。致力于开发、生产、推广污水处理MBR膜产品，开发的以PTFE（聚四氟乙烯）亲水膜为过滤介质的MBR平板膜系列产品，广泛应用于工业废水处理、市政／生活污水工程、中水回用、传统污水系统升级改造等领域，2019年实现产值50万元。

常州鼎堂传动科技有限公司　11月3日入驻，总投资100万元，租赁园区面积1800多平方米。主要从事传动推杆、传动机械设备的研发、制造，智能家居设备配件、电器开关制造、加工，橡塑制品、皮革面料、五金产品、电子产品销售，2019年实现产值100万元。

【江苏国茂减速机股份有限公司在上交所上市】 参见“金融业”类目P134相关条目。

【湖塘镇为民服务中心建成投用】 10月，湖塘镇为民服务中心建成投用。该中心位于人民中路长沟河公园内，建筑面积2000平方米，总投入800余万元。按照“就近能办、少跑快办”的理念，湖塘镇把与群众生产生活息息相关的税务、人力资源和社会保障、民政、卫生健康、积分入学、档案查阅、退役军人服务等事项整合到为民服务中心，设立服务窗口37个、服务站1个，配备工作人员80余名，初步实现基层业务“一网通办”，每日总办件量达1300余件。

【湖塘镇新时代文明实践所（站）全面建成】 湖塘镇作为常州市首批新时代文明实践所建设试点单位，按照新时代文明实践中心以区、镇、村三级为单元，在乡镇一级建立新时代文明实践所、村（社区）一级建立新时代文明实践站，以志愿服务为基本形式，打通城乡公共文化服务体系的运行机制、文化科技卫生“三下乡”的工作机制、群众性精神文明建设活动的引领机制，于1月23日挂牌成立镇新时代文明实践所、社区新时代文明实践站，全面启动新时代文明实践所（站）建设，打造兼具思想政治引领、传

湖塘镇新时代文明实践所建成投用　　（供图 / 湖塘镇）

播党的声音、传承优秀传统文化、培育文明风尚、提供惠民服务等功能的综合性阵地。11月，镇新时代文明实践所（星河城市花园六区11幢52-1号）、社区新时代文明实践站全面建成，形成具有湖塘特色的“12567”工作机制（“1”即建立一个镇新时代文明实践所；“2”即打造“镇—社区”二级组织体系；“5”即建好理论宣讲、教育服务、文化服务、科技与科普服务、健康促进与体育服务五大平台；“67”是依托67支新时代文明实践志愿者示范团队，带动全镇2万多名志愿者对接群众需求，设立项目清单，常态化开展文明实践活动），在全区树立起新时代文明实践的“湖塘样本”。

【湖塘新建幼儿园2所】 常发幼儿园（刘海粟艺术幼儿园常发园） 位于古方路北侧、玉塘路西侧，于2018年8月开工建设，主体工程于2019年5月完工，计划2020年9月投入使用。该幼儿园占地面积12030平方米，建筑面积7873平方米，楼层总高3层，配备音体室和

2019年湖塘镇各社区基本情况表

表73

社区名	户数（户）	户籍人口（人）	党组织书记	社区居委会主任	社区名	户数（户）	户籍人口（人）	党组织书记	社区居委会主任
聚湖社区	3965	10276	王建方	王　承	长安大巷社区	1149	2953	诸素琴	诸素琴（兼）
北街社区	1524	3933	周太娣	周太娣（兼）	南田社区	834	2385	吴　松	吴　松（兼）
南街社区	5752	15802	陈产文	王　华	东升社区	465	1001	沈小利	杨雪峰
花园社区	2255	5862	李曙霞	李曙霞（兼）	东新社区	981	3331	李忠新	杨仲俭
花东社区	2125	5598	严惠忠	严惠忠（兼）	三勤社区	1044	3115	王国锋	曹燕方
东方社区	2489	7115	朱　晖	鞠　波	江村社区	155	425	陈坚强	
湾里社区	2625	7044	王国妹	王国妹（兼）	龙潭社区	337	958	徐春元	徐春元（兼）
新天地社区	1359	3532	叶坚峰	叶坚峰（兼）	永定社区	2408	6321	庄亚娟	庄亚娟（兼）
中凉社区	3331	8456	高伟新	高伟新（兼）	鸣南社区	1544	3373	李菊妹	李菊妹（兼）
降子社区	2692	6853	徐　春	徐　春（兼）	鸣北社区	1081	2786	丁志超	张伟兴
湖塘社区	1203	3303	张立荣	张立荣（兼）	晓柳社区	1407	3845	周孝波	张春燕
夏雷社区	1598	4314	袁刚平	袁刚平（兼）	大学新村一社区	796	2135	夏　英	史析清
烈帝社区	1871	4853	盛超英	徐洪兴	大学新村二社区	966	2749	陆宁宇	陈　渝
蒋公岸社区	1464	4099	张亦婷	周冬兴	丰乐社区	1329	4718	姜　倩	毛　逸
周家巷社区	830	2174	吴　振	邹　健	永安社区	1893	5145	张　炜	张　炜（兼）
华家社区	489	1442	卞黎霞	费小明	南都社区	1744	4589	吴洁莲	蒋焕青
马家巷社区	710	1944	马敏波	马敏波（兼）	北庙桥社区	915	2304	孙正新	孙正新（兼）
沙塘岸社区	441	1377	吴东伟	吴东伟（兼）	何留社区	1182	3142	何庆丰	王中华
星河社区	1618	4019	夏　伟	马　涵	淹城社区	1218	3086	曹建浩	蒋卫星
长虹社区	1097	3211	宋建国	宋建国（兼）	张家坝社区	621	1619	许浩明	许　宁
东华社区	1025	2875	张华新	张华新（兼）	府东社区	422	1111	徐小琴	徐小琴（兼）
采菱社区	1101	3264	管建新	沈伟刚	府南社区	1842	4375	邹　松	邹　松（兼）
长安蒋湾社区	1997	5271	周国明	周国明（兼）					

分班、合班活动场地，规划设置班级21个，可容纳幼儿约700名。

弘阳幼儿园　位于中凉新村南、运北路北、花园街以西，于2019年3月开工建设，计划2020年年底投入使用。该幼儿园总建筑面积9456.27平方米，配备专用室、音体室、保健室、会议室、教工阅览室等，规划设置班级24个，可容纳幼儿800名。

【常州明州康复医院建成投用】 7月4日，常州明州康复医院建成投用。该医院位于湖塘镇青洋路105号，由宁波开云华阳股权投资合伙企业（有限合伙）和宁波众苏投资管理合伙企业（有限合伙）投资建造，占地面积2560平方米，建筑面积2.44万平方米，总投资1.2亿元。是以重症康复为特色，神经、心肺、骨关节、少儿心身康复为重点的医、康、养一体化现代康复医院，设置重症医学病房(ICU、HDU)、神经康复科、骨与关节康复科、疼痛康复科，以及内科、外科、妇科和眼耳鼻喉、中医等专业科室，建有体检中心、血透中心、慢病管理中心、老年医养中心，拥有三舱七门共36个舱位的高压氧舱群，前期设置床位100余张，满足不同疾病人群的康复需求。年内诊疗1500人次。

（张　骅）

表74　2019年牛塘镇主要经济社会指标完成情况表

指　标	单　位	数　值	比2018年(±%)
地区生产总值	亿　元	97.58	5.6
公共预算收入	亿　元	5.82	22.0
农业总产值	亿　元	0.80	−22.3
多种经营产值	亿　元	0.80	−22.3
粮食总产量	万千克	4.30	−24.6
工业销售收入	亿　元	133.40	12.3
实际利用外资及港澳台资	万美元	1104.35	0.3
自营出口额	亿　元	16.76	−11.4
第三产业增加值	亿　元	56.80	4.1
居民人均可支配收入	元	49800.00	8.5

牛塘镇

【概况】 牛塘镇东临武进中心城区，西连西太湖科技产业园，南接武进高新区，北依常州主城区，总面积34.6平方千米，辖行政村9个、社区5个，2019年年末户籍人口45086人、常住人口9万余人。2019年，牛塘镇获评江苏省文明乡镇称号。

产业发展　有工业企业1359家，其中规模以上企业79家，全年完成规模以上工业产值75.5亿元，占全镇工业总产值的80.8%。推进项目建设，10个市、区重点项目完成总投资13.99亿元。中南高科武进创智云谷项目、全棉水刺医用新材料及生活系列产品项目、苏迅高端通信产品项目、勒捷特物流设备加工制造项目完工，镕燊液压油路块项目、新华陵汽车电器项目有序推进。全镇被纳入省级两化融合管理体系贯标企业2家、区高成长企业培育库6家、区隐形冠军企业培育库7家。推进科技创新，获高新技术企业认定13家，累计20家，全年完成高新技术产业产值15.8亿元，占全镇规模以上工业产值的20.9%；申请专利610件，获授权350件，其中发明专利20件；开展产学研合作，签署协议20余项。深化产业平台建设，中俄科技产业园加强与俄罗斯全俄电力安装生产研究设计院、俄罗斯科学院化学物理研究所等科研机构合作，为10余家企业提供对俄技术服务。中俄科技产业园、创客家双创基地成功申报常州市小型微型企业创业创新示范基地，均获武进区特色园区综合评定一等奖、特色园区提升工程平台发展奖。发展现代服务业，金东方三期、招商花园三期项目主体竣工，红星爱情海项目商业综合体主体基本完成。

城镇建设　建设基础设施，金武快速路、龙江路—长虹路高架互通竣工通车，丫河路、苇庄路等道路建设和龙舫桥危桥改造完成。推进拆迁安置，完成竹园合成新村老小区及周边环境改造项目，推进竹园教育地块、沈家弄世蒂爱斯地块、亚邦物流园区拆迁，完成晓柳

大通西路牛塘段面貌焕然一新　（供图/武进日报社）

花苑、沈家花苑、卢家新园安置房办证2000余套。保护生态环境，推进大气污染治理，完成化工企业关停验收、涉气企业整治提升；推进水环境整治，建成污水支管网8.21千米，完成13个排水片区整治、17个自然村农村分散式污水处理设施安装、10条黑臭水体整改。完善人居环境，虹西路、湖滨路两侧景观提升工程，长虹高架北侧景墙及绿化提升工程基本完工，新（改）建生态公厕5座，建成生活垃圾分类亭25座、“房改亭”8处。加强城镇精细管理，实施“每周一路”整治，集中整治延政路、新民路、卢政街、卢南街等道路20余条。

社会事业　加强文化阵地建设，卢家巷阳湖书房于1月2日启用，丫河村史乡贤馆于1月23日开馆。实施文体惠民工程，举办第三届读书节、第二届诗词大会、“移风易俗”专场文艺演出、“同唱祖国好、放歌金牛塘”大合唱比赛、“丹青笔墨献华诞”书画展等庆祝新中国成立70周年系列活动，开展社区天天乐和猜灯谜、朗诵会及象棋、篮球、乒乓球比赛等活动，丰富群众文化生活。保障和改善民生，全年新增就业岗位2662个，城镇失业人员再就业368人，就业困难人员再就业50人，净增社保人员266人。落实城乡居民最低生活保障、临时救助、慈善救助等，全年发放农村低保金54.7万元、困难家庭慈善救助金64.6万元、残疾人救助补助金345万元、尊老金99万元。成立镇、村（社区）两级退役军人服务站，春节前发放安置补偿金128.1万元、义务兵优抚费101万元、优抚对象救助金9.5万元。

【中南高科武进创智云谷项目一期交付使用】　12月28日，位于牛塘镇的中南高科武进创智云谷项目一期交付使用，入驻企业60家，其中外资及港澳台资企业1家、高新技术企业1家、高新技术企业培育入库5家，涵盖精密仪器、电子信息、智能制造等领域，实现入住率100%。

【牛塘新增高新技术企业7家】　2019年，牛塘镇有7家企业被全国高新技术认定管理工作领导小组办公室认定为高新技术企业。

江苏苏迅精密电子有限公司　位于牛塘镇虹光路，成立于2006年11月，专业从事电接插件——7/16、N、SMA等系列射频同轴连接器、线缆组件生产，产品应用于无线电设备的同轴电缆。2019年，实现销售收入5712万元，其中高新技术产品收入4146万元。

常州市钧达轴承有限公司　位于牛塘镇工业集中区，成立于2003年，专业从事精密轴承和非标定制轴承的生产、销售，产品应用于工程机械、冶金设备、现代物流以及工业机器人领域，拥有实用新型专利20件、高新技术产品2个，通过ISO 9001质量管理体系认证。2019年，实现销售收入4408万元，其中高新技术产品收入2750万元。

江苏创立康医疗器械有限公司　位于中俄科技产业园，成立于2015年，致力于骨科植入物手术配套工具的研发、生产、销售和服务，拥有实用新型专利17件，高新技术产品2个，通过英国NQAISO 13485医疗法规新体系认证，获得江苏省民营科技企业、全国重合同守诚信企业、中国医疗器械质量信用AAA级企业等称号。2019年，完成产值3000万元，其中高新技术产品收入1800万元。

常州凯瑞莱精密工具有限公司　位于牛塘工业园，成立于2010年1月，致力于各种卧式、立式珩磨工具、珩磨条的研发和生产，以及珩磨机、珩磨机配件，磨料、磨具、刃具、冶金粉末等销售，拥有发明专利1件、实用新型专利20余件。2019年，完成产值622万元。

江苏克力空调有限公司　位于武进绿建区，成立于2017年6月，致力于特种高精度净化空调设备的研发、生产、销售及服务，为医用净化行业提供绿色智能的节能解决方案，拥有专利近20件，通过GBT 29490—2013知识产权管理体系、ISO 9001质量管理体系、ISO 14001、环境管理体系、ISO 18001:2007职业健康管理体系认证。2019年，完成产值6000万元。

江苏德越标牌有限公司　位于牛塘镇肖家村后张，成立于2013年1月，主要从事金属标牌激光制作及销售，标识、标牌研发、制作、安装及销售，立体字、发光字、室内灯箱、室外灯箱制作、安装及销售，公交站台标牌制作、安装及销等，拥有发明专利2件、实用新型专利14件、软件著作权5件。2019年，完成产值150万元。

常州市泰博精创机械有限公司　位于牛塘镇人民西路4号，成立于2006年6月，主要从事机械零部件、圆钢拉丝制造和加工，通过QS 16949质量管理体系认证，拥有发明及实用新型专利20余件、高新技术产品3个。2019年，实现销售收入3500万元。

2019年牛塘镇各村（社区）基本情况表

表75

村（社区）名	户数（户）	户籍人口（人）	党组织书记	村委（社区居委会）主任	集体经济收入（万元）
牛塘一社区	1285	4112	柏小平	邵　强	570.00
牛塘二社区	1528	3693	—	张　锋	—
竹园社区	887	2701	汤国刚	许　峰	751.54
沈家弄村	787	1972	周　波	周淑玉	339.96
漕溪村	1074	3382	叶　庆	张岳文	263.00
白家社区	819	2573	王　健	闻红燕	680.92
青云村	1037	3465	蒋文清	肖建咏	635.00
丫河村	1038	3221	张伟东	潘小平	580.00
厚恕村	927	3110	张亚平	李志刚	105.53
塘口村	914	3160	王建强	狄东明	392.65
卢家巷村	1167	3370	荆文泽	王九峰	390.00
卢家巷社区	733	1957	荆文泽	荆文泽	—
高家村	1772	4773	万如生	张文林	368.78
卢西村	1060	3583	徐　伟	蒋建东	405.72

【牛塘新增公共文化阵地2个】 2019年1月2日，卢家巷阳湖书房启用。该书房位于牛塘镇卢家巷综合文化服务中心，由武进图书馆与卢家巷社区合作开办，建筑面积320平方米，辟有幼儿绘本区、少儿借阅区、成人借阅区，报纸期刊区等功能区域，拥有图书1万册。年内接待卢家巷村(社区)读者近2万人。2019年1月23日，丫河村史乡贤馆开馆，成为武进区首个村级乡贤馆。该村史乡贤馆位于丫河村综合性文化服务中心，于2018年12月上旬动工建设，总面积近200平方米，分为村史、党建、乡贤、未来四大部分。

（张 淇）

洛阳镇

【概况】 洛阳镇位于武进区东南部，东临无锡市，西接礼嘉镇，南靠雪堰镇，北依横林、遥观镇，总面积55.75平方千米，辖行政村18个、社区3个，2019年年末户籍人口50793人。有淡水珍珠、水蜜桃、葡萄、戴溪青鱼等名特农产品，享有"中国珍珠之乡"美誉。先后获"全国千强镇""全国小城镇建设示范镇""全国群众体育先进单位""国家卫生镇""国家园林城镇"等称号。

产业发展 建设现代农业，朝安村33.33公顷区级高标准农田建成，镇东片300公顷国家级高标准农田建设项目启动，洛阳镇通过区粮食生产全程机械示范镇验收。有工业企业1822家，其中规模以上企业92家，全年完成规模以上工业产值208.68亿元，占全镇工业总产值的74.6%。推进项目建设，引进投资1亿元以上项目2个、5000万元以上项目5个；新增股份制企业3家，累计27家。江苏南方通信科技有限公司创成国家级绿色工厂，常州市月仙冷藏设备有限公司通过工业和信息化部两化融合管理体系达标评定，有4家企业创成江苏省三星级上云企业。推进科创驱动，新增高新技术企业8家，通过高新技术企业复审5家，累计29家，全年完成高新技术产业产值166.88亿元，占全镇规模以上工业产值的80%；申请专利650件，获授权350件。常州国腾机械科技有限公司入选2019年"龙城英才计划"领军人才创业C类项目，常州永和精细化学有限公司创成市级工程技术研究中心。发展现代服务业，新城明昱玖园建成交付，全镇社会消费品零售总额增长9.3%。

镇村建设 实施精致集镇建设三年行动计划，完善集镇功能，珠光街北延工程建成通车，中心大道建设准备启动，公园路建设方案基本确定，新时代文明实践所、社会组织培育中心等入驻镇职工服务中心，镇区三类标准公厕达20个。深化农村土地三项制度改革，全镇1061宗农村集体经营性建设用地入市1042宗，岑村、东尖村开展宅改自建区试点，友谊、民丰村等完成占补平衡项目3个，全镇精细化整治地块得到有效管护。建设美丽村庄，新增谈家头石牌头、东尖网船村等22个康居型村庄和天井杨巷、友谊杜元湾、民丰下元头3个美丽型村庄，圻庄、天井村分别创建省级"三化"示范村、绿化示范村，天井村、岑村村、东尖村打造省农村人居环境整治综合示范村。加强镇村精细化管理，开展沿路乱堆放、道路乱张贴、沿路看护棚专项整治，推进垃圾分类，阳光路市级示范路和岑村陆家桥、东尖村、管城村罗家头等区级示范点建设顺利。保护生态环境，推进蓝天保卫战、碧水保卫战、净土保卫战和绿色创建。全镇14家企业开展挥发性有机物（VOCs）专项治理，41家企业完成工业炉窑全面整治；建成污水处理主管网19.1千米、支管网12.17千米，新增污水接管企业249家，累计1115家，完成工业废水产生企业高标准整改10家、排水片区整治41个、农村分散式生活污水处理设施点35个，清淤疏浚河道、河塘12千米及村塘50个，新建活水泵站、生态湿地等工程，阳湖大圩内浜（陆家头段）创成市"五好河道"；土壤环境质量调查完成，2家电镀企业提升整治通过专家组验收，53家"散乱污"企业（作坊）关停29家、改造24家。洛阳镇创成江苏省生态文明建设示范镇，友谊村通过市级生态文明示范村验收。

社会事业 积极争创精神文明建设示范乡镇，洛阳镇、岑村村分别被省精神文明建设指导委员会评为江苏省文明乡镇、文明村。持续发展教育、文体事业，洛阳初中宿舍楼、洛阳中心小学日新体艺馆竣工，洛阳高中教育音美特色影响力扩大；新增健身场所1.4万平方米，累计22万平方米，举办桃花缘青年交友、"少帅荟"青年企业家成长论坛、职工歌咏大赛等大型活动，丰富群众生活。推进法治建设，加强网格化集成管理，岑村村创成全国乡村治理示范村，洛东、友谊、马鞍等10个村创成省级民主法治示范村。深化国家级慢性病综合防控示范区创建，洛阳卫生院二级综合医院通过市级验收，岑村、阳湖卫生室提档升级通过验收，镇村卫生长效管理工作位居全区前列，洛阳镇通过国家卫生镇复评。加强民生保障，举办专题培训10期，在"龙城洛阳"微信公众号开设招聘栏目，提升农民和失业人员技能，促进就业增收；关怀"五保"、失

小流域整治成效显著 （供图/洛阳镇）

2019年洛阳镇主要经济社会指标完成情况表

表76

指　标	单　位	数　值	比2018年(%)
地区生产总值	亿　元	136.86	9
公共预算收入	万　元	44314.00	-6.6
农业总产值	亿　元	3.24	1.4
多种经营产值	亿　元	3.09	1.7
粮食总产量	万千克	388.20	-5.5
工业销售收入	亿　元	261.26	1.7
实际利用外资及港澳台资	万美元	1000.00	-9.5
自营出口额	亿　元	27.23	-4.3
第三产业增加值	亿　元	42.87	13.5
居民人均可支配收入	元	35845.00	8.48

独、大病困难等弱势群体，累计发放各类救助金5103万元；扩大医保覆盖面，健全被征地农民保障，落实“阳光扶贫”，洛阳镇提前一年实现农村贫困人口全部脱贫。5月23日，镇敬老院公建民营改革完成。11月18日，洛阳镇圻心社会组织服务中心在圻庄村成立，成为全市首个农村枢纽型社会组织。

【洛阳2个重点项目投产】 殴凯制冷设备、电机及电机组件项目　由常州欧凯电器有限公司实施，总投资1亿元，占地面积2.33公顷，建设厂房面积1.8万平方米，引进高速冲床、液压机、胀管机、绕线机、全自动E齿组装机等设备280多台套，主体工程于2019年12月完工，形成年产制冷设备1000万套、电机及电机组件4000万台的生产能力。2019年，公司完成产值3亿元。

PVC防静电地板项目　由常州同维防静电装备有限公司实施，总投资5250万元，购买厂房占地面积8000平方米，改建车间，引进双螺杆挤塑机、平板硫化机、破层机、砂光机、水处理机等生产设备，项目一期“片材”于2019年8月投产，形成年产120万平方米PVC防静电地板的生产能力。2019年，公司完成产值2000万元。

【洛阳新增高新技术企业8家】 2019年12月，洛阳镇8家企业被全国高新技术认定管理工作领导小组办公室认定为高新技术企业。

常州市永安电机厂有限公司　位于洛阳镇东都西路106号，成立于1992年8月，占地面积2.5公顷，建筑面积7万平方米。主要研发和生产中央空调、汽车空调用电机、冷链运输用空调电机、冷冻医疗用电机，为美国江森自控(YORK)、开利、麦克维尔、英格索兰和日本大金、新晃，以及美的、海信日立等著名品牌公司提供各类电机，通过ISO 9001质量管理体系、ISO 14001环境管理体系、国家3C认证，拥有实用新型专利18件，获得江苏名牌产品证书。2019年，实现销售收入3.05亿元。

常州市多维电器有限公司　位于洛阳镇阳光路158号，成立于2000年，占地面积2.5公顷，建筑面积3.6万平方米。主要生产直线电机、无刷直流电机、永磁直流电机、减速箱电机、交流电机和电机控制单元六大类产品，广泛应用于办公用品、汽车、电动工具、家用电器、医疗器械、智能仓储等领域，主要出口欧美日市场。通过ISO 9001质量管理体系、ISO 14001环境管理体系、OHSAS 18001职业健康安全管理体系、IATF 16949质量管理体系认证，主要产品通过美国UL和欧盟CE、RoHS、REACH认证及国家3C认证。2019年，实现销售收入1亿元。

常州酷冷制冷设备有限公司　位于洛阳镇虎臣路28号，成立于2014年，占地面积5000平方米，建筑面积6000平方米。主要从事各类冷库保温板和冷库门的设计、生产及安装售后，通过ISO 9001质量管理体系、ISO 14000环境管理体系认证，拥有实用新型专利20件。2019年，实现销售收入6000万元。

常州韩清机电科技有限公司　位于洛阳镇工业园区创新路21号，成立于2003年，占地面积1公顷，建筑面积1万多平方米。主要研发、生产新能源汽车刹车助力泵电机、牛奶电机、冷库门电机，于2013年成功研制高压电力线绝缘喷涂机器人，实现对架空裸导线绝缘漆的带电喷涂。通过TS 16949质量管理体系、IATF 16949管理体系认证，拥有专利15件。2019年，实现销售收入4000万元。

常州新月成套冷藏设备有限公司　位于洛阳镇戴洛路75号，成立于1997年9月，占地面积2公顷，建筑面积2.8万平方米。主要研发、设计、生产冷库库体、冷库库门、建筑外墙、节能厂房围护等夹芯板材及保温门，产品出口美国和欧洲、中东、非洲以及东南亚国家。通过ISO 9001:2008质量管理体系、SGS认证，拥有发明和实用新型专利20余件，引进的意大利“OMS”’夹芯板材全自动连续生产线年生产能力达250万平方米。2019年，实现销售收入1.5亿元。

常州新骏电机有限公司　位于洛阳镇武南东路220号，成立于2005年，占地面积1.7公顷，建筑面积1.6万平方米。主要从事各类空调电机的设计、生产和销售，拥有自动嵌线设备、数控车床、自动绕线设备以及自动装配流水线，通过ISO 9001质量管理体系认证，产品通过国家3C认证、欧盟CE认证、美国UL认证，拥有实用新型专利19件。2019年，实现销售收入2亿元。

常州万兴纸塑有限公司　位于洛阳镇民丰村建工路8号，成立于1994年10月，占地面积1.5公顷，建筑面积8556平方米。主要从事各类铸造用纸浇道管和纸浇口杯及绿色、环保型、可降解纸塑包装，通过ISO 9001:2015质量管理体系、ISO 14001:2015环境管理体系认证，拥有专利14件。2019年，实现销售收入900万元。

常州市胜彪标准件模具有限公司　位于洛阳镇东都西路174号，成立于2006年12月，占地面积1公顷，建筑面积1.2万平方米。主要生产机械零部件，拥有专利14件，采用冷挤压工艺生产的连接叉技术获得国家发明专利，通过ISO 9001质量管理体系认证。2019年，实现销售收入1800万元。

【南方通信获评国家级绿色工厂】 2019年9月，江苏南方通信科技有限公司（简称“南方通信”）被工业和信息化部认定为绿色制造企业。该公司位于洛阳镇岑村路1号，创建于1992年7月，占地面积2.7公顷，建筑面积2.58万平方米，2016年12月12日在香港上市。主要从事通信类光纤光缆生产，产品应用于中国移动、中国电信、中国联通等知名企业。2019年，建成分布式光太电站和智能微电网，主要设备均选用节能设备，并对利益相关方做出环境、安全、健康方面承诺，通过环境管理体系、职业健康安全管理体系、能源管理体系、温室气体管理体系认证。建立绿色工厂管理体系，明确绿色工厂建设的职责和权限、制度建设、考核及奖励办法，制定《绿色工厂中长期规划及年度量化目标》。获得高新技术企业、省级技术中心、中国驰名商标、CNAS实验室、两化融合管理体系认定，拥有有效专利75件，其中发明专利18件。2019年，实现产值5.7亿元。

【月仙冷藏设备通过国家两化融合管理体系评定】 2019年2月，常州市月仙冷藏设备有限公司（简称“月仙冷藏设备”）“基于运行状态远程实时监控的冷藏设备诊断维护能力建设”通过工业和信息化部两化融合管理体系评定。该公司位于洛阳镇新科西路65号，占地面积8公顷，建筑面积5万多平方米，是国家高新技术企业，通过ISO 9001:2015质量管理体系、ISO 14001:2015环境管理体系、安全生产标准化三级、空调和机电安装资质、压力管道安装资质、防水防腐保温工程承包资质、工程技术研究中心认证，拥有专利40多件。2019年，建立智能化生产车间，实现生产云数据的实时传输。建立产供销模块ERP系统，与全自动生产线进行云数据传输，提高内部管理效率。利用实时监控模块，获取冷藏温度、压力、故障及报警情况等运行数据并加以诊断及分析，形成维护人员和设备终端的人机交互。加大对绿色冷库板的研发及生产，通过自动化流水线建设和信息化建设，提高生产效率。以数字化车间达标验收为契机，全力打造智能制造，加大研发投入，推进自主创新，建设创新型企业，逐步实现生产各环节自动化生产。2019年，实现产值3亿元。

【洛阳镇创成省文明乡镇】 2019年12月，洛阳镇被省精神文明建设指导委员会评为江苏省文明乡镇。该镇围绕争创精神文明建设示范乡镇，突出道德讲堂、村规民约、家风家训、诚信教育、移风易俗和廊榜建设，全面提升农村精神文明建设水平。推进道德讲堂宣讲，利用网上道德讲堂弘扬道德风尚；开展“身边好人”“文明家庭”“道德模范”等评选，宣传好人事迹，营造积极参与好人评选、自觉争做好人的风尚；开展“传承好家训、培育好家风”等主题活动，倡导文明家风家训；开展经典诵读、“我们的节日”等活动，弘扬中华优秀传统文化；发挥“阳光驿站”、乡村学校少年宫阵地作用，在未成年人中开展“八礼四仪”养成教育，构建未成年人健康成长的“立体空间”；深入开展社会主义核心价值观、文明公约等宣传，在镇村主干道、街区、小区、公园等场所设置文明宣传公益广告，引导群众参与文明创建，提高文明意识；建设镇村志愿服务站和志愿者队伍，开展各类志愿服务活动。开展“美丽洛阳”系列品牌活动，丰富群众文体生活，倡导文明风尚。推进镇村精细化管理三年行动计划，加强镇村环境整治和日常管理考核，集中整治“五乱”现象，镇容村貌持续改善。

【岑村村获评全国乡村治理示范村】 2019年12月，岑村村被中央农村工作领导小组办公室、农业农村部、中央宣传部、民政部、司法部联合命名为全国乡村治理示范村。该村注重民声，听取民意，汇聚民智，积极实践以“四民主、三公”为主要内容的村级民主建设形式，尊重和保障群众知情权、参与权和建议权；推行网格化管理，配备网格长和专职网格员，坚持“服务心连心”的理念，实现共建共治共享；依托党建品牌“民生茶社”，听取群众意见，调解群众纠纷，把矛盾化解在萌芽状态；崇德向善，以先进榜样引领全村道德建设；倡导移风易俗，杜绝浪费；开设道德讲堂，弘扬邻里和睦、守望相助的良好风尚；加强普法宣传，通过法治书屋悬挂法律知识展板、聘请专业律师担任村法律顾问等方式，为村民提供法律服务和法律帮助，提高法治意识；创新乡村治理模式，提升乡村治理能力和水平，切实提高村民的获得感和满意度。

【《汤墅村志》出版发行】 2019年8月8日，《汤墅村志》首发式举行。该村志由方志出版社出版，是洛阳镇首部村级志书，由汤墅村党委、村委组建的《汤墅村志》编纂委员会编纂，于2016年6月启动，经采编人员3年辛勤耕耘，2018年9月付梓出版。该志记述时限为1949年4月23日至2016年，志前设序、凡例、图照、贺画、贺词、贺信、概述、大事记（记述至2018年3月），志后设附录、后记，分建置区划、自然地理、人口与生育、村级建设、环境保护、农业、水利、工业、村级组织、教育、文化体育、医疗卫生、社会生活、风俗民情、人物15章，共56节，60余万字，收录图照430幅。全书客观记录汤墅村1000余年的社会变革、经济发展和民生、民俗等方面情况，突出记录改革开放40年中的巨大变化。

【东尖村创成省级健康村】 2019年12月，东尖村被省爱卫办评为江苏省健康村。该村位于洛阳镇东南，距镇区3千米，占地1.9平方千米，全村耕地面积42.93公顷，有自然村6个、村民小组9个，村民352户1110人。建有公共综合服务中心和健身广场3个，休闲亭、水上舞台、健康步道、室外健身器材、图书室、电子阅览室、儿童活动室等设施完备。积极创建省级健康村，建立村民电子健康档案，定期开展健康教育，发放健康生活宣传材料，邀请医院专家为村民问诊把脉，提供健康服务和指导；开展健康知识讲座与测试，全村健康知识知晓率、健康行为形成率达80%以上，居民满意度达95%以上；落实各项社会保障制度，村民医疗保险参保率达99%以上；举办篮球比赛、厨艺大赛、桃花节相亲交友、钓鱼比赛等活动，丰富群众文体生活。

表77 2019年洛阳镇各村（社区）基本情况表

村（社区）名	户数（户）	户籍人口（人）	党组织书记	村委（社区居委会）主任	集体经济收入（万元）
洛阳村（社区）	844	2932	支俊杰	支俊杰（兼）	623
洛东社区	—	—	秦建文	朱永平	—
洛东村	1248	3662	—	顾德林	370
戴溪社区	—	—	张东卫	张东卫（兼）	—
天井村	1127	3291	高　阳	卢新荣	202
管城村	1354	3797	邵益斌	罗　兴	317
岑村村	992	3110	蒋　健	蒋燕峰	1329
东尖村	364	1108	沈建忠	顾正伟	263
戴溪村	694	2125	沈建忠	窦沛城	158
汤墅村	765	2611	王建平	陆玉石	302
阳湖村	593	2286	费小方	费小方（兼）	156
朝安村	1065	3057	沈国忠	施介清	169
谈家头村	1202	3525	马晓峰	梅才洪	479
小留桥村	586	2232	朱金良	王小锋	193
圻庄村	978	3430	杨红亮	冯建新	219
瞿家村	641	2393	沈朝阳	瞿　虎	225
民丰村	649	2140	杨迪宇	喻小健	219
马鞍村	1009	2671	郁　军	梅建东	269
虞桥村	832	2596	蒋建洪	李晓东	263
友谊村	1160	3827	叶　青（1—8） 上官立（8—12）	上官立	483

（沈彩娣）

横林镇

【概况】 横林镇位于武进区东部，东临无锡市，西接遥观镇，南靠洛阳镇，北依横山桥镇，总面积46.67平方千米，辖行政村15个、社区6个，2019年年末户籍人口51560人、常住人口103494人。获得中国百强乡镇、全国小城镇综合改革试点镇、中国强化木地板名镇、中国强化木地板之都、中国强化木地板出口基地、国家外贸转型升级专业型示范基地、全国优质强化木地板生产示范区、国家级出口地板质量安全示范区和全国环境优美镇、国家卫生镇等称号。

产业发展　推进高效农业持续发展，阳湖鹅业、新亚农机合作社完成智能机械设备改造升级，狄坂樱桃园、余巷火龙果园推广绿色有机果品，狄坂粮食丰产示范方发挥农业丰产带动效应，横林镇创成武进区粮食生产全程机械化示范镇。有工业企业1906家，其中规模以上企业177家，全年完成规模以上工业产值243.1亿元，占全镇工业总产值的75.6%。建设重点项目，实施投资千万元以上工业项目55个，协和FPC柔性电路板等27个区级重点工业项目开（竣）工，完成投入23.4亿元。建设产业园区，绿色能源产业园完成基础设施和景观绿化提档，科创中心建成投运大楼4幢，绿色家居智能制造共享创新中心揭牌成立，新材料产业园（东区）新建道路相继通车。强化科技创新，培育高新技术企业，新增高新技术企业14家，累计38家，全年完成高新技术产业产值92.0亿元，占全镇规模以上工业产值的37.8%；新增授权专利443件，其中发明专利12件；申报省级科技项目3项、省级两化融合标杆企业1家，落实龙城英才项目1项，江苏协和电子股份有限公司等4家企业与武汉理工大学达成人才引进战略合作协议。发展现代服务业，全年完成服务业投入13.8亿元，实现服务业增加值68.4亿元，分别增长13.0%、6.7%。发展电子商务，全年实现电商交易额26.1亿元，增长13.5%。横林新型纤维及复合材料众创社区入选第三批拟备案试点江苏省众创社区名单，横林双创基地入选省首批电子商务众创空间名单。

城镇建设　实施城镇提质靓颜工程，《横林镇总体规划（2016—2020）》（修改）通过常州市政府审批，青墩片区漕上路线型优化调整，崔桥片区改造提升规划（初稿）完成；完善基础设施，实施道路工程12条，黄桥路、塘头路、横南线北段、顺通西路、明清路、污水处理厂东侧道路和横洛西路主线完工。推进项目征迁和地块开发，南沿江高铁主线内39户民房、21家企业基本腾空，完成征迁面积11.7万平方米；地板城三期地块出让，瑞宁新园竣工，港龙紫御府施工进度达70%。实施2019—2020年生态文明建设两年行动计划，大气污染防治任务基本完成。推进水环境标本兼治，完成黄桥港生态河道工程、西平河综合整治一期清淤，以及顺通河、红星河等4条河道沟通和崔北内河、新东方内河等4条河道轮浚，太湖流域二级保护区7个农村生活污水处理工程基本完成，新（改）建排涝站3座；新建污水主管网2.85千米，沿线企业接管实现应接尽接。推进城乡绿化扩面，加快闲置地块绿化覆盖，完成东桥桥下空间、地板城三期东侧地块、水泥厂地块绿化，建成芦花沟绿化、黄桥港生态绿廊、林南公园和红联路、崔西路沿线绿化，新增村庄绿化面积16.67公顷。加强城镇精细管理，推进集镇“靓化行动”，开展崔横路、崔蓉路、中吴大道等道路沿线市容整治，创成市级示范路2条（顺通路、公园路），横林、崔桥农贸市场实现第三方市场化运作；新建垃圾分类亭100座，全镇垃圾分类覆盖率达70%。

社会事业　教育、卫生事业均衡发展，横林小学新建、崔桥小学扩建、横林初级中学提档基本完工，流动人口子女积分公办入学580余人；横林医院提标改造项目主体完工。举办“古槐新韵”横林镇庆祝新中国成立70周年文艺演出、“爱我中华、建我家乡”系列活动，开展“同心志愿、幸福横林”全民志愿活动，丰富群众文体生活。发展公益事业，贝尔千万教育基金、“紫金恒”

表 78　**2019 年横林镇主要经济社会指标完成情况表**

指　标	单　位	数　值	比 2018 年 (%)
地区生产总值	亿　元	153.95	8.5
公共预算收入	亿　元	5.58	9.4
农业总产值	亿　元	0.99	-5.0
多种经营产值	亿　元	0.91	-4.2
粮食总产量	万千克	0.23	-24.0
工业销售收入	亿　元	315.61	2.0
对外及港澳台贸易进出口总额	亿　元	95.18	12.1
第三产业增加值	亿　元	68.38	6.7
居民人均可支配收入	元	34744.00	8.5

六百万教育基金和天启“彩虹树人”“德育桑梓”双百万基金先后设立，“不忘初心、筑梦横林”公益毅行活动成功举办。加强民生保障，新增社保扩面 3233 人、公积金扩面 974 人，发放社会保障卡 2254 张，办理就业登记 1050 人，签订、续订劳动合同 3500 余份。

【百菲萨资源再生处理等 13 个重点工业项目开工】 百菲萨资源再生处理项目　参见“产业园区”类目 P75 相关条目。

佳饰家薄膜新材料项目　由江苏佳饰家新材料有限公司实施，用地 4.57 公顷，建设生产车间及辅房、办公大楼等 8 万平方米，购置浸渍纸生产线 20 条、层压机生产线 5 套、PVC 木纹膜生产线 4 套，总投资 5500 万元。该项目于 6 月开工，投产后可形成年产薄膜新材料 2 万套的规模。

盛翔高端装备结构件项目　由常州市盛翔涂装粉末有限公司实施，整合地块 5.43 公顷，新建智能车间 2.5 万平方米，引进德国、瑞士全自动数控加工中心等先进设备，购置国产配套设备 30 台套，总投资 3.5 亿元。该项目于 6 月开工，完工后可形成年产高端装备结构件 2 万套的规模。

精密直线导轨项目　由韩国 MID 公司、台湾协昌集团和常州市昌隆电机有限公司、江苏华大装配式房屋有限公司联合实施，用地 4.33 公顷，投资建设精密直线导轨项目，总投资 7 亿元。该项目 6 月开工，建成后可形成年产钢轨 12 万米、模块 36 万台的生产能力。

博翔汽车隔音隔热材料项目　由常州博翔新材料有限公司实施，用地 2.67 公顷，新建厂房 2.5 万平方米，生产隔音隔热垫表皮用无纺布、车用 PPGF 板材及其衍生品和各类带无纺布多层复合膜等产品，总投资 1.6 亿元。该项目于 3 月开工，建成投产后可形成年产 5000 万平方米的规模。

和达高精密电子线路板项目　由常州博安和达电器有限公司实施，用地 8160 平方米，新建厂房 1.4 万平方米，利用原有厂房 8000 平方米，购置数控钻铣机、开料机、镭射机、电镀镍金线、自动贴膜机、半自动打孔机、等离子除胶机等设备 130 台套，总投资 9600 万元。该项目于 5 月开工，投产后可形成年产电子电路板 50 万平方米的规模。

天润耐火装饰材料项目　由常州市天润木业有限公司实施，拆除改造原有车间，改建 4 幢厂房 4.6 万平方米，购置连续压机、多层压机、浸胶线、锯边机等设备 99 台套，升级改造部分设备，总投资 2.2 亿元。该项目于 6 月开工，完工后可形成年产耐火装饰板 2200 万张的规模。

丰树新型环保同质透芯商用卷材项目　由江苏丰树新材料科技有限公司实施，用地 3.23 公顷，新建厂房 2 万平方米，利用存量厂房 1 万平方米，购置压延生产线、鼓式生产线、块材生产线以及辅助设施等设备 155 台套，总投资 1.5 亿元。该项目于 5 月开工，投产后可形成年产同质透芯商用卷材 500 万平方米的的规模。

翰琪电机高速电主轴扩能项目　由常州市翰琪电机有限公司实施，利用德哲木业地块 1.37 公顷，新建智能车间 2 万平方米，购置数控磨床、数控车床、加工中心以及配套设备等 120 台套，总投资 1.5 亿元。该项目于 6 月开工，完工后可形成年产高速电主轴 20 万台的规模。

元生光电新材料项目　由常州元生光电有限公司实施，计划租赁横林科创中心标准厂房 2 幢面积 2 万多平方米，购置电子新材料生产设备 80 余台套，总投资 1 亿元。该项目于 6 月开工，完工后可形成年产 5000 套的规模。

丽尔交联聚乙烯发泡材料项目　由常州丽尔新材料科技有限公司实施，利用存量厂房 5000 平方米，购置搅拌密炼机、切粒机、塑料挤出机、发泡机以及辅助设备等 44 台套，总投资 5800 万

“古槐新韵”横林镇庆祝新中国成立 70 周年文艺演出　（供图 / 横林镇）

元。该项目于2月开工，完工后可形成年产物理交联聚乙烯塑料制品6000吨的规模。

英特普莱特新型环保装饰材料项目 由英特普莱特（中国）装饰材料有限公司实施，利用现有土地扩建厂房2幢面积4500平方米，总投资5000万元。该项目于7月开工，建成后可形成年产强化木地板和家具表面装饰纸3000吨的规模。

正航木精石地板项目 由常州市正航装饰材料有限公司实施，新建厂房3幢面积2万平方米，利用现有厂房4100平方米，购置升槽线、双端铣尘线、热冷混合机组、挤出机等设备22台套(条)，总投资8000万元。该项目于5月开工，完工后可形成年产木精石地板1000万平方米的规模。

【协和FPC柔性电路板等12个重点工业项目竣工】 协和FPC柔性电路板项目 由江苏协和电子股份有限公司实施，整合低效用地3.33公顷，新建厂房7.5万平方米，新增主要设备452台套，包含德国数控钻6台套和数控钻、自动LED曝光机、双列VCP线FPC、自动真空蚀刻加AOI在线光学检测线、自动贴膜机等国产设备，总投资4.5亿元。该项目于7月竣工，达产后可形成年产柔性电路板（简称“FPC”）、印刷电路板（简称“PCB”）100万平方米的生产能力。

慕林智能家居直线驱动器项目 由江苏慕林智能电器有限公司实施，用地63.74亩，新建厂房、车间等10.1万平方米，新增空压冲床、气动旋铆机、电机综合测试仪等生产设备50台套，新建电动推杆及电机生产线3条，总投资3亿元。该项目于12月竣工，达产后可形成年产智能推杆500万套的生产能力。

宝盛新型环保装饰材料项目 由常州宝盛木业有限公司实施，利用企业存量土地，新建厂房2万平方米，购置挤出、UV线以及辅助设施等设备71台套，总投资5500万元。该项目于12月竣工，建成后可形成年产SPC地板500万平方米的生产能力。

正康新型环保装饰材料项目 由江苏正康新材料科技有限公司实施，利用存量土地，拆除旧车间，新建厂房3万平方米，购置底层生产线、木塑生产线以及辅助设施等设备，总投资8000万元。该项目于12月竣工，建成后可形成年产新型环保装饰材料1000万平方米的生产能力。

飞翔塑胶（木塑）地板项目 由江苏飞翔木业有限公司实施，利用存量土地，新建厂房1万平方米，购置塑胶、木塑地板生产线以及辅助设施等设备，总投资8000万元。该项目于10月竣工，建成后可形成年产塑胶（木塑）地板1000万平方米的生产能力。

双爱智能家具全屋定制项目 由常州市双爱家私有限公司实施，整合低效用地2公顷，新建厂房2.5万平方米，购置智能家居生产线3条，总投资1.2亿元。该项目于12月竣工，达产后可形成年产智能家具100万套、全屋定制5000套的生产能力。

博大高分子新型表面装饰材料项目 由江苏博大木业有限公司实施，利用存量土地0.67公顷，新建车间3.1万平方米，购置连续压贴生产线、浸胶线、多层压机等主要生产及辅助设备59台套，总投资2亿元。该项目于12月竣工，达产后可形成年产连续层压板3500万平方米、装饰板1500万平方米的生产能力。

鼎华铝型材改扩建项目 由常州鼎华新材料科技有限公司实施，利用存量厂房1.2万平方米，淘汰手动铝制品氧化线4条，购置数控机床、自动激光机、挤压机等设备86台套，总投资9000万元。该项目于12月竣工，建成后可形成年产铝型材1.5万吨、铝制品氧化加工1.5万吨的生产能力。

零点PVC地板扩建项目 由常州市零点木业有限公司实施，利用存量土地，新建厂房4.2万平方米，购置地板四辊生产线、双螺杆挤出机、双面贴热压机以及辅助配套设施等国产设备145台套，总投资1.2亿元。该项目于12月竣工，建成后可形成年新增PVC地板1500万平方米的生产能力。

源泉新型环保装饰材料项目 由常州市源泉装饰材料有限公司实施，利用存量厂房，购置浸胶线、压机自动线等生产流水线61台套，总投资6800万元。该项目于12月竣工，完工后可形成年产浸胶纸3000万张、装饰板50万张的规模。

华实PVC薄膜高分子材料项目 由常州市华实新材料科技有限公司实施，租用厂房3000平方米，购置五辊薄膜延压机、挤出机等设备30台套，总投资6000万元。该项目于12月竣工，完工后可形成年产1.2万吨PVC薄膜的生产能力。

华艺交联聚乙烯发泡材料项目 由常州市聚智新材料科技有限公司实施，拆除部分旧车间，新建标准车间和研发综合楼8000平方米，购置交联聚乙烯塑料制品生产流水线12条，总投资6500万元。该项目于12月竣工，完工后可形成年产物理交联聚乙烯塑料制品6000吨的规模。

【横林新增高新技术企业14家】 2019年12月，横林镇12家企业被全国高新技术认定管理工作领导小组办公室认定为高新技术企业。

常州百美金属科技有限公司 位于横林镇卫芙路16号，成立于2012年12月，占地7717.2平方米，建筑面积6337.1平方米。专业生产铝单板、铝天花集成吊顶、防静电地板等铝板装饰类建材产品，产品70%出口到欧美、中东、东南亚地区和俄罗斯。2019年，实现销售收入3100万元。

佳辰地板常州有限公司 位于横林镇长虹东路18号，成立于2009年9月，占地15公顷，建筑面积1.5万平方米。建有全钢架空活动地板生产基地、硫酸钙架空地板生产基地、贴面装饰纸生产基地、PVC实塑地板生产基地。2019年，实现销售收入2.62亿元。

常州卓奥光电科技有限公司 位于横林镇科创中心长虹东路88号，成立于2001年12月，占地面积5.85公顷，建有现代化厂房面积约3000平方米、千级无尘生产车间约2000平方米。研发、制造、销售LED数码产品，形成数码管、小家电专用显示器、多媒体影音专用显示器、点矩阵显示器、背光等新系列产品300多种。2019年，实现销售收入3500万元。

江苏博大新材料科技股份有限公司 位于横林镇新横崔路8号，成立于2000年11月，占地5.6公顷，建筑面积2万平方米。建有生产线5条，产品从单一的平贴板材扩展到可弯曲板、阻燃板、抗菌板、抗倍特板、理化板等系列。2019年，实现销售收入2400万元。

江苏靓时新材料科技股份有限公司　位于横林镇武青路12号，成立于2000年11月，占地1.53公顷，建筑面积34228平方米。研发、制造、销售三聚氰胺浸渍纸、三聚氰胺饰面板、高光UV板、哑光无痕UV板、封边条等高端装饰材料。2019年，实现销售收入2.9亿元。

常州迈特装饰材料有限公司　位于横林镇崔西路151号，成立于1998年，占地3.33公顷，建筑面积13717.23平方米。设计、制造装饰耐火板，拥有多尺寸耐火板热压生产线4条、浸渍线生产线6条，装有VOC气体收集环保装置。2019年，实现销售收入6000万元。

常州金鹏液压件制造有限公司　位于横林镇赵家路23号，成立于1990年，占地2.61公顷，建筑面积14869平方米。专业生产低中高压泵、阀类、马达、WRY型热油泵、液压阀、液压泵及液压系统，通过ISO 9001质量管理体系认证。2019年，实现销售收入1700万元。

常州朗逊防静电地板有限公司　位于横林镇横玉路292号，成立于2012年9月，占地1公顷，建筑面积5000平方米。从事活动地板设计、制造、销售、施工，产品被中国电子仪器行业协会防静电设备分会评定为防静电工程推荐优质产品。2019年，实现销售收入1700万元。

常州白鹭电器有限公司　位于横林镇镇西工业园，成立于1997年，占地2公顷，建筑面积3万平方米。专业生产压力控制器，产品远销东亚、中东、欧美等海外市场。2019年，实现销售收入1.4亿元。

常州知宇粉末冶金有限公司　位于横林镇崔北工业区，成立于1992年，占地面积1.5公顷，厂房面积2万余平方米。从事铁基、铜基、铁铜基、不锈钢基、羟基合金、软磁材料及钛合金3D打印的开发、生产，产品广泛用于家用电器、汽车、摩托车、冰箱和空调压缩机、电动工具、医疗器械、林业机械、工业电机、微型马达、内燃机、高铁、航天军工等领域。2019年，实现销售收入4800万元。

常州鑫德源恒耐火板装饰材料有限公司　位于横林镇卫星工业园武青路16号，成立于2015年11月，占地5.33公顷，建筑面积10万平方米。专业从事装饰防火板的研发、生产、设计、销售，开发、引进国内外先进的自动化生产线30条。2019年，实现销售收入8800万元。

常州市昌隆电机有限公司　位于横林镇新槐路28号，前身为常州市林南特种电机厂，成立于2013年12月，占地面积1.1公顷，建筑面积1.95万平方米。专业从事电主轴生产，产品广泛用于精密雕刻、数控钻孔、内外元磨削和铣削设备等行业。2019年，实现销售收入4600万元。

【第十三届（中国·横林）国际地板博览会】　3月26—28日，在上海新国际博览中心举行。该届博览会由常州经济开发区管委会、中国林产工业协会地板专业委员会、江苏省木材行业协会地板专业委员会主办，武进区横林镇人民政府、常州市地板协会、常州市新型装饰板材料生产力促进中心、常州地板协会公平贸易工作站承办，以“横林地板，源于绿色，创新无限”为主题，江苏贝尔装饰材料有限公司、江苏洛基木业有限公司、江苏中鑫德赛木业有限公司公司等60余家横林地板企业组团参展，布置展会面积7000多平方米，推出SPC地板、地暖地板等升级版产品，吸引专业观众2万多人次，其中国外客商3000多人次，达成意向金额超亿美元。

【新型纤维及复合材料众创社区入选拟备案试点省众创社区名单】　2019年10月，省科技厅公布第三批拟备案试点江苏省众创社区名单，横林镇新型纤维及复合材料众创社区名列其中。该众创社区核心区总面积15.6平方千米，是以研发、生产新型环保材料为基础，发挥区位优势和自然资源优势，发掘特色产业协同创新潜力，逐步形成以江苏长海复合材料股份有限公司、江苏贝尔装饰材料有限公司、江苏洛基木业有限公司、常州市天润木业有限公司等龙头企业为引领的新材料产业集群，集聚高新技术企业24家、入库科技型中小企业11家。2019年，实现总产值163.5亿元。

【横林双创基地入选省首批电子商务众创空间名单】　2019年1月，省商务厅公布江苏省首批电子商务众创空间名单，WINGBASE—横林双创基地名列其中。横林镇重视农村电子商务集聚、创新发展，于2016年9月成立电子商务协会，2017年4月建立以电子商务企业为主的横林双创基地，并整合横林国际地板城、横林科创中心资源，推进电子商务产业发展。横林电子商务产业园通过横林镇电子商务协会，集聚电子商务企业及相关配套企业，提升服务能力，推动全镇电商产业健康快速发展。横林双创基地孵化培育“微小型电商企业”，发展电商生力军。横林国际地板城扶持“中小型电商企业”，完善物流仓储等电商配套服务功能，使其成为中小型电商企业发展的重要平台。横林科创中心重点做大“规模型企业”，招引生产型电商企业入驻，拓展集约高效的经营渠道，扶持企业做大做强。2019年，横林电子商务产业园拥有电商企业、网店800多

横林科创中心　（供图/横林镇）

表 79

2019 年横林镇各村（社区）基本情况表

村（社区）名	户数（户）	户籍人口（人）	党组织书记	村委（社区居委会）主任	集体经济收入（万元）
余巷村	478	1368	胡卫春	朱根元	2393
狄坂村	512	1475	吴寿波	吴寿波（兼）	511
顺庄村	508	1547	单　彪	单　彪（兼）	320
江村村	889	2856	周正虎	沈建伟	384
红联村	907	2364	张　宏	黄定金	345
新东方村	1226	3640	钱宇城	施建国	1350
林南村	736	2295	秦荣伟	谈兴国	770
南方村	885	2576	金介刚	王　超	625
青司塘村	845	2531	张永其	陈卫东	796
镇西村	981	2575	钱凤媛	钱孝明	1274
崔桥村	723	2352	刘惠杰	陶卫刚	605
庆丰村	1161	3672	苏耀松	蔡东晓	388
卫星村	762	2547	顾志强	顾建丰	795
双蓉村	1220	3805	谢　杨	沈林兴	907
崔北村	1016	3604	濮维忠	徐国华	1336
横林社区	1117	2676	戚晓峰	强小萍	223
牛塘社区	1035	2502	朱洪亮	李建伟	335
崔桥社区	290	536	张亚敏	陶卫刚	—
昌盛社区	798	2103	谈耀兴	谈耀兴（兼）	—
下塘社区	1111	2773	谢忠明	谢忠明（兼）	—
瑞丰社区	547	1762	朱锡荣	朱锡荣（兼）	—

家，从业人员约 2500 人，实现电商交易额 25.3 亿元，增幅达到 10%，其中跨境电商交易额近 10 亿元。

【横林新增发明专利 12 件】 2019 年，横林镇获得国家发明专利 12 个，分别是：江苏汇联活动地板股份有限公司的“钢材的磷化处理工艺”，佳辰地板常州有限公司的“用于机房建设的地板系统铺设方法”，常州市亚森电子有限公司的“基于多重防盗的电子标签及防盗方法”，江苏博大木业有限公司的“高抗冲击高压装饰层压板的制备方法及高压装饰层压板”和“连续式生产高压纤维装饰板的制备方法及高压纤维装饰板”，江苏玉兰新材料科技有限公司的“于铝合金基材表面制备疏水涂层的方法”，常州市思企智能科技有限公司的“香烟灰收集器及使用方法”，常州市翰琪电机有限公司的“数控排钻装置”，江苏洛基木业有限公司的“铺地材料及其拼扣铺装方法”，江苏贝尔装饰材料有限公司的“硫酸镁实木复合静音地板”和“石塑地板及其制备方法”，常州市泰明机械有限公司的“用于生产塑胶地板的压机装／卸料的送板装置”。

（赵　艳）

遥观镇

【概况】 遥观镇位于武进区东南部，东临横林镇，西接湖塘镇，南靠洛阳镇，北依横山桥镇，总面积 44.7 平方千米，辖行政村 15 个、社区 7 个，2019 年年末户籍人口 47302 人。获得“全国先进基层党组织”“国家新型工业化产业示范基地”“国家卫生镇”“国家生态镇”“全国环境优美镇”“中国轨道交通产业集群名镇”等称号，2019 年位列全国综合实力百强镇第 59 位。

产业发展　发展高效农业，拥有常州市中舜生态农业科技有限公司、常州市蒋记食品有限公司、常州骆马湖食品有限公司等农业龙头企业，“蒋凤记”“清道夫”“品益味”等农产品特色品牌享誉长三角地区。有工业企业 1800 余家，其中规模以上工业企业 138 家、产值超亿元企业 48 家，完成规模以上工业产值 450.18 亿元，占全镇工业总产值的 87%。推进项目建设，新华昌智能化工厂暨海关电子监管仓储中心、光大环保装备三期 2 个市重点项目提前投运，恒益燃气风机、百亿达尔客车车体等 19 个区重点项目按时竣工，光大环保能源（常州）有限公司开放式工厂及超低排放改造项目成为全国首个无围墙垃圾发电示范工程，哈焊所华通高端焊材基地、长海 10 万吨池窑项目获得省重点项目申报。优化平台载体，调整产业园区空间规划 60.33 公顷，整合低效企业 9 家。新材料产业园择优引进企业 10 家，累计 13 家；新观点众创空间三期建成运营，新增注册企业 5 家，累计 82 家。新增高新技术企业 11 家，累计 48 家；规模以上企业研究与试验发展（R&D）经费投入 8.18 亿元，获专利授权 466 件，累计有效发明专利拥有量 258 件。全镇被工业和信息化部确定工业企业知识产权运用试点企业 1 家，被认定省级小巨人企业 1 家、省工业互联网发展示范企业（三星级上云企业）4 家，获省专利项目金奖 2 个，华通新立高架地板被认定为省级专精特新产品。推进企业股改上市，完成常州市武进华联电控设备有限公司、常州市昊升电机有限公司等企业股改 5 家，累计 24 家，常州骆马湖食品有限公司成为全镇第二家江苏股权交易中心农业板挂牌企业。发展现代服务业，优化业态布局，遥光辰苑启动建设，得园三期、天隽峰荟、临津花园竣工交付，湖港影城开业，汽车售后市场、电子商务两大园区获得市三星级服务业集聚区申报，第 24 届“宋剑湖国际展览展示设计”高峰论坛成功举办，全年完成服务业增加值 61 亿元，增长 11.8%，占 GDP 比重 31.1%。

镇村建设　实施城建提档，修编遥观镇总体规划（2015—2020）、控制性详细规划及遥观镇村庄规划（2018—2020），对重大基础设施、民生工程、产业项目作相应规划调整。建设基础设施，今创路和建设路改造提升工程（除热力管线段）和大明路、漕上路、留道

2019 年遥观镇主要经济社会指标完成情况表

表 80

指　　标	单　位	数　值	比 2018 年（%）
地区生产总值	亿　元	196.00	8.0
公共预算收入	亿　元	9.67	7.2
农业总产值	亿　元	0.57	−13.7
多种经营产值	亿　元	0.49	−7.5
粮食总产量	万千克	235.00	−32.9
工业销售收入	亿　元	498.00	10.5
实际利用外资及港澳台资	万美元	2961.00	47.6
自营出口额	亿　元	63.07	3.0
第三产业增加值	亿　元	60.90	11.8
居民人均可支配收入	元	34347.00	8.5

路等重点道路竣工，新沟河延伸拓浚工程遥观南枢纽和二贤河节制闸投用，天然气入户扩面工程实施。推进征迁安置，南沿江城际铁路、前杨村委铁路南侧地块征迁项目进入收尾阶段，完成拆迁面积 19 万平方米；临津花园、横麓雅居按期分房，涉及拆迁户 1029 户、安置房 2211 套。致力生态提优，宋剑湖湿地生态修复项目（二期）竣工，前杨污水处理厂竣工投运，2 个分散式农村生活污水处理工程建成，重污染行业专项整治、地板行业专项整治、“散乱污”企业（作坊）整治和“绿满遥观”工程持续推进，留道村创成省级绿化三化示范村。积极迎接文明城市检查，加强城镇精细管理，遥观镇获评 2016—2018 年度省级文明镇，勤新村、剑湖村获评省级文明村，今创集团有限公司、哈焊所华通（常州）焊业股份有限公司获评省级文明单位。

社会事业　优化配置教育、文化资源，遥观中心幼儿园新园建成开园，建农村等 10 个村（社区）综合性文化服务中心通过验收，留道社区文化健身广场建成投用。举办“同心遥观”庆祝建党 98 周年大合唱、“与湖相颂、筝情相约”庆祝新中国成立 70 周年风筝比赛，丰富群众文化生活。深化网格化集成管理，推行智能化服务平台，镇级为民服务中心、村级便民服务中心全面建成。提升医疗卫生服务，镇卫生院被列为南京鼓楼医院孵化单位，通济村获评省级健康村。扩大社会保险覆盖面，净增参保人员 2838 人，住房公积金扩面 907 人，城乡居民基本养老、医疗保险应保尽保。推进被征地农民保障，13 个行政村（社区）57 个村民小组 6969 人纳入被征地农民保障体系。实施精准扶贫，全年发放救助金、慰问金共计 850 万元。发展慈善光彩事业，江苏今创控股集团有限公司、新华昌集团有限公司、江苏卓睿控股有限公司、常州市百亿达尔轨道客车配件有限公司 4 家企业共捐资 75 万元，常州华通新立地板有限公司成立百万奖教奖学基金，助力教育文体事业建设。

【新华昌智能化工厂暨海关电子监管仓储中心等 2 个市重点项目建成投运】 4 月、8 月，新华昌智能化工厂暨海关电子监管仓储中心、光大环保三期项目先后建成投运。内容参见“产业园区”类目 P75 相关条目。

【恒益风机数控生产线等区重点项目开（竣）工】 恒益风机数控生产线项目　由常州恒益电机有限公司实施，用地 2.8 公顷，新建厂房面积 4.5 万平方米，购置数控加工中心 HNC−32、自动绕线机 KR−12、动平衡机 B 米 −3242 生产线测试等设备 120 台套，建设风机生产线。该项目于 8 月开工建设，建成后可形成年产燃气挂壁炉风机 300 万台、洗衣机风机 250 万台的生产能力。

新树汽车零部件及电机项目　由常州新树金属科技有限公司实施，用地 1.07 公顷，新建厂房、办公房面积 1 万平方米，购置数控加工中心等设备 28 台套。该项目于 12 月开工建设，建成后可形成年产汽车零部件和电机配件 50 万件的生产能力。

蜩象气弹簧项目　由常州市蜩象智能科技有限公司实施，用地 1.33 公顷，新建车间 2.5 万平方米，购置气弹簧生产线 15 条以及精加工生产设备 50 台套。该项目于 12 月开工建设，建成后可形成年产气弹簧 3000 万支、精加工件 200 万件的生产能力。

宋剑湖湿地公园　（供图 / 武进日报社）

雷利智能化组件项目 由江苏雷利电机股份有限公司实施，整合低效用地1.67公顷，新建研发中心、家电智能组件生产车间2.6万平方米，购置自动化流水线等设备986台套。该项目于12月竣工投产，形成年产洗衣机精准组件、冰箱智能制冰组件900万台的生产能力。

宏达数控刀架丝杠项目 由江苏宏达数控科技有限公司实施，用地2.87公顷，建设厂房、办公楼等面积5万平方米，购置数控刀架、丝杠生产专用设备。该项目于12月竣工投产，形成年产液压电动刀架5000套、电机铁芯10亿片的生产能力。

强力新材新型复合材料制品研发生产项目 由常州强力电子新材料股份有限公司实施，用地4.2公顷，建设厂房、研发大楼和仓储物流中心等面积4万平方米。该项目于10月竣工投产，形成年产新型纤维复合材料、OLED平板显示技术关键材料等25万吨的生产能力。

【遥观新增高新技术企业11家】 2019年，遥观镇有11家企业被全国高新技术认定管理工作领导小组办公室认定为高新技术企业。

江苏盛伟过滤设备有限公司 位于武进区长虹东路383号，占地面积1.55公顷，厂房总面积1.3万平方米。致力于过滤技术研究及燃气领域前处理设备研发、制造及技术服务，通过ISO 9001质量管理体系、ISO 14001环境管理体系、OHSAS 18001职业健康安全体系认证，具有A2级压力容器设计、制造许可证和A级压力管道组合元件制造许可证、美国ASME“U”钢印证书。2019年，实现产值3872万元。

江苏华光粉末有限公司 位于遥观镇建农村，成立于1994年，占地面积1.87公顷，建筑面积11000平方米，是江苏省粉末涂料生产基地，建有江苏省粉末涂料工程技术研究中心，通过ISO 9001质量管理体系、ISO 14001环境管理体系认证，拥有中国驰名商标，产品是中国十大品牌粉末涂料之一。2019年，实现产值6800万元。

常州市容天乐东方轴承有限公司 位于遥观镇华昌路59号，成立于2009年，占地面积2.5公顷，建筑面积12639.4平方米，主要研发、制造精密机械及配件、汽车零部件、轴承等，应用于汽车、工程机械、减速机、摩托车、园林机械等行业。2019年，实现产值2850万元。

常州九圣焊割设备有限公司 位于遥观镇长虹东路397号（常州国家广告产业园区灵通基地内），成立于2012年4月，建筑面积2900平方米。专业制造数控等离子电源、数控专用等离子割炬和配件，获得专利15件，CUT系列等离子切割机通过3C认证，产品出口欧美等20多个国家和地区。2019年，实现产值1402.04万元。

江苏爱芮斯医疗科技有限公司 位于遥观镇钱家工业园区，成立于2013年，建筑面积1500平方米。致力于二、三类无菌医疗器械研发、生产、销售、服务，于2014年9月获得医疗器械生产许可证，通过ISO 13485医疗器械质量管理体系认证和欧盟CE认证。2019年，实现产值1046万元。

江苏元隆电器有限公司 位于遥观镇长虹东路，成立于2016年，建筑面积5万平方米。从事节能环保型电器研发、制造、加工，家用电器、电机新型材料研发，制冷设备、电机及配件、电器及配件制造，通过ISO 9001质量管理体系、ISO 14001环境管理体系和3C认证，是为全球高端客户提供对开门冰箱、智能微超等OEM/ODM服务的专业供应商。2019年，实现产值21313万元。

常州德玛利特数控机械有限公司 位于遥观镇勤新村，成立于2012年，建筑面积2090平方米。专业从事精密数控机械研发、生产、销售以及售后服务，年产精密数控机械300台。2019年，实现产值265万元。

常州华通新立地板有限公司 位于遥观郑村工业园区，始建于1980年，建筑面积17万平方米。从事防静电全钢活动地板、防静电复合活动地板、铝合金活动地板、压铸铝合金地板、PVC地面材料、吊顶板、硫酸钙地板、硅酸钙地板（GRC）制造及安装，压铸铝合金支座、紧固件、精密模具技术开发及制造，年生产能力超过500万平方米，通过ISO 9001质量管理体系、ISO 14001环境管理体系和OHSAS 18001职业健康安全体系认证。2019年，实现销售额4.5亿元。

常州煜明电子有限公司 位于遥观镇钱家工业园，成立于1998年，占地面积2.76公顷，建筑面积27437.7平方米。主要生产汽车内饰件、电子琴、儿童滑板车等系列产品，年生产能力8600万件，通过ISO 9000、ISO 14000环境管理体系、OHSAS 18000职业健康安全体系、IATF 16949汽车行业质量管理体系认证和3C认证。2019年，实现产值1.05亿元。

常州市海宝焊割有限公司 位于遥观镇新南村，成立于2002年7月，占地面积2000平方米。专业生产和销售数控等离子焊机、自动化焊接设备、数控线管材切割机、数控火焰切割机、等离子切割机、焊接机器人工作站及系统，拥有专利17件，其中发明专利2件。2019年，实现产值1412万元，其中高新技术产品产值1000万元。

常州市诚鑫金属制品有限公司 位于遥观镇新南村，创建于1996年，占地面积约3公顷，建筑面积2万平方米。拥有300吨液压冷拔机、珩磨机、矫直机、车头机、箱式全封闭退火炉设备以及酸洗润滑生产线，年产冷拔精密钢管1.6万吨、高精度直缝焊管3万吨。2019年，实现产值6000万元。

【遥观获省专利项目金奖企业2家】 7月，江苏雷利电机股份有限公司的“端子连接装置、应用其的步进电机及步进电机的装配方法”、常州强力电子新材料股份有限公司的“咔唑肟酯类光引发剂”均获第十一届江苏省专利项目金奖。“端子连接装置、应用其的步进电机及步进电机的装配方法”是步进电机智能自动化的基础专利，为实现自动化创造了关键的基础条件。江苏雷利电机股份有限公司拥有专利501件，其中发明专利58件。“咔唑肟酯类光引发剂”感光段数在16段及以上，能有效满足大尺寸、高清晰及3D平板显示器的制作要求，为中国新型平板显示及关键原材料产业上下游整体创新协调发展提供支撑。常州强力电子新材料股份有限公司先后申请国内专利139件、国际发明专利53件，获授权专利57件。

【全国首个无围墙垃圾发电示范工程启动】 2019年12月，以“中国光大，让生活更美好”为主题，首届“光大服务季”启动仪式在北京、上海、广州、常州、昆明同步举行。其中，“垃圾发电、与民为邻”破解邻避困局示范工程在常州分会场——光大环保能源（常州）有限公司启动。该工程是光大环保能源（常州）有限公司与地方政府合作的常州生活垃圾焚烧发电厂开放提升工程，通过拆除现有围墙，并配备图书馆、健身广场、咖啡厅、环保科普馆及生态厕所、篮球场等惠民利民设施，打造超低排放和开放、惠民的邻利型垃圾发电厂，成为全国首个无围墙垃圾发电示范工程。常州垃圾焚烧发电项目是光大国际早期项目之一，于2007年6月开工建设，2008年11月投入商业运行，投资总额4.13亿元，建设运营期25.5年，占地面积5公顷，设计日处理生活垃圾800吨，到2019年累计提供绿色电力9.5亿千瓦时，接待参观人数近7万人次，实现社会效益和经济效益的双赢。

【宋剑湖湿地生态修复项目（二期）竣工】 11月，宋剑湖湿地生态修复（二期）项目竣工，总投资3500万元。该项目于4月开工，修复提升湿地及周边绿化面积66.67公顷，新建停车场3个，并融入党建、廉政、宋剑湖文化等元素，形成桃花岛、仙湖岛、仙湖洲、彩叶岗、禾草坡、杉花湾等区域，通过环湖路串联，形成各具特色、步移景异的生态景观效果。宋剑湖有水域、湿地面积7.5平方千米，被评为国家AAA级旅游景区、江苏省AAAA级水利风景区。

2019年遥观镇各村（社区）基本情况表

表81

村（社区）名	户数（户）	户籍人口（人）	党组织书记	村委（社区居委会）主任	集体经济收入（万元）
渔庄村	338	1567	周　斌	周利钢（1—3月） 周　斌（4—12月）	174
桥南村	610	2011	吴政国	白新南	174
塘桥村	686	2480	黄建国	杨建新	244
东方村	921	3012	居学良	梅　佳	192
洪庄村	480	1730	董国华	张　彐（1—11月） 董国华（12月）	378
建农村	595	2028	周海良	周海良（兼）	334
东村村	660	2315	居震民	郑　勇	321
遥观村	1330	3655	刘华伟	刘华伟（兼）	261
薛墅巷村	561	1937	吴景伟	吴景伟（兼）	202
通济村	480	1805	吴南武	顾斌洲	348
剑湖村	1000	3269	邹　文	张志钢	238
前杨村	635	2035	杨　军	李春凯	396
新南村	1250	3870	王　赟	王　赟（兼）	550
勤新村	860	2801	周建明	周建明（兼）	581
郑村村	565	1918	杜骏华	朱雨生（1—11月） 杜骏华（12月）	298
印墅社区	580	1851	徐雪伟	戴　勤	205
芳庄社区	530	1523	张中海	张中海（兼）	223
留道社区	480	1796	戚建平	戚建平（兼）	535
钱家塘社区	537	1592	奚赛明	奚赛明（兼）	360
遥观社区	967	2195	刘建春	刘建春（兼）	—
剑苑社区	61	140	胡纯娟（1—11月） 戚建峰（12月）	胡纯娟（1—11月） 洑兆伟（12月）	—
剑湖社区	3327	9981	徐仁荀（1—11月） 戚建峰（12月）	徐仁荀（1—11月） 洑兆伟（12月）	—

【遥观中心幼儿园新园开园】 参见“教育”类目P201相关条目。

【2019遥观宋剑湖马拉松】 11月17日，健康中国系列赛暨“我为蓝天跑”2019遥观宋剑湖马拉松举行。该比赛由人民网、遥观镇人民政府联合主办，遥观镇体育总会协办，江苏常奥体育发展有限公司负责运营，江苏今创控股集团有限公司、新华昌集团有限公司、江苏卓睿控股有限公司联合赞助，以“我为蓝天跑”为主题，设置赛程10千米，参赛选手1000名。通过激烈角逐，熊艺文以38分23秒的成绩获得男子组冠军，刘荣虎、刘云松分获男子组亚军和季军；潘婷婷以43分51秒的成绩获得女子组冠军，丁丽萍、张颖分获女子组亚军和季军。

（周　银）

横山桥镇

【概况】 横山桥镇位于武进区东北部，东临无锡市，西接潞城街道，南靠横林镇，北依天宁区郑陆镇，总面积58.23平方千米，辖行政村19个、社区4个，2019年末户籍人口59749人。境内横山风景区形成大林寺、白龙观等景点15处。有“横山”百页、“横山”肉松、“横山”芹菜、“常润”栝楼籽、日本砂梨、“芙蓉”鲜螺、“芙蓉”珍珠等名特农产品。先后获全国重点镇、全国小城镇综合改革试点镇、全国农业旅游示范点、全国环境优美镇等称号。

产业发展 壮大规模农业，金穗、武禾、立群等专业合作社、家庭农场发展优质高产农业，种植绿色优质水稻面积13.33公顷，完成绿色防控面积33.33公顷。有工业企业1500家，规模以上企业173家，全年完成规模以上工业产值411亿元，占全镇工业总产值的92.6%。推进项目建设，实施区重点工业项目8个，完成投资12.6亿元，占全镇工业投入的47.7%。华硕智能连接系统、绿联环境、园区标准厂房、富冠金属、大澳伺服电机、树杰汽车功能膜6个项目开工建设，安澜贵金属合金新材料、兰陵模块化装配式建筑钢结构、日盈车用电子系统智能化提升、华耀水泥稳定碎石、长青视液镜5个项目竣工

投产。建设产业园区，宸泰路、夏明路竣工通车，10万平方米标准厂房主体封顶，康利新型复合材料、恒耐科创产业园、晨光新材料喷涂研发中心项目获立项。实施创新驱动战略，横山桥科创中心建成投运，全镇规模以上企业研发投入达6.3亿元，新获认定高新技术企业25家，累计44家，完成高新技术产业产值79.3亿元，占全镇规模以上工业产值的19.3%。

镇村建设　对接常州城市规划调整修编镇总体规划，深化镇控制性详细规划和村庄规划，落实南沿江城际铁路新建、沿江高速改造及芙蓉道口增设等重大基础设施布局规划调整，完善产业园、芙蓉、芳茂山、龙潭湖4个片区专项规划。推进基础建设，龙锦路东延、兴庄北路提档工程建成通车，华喜路改扩建西段工程开工建设，新安大桥、兰陵桥改造工程全面完工；提升镇区防洪排涝能力，潞横河东枢纽建成投用，青龙浜疏浚整治工程基本完工。推进地质灾害隐患治理，芳茂山地质灾害隐患治理工程通过验收，江南路两侧以及福寿庵地质灾害隐患点治理基本完工。建设精致集镇，完成南沿江城际铁路、三毛地块、芙蓉安置区等项目拆迁20余万平方米，实施羊绒城三期、芙蓉新天地、奥阳天宸等商住项目，横麓雅居竣工交付。保护生态环境，推进蓝天保卫战、碧水保卫战、净土保卫战。建成$PM_{2.5}$监测站点8个、降尘监测站点4个和微型空气质量监测站1个，完成小麦秸秆还田100余公顷。横山桥污水处理厂提标改造基本完工，处理能力提升至3万吨／日；新建污水管网1.8千米，完成企业污水接管80家，在9个行政村21个自然村的建成农村生活污水治理工程；清淤河道9条、河塘60个。推进垃圾分类设施建设、餐厨垃圾集中统一收运，全镇生活垃圾无害转化率保持100%。加强城镇长效管理，开展市容专项执法工作“百日会战”行动、违法建设集中突破行动，实现交通通行能力、路域环境和绿化水平全面提升。

表82

2019年横山桥镇主要经济社会指标完成情况表

指　标	单　位	数　值	比2018年(%)
地区生产总值	亿　元	161.33	6.1
公共预算收入	万　元	61154.00	9.8
农业总产值	万　元	20209.00	-14.2
多种经营产值	万　元	19115.00	-14.7
粮食总产量	万千克	311.00	-5.2
规模以上工业总产值	亿　元	410.50	10.0
实际利用外资及港澳台资	万美元	1396.00	-30.8
自营进出口额	万　元	164722.00	8.85
第三产业增加值	亿　元	99.14	6.8
居民人均可支配收入	元	34800.00	8.5

社会事业　均衡发展教育、卫生事业，横山桥实验幼儿园、新安国际幼儿园建成开园，芙蓉幼儿园通过省优质幼儿园复评，横山高级中学、横山初级中学、横山小学获区素质教育质量评估一等奖；横山卫生院新院区建成投运，挂牌常州二院横山分院，慢病科被确认为市基层医疗卫生机构特色专科。巩固文化阵地，全面完成市级综合文化服务中心标准化建设。丰富群众文化生活，举办第二届“美丽横山行”文化节，开展各类文体活动300余次。加强民生保障，新增就业岗位4060个，城镇失业人员再就业430人，就业困难人员再就业80人，新增转移农业劳动力280人；社保登记企业达2543家，新增社保参保人员2934人，发放社会保障卡3125张，完成住房公积金扩面900人；办理被征地农民保障8900人，纳入被征地农民基本生活保障累计17522人。开展社会救助，发放低保金、慈善救助金等补助资金279万元，发放义务兵家属优待金、退伍军人安置费395万元，发放困难残疾人和重度残疾人两项补贴270万元和尊老金150万元。

【华硕智能连接系统等7个项目开工建设】　华硕智能连接系统项目　由常州市华硕电子有限公司实施，新增用地3公顷，新建厂房、研发楼及辅房，建筑面积4.7万平方米，新增日本、德国、

芳茂山色　（供图／武进日报社）

韩国进口放电机、冲压机等设备112台套，国内采购压榨机等设备35台套。该项目于5月开工建设，投产后可形成年产电子连接器2360万套、消费类电子线束1000万套和新能源汽车线束180万套的生产能力。

绿联环境资源综合利用项目　由江苏永葆环保科技有限公司实施，新增用地4.92公顷，新建总部大楼和固废资源化利用研发中心、生产用房、仓储用房、辅助用房等3.8万平方米，新增污泥预处理系统、干化系统、热解系统及相关自动控制系统等处置设备55台套。该项目于5月开工建设，投产后可形成年消纳市政污泥、河道淤泥、一般工业污泥及一般工业固废30万吨的规模，产生碳材料5.5万吨、热解油6万吨，建成污泥及一般工业固废综合利用产业化示范基地。

富冠激光表面处理及再制造项目　由江苏富冠金属科技有限公司实施，新增用地1.98公顷，新建生产厂房、辅助用房及办公研发大楼2.2万平方米；引进CNC加工中心、真空炉、3千瓦半导体等进口设备22台套，新增数控锯床、数控车床、数控铣床等国产设备88台套。该项目于5月开工建设，投产后可形成年产模具及机械零部件热处理加工10000吨、激光集成设备50台套的生产能力。

大澳伺服电机项目　由大澳电器（江苏）有限公司实施，利用新建厂房3万平方米，购置大型液压机、自动绕线机、自动嵌线机等设备。该项目于5月开工建设，投产后可形成年产伺服电机500万台的生产能力。

树杰汽车功能膜项目　由常州树杰塑业有限公司实施，利用新建厂房2.5万平方米，购置吹膜机、分切机、流延机等设备。该项目于5月开工建设，投产后可形成年产汽车功能膜3000吨、电子保护膜5000吨的生产能力。

智能装备产业园区标准厂房项目　位于横山桥镇智能装备产业园东部启动区范围内，创业路南侧，夏明路东侧，项目一期新征用地6.98公顷，规划新建标准厂房（含单层和多层），配套管理中心和生活服务、生产研发用房，总建筑面积8.24万平方米。该项目于5月开工建设，计划2020年7月竣工，总投资2.1亿元。

长青视液镜项目　由常州长青祥和超薄石材有限公司利用企业存量土地6000平方米，规划建设生产厂房1.20万平方米，购置数控车床、簧管机、电炉、折弯机、焊机等设备48台套。该项目于2019年8月开工建设，计划2020年7月竣工，总投资5000万元，完工后可形成年产300万套视液镜的生产能力。

【横山桥科创中心建成投运】 2019年月，横山桥科创中心建成投运。该中心位于恒耐物流产业园、东方大道东首，紧邻沪宁高速和沿江高速横山道口，背靠省级电商示范村省庄村，一期规划建设面积约5000平方米，是集研发、办公、会议、主题路演、健身、展厅等功能于一体的LOFT风格、自由互动式办公空间。年内，该中心根据全镇产业发展现

2019年横山桥镇各村（社区）基本情况表

表83

村（社区）名	户数（户）	户籍人口（人）	党组织书记	村委（社区居委会）主任	集体经济收入（万元）
东洲村	752	2394	任华强（—10月） 赵少平（代） （10月任）	黄志刚	269
横山桥村	780	2285	杨剑波	何仁龙	258
芳茂村	642	2228	李网度	是国炳	812
西崦村（社区）	581	1830	殷金兴	殷克强	364
星辰村	650	2143	王银瑞	金晓勇	505
省庄村	812	2636	周志军	方晓军	734
金丰村	845	2969	金文华	高忠度	449
奚巷村	645	2298	章晓伟	张岳忠	1276
五一村	1503	4679	梅鹤康（—8月） 章春军（代） （8月任）	朱才兴	1659
新安村	1282	3817	刘志叶	范本东	2643
东城湾村	526	1645	刘秋平（—10月） 吕　俊（代） （10月任）	徐志刚（—10月）	259
东风村	856	2624	程　金（—6月） 丁耀强（代） （6月任）	丁耀强	1441
双庙村	899	3121	岳阳波	赵海平	154
东周村	1270	4083	许　杰	奚金洪	301
东柳塘村	580	1970	单立波	刘国忠	206
西柳塘村	730	2358	刘建群	刘兴春	233
梁家桥村	750	2343	梁晓东	刘永红	234
芙蓉村	888	2923	汤建斌		482
蓉湖村	789	2911	钱小平（—10月）	殷文杰	383
朝阳村	858	2865	高炳敏（—10月） 王　年（代） （10月任）	张中华（—10月）	482
横山社区	1528	3062	刘常羽	刘常羽（兼）	—
新安社区	616	1144	管建本	管建本（兼）	—
芙蓉社区	843	1421	张建刚	陆海峰	—

状和规划，打造垂直生态圈，集聚高端装备制造的企业门户，鼓励技术研发、软件开发、金融财税、电商文创等对全镇产业发展有促进作用的企业入驻，并扶持初创型科技创新项目入园孵化，已引进“新三板”后备企业1家，达成优质项目意向签约13个。

（单晓鹏）

嘉泽镇（武进现代农业产业园）

【概况】 嘉泽镇（武进现代农业产业园）位于武进区西南部，东临西太湖（滆湖），西接金坛区尧塘街道，南接湟里镇，北靠钟楼区邹区镇，全镇总面积104.3平方千米，辖行政村19个、社区5个，2019年年末户籍人口76962人、常住人口8.7万人。239省道、金武路、长虹西路、延政西路、宁常高速贯穿境域，扁担河、夏溪河、成章河和孟津河等水道在境内形成天然良港，拥有西太湖湖岸线12千米，多为自然保护湿地。获得中国花木之乡、全国环境优美镇、全国美丽宜居小镇、全国花卉生产示范基地、全国科普示范基地、全国农业旅游示范点、国家卫生镇和中国花博镇、“绿色生命的摇篮”等称号。

2019年嘉泽镇主要经济社会指标完成情况表

表84

指　　标	单　位	数　值	比2018年(%)
地区生产总值	亿　元	92.19	0.3
公共预算收入	万　元	22826.00	-4.6
农业总产值	亿　元	10.84	-7.7
多种经营产值	亿　元	10.83	-7.73
粮食总产量	万千克	2.00	150
工业销售收入	亿　元	29.76	0.2
实际利用外资及港澳台资	万美元	500.00	650
自营出口额	亿　元	1.29	-7.9
第三产业增加值	亿　元	58.84	6.3
居民人均可支配收入	元	34823.00	8.4

产业发展　建设高效农业，新增高标准农田30公顷，累计533公顷；西城村、晨山村、跃进村被认定为省级苗木特色村，跃进村创成省级休闲农业精品村。夏溪花木市场园艺村一期项目建成，2019中国（夏溪）园艺嘉年华暨江苏·澳门园艺文化周活动成功举办。有工业企业285家，其中规模以上工业企业28家，全年完成规模以上工业产值25.6亿元，占全镇工业总产值的86%。建设重点项目，完成重点项目投入1.16亿元，三鑫重工高端铸钢件项目建成投产，江南印象项目竣工，华晨机械扩产项目启动，壹方创意休闲现代乡村旅游产业园开工建设。全镇被列入区重点龙头企业1家、区高成长企业2家、区隐形冠军企业6家和区上市后备企业1家。新增高新技术企业1家，累计11家，全年完成高新技术产业产值18.44亿元，占全镇规模以上工业产值的72%。发展现代服务业，全年完成服务业增加值65.33亿元、规模以上重点服务业营业收入30.2亿元，分别增长7.5%、25%。嘉泽镇被评为江苏省农村一、二、三产业融合发展先导区和江苏省苗木特色镇。

镇村建设　加强基础建设，推进新孟河延伸拓浚配套工程、南沿江城际铁路、森茂园林3个项目拆迁，共涉及农户590余户、面积16.3万平方米；完善交通设施，实施成东桥改造和8座桥梁小修、10座内河航道桥梁防碰撞专项整治工程；建设水利防汛设施，建成排涝站44座，完成孟津河驳岸330米。启动满墩农民自建区拆旧建新，建成跃进、南庄等农民自建区5个。做优农村人居环境，新建农村分散式污水处理点28处，西城村、成章村创成省农村人居环境示范点，夏庄桥村、嘉泽村创成市农村人居环境示范点。全镇创建“康居型”村庄22个，实现“整洁型”村庄全覆盖。保护生态环境，开展化工企业、扬尘堆场、工业炉窑和企业挥发性有机物（VOCs）专项整治，落实秸秆、垃圾禁烧。推进水环境治理，疏浚河道近29千米，

嘉泽风采　（摄影／姚建国）

整治村塘200余个；新建污水主管网1.5千米，完成企业污水接管11家；调整水产养殖池塘113.33公顷，建设生态湿地53.33公顷，完成绿化造林20公顷、成片造6.67公顷。保护土壤环境，回收废弃农药包装2009乱砍，关停取缔"散乱污"企业（作坊）49家。加强城镇精细化管理，落实"两违"（违章建筑、违法用地）管控；推进"厕所革命"，完成公厕改造31座；推广垃圾分类，全镇生活垃圾无害化处理率达100%。嘉泽镇通过国家卫生镇复查。

社会事业　推进教育、卫生事业均衡发展，提升公共服务水平。实施各中小学、幼儿园维修改造工程，流动人员子女积分入学241名。嘉泽卫生院主体建筑完工，成章卫生院数字化门诊和体检中心建成，士桥村、满墩村和夏庄桥村卫生室改扩建工程完成。推进公共文化服务体系建设，实现村级综合文化服务中心全覆盖。围绕庆祝新中国成立70周年，开展各类文体活动50余场，组织文体团参加市、区级文体比赛30余场。凸显地域文化特色，持续开展"花朝月夕"文化活动。挂牌成立镇村退役军人服务站25个，积极维护退役军人权益，做好下岗、失业转业志愿兵安置工作。加强民生保障，促进失业人员、困难人员就业138人，新增社会保险参保人员361人，办理被征地农民社会保障2400人。落实低保、重残生活救助、孤儿养育等政策，发放救助金、补助金、慰问金共计2272.5万元，发放尊老金185.86万元。

【嘉泽镇入选江苏省一、二、三产业融合发展先导区】 2019年11月21日，省农业农村厅公布江苏省一、二、三产业融合发展先导区名单，名列其中。该镇结合花木产业发展历史长、产业规模大，花木种植已成为全镇农业特色支柱产业的实际，将一产的花木种植、二产的绿植加工及配套服务、三产的文化创意融合发展，实现花木产业多次升值。推进高标准农田建设，将农田与绿化景观、湿地相结合，建设形成田园风光带；搭建农业信息化平台，实现物联网全覆盖和生产管理、政府监管、旅游服务信息化，构建起农产品电子商务体系和食品加工质量安全可追溯体系；吸引高校毕业生、新型职业农民、务工经商返乡人员以及各类农业服务主体创新创业，发展农产品精深加工和休闲观光农业；实施品牌战略，培育优质农产品品牌，促进产业提质增效；加强农民合作社、农业龙头企业和其他经营主体与农民的利益联结，实现规模化经营和产加销一体化，延长农业产业链，带动农民就业、增收、致富。10月，嘉泽镇入选第一批省级苗木特色镇建设试点名单，西城村、晨山村、跃进村入选第一批省级苗木特色村建设试点名单。全年完成农业总产值10.84亿元，其中多种经营产值10.83亿元。

【壹方创意休闲现代乡村旅游产业园等3个重点项目建设】 壹方创意休闲现代旅游产业项目　位于嘉泽镇士桥村，总占地16.12公顷，其中农业园占地15.24公顷、配套建设占地0.83公顷，建设民宿面积1.35万平方米。该项目于2019年6月开工建设，计划2023年建成，可形成集特色农业生产、乡村休闲旅游于一体的现代乡村旅游产业园。

泰富山庄项目　位于嘉泽镇，整体项目分三期开发，项目一期于2015年1月开工，计划于2020年6月竣工，总投资3.98亿元，建成后形成集酒店、别墅式客房及企业会所于一体的休闲度假胜地。

三鑫重工发电机精加工技改项目　由三鑫重工机械有限公司实施，新增用地5.93公顷，建设厂房4万平方米，购置热处理设备、加工设备、工模具、检测设备等100台套，于2019年12月建成投产，形成年产发电机组精密铸钢件1.3万吨的生产能力。

【2019中国（夏溪）园艺嘉年华暨江苏·澳门园艺文化周活动】 参见"农业"类目P94同名条目。

【常州阿科牧机械有限公司获高新技术企业认定】 2019年11月，常州阿科牧机械有限公司（ACME-temp）被全国高新技术认定管理工作领导小组办公室认定为高新技术企业。该公司位于嘉泽镇工业园区，成立于2014年10月，占地8700平方米，建筑面积6000平方米。致力于高性能工业温度控制设备的研发、生产、销售、服务和技术咨询，产品应用于塑胶注射成型、镁铝合金压铸、碳纤维模压冷热成型、化工反应釜、橡胶挤出、压延、密炼、硫化成型、鞋材、风电叶片、印刷辊筒、纺织、印染烘干、热压成型等行业，远销印度、印度尼西亚、越南、泰国等东南亚国家。2019年，完成产值2537万元。

【嘉泽镇创成省农村人居环境示范点2个】 2019年年末，嘉泽镇西城村、成章村创成省农村人居环境示范点。

西城村　位于嘉泽镇西南部，东近成章村，西邻常州市金坛区，总面积7.95平方千米，辖自然村42个、村民小组50个，有农户1649户、村民人口5281人，耕地546.8。该村投入190万元建设基础设施，其中人居环境投入约185万元，实施的美丽乡村"小菜园"建设工程高标准通过验收。完成新孟河项目

江南花都产业园　（供图／嘉泽镇）

表 85

2019 年嘉泽镇各村（社区）基本情况表

村（社区）名	户数（户）	户籍人口（人）	党组织书记	村委（社区居委会）主任	集体经济收入（万元）
嘉泽村	2580	8660	索卫中	韦建春（—5 月）	327
观庄村	1035	2903	邓东妹	邓东妹（兼）	114
丰杨村	1012	2980	吴建林	陈雪峰	191
士桥村	930	2412	李向阳	李向阳（兼）	211
夏庄桥村	1765	5030	蒋志江	蒋建忠	149
闵市村	1666	5051	田卫忠	王继业	292
西城村	1676	5352	周林峰	孙全方	146
成章村	2338	6437	庄旭东	虞　健	198
晨山村	1952	5696	胡　彬	胡　彬（兼）	283
捕捞村	188	588	石小方	沈祥根	85
甘荡村	1047	3005	蒋益明（—5 月）	王　栋	113
夏溪村	2896	7556	高亚平	—	163
跃进村	794	1906	张建荣	张国庆	479
南庄村	1153	3241	高　华	倪明华	151
周庄村	740	2082	江建昌	刘金生	140
三星村	889	2513	王　华	陆建峰	133
厚余村	1323	3519	潘留根	强国平	160
朝东村	2052	5620	朱洪全	庄国胜	186
满墩村	1515	3396	庄　伟	庄　伟（兼）	195
嘉泽社区	—	—	索卫中	张　红	—
夏溪社区	—	—	高亚平	徐　标	—
厚余社区	—	—	潘留根	秦春霞	—
成章社区	—	—	庄旭东	庄旭东（兼）	—
嘉新社区	—	—	顾新州（—7 月） 顾　晔（7 月任）	—	—

说明：嘉泽、夏溪、厚余、成章四个社区的户数、户籍人口数以及集体经济收入与相应村的村合算在一起，嘉新社区居民为各村拆迁安置居民，数据仍算在各村里面

自建区暨宅改建设自建房 128 幢和公寓房 36 户，村民分房后陆续入住。2019 年投入 180 万元，实施自建区绿化、亮化和健身广场、公厕、垃圾分类站、停车库、村标等建设。

成章村　位于嘉泽镇西南部，宁常高速、239 省道、嘉成公路纵横贯穿，总面积 8.5 平方千米，有户籍人口 6300 人、常住人口 8500 人，耕地 373.33 公顷。该村是草盆花、月季花种植特色村，年生草盆花约 6 亿盆，形成草盆花种植基地。注重基础设施建设，完善村容村貌，投资实施道路硬化、空气净化、村庄亮化、环境美化工程，实现村组道路硬化 100%、村庄绿化覆盖率 48%，道路、路灯、健身广场等公共设施全部达标，先后获得江苏省新农村建设示范村、江苏省水美乡村、江苏省生态文明村等称号。

（陈　欢）

湟里镇

【概况】 湟里镇位于武进区西南部，东濒滆湖，西接金坛区，南与宜兴市隔涨河港相望，北邻嘉泽镇，总面积 86.1 平方千米，辖行政村 16 个、社区 3 个，2019 年年末户籍人口 63196 人、常住人口 85751 人。湟里又名杨柳埠，俗称埠头，是全国闻名的水产养殖和花卉苗木生产基地，获得"第五届全国文明村镇""全国环境优美镇""国家级卫生镇""国家级生态示范镇""全国科学发展千强镇"等称号。10 月 8 日，湟里镇位列全国综合实力千强镇第 189 位。

产业发展　推进现代农业建设，武宜村 36.67 公顷区级高标准农田项目通过验收，岗角村 333.33 公顷、村前村 266.67 公顷国家级高标准农田项目实施，其中岗角村国家级高标准农田项目被列入江苏省 2019 年生态型高标准农田建设 8 个试点项目之一。推进水产生态健康养殖，在滆湖围网整治（湟里段）通过区级验收的基础上，开展对沿湖 320 公顷水产养殖的结构调整，推广应用膨化饲料养殖面积 100 公顷，完成池塘原位修复试点面积 25.53 公顷。有工业企业 526 家，年内新增规模以上企业 13 家，累计 85 家，全年完成规模以上工业产值 290.7 亿元，占全镇工业总产值的 91.7%。建设重点工业项目，5 个区重点工业项目年内完成投资 4.85 亿元，联同定制包装材料、凯达重工铸件及轧辊环保技改等 15 个新建项目竣工投产。推进服务业与农业、工业融合发展，完成限上贸易销售额 210 亿元、服务业增加值 83.5 亿元，分别增长 16%、9%；实现重点服务业营业收入 23 亿元。

镇村建设　完善镇区建设，南北两大自建区竣工交付，新孟河延伸拓浚工程拆迁户 206 户顺利入住；湟里桥改造提升工程、湟东公路路面改造提升工程基本完工，粮管所路南沿工程持续推进，东安小商品市场综合整治全面完成。实施污染源综合治理，完成挥发性有机物综合治理企业 5 家、清洁原料替代改造企业 1 家以及化工、电镀类企业专项达标整治，关停取缔"散乱污"企业 58 家。推进水环境整治，治理未达标河道 4 条，清淤河道 20.8 千米、村庄河塘 233 处；新孟河延伸拓浚工程有序推进，农村分散式生活污水处理工程二期全面启动；新建污水支管网 2.05 千米，40 家企业实现截污纳管。优化生态环境，村前村省级小流域综合整治三期项目通过评审，全年新增修复湿地 13.33 公顷，绿化造林 20 公顷，村前村创成省级村庄绿化示范村。建设美丽乡村，推动村庄生态河塘整治、农村分散式污水管网建设、天然气安装、道路硬化、环境绿化、

2019年湟里镇主要经济社会指标完成情况表

表86

指　标	单　位	数　值	比2018年(%)
地区生产总值	亿　元	135.46	7.5
公共预算收入	亿　元	6.30	5.3
农业总产值	亿　元	6.68	-6.5
多种经营产值	亿　元	6.67	-6.4
粮食总产量	万千克	11.90	-26.1
工业销售收入	亿　元	313.60	6.7
实际利用外资及港澳台资	万美元	620.10	-14.6
自营出口额	万　元	91783.20	7.4
第三产业增加值	亿　元	81.30	6.2
居民人均可支配收入	元	48411.00	8.4

照明亮化等系统工程，高标准完成“美丽型”“康居型”村庄创建任务，承办全区农村人居环境整治暨美丽乡村建设现场推进会，葛庄村、西墅村、西鲁村、香泉村等美丽乡村建设经验做法得到社会各界好评。加强镇村管理，完成“大棚房”“违法别墅”专项整治行动、70%以上的村垃圾分类硬件设施建设，集镇区长效保洁成效提升。

社会事业　教育、卫生事业均衡发展，湟里高级中学、东安实验学校通过市、区素质教育督导，武进第四人民医院内科病区二级分科完成，湟里、蒋堰村级卫生室建设达标。推进新时代文明实践活动，举办武进诗词大会等文化惠民活动50余场次，开展理论宣讲80余场次，东方润安集团有限公司获评省级文明单位，西墅村、葛庄村、河南村获评省级文明村，后坊、岗角、西安、村西、村前等村创成市级综合文化服务中心。保障和改善民生，完成社保扩面695人，帮助就业困难人员再就业162人，向“4050”“4555”人员705人发放社保补贴共计210.7万元；发放慈善救助金、临时帮困补助等帮扶资金317.65万元，发放大病救助保险金近70万元、残疾人“两项补贴”639.85万元；落实被征地农民保障政策，办理失地农民保障1200人。推进精准扶贫工作，全镇452户、668人提前实现脱贫。

【马拉兹智能化无人工厂等3个工业重点项目竣工投运】　马拉兹智能化无人工厂项目　由马拉兹（江苏）电梯导轨有限公司实施，利用原有土地1.33公顷，建设厂房1万平方米，新增高速电梯导轨智能化生产线2条、自动化设备56台套。该项目于2017年5月开工，2019年6月竣工投运，完成投资3亿元，达产后形成年产高精度实心电梯导轨3万吨的生产能力。

速派奇电动摩托扩能项目　由常州速派奇车业有限公司实施，在原有土地10公顷、厂房8万平方米和生产设备的基础上进行技术改造，新增装配输送物流系统、整车安检线，电动摩托车底盘测功机、涂装设备、环保设备等生产和检测设备810台套。该项目于2019年1月开工，9月竣工投运，完成投资2.1亿元，建成后形成年增电动两轮摩托车10万辆、电动三轮摩托车15万辆的生产能力。

凯达重工铸件及轧辊环保技改　由常州凯达重工科技有限公司实施，利用企业原有厂房，新建厂房4000平方米，新增颚式破碎机、数控轧辊车床、金相镶嵌机、铣削头等设备63台套，对原有项目及环保处理设备进行技术改造。该项目于2019年2月开工，6月竣工投运，完成投资5500万元，达产后维持年产大型铸件、大型轧辊5万吨和金属构件5000吨的生产能力。

集文化与休闲一体的阿甲公园　　（供图/湟里镇）

【湟里新增高新技术企业2家】　2019年11月，湟里镇2家企业被全国高新技术认定管理工作领导小组办公室认定为高新技术企业。

常州坚鹏建材有限公司　位于湟里镇人民路150-2号，成立于2011年4月，占地面积3.4公顷，建筑面积1.35万平方米。主要从事超细粉、耐火砖制造，以及塑料过胶片、热电偶、纸管、五金配件、矿粉、焦炭、钢铁、钢渣、耐火材料、生铁、铁合金、五金产品、建筑材料、机械配件、电线电缆、塑料制品销售。2019年，实现产值26456.1万元。

江苏永阳新材料科技有限公司　位于湟里镇村前街，成立于2015年12月，占地1.24公顷，建筑面积1.38万平方米。专业从事建筑材料的研发及技术转让、技术服务，干粉泥子、仿石砂浆的加工、销售，建筑装饰装修工程设计施工，水性涂料的生产、销售，防水材料的研发、销售，建筑外墙保温材料的研发、销售，保温装饰一体化板的研发、生产、销售。2019年，实现产值5495万元。

表 87　2019 年湟里镇各村（社区）基本情况表

村（社区）名	户数（户）	户籍人口（人）	党组织书记	村委（社区居委会）主任	集体经济收入（万元）
东安村	2086	6022	陈建良	王建军	284
武宜村	673	2024	曾志丰	梁建平	201
西安村	833	2416	万华良	万华良（兼）	210
五巷村	902	2790	张树华	郭维明	192
蒋堰村	1299	4074	许国军	张献良	313
香泉村	1162	3675	王永泉	—	292
村前村	2321	6102	王金泉	薛亚平	482
岗角村	1953	5190	孙泽云	—	208
西墅村	1479	4791	季文斌	程小平	638
河南村	984	2808	蒋中君	周亚军	232
北隍村	835	2550	吴卫忠	薛志平	184
后坊村	1013	3036	徐田明	徐田明（兼）	122
西鲁村	940	2599	薛云杰	薛云杰（兼）	292
葛庄村	842	2379	蒋红明	徐卫平	465
村西村	868	2501	鞠　峰	鞠　峰（兼）	212
湟里村	2782	7257	周　锋	史玉根	245
湟里社区	—	—	储留保	储留保（兼）	—
东安社区	—	—	陈建良	—	—
村前社区	—	—	王金泉	—	—

（唐羽佳）

南夏墅街道

【概况】 南夏墅街道位于武进区湖塘镇南，总面积70平方千米，辖行政村14个、社区9个，2019年年末户籍人口60499人、外来人口127955人。

城乡建设　推进拆迁安置，完成南沿江城际铁路（南夏墅段）地块、柳工二期拓展地块等年度拆迁任务，办理南隆小区655套、南河社区259套安置房产权分割发证。建设基础设施，完成镇级道路、乡道华阳线维修，以及南塘路—武宜路至新礼路段沥青摊铺、塘洋村大龙圩驳岸修复和水产组湖埂加高工程，新建防渗渠2千米，疏浚镇级河道2条、村庄河塘16个。保护生态环境，推进大气污染防治，关停化工企业4家，完成重点行业熔炼炉、熔化炉废气排放提升改造26家；推进水环境整治，调整虾蟹类养殖面积至40公顷，完成企业雨污分流接管71家，新建河塘湿地1.67公顷，南苑社区景观河湿地基本建成。改善人居环境，推进垃圾分类，建成垃圾分类亭40个。加强城市长效管理，实现对闲置地块1000多公顷的有效管理，完成高架沿线大棚房整治，聚盛花园、南河社区和大学城夜排档等区域乱堆放、占道经营等乱象得到有效遏制。街道实现连续4个季度常州市长效管理考评零失分。

村（社区）建设　完善城乡社区基层民主和群众自治体系，优化社区民主协商机制，组织各社会组织开展为老服务、助残服务、帮困服务、青少年服务及居民融合服务，受益人数超过1万人。构建“三社联动”治理机制，充分调动各方参与城乡社区治理积极性，发展壮大社会组织。开展“市级农村集体资产监管平台”项目试点，22个村股份合作社完成资金、财务管理系统建设全覆盖。全年完成产权交易项目195笔，累计金额5.94亿元，溢价率增长13%。

社会事业　改善办学条件，推进校园环境提升工程；发挥“钱伯显教育发展基金”作用，资助贫困学生，奖励优秀师生。建设文化阵地，有9个村创成常州市综合文化服务中心，南夏墅全民健身中心建成投运。实施文化惠民工程，开展“文化引领我们生活”主题系列文化活动，惠及群众3万余人次。提升公共卫生服务，武进医院高新区院区全年门诊诊疗累计19万人次，街道组织2500多名已婚育龄妇女参加“两癌”筛查。落实拥军优属政策，发放退伍费156.6万元、现役军人家属优待金125万元、立功受奖军人奖励金2.48万元、优抚对象医疗补助4.6万元。推进社保扩面，新增企业社保90家，新增参保人员2503人。做好低保提标扩面工作，全年发放低保金59万元，为重度残疾人发放生活补助522万元。完成14个村组被征地农民保障工作。完成23个村（社区）2019年度城乡居民医保参保卡扣，涉及参保对象2.9万人。

【南夏墅“枫桥式公安派出所”创建】 南夏墅派出所深入贯彻落实中共中央总书

安置小区　（供图/南夏墅街道）

表 88

2019 年南夏墅街道各村（社区）基本情况表

村（社区）名	户数（户）	户籍人口（人）	党组织书记	村委（社区居委会）主任	集体经济收入（万元）
戴家村	585	2035	朱玉明	朱玉明（兼）	195
港桥村	457	1768	王如平	卢中兴	379
河东村	699	2548	朱玉峰	万志伟	204
华阳村	744	2956	陆　高		255
九华村	1132	3969	周　新	周　新（兼）	467
庙桥村	1122	3689	莫炳卫	庄伟兴	269
南夏墅村	669	2115	胡德岳	胡德岳（兼）	126
三河村	1018	3245	岳建波	岳建波（兼）	275
胜西村	869	2751	卞小中	卞小中（兼）	184
石柱村	645	2308	李建伟	杨　凯	166
塘洋村	1110	3300	蒋雪峰	邵华明	165
桐庄村	1021	3596	田秋兴	田秋兴（兼）	298
万塔村	617	1922	陈永俭	岳加峰	268
新联村	626	2143	杨同庆	潘小平	165
庙桥社区	210	315	周　林	莫小国	—
南苑社区	3744	5498	时进峰	时进峰（兼）	—
南河社区	1868	4865	潘　林	潘　林（兼）	—
学府东苑社区	2736	6243	周曙光	周曙光（兼）	—
南湖家苑社区	386	1350	恽钰虎	赵建伟	—
大学新村三社区	1547	4462	岳效忠	钱国强	—
南夏墅社区	928	2590	朱效平	朱效平（兼）	—
南淳社区	4475	5902	邵志平	褚小英	—
学府家苑社区	1269	3621	李　健	李　健（兼）	—

记习近平在全国公安工作会议上的讲话精神，以“枫桥经验”（20 世纪 60 年代初，浙江省绍兴市诸暨县枫桥镇干部群众创造的“发动和依靠群众，坚持矛盾不上交，就地解决，实现捕人少，治安好”经验）为指引，将党建与队建、党务与业务有机融合、双线发力，立足为了群众、发动群众、依靠群众，创新“三借四防五联”工作举措：借助“民约、民力、民心”，分别推行“公约式”自治管理、群防群治法治管理、公调对接德治管理，全力打造群防群治新模式；开展“人防、物防、技防、心防”四个防范，破解社会管理难题；推行“警社合一”治理模式，构建“党委领导、政府负责、社区协同、公安参与、法制保障”的社会治理新格局。2019 年，南夏墅街道实现矛盾纠纷警情持续下降。家庭纠纷、邻里纠纷、租赁纠纷分别下降 11.6%、7.6%、61.5%，由矛盾引发的损毁公私财物、殴打他人警情分别下降 10.1%、25.1%，违法犯罪总警情和刑事警情分别下降 13.1%、21.3%。

【南夏墅街道“农村集体资产监管平台”项目试点】 2019 年，南夏墅街道开展“常州市农村集体资产监管平台”项目试点，应用大数据中心，整合账务处理系统、资金管理平台、“三资”信息化监管平台、产权交易平台等功能，建成农村集体资产监管平台，实现农村“三资”（资金、资产、资源）经营、管理、监督一体化。同时，编发监管平台“操作手册”，组织专题培训，完成 22 个村（股份合作社）资金、资产、资源系统建设，确保数据无缝对接、资金在线管控、流程实时监管，为全区集体资产监管平台的覆盖提供经验路径。年内，接待省委政策研究室、省农业农村厅、大连市农业农村局、苏州市农业农村局等省内外领导考察 100 余人次。

（徐松华）

西湖街道

【概况】 西湖街道位于武进区西太湖畔，东临牛塘镇、武进高新区，西接花木之乡嘉泽镇，南靠西太湖，北依钟楼区邹区镇，总面积 48.35 平方千米，辖行政村 3 个、社区 5 个，2019 年年末户籍人口 26686 人，常住人口 5.7 万人。

产城融合　围绕保障园区发展，推进拆迁安置，完成剩余户拆迁 18 户和亚邦东侧地块企业签约拆迁 4 家、中波塔迁建协议签订，塔下游艇俱乐部地块拆迁基本结束，全年拆迁评估总量 12.5 万平方米；鑫康雅居安置房主体竣工，

举办庆祝新中国成立 70 周年暨街道成立 10 周年文艺晚会　（供图 / 西湖街道）

表 89

2019 年西湖街道各村（社区）基本情况表

社区名	户数（户）	户籍人口（人）	党组织书记	村委（社区居委会）主任	集体经济收入（万元）
聚新社区	3650	8318	曹志健	—	670
湖滨社区	7552	3498	翁金良	邓　达	—
蠡河社区	1845	7000	钱伟明	蒋志凯	410
滆湖社区	5405	263	强　霏	—	—
塔下村	699	2230	黄小平	王佳可	182
河头村	512	1980	徐才炳	蒋纪春	189
仕尚村	584	2476	展　毅	吴伟连	190
长汀村	574	2186	吴　辉	周玉龙	1009

安置房权证办理1600套。推进市政建设，修补腾龙路、长塘路和东方南路等路面1.6万平方米，填补绿化迁移90次，绿化面积369万平方米，更换损坏LED路灯495套、窨井盖140套，落实河道管护和水利防汛工程建设。加强城市管理，成立“两违”分队，全年查处违章搭建150处，拆除违建面积2468平方米，秸秆禁烧实现区域监管全覆盖，生活垃圾分类工作通过省级验收。成立西太湖景区管理办公室，加强临湖片区管理，承接2019西太湖马拉松和各级领导、客商参观考察20余次。

民生事业　提升“三资”管理效能，农村资金管理平台支出2396笔、金额6182万元，完成农村产权交易项目40宗、金额1100万元。深化社会治理，建立村（社区）网格“微循环”、园区网格“内循环”、区级网格“大循环”和网格化服务管理中心三环联动处置模式，提高网格事项办结效率，全年上报服务事项42079项、服务记录18742条，其中镇级以上联动事项1728项，事项处置率99.5%。做优公共服务，先后成立武进区新的社会阶层人士联合会西湖街道分会、西湖街道文学艺术界联合会，举办“庆祝新中国成立70周年暨街道成立十周年”晚会，开展“聚新杯”“蠡河杯”等文体活动60余场次；开展家庭医生签约服务，65周岁以上签约率达70%；帮扶计划生育特殊家庭，落实对低保户、重点优抚人员、残疾人等救助、帮扶政策；培育孵化社会组织，建成聚新、蠡河、滆湖之星3个枢纽型社会组织服务中心。加强民生保障，2019经发区（西湖街道）新春招聘会现场达成初步就业意向约1000人次，全年净增社保人员2800人。

【西太湖景区管理办公室成立】 10月18日，西太湖景区管理办公室获批成立。该办公室负责临湖片区水电、消防、市政、环卫、绿化养护、水域生态治理和智能化管理等工作。年内，承接2019西太湖马拉松和各级领导、客商参观考察20余次，做好路面硬质铺装、景观石凳贴面维修、桥梁栏杆油漆出新等设施维护工作。

【组建公共服务机构2个】 10月26日，武进区新的社会阶层人士联合会西湖街道分会成立，由民营企业高管、社会组织负责人、艺术家、律师、会计师等会员26人组成。年内，该分会发挥新的社会阶层人士的桥梁纽带作用，带领会员参观视察了辖区内相关学校、医院、社区和社会组织等开展情况，团结引导新的社会阶层人士为街道高质量发展走在前列贡献智慧和力量。11月9日，西湖街道文学艺术界联合会成立，由戏迷协会、书画协会、文学协会、音乐协会、摄影协会、舞蹈协会6个协会组成，会员208人。年内，该联合会围绕建设“文化西湖”，组织开展“迎新春、送春联”“戏迷进养老院”等活动，对于挖掘整理地方文化资源、弘扬地方特色文化起到推动作用。

【举办庆祝新中国成立70周年暨街道成立10周年文艺晚会】 10月10日，西湖街道庆祝新中国成立70周年暨街道成立10周年文艺晚会在蠡河公园举行，与会观众5000余人。该晚会以“筑梦西太湖、奋斗新时代”为主题，分为“1949当国歌响起的时候”“1979我们唱着春天的故事”“2009为了这片土地的梦想”“2019在西太湖畔畅想”4个篇章，生动演绎街道干部群众不忘“保障园区发展、切实服务民生”初心，开拓进取，奋力创新，取得各项工作迈上新台阶、社会发展迈向新时代的历史画面，弘扬爱国爱家乡的“家国情怀”。

（刘　佳）

戚墅堰街道

【概况】 戚墅堰街道位于常州经开区中心地带，总面积4.73平方千米，下辖社区7个，2019年年末户籍人口38160人、常住人口4.5万人。

产业发展　建设楼宇经济，金贸大厦招商稳步推进，戚大街商圈活力增强。全年完成限上贸易销售总额7.24亿元、社会消费品零售总额2.08亿元、规模以上服务业营业收入1.53亿元，分别增长20%、10%、16%。

表 90

2019 年戚墅堰街道各社区基本情况表

社区名	户数（户）	户籍人口（人）	党组织书记	村委（社区居委会）主任
花苑社区	2361	5533	朱　琴	朱　琴（兼）
花溪社区	2024	4719	蔡　蕾	朱丽英
站北社区	1733	3613	曹　玉	曹　玉（兼）
东方社区	2730	6774	陈卫华	陈卫华（兼）
戚大街社区	2431	5518	方　雷	方　雷（兼）
河苑社区	3306	7978	恽建美	恽建美（兼）
圩墩社区	1662	4025	戚静亚	戚静亚（兼）

3月23日，圩墩文化节暨桃花花会开幕（供图/戚墅堰街道）

城市建设　服务园区建设，组织编制高铁商务区修建性详细规划，深化城市设计、基础设施、交通系统、绿地景观、商业配套等专项规划，完成中期成果汇报；做好鹅颈湾生态修复提升项目前期工作。实施基础设施提质升级，推进圩墩、河苑、街东3个片区地下管网改造，新建雨污水管网约2500米，完成洼地治理片区3个、闸站改造提升2个、活水调水工程1个，基本达到区域污水接管全覆盖。推进“三供一业”（供水、供电、供暖和物业管理）项目，实施环境整治、管网改造、燃气安装等工程。协助做好七院二期工程，完成房屋拆除、临时停车场建设和绿化迁移等，建成金贸大厦北侧、西侧停车场智能化改造项目。推进城市更新，新城和昱于11月底交付使用。保护生态环境，开展“散乱污”企业（作坊）整治“回头看”、废酸蓄电池行业专项整治、水环境整治，完成陈储河、潢河支浜等河道活水调水工程。改善人居环境，在14个小区、4家单位、4个菜场推行垃圾分类，实施“房改亭”18座。加强城市精细管理，组建“城市管家”服务队，开展“小菜场”“小商品市场”等集中整治，拆除违规广告牌、店牌和违章建筑，取得整治整改明显成效。

社会事业　推进社区建设，公开招录社工7名，举办“精彩社工”才艺展、“筑梦未来·时代青年”社区专职工作人员成长训练营，提升社工队伍整体素养。推进文化繁荣发展，开展2019年圩墩文化节系列活动，举办“礼赞新中国、追梦新时代”庆祝中华人民共和国成立70周年群众文艺会演、第二届武进诗词大会戚墅堰街道分会场大赛，丰富群众文化生活。促进就业创业，新增城镇就业人员累计529人，新增创业人员（实名制调查）140人。实施精准救助，发放各类补助、慰问金共计708万余元。

【2019圩墩文化节暨桃花花会】　3月23日，2019圩墩文化节暨桃花花会在圩墩遗址公园南广场开幕。该活动由中共常州市委宣传部、江苏常州经济开发区管委会、常州市城市管理局、常州市文化广电和旅游局主办，武进区戚墅堰街道承办，以“花满圩墩，追梦经开——寻找心中的桃花源”为主题，新增《寻梦桃花源》《桃花坞》《繁花》3处景点，布置“乐享春日、乐享体验、乐享怡情”3条游园主线，并推出“花满圩墩、追梦经开”——大型图片展、文艺会演、花艺生活分享＋体验等10项活动，同步开放新建成的园艺中心。桃花花会持续至4月7日，展示直枝桃、山桃花、帚形桃、垂枝桃、寿星桃、曲枝桃六大品系观赏桃花，吸引游客25万人次。

【戚墅堰红色基因馆建成开放】　6月21日，戚墅堰街道举行社区党建工作名片发布会暨红色基因馆开馆仪式，组织百余名党员参加，接受红色教育洗礼，传播红色理想信念火种。该红色基因馆位于常州市延陵东路106号，建筑面积263平方米，设有“雷锋精神、毛主席伟人风范、焦裕禄精神、抗美援朝、红色奖状、廉线超市”六大展区，展出文献资料、像章、书籍等红色藏品800多件。年内，接待参观人员超5000人次。

（李　馨）

潞城街道

【概况】　潞城街道东临横山桥镇，西接天宁区青龙街道，南靠丁堰街道、戚墅堰街道，北依天宁区郑陆镇，总面积16.77平方千米，辖社区6个，2019年年末户籍人口24027人、常住人口4万余人。

经济发展　推进项目建设，20个省、市、区重点项目累计完成投资87亿元，坤泰车辆二期工程、信承瑞轨道交通智能装备项目开工建设，星源材质、博瑞电力等项目建成投产，欣盛芯片载带等重点项目持续推进。建设产业园区，产业化基地一期新增入驻巍电子、交铁认证中心等项目14个，累计签约项目23个，标准厂房出租率达85%；东方创新园入驻中达勘察、互美环保等服务型项目。完善园区服务配套，青年公寓项目主体基本建成，食堂项目建成运营，引进服务业企业14家。全年完成规模以

表91　2019年潞城街道各社区基本情况表

村（社区）名	户数（户）	户籍人口（人）	党组织书记	村委（社区居委会）主任
兴东社区	1889	4916	王国飞	王国飞
公园壹号	1577	4160	潘国联	邓燕茹
潞城社区	1581	4355	高婉萍	潘琳琳
曙兴社区	1649	4099	蒋小芬	蒋小芬
华丰社区	1320	3400	赵伟刚	赵伟刚
青洋社区	1103	3097	陈维格	陈维格

常州经开区中央廊道 （供图/潞城街道）

上工业总产值140.79亿元，增长0.7%；完成全社会固定资产投资87.18亿元，其中工业投入52.62亿元，分别增长30.1%、123.9%；完成规模以上服务业营业收入4.84亿元，重点服务业单位营业收入2.16亿元，分别增长20.3%、20.6%。

城市建设　完善基础设施，配合推进山水路、常青路等道路建设，东方二路临时道路建成通车，中央花园廊道一期建成开放，闲置土地绿化工程全面完成，新增绿化面积135.87公顷。实施潞城老街综合整治，完成雨污水管网改造、道路提升、杆线入地、环境节点优化等工程。保护生态环境，推进水环境治理、“散乱污”企业（作坊）整治，清淤河道1条、河塘3个，完成企业污水接管125家、餐饮店铺隔油池改造114家和“散乱污”企业（作坊）关停取缔、治理改造任务。加强城市长效管理，同步推进文明城市建设，开展渣土运输整治、“三乱”整治等专项行动，查处违章行为，提升辖区环境质量。

社会事业　撤村建居完成，曙光、政新、光明、东升、潞城5个行政村撤销，兴东、潞城、曙兴、华丰、青洋4个社区挂牌成立，1.49万名失地农民纳入社会保障，村民入股17509份。实施为民办实事社区书记项目，完成王家廨“共享小菜园”、政大路提升改造等民生工程6项，青洋邻里中心成为便民购物中心，原疆新零售总部建成运营，潞城美食集开业，为周边居民提供便利的生活服务配套。

【潞城重点项目建设】　欣盛芯片载带项目　由常州欣盛半导体技术股份有限公司实施，项目一期用地8.67公顷，建设生产用房7.2万平方米，包括100级洁净室车间1万平方米、1000级洁净室车间2.3万平方米，购置COF载带生产线3条、COF载带芯片封测生产线15条，于2017年开工建设，2019年9月中旬进入设备安装调试。该项目建成量产后可填补国内集成电路产业COF显示驱动芯片的空白，加快满足国内市场需求。

铁牛汽车七速双离合变速箱项目　被列入2019年度江苏省重点项目，由铁牛集团有限公司投资新建，用地35.33公顷，建设生产厂房、科研中心等15万平方米，新增动力总成、四驱系统、智慧底盘、智能驾驶等生产设备及研发设备，于2018年开工建设，计划2021年建成投产，总投资104亿元。该项目投产后可形成年产汽车动力总成50万套、四驱系统15万套、智慧底盘部件160万套、智能驾驶60万套的生产能力。

锂离子电池涂覆隔离材料项目　由江苏星源新材料有限公司投资建设，用地12.87公顷，建设厂房、科研中心及配套用房等建筑面积9.51万平方米，于2018年开工建设，计划2021年建成投产，总投资约30亿元。该项目建成达产后可形成年产锂电池隔膜10亿平方米的生产能力。

星源锂电池隔膜项目　由常州星源新能源材料有限公司投资建设，新增用地15.47公顷，建设厂房及配套用房15.5万平方米，购置剖膜主线、在线收卷机、涂覆隔膜线、瑕疵检测仪、测厚仪等主要设备178台套，于2018年开工建设，计划2021年建成投产，总投资约30亿元。该项目建成达产后可形成年产锂电池隔膜3.6亿平方米的生产能力。

（蒋盼盼）

丁堰街道

【概况】　丁堰街道地处常州东部新老城区交接段、经开区主城区，总面积10.18平方千米，辖行政村3个、社区3个，2019年年末户籍人口14277人，常住人口约3万人。

产业发展　有工业企业300余家，其中央企为中国南车集团戚墅堰机车车辆厂（简称“戚机厂”）和江苏华电戚墅堰发电有限公司（简称“戚电厂”）。围绕产业经济创新创优发展，出台《丁堰产业创新发展三年行动计划》《关于进一步加快工业经济发展的奖励意见》《关于招商引资工作考核办法的实施意见》。实施产业项目，全年13个重点项目完成投资9.8亿元，完成投资计划的105%。市重点项目祥明智能电机研发中心主体竣工，区重点项目华电技改工程建成投运，普灵仕创客中心开园，联东U谷常州智能智造产业园落地东部新城核心片区。推进企业转型升级、创新发展，入选常州经开区第一批A类工业企业11家，在武进区工业企业资源节约利用综合评价中实现亩均税收22万元，入围省级星级上云企业6家、省智能微电机产业技术创新战略联盟6家，常州威克医疗器械有限公司获省级工业设计中心认定；新增高新技术企业5家，累计18家，占规模以上企业的37.5%。推进企业股改上市，常州海恩德智能电力科技股份有限公司在“新三板”挂牌，常州龙邦润滑油有限公司登录江苏股权交易中心。开发房地产业，东方君开开盘，港龙新港城三、四期项目实现销售95%以上，宛沿河地块拍卖以溢价47%、总价12.5亿元落槌。

城市建设　完善基础设施，清正路南延建成通车，青洋花苑公建配套房投入使用。实施亮化工程，新增村道照明215处，覆盖里程12千米。实施芳渚河

表92　2019年丁堰街道各村（社区）基本情况表

村（社区）名	户数（户）	户籍人口（人）	党组织书记	村委（社区居委会）主任	集体经济收入（元）
常丰村	1400	3500	刘小芳	刘小芳（兼）	523
丁堰村（社区）	1153	2966	唐　峰	唐　峰（兼）	382
梅港村	1110	2730	吴文进	吴文进（兼）	418
芳渚村	1158	3492	吴志亮	吴志亮（兼）	198
蓝山湖社区	226	553	—	—	—
港龙社区（含观墩）	4145	11000	史舜强	—	—

驳岸修复工程，提升改造排涝站4个。推进项目拆迁，实施联东U谷地块和艾普路东侧地块拆迁，完成南沿江城际高铁征迁项目（丁堰段）企业签约腾空、爱琴海南侧地块企业签约。保护生态环境，落实"河长制"，增设运河沿线水质检测站3个，完成53家企业雨污分流和污水接管、3个自然村生活污水接管工程；实施庄基河联通工程、赛马河清淤工程，改善水环境；开展电镀、酸洗等重污染行业专项整治，实施绿生态扩面提标，累计整治"散乱污"企业117家，完成道路节点、闲置地块、铁路沿线等覆绿工程74.13公顷。加强精细管理，以点带面推广垃圾分类，超额完成垃圾分类设施和公厕建设，港龙新港城列入常州市首批垃圾分类试点小区。

社会事业　实施"闪亮丁堰"特色民生实事工程，丁堰新建幼儿园主体竣工，青洋幼儿园创成省级健康单位；蓝山湖综合文化服务中心建成投用，芳渚村综合文化服务中心启动建设，实现街道、村、社区综合文化服务中心全覆盖。提升民生服务，街道为民服务中心一站式公共服务列入市级社区建设重点项目，全年服务群众1400余次。与奥体戚墅堰全民健身中心合作共建，全年开展文体活动200余场。加强社区建设，丁堰村撤村建居，港龙社区挂牌成立。加强民生保障，促进就业创业，举办技能培训，惠及约600人次；发放各类保障救助资金1200余万元。

【丁堰新增高新技术企业5家】　2019年月，丁堰街道有5家企业被全国高新技术认定管理工作领导小组办公室认定为高新技术企业。

常州科兴铁路装备有限公司　位于丁堰街道常青路16号，成立于2001年，隶属中车戚墅堰机车有限公司，占地1.33位公顷，建筑面积5994平方米。主要从事铁路专用设备及配件设计、制造、销售，电子、电器产品设计、制造、销售，机械设备及配件修造、加工，以及技术咨询和服务，通过ISO 9001质量管理体系认证。2019年，实现销售收入超5000万元。

常州戚墅堰机车车辆配件工业有限公司　地处常州市东郊，原名戚墅堰机车车辆厂工业公司，成立于1979年，占地4.8公顷，建筑面积3.1万平方米。主要从事铁路机车车辆配件的研发、制造、销售和服务，是中国铁道总公司机货车配件定点生产单位，承揽美国GE公司、芬兰瓦锡兰公司等大型钢结构件和零部件的批量加工业务。2019年，完成产值10429万元，实现销售收入9856.4万元。

常州中衡机械科技有限公司　位于丁堰街道常丰村委华丰路5号，成立于2015年，占地2000平方米，建筑面积3368平方米。专业从事激光全息防伪印刷设备的研发、生产，主要产品有激光全息制版系统（光刻机）、UV母版拼版机，电铸系统、UV全息商标模压机、全息立体图像生产线、激光全息UV转移复制机等激光防伪印刷专业设备，广泛应用于激光全息制造、防伪包装印刷等领域，产品远销俄罗斯、韩国、印度、伊朗、印度尼西亚等国家和地区。2019年，实现销售收入394万元。

常州兴力机车车辆配件有限公司　位于丁堰街道环卫路19号，成立于1993年，占地8870余平方米，建筑面积7530平方米。主要从事轨道交通设备配件和柴油机配件的制造、修理，风电、光电等新能源领域相关设备开发。2019年，完成产值3382万元，实现销售收入3343.3万元。

常州英杰工具有限公司　位于丁堰街道梅港村（中吴大道528号），前身为常州合力电器有限公司分厂，成立于1996年，占地2.33公顷，建筑面积2万余平方米。主要生产打蜡机、砂光机、热风枪、曲线锯、电磨、园林工具等产品，拥有美国UL、德国GS和欧盟CE、EMC等安全认证证书，产品远销欧美、澳洲等30多个国家和地区。2019年，完成产值3714.6万元，实现销售收入3199.7万元。

（何　斐）

武进高新区北区

【概况】　武进高新技术产业开发区北区（简称"武进高新区北区"）位于武进中心城区东北部，总面积10平方千米，辖社区10个（含涉农社区7个），2019年年末总人口95471人（含暂住人口48359人）。

城市建设　完善基础设施，建成降子路智能停车场，设置停车位679个；完成邱高路、马家弄黑色化改造和龚家名园南侧道板改造、法制公园技防设施建设等工程以及邱墅西园、邱墅家园消防泵房等设施维修，推进邱墅家园顶层钢结构、外墙面维修工程，做好既有住宅电梯加装、公朴路改造、火炬路改造等工程协调工作。推进拆迁安置，完成3−3地块民房拆迁签约、贺北社区服务中心南侧地块拆迁签约、龚北排涝站改建地块拆迁，以及夏城花园安置房大产权证、安置户不动产权证办理。保护生态环境，加强大气污染管控，开展堆场码头整治和家具、注塑行业VOCs专项治理，强化餐饮单位油烟排放管控，实现武澄沙地区大气污染百日会战及应对重污染天气的目标。加强水环境治理，实施河道治理工程、龚巷河综合整治工程，推进雨污分流建设及排水片区改造，落实"河长制"，水环境治理成效明显。加强环境监管，推进"散乱污"企业（作坊）整治，完成辖区印染企业关闭验收。开展住宅小区垃圾分类处理市场化试点，建成可回收垃圾分拣中心，完成16个小区和6个单位的垃圾分类设施配置。

表 93

2019 年武进高新区北区各社区基本情况表

社区名	户数（户）	户籍人口（人）	党组织书记	村委（社区居委会）主任	集体经济收入（万元）
贺北社区	1640	4830	蒋瑞坤	贺文龙	1088
十里社区	740	2284	周小平	周小平（兼）	578
邱墅社区	1751	4518	华建坤	马　益	1450
古方社区	1840	4900	周萍华	张未荣	392
龚家社区	740	2230	龚文忠	龚文忠（兼）	600
东庄社区	2893	7660	崔济安	华建钢	418
马杭社区	1085	2847	蒋元兴	蒋元兴（兼）	390
喜盈门社区	6151	5285	管洪达	吴寅峰	—
新城域社区	4105	4094	孙春玲	杨　春	—
香溢澜桥社区	7412	5677	贾　建	孙　燕	—

武进高新区北区位列全区城市长效管理考评第二名、文明城市复检前3名。

社区建设 发展集体经济，7个涉农社区实现集体经济收入平均达693万元。全年成交农村产权交易公开协商项目221个、公开竞价项目24个，成交金额1416万元，增长15%。积极为民服务，实施“同心向党—精准助残”“幸福彩虹桥”服务项目，为残疾人、未成年人及家长提供服务。各社会精心打造党群服务中心，形成贺北社区“便民服务360”、邱墅社区“银杏林”、十里社区“十里春风”、龚家社区“暖心110”、古方社区“寻味古方”、东庄社区“老崔工作室”、马杭社区“幸福动吧”、香溢澜桥社区“扬帆驿站”、喜盈门社区“青春有我样”、新城域社区“红领域”等党建品牌。

社会事业 推进教育、卫生事业均衡发展，成立李公朴幼教集团，统一管理李公朴幼儿园、十里幼儿园、城东幼儿园，提升学前教育办学质量；完成贺北、十里、古方3个社区卫生服务站提档升级工程，开展民营社区卫生服务站试点，做好免费孕前优生健康检查、流动人口管理服务等工作，全年举办全民健康社区行讲座20场。推进文化阵地建设，全面建成基层综合文化服务中心，举办纪念建党98周年文艺专场演出、庆祝新中国70周年摄影展、戏曲大赛暨折子戏专场演出等活动，丰富群众精神文化生活。加强社会保障，促进城镇失业人员再就业851人。落实民政救助政策，全年发放低保金、残疾人“两项补贴”、慈善救助金、帮困助残金、尊老金等救助、补助资金约370万元。建立退役军人服务站，做好退役军人服务工作，全年发放义务兵家属优待金、退役士兵安置金约220万元和抚恤定补金、慰问金约91万元。推进养老(助残)服务，建成北区居家养老服务中心（残疾人之家）和龚家、东庄、贺北、喜盈门、新城域5个社区居家养老（助残）服务站，全年为207位高龄老人、重度残疾人提供居家援助服务。

【高新区北区党群服务品牌建设】 2019年，武进高新区北区推进基层党群服务中心建设，打造党群服务品牌。贺北社区深化“便民服务360”党建品牌建设，建立非遗传承人“贺加元剪纸工作室”“墨韵书画工作室”等活动阵地，成立“新风志愿者协会”，开展主题实践活动，建成工业园主干道，完成沈王路道路提升等工程。邱墅社区提升“银杏林”党建品牌建设，通过“解忧茶屋”“红色联盟”，开展党员教育、志愿服务、金融服务、政策宣讲等活动，成功调解纠纷150余起。十里社区推进“十里春风”党建品牌建设，打造党群服务中心，试点建设新时代文明实践站，在小区新增公共座椅、电动车充电棚等便民设施。龚家社区深化“暖心110”党建品牌建设，在龚家名园小区主干道设立“习言习语、党员风采、家风家训”宣传栏，完善党建宣传体系。古方社区推进“寻味古方”党建品牌建设，成立古方路商居联盟，组建啄木鸟志愿服务队，举办诚信道德讲堂，引导商家诚信经营，结对帮扶困难高龄老人。东庄社区深化“老崔工作室”党建品牌建设，成立理论宣教点，将旧厂房改建为篮球馆，深受群众欢迎。马杭社区拓展“幸福动吧”党建品牌，设置“民生茶吧”，并推进美丽乡村建设，完成南蒋、北蒋2个自然村环境提升改造工程。新城域社区打造“和乐家庭”“和睦邻里”“和谐社区”项目，组织党员志愿者、养老机构组团与社区独居老人结对帮扶，积极为老服务。香溢澜桥社区建设“扬帆驿站”党建品牌，将梧桐同心基地、“连心桥”党员志愿服务、“益路同行”社会组织融合发展，打造智慧社区服务平台，做到服务群众提质高效。喜盈门社区创新为民服务项目，打造家庭多元成长空间，全年为民办实事11件。

（冯墨紫）

马杭社区民生茶吧　　（供图 / 武进高新区北区）

人物·荣誉栏

Figures · Honor Lis

栏目编辑　蒋　聆

新任区级领导

王照江

2019年12月，任中共常州市武进区委员会常委。

山东沂源人，1974年8月出生。1991年12月参加工作，任三十一集团军通信团战士。1994年10月加入中国共产党。1995年9月，张家口通信学院军事通信指挥专业大专学习。解放军宣化炮兵学院政治工作专业本科毕业。1998年7月至2004年4月，历任十二集团军某炮兵团指挥连有线排排长、政治副指导员、政治指导员。2004年4月，任常州陆军预备役通信团司令部军务股副股长。2004年6月，任江苏省常州军分区仓库主任。2005年6月，任常州陆军预备役通信团后勤和装备处装备股股长。2008年6月，任江苏省金坛市人民武装部军事科正营职参谋。2009年6月至2012年3月，任江苏省常州市钟楼区人民武装部军事科科长、正营职参谋。2012年3月，任常州陆军预备役通信团参谋长。2014年3月至2018年8月，历任江苏省常州军分区司令部参谋兼仓库主任、战备建设处处长。2018年8月，任江苏省常州市武进区人民武装部党委副书记、部长。

赵天晟

2019年12月，任中共常州市武进区委员会常委、组织部部长。

江苏灌云人，1970年4月出生。1991年9月参加工作，历任灌云县宁海中学、白蚬中学、杨集中学教师。江苏省委党校社会学专业研究生毕业。1996年6月，任《灌云报》记者。1997年11月加入中国共产党。1997年12月至2003年11月，历任灌云县委组织部干事、组织科副科长、党员电教中心副主任、组织科科长。2003年11月至2015年5月，历任中共常州市委组织部组织处科员、副主任科员、副处长、正科级副处长和党员教育管理处处长及政策研究室主任、副处级主任。2015年5月，任常州经济开发区党工委委员、管委会副主任，同年10月任常州经济开发区组织人事部部长。

施小平

2019年12月，任武进区人民政府副区长、党组成员。

江苏常州人，1975年6月出生。中央党校函授学院经济管理专业本科毕业。1994年6月加入中国共产党。1995年8月参加工作，任武进县（市）东安镇团委书记。1999年11月至2006年9月，历任东安镇党委组织委员、副镇长、党委副书记。2006年9月，任焦溪镇党委副书记、镇长。2007年3月，任郑陆镇党委副书记、镇长。2010年9月，任湟里镇党委副书记、镇长。2012年1月，任奔牛镇党委书记。2014年10月，任嘉泽镇党委书记，同年12月任武进现代农业产业园区党工委书记。2015年3月，任武进高新技术产业开发区管委会副主任，同年6月任武进高新技术产业开发区党工委委员。2017年4月，任西太湖科技产业园（武进经济开发区）党工委书记。

唐家中

2019年1月，任中共常州市武进区委员会常委、纪委书记，常州市武进区监察委员会副主任、代理主任。2020年1月，任常州市武进区监察委员会主任。

江苏海安人，1970 年 5 月出生。江苏省委党校科学社会主义与国际共产主义运动专业研究生毕业。1992 年 11 月加入中国共产党。1994 年 7 月参加工作，任常州市涂料厂组宣科副科长。1997 年 3 月至 2013 年 10 月，历任中共常州市纪律检查委员会工作人员、纪检监察一室副科级纪检监察员、正科级纪检监察员，纪检监察二室副主任，纠风室副主任、主任和办公室主任。2013 年 10 月，任中共常州市戚墅堰区委员会常委、纪委书记。2015 年 5 月，任常州经济开发区党工委委员、纪工委书记。2016 年 6 月，任中共常州市天宁区委员会常委、纪委书记。2018 年 1 月，任常州市天宁区监察委员会主任。

（区委组织部）

全国先进个人

王婷玉

武进区人民法院审判员，中共党员。2019 年 1 月，被最高人民法院评为全国法院办案标兵。

苏州吴江人，1986 年 12 月出生。2009 年 8 月参加工作。王婷玉在工作中忠于职守、廉洁自律、勤奋工作，模范履行人民法官职责，承办审结案件 3000 余件。其中，2016 年、2017 年分别审结案件 640 件和 660 件，在全市法院同业务类审判人员中均排名第一。2017 年年底，武进法院被确定为全国法院道路交通事故纠纷诉前调解平台试点单位，王婷玉带领团队开展改革试点工作。2018 年 1 月至 2020 年 6 月，该平台共录入案件量 1997 件，调解成功并申请司法确认案件量达 772 件，数据位居全省前列。曾获“调研能手”“先进个人”“办案能手”“涉诉信访化解能手”和市中级人民法院个人三等功等荣誉。

（薛　莲）

付如星

武进区疾病预防控制中心检测中心副科长。2019 年 1 月，被中国疾控中心慢性非传染性疾控中心评为 2004—2013 年中国慢性病及其危险因素监测工作先进个人。

江苏淮安人，1985 年 3 月出生。2008 年 9 月参加工作。付如星凭借过硬的专业技术、高度的责任心和严谨负责的工作态度，研究设计检验报告原始记录的 Acess 数据库报表，提高检验工作效率，降低出错率。曾获区政府嘉奖荣誉。

（郑冰研）

朱小平

常州市武进区市场监督管理局党组书记、局长，中共党员。2019 年 12 月，被国家市场监管总局评为全国市场监管系统优秀基层工作者。

江苏武进人，1970 年 6 月出生。1991 年 8 月参加工作。2015 年 3 月任武进区市场监督管理局局长。朱小平积极推动武进质量强区建设、知识产权发展、标准化建设，到 2019 年全区拥有中国驰名商标 51 件，连续七年位居全省县（市、区）第一，各级标准化试点示范 29 项，其中国家级 5 项、省级 21 项、市级 3 项。2018 年，与区行政审批局建立“审管联动、告知承诺”工作机制，完成市场主体告知承诺 3.3 万份；在全市率先探索实施“双随机一公开”抽查机制，明确 17 项抽查内容，建立覆盖 9000 户企业的市场主体名录库和 95 名执法检查人员名录库，对 3590 家企业开展双随机抽查，抽查结果均向社会公示。曾获市级三等功、嘉奖等荣誉。

（孙琳娜）

朱邦辉

江苏（武进）水稻研究所副所长。2019 年 12 月，被国家南繁工作领导小组办公室评为全国南繁工作先进个人。

江苏泗阳人，1975 年 8 月出生。2001 年 8 月参加工作。主持承担国家、省级课题 10 余项，育成审定品种晚粳 9707、武香粳 19 号、武运粳 21 号、武运粳 23 号、武运粳 24 号等 11 个，累计推广种植面积 400 多万公顷，增加社会经济效益 50 亿元左右。曾获武进区阳湖先锋、常州市最美农业人等荣誉。

（蒋政阳）

许敏锐

武进区疾病预防控制中心慢病科副科长，中共党员。2019 年 1 月，被中国疾控中心慢性非传染性疾控中心评为 2004—2013 年中国慢性病及其危险因素监测工作先进个人。

安徽六安人，1987年12月出生。硕士研究生毕业，2012年8月参加工作。许敏锐在国家级慢病综合防控示范区建设和健康促进区建设工作中，多次参与国家慢性病危险因素监测、国家慢性病及其营养监测和国家人体生物样本监测，打造基于信息化的健康档案两级核查系统和慢性病核查系统，有效提高慢性病患者管理质量。依托“武进区慢性病患者管理”微信公众号开展网络培训，累计培训4000余人次。主持区级课题3项、省级课题1项，以第一作者在核心期刊发表论文10余篇，曾获江苏省预防医学会优秀论文奖、国家基层高血压管理经验征文大赛优秀奖、区政府嘉奖等荣誉。

（郑冰研）

杜文炳

常州市武进区动物检疫站副站长，中共党员。2019年7月，被人力资源和社会保障部授予“全国技术能手”称号。

江苏武进人，1983年3月出生。2004年2月参加工作。先后在潘家镇、遥观镇、洛阳镇畜牧兽医站从事动物防疫、检疫、监督执法工作。杜文炳苦练专业技能，在2018年中国技能大赛中代表江苏检疫队伍获得全国一等奖。曾获常州市技术能手、常州市青年岗位能手、常州市五一劳动奖章、江苏省技术能手、江苏省青年岗位能手、江苏省五一创新能手、全省农业技术能手等荣誉。

（蒋政阳）

李志强

横山桥镇人民调解委员会主任，中共党员。2020年3月，被司法部评为“大排查、早调解、护稳定、迎国庆”专项活动表现突出个人。

江苏武进人，1970年9月出生。1996年参加工作。2014年5月任横山桥镇司法所所长、人民调解委员会主任。李志强积极服务基层群众，接待来访群众280余批800余人次，化解各类社会矛盾纠纷200余起，收到群众赠送锦旗10面，为维护辖区和谐稳定做出积极贡献。曾被评为优秀公务员8次，荣立个人三等功3次，2017年被江苏省司法厅评为省十九大安保工作先进个人。

（王　煜）

吴文亮

武进人民法院刑事审判庭庭长，中共党员。2019年8月，被最高人民法院评为全国法院刑事审判工作先进个人。

上海人，1972年10月出生。1993年8月参加工作。吴文亮忠诚履行宪法和法律赋予的神圣职责，恪尽职守，公正司法，承办各类案件2600余件。曾多次主审辖区内重大疑难复杂案件及新类型案件、黑社会组织犯罪案件，最高人民法院指定管辖的大要案以及针对老年人实施的特大保健品诈骗案等。先后荣获二等功1次、三等功4次、嘉奖1次。

（薛　莲）

余　凯

武进区劳动保障监察大队科员，中共党员。2019年11月，获人力资源和社会保障部2019年度全国人社系统窗口单位业务技能练兵比武“人社知识通”称号。

江苏常州人，1986年12月出生。余凯坚守劳动保障监察一线工作，勇于开拓进取，强化服务意识，创造性地开展工作，做出了不平凡的业绩。2019年5月，入选常州市代表队，参加江苏省人社系统练兵比武活动，获最佳选手风采奖。2019年11月，入选江苏省代表队，参加全国人社系统练兵比武竞赛。曾获常州市优秀劳动保障监察员等荣誉。

（张连惠）

张英武

湖塘镇人民调解委员会副主任，中共党员。2019年1月，被司法部评为坚持发展“枫桥经验”实现矛盾不上交试点工作表现突出个人。

江苏武进人，1982年3月生。2006年12月参加工作。2014年2月任湖塘镇司法所副所长、人民调解委员会副主任。张英武积极服务基层群众，调处矛盾纠纷200余起，其中重大矛盾纠纷10余起，为保障群众利益、维护一方平安做出了贡献。曾获湖塘镇优秀工作者、武进区“六五普法”先进个人等称号。

金占宝

武进区白蚁防治所副所长，全国白蚁防治专家库成员，中共党员。2019年6月，被住房和城乡建设部授予“全国住房和城乡建设行业技术能手”称号。

山东潍坊人，1984年8月出生。硕士研究生毕业，2010年8月参加工作。金占宝始终坚守在白蚁防治工作一线，积极开展科研和技术开发工作。先后参与和完成多项省、市、区级科研项目，获武进区科学技术进步奖三等奖1项，多次获江苏省白蚁防治行业先进个人、全国白蚁防治信息化管理先进个人和全国白蚁防治先进个人等称号。

（徐亚芬）

周义红

武进区卫生健康局副局长，农工民主党员。2019年1月，被中国疾控中心慢性非传染性疾控中心评为2004—2013年中国慢性病及其危险因素监测工作先进个人。

江苏武进人，1972年6月出生。1991年8月参加工作。1991年至2020年4月，历任区疾控中心（防疫站）副科长、科长、副主任，2020年4月任武进区卫健局副局长。周义红从事疾控工作近30年，在传染病防制、免疫规划、健康教育、慢性病防控等方面取得工作成绩，先后获区政府嘉奖、五一劳动奖章等荣誉。

（郑冰研）

胡丽敏

今创控股集团副总经理、财务总监，常州市十一届科协副主席、女企业家协会副会长，武进区妇联兼职副主席、女经联会长、新联会会长。2019年3月，被全国妇联授予“巾帼建功标兵”称号。

江苏常州人，1972年7月出生。1992年2月参加工作，扬州大学经济管理专业毕业，高级经济师、注册纳税筹划师。工作期间，先后在清华大学总裁工商管理高级研修班和复旦大学管理学院进修。胡丽敏作为企业管理者，积极协助企业不断发展。曾获武进区巾帼创业标兵、优秀女企业家、政协先进工作者、十佳青年、身边最美女性、三八红旗手标兵、阳湖先锋，常州市第二届十佳女企业家、明星女企业家、十大经济风云人物等称号。

（濮梦佳）

诸东海

武进区农业农村局党组书记、局长，中共党员。2019年12月，被农业农村部评为全国农业农村系统先进个人。

江苏常州人，1967年5月出生。1991年7月参加工作，先后在武进畜牧兽医系统、多种经营管理局、农业局、农业农村局等部门任职。全力推进现代农业建设，武进粳稻育种全国领先，创成国家农产品质量安全区，农业现代化水平全省名列前茅，全省首批率先实现农机现代化；全面落实惠农政策，生态农业全域实施，农业新兴业态创新发展，推动立华牧业在创业板上市，实现省内农业企业“零”的突破；深入推进农村改革，持续改善农村民生，武进乡村面貌焕然一新，全区各镇均创成全国环境优美镇、国家级生态镇，6个镇创成省生态文明建设示范镇，康居乡村达标率达71%，建档立卡低收入农户脱贫率达99%，武进区被评为中国最关爱民生县（区）和中国最具幸福感城市。

（蒋政阳）

梅鹤康

武进区横山桥镇五一村原党委书记，中共党员。2019年7月，被中央退役军人事务工作领导小组办公室、中央组织部、人力资源和社会保障部、退役军人事务部、中央军委政治工作部评为全国模范退役军人。

江苏武进人，1952年4月出生。1987年，时任村干部的梅鹤康带领7名村民创办村里第一家工厂，并逐步发展成为销售收入超百亿元的江南实业集团。1997年，担任五一村党委书记后，带领群众实干兴村，走出了一条敢为人先的创业创新、共同富裕之路。曾获全国乡镇企业家、省劳动模范、省优秀党务工作者、省道德模范等称号。

（单晓鹏）

强德仁

武进区疾病预防控制中心慢病科科长，中共党员。2019年1月，被中国疾控中心慢性非传染性疾控中心评为2004−2013年中国慢性病及其危险因素监测工作先进个人。

江苏溧阳人，1981年10月出生。2004年9月参加工作。强德仁在急性传染病和慢性非传染性疾病防控工作岗位上，致力于提高慢病患者管理工作质量，形成科学、规范、公正的核查模式，有效提升全区慢病管理的真实性、规范性。爱岗敬业，在多次全国慢性病及其危险因素监测工作中表现突出，代表江苏省接受国家工作组督查并获得好评。曾获评省、市疾控和预防医学会条线优秀和武进区2018年度“服务标兵”等称号。

（郑冰研）

新闻人物

丁陈丽

常武太湖医院医生。2019年1月，被马海德基金会授予2019年度马海德奖。

常州武进人，1979年 11月出生。1996年7月，毕业于山东医科大学卫生学校。丁陈丽从事麻风病防治工作20多年，参与武进基本消灭麻风病国家级验收、中英麻风康复合作项目等麻风病防治重大项目；做到细心呵护麻风病人，定期为麻风病人清理溃疡，采购生活用品；做好麻风普查工作，积极宣传麻风康复项目政策，教导麻风病人康复锻炼和自我护理技能。获得2007年武进区十佳女医务工作者、2008年全省卫生行业“百名医德医风标兵”和2011年江苏省十佳文明职工、武进区劳模及2017年江苏省麻风防治突出贡献奖、2018年“常州好医生”等荣誉。

（郑冰研）

季文斌

武进区湟里镇西墅村党总支书记。2019年11月25日，被省委组织部授予江苏省首批“百名示范”村书记称号。

武进湟里人，1965年10月出生。1998年加入中国共产党。2005年担任西墅村党支部书记，2010年4月担任该村党总支书记。季文斌带领全村干部群众走出了一条以工养农、以工补农、以工促农的工业强村之路。到2019年，西墅村有企业30余家，年工业总产值突破15亿元，村级稳定收入超300余万元。此外，结合西墅村卧冰求鲤等传说，打造孝文化广场，开展“十大最美西墅人”评选等活动，丰富村民精神生活。

（唐羽佳）

蒋　健

武进区洛阳镇岑村村党委书记。2019年7月18日，被省委宣传部授予江苏省“最美基层共产党员”称号；11月25日，被省委组织部授予江苏省首批“百名示范”村书记称号。

武进洛阳人，1971年2月出生。2003年，加入中国共产党。2007年，担任岑村村党总支书记。蒋健认真贯彻落实乡村振兴战略，带领岑村干部群众一起奔小康，建设村工业园区，发展集体经济，实现村集体年收入从100多万元增至1650万元，村民人均纯收入从0.92万元增至3.73万元。倡议成立岑村同心共建百万光彩基金，2019年7月1日，将12年的工资收入100多万元全部捐献，用于帮扶岑村困难群体及大病救助等。蒋健先后担任武进区第十三届、十四届、十五届人大代表，武进区十六届政协委员，常州市第十五届、十六届人大代表；获江苏省优秀党务工作者、江苏好人、常州市劳动模范等称号。

（陈　伟）

鲁仲清

江苏金鼎电动工具集团有限公司董事长、党总支书记。2019年10月，被中央文明办评为10月份助人为乐“中国好人”。

江苏武进人，1950年10月出生。鲁仲清致力于发展电动工具行业，带动周边配套企业100多家，实现年产电动工具500万台，提供就业岗位近万个。捐赠50%的建设资金用于镇区自来水和天然气改造工程；按五星级标准建造金鼎明都国际大酒店，满足湟里中心镇发展需要；资助湟里医院提档升级，创成武进乡镇唯一一家二级甲等医院；设立金鼎教育基金，扶持贫困学生。

（唐雨佳）

逝世人物

潘汉东

（1922—2019）

江苏武进人，1940年3月加入中国共产党。1940年3月参加工作，为澄西县五区地下党情报员。1944年10月任澄西县政府文书、秘书、五区助理，1945年11月任北撤干部队队员，1946年4月任如皋县贸管局所长，1946年9月任东台县贸管局所长，1947年2月任靖江县靖东分局副局长，1947年11月任解放军第二十八军中共长江工委队长，1949年5月任戚墅堰军管会工作队队长，1949年7月任武进县十区区长，1949年11月任武进县王埝区委书记，1951年8月至1964年7月，先后任武进县委宣传部部长、县委副书记、县长，1964年8月至1969年，先后任镇江专区经委副主任、财办副主任，1969年下放劳动，1974年至1978年，先后任武进县化肥厂工作队队长、党委书记，1979年休息治病，1981年5月任武进县政协副主席，1983年12月离休。

高素根

（1935—2019）

江苏武进人，1952年10月加入中国共产党。1954年3月参加工作，任武进县临港乡副乡长。1955年7月任武进县崔桥乡支部书记、剑湖区委副组织委员，1957年任武进县崔桥乡乡长、崔桥公社党委副书记，1961年8月任武进县戴溪公社党委副书记，1962年5月任武进县剑湖公社党委副书记，1965年3月至1978年5月先后任武进县芙蓉公社党委副书记、社长，芙蓉公社革委会副主任、主任、党委书记，1978年5月任武进县郑陆工委副书记，1979年10月任武进县湖塘工委书记，1984年3月任武进县横林工委书记，1985年12月任中共武进县委委员，1990年4月任武进县政协副主席、政协党组成员，1996年3月退休。

王兰英

（1926—2019）

常州武进遥观人。王兰英在14岁时离开家乡，外出学艺。先后拜锡剧前辈汤国祯、缪秀锦为师学艺，工花旦。16岁崭露头角，在无锡、常州一带享有“苏南梅兰芳”的美誉。1953年8月1日，调进江苏省锡剧团，成为该团主要演员。王兰英在60余年的艺术生涯中，塑造了《双推磨》中的苏小娥、《珍珠塔》中的陈翠娥、《嫦娥奔月》中的嫦娥、《红楼梦》中的薛宝钗、《红色的种子》中的张素贞、《女巡按》中的武则天、《吹灯试笔》中的罗氏等个性鲜明的舞台人物形象，其中《双推磨》一剧于1954年搬上银幕，是锡剧拍摄的第一部戏曲艺术片。王兰英扮相端庄，基本功扎实，其甜糯优美、花腔奇特的唱腔和飘逸舒展的表演，形成了风格独特的“王派”艺术，是锡剧艺苑中一朵奇葩。在其艺术生涯中还培养和造就了倪同芳等一大批优秀艺术人才。

冯元桢

（1919–2019）

江苏武进人，美籍华人。1937年，考入国立中央大学（今南京大学）航空工程系。1943年，获该校航空工程硕士学位，后任成都沙河堡航空研究所助理研究员。1946年，通过全国考试，赴美留学。1948年，获加州理工学院航空工程与数学博士学位，留校后曾任博士后、助理教授、副教授、教授。留校期间，从事空气动力学及弹性力学教学，研究颤振、弹性结构动力学的稳定性、连续介质有限变形非线性理论，把研究成果成功应用于飞机设计，解决航空构架与空气动力如何相互作用的问题，曾任美国多家航空公司顾问。20世纪60年代初，从事生物力学研究，创立冯氏毛细管隧道理论。1966年，在美国加州大学圣地亚哥分校创立生物工程系，将工程学原理运用于人体机能研究，将生物力学发展为20世纪科学的一个新学科，被誉为“世界生物力学之父”。1983年，发起组织的首届中、日、美生物力学国际学术研讨会在武汉召开，并在会上提出关于组织和器官应力—生长关系的假说，揭开生物力学发展史新篇章。1994年，当选中国科学院外籍院士。1998年，被美国国家工程院授予“奠基人奖”。2000年，获美国科学最高荣誉“美国国家科学奖章”。2007年，被美国国家工程院授予“拉斯奖”。

（何启华）

先进集体

武进区获得的综合荣誉（省级条线以上）

荣誉名称	授予单位
国家慢性病综合防控示范区	国家卫健委办公厅
2018 年度全国县域数字农业农村发展水平评价先进县	农业农村部信息中心
全国投资潜力百强区第一名	中国中小城市高质量发展指数研究课题组、中小城市发展战略研究院、国信中小城市指数研究院
全国绿色发展百强区第二名	中国中小城市高质量发展指数研究课题组、中小城市发展战略研究院、国信中小城市指数研究院
全国科技创新百强区第三名	中国中小城市高质量发展指数研究课题组、中小城市发展战略研究院、国信中小城市指数研究院
全国综合实力百强区第三名	中国中小城市高质量发展指数研究课题组、中小城市发展战略研究院、国信中小城市指数研究院
全国新型城镇化质量百强区第三名	中国中小城市高质量发展指数研究课题组、中小城市发展战略研究院、国信中小城市指数研究院
中国工业百强区第八名	中国信息通信研究院
2018 年度推进高质量发展先进县（市、区）	省委、省政府
2018 年“四好农村路”省级示范县（区）	省政府
2019 年度江苏省基层卫生十强县（市、区）	省卫健委
健康促进县（区）	省爱卫办
江苏省省级艾滋病综合防治示范区	省政府艾滋病防治工作委员会办公室
2019 年两次室间质评成绩优秀县（市、区）	省卫健委妇幼处

全国（条线）先进集体

荣誉名称	获得单位	授予单位
2019 年度全国检察宣传先进单位	区检察院	最高人民检察院、检察日报社
全国人力资源社会保障系统 2017—2019 年度优质服务窗口	区就业服务中心	人力资源和社会保障部
职工书屋	常州市武进湖塘科技产业园投资管理有限公司	中华全国总工会
优质服务基层行达标单位	横林镇卫生院	国家卫健委
优质服务基层行达标单位	湟里镇卫生院	国家卫健委
全国青少年人工智能活动特色单位	马杭中心小学	中国科协青少年科技中心、中国青少年科技辅导员协会
全国青少年人工智能活动特色单位	武进区实验小学	中国科协青少年科技中心、中国青少年科技辅导员协会
全国青少年人工智能活动特色单位	雪堰初级中学	中国科协青少年科技中心、中国青少年科技辅导员协会
全国青少年人工智能活动特色单位	武进区星河实验小学分校	中国科协青少年科技中心、中国青少年科技辅导员协会
2017—2018 年度全国青年文明号	江河港武水务（武进）有限公司供水服务中心	团中央、最高人民法院、国家发展改革委、工业和信息化部、公安部、司法部等
2018—2019 年度全国“五好”县级工商联	区工商联	全国工商联办公厅

省级（条线）先进集体

荣誉称号	获得单位	授予单位
“七五”普法中期先进集体	区政府	省委宣传部、省法治宣传教育工作领导小组办公室、省司法厅
“七五”普法中期先进集体	洛阳镇岑村村	省委宣传部、省法治宣传教育工作领导小组办公室、省司法厅
全省社区矫正和安置帮教工作先进集体	区司法局社区矫正管理科	省司法厅
全省行政应诉工作先进集体	区司法局行政复议应诉科	省司法厅
2019 年度全省扫黑除恶专项斗争成绩突出集体	区扫黑办	省扫黑除恶专项斗争领导小组
全省检察机关扫黑除恶专项斗争集体三等功	区检察院	省检察院
全省政法系统关心下一代先进集体	区检察院关心下一代工作委员会	省政法系统关心下一代工作委员会
全省人力资源社会保障系统先进集体	区劳动保障监察大队	省人社厅
2019 年度基层建设先进中队	武警常州支队武进中队	武警江苏省总队
保障工作先进单位	区人武部	省军区
安全管理工作先进单位	区人武部	省军区
2016—2018 年度江苏省文明单位	区劳动保障监察大队	省精神文明建设指导委员会
2016—2018 年度江苏省文明单位	常州经开区人民检察院	省精神文明建设指导委员会
2016—2018 年度江苏省文明单位	常州经开区人民法院	省精神文明建设指导委员会
2016—2018 年度江苏省文明单位	区市政公用事业管理处	省精神文明建设指导委员会
2016—2018 年度江苏省文明单位	区航道管理处	省精神文明建设指导委员会
2016—2018 年度江苏省文明单位	戚墅堰街道办事处	省精神文明建设指导委员会
2016—2018 年度江苏省文明单位	常州市公安局武进分局交通警察大队	省精神文明建设指导委员会
2016—2018 年度江苏省文明单位	区农业农村局	省精神文明建设指导委员会
2016—2018 年度江苏省文明单位	区房地产管理处	省精神文明建设指导委员会
2016—2018 年度江苏省文明单位	区财政局	省精神文明建设指导委员会
2016—2018 年度江苏省文明单位	区妇幼保健计划生育服务中心	省精神文明建设指导委员会
2016—2018 年度江苏省文明单位	区教育局	省精神文明建设指导委员会
2016—2018 年度江苏省文明单位	区市场监督管理局	省精神文明建设指导委员会
2016—2018 年度江苏省文明单位	国家税务总局常州市武进区税务局	省精神文明建设指导委员会
2016—2018 年度江苏省文明单位	国家税务总局常州市武进区税务局第一税务分局	省精神文明建设指导委员会
2016—2018 年度江苏省文明单位	国家税务总局常州武进高新技术产业开发区税务局	省精神文明建设指导委员会
2016—2018 年度江苏省文明单位	国家税务总局常州经济开发区税务局	省精神文明建设指导委员会
2016—2018 年度江苏省文明单位	国家税务总局常州市武进区税务局前黄税务分局	省精神文明建设指导委员会
2016—2018 年度江苏省文明单位	区人社局	省精神文明建设指导委员会
2016—2018 年度江苏省文明单位	区交通运输局	省精神文明建设指导委员会
2016—2018 年度江苏省文明单位	区运输管理处	省精神文明建设指导委员会
2016—2018 年度江苏省文明单位	区公路管理处	省精神文明建设指导委员会
2016—2018 年度江苏省文明单位	区人民检察院	省精神文明建设指导委员会
2016—2018 年度江苏省文明单位	中共常州市武进区委党校	省精神文明建设指导委员会
2016—2018 年度江苏省文明单位	区烟草专卖局	省精神文明建设指导委员会
2016—2018 年度江苏省文明单位	常州市公安局武进分局	省精神文明建设指导委员会
2016—2018 年度江苏省文明单位	常州市公安局常州经济开发区分局潞城派出所	省精神文明建设指导委员会
2016—2018 年度江苏省文明单位	常州市住房公积金管理中心武进分中心	省精神文明建设指导委员会
2016—2018 年度江苏省文明单位	常州市自然资源和规划局武进分局	省精神文明建设指导委员会
2016—2018 年度江苏省文明单位	中国光大银行股份有限公司常州武进支行	省精神文明建设指导委员会

荣誉称号	获得单位	授予单位
2016—2018年度江苏省文明单位	中车戚墅堰机车有限公司	省精神文明建设指导委员会
2016—2018年度江苏省文明单位	中车戚墅堰机车车辆工艺研究所有限公司	省精神文明建设指导委员会
2016—2018年度江苏省文明单位	江河港武水务（常州）有限公司	省精神文明建设指导委员会
2016—2018年度江苏省文明单位	东方润安集团有限公司（本部）	省精神文明建设指导委员会
2016—2018年度江苏省文明单位	新誉集团有限公司（本部）	省精神文明建设指导委员会
2016—2018年度江苏省文明单位	哈焊所华通（常州）焊业股份有限公司	省精神文明建设指导委员会
2016—2018年度江苏省文明单位	江苏武房集团有限公司（本部）	省精神文明建设指导委员会
2016—2018年度江苏省文明单位	常州新奥燃气工程有限公司	省精神文明建设指导委员会
2016—2018年度江苏省文明单位	江苏恒诺园林建设有限公司	省精神文明建设指导委员会
2016—2018年度江苏省文明单位	江苏今创控股集团有限公司（本部）	省精神文明建设指导委员会
2016—2018年度江苏省文明单位	五洋纺机有限公司	省精神文明建设指导委员会
2016—2018年度江苏省文明单位	中国农业银行股份有限公司常州武进支行	省精神文明建设指导委员会
2016—2018年度江苏省文明校园	武进区实验小学	省精神文明建设指导委员会
2016—2018年度江苏省文明校园	星河实验小学	省精神文明建设指导委员会
2016—2018年度江苏省文明校园	雪堰中心小学	省精神文明建设指导委员会
2016—2018年度江苏省文明校园	戚墅堰东方小学	省精神文明建设指导委员会
2016—2018年度江苏省文明校园	江苏省武进高级中学	省精神文明建设指导委员会
2016—2018年度江苏省文明校园	江苏省横林高级中学	省精神文明建设指导委员会
2016—2018年度江苏省文明校园	武进区卢家巷实验学校	省精神文明建设指导委员会
2016—2018年度江苏省文明校园	武进区前黄实验学校	省精神文明建设指导委员会
2016—2018年度江苏省文明乡镇	湖塘镇	省精神文明建设指导委员会
2016—2018年度江苏省文明乡镇	牛塘镇	省精神文明建设指导委员会
2016—2018年度江苏省文明乡镇	洛阳镇	省精神文明建设指导委员会
2016—2018年度江苏省文明乡镇	雪堰镇	省精神文明建设指导委员会
2016—2018年度江苏省文明乡镇	前黄镇	省精神文明建设指导委员会
2016—2018年度江苏省文明乡镇	湟里镇	省精神文明建设指导委员会
2016—2018年度江苏省文明乡镇	遥观镇	省精神文明建设指导委员会
2016—2018年度江苏省文明村	湟里镇西墅村	省精神文明建设指导委员会
2016—2018年度江苏省文明村	湟里镇河南村	省精神文明建设指导委员会
2016—2018年度江苏省文明村	湟里镇葛庄村	省精神文明建设指导委员会
2016—2018年度江苏省文明村	横山桥镇五一村	省精神文明建设指导委员会
2016—2018年度江苏省文明村	南夏墅街道戴家头村	省精神文明建设指导委员会
2016—2018年度江苏省文明村	雪堰镇雅浦村	省精神文明建设指导委员会
2016—2018年度江苏省文明村	雪堰镇太滆村	省精神文明建设指导委员会
2016—2018年度江苏省文明村	雪堰镇城西回民村	省精神文明建设指导委员会
2016—2018年度江苏省文明村	前黄镇谭庄村	省精神文明建设指导委员会
2016—2018年度江苏省文明村	洛阳镇岑村村	省精神文明建设指导委员会
2016—2018年度江苏省文明村	嘉泽镇甘荡村	省精神文明建设指导委员会
2016—2018年度江苏省文明村	遥观镇剑湖村	省精神文明建设指导委员会
2016—2018年度江苏省文明村	遥观镇勤新村	省精神文明建设指导委员会
2016—2018年度江苏省文明村	丁堰街道丁堰村	省精神文明建设指导委员会
2016—2018年度江苏省文明村	前黄镇杨桥村	省精神文明建设指导委员会
2016—2018年度江苏省文明村	礼嘉镇武阳村	省精神文明建设指导委员会
2016—2018年度江苏省文明村	礼嘉镇庞家街村	省精神文明建设指导委员会
2016—2018年度江苏省文明村	西湖街道长汀村	省精神文明建设指导委员会
2016—2018年度江苏省文明村	牛塘镇丫河村	省精神文明建设指导委员会
2016—2018年度江苏省文明社区	湖塘镇永定社区	省精神文明建设指导委员会
2016—2018年度江苏省文明社区	湖塘镇府东社区	省精神文明建设指导委员会
2016—2018年度江苏省文明社区	湖塘镇府南社区	省精神文明建设指导委员会

荣誉称号	获得单位	授予单位
2016—2018 年度江苏省文明社区	湖塘镇三勤社区	省精神文明建设指导委员会
2016—2018 年度江苏省文明社区	武进国家高新区古方社区	省精神文明建设指导委员会
2016—2018 年度江苏省文明社区	武进国家高新区邱墅社区	省精神文明建设指导委员会
2016—2018 年度江苏省文明社区	戚墅堰街道戚大街社区	省精神文明建设指导委员会
2019 年度江苏省白蚁防治行业先进单位	区白蚁防治所	省房地产业协会
省妇女儿童工作先进集体	区农业农村局	省人民政府妇女儿童工作委员会
2018 年度省农村产权交易工作成效显著单位	区农业农村局（区农村产权交易中心）	省农业农村厅、省财政厅
2018 年度省农村产权交易工作成效显著单位	遥观镇农村产权交易服务中心	省农业农村厅、省财政厅
2018 年度省农村产权交易工作成效显著单位	洛阳镇农村产权交易服务中心	省农业农村厅、省财政厅
2018 年度省农村产权交易工作成效显著单位	礼嘉镇农村产权交易服务中心	省农业农村厅、省财政厅
2018 年度省农村产权交易工作成效显著单位	南夏墅街道农村产权交易服务中心	省农业农村厅、省财政厅
2019 年度省管湖泊管理与保护先进单位	区水利局	省太湖地区水利工程管理处
全省水利系统先进集体	区水利工程建设管理中心	省人社厅、水利厅
2019 年实施“县级科协创新发展能力提升计划”优秀单位	区科协	省科协
全省工会困难职工解困脱困工作优秀单位	区总工会	省总工会
五一劳动奖状	江苏雷利电机股份有限公司	省总工会
工人先锋号	常州格林照明股份有限公司喷塑车间	省总工会
工人先锋号	常州金信诺凤通信设备有限公司数控车间	省总工会
工人先锋号	中天钢铁集团有限公司第三轧钢厂加热炉组	省总工会
工人先锋号	中天钢铁集团有限公司第二炼铁厂 9# 高炉工段	省总工会
工人先锋号	常州常发制冷科技有限公司冰箱三分厂喷粉班组	省总工会
工人先锋号	常州市公安局武进分局鸣凰派出所	省总工会
2019 年度江苏省家庭医生签约服务创新举措优秀奖	区卫健局	省卫健委
省“星级”家庭医生工作室	武进区中西医结合医院横林崔北村家庭医生工作室	省卫健委
2019 年健康单位	武进第四人民医院	省卫健委
2019 年健康单位	武进区夏溪小学	省卫健委
2019 年健康单位	武进区青洋幼儿园	省卫健委
2019 年健康单位	江苏洛凯机电股份有限公司	省卫健委
江苏省健康促进学校（金奖）	武进区卢家巷实验学校	省教育厅、省卫健委、省体育局、省市场监督管理局、省爱卫办
江苏省健康镇	横山桥镇	省爱卫办
江苏省健康村	湟里镇北隍村	省爱卫办
江苏省健康村	横林镇狄坂村	省爱卫办
江苏省健康村	遥观镇通济村	省爱卫办
江苏省健康村	洛阳镇东尖村	省爱卫办
江苏省健康村	横山桥镇沈庄村	省爱卫办
江苏省健康社区	湖塘镇府东社区	省爱卫办
江苏省健康社区	潞城街道曙兴社区	省爱卫办
江苏省健康社区	高新北区东庄社区	省爱卫办
敬老文明号	湖塘镇东华社区居委会	省老龄委
江苏女性融媒体创意大赛优秀组织奖	区妇联	省妇联
2019 年度江苏省妇联宣传舆论阵地建设先进单位	区妇联	省妇联新媒体与网络信息传播中心
巾帼示范专业合作组织	常州市家旺果品专业合作社	省妇联、省妇女“双学双比”竞赛活动领导小组

荣誉称号	获得单位	授予单位
巾帼文明岗	武进高新区马杭社区居委会	省城镇妇女“巾帼建功”活动领导小组、省妇女“双学双比”竞赛活动领导小组
巾帼文明岗	湖塘镇丰乐社区	省城镇妇女“巾帼建功”活动领导小组、省妇女“双学双比”竞赛活动领导小组
巾帼文明岗	湖塘镇府东社区	省城镇妇女“巾帼建功”活动领导小组、省妇女“双学双比”竞赛活动领导小组
巾帼文明岗	嬉戏族集团有限公司商品部	省城镇妇女“巾帼建功”活动领导小组、省妇女“双学双比”竞赛活动领导小组
巾帼文明岗	国家税务总局常州武进高新技术产业开发区税务局纳税服务股	省城镇妇女“巾帼建功”活动领导小组、省妇女“双学双比”竞赛活动领导小组
巾帼文明岗	中国光大银行股份有限公司常州经济开发区支行	省城镇妇女“巾帼建功”活动领导小组、省妇女“双学双比”竞赛活动领导小组
第四届紫金合唱节合唱比赛少年组铜奖	常州幼儿师范学校青禾合唱团	中国音乐家协会、省委宣传部、省文明办、省教育厅、省文旅厅、省总工会、省文联
青少年科技教育先进学校	武进区礼河实验学校	省教育厅、省科技厅、省文明办、省科协
青少年科技教育先进学校	武进区南夏墅中心小学	省教育厅、省科技厅、省文明办、省科协
全省法院工作和执行宣传工作先进集体	常州经开区法院执行局	省高级人民法院
全省法院工作和执行宣传工作先进集体	区法院办公室	省高级人民法院
全省法院调研工作先进集体	区法院	省高级人民法院
2018 年度全省基层党员冬训工作示范县（市、区）	区委宣传部	省委组织部、省委宣传部
2018 年度全省基层党员冬训工作示范乡（镇、街道）	西湖街道	省委组织部、省委宣传部
2018 年度全省基层党员冬训工作示范乡（镇、街道）	湖塘镇	省委组织部、省委宣传部
江苏省 2019 年劳动人事争议优秀基层调解组织	西湖街道劳动人事争议调解中心	省人社厅
江苏省 2019 年劳动人事争议优秀基层调解组织	湖塘镇劳动人事争议调解中心	省人社厅
江苏省 2019 年劳动人事争议优秀基层调解组织	湟里镇劳动人事争议调解中心	省人社厅
2019 年度江苏省公共机构节能示范单位	西湖街道办事处	省机关事务管理局、省工信厅、省财政厅
2019 年度江苏省公共机构节能示范单位	潞城街道办事处	省机关事务管理局、省工信厅、省财政厅
2019 年度江苏省公共机构领跑者单位	武进绿建区管委会	省机关事务管理局、省工信厅、省财政厅
江苏省第一批省级苗木特色镇	湟里镇	省林业局
江苏省第一批省级苗木特色镇	嘉泽镇	省林业局
江苏省第一批省级苗木特色村	湟里镇西墅村	省林业局
江苏省第一批省级苗木特色村	湟里镇岗角村	省林业局
江苏省第一批省级苗木特色村	湟里镇西鲁村	省林业局
江苏省第一批省级苗木特色村	湟里镇葛庄村	省林业局
江苏省第一批省级苗木特色村	湟里镇村前村	省林业局
江苏省第一批省级苗木特色村	嘉泽镇西城村	省林业局

荣誉名称	获得单位	授予单位
江苏省第一批省级苗木特色村	嘉泽镇晨山村	省林业局
江苏省第一批省级苗木特色村	嘉泽镇跃进村	省林业局
江苏省第四次全国经济普查优秀集体	湟里镇第四次全国经济普查领导小组办公室	省第四次全国经济普查领导小组
江苏省第四次全国经济普查优秀集体	牛塘镇第四次全国经济普查领导小组办公室	省第四次全国经济普查领导小组
江苏省第四次全国经济普查优秀集体	洛阳镇第四次全国经济普查领导小组办公室	省第四次全国经济普查领导小组
江苏省第四次全国经济普查优秀集体	礼嘉镇第四次全国经济普查领导小组办公室	省第四次全国经济普查领导小组
江苏省第四次全国经济普查优秀集体	横林镇第四次全国经济普查领导小组办公室	省第四次全国经济普查领导小组
全省党史信息工作先进集体	区委党史工委	省委党史工办
江苏省青年书香号	国家税务总局常州市武进区税务局第一税务分局	团省委、省全民阅读办
江苏省青年书香号	牛塘镇机关团支部	团省委、省全民阅读办
江苏省五四红旗团委	洛阳镇团委	团省委
江苏省五四红旗团支部	国家税务总局常州市武进区税务局团总支	团省委
江苏省五四红旗团支部	中车戚墅堰机车车辆工艺研究所铁马团总支	团省委

市级先进集体

荣誉名称	获得单位	授予单位
五一劳动奖状	国家税务总局常州市武进区税务局	市政府
五一劳动奖状	常州强力电子新材料股份有限公司	市政府
五一劳动奖状	江苏金鼎电器有限公司	市政府
五一劳动奖状	中绿建欣达建设工程有限公司	市政府
五一劳动奖状	常州市戴溪建筑工程有限公司	市政府
五一劳动奖状	常州绿色动力环保热电有限公司	市政府
五一劳动奖状	江苏协和电子股份有限公司	市政府
五一劳动奖状	东方润安集团有限公司	市政府
五一劳动奖状	武进区科创服务中心	市政府
五一劳动奖状	常州市薛巷电讯原件有限公司	市政府
五一劳动奖状	江苏大禹水务股份有限公司	市政府
五一劳动奖状	江苏丰润电器集团有限公司	市政府
五一劳动奖状	江苏圣贤锻造有限责任公司	市政府

先进个人

全国（条线）先进个人

姓　名	单位职务	荣誉名称	授予单位
张英武	湖塘镇人民调解委员会副主任	坚持发展“枫桥经验”实现矛盾不上交试点工作表现突出个人	司法部
李志强	横山桥镇人民调解委员会主任	“大排查 早调解 护稳定 迎国庆”专项活动表现突出个人	司法部
余　凯	区劳动保障监察大队科员	2019 年度全国人社系统窗口单位业务技能练兵比武“人社知识通”	人力资源和社会保障部
朱小平	区市场监督管理局党组书记、局长	全国市场监管系统优秀基层工作者	国家市场监管总局
金占宝	区白蚁防治所副所长	全国住房和城乡建设行业技术能手	住房和城乡建设部
诸东海	区农业农村局党组书记、局长	全国农业农村系统先进个人	农业农村部
杜文炳	区动物检疫站副站长	全国技术能手	人力资源和社会保障部
朱邦辉	江苏（武进）水稻研究所副所长	全国南繁工作先进个人	国家南繁工作领导小组办公室

姓　名	单位职务	荣誉名称	授予单位
周义红	区卫健局副局长	2004—2013 年中国慢性病及其危险因素监测工作先进个人	中国疾控中心慢性非传染性疾控中心
强德仁	区疾控中心慢病科科长	2004—2013 年中国慢性病及其危险因素监测工作先进个人	中国疾控中心慢性非传染性疾控中心
许敏锐	区疾控中心慢病科副科长	2004—2013 年中国慢性病及其危险因素监测工作先进个人	中国疾控中心慢性非传染性疾控中心
付如星	区疾控中心微生物检验科副科长	2004—2013 年中国慢性病及其危险因素监测工作先进个人	中国疾控中心慢性非传染性疾控中心
胡丽敏	今创控股集团副总经理、财务总监	巾帼建功标兵	全国妇联
王婷玉	区人民法院高新区人民法庭审判员	全国法院办案标兵	最高人民法院
吴文亮	区人民法院刑事审判庭庭长	全国法院刑事审判工作先进个人	最高人民法院
梅鹤康	横山桥镇五一村原党委书记	全国模范退役军人	中央退役军人事务工作领导小组办公室、中央组织部、人力资源和社会保障部、退役军人事务部、中央军委政治工作部
鲁仲清	江苏金鼎电动工具集团有限公司董事长、党总支书记	10 月份助人为乐“中国好人”	中央文明办

省级（条线）先进个人

姓　名	单位职务	荣誉名称	授予单位
沈　隽	区司法局副局长	全省“七五”普法中期先进个人	省委宣传部、省法治宣传教育工作领导小组办公室、省司法厅
王荀慧	区政府教育督导委员会办公室副主任	全省“七五”普法中期先进个人	省委宣传部、省法治宣传教育工作领导小组办公室、省司法厅
张立新	区司法局雪堰镇政法和社会事业局副局长	全省“七五”普法中期先进个人	省委宣传部、省法治宣传教育工作领导小组办公室、省司法厅
周彩芳	区司法局遥观镇司法所所长	江苏“最美法治人物”	省委宣传部
王明锋	区司法局公证律师管理科科长	全省司法行政系统行政审批工作先进个人	省司法厅
张　时	洛阳镇司法所社矫专职社工	全省社区矫正和安置帮教工作先进个人	省司法厅
刘煊峰	南夏墅街道司法所执法人员	全省社区矫正和安置帮教工作先进个人	省司法厅
李世锋	区委政法委科员	2018 年度扫黑除恶专项斗争先进个人	省扫黑除恶专项斗争领导小组
颜燕华	区委政法委维稳（反邪教）科副科长	全省安保维稳工作先进个人	省委政法委、省人社厅
刘　栋	区检察院第一检察部副主任	全省检察机关刑事案件审查与汇报技能竞赛“优秀汇报奖”	省人民检察院
高　宇	区就业服务中心科长	全省人力资源社会保障系统先进工作者	省人社厅
严　刚	区市场监督管理稽查大队中队长	2019 年度全省市场监管执法稽查工作优秀个人	省市场监督管理局
黄　桦	区水产站副站长	第二届全国农业行业职业技能大赛（水产技术员）江苏省赛，获“优秀选手”称号	省农业农村厅、省人社厅、省总工会
田　原	区动物疾病预防控制中心	江苏省青年岗位能手	省农业农村厅、省人社厅、省总工会、团省委
田　原	区动物疾病预防控制中心	全省动物疫病监测状元	省农业农村厅、省人社厅、省总工会、团省委
汤　泽	区动物检疫站	全省动物检疫状元	省农业农村厅

姓　名	单位职务	荣誉名称	授予单位
史志彬	区农业管理综合行政执法大队	2019 年度农机安全监理示范岗位标兵	省农业农村厅、省应急管理厅
蒋承豪	区排水管理处主任	2019 年度江苏省水利系统先进工作者	省人社厅、省水利厅
梁泽锋	常州旷达威德机械有限公司旋压工	五一劳动奖章	省总工会
徐　进	江苏龙城精锻有限公司生产经理	五一劳动奖章	省总工会
王卫星	江苏阳湖建设项目管理有限公司总监、副总经理	五一劳动奖章	省总工会
埴谷和宏（日本）	安川（中国）机器人有限公司总经理	五一劳动荣誉奖章	省总工会
高　斌	武进中医医院	援疆工作先进个人	中共江苏省对口支援伊犁州前方指挥部委员会、省对口支援伊犁州前方指挥部
陈黎明	江苏武进太湖湾旅游发展有限公司市场部副经理	援疆工作先进个人	中共江苏省对口支援伊犁州前方指挥部委员会、省对口支援伊犁州前方指挥部
陈　丹	区疾控中心职防科科长	2018 年度省重点职业病监测与职业健康风险评估工作先进个人	省疾控中心
蒋　丽	江苏苏澳合作园区建设办公室副主任、武进区妇联主席	江苏省妇女儿童工作先进个人	省人民政府妇女儿童工作委员会
黄文娣	常州经济开发区人民法院横山桥法庭庭长	巾帼建功标兵	省城镇妇女“巾帼建功”活动领导小组、省妇女“双学双比”竞赛活动领导小组
朱建华	武进礼河实验学校校长	优秀青少年科技教育校长	省教育厅、省科技厅、省文明办、省科协
孙　辉	武进礼河实验学校教师	优秀青少年科技教育辅导员	省教育厅、省科技厅、省文明办、省科协
徐小甫	武进区南夏墅中心小学教师中心主任	优秀青少年科技教育辅导员	省教育厅、省科技厅、省文明办、省科协
周　勇	武进区湖塘桥第二实验小学副校长	第九批省市优秀援疆干部人才	中共新疆维吾尔自治区委员会、新疆维吾尔自治区人民政府
殷立新	洛阳中心小学信息中心主任	江苏省青少年普及机器人大赛优秀科技辅导员	省教育厅、省科协
瞿志坚	洛阳中心小学信息中心副主任	江苏省青少年普及机器人大赛优秀科技辅导员	省教育厅、省科协
陈　建	区法院执行局副局长	全省法院“基本解决执行难”工作专项个人三等功	省高级人民法院
张祥龙	常州经开区法院审判管理办公室副主任	全省法院调研工作先进个人	省高级人民法院
朱全荣	常州经开区人民法院执行局执行员	全省法院工作和执行宣传工作先进个人	省高级人民法院
顾夕梅	区委宣传部理论科科长	2018 年度全省基层党员冬训工作先进个人	省委组织部、省委宣传部
季文斌	湟里镇西墅村村书记	百名示范村书记	省委组织部
万小华	湟里镇统计科副科长	江苏省第四次全国经济普查优秀工作者	省第四次全国经济普查领导小组办公室
陈维琴	嘉泽镇人民政府经发（统计）科副科长	江苏省第四次全国经济普查优秀工作者	省第四次全国经济普查领导小组办公室
夏茂珍	嘉泽镇人民政府经发（统计）科科员	江苏省第四次全国经济普查优秀工作者	省第四次全国经济普查领导小组办公室
樊天润	常州市钱璟康复器材有限公司总经理	2018−2019 年江苏“青年双创英才”（创业类）	团省委、省教育厅、省科技厅、省工信厅、省人社厅、省农业农村厅、省国资委、省人才办
滕　振	常州市消防救援支队武进区大队府东路中队中队长	江苏省好青年	团省委、省文明办、省通信管理局等

姓　名	单位职务	荣誉名称	授予单位
王　薇	潘家村党总支副书记、潘家社区主任	江苏省好青年	团省委、省文明办、省通信管理局等
谈剑波	常州市常洛果品专业合作社理事长	江苏省好青年	团省委、省文明办、省通信管理局等
朱春艳	团常州市武进区委基层工作部部长	江苏省优秀共青团干部	团省委
毛　赟	中天钢铁集团有限公司团委副书记兼第六轧钢厂党支部副书记	江苏省优秀共青团员	团省委
孙　蓓	牛塘镇牛塘一社区团支部书记	江苏省优秀团支部书记	团省委

市级先进个人

姓　名	单位职务	荣誉名称	授予单位
陈产文	湖塘镇南街社区居民委员会书记	五一劳动奖章	市政府
顾永来	中天钢铁集团有限公司组长	五一劳动奖章	市政府
许国军	湟里镇蒋堰村民委员会书记	五一劳动奖章	市政府
汤敏俊	江苏龙城精锻有限公司项目经理	五一劳动奖章	市政府
史欣兵	江苏恒立液压股份有限公司高级技工	五一劳动奖章	市政府
李卫星	雪堰镇漕桥村民委员会书记	五一劳动奖章	市政府
姜国栋	江苏洛凯机电股份有限公司品保主管	五一劳动奖章	市政府
吴　敏	常州苏润机械有限公司电焊工	五一劳动奖章	市政府
殷月华	江苏天启控股集团有限公司职员	五一劳动奖章	市政府
王宝艳	常州戚墅堰机车车辆配件工业有限公司工会主席	五一劳动奖章	市政府
王建法	湖塘镇湖塘社区居民委员会党总支书记	五一劳动奖章	市政府
朱开明	常州市鑫群金属表面处理厂车间主管	五一劳动奖章	市政府
万　胜	今创集团股份有限公司工程师	五一劳动奖章	市政府
王玉宇	武进中医医院康复科主任	五一劳动奖章	市政府
蒋惠琴	武进区星韵学校校长	五一劳动奖章	市政府
钱爱芙	武进区实验小学校长	五一劳动奖章	市政府
莫乃新	武进人民医院主任	五一劳动奖章	市政府
周云申	常州英诺激光科技有限公司技术副总经理	五一劳动奖章	市政府
施明波	江苏东方龙机车集团有限公司董事长	五一劳动奖章	市政府
张一明	常州市武进蓝天玻纤材料厂厂长	五一劳动奖章	市政府
李新华	常州瞻驰光电科技股份有限公司总经理	五一劳动奖章	市政府
邵丹薇	江苏万邦金之星车业投资集团有限公司董事长	五一劳动奖章	市政府
殷金兴	江苏亚示照明集团有限公司董事长	五一劳动奖章	市政府
马燕芬	常州西太湖科技产业园总工会副主席	五一劳动奖章	市政府
刘晓丰	常州市公安局常州经济开发区分局副大队长	五一劳动奖章	市政府
冯国标	区牛塘水利（务）站站长	五一劳动奖章	市政府
钱宇城	横林镇新东方村民委员会书记	五一劳动奖章	市政府
徐　东	江苏武进建工集团有限公司职工	五一劳动奖章	市政府
蒋宇锋	中车戚墅堰机车车辆工艺研究所有限公司职工	五一劳动奖章	市政府
李维莹	中车戚墅堰机车车辆工艺研究所有限公司职工	五一劳动奖章	市政府
侯恩进	中车戚墅堰机车有限公司职工	五一劳动奖章	市政府
缪　玮	中车戚墅堰机车有限公司职工	五一劳动奖章	市政府
王祚忠	中车戚墅堰机车有限公司职工	五一劳动奖章	市政府
汤进才	湟里镇人武部部长	民兵工作先进个人	市政府、常州军分区
王亚杰	区政府办副主任	民兵工作先进个人	市政府、常州军分区
胡　彬	嘉泽镇晨山村村委书记	民兵工作先进个人	市政府、常州军分区

附 录

Appendix

栏目编辑 万向阳 蒋 聆

组织机构与负责人名录

(2019.4.1—2020.4.30)

中共常州市武进区第十二届委员会

书　　记 李 林

副 书 记 戴士福 顾伟国(—2019.12) 叶明华

常　　委 (书记、副书记在常委中不重复列名)

华 飞(—2019.12) 孙金才 郑政平
杨国成 唐家中 陆秋明 石旭涌
赵天晟(2019.12任) 卜宪沛(—2019.12)
王照江(2019.12任)

委　　员 (按姓氏笔画为序)

王照江(2019.12任) 卜宪沛(—2019.12)
石旭涌 叶明华 吉晓阳※
任志清(—2019.5) 华 飞(—2019.12)
刘 团※(—2019.4) 刘志峰(—2019.10)
江建文 孙金才 孙泽新(—2019.5)
杨国成 李 林 陆秋明 郑政平
赵天晟(2019.12任) 是 峰 施小平
秦汉明 贾 东 顾伟国(—2019.12)
唐家中 蒋 丽※ 蒋志龙 蒋国强
臧建中 薛红霞※ 薛建忠 戴士福

候补委员 (按姓氏笔画为序)

张征宇 张卫星 徐 宁 何 勇
秦春华 万如生

常州市武进区第十六届人民代表大会常务委员会

主　　任 臧建中(—2020.1) 江建文(2020.1任)

副 主 任 陈 虎(—2019.5) 张 美※ 蒋国强
蒋红英※(—2020.1) 周仲华(2020.1任)
周庆中(2020.1任)

委　　员 (按姓氏笔画为序)

丁 坤 王元兵 王爱军※ 石剑舫
许岳兴 许勤丰 吴晓东 沙 芳※
张亚萍※ 张伟贤 陆为农 陈方根
陈建荣 尚金萍※ 季文斌 金 刚
周 萍※ 赵晓青※ 俞建东 贾国建
顾 群 徐成大 徐晓杰 谈 胜
黄盛英※ 曹志健 符 伟 蒋志刚
蒋新明 强 雨※ 潘志峰 薛亚清

中共常州市武进区人大常委会党组

书　　记 臧建中(—2019.12) 江建文(2019.12任)

副 书 记 陈 虎(—2019.4) 蒋国强(2020.4任)

常州市武进区人民政府

区　　长 戴士福

副 区 长 陆秋明 张 强 薛建忠 是 峰
刘志峰(—2019.10) 薛红霞※ 徐治国
张小虎 施小平(2019.12任)
许让磊(—2019.4) 刘荫梅※(—2019.7)
张承祖(—2019.9) 宋 歌※(—2019.6)
王 龙(2019.8任) 郑孝义(2019.8任)

中共常州市武进区人民政府党组

书　　记 戴士福

副 书 记 陆秋明

政协常州市武进区第十四届委员会

主　　席 江建文(—2020.1) 石伟东(2020.1任)°

副 主 席 单骏初 蒋红英※(2020.1任)
杜 强(—2019.1) 陆雅芬※(—2019.12)
万卫新(—2019.6) 刘云英※

常　　委 (按姓氏笔画为序)

万琴凤※ 王云芬※ 王中元 王 燕※
计小良 方沛琪 冯旭江 朱志伟

朱宏英※　杜国栋　杨康健　杨鑫才
李　婷※　吴文英※　狄旭东　汪立平
张　云　张兰平　张军亮　张克强
张晓宇　陆惠萍※　陈飞燕※　陈　凌
陈　新　岳翠军　金宏平　周义红
周建清　茹正伟　赵丽君※　俞　瑜※
夏荣伟　钱　臣　徐世中　徐国忠
陶　可　陶春健　桑　遥※　梅泽锋
萧剑波　黄小国　曹　毅　龚　黎※
戚国强　韩家兴　蒋建明　蒋南春
鲁　培※　路军方　慧　闻　薛红良

秘书长　刘宗凉

中共常州市武进区政协党组

书　　记　江建文（—2019.12）　石伟东（2019.12任）
副书记　单骏初

中共常州市武进区纪律检查委员会

书　　记　唐家中
副书记　朱志伟（—2019.12）　符毅梅※
常　　委（书记、副书记在常委中不重复列名）
　　姜震宇　杨云飞　莫建刚　周　栋
委　　员（按姓氏笔画为序）
　　朱志伟　许　斌　杨云飞　张　勇
　　张居一　张继洪　周　栋　周仲华
　　周庆中　单虎林　姜震宇　莫建刚
　　唐家中　符毅梅※

常州市武进区监察委员会

主　　任　唐家中（2020.1任）
代理主任　唐家中（—2020.1）
副主任　唐家中（—2020.1）　朱志伟（—2019.12）
　　符毅梅※
委　　员　姜震宇　杨云飞　顾忠泽　丁文柯

常州市武进区人民法院

院长、党组书记　任志清（—2019.5）
代理院长　宋文良（2019.5任）
党组书记　宋文良（2019.5任）
院　　长　宋文良（2020.1任）
党组副书记　张居一（—2020.4）　许中伟（2020.4任）
副院长　宋文良（2019.05—2020.01）
　　张居一　许中伟　徐　光　邵建荣
政治处主任　金　峰
执行局局长　陈　波（—2019.9）　唐蕴东（2019.9任）
专职委员　刘志鹏

常州市武进区人民检察院

检察长、党组书记　朱文俊
党组副书记　唐黎刚（2020.4任）
副检察长　杨康健　吴汉忠　唐黎刚
专职委员　陈志东　王云涛（2019.5任）
政治部主任　钱继东（2019.5任）

中共常州市武进区委工作机构及直属单位

区委办公室

主　　任　贾　东
副主任　王卫洪　黄晓铭（2020.4任）　周嫣倩※

区档案局

副主任　谈亚东（2019.9任）

区委组织部

部　　长　华　飞（—2019.12）　赵天晟（2019.12任）
常务副部长　王元兵
副部长　张　群※　冯　宇　钱　涛（2019.12任）
部务委员　钱　涛（—2019.12）

区委党的建设工作领导小组办公室

主　　任　王元兵

区委非公有制企业和社会组织工作委员会

书　　记　张　群※

区委区级机关工作委员会

书　　记　张　群※
副书记　符一波（2019.4任）

区公务员局

局　　长　钱　涛（2019.12任）

区委宣传部

部　　长　郑政平
常务副部长　陶　可
副部长　薛亚清（—2020.4）　戚清萍※
　　何泽宇（2020.4任）

区精神文明建设指导委员会办公室

主　　任　戚清萍※
副主任　朱岳明

区政府新闻办公室

主　　任　薛亚清（—2020.4）　何泽宇（2020.4任）
副主任　何泽宇（—2020.4）

区新闻出版局（区版权局）

主　　任　薛亚清（—2020.4）　何泽宇（2020.4任）

区委统一战线工作部

部　　长　杨国成
常务副部长　龚　黎※
副部长　陈月波※　蒋金标　杨美英※　赵忠明

区民族宗教事务局

局　　长　蒋金标
副局长　皇甫海鸥※

区委台湾工作办公室
区政府台湾事务办公室

主　　任　陈月波※
副 主 任　李　新

区政府侨务办公室

主　　任　杨美英※
副 主 任　许晓东

区委政法委员会

书　　记　孙金才
常务副书记　袁　涛
副 书 记　张　强（兼）　沈振华（—2020.4，兼）
　　　　　蒲启城　巢　鹰（2019.9 任）
专职委员　朱智华（—2019.9）　徐小江　吴　焰

区网格化服务管理中心

主　　任　袁　涛
副 主 任　朱智华（—2019.10）

区委研究室

主　　任　孔令君
副 主 任　严　超

区委全面深化改革委员会办公室

副 主 任　黄晓铭（—2020.4）

区委网络安全和信息化委员会办公室

主　　任　左燕钢
副 主 任　沈　嫣※（2019.5 任）

区委机构编制委员会办公室
（区事业单位登记管理局）

主　　任　戴小方（—2020.4）　王元兵（2020.4 任）
副 主 任　叶彩萍※（2019.5 任）

区委巡察工作办公室

主　　任　符毅梅※（兼）
副 主 任　周　栋
专职副主任　蒋轶佶
巡察组组长　恽　伟　王明源　陆　浩
　　　　　　胡新诚　陈　斌（—2020.4）
巡察组副组长　秦黎亮　陈建纲　刘　毅
　　　　　　徐寒芬※　龚留钢　郑小悟※
　　　　　　管勇钢　顾维娜※（2019.9 任）
　　　　　　朱庆中（—2020.4）
　　　　　　邹利红※（—2020.4）

区委老干部局

局　　长　冯　宇
副 局 长　丁映宇

区委离退休干部工作委员会

书　　记　冯　宇
副 书 记　纪佩来※

区档案馆

馆　　长　高国华
副 馆 长　张晓燕※　尤　敏※（2019.9 任）

区委党史工作委员会
区地方志办公室

主　　任　陈　刚
副 主 任　朱建刚　罗　燕

区委党校

党委书记、校长　查伟明
副 校 长　陆茹英※　钱颖旦※（2019.5 任）

区行政学校

校　　长　查伟明
副 校 长　陆茹英※　钱颖旦※（2019.6 任）

武进日报社

社长、党委书记　孙泽新（—2019.5）
　　　　　　　　蒋金明（2019.5 任）
武进日报总编辑、党委副书记　顾枫华
副 社 长　钱小松
纪委书记　吴旭东
武进日报副总编辑　葛长青　陆卫东　王　燕※

区广播电视台

台　　长　顾　芳※
党委书记　顾　芳※
副 台 长　杨富春　陈伟强　姚汗龙
纪委书记　张乃佳※

常州市武进区人大常委会工作机构

办公室

主　　任　符　伟
副 主 任　沙　芳※　强　雨※

研究室

主　　任　沙　芳※

财政经济工作委员会

主　　任　陈建荣
副 主 任　潘一沁※

农业和农村工作委员会

主　　任　许勤丰

法制和内务司法（民族宗教侨务）工作委员会

主　　任　许岳兴

城市建设环境资源工作委员会

主　　任　陈方根
副 主 任　周亚明

教育科学文化卫生工作委员会

主　　任　陆为农
副 主 任　徐晓燕※

人事代表工作委员会

主　　任　俞建东
副 主 任　黄盛英※

民族宗教侨务工作委员会
（因机构改革，不再设置）

主　　任　张亚萍※（—2020.4）

常州市武进区人民政府工作部门及直属单位

区政府办公室

主任、党组书记　蒋志龙

副　　主　　任　徐晓东（2020.4任，兼）　陈建东
钱勤东（—2020.4）　程　锦※
陆建松　王亚杰　梁云波（2019.6任）

区接待办公室

主　　任　蒋志龙（兼）
副主任　袁丽萍※
注：区接待办已整合为区对外联络中心

区外事办公室

副主任　荆　成

区电子政务中心

主　　任　曾文军
副主任　沈惠芬※

区发展和改革局

局长、党组书记　夷建良
副　　局　　长　潘一航　周振浩　张庆九　宦庆辉
汤　焱　万宣东　谢　健

区工业和信息化局

局长、党组书记　恽益明
副　　局　　长　陈　敏　周法根　倪文达（2019.5任）

区委教育工委

工委书记　郑全伟（—2020.3）　曹雄伟（2020.3任）
工委副书记　王腊美※

区教育局

局　　长　郑全伟（—2020.4）　曹雄伟（2020.4任）
副局长　万琴凤※　谢建伟　李　学

区科学技术局

局　　长　李　婷※
党组书记　张卫星
副局长　欧毅华※　张卫星

常州市公安局武进分局

局长、党委书记　张　强
党委副书记、政治委员　张继洪
副　　局　　长　彭尧平　耿昌华　王敏东
张冬琴※　苏建中　张建伟
副政治委员　徐建方
督　　察　　长　张　强
政治处主任　张曙光

区民政局

党组书记　夏建飞（—2020.3）　李　荣（2020.3任）
局　　长　夏建飞（—2020.4）　李　荣（2020.4任）
党组副书记　虞钟清
副局长　许如新　陆俊阳　陈　鹰※

区司法局

党组书记　李　荣（—2020.3）　薛健峰（2020.3任）
局　　长　李　荣（—2020.4）　薛健峰（2020.4任）
副局长　沈　隽　赵铁军　严　征

区财政局

党组书记　周庆中（—2020.3）　叶　青（2020.3任）
局　　长　周庆中（—2020.4）　叶　青（2020.4任）
副局长　胡文伟　单志伟　叶　青（—2020.4）

区国有资产监督管理办公室

副主任　叶　青（—2020.4）　沈　彬　王伟国

区人力资源和社会保障局

党组书记　周仲华（—2020.3）　武华忠（2020.3任）
局　　长　周仲华（—2020.4）　武华忠（2020.4任）
党组副书记　朱丽莎※（—2020.3）
副局长　冷亚春　周晓忠（2019.5任）
毛冬霞※（2019.5任）

区住房和城乡建设局

局长、党委书记　张征宇
党委副书记　管向阳
副　　局　　长　张晓宇（—2019.6）　贺　军（—2020.4）
李　媛※　郭建军　唐昊骏

区人民防空办公室

副主任　吴元明　梁　强　王　伟

区城市管理局

党组书记　金旭兵（—2020.3）　殷海峰（2020.3任）
局　　长　金旭兵（—2020.4）　殷海峰（2020.4任）
副局长　徐建峰　何国栋　周志华　刘培良
吴丹萍※

区交通运输局

局长、党委书记　周　俊
党委副书记　倪璟叶（—2020.3）　凌光旭
副　　局　　长　凌光旭　顾　青　严伟俊　张晓军

区水利局

局长、党组书记　刘建荣※
党组副书记　王卫东
副　　局　　长　徐　芳※　夏坚远　马建平　朱献军

区农业农村局

局长、党组书记　诸东海
副　　局　　长　顾　文　蒋小刚　姚志平
周小宇（—2019.5）
朱丽娜※（2019.10任）
总农艺师　管红良（2019.10任）

区委农村工作领导小组办公室

周小宇（—2019.4）周建定

区商务局

局长、党组书记　吴　嫔※
副　　局　　长　王保华　徐宏杰　周志青

武进投资促进服务中心

副　　主　　任　马　洁※　巢云方（2019.10任）

区文体广电和旅游局

局长、党组书记　李洪兴
副　　局　　长　陈海明　薛　鑫　吴海涛　陈亚娣※
卞曙光　沈　叶※　叶馨远※

区卫生健康局

局长、党委书记　王洪新
副　　书　　记　何　东
副　　局　　长　顾东武　姚绍洋　周义红（2020.4任）

区退役军人事务局

局长、党委书记　张军亮
副　　局　　长　杨育才　葛永丰

区应急管理局

党组书记　曹雄伟（—2020.3）　金旭兵（2020.3任）

局　　长　曹雄伟（—2020.4）　金旭兵（2020.4任）
党组副书记　黄　莹（—2020.3）
副 局 长　巢鸿泉　尤霄峰　杨志海

区审计局

局长、党组书记　朱鹏程
副　局　长　王泽南　毛　兴　周　斌（2019.5任）

区政府研究室

主　　任　冯　民
副 主 任　王世康（2019.5任）

区行政审批局

党组书记　张　琪（—2020.3）　祁　斌（2020.3任）
局　　长　张　琪（—2020.4）　祁　斌（2020.4任）
党组副书记　祁　斌（2019.5—2020.3）
副 局 长　聂亚玉※　王　芳※　赵匡吉
　　　　　祁　斌（2019.4—2020.4）

市公共资源交易中心武进分中心

主　　任　张　琪（—2019.5）　祁　斌（2019.5任）
副 主 任　吴文英※　顾　峰　潘文杰（2019.10任）

区市场监督管理局

局　　长　朱小平
党组书记　朱小平
党组副书记　朱正东　朱文贤（—2020.3）
副 局 长　王金熔　濮文伟　张宝康
　　　　　叶文华（—2019.5）
　　　　　陆　俊　张利萍※　束建刚

区统计局

局　　长　王　勇
党组书记　王　勇
副 局 长　陆亚健　谢伟洪

区信访局

局　　长　徐晓东
副 局 长　李　俊　芮　洋

区地方金融监督管理局

局　　长　张文伟
副 局 长　王阿娣　罗君贤

市医疗保障局武进分局

局　　长　左朝辉
党组书记　左朝辉（2019.9任）
副 局 长　徐建龙（2019.6任）　周培根（2019.10任）

区生态文明建设办公室

主　　任　周建江
副 主 任　林春雷　王今丰

区级机关后勤管理服务中心

主任、党委书记　顾琴仙※
副　主　任　王锁法　钱平南

注：区级机关后勤管理服务中心已更名为区机关事务管理中心

区房屋征收与补偿办公室

主　　任　姚铭泽
副　主　任　雍　军　沈　轲※　胡　鹤

注：区房屋征收与补偿办公室已更名为区房屋征收与补偿管理中心

江苏常州经济开发区

书　　记　顾伟国
主　　任　周永强
副 书 记　周永强
副 主 任　张云逸
　　　　　赵天晟（—2019.12）
　　　　　储小平（—2019.12）
　　　　　马建立　何　勇　冯旭江
　　　　　王旭锋　沈振华
　　　　　王文一（2019.12任）
纪工委书记、监察工委主任　张　勇
纪工委副书记、监察工委副主任　钱莉芳※

武进高新技术产业开发区

书　　记　李　林
主　　任　戴士福
副 书 记　戴士福　石旭涌
副 主 任　石旭涌　祝正庆　王伟华
　　　　　罗文祥（—2019.10）　谢群丰
　　　　　杨鑫才（—2019.10）
　　　　　李　磊※　孙　洋　姚　祥
　　　　　蒋志龙（2019.12任）
　　　　　裴晓冬（2019.10任）
纪工委书记　龚青大（—2019.10）
　　　　　朱志伟（2019.12任）
纪工委副书记、监察局局长　柏琴雪※

常州西太湖科技产业园（江苏武进经济开发区）

书　　记　施小平（—2019.10）
　　　　　戴志华（2019.10任）
主　　任　戴志华（—2019.10）
　　　　　武为锋（2019.10任）
副 书 记　戴志华（—2019.10）
　　　　　武为锋（2019.12任）
　　　　　沈　涛（—2020.3）
　　　　　潘　琪（—2020.3）
副 主 任　沈　涛（—2020.4）
　　　　　张　铭　胡延红※　许春英※
　　　　　黄哲斌　徐新波
纪工委书记　刘荣光
纪工委副书记、监察局局长　严建平

武进绿色建筑产业集聚示范区

书记、主任　徐　宁
副 主 任　沈晓伟　贺　军（兼）　周永银（2019.6任）

注：武进绿色建筑产业集聚示范区已整合为武进国家高新技术产业开发区绿色建筑产业园管理办公室

主　　任　徐　宁
副 主 任　贺　军（2020.3任）

武进太湖湾旅游度假区

书　　记　闵伟明（—2020.3）
主　　任　许文涛
副 书 记　许文涛　薛　锋
副 主 任　李云辉　吴小杰　殷正良

纪工委书记　车勤峰

注：武进太湖湾旅游度假区已整合为江苏省武进太湖湾旅游度假区管理办公室

武进中国春秋淹城旅游区

书记、主任　谈正刚（—2019.5）　居敏俊（2019.5 任）
副　书　记　居敏俊（—2019.5）
副　主　任　张志杰　刘　坚
纪工委书记　居敏俊（—2019.5）　蔡　华※（2019.5 任）

江苏省武进现代农业产业园区

书　　　记　朱剑波
主　　　任　薛健峰（—2020.4）　钱勤东（2020.4 任）
副　书　记　薛健峰（—2020.3）　钱勤东（2020.3 任）
　　　　　　薛文伟（2020.3 任）
副　主　任　吕　威
纪委书记　张小英※

江苏武进经济发展集团公司

董事长、总经理、党委副书记　李建平
党　　委　　书　　记　刘祝全
党　委　副　书　记　何雪峰
副　　总　　经　　理　何雪峰　薛泽孟　羊晓清
　　　　　　　　　　路　锦　冯剑玉※
纪　　委　　书　　记　赵寅洁※

江苏武进先行控股集团有限公司

董事长、总经理　谈　胜
党　委　书　记　梅可佳
副　总　经　理　诸小平　钱　岗　谢　健
　　　　　　　　王建松　王　鸣
纪　委　书　记　蒋黎国

江苏武进国经控股集团有限公司

董事长、总经理　徐亚娟※
党　委　副　书　记　翟华萍※
副　总　经　理　王中方
纪　委　书　记　翟华萍※

武进工贸资产经营管理有限公司（供销合作总社）

党　委　书　记　秦明方
董事长、总经理　徐亚娟※
党　委　副　书　记　徐亚娟※　黄文耀
纪　委　书　记　黄文耀

开放大学、国家级重点职业高中、省重点高中、医院

江苏省武进职业教育中心校 武进开放大学

校　　长　张伟贤
党委书记　张伟贤

江苏省前黄高级中学

校　　长　黄惠涛
党委书记　秦春华（—2019.09）

江苏省武进高级中学

校　　长　谢建伟
党委书记　张国良（2019.5 任）

武进人民医院

党委书记　周培根（—2019.5）　奚剑波（2019.5 任）
院　　长　周培根（—2019.10）　金建华（2019.10 任）

武进中医医院

党委书记　杨　波（2019.10 任）
院　　长　杨　波（—2019.10）　曹蕊芸※（2019.10）

中共常州市武进区委协助管理的单位

常州市自然资源和规划局武进分局

局长、党委书记　孔和生
党　委　副　书　记　卢中英
副　　局　　长　卢中英　曹　荣　卢翼波　汪志南※
　　　　　　　　贾建东　蔡　剑　宰　娟※

常州市住房公积金管理中心武进分中心

主　　　　任　章　钧
副　　主　　任　董瑞峰　章蔚达

国家税务总局常州市武进区税务局

局长、党组书记　狄欣荣
副　　书　　记　张志杰
副　　局　　长　张志杰　陈志斌　金　红※　杜　俊
　　　　　　　　王贤方　陆玉学　张　良
纪　检　组　长　张宝明

常州市武进生态环境局

局长、分党组书记　周建江
副　　局　　长　顾咏梅※　宫春晖

常州市武进区邮管局

副　局　长　廖海春

武进电信局

局　　长　张建军
副　局　长　江　敏　周　倜

武进烟草专卖局

局　　长　陈建强
副　局　长　许卫群　王　娟※

常州海关驻武进办事处

主　　任　李旭敏
副　主　任　钱　进　陶小伟　沈文杰

中国人民银行常州市武进支行

行　　长　翟晓佳
副　行　长　高立华　戴　晏
纪检组长　高立华

政协常州市武进区委员会工作机构

办公室

主　　任　陶春健
副　主　任　张　磊　闻　洁※　顾　燕※（2019.6 任）

研究室

主　　任　陶春健（—2019.6）　岳翠军（2019.6 任）

提案委员会

主　　任　周建清（—2019.6）

提案和委员工作委员会

主　　任　周建清（2019.6 任）

副 主 任　陈　萍※（2019.6 任）

学习与文史委员会

主　　任　王云芬※（—2019.6）

教文卫体和文史委员会

主　　任　王云芬※（2019.6 任）

经济科技委员会

主　　任　夏荣伟（—2019.6）

经济科技和农业农村委员会

主　　任　夏荣伟（2019.6 任）

社会事业和法制委员会

主　　任　岳翠军（—2019.6）

副 主 任　鲜艳梅※（—2019.6）

港澳台侨委员会

主　　任　韩家兴（—2019.6）

社法民宗和港澳台侨委员会

主　　任　蒋建明（2019.6 任）

副 主 任　鲜艳梅※（2019.6 任）

委员工作委员会

主　　任　蒋建明（—2019.6）

环境资源和城乡建设委员会

主　　任　张晓宇（2019.6 任）

社会团体

武进区总工会

党组书记　金　刚（—2020.3）　沈　涛（2020.3 任）

主　　席　金　刚（—2020.4）　沈　涛（2020.4 任）

副 主 席　陆惠萍※　陆维剑※　张　勇

共青团武进区委员会

书　　记　刘　团※（—2019.4）　王　芳※（2019.4 任）

副 书 记　赵丽君※　徐　敏

武进区青年联合会

主　　席　刘　团※（—2019.4）　王　芳※（2019.4 任）

副 主 席　赵丽君※　徐　敏　梅泽锋　徐　锋

武进区妇女联合会

主席、党组书记　蒋　丽※

副　主　席　朱宏英※　赵　英※

武进区科学技术协会

主　　席　刘云英※

副 主 席　曹法南　吴　健（2019.4 任）

武进区文学艺术界联合会

主　　席　夏征征※

副 主 席　周晓东　羌云庆

武进区工商业联合会

主　　席　桑　遥※

党组书记　赵忠明

副 主 席　赵忠明　蒋建平（2019.4 任）

武进区归侨侨眷联合会

主　　席　杨美英※

副 主 席　张　彩※

武进区残疾人联合会

名誉主席　郑政平

主　　席　张小虎（兼）

副 主 席　顾树民　钱国金　赵美娟※

党组书记　顾树民

理 事 长　顾树民

副理事长　赵美娟※

武进区红十字会

会　　长　张小虎（兼）

副 会 长　狄旭东　承文明（2019.5 任）

镇、街道

雪堰镇

书　　记　王宏强

副 书 记　武华忠（—2020.3）

高　明（2019.5 任）

孙　洋（2020.3 任）

人大主席　蒋志刚（—2020.4）

许文涛（2020.4 任）

镇　　长　武华忠（—2020.4）

孙　洋（2020.4 任）

副 镇 长　周岳生　董才新（—2019.09）

李治国　梁云波（—2019.7）

殷旭东　上官欣（2019.09 任）

唐海锋（2019.09 任）

政协工委主任　高　明（2019.6 任）

纪委书记　杨文杰

礼嘉镇

书　　记　丁亚英※

副 书 记　朱慧峰　吴小铭（—2019.4）

秦能达（2019.4 任）

人大主席　吴小铭（2019.5 任）

镇　　长　朱慧峰

副 镇 长　秦能达（—2019.5）　何庆伟

冯冠华　张　巍（2019.5 任）

潘　艳※（2019.09 任）

政协工委主任　吴小铭（—2019.6）

秦能达（2019.6 任）

纪委书记　陈　鹏

前黄镇

书　　记　裴晓冬（—2020.3）

龚新宇（2020.3 任）

副 书 记　陈　江　钱颖旦※（—2019.5）

唐晓明（2020.3 任）

人大主席　姚国强（—2020.4）

李国栋（2020.4 任）
镇　　长　陈　江
副 镇 长　陈忠平　王全华　孙　俊　蒋　轩
政协工委主任　钱颖旦[※]（—2019.6）
唐晓明（2020.4 任）
纪委书记　李国栋（—2020.3）

湖塘镇

书　　记　蒋金明（—2019.5）
樊　烨（2019.5 任）
副 书 记　樊　烨（—2019.5）
谈正刚（2019.5 任）
庄　铠　孙震文（—2020.3）
人大主席　贾国建（—2020.4）
孙震文（2020.4 任）
镇　　长　樊　烨（—2019.5）
谈正刚（2019.5 任）
副 镇 长　时培红　王　丹（—2020.4）
王　芳[※]（—2019.5）
张建军　陈坚强（2019.09 任）
陶兴龙（2019.09 任）
殷海峰（—2020.4）
政协工委主任　庄　铠
纪委书记　贾少波

牛塘镇

书　　记　严晓国（2019.4 任）
副 书 记　严晓国（—2019.4）
杨志明　任争辉
人大主席　潘志峰
镇　　长　杨志明
副 镇 长　周　波　冯云娟[※]（—2019.09）
马东方　翁路英[※]（2019.09 任）
周小成（2019.09 任）
政协工委主任　任争辉
纪委书记　朱　宇

洛阳镇

书　　记　朱红兴
副 书 记　龚新宇（—2020.3）
蒋志刚（2020.3 任）　潘宏杰
人大主席　朱红兴（—2019.5）
王　丹（2020.4 任）
人大副主席　贲叶青[※]（2019.5 任）（—2020.4）
镇　　长　龚新宇（—2020.4）
蒋志刚（2020.4 任）
副 镇 长　朱国清　查亚新　王小虎
高　军　贲叶青[※]（2020.4 任）
政协工委主任　潘宏杰（2019.6 任）
纪委书记　许　芸[※]

湟里镇

书　　记　武为锋（—2020.3）
朱军华（2020.3 任）
副 书 记　朱军华（—2020.3）
祁　斌（—2019.4）
丁　涛　王　乾（2019.9 任）
人大主席　王志坚
镇　　长　朱军华（—2020.04）
丁　涛（2020.4 任）
副 镇 长　路正峰　王　乾（—2019.09）
薛晓波　眭岳明
吴　柯[※]（2019.09 任）
政协工委主任　祁　斌（—2019.6）
丁　涛（2019.6 任）（—2020.4）
纪委书记　蔡兰芬

嘉泽镇

书　　记　朱剑波
副 书 记　薛健峰（—2020.3）
周小宇（2019.4 任）
钱勤东（2020.3 任）
人大主席　蒋新明
镇　　长　薛健峰（—2020.4）
钱勤东（2020.4 任）
副 镇 长　马建忠　张　颗[※]　宋丹峰
吴晓峰（2019.5 任）
政协工委主任　周小宇（2019.6 任）
纪委书记　吴奋明

横林镇

书　　记　江春明
副 书 记　蒋政剑　张毋左
人大主席　姚　鸿（2019.07 任）
镇　　长　蒋政剑
副 镇 长　张晓强　吴志建
潘　俊（—2020.03 提名）
王美姣[※]　陈　峰（2020.03 提名）
政协工委主任　张毋左
纪委书记　荆　涛（—2020.03）
郭　平（2020.03 任）

遥观镇

书　　记　冯　晖
副 书 记　王伟强　叶　平（—2020.03）
任义权（2020.03 任）
人大主席　丁　坤（—2020.03 提名）
叶　平（2020.03 提名）
镇　　长　王伟强
副 镇 长　高　明（—2019.05）
诸立群　刘伟强　邹　优
张　波（2019.12 任）
政协工委主任　叶　平（—2020.03 提名）
纪委书记　王明菊[※]（—2020.03）
荆　涛（2020.03 任）

横山桥镇

书　　记　徐　海

副　书　记　乔　强（—2020.03）
姚　贺（2020.03 任）
孙亚明　章春军
人大主席　是　建（—2020.03 提名）
徐春来（2020.03 提名）
镇　　长　乔　强（—2020.03 提名免去）
姚　贺（2020.03 提名）
副　镇　长　陆冬芳※　董　庆（—2019.06）
陈建波　顾宏亮（—2020.03 提名免去）
庄　跃（2019.06 任）
缪　飞（2020.03 提名）
政协工委主任　孙亚明
纪委书记　刘　健（—2020.03）
魏　胜（2020.03 任）

潞城街道

书　　记　赵文明
副　书　记　周　茹※（—2020.03）
潘　俊（2020.03 任）
薛　康※　林　霄※
人大工委主任　薛　康※
主　　任　周　茹※（—2020.03）
潘　俊（2020.03 任）
副　主　任　魏　胜（—2020.03）
胡秋元　钱哲峰　沈齐乐
政协工委主任　林　霄※
纪委书记　王永斌

戚墅堰轨道交通产业园

党工委书记　赵文明
副　书　记　赖岩松
管委会主任　赖岩松
管委会副主任　殷　清　钱　瑜
陈益伟（2019.04 任）
纪工委书记　王永斌

丁堰街道

书　　记　费　晔※
副　书　记　符　涛（—2019.04）
殷振江（2019.04 任）
袁　康（—2020.03）
蒋一波（2020.03 任）　石剑虹
人大工委主任　袁　康（—2020.04）
蒋一波（2020.04 任）
办事处主任　符　涛（—2019.05）
殷振江（2019.05 任）
办事处副主任　朱忠明　陈益伟（—2019.04）
徐　熠（2019.04 任）　刘　敏※
董　庆（2019.04 任）
政协工委主任　石剑虹
纪委书记　赵　飞

戚墅堰街道

书　　记　梁文菊※
副　书　记　李　江（—2020.03）
姜祖胜（2020.03 任）
顾　群　陈　尧
人大工委主任　顾　群
办事处主任　李　江（—2020.03）
姜祖胜（2020.03 任）
办事处副主任　符锡宝　杨永清　刘晓莲※
政协工委主任　陈　尧
纪委书记　梁晓波

南夏墅街道

书　　记　周文彬（2019.4 任）
副　书　记　张永波　蒋黎明（—2020.3）
朱　敏※（2020.3 任）
人大工委主任　吴晓东
人大工委副主任　武　佳※
办事处主任　张永波
办事处副主任　唐晓明（—2020.4）　臧伟良
杨振宇　朱　敏※（—2020.4）
政协工委主任　蒋黎明（—2020.4）
朱　敏※（2020.4 任）
纪工委书记　陆晓忠（—2020.3）
许　斌（2020.3 任）

西湖街道

书　　记　潘　琪（—2020.3）
董云峰（2020.3 任）
副　书　记　董云峰（—2020.3）　黄铁梅※
姚国强（2020.3 任）
主　　任　董云峰（—2020.4）
黄铁梅※（2020.4 任）
副　主　任　沈可南　贺鹏岳　高　波
人大工委主任　高兴国
人大工委副主任　金小庆
政协工委主任　黄铁梅※（—2020.4）
姚国强（2020.4 任）
纪工委书记　万家东

高新区北区

书　　记　杨华夏※
副　书　记　周文彬（—2019.4）　蒋旭东
主　　任　周文彬（—2019.5）
副　主　任　张　念　蒋海珍※　庄春潮※　周　军
纪委书记　雷　成

说明：①中共 ×× 镇纪律检查委员会书记，简称纪委书记。
②局和镇党委下的基层和村级党委不收其领导名录。
③各银行、保险公司、电信、税务、烟草、自然资源和规划、生态环境等部门的领导，由其上级业务主管部门任免，区委协助有关部门管理。
④右上角带 ※ 号者为女性。
⑤乡镇镇长、副镇长、人大主席、人大副主席的任职时间为提名时间。

（吴　城）

文献摘要

建好“五个生态”，打造“一区一城”奋力谱写“强富美高”新武进建设新篇章

——在区委十二届八次全会上的报告（摘要）

常州市副市长、中共武进区委书记　李　林

（2019 年 12 月 27 日）

区委召开十二届八次全会，主要任务是：高举习近平新时代中国特色社会主义思想伟大旗帜，全面贯彻党的十九大和十九届二中、三中、四中全会以及中央经济工作会议精神，深入落实习近平总书记对江苏工作重要讲话指示精神，认真贯彻省委、市委全会精神，回顾总结 2020 年经济社会发展和五个三年行动计划取得的成绩，研究部署明年及今后一个时期的工作，动员全区各级党组织和广大党员干部，持续解放思想、深化改革开放，不忘初心、牢记使命，扎实推动高质量发展走在前列，确保高水平全面建成小康社会目标顺利实现，奋力谱写“强富美高”新武进建设的崭新篇章。

一、五个三年行动计划圆满收官，展现“强富美高”新作为

2019 年，全区上下认真贯彻落实习近平新时代中国特色社会主义思想和党的十九大精神，始终牢记习近平总书记建设“强富美高”新江苏的殷殷嘱托，按照省委“六个高质量”、市委“种好幸福树，建好明星城”部署要求，持之以恒推进高质量发展，五个三年行动计划圆满收官，全区经济社会发展有速度、有质量、有效益，为决胜高水平全面建成小康社会奠定了坚实基础。

1. 围绕“经济强”，稳步提升发展质效。迎难而上稳定经济运行，预计完成地区生产总值 2500 亿元，增长 7%；一般公共预算收入 187.4 亿元，增长 5%；连续七年荣获中国中小城市综合实力百强区第三、投资潜力百强区第一，荣膺中国绿色发展百强区第二、中国工业百强区第八（全省第一），荣获全省促进制造业创新转型和高质量工作成效明显地区。心无旁骛做强实体经济，率先在全省启动新时代“两个健康”先行区创建，受到中央统战部的充分肯定。各级减税降费政策有效落实，累计为实体经济企业降低成本超 60 亿元。项目招引成果喜人，成功引进 2 个总投资 100 亿元、3 个总投资 50 亿元项目，区级重点项目全年完成投资 530 亿元。累计 12 个项目进入国家工业强基工程，占全省近 1/5。外资及港澳台资、对外及港澳台贸易保持平稳，实际到账外资及港澳台资 7.6 亿美元，进出口总额 820 亿元。新增瞪羚企业 20 家、潜在独角兽企业 2 家、工业和信息化部制造业单项冠军企业 3 家。立华、国茂成功上市，上市企业累计 32 家，居全省县（市、区）第二。不遗余力推动创新创业，净增高新技术企业 142 家，积极参与长三角双创示范基地联盟建设，成为全省唯一的副理事长单位，江南烯元获得首张“长三角联盟双创券”[1]，武进国家双创示范基地建设获国务院表彰。在领军人才团队、高层次人才引进培育方面也都取得了新的突破。集中力量做强重点平台，常州经开区在全省省级经济开发区综合考核评价中位列第九，较成立时跃升 51 位，营商环境评价位列全市开发区第一，智能微电机、新能源汽车动力总成两个省级产业创新联盟顺利落户。武进高新区在全国国家高新区综合排名中列 39 位，比 2018 年提升 6 位，“4+2”特色产业[2]持续壮大，新一代信息技术产业有效突破，获批国家知识产权示范园区、全省首批“互联网＋先进制造业”基地和省级新一代信息技术特色创新（产业）示范园区。中以常州创新园易址扩容，与常州“科创走廊”建设一同规划推进，以色列江苏创新中心在特拉维夫正式运营，成为中以合作的标志性窗口。西太湖科技产业园在省级高新区综合评价排名中位列第七，被评为国家医药外贸转型升级基地，省石墨烯创新中心正式运营，石墨烯小镇获评省级优秀特色小镇。苏澳合作园区总体规划和产业规划在省、市、区三级层面达成共识。抓住机遇放大改革红利，“三块地”改革入选新中国成立 70 周年成就展，为国家层面修改完善相关法律提供了实践支撑。全区使用精细化综合整治入库指标 394.67 公顷，盘活集体建设用地 266.67 公顷，完成集体经营性建设用地入市 303.53 公顷，实现土地增值收益 5 亿元。

2. 围绕“百姓富”，全力办好民生事业。“两促三优三提升”22 项民生实事项目高标准完成。百姓收入持续增长，村级集体经济大幅增收，建档立卡低收入农户全面实现脱贫，新增就业 2.7 万人，创业带动就业 2.6 万人，全体居民人均可支配收入达到 5.1 万元，增长 8.3%。各类保障稳步提标，完善了征地补偿和被征地农民社会保障政策，住房公积金扩面超 5 万人，为 5460 户职工家庭购房提供了资金支持，长期护理保险试点受益人群达 5000 人。社会事业不断进步，教育、卫生、文体等公共事业均等化步伐加快，一批“标准高、覆盖广、布局优”的民生设施建成投用，集团化办学、城乡学校结对共建、村级医疗卫生人才“区管镇用”机制作用充分发挥，区退役军人服务中心建成投用。基础设施加快完善，环滆湖战略规划和城市设计基本完成编制。全区完成签约征迁 150 万平方米，土地出让成交额 169 亿元，创下历史新高。现代化综合立体交通框架全面拉开，“两高一铁”[3]和“三河”工程[4]建设进展顺利，长虹路龙江路高架互通工程全面完成，轨道交通一号线顺利开通，武进正式迈入“地铁时代”。

3. 围绕“环境美”，加快推动绿色发展。坚持“创建全省生态保护引领区”总目标不动摇。坚决打好污染防治攻坚战，深入推进“减煤减化”和“散乱污”综合整治，全区 $PM_{2.5}$ 浓度下降 8.1%，入湖河道水质持续改善，15 个国省考断面中有 10 个达到三类水质，创近年新高，滆湖网围整治入选全省生态环境十大先进典型。新改扩建污水处理厂 5 座，新建污水主、支管网 132 千米。进一步发挥“河长制”作用，全面开展河湖“两违三乱”专项整治[5]，永安河河道整治及沿线绿化全面完成，武进城市发展再添新的生态廊道。太湖连续 12 年实现安全度夏。“江河碧空”蓝天保卫四号行动[6]有序实施，固废安全处置能力不断提升，152 家企业通过重点环境风险安全达标评估。深入实施农村人居环境整治，创成省级农村人居环境整治综合示范村 20 个，191 个自然村达到美丽宜居乡村标准，城西回民村荣获中国美丽休闲乡村称号。稳步推进生态绿城建设，完成湿地修复 266.67 公顷、造林绿化 480 公顷，大运河文化带

生态长廊建设快速推进。大力推动绿色发展，持续放大“263”整治成效，空间、产业、能源结构得到全面优化提升。新增工业和信息化部第四批绿色工厂3家，累计7家，位列全市第一。新增绿色建筑200万平方米，成功获批江苏省建筑产业现代化示范园区。全年旅游接待2017万人次，旅游总收入271亿元，春秋淹城旅游区获最美中国文化旅游目的地、全域旅游人气目的地称号。现代农业稳步提升，武进区获评全国县域数字农业农村发展水平评价先进县（区）。

4. 围绕“社会文明程度高”，有效凝聚社会合力。积极探索文明城市建设和城镇长效管理的深度融合，深入推进新时代文明实践中心建设，“道德讲堂”“志愿服务”“身边好人”深入人心，四部作品获评省“五个一工程”奖，获奖数量居全市首位，基层综合性文化服务中心实现全覆盖。社会组织蓬勃发展，总数超过2900家。公厕革命、垃圾分类集中处理、停车序化等工作成效显著，城市文明程度和长效综合管理水平稳居全市前列，实现了城市“内涵”“颜值”的双提升。网格化集成管理平台高效运转，处理流转事项90余万项。“扫黑除恶”纵深推进，专项斗争群众满意度位居全市第一，“安全生产”“食品安全”“互联网金融”“大棚房”“违建别墅”“群租房”等专项整治深入开展、成效明显。把安全发展放在突出位置，应急管理体系逐步健全，安全生产责任持续压实，“阳光餐饮”平台新增1850家餐饮单位。人民调解“第一道防线”作用有效发挥，成功化解了一批信访积案，公众安全感达到98.3%，创历史新高。慈善救助、光彩事业持续升温，全年发放慈善救助金4530万元，投入光彩资金3250万元，实施惠民项目224个。

5. 围绕“不忘初心、牢记使命”主题教育，充分彰显党建引领。按照“守初心、担使命，找差距、抓落实”的总要求，开展主题教育，聚焦“关键少数”，带动“绝大多数”，一体推进了学习教育、调查研究、检视问题、整改落实四项重点，全区广大干群学习贯彻新思想的自觉性、坚定性显著增强，精神面貌和能力素质明显提升。高标准完成省委巡视常州、省委巡视武进整改任务，任务整改率分别达到98%和96%。高效推进机构改革，努力提升政务服务水平，镇（街道）为民服务中心、村（社区）便民服务中心实现全覆盖。全面优化发展导向、考核导向和用人导向，通过“三项机制”的深化运用，激发了干部活力，增强了干事动力。有力推动全域党建，坚持大抓基层，深入实施26个基层党建“书记项目”，以党建“软实力”催生发展“硬实力”。坚定不移压实全面从严治党主体责任，“一学习两整治”以及形式主义、官僚主义问题专项整治工作成效得到上级肯定。始终保持严惩腐败、整治“四风”的高压态势。充分发挥“立体监督”综合效应，全面提升“四种形态”运用水平，推动政治生态整体向善向好。严格落实意识形态工作责任制，推动意识形态工作全面加强、全面过硬。圆满完成庆祝新中国成立70周年系列活动。统战工作成效明显，为高质量发展提供了广泛力量支持。人大、政协充分履行职责，积极发挥作用，全年共办理提案、议案339件，满意率达99.7%。第九批武进对口援疆工作圆满收官。援陕工作顺利推进，脱贫攻坚成效显著。人武、党史、党校、机关后勤、群团、老干部、关心下一代等工作也都取得了新成绩。

2019年是奋进的一年，更是收获的一年，面对五个三年行动计划的最后冲刺，全区上下众志成城、埋头苦干，用丰硕成果绘满“三年长卷”，用实际行动兑现“铮铮誓言”。三年来，狠抓“产业创新发展”，围绕产业高端化、智能化、绿色化、服务化、国际化、品牌化的方向，初步探索出一条“创新＋资本＋开放＋人才＋融合”的新苏南模式产业发展道路。工业企业亩均产出保持年均两位数增长，省标战略性新兴产业产值占规模以上工业产值比重从33%攀升至37%，新增高层次人才超过3000人，人才项目数量稳居全市前列。狠抓“生态保护引领”，积极探索共建共治共享机制，三年来累计关停并转化工企业233家，新建污水管网640千米，总长度达1715千米，全区基本消除黑臭河道，离“蓝天、碧水、净土”的目标更加接近。狠抓“城乡精细管理”，紧扣“大综合、跨部门”改革方向，实现城市管理综合执法全域覆盖，市容市貌、环境卫生、市政设施得到全面提升，新建、改造公厕300座，垃圾“房改亭”533座，拆除、修复、提升各类广告版面10万平方米，城市长效管理考评名次大幅跃升。狠抓“教育卫生均等化”，全面推进教育改革，统筹布局医疗资源，新建15家幼儿园、5所中小学，增加学前教育、义务教育学位共2万余个，新改扩建村级医疗卫生机构64家，基层医疗机构实现医联体全覆盖，办学、办医条件得到全面改善。狠抓“特色强镇建设”，通过深入实施“六大工程”，镇村的特色产业、特色风貌、特色文化充分彰显，湖塘镇、遥观镇跻身中国中小城市综合实力百强镇第21和59位，分别比三年前提升了3个和8个位次，全区累计创成康居型村庄203个、美丽型村庄22个，乡村振兴走上了快车道。三年如一日，围绕着一个目标坚定前行，以“功成不必在我，功成必定有我”的气度和胸怀接续奋斗，充分展现了“一张蓝图绘到底”的政治定力，充分诠释了“事事当争第一流”的阳湖精神，充分提振了实现“第一个百年”目标的必胜信心。有理由相信，这三年的汗水不会白流，这三年的付出终将收获，在这三年打下的坚实基础上，只要再接再厉，勇往直前，必定会夺取高水平全面建成小康社会的最后胜利！

二、深入学习贯彻，将党的十九届四中全会和省委、市委全会精神落到实处

党的十九届四中全会是一个具有里程碑意义的重要会议，全会从政治上、全局上、战略上全面总结党领导人民在中国国家制度建设和国家治理方面取得的成就、积累的经验、形成的原则，凝练概括中国国家制度和国家治理体系所具有的显著优势，全面回答了在中国国家制度和国家治理体系上应该“坚持和巩固什么、完善和发展什么”这个重大政治问题，明确了新时代坚持和完善中国特色社会主义制度、推进国家治理体系和治理能力现代化的总体要求、总体目标和重点任务。这在党的历史上是第一次，充分体现了以习近平同志为核心的党中央高瞻远瞩的战略眼光和强烈的历史担当，彰显了党坚定的制度自信。全会审议通过的《中共中央关于坚持和完善中国特色社会主义制度、推进国家治理体系和治理能力现代化若干重大问题的决定》，第一次系统描绘了中国特色社会主义制度的“图谱”，对于新时代中国特色社会主义发展必将产生重大影响，对于党和国家长治久安具有深远意义。

刚刚召开的省委十三届七次全会、市委十二届九次全会围绕贯彻落实十九届四中全会精神做了重要部署，分别审议通过了江苏省委《关于贯彻落实党的十九届四中全会精神、推动省域治理体系和治理能力现代化建设走在前列的意见》和常州市委《关于贯彻落实党的十九届四中全会精神、推动市域治理体系和治理能力现代化建设走在前列的实施意见》。各级党组织和广大党员干部要把学习贯彻四中全会精神作为当前和今后一个时期的重大政治任务，切实增强学习贯彻的政治自觉、思想自觉和行动自觉，全面落实中央的《决定》、省委《意见》和市委《实施意见》，确保党中央和省、市委的决策部署在武进落地生根。

下一步，要全面落实中央《决定》明确的“三步走”总体目标和省、市委的新部署新要求，在健全推动武进高质量发展走在前列的制度体系上拿出实实在在的举措，不断提升系统治理、依法治理、综合治理、源头治理的能力和水平，使中国特色社会主义制度优越性在武进得到充分彰显。重点要落实好“五个方面”任务。一是要完善和落实加强党的全面领导的制度机制。健全推进全面从严治党向纵深发展制度机制，坚持和完善人民代表大会制度，优化完善政府治理体系，完善协商民主制度和工作机制，巩固和发展最广泛的爱国统一战线，全面深化法治武进建设，完善权力运行制约和监督机制。二是要全面构建推动经济高质量发展的制度体系，为实现“经济强”激发更强大的动力。加快构建和完善推动武进高质量发展的制度体系、持续优化营商环境的制度体系、促进创新驱动发展的制度体系、推进城乡区域协调发展的制度体系、打造开放型经济新格局的制度体系。三是要不断完善统筹城乡的民生保障体系和服务机制，为实现“百姓富”做好更有力的支撑。健全更充分更高质量就业的服务机制，强化迈向教育现代化的推动机制，完善推进健康武进建设的制度体系，健全覆盖全民的社会保障体系。四是要着力健全生态文明建设的制度体系，为实现“环境美”提供更可靠的保障。实行最严格的生态环境保护制度，全面建立资源高效利用制度，健全生态环境保护责任体系。五是要优化提升促进先进文化繁荣和现代社会治理的体制机制，为实现“社会文明程度高”打下更坚实的基础。构建加强思想文化引领的机制，健全培育良好道德风尚的机制，优化高质量文化创作和供给的机制，完善防范化解各类风险、促进城市总体安全的体制机制，推进县域社会治理现代化，构建基层治理新格局。

三、应对机遇挑战，系统谋划武进未来发展

2020年是“两个一百年”奋斗目标的历史交汇之年，既要以必胜的信心，实现“十三五”规划的圆满收官，全力夺取高水平全面建成小康社会的决定性胜利，又要着眼于基本实现现代化新征程的率先领先，通过“十四五”规划和国土空间总体规划（2020—2035）的编制，把未来一个阶段的“路线图”谋深谋远。

省委十三届七次全会，将明年定为推进“强富美高”新江苏建设再出发的起步之年，不仅将“强富美高”作为高水平全面建成小康社会的行动指南，更将其作为开展现代化建设的方向指引。市委也提出了要“加快融入长三角区域一体化发展，奋力推动高质量发展走在前列”。这些既是省委、市委的明确要求，更是武进勇争一流的现实追求。在“强富美高”再出发的新征程中，必须体现武进更大的担当，展现武进应有的作为。因此，要全面审视武进面临的内外部发展形势，把明年的工作和中长期发展目标有机结合起来，将高水平全面建成小康社会的决战决胜和开启基本实现现代化的崭新征程结合起来，一体思考、长远谋划，分步实施、统筹推进。

从外部来看，当前世界经济增长持续放缓，世界大变局加速演变的特征更趋明显，中美虽然达成了第一阶段经贸协议，但世界范围内贸易保护主义思潮仍暗流涌动。中国正处在转变发展方式、优化经济结构、转换增长动力的攻关期，结构性、体制性、周期性问题相互交织，“三期叠加”影响持续深化，经济下行压力加大。但国内经济稳中向好、长期向好的基本趋势没有改变，中国经济依然具有强大韧性、潜力和回旋空间。

从自身来看，有深厚的发展根基，从当年“苏南模式”的发源地、对外开放的先行者，到现在连续位列中国工业百强区前茅，武进走出了一条产业强区、实体兴区的发展之路，这是经过实践充分检验、能够推动高质量发展、实现“强”和“富”最重要的依靠。有独特的发展禀赋，随着滨水地区在现代城市开发中的价值越来越受到重视，武进“一区滨两湖”地理特质的优势日益显现。特别是环滆湖片区，位于常州大市的地理中心，也是江苏中轴崛起战略的重要节点，经过多年的整治、保护、利用和开发，形成了良好的生态环境系统，周边还有丰富的历史文化资源。还有“太湖灵秀，汇于一湾”的太湖湾片区，也是大有文章可做。“两湖”加密布的生态水系，共同构筑了别具特色的城市开发空间，这是实现“美”和“高”最宝贵的财富。有广阔的发展前景，长三角区域一体化发展国家战略进入全面实施阶段，武进不仅处在长三角一体化的重要节点，还位于苏南国家自主创新示范区、长江经济带、上海大都市圈、苏锡常都市圈的叠加地带，必将迎来前所未有的发展机遇。

但在看到优势和机遇的同时，更要清醒地看到武进面临的困难和挑战：经济下行压力下，部分企业生产经营发生了困难，产业层次还有待进一步提升；污染防治攻坚任重道远，还不能满足人民群众的期盼；与更发达地区相比，城市还不够精致，管理还不够精细，开发还不够精明；教育、卫生、保障等民生热点领域的短板还亟须补齐；部分党员干部的担当精神也需要进一步提振。尤其是现在长三角各地接轨大上海的热情空前高涨，大家都在摩拳擦掌、跃跃欲试，已经进入了一个激情燃烧、干事创业的新的“火红年代”。武进本身就处在上海大都市圈的边缘地带，既要应对都市圈溢出效应的衰减，还要防止被跳过边缘层的“真空化”危险。因此，必须比别人醒得更早、跑得更快、拼得更狠，才能有机会将潜在的机遇变成真正的红利，才能在激烈的区域竞争中独树一帜、赢得一席之地。

困难和机遇面前大家都是平等的，困难不会一直纠缠谁，机遇也不会一直偏爱谁，关键就看有没有创新的思维和扎实的举措去抓住机遇、排除万难，关键就看能不能目标明确、意志坚定地去推进高质量发展。因此，在“强富美高”新武进建设的新征程中，要更加注重发展的系统性，多从大局出发，从长远考虑，处理好整体与个体的关系，做到系统谋划、统筹推进。要更加注重发展的科学性，遵循趋势规律，吸取经验教训，做经得起历史检验的事情。要更加注重发展的均衡性，善于扬长补短，学会携手并进，努力营造公平有序的发展环境。要更加注重发展的协调性，讲究同频共振，做好协同配合，切实增强“1+1 ＞ 2”的化学反应。要更加注重发展的差异性，鼓励特色发展，倡导错位竞争，真正展现“百花齐放春满园”的美好图景。

根据省委、市委的发展要求，结合武进的发展实际，区委在深入调研、多方论证的基础上，确立了武进未来一个阶段的目标定位：全力打造“一区一城”，即生态滨湖区、现代智造城。生态滨湖区，就是要打响“生态牌”，充分用好西太湖、太湖“两湖资源”，紧紧围绕生态保护引领区建设目标，依托“城湖一体、水绿相依”的独特滨湖生态，高标准推进环滆湖片区规划建设，保护性开发好太湖湾生态资源，努力以“两湖美”的亮点呈现撬动“全域美”的华丽升级，真正把武进打造成为“苏锡常一体化”乃至“长三角一体化”进程中首屈一指、独具魅力的生态福地。现代智造城，就是要打响“产业牌”，紧紧围绕“打造苏南模式转型升级试验区”“当好高质量工业明星城排头兵”的目标任务，大力推动制造业的智能化、服务化转型，加快构建协作共赢的健康产业生态体系，科学布局支撑先进制造业发展的现代化城市功能，始终坚持“以智为先、以造为基、以城促产、以产兴城”的发展定位，把武进建设成具有国际竞争力的先进制造业基地和创新型经济发展高地。

围绕这一目标定位，要把建好“五个生态”，即建设良好的“政治生态、产业生态、自然生态、城市生态和社会生态”作为路径和抓手。

要建设良好的“政治生态”。牢固确立“党建领航、思想铸魂”理念，深入学习贯彻习近平新时代中国特色社会主义思想，进一步加强党总揽全局、协调各方的领导核心作用，构建高效体系，筑牢理想信念，强化组织保障，激励干部担当，持续正风反腐，坚持和完善人民代表大会制度，加强和改进协商民主制度，充分发挥统一战线“重要法宝”作用，广泛凝聚最大合力，确保全区各级党组织纪律规矩更严明、干部队伍更清正、政务服务更高效，治理体系和治理能力现代化水平不断提升。

要建设良好的“产业生态”。牢固确立“创新转型、协作共赢”理念，主动融入长三角产业布局，引进优质项目，打造高端平台，夯实实体根基，培育现代产业，探索建立抱团发展的产业协作体系，创新完善区镇联动的体制机制，提升现代产业支撑服务水平，使产业层次更高、质量效益更好、内生动能更强、市场活力更足，区域经济核心竞争力全面增强，确保武进民营经济高质量发展继续走在全省全国前列，综合实力始终保持全国百强区前茅。

要建设良好的“自然生态”。牢固确立“绿色发展、和谐共生”理念，积极推进生态创建，系统谋划流域治理，科学开展环境整治，建立健全长效机制，鼓励引导企业绿色转型，培育构筑绿色产业链，推动环境面貌更优美、生产生活更低碳、人与自然更和谐，区域可持续发展能力显著增强，“天蓝水碧地绿气清”成为美丽武进的闪亮名片。

要建设良好的“城市生态”。牢固确立“现代精致、产城融合”理念，抢抓长三角一体化和上海大都市圈的机遇，大力推动基础设施互联互通，精致规划提升城市品质，精细管理提升城市形象，精明运营提升城市能级，塑造开放包容、独具一格的城市气质，努力把武进打造成为长三角“宜居宜业、宜商宜游”的典范城区。

要建设良好的“社会生态”。牢固确立“美好生活、以民为本”理念，创新社会治理，均衡公共服务，兜好民生底线，深化平安建设，社会广泛参与，确保实现幼有善育、学有优教、劳有厚得、病有良医、老有颐养、弱有众扶，广大市民具有强烈的归属感和荣誉感，群众安全感和满意度始终保持全省第一方阵。

四、突出重点难点，做好决胜高水平全面小康的各项工作

根据中央和省委、市委安排部署，明年全区工作的总要求是：以习近平新时代中国特色社会主义思想为指导，全面贯彻党的十九大和十九届二中、三中、四中全会以及中央经济工作会议精神，紧扣“强富美高”总目标，突出高质量发展总导向，坚持稳中求进工作总基调，自觉践行新发展理念，坚决打赢三大攻坚战，全力做好“六稳”工作，加快融入长三角一体化，全面落实市“重大项目强化攻坚年”部署，紧紧围绕“高水平全面小康决胜年”主题，建好政治生态、产业生态、自然生态、城市生态、社会生态“五个生态”，打造生态滨湖区、现代智造城“一区一城”，大力实施重大项目提质、重点平台提档、镇村活力提振、生态环境提优、民生幸福提标、营商环境提升“六提工程”，确保高水平全面建成小康社会和“十三五”规划圆满收官，推动“强富美高”新武进建设不断取得新的成果。

明年工作的主要目标是：地区生产总值增长6.5%以上；规模以上工业增加值增长6.5%以上；一般公共预算收入增长5%以上，力争突破200亿元大关；固定资产投资增长7%；进出口总额保持稳定增长，注册外资及港澳台资实际到账7.6亿美元；全体居民人均可支配收入增长8%；全面完成省市下达的节能降耗和生态环保目标任务；生产安全事故起数和死亡人数大幅下降。

1. *大力推进重大项目提质工程*。坚持把重大项目提质增效放到突出位置，以高质量项目促进高质量发展。紧紧围绕总投资超1100亿元的200个重点产业项目，加快推进、确保完成。同时，紧盯重点再招引一批优质项目。紧盯重点产业。聚焦十大产业链进行补链强链，强化“产业生态”理念，优化整合产业扶持政策，更好发挥产业引导基金作用，尤其要在优势产业链的上下游延伸上狠下功夫，进一步增强产业集聚效应和产业链竞争能力。紧盯重点企业。吸引更多跨国公司、世界级大公司地区总部和功能性机构落户，在招引知名终端产品制造项目上力求突破，进一步增强项目对本地配套企业的辐射带动能力。年内力争培育新增长点企业100家，高新技术企业突破850家，新增上市企业3—5家。紧盯重点地区。深挖上海的项目信息和招商资源，紧盯德国、日本等制造业强国的优质项目，加快推进中以科技合作成果的产业化应用。紧盯重点人员。进一步优化招商机制，积极试点市场化招商，加强与投行机构、中介机构及业界人士的交流合作，推动“以民引外”“以外引外”“飞地招商”机制化，努力提升专业化、精准化招商水平。紧盯重点环节。建好用好招商引资目标企业库，强化已落户重点企业和在手在谈重点项目的服务保障，确保重点招商项目的成功率。进一步强化“亩均论英雄”导向，深化工业企业绩效评价和结果应用改革，通过正向激励、反向倒逼同步发力，推动优质企业加速成长、落后产能逐步退出，不断提升实体经济的“含金量”。

2. *大力推进重点平台提档工程*。要进一步提升园区对全区经济的带动力和贡献度。三大园区要提升发展能级。充分授权、全力支持常州经开区深化管理体制和运营机制改革，加快创成国家级经开区。武进高新区、西太湖科技产业园要站在长三角区域一体化的高度，深度参与环滆湖地区规划建设，更好发挥滨湖生态优势，强化项目主阵地作用，加快现代城市功能布局，充分带动周边乡镇发展，努力把环滆湖地区打造成为长三角的“会客厅”。特色平台要增强竞争优势。中以常州创新园要按照“中以创新合作领航者”的发展定位，深入推进“共建计划”3.0版，主动与上海中以园对接合作，加快打造以色列先进技术成果和孵化经验进入中国的“桥头堡”、中国资本和技术需求对接以色列创新资源的“新窗口”。苏澳合作园区要积极融入国家发展战略，按照“园区报批不动摇、合作交流不停步、项目推进不松劲”的要求，扎实推进各项工作。石墨烯产业园要抓住石墨烯小镇建设契机，积极参与长三角石墨烯联合创新中心建设，努力打造研究与应用双高地。西太湖医疗产业园要全力打造医疗健康产业国际创新平台，争创国家医疗旅游先行区。绿建区要深化“一核引领、全区联动”发展格局，努力把武进打造成全国绿色建筑应用示范和实践推广的先行区域。国资国企要提高运营质效。学习借鉴淡马锡模式，深化国资国企改革，实施全区国有企业发展三年行动计划，分类挖掘、盘活、处置国有经营性资产资源，加快实现国有公司从功能平台向实体运行、从管理企业向管理资本的转变。春秋淹城要抓住公司化改革机遇，主动融入国家大运河文化带建设，打造国家级遗址公园。太湖湾要加强与特色品牌公司的专业化、市场化深度合作，增强品牌吸引力和市场竞争力。

3. *大力推进镇村活力提振工程*。要深入实施乡村振兴战略，高标准推进市委“高水平全面建成小康社会强弱项补短板六大行动”，聚焦镇区、园区、社区，探索打造镇村高质量发展的有效路径。要加强区镇联动。研究探索“一区多园”的区镇联动体制，乡镇与开发区共享政策、资源，逐步形成各具特色、抱团发展的良好格局。深入推进区镇国有企业一体化运行管理改革，为国资平台参与乡镇建设开辟有效渠道。要做好内部挖潜。适当调配资源，以提升质量、丰富内涵为重点，推动镇级工业园区优化升级，加快向“小而精”“优而强”方向迈进。积极推进基层审批服务执法力量整合，努力争取全域土地综合整治试点，深入推进农村产权制度、承包地、水稻收入保险改革，研究探索宅基地、新型职业农民制度改革，持续深挖改革试点红利。要振兴集体经济。建立完善村级集体经济增收长效机制，充分发挥“一村一品”、规模农业对村级增收项目的支撑作用，引导具备条件的村集体采取共建、联建、参股等经营模式，参与标准厂房、仓储、商铺等项目开发建设，年内力争所有行政村集体经济年收入超200万元。要做美镇村面貌。要加快小城镇建设，提升打造精美集镇，积极创建特色小镇，按照“四治理、四提升”[7]要求，扎实推进农村人居环境整治三年行动，扎实推进公厕改造提升、生活污水治理、农业废弃物回收处置等工作。以高水平编制村庄规划为引领，借力“四好农村路”建设热潮，擦亮“至善吾径”农路品牌，加快培育美丽宜居乡村。

4. *大力推进生态环境提优工程*。贯彻中央“确保实现污染防治攻坚战阶段性目标”的决策部署，对照省级生态保护引领区终期评估的验收要求，聚焦重点、突出短板，防治并重、治管结合，持续提优生态环境质量。要打赢碧水保卫战。创新建立更完善的流域治理体系、全民参与以及资金投入机制，加大入太河流、入滆河道、支沟支浜的生态修复力度，扎实推进“武进港”和滆湖西岸线连片治理示范区建设，持续推进雪堰镇新康村生态循环农业示范工程。结合退田还湖，扎实做好滆湖周边3800公顷池塘养殖整治工作，确保新沟河、永安河工程如期收官，新孟河工程主体完工。中心城区要进一步推进河道综合治理，全面提升河道水质。要攻坚大气污染防治。紧扣$PM_{2.5}$和臭氧浓度“双控双减”目标，在“减煤、提标、降尘”上持续加力，推进低端落后化工、印染、电镀企业关停并转，支持保留企业技改升级。完善重污染天气应急管控停限产豁免制度，鼓励引导企业加快绿色转型。要标本兼治注重长效。不折不扣抓好中央和省市督察、交办问题整改，用好区污染防治监管平台，确保每项问题整改到位、销号到位。全力推进污水处理厂建设，加快污水管网新建和老旧管网修复。培育壮大节能环保、清洁生产、清洁能源等产业，发展高效农业、先进制造业、现代服务业，构筑绿色产业链，加快走上“经济生态化、生态经济化”良性互动的绿色发展之路。

5. *大力推进民生幸福提标工程*。坚持以人民为中心的发展思想，按照“既不降低标准，也不吊高胃口”要求，千方百计稳定就业，瞄准特定贫困群众精准帮扶，确保打赢精准脱贫攻坚战。在此基础上，进一步夯实底线民生，保障基本民生，打造品质民生。要提升社会治理能力。创新探索“党建引领，多网融合”的网格化新模式，全面确立“网格放哨、部门报到”工作机制，形成联动排查隐患、化解风险、惠民服务的联动叠加效应，让“小网格”在基层治理中展现“大作为”。按照“黑恶积案清零、问题线索清零、涉黑犯罪零发生”的要求，全力推进重点涉黑涉恶案件查处，奋力夺取扫黑除恶专项斗争全面胜利。加快推进法治政府、法治社会一体建设，不断完善矛盾纠纷和不稳定因素排查调处机制，确保社会总体和谐、持续稳定。深入推进文明城市建设，以“绣花功夫”推进城市精细管理，持续推进街道靓化、广告净化和停车序化行动，深化城乡生活垃圾分类扩面和餐厨垃圾集中收运扩面，确保城市文明水平位列全市第一方阵。要守好民生安全底线。牢固树立“安全是最大民生”理念，扎实开展安全生产专项整治行动，夯实党委政府领导责任、强化职能部门监管责任、压实行业企业主体责任，在消除监管盲区、化解风险隐患、压降事故总量上打一场攻坚战、歼灭战。深入开展群租房整治工作，全面创造安全有序的居住环境。大力实施食品安全战略，切实保障人民群众“舌尖上的安全”。要促进公共服务均衡。稳步推进基本医疗保险、生育保险市级统筹和常武地区普通高中一体化招生改革，推进新市民学校整治升级，鼓励发展非营利性普惠幼儿园，年内全面取缔简易托幼机构，将新市民学校纳入全区义务学校管理体系。加快推进阳湖二院扩建、乡镇卫生院升级、牛塘实验学校建设等一批民生项目有序实施。以建设高素质、专业化人才队伍为重点，强化待遇保障，创新用人方式，推动教育、医疗事业高质量发展。要加快基础设施建设。扎实推进老旧小区改造和农民住房条件改善，持续做好被征地农民社会保障和安置房颁证。抢抓地方建设债券发行机遇，加大争取力度，加快推进“两高一铁”、沿江城铁武进站和青洋路二期等交通工程建设，确保常宜高速公路年底建成通车。

6. *大力推进营商环境提升工程*。贯彻落实好中央和国务院《关于营造更好发展环境支持民营企业改革发展的意见》，深入实施“大力优化营商环境行动”，加快破除民营经济参与市场竞争的体制机制障碍，全力营造更便捷的政务环境、更有序的产业环境、更公平的市场环境、更一流的投资环境，最大限度激发市场活力和社会创造力。要打响“两个健康”品牌。抓住提升省级先行区、申报国家级先行区的契机，创新推出“两个健康”评价体系和“非公经济”健康指数，主动对上衔接，争取更大改革空间。要深化“放管服”改革。深化“一张网”建设，扩充“进一门”事项，提高“一窗办”比例，优化推进“证照分离”改革和“告知承诺制”试点，不断提升审批效率。要探索综合执法改革。组建镇、开发区综合执法队伍，确保执法事项接得住、管得了、沉得下，充分调动基层执法和部门配合“两个积极性”，加快构建“一支队伍管执法”精简高效的执法体系。深化市场监管改革，建设“互联网＋监管”系统，实行监管“正面清单”，健全完善以“双随机、一公开”为基本手段、以重点监管为补充、以信用监管为基础的新型监管机制。要提升机关服务效能。按照中央统一部署，深入推进乡镇机构改革，持续深化事业单位改革，进一步完善简约高效的现代治理体系。要提升服务意识，各级领导干部要带头沉到基层、走进企业，切实帮助企业解决实际困难，以实际行动将“无事不扰，有求必应”的“店小二”精神落到实处。

五、强化党建引领，为推进治理体系和治理能力现代化提供坚强保障

坚持党的领导是中国特色社会主义的本质特征和最大优势，也是党和国家的根本所在、命运所在。要不断健全党的全面领导制度，把党的领导落实到治理体系建设各领域各方面各环节，以高质量党建引领武进高质量发展。

1.*要全面强化守初心、担使命的责任担当*。始终坚持把政治建设作为党的根本性建设，坚持以习近平新时代中国特色社会主义思想为指导，将学习贯彻落实党的十九大、十九届四中全会精神作为当前首要的政治任务，进一步加强党的创新理论宣传阐释，坚决打好意识形态领域主动仗，筑牢意识形态安全防线。要落实好“不忘初心、牢记使命”主题教育“回头看”，推进主题教育的制度化、常态化、长效化，坚定不移维护党中央权威和集中统一领导，确保全区党员干部树牢“四个意识”，坚定“四个自信”，坚决做到“两个维护”，进一步坚定政治信仰，强化政治领导，提高治理能力。要切实扛起党领导一切工作的使命担当，进一步健全决策机制，加强区委重大决策的调查研究、科学论证、风险评估，强化决策执行、评估、监督，不断提升区委统揽全局的能力水平。

2.*要全力打造肯干事、能干事的干部队伍*。要以组织体系建设为重点，结合高质量发展的阶段性特征和干部队伍知识能力结构的整体性变化，充分运用“武进讲坛”“阳湖精神”干部讲坛等阵地，开展形式多样的干部教育培训，牢筑信仰之基，补足精神之钙，不断提高党员干部的政治素养和执政能力。要认真落实新时代江苏基层党建“五聚焦五落实”[8]要求，深入实施基层党建“书记项目”，持续深化“五星联建创五优”成果，稳步提高村书记和村主任“一肩挑”比例，进一步巩固基层党建的坚强堡垒。要擦亮“严治厚爱、创优争先”的武进党建品牌，创新落实“三项机制”，树立讲担当、重担当的用人导向，突出激励约束并重，全面推行职务与职级并行制度，形成“为担当者担当，让有为者有位”的良好局面。

3.*要切实拉紧讲规矩、守法度的纪律红线*。坚持把加强纪律建设作为全面从严治党的治本之策，始终把严明政治纪律、政治规矩摆在首位，把全面从严治党“两个责任”扛在肩上。要全面深化政治巡察，聚焦政治原则、政治生态、政治担当，高质量完成巡察全覆盖任务。要着力发挥监督保障执行、促进完善发展作用，确保党中央各项决策部署在武进不折不扣落实到位。要一着不让加强作风建设，精准运用监督执纪“四种形态”，切实强化纪律教育和警示教育，驰而不息反“四风”、树新风。要深入推进容错纠错，规范精准问责追责，旗帜鲜明为踏实做事、不谋私利的干部鼓劲撑腰。要始终保持高压惩腐态势，构建一体推进不敢腐、不能腐、不想腐的体制机制，不断巩固和发展反腐败斗争压倒性胜利，为实现风清气正的良好政治生态提供坚强的纪律保证。

4.*要有效凝聚听党话、跟党走的同心合力*。支持区人大、政府、政协和法院、检察院依法履行职能，着力增进共识、促进团结。要巩固和发展新时期爱国统一战线，强化民族宗教事务管理，凝聚港澳同胞、台湾同胞、海外侨胞力量，完善新阶层联合会工作模式，深化“梧桐同心”品牌建设，做大慈善光彩“蛋糕”。要抓好“两新”党建，聚力推进非公企业“党工共建”工作，助推非公经济健康发展，把党外人士和非公经济人士牢牢凝聚在党的周围。要建好新时代文明实践中心和融媒体中心，强化网络信息安全保障，推动社会主义核心价值观全面融入社会生活。要进一步推广“党员四亮”[9]活动，广泛开展“阳湖先锋”“武进好人”等典型宣传，充分发挥党员和模范的正面引领作用，为决胜高水平全面建成小康社会、开启基本实现现代化新征程营造浓厚氛围、凝聚强大合力。

政府工作报告（摘要）

——*在武进区第十六届人民代表大会第四次会议上*

武进区区长　戴士福

（2020年1月4日）

2019年工作回顾

2019年是新中国成立70周年，也是全区发展极不平凡、再创佳绩的一年。面对宏观形势复杂多变和区域竞争日益激烈的双重挑战，在上级党委政府和区委的坚强领导下，区政府坚持以习近平新时代中国特色社会主义思想为指导，牢固树立新发展理念，持续打好高质量发展组合拳，扎实做好“六稳”工作，五个三年行动计划顺利收官，全区经济社会发展呈现平稳健康的良好态势。*全力稳定经济运行*。在经济下行压力持续加大的情况下，完成地区生产总值2500亿元（预计数，下同），增长7%；一般公共预算收入187.4亿元，增长5%；全体居民人均可支配收入达到5.1万元，增长8.3%。*全力推进创新创业*。积极参与建设长三角双创示范基地联盟，武进企业拿下全国首张“长三角联盟双创券”，国家双创示范基地建设获得国务院表彰。中以常州创新园易址扩容，与常州“科创走廊”建设一同规划推进，创新体系建设方案获得科技部批复，省级层面建立协调推进机制并出台支持政策，以色列江苏创新中心投入运营，成功举办第三届中以创新创业大赛生命科学领域决赛，圆满完成中以“共建计划”各项任务。全力改善民生福祉。22项民生实事项目圆满完成，民生领域财政支出占比达到76.9%；完善征地补偿和被征地农民社会保障政策，建档立卡低收入农户全面实现脱贫，长期护理保险试点让2420人直接受益；中心城区安置房办证工作基本完成，全区办理安置房不动产权证10790套。全力擦亮武进名片。武进区荣获全国综合实力百强区第三名、绿色发展百强区第二名、投资潜力百强区第一名；国家工业强基工程项目累计达12个，占全省近1/5，荣膺中国工业百强区第八名、全省第一名；获评全省2018年度推进高质量发展先进县（市、区）、促进制造业创新转型和高质量发展工作成效明显地区；成为新一轮省农村改革试验区。

主要做了八方面工作：

（一）坚持创新驱动，新旧动能加速转换。加快集聚各类创新平台，中国信息化发展研究院长三角院和蜂巢工业互联网创新中心顺利落户，省石墨烯创新中心正式揭牌，中汽研（常州）汽车工程研究院、南德新能源动力电池检测平台和中铁五院华东科研基地投入使用，中车戚研所与省产业技术研究院共建联合创新中心，新增市级以上企业研发机构79家。开发区创新引领作用进一步凸显，常州经开区在全省省级经济开发区综合考核评价中列第9位，四年跃升51位，八大专题园区重构区域经济版图，常州“东大门”彰显宜居宜业新魅力；武进高新区在全国国家级高新区综合评价排名中列第39位，比2019年提升6位，“4+2”特色产业规模持续壮大，新一代信息技术产业有效突破，获批国家知识产权示范园区、全省首批“互联网＋先进制造业”基地；西太湖科技产业园在省级高新区综合评价排名中列第7位，比2019年提升5位，被评为国家医药外贸转型升级基地，石墨烯小镇获评省级优秀特色小镇，南工大常州西太湖产业学院签约落地。苏澳合作园区总体规划和产业规划在省市区三级层面达成共识，形成共建共管初步方案。企业创新能力明显提高，净增高新技术企业142家，万人有效发明专利达到49.9件，新誉集团被认定为国家企业技术中心，新墅机床、恒立液压分列国家重大科技和技改专项，苏文电能、天正股份中标工业和信息化部工业互联网创新发展工程专项，新增国家级两化融合贯标示范企业3家、省级服务型制造示范企业5家，151家企业获评省星级上云企业。人才强区战略深入实施，技术经纪人队伍持续壮大，新增高层次人才850人，引进领军人才创业团队74个、创新人才项目18个，自主培育“万人计划”6人、省“双创计划”22个。持续提升金融科技融合水平，发行全省首支碳基金，打包推介56个金融惠企信贷特色产品，武进科技金融中心新引进企业108家。

（二）壮大实体经济，发展质效不断提升。重大项目攻坚年活动成效显著，成功引进总投资15亿美元的太阳诱电、中华煤气项目，总投资50亿元的柳工二期、欧亿德不锈钢、绿色家居创新园项目，开迈斯新能源、高端化合物半导体、安川机器人零部件等高质量项目签约落户；区级重点项目全年完成投资539亿元，100个项目竣工投产，全区技改投入占工业投资比重达到60%。工业经济质态良好，全区规模以上工业增加值增长7.8%，十大产业链占规模以上工业总产值的36.5%；立华股份、国茂股份成功上市，全区上市企业累计达32家，总量稳居全省县（市、区）第二；江苏晶雪、河马井被新认定为中国驰名商标，纵慧芯光、龙腾光热获评省潜在独角兽企业，万帮德和等20家企业获评瞪羚企业，瑞声光学、新誉集团和中车戚研所入选工业和信息化部制造业单项冠军，全区企业参与制订修订国际、国家、行业标准26项。现代服务业提档升级，实现服务业增加值1092亿元；社会消费品零售总额700亿元，增长8.5%；10家企业、2家园区分别入选省级电子商务示范企业、示范基地。全域旅游示范区建设稳步推进，全年旅游接待2017万人次，旅游总收入271亿元；6个民宿项目正式签约，春秋淹城旅游区荣获“最美中国文化旅游目的地”称号，太湖湾露营谷被评为“中国最美露营地”。现代农业稳步提升，阳湖果品节、中国（夏溪）园艺嘉年华暨江苏·澳门园艺文化周等活动成功举办，武进粮食物流园正式启用，立华牧业成为农业产业化国家重点龙头企业，5个水稻新品种通过省级以上审定，武进区获评全国县域数字农业农村发展水平评价先进县。开放型经济保持平稳，完成实际到账外资及港澳台资7.6亿美元，进出口总额820亿元；核准境外投资项目40个，协议投资额2.2亿美元。

（三）优化营商环境，市场活力全面激发。在全省率先启动创建新时代“两个健康”先行区，推行亲清新型政商关系“三张清单”，开展支持和服务民营经济高质量发展公开承诺，形成15个首创性、引领性较强的创新项目。制定出台优化营商环境行动方案，“一门、一网、一窗”、工程建设项目审批和“证照分离”改革扎实推进，证明事项告知承诺制试点工作积极开展，1193项业务纳入“一窗通办”，“一件事”套餐办标准指南整合形成，水电气等市政服务入驻区政务服务大厅。不动产交易登记“一窗受理、集成服务”模式持续优化，不动产登记电子证照上线运行。基层政务服务体系建设不断加强，“互联网＋政务服务”加快向基层延伸，镇（街道）为民服务、村（社区）便民服务中心实现全覆盖。探索工程建设“不见面”开标，试点建立镇级电子化交易系统，制度性交易成本有效减少。信用监管体系日趋完善，实现“双随机、一公开”监管全覆盖、常态化。有效落实减税降费政策，累计为实体企业降低成本超60亿元。积极开展纾困工作，为民营实体企业提供资金支持。成立民营企业法律服务团，开展“百所帮千企”专项法律服务活动，有效维护企业合法权益。

（四）提升城市能级，区域面貌切实改善。《环滆湖战略规划与城市设计》编制基本完成，镇村布局规划优化工作有序推进。现代化综合立体交通框架全面拉开，轨道交通1号线开通运营，沿线环境明显改观；常宜高速、苏锡常南部高速、南沿江城际铁路建设加速推进，长虹路龙江路高架互通工程全面完成，大明路、漕上路等重点道路竣工通车，武进区创成“四好农村路”省级示范县。城市更新步伐加快，完成房屋征迁150万平方米，出让经营性土地133.33公顷。城市长效综合管理水平进入全市第一方阵，城区形象持续提升；全区新增停车泊位3374个，新建、改造城市公厕51座；生活垃圾日产日清，建筑装潢垃圾实现资源化处置全域覆盖。“大棚房”问题专项整治行动和违建别墅问题清查整治专项行动严格开展、取得实效。增加绿色建筑200万平方米、装配式建筑150万平方米，武进区创成省级建筑产业现代化示范城市。湖塘镇、遥观镇分列全国综合实力百强镇第21和第59位。农村土地制度改革三项试点圆满收官，使用精细化整治入库指标364.67公顷，完成集体经营性建设用地入市303.53公顷，实现土地增值收益5亿元，相关经验做法为修改完善的《中华人民共和国土地管理法》提供了案例和参考。乡村振兴战略深入实施，农村人居环境整治行动全面启动，雪堰镇城西村入选“中国美丽休闲乡村”，前黄镇杨桥村入选“中国历史文化名村”，创成省级农村人居环境整治综合示范村20个，累计280个自然村达到美丽宜居乡村标准。武进区荣获省国土资源节约集约利用模范县（市、区）称号。

（五）*攻坚污染防治，生态环境不断提升*。扎实开展“水气土”治理，深入推进“减化”和“散乱污”综合整治，全区$PM_{2.5}$浓度下降8.1%，入湖河道水质持续改善，国省考断面三类水体比例达到71.4%。洛阳镇戴溪片区小流域综合整治二期项目基本完成，治理黑臭水体59条，清淤河道237千米、河塘1193处。农村分散式生活污水处理工程一期PPP项目建成投用、二期项目启动建设，新改扩建污水处理厂5座，新建污水主、支管网132千米，2317家企业、336个排水片区完成接管。滆湖网围整治全面完成，入选全省生态环境十大先进典型案例。河湖“两违三乱”专项整治工作全面开展，河长制作用更加凸显，各级河长全年巡河2.3万次，企业河长队伍进一步充实。太湖连续12年实现安全度夏。“江河碧空”蓝天保卫行动有序实施，各类扬尘得到严格管控，禁燃限放烟花爆竹工作平稳开展，385家企业完成挥发性有机物综合治理。固废安全处置能力不断提升，152家企业通过重点环境风险安全达标评估。“三河”工程建设进展顺利，永安河景观工程效益充分发挥，长河公园建成开放，完成湿地修复超4000亩、造林绿化480余公顷。

（六）*优化公共服务，群众生活更加美好*。健全就业创业政策体系，新增就业2.7万人。城乡居民大病保险保障水平稳步提高，常武“金保工程”一体化信息系统顺利上线。完成住房公积金扩面5.1万人，解决5460户职工家庭购房资金需求。慈善救助温暖人心，发放慈善救助金4530万元，惠及1.5万人次；投入光彩资金3250万元，实施惠民项目224个。养老服务提质增效，新增护理型床位230张，标准化居家养老服务中心（站）累计达183家。认真做好退役军人服务管理工作，区退役军人服务中心建成投用。教育事业均等化步伐加快，湖塘三实小、遥观幼儿园等4个项目建成投用，省武高新校区、人民路初中等重点工程有序推进，前黄高级中学入选省高品质示范高中首批建设立项学校，集团化办学、城乡学校结对共建机制作用凸显。医疗服务资源更加丰富，智慧医疗项目启动建设，武进人民医院外科大楼、武进中医医院综合大楼、横山桥镇卫生院综合大楼建成投用，3家镇卫生院升格二级综合医院，新（改、扩）建村卫生室25家；创新推出村级医疗卫生人才“区管镇用”机制；武进区创成国家级慢性病综合防控示范区，荣获省基层卫生十强县（市、区）称号。文明城市常态长效建设成效显著，社会文明程度测评指数位居全省前列。庆祝新中国成立70周年系列活动社会反响良好，西太湖半程马拉松赛影响力持续扩大，武进诗词大会、市民艺术节等活动成功举办，基层综合性文化服务中心实现全覆盖，新增省“五个一工程”奖4个。第九批武进对口援疆工作圆满收官。妇女儿童、关心下一代、红十字、残疾人、双拥、档案、地方志等工作取得新成绩。

（七）*提升治理能力，社会大局持续稳定*。以开展扫黑除恶专项斗争为牵引，全面推进更高水平的平安武进建设，全区社会治安状况持续向好，公众安全感达到98.3%。有序开展互联网金融专项整治，大力防范和打击非法集资、套路贷等新型违法犯罪，区域金融生态环境得到改善。安全生产责任持续压实，应急管理体系逐步健全，危化品、“三合一”场所等重点行业领域隐患排查整治和“安全生产精准执法年”活动深入开展，新增1850家餐饮单位上线“阳光餐饮”平台，事故起数和死亡人数进一步下降，全区安全生产形势总体平稳。群租房安全隐患集中整治行动启动开展，宣传发动、调查摸底有序推进。网格化集成管理平台高效运转，处理事项90余万项，开展走访服务80余万次。人民调解“第一道防线”作用有效发挥，一批信访积案得到妥善化解。基层基础建设更加有力，社区减负增效、政社互动成果继续巩固，全区社会组织累计达2937家。武进区圆满完成新中国成立70周年大庆安保维稳任务。

（八）*转变政府职能，作风建设取得实效*。始终树牢“四个意识”，坚定“四个自信”，坚决做到“两个维护”，深入学习贯彻党的十九大和十九届二中、三中、四中全会精神，开展“不忘初心、牢记使命”主题教育，落实“基层减负年”各项措施，保持整治“四风”高压态势，政府系统党风廉政建设持续加强。自觉接受区人大及其常委会的法律监督、工作监督和区政协的民主监督，143件人大代表建议、196件政协委员提案办理满意率达到99.7%。机构改革任务如期完成，事业单位布局更加合理。持续深化综合行政执法体制改革，公布行政执法“三项制度”重点任务清单，雪堰镇通过省经济发达镇行政管理体制改革验收。扎实推进政务公开，规范政务新媒体运营管理，主动公开各类政府信息3540条，政府网站荣获中国政务网站领先奖。持续加强政府债务管理，推行区镇国有企业一体化运行管理模式，年度化债任务如期完成。制定出台政府投资项目、电子政务项目管理办法，整合公共资源交易和农村产权交易平台，完成各类产权交易项目1378个。严格规范预算调整，公务出国（境）团组数量继续下降。加大审计监督力度，实施审计项目34个。

在肯定成绩的同时，我们也清醒地看到，武进区经济社会发展还存在一些困难和问题，主要是：创新发展的支撑力还不够，传统产业转型升级任务艰巨；城市整体品质和农村环境面貌有待提升，生态治理任重道远；优质公共服务供给不足，教育、医疗、养老等离群众期盼存在差距；社会治理体系和治理能力现代化水平还不够高，社会治安、安全生产等领域将持续面临较大挑战；政府自身建设仍需加强，部分干部担当精神、创新意识、攻坚劲头和专业化水平有待提升。

2020年工作安排

2020年是全面建成小康社会和“十三五”规划收官之年。做好2020年的政府工作，责任重大，意义深远。当前，外部发展环境依然复杂，区域竞争日益激烈，机遇和挑战并存，动力和压力同在。我们将把“强富美高”作为根本遵循和行动指南，准确把握区域发展的阶段性特征，紧紧围绕“打造苏南模式转型升级试验区、当好常州明星城建设排头兵”的总体目标，注重顶层设计，科学编制“十四五”规划，全面开展新一轮国土空间总体规划编制工作，聚力改革，厚积动能，推动武进持续跨越争先。在具体工作中，着重把握六方面导向：一是紧扣高水平全面小康的主旨。坚定不移贯彻新发展理念，凝心聚力抓重点、补短板、强弱项，集中解决各种不平衡不充分的问题，确保建成实实在在、成果过硬、群众认可的高水平全面小康。二是落实高质量发展的要求。以深化供给侧结构性改革为主线，全面做好“六稳”工作，统筹推进稳增长、促改革、调结构、惠民生、防风险、保稳定，全面推动质量变革、效率变革、动力变革，争当高质量发展的领跑者。三是加快融入长三角区域一体化的步伐。坚持把融入长三角区域一体化发展国家战略作为决胜未来的关键，精准定位，全域联动，发挥武进的综合优势，借力各方面的优质资源，加强各领域的互联互通，增创区域竞争新优势。四是聚焦“一区一城”的定位。用好西太湖、太湖“两湖资源”，实现生态宜居环境的华丽升级，建设独具魅力的生态滨湖区；大力推动制造业的智能化、服务化转型，打造具有国际竞争力的先进制造业基地和创新型经济发展高地，建设享誉全国的现代智造城。五是坚持底线思维的原则。围绕坚决打好三大攻坚战，主动应对困难风险挑战，坚持危中寻机、稳中求进，不断提升风险预判与防控能力，牢牢守住经济安全、生态安全、公共安全的底线。六是牢记以民为本的使命。健全幼有所育、学有所教、劳有所得、病有所医、老有所养、住有所居、弱有所扶等制度体系，加强普惠性、基础性、兜底性民生建设，使改革发展成果更多更公平地惠及广大群众。

2020年政府工作的总体要求是：高举习近平新时代中国特色社会主义思想伟大旗帜，全面贯彻党的十九大和十九届二中、三中、四中全会以及中央经济工作会议精神，紧扣“强富美高”总目标，突出高质量发展总导向，坚持稳中求进工作总基调，自觉践行新发展理念，紧紧围绕“高水平全面小康决胜年”主题，大力实施重大项目提质、重点平台提档、镇村活力提振、生态环境提优、民生幸福提标、营商环境提升“六提工程”，建设良好的政治生态、产业生态、自然生态、城市生态和社会生态，全面提升区域治理体系和治理能力现代化水平，推动“强富美高”新武进建设不断取得新成果，确保“十三五”规划圆满收官，以昂扬的姿态迈入“十四五”，向“生态滨湖区、现代智造城”目标奋进。

建议2020年经济社会发展的主要预期目标为：地区生产总值增长6.5%以上；规模以上工业增加值增长6.5%以上；一般公共预算收入增长5%以上，力争突破200亿元大关；固定资产投资增长7%；进出口总额保持稳定增长，实际到账外资及港澳台资7.6亿美元；社会消费品零售总额增长7%；全体居民人均可支配收入增长8%；全面完成省市下达的节能降耗和生态环保目标任务；生产安全事故起数和死亡人数大幅下降。

根据上述总体要求和预期目标，重点做好七方面工作：

（一）聚力实体经济，千方百计加快转型升级，全力推动经济稳定增长

培育优势特色产业。大力培育高端装备、新一代信息技术、新材料、医疗器械等新兴产业，积极谋划布局集成电路、数字经济等未来产业，强化区域企业配套协作，打造自主可控的先进制造业集群“高原”。加快发展现代服务业，引进培育高端服务业品牌，促进生产性服务业向专业化和价值链高端延伸，推动生活性服务业向高品质和多样化升级。以花园街为轴心，改造提升部分街区，加快业态迭代升级，打造常州南部商业中心。促进文体旅融合发展，培育精品民宿、研学旅游、工业旅游等新业态，加快太湖湾国家级旅游度假区创建工作，建成投运全国青少年科学素养研学实践教育示范营地，争创省级全域旅游示范区，打造长三角富有魅力的旅游目的地。加快农业现代化发展进程，推进高标准农田建设，大力培育农业龙头企业，建强现代农业产业载体，积极申报阳湖果品地理标志产品。

强化重大项目攻坚。开展重大项目强化攻坚年活动，突出经济和社会效益，引导重大项目向高质量发展方向转变。发挥以商引商、以才引商作用，瞄准产业链高端环节和核心技术，致力攻坚总投资超30亿元或3亿美元重大产业项目，着力引进旗舰型、创新型、富民型产业项目。切实优化投资结构，加大设备更新和技改投入，高新技术制造业投资占工业投资比重达到30%。构建高效有力的项目推进体系，完善重大项目招引、落地、建设、投运全流程服务制度，深化跟踪会办、帮办代办、信用承诺等工作机制，保障区重点产业项目顺利建设，年内完成投资300亿元以上。

促进企业健康发展。始终坚持“两个毫不动摇”，深化新时代“两个健康”先行区创建，实施民营企业梯队建设、人才金融要素支撑、法治护航等13个行动计划，激发和弘扬优秀企业家精神，培育和壮大敢于创新、艰苦奋斗、专注品质、勇担责任的新时代企业家队伍。全面落实减税降费政策措施，用好“惠企政策一号通”，有效降低企业运行成本，切实提振企业发展信心。促进优势企业做强做优，培育更多城市名片企业、行业标杆企业和专精特新“小巨人”企业，增加新增长点企业100家。引导制造业企业向服务型方向转型，新增省级服务型制造示范企业3家。鼓励上市企业围绕主业开展并购重组，引导企业加快股改、挂牌上市，支持高新技术企业进军科创板，年内新增上市企业3—5家。支持企业积极参与“一带一路”建设，开拓多元化市场，通过合资合作、海外并购、境外上市、设立“海外仓”等方式主动融入全球产业链，全区一般贸易进出口占货物进出口总额比重超80%。加快引进市级分行、风创投、融资性担保、种子基金等金融机构，推动金融资源更多流向制造业企业和中小微企业。

（二）聚力创新驱动，精益求精建设双创基地，全力打造区域创新策源地

加强创新主体培育。实施创新型企业集群培育计划，净增高新技术企业150家以上。发挥企业创新主体作用，引导企业加大创新投入，规模以上工业企业中有研发活动企业数占比超35%。用好双创券通用通兑政策，支持企业向市场购买专业化科技服务。完善工业互联网生态体系，加快工业互联网平台建设，推进企业核心业务“上云”，新增1000家上云企业。依托常州科教城和科技镇长团，鼓励企业与高校院所共建合作平台、创新中心。加强知识产权创造、保护和应用，促进科技成果加速转化。

提升创新平台能级。大力建设国家双创示范基地，促进各类创新平台释放更大潜能。常州经开区以优化调整管理体制为新起点，充分发挥轨道交通、绿色机电、新材料、智能电力装备等专题园区主力军作用，加快集聚产业高质量发展新动能，

争当常州融入上海大都市圈的桥头堡，争创国家级经济开发区。武进国家高新区着力深化与前黄镇、礼嘉镇的一体化发展机制，聚力推进滨湖区域建设，推动固立数控精密制造创新中心争创省级制造业创新中心，提升“4+2”特色产业的集聚力和影响力。以强烈的使命意识建设中以常州创新园，实质化运营省中以产业技术研究院，最大限度集聚以色列优质创新资源，致力成为中以创新合作领航者。西太湖科技产业园全力建设医药科技国际创新中心，积极参与长三角石墨烯联合创新中心建设，争创国家医疗旅游先行区，打造石墨烯研究与应用双高地。加快推进苏澳合作园区建设，深化与各方的交流合作。

完善创新服务体系。以“武进英才”政策体系为统揽，提高政策供给的覆盖面、精准度，集成各类优质服务资源，打造“荣誉工程”2.0版本，让人才在武进享受更好礼遇、更优待遇。扎实推进“双招双引”，进一步集聚“高精尖缺”人才，构建更加高效的人才评价机制。积极搭建平台，组织人才项目路演、投资对接洽谈、创新创业大赛等活动，促进创业者、创业项目与创业载体、金融资本更好耦合。创新人才金融产品，扩大“资者见智”品牌影响力，突破人才项目融资瓶颈。积极开展职业技能培训，推广新型学徒制校企合作办学模式，打造技能人才培养的“武进样板”。

（三）聚力战略机遇，坚持不懈扩大改革开放，全力优化区域发展环境

加快融入长三角区域一体化发展国家战略。强化机遇意识，谋划和推进武进融入长三角区域一体化发展工作，引进上海等地区产业、科技、教育、金融等优质资源，鼓励本土企业参加上海进博会。深度参与建设长三角双创示范基地联盟，加强与上海杨浦区的双创区域战略合作，推动区内创新平台在更广范围内开放共享。积极复制自贸区等制度创新成果，在投资准入、货物贸易便利化、扩大服务业开放等方面先行先试。探索开发区与镇组团融合发展模式，优化生产力布局，促进各板块优势互补、联建共享。坚持交通先行，实施312国道经开区段、232省道快速化改造工程，加强与周边城市的互联互通。

增创营商环境新优势。大力推进优化营商环境行动，深入实施“十大攻坚工程”，营造更加稳定、公平、透明、可预期的营商环境。稳步开展工程建设项目区域评估，实施工程建设项目从立项到竣工验收、公共设施接入服务全过程审批改革，全区一般工程建设项目审批时间控制在80个工作日以内。深入推进政务服务管理标准化，优化综合服务旗舰店功能，持续推进“移动办”、“自助办”，提升“一件事”套餐办的覆盖面。建立全区统一的“一窗受理”系统，打破地域限制，实现“一网通办、全区通办”。深化综合行政执法体制改革，组建镇、开发区综合执法队伍。进一步加强审批、监管联动，建成“互联网＋监管”系统，全面推行部门联合“双随机、一公开”监管，建立监管正面清单，对市场主体做到“无事不扰”。

释放重点改革红利。持续深化供给侧结构性改革，运用市场化、法治化手段，在巩固、增强、提升、畅通上下功夫，提高区域经济整体竞争力。科学运用工业企业资源节约集约利用综合评价成果，探索实施要素差别化配置政策，引导资源向高效优质企业集中。勇当农村改革先锋，盘活利用闲置宅基地，探索建立新型职业农民制度，巩固扩大水稻收入保险、农村土地经营权入股发展农业产业化经营两项改革成果，为全省乃至全国农村改革探索新路、积累经验。全方位深化国资国企改革，推动区镇国有企业一体化运行管理，探索乡镇建设发展新模式，推进区级国有企业股权多元化改革，提高国企综合竞争力。

（四）聚力城乡统筹，内外兼修提升功能品质，全力建设现代宜居城市

彰显城市独特魅力。实施环滆湖战略规划，集中资源要素，科学开发经营，把环滆湖地区打造成为长三角中庭、常州城市会客厅。牢固树立片区开发理念，有序开发长沟河西侧、淹城南侧、沟南等片区城市资源，加强重点区域教育、生态、商业等设施规划布局。着力构建现代化、立体式交通网络，配合推进市轨道交通建设和规划，启动实施青洋路快速化二期工程，加快推进苏锡常南部高速、南沿江城际铁路工程，同步建设武进站综合交通枢纽，确保常宜高速建成通车。坚持公交优先发展战略，优化公交线网、班次密度，满足群众出行需求。攻坚水利工程项目建设，确保新沟河、永安河工程圆满收官，新孟河武进段河道主体工程基本完成。支持春秋淹城融入国家大运河文化带建设，打造国家级文化遗址公园。

深化城乡精细管理。持续推进街道靓化、广告净化和停车序化行动，提升地铁沿线面貌，营造干净、整洁、文明、有序的整体环境。推进城乡生活垃圾分类扩面，实行中心城区生活垃圾定时错时收集，实现城区建成区垃圾分类设施全覆盖，农村垃圾分类设施覆盖率达98%以上。开展餐厨垃圾集中收运扩面，统筹建设有机易腐垃圾集中处置设施。推广党建引领物业管理模式，推动成立物管会、业委会，合力提升住宅小区管理水平。大力开展“厕所革命”，新建、改造公厕83座。继续保持城市长效综合管理水平在全市第一方阵地位。

激发镇村发展动能。按照各镇差异化、个性化发展思路，推动镇级工业园区改造升级、镇区更新焕颜，加快向“优而强”“小而精”方向迈进，全力打造经济强镇、生态美镇和创新活镇。按照上级要求抓好特色小镇创建工作。根据“四治理、四提升”要求，扎实推进农村人居环境整治三年行动，探索开展农房改造更新，着力培育美丽宜居乡村。提升“三资”管理水平，引导各村拓宽增收途径，全区行政村村集体年收入均超200万元。

（五）聚力绿色发展，坚定不移加强污染防治，全力促进环境稳步向好

推进节约集约发展。加强源头预防，减少污染排放，着力从根本上解决环境问题。高质量编制新时代资源环境约束下的国土空间规划，统筹划定落实“三区三线”，促进资源优化配置，形成生产空间集约高效、生活空间宜居适度、生态空间山清水秀的高品质国土空间格局。建设一批循环经济项目，稳步推进非煤热电联产和燃煤锅炉清洁能源改造，实施钢厂除尘脱硝、电厂超低排放改造，逐步压减非电行业用煤。落实“散乱污”整治长效管理机制，开展化工产业安全环保整治提升行动。全域化加强绿色建筑应用和推广，新增绿色建筑、装配式建筑350万平方米。启动建设三山港生态廊道示范区，全区林木覆盖率达到26.6%。

深化环境综合治理。以打赢创建全省生态保护引领区收官战为导向，重点打好蓝天、碧水、净土三大保卫战。以东部、南部、西部、中心城区四大片区为主体，开展全流域水环境治

理体系建设工程，系统修复河湖水系生态，确保国省考断面水质达标，地表水达到或好于三类水体比例达50%以上。有序开展全区污水厂网站一体化特许经营项目，提标改造城区污水处理厂，加速实施武南第二污水处理厂一期项目，完成湟里、漕桥污水处理厂提标扩能工程。规划整治滆湖周边5.7万亩池塘养殖，开展滆湖退田还湖二期工程前期工作，启动滆湖渔业生态利用工程。全面建成农村分散式生活污水处理工程，全区规划发展村生活污水治理覆盖率达90%以上。扎实开展生态河湖建设行动，加强河道水系沟通、岸坡整治和生态修复，更大力度治理河湖“两违三乱”现象。严格落实扬尘管控措施，继续开展中心城区餐饮油烟整治，深化重点行业挥发性有机物专项治理，提升大气环境质量。开展重点行业企业用地土壤污染状况初步采样调查，掌握土壤环境风险情况。

健全生态工作机制。探索建立排污权交易政策体系，落实区域开发生态补偿制度。对中心城区主要河道排口建立“一口一档”、设立“一口一牌”，将河长制工作向村塘沟浜等小微水体延伸。开展领导干部自然资源资产离任审计，实行生态环境损害责任终身追究制。深化环境司法联动机制，坚决做到有案必查、违法必究、涉刑必移。高质量完成上级各类环保督察交办问题整改任务，确保整改到位、销号到位。

（六）聚力普惠共享，矢志不渝切实改善民生，全力提高社会治理能力

提升社会保障水平。千方百计稳定就业，促进高校毕业生、就业困难人员等重点群体就业创业。对全区脱贫人口开展“回头看”，建立返贫预警监测机制，全面提升脱贫质量。提高各类社会保障标准，发放慈善救助金4600万元，惠及困难群众超2万人次；募集光彩资金3000万元，实施一批光彩共建项目。按照即征即保、应保尽保、分类施保、逐步提高的原则，稳妥实施被征地农民社会保障政策。做好基本医疗保险和生育保险市级统筹工作，提高重特大疾病医疗保障水平，将困难群体全部纳入基本医疗保险范围。全面开展各镇、开发区安置房办证工作，办理安置房不动产权证1万套。加快建立区级智慧养老信息服务平台，引入社会力量承接居家养老服务项目。丰富长期护理保险试点内涵，依托签约家庭医生解决重度失能人员医疗护理难题。

繁荣各项社会事业。加大民生事业资金投入力度，全力办好民生实事，解决一批群众“急难愁盼”问题。加快教育基础设施建设，启动原武高地块学校、南田片区学校、东龙实验学校、滆湖路小学等项目，全力推进星河实验小学分校、牛塘实验学校等项目，建成投用省武高新校区、人民路初中、横林小学、礼嘉中心幼儿园等工程；全面取缔简易托幼机构，整治提升新市民学校；加强教育优秀人才队伍建设，实行幼儿园教师员额管理机制，稳步推进常武中招政策一体化，支持前黄高级中学创建全省高品质示范高中，培育2～3个集团化办学特色品牌项目。优化城乡医疗机构布局，启动礼河卫生院改扩建工程，加快推进武进三院、市第七人民医院二期建设，建成投用嘉泽卫生院、区中西医结合医院外科大楼，提升镇卫生院软硬件水平，做强村、社区卫生服务机构功能，每万常住人口执业（助理）医师数达到28人；加快智慧医疗项目建设，将“银医通”系统向镇卫生院延伸，让群众看病就医更加便捷。建成运营区级融媒体中心，实现新时代文明实践中心所、站全覆盖。扎实推进文化馆总分馆制，精心组织市民艺术节、社区天天乐等惠民活动，创造更多文艺精品。大力实施全民健身工程，完善公共体育设施网络，提升“10分钟体育健身圈”功能。完善退役军人服务保障体系，增强退役军人荣誉感、归属感和幸福感。

维护社会安全稳定。充分发挥社区、社会组织和社会工作专业人才优势，推进网格警格双网融合，提升网格队伍整体素质，完善群众参与基层社会治理的制度化渠道，形成政府与社会调节力量互动的基层社会治理新格局。提升社会治安防控体系立体化、法治化、专业化、智能化水平，提高预测预警预防各类风险的能力。围绕长效常治目标，推进综合治理和基层基础建设，奋力夺取扫黑除恶专项斗争全面胜利。不断完善应急管理体系，建设运行区级应急指挥平台，建成覆盖全区的应急广播系统。进一步压紧压实安全生产责任，深入开展安全生产专项整治行动，重点实施交通运输、危化品、特种设备安全专项治理，持续加强人员密集场所、易燃易爆单位、“三合一”场所等区域消防管控，坚决杜绝重特大事故发生，大幅压减一般事故，确保全区安全生产形势稳定向好。深入开展群租房安全隐患集中整治行动，改善租赁市场秩序和租住环境，建立健全长效管理机制。加强“安心菜场”建设，积极创建全省食品安全示范区。推进信访法治化建设，集中力量化解一批信访积案。

（七）聚力自身建设，毫不动摇坚守初心使命，全力展现为民务实形象

高水平加强法治建设。坚持依法行政，主动接受区人大及其常委会的法律监督、工作监督和区政协的民主监督，自觉接受司法监督、群众监督和舆论监督，认真办好人大代表建议和政协委员提案。严格落实区政府常务会议学纪学法、行政首长出庭应诉等制度，发挥政府法律顾问作用，健全重大行政决策公众参与、专家论证、风险评估、合法性审查等机制，切实提高运用法治思维和法治方式深化改革、推动发展、化解矛盾、维护稳定、应对风险的能力。启动法治乡村建设，采取多元手段化解矛盾纠纷，全面完成“七五”普法目标任务。

高质量加强效能建设。运用鼓励激励、容错纠错、能上能下三项机制，对照高质量发展监测评价指标体系，完善绩效考核评价机制，营造想干事、能干事、干成事的浓厚氛围。力戒形式主义、官僚主义，优化政府机构职能体系，深化镇、街道机构改革，整合基层审批服务执法力量，提高办事效率。推进数字政府建设，以政务数据资源整合、开放共享、融合创新为切入点，全面推进政务大数据建设与应用，助力社会治理创新和公共服务能力跃升。着力提升政务公开质量，以公开稳预期、强监督、促落实、优服务。

高标准加强廉政建设。落实党风廉政建设“一岗双责”，巩固“不忘初心、牢记使命”主题教育成果，严守政治纪律和政治规矩。优化财政支出结构，强化预算执行刚性，集中财力办大事、办实事。加大公共资源交易监管力度，推进公共资源全流程电子化交易。最大限度实现审计重点和审计事项全覆盖，全面提升审计整改成效。想方设法筹集资金，积极争取地方政府债券，有效防范和化解政府性债务风险。坚决整肃不作为、慢作为、乱作为等突出问题，从严教育管理干部队伍，营造风清气正的政治生态。

缩略语注释：

1. “长三角联盟双创券”：一种电子券，由企业申领使用，由服务机构收取兑付，是利用试点区域财政资金支持企业采购跨区域专业服务的一种政策工具。凭借这张券，企业可以到长三角联盟内的沪苏浙皖四地，到经认证并入驻“长三角双创示范基地联盟双创券综合服务平台”的机构，兑换出服务和科技资源。

2. 武进高新区“4+2”特色产业：高端装备、电子和智能信息、节能环保、新型交通四大主导产业和机器人、智电汽车两张产业新名片。

3. “两高一铁”：常宜高速、苏锡常南部高速、苏南沿江城际铁路。

4. “三河”工程：新沟河延伸拓浚、永安河拓浚整治、新孟河延伸拓浚工程。

5. “两违三乱”专项整治：河湖违法圈圩、违法建设和乱占、乱建、乱排行为。

6. “江河碧空”蓝天保卫四号行动：2019 年 7 月，江苏省部署了“江河碧空”蓝天保卫四号行动，对江苏省船舶港口码头的大气污染问题开展集中整治，消除水上运输和港口码头大气污染防治盲区，拓展大气环境质量改善的空间。

7.“四治理、四提升”：治理农村生活垃圾、农村厕所粪污、农村生活污水、农业废弃物，提升村容村貌、村庄规划设计水平、传统村落保护水平、建设和管护水平。

8. 基层党建“五聚焦五落实”：聚焦基本组织、基本队伍、基本活动、基本制度、基本保障，把党的全面领导、党的坚强力量、党的号召要求、党的纪律规矩、党的关心服务落实到基层。

9. “党员四亮”：党员亮身份、服务亮承诺、工作亮标准、担当亮作为。

10. 常州经开区八大专题园区：轨道交通产业园、新材料产业园、绿色机电产业园、智能电力装备产业园、绿色能源产业园、绿色家居产业园、丁堰科技园、高铁商务区八大特色产业园区。

11. “两个健康”先行区：“两个健康”即非公有制经济健康发展和非公有制经济人士健康成长。温州为全国“两个健康”先行先试试点单位，武进为全市“两个健康”先行先试试点单位，争创全省试点。

12. 亲清新型政商关系“三张清单”：党政单位及其工作人员政商交往“正面清单”“负面清单”和“五清”民企建设“引导清单”。

13. 行政执法“三项制度”：行政执法公示制度、执法全过程记录制度、重大执法决定法制审核制度。

14. “海外仓”：跨境电商出口企业为提升订单交付能力，在国外接近买家的地区设立的仓储物流节点，通常具有境外货物储存、流通加工、本地配送、售后服务等功能。

15. 优化营商环境“十大攻坚工程”：优化投资环境、政务服务提质、政务信息共享、水电气保障、企业减负、金融支持实体经济、信用体系建设、人才生态优化、司法保障、强化监管十大攻坚工程。

16. “三区三线”：根据城镇空间、农业空间、生态空间三种类型的空间，分别对应划定城镇开发边界、永久基本农田保护红线、生态保护红线三条控制线。

文件选录

推动农业农村优先发展推进武进乡村振兴走在前列的实施意见（2019—2020 年）

武发〔2019〕40 号

为全面贯彻落实中央和省、市关于“三农”工作的决策部署和要求，对标高水平全面建成小康社会，大力推进乡村振兴战略实施，推动农业农村高质量发展，加快打造新时代乡村振兴的“武进样本”，现围绕今明两年全区“三农”工作任务，特制订本实施意见。

一、繁荣现代乡村新经济，着力推动产业兴旺走在前

1．大力发展现代农业产业。高质量落实“两区”划定任务，全力推进小麦、水稻生产功能区和大豆、油菜生产保护区建设。围绕“稳定稻麦产业、做强花卉苗木业、做优水产养殖业、做精果品产业、适度规模健康畜禽业”的方向，全面调整优化农业产业结构。继续推进规模开发、连片治理、设施提档升级，到 2020 年，扩建高标准农田面积 1800 公顷。按照常州市实施现代农业“310”发展计划要求，打造一批现代农业发展新标杆，为全区的农业园区、龙头企业、产品品牌树立标准和榜样，到 2020 年，新创成省级现代农业示范园 1 个、市级现代农业产业园 1 个，新增区级以上农业龙头企业 5 家，全区主板上市、新三版挂牌涉农企业 1 家以上、江苏股权交易中心“农业板”挂牌企业 10 家左右。

2．推动农村一、二、三产融合发展。实施农产品加工业提升行动，鼓励家庭农场和农民合作社发展农产品产地初加工，鼓励农业龙头企业加快发展农产品精深加工和综合利用加工，重点建设 5 ～ 6 家农产品加工型龙头企业，打造南部冷链物流等农产品加工示范基地。大力发展农产品加工业、商贸物流服务业，依托互联网等新技术，大力发展农产品电子商务、智慧农业、品牌农业等新产业新业态，培育一批农村创客中心，农产品电子商务线上线下销售额年均增长 30%，到 2020 年突破 12 亿元。推进农家乐、休闲农业向乡村旅游业转型发展，落实国家发展改革委、财政部、自然资源部等部门《促进乡村旅游发展提质升级行动方案（2018—2020 年）》相关用地政策要求，适当增加规划建设用地指标，推动旅游与农业、教育、文化、健康养老等产业深度融合，重点培育年产值超 10 亿元的特色产业，到 2020 年，累计创成省级“一村一品一店”示范村12个左右，建成农业特色小镇1家，主题创意农园3家、休闲观光农业示范村3家，林果集散中心1～2家，打造林果重点乡镇农旅整合项目集聚示范园1个。

3．提升农业物质装备技术水平。加快设施园艺关键环节的机械化建设，打造一批“机器换人”示范基地，以点扩面，提升全区农业机械化水平。大力推进数字养殖、智能种植，围绕“物联网＋农业”，重点建设智慧农机管理信息化工程，筹建蓝藻打捞数字化监管平台，高质量完成枫华牧业公司原农业部数字农业试点项目建设，鼓励农业企业开展物联网技术建设与应用，实现生产自动化、精准化、可追溯化。立足资源共享、创新管理，积极整合农业各条线管理平台，探索建立物联网综合平台。启动大数据平台建设，逐步构建覆盖全产业的智能农业体系。加强农业科技创新和推广，重点加快优质新品种的培育，着力构建地方品种良种资源库，到2020年，共打造现代农业科技综合示范基地1～2个，巩固提升农技推广试验示范基地2个，每年新审定水稻新品种2个以上。

4．推进农业提质增效。围绕优质稻米、精品花木、特色果品、大众水产等特色农产品，探索新型、绿色、高效生产模式，创建特色鲜明、优势聚集、市场竞争力强的特色农产品集中区。加快发展生态循环农业，加快推进精品粮油的地方标准出台，在稻麦高产品种利用的基础上，加大优质、高抗新品种的推广力度，扩大精品稻米种植面积1333.33公顷，引导种植大户从传统售粮向出售优质品牌大米转变。依托标准化示范区和现有标准，不断开发农产品标准化生产新技术，制定三年绿色优质农产品高质量发展规划，全区绿色优质农产品占比达65%。以入选常州市十大农产品知名品牌和农产品品牌目录的品牌为重点，培育阳湖果品、立华雪山鸡等一批具有武进特色的农产品品牌，省、市品牌目录等达20个。充分利用各类宣传营销平台、节庆活动，策划和组织好“阳湖”果品节，提升武进地产农产品影响力。大力支持农业产业化的产前、产中、产后一体化发展，培育一批产加销一体的全产业链企业，创建一批省级农产品精深加工示范基地，提高农产品生产、加工、销售、研发和服务融合发展水平，带动农业产业链全面升级。

二、优化乡村生活新环境，着力推动生态宜居走在前

5．加快全域规划编制工作。坚持规划引领，按照常州市全域乡村建设规划的要求，以南部太湖湾片区、中部南环线片区、东部经开区片区、西部滆湖片区“四大片区”为重点，加快启动完成《武进区全域美丽乡村建设规划》，切实为未来一段时期武进全域范围内的乡村建设、管理工作谋划蓝图、奠定基调。积极优化村庄布局规划，按照集聚提升类、城郊融合类、特色保护类、搬迁撤并类的村庄分类标准，逐村研究村庄人口变化、区位条件和发展趋势，重点加快完善“多规合一”、因地制宜、详略得当的实用性村庄规划，加强乡村风貌整体管控。以打造精品示范村与精品示范线为抓手，结合农村人居环境整治等专项工作制订计划项目库，促进项目逐个落实，不断提升农村生态环境面貌。

6．加快农村人居环境整治。全面落实农村人居环境整治三年行动实施方案，按照“四治理、四提升”的工作要求，高水平推进农村人居环境建设。加强农村建房许可管理，引导村民依据规划实施危旧房更新改造，提升农房建设设计、质量安全、建筑功能和服务管理水平。全面开展农村生活垃圾、厕所粪污、农村生活污水、农业废弃物治理，到2020年，全区（含常州经开区）集镇区生活垃圾分类设施覆盖率达60%，规划发展村生活污水治理覆盖率达90%以上，行政村生活污水治理、行政村村部公共厕所、畜禽规模养殖场治理实现全覆盖。着力实施提升村容村貌、提升村庄规划设计水平、提升传统村落保护水平、提升建设和管护水平，到2020年，共建成国家卫生镇1个、省级健康镇4个、省级健康村15个，广大农村基本实现生产清洁、村庄整洁、配套完善、生活便利、生态优良的良好局面。深入开展农村生态文明示范活动，到2020年，共建成省级以上生态镇（街道）12个、生态村17个。开展植树绿化富民活动，推进绿美乡村建设、庭院美化行动。到2020年，共创建省级绿美村庄20个，村庄绿化覆盖率达30%以上。

7．加快美丽乡村示范建设。全面贯彻落实市全域美丽乡村建设要求，按照“因地制宜、特色彰显、类型多样”标准，高质量实施“一区两点”市级美丽乡村示范项目，2019年，太湖湾片区的核心区规划高水平完成并启动建设，嘉泽镇跃进村、湟里镇西墅村市级美丽乡村示范点建设全面完成。加强示范引领带动，加快培育形成一批美丽宜居乡村、市级“精品村”，到2020年，全区共创成美丽宜居乡村115个左右、市级精品村15个以上，培育省级特色田园乡村3个。对新一轮村庄布局规划确定的一般村、重点村和特色村分类开展整洁型、康居型、美丽型“三型”村庄建设，重点打造南部太湖湾片区、中部南环线片区、东部经开区片区、西部片区“四大片区”，形成美丽乡村示范带，美丽乡村从“一处美”逐渐向“全域美”转变。

三、焕发乡村文化新气象，着力推动乡风文明走在前

8．加快社会主义核心价值观入脑入心。深入推进社会主义核心价值观进村入户行动，坚持从“爱、敬、诚、善”入手，宣传阐释核心价值观的丰富内涵和实践要求。持续深化中国特色社会主义和中国梦宣传教育，不断提高农民文明素质和农村文明程度。加快实现镇村“一线一栏一廊一墙一榜一约”全覆盖，拓展乡风文明宣传阵地。挖掘和阐发历史文化中蕴含的思想观念、人文精神、道德规范，运用情景剧、地方戏曲、民间文艺等生动而活泼的形式教育引导农民。

9．推进新时代文明实践中心建设。按照“文明实践中心—文明实践所—文明实践站”三级联动架构，积极推进“三所十站”试点，建设一批具有武进特色的新时代文明实践阵地。充分吸纳社会各方力量建设群众身边的志愿者队伍，因地制宜开展常态化、面对面、农民群众喜闻乐见的新时代文明实践活动，切实提高农民群众的思想觉悟、道德水准和文明素养。实施道德讲堂走进新时代文明实践中心“双百”行动，不断放大道德讲堂品牌效应，探索与社区天天乐联建、与优秀志愿服务团队共建、与全民阅读融合的实践与做法，创出武进特色经验。

10．推动乡村全面融入现代文明。以常州市深化全域文明城市建设为契机，持续开展文明镇、农村精神文明建设示范村、星级文明户、文明集市等创建活动，到2020年，累计创成省级文明村20个。实施农村道德讲堂提升工程、公民道德建设工程，开展“移风易俗、革除陋习”“点赞新乡贤、培育好家风”等系列文明素养培育活动，引导形成良好的乡风文明。推动村规民约集中修订，运用“一约四会”，大力破除铺张浪费、厚葬薄养、人情攀比、封建迷信等陈规陋习。

11．提升乡村文化供给品质。加快完善公共文化服务体系，行政村综合文化服务中心建设实现全覆盖，确保文化活动有相对固定的演出、陈列或展览场所。继续实施文化惠民工程，大力开展送戏、送综艺下乡、农村电影“2131”工程等文化惠民活动，有效提升文化惠民质量和水平。实施全民艺术普及，培育乡村文化团队，鼓励推出反映农民生产生活尤其是乡村振兴实践的优秀文艺精品。扶持鼓励农村地区自办文化团体，加强业余文化团队建设，组织30支“红色文艺轻骑兵”深入开展文明社区天天乐活动，打造传递幸福、倡导新风的乡村舞台。

12．弘扬乡村优秀传统文化。做好文物保护工作、申报新一批的文物保护单位和一般不可移动文物。继续开展非物质文化遗产的挖掘、保护和传承。深入开展特色文化镇创建，全面推进“民俗复兴、民贤闪耀、民居拯救、民风培育”四大行动，深入挖掘镇域历史文化资源，统筹推动传统村落保护与特色农业、手工业、乡村旅游业等发展，到2020年，有效保护和发展省级传统村落和传统建筑组群7个。开展“我们的节日”主题活动，举办庙会、非遗展演等传统文化展示活动，组织开展花朝月夕节、民俗文化节等特色节庆民俗活动。

四、构建乡村治理新体系，着力推动治理有效走在前

13．强化农村基层党组织领导作用。贯彻落实《中国共产党农村基层组织工作条例》，深入实施组织力提升“123”工程，发挥考核指挥棒作用，层层压实党建责任。以“五星联建创五优”活动为抓手，突出“富民强基”，把农村基层党组织建成坚强战斗堡垒。以“党支部工作名片”为载体，优化组织设置，推进农村党支部“标准＋示范”建设，夯实组织基础。坚持“头雁”引领，着力构建以5A制抓实村党组织书记管理、以“乡情”为纽带引导“乡土人才”作用发挥、以提升“双带”能力建强农村党员队伍的“三位一体”工作体系。落实村党组织书记区委备案管理制度，实行在职积分制管理。推进区、镇公务员及事业人员到村交流任职，精准选派第一书记，推动各类优势资源向农村一线倾斜。全面推行村党组织书记通过法定程序担任村委会主任，推行村“两委”班子成员交叉任职，逐步提高村委会成员和村民代表中党员的比例。深化村级重大事项“五步工作法”“四议两公开”做法，健全完善村党组织领导村级重要事项、重大问题、重要工作讨论决定机制。开设乡村振兴学堂，持续推进“寻找老支书精神”“书记论坛”活动，开展专题教育培训，推动基层党组织书记队伍整体提升。

14．发挥村级各类组织作用。理清村级组织功能定位，增强村民自我管理、自我教育、自我服务能力。建立健全村级集体经济组织，完善内部治理结构，发挥在管理集体资产、合理开发集体资源、服务集体成员等方面的作用。严格落实农村社区工作事项准入制度，建设“一门受理、一站式服务、全科社工”便民服务中心，推行村级公共事项全程委托代理机制。把发展壮大村级集体经济作为发挥农村基层党组织领导作用的重要举措，加大政策扶持和统筹推进力度，引导探索资源开发、集体经营、统一服务、混合经营、异地置业等新型集体经济发展道路，增强集体经济发展实力，支持村级公共事务、公益事业建设，到2020年，创成市级村集体经济发展综合实力五十强、发展活力五十优各20个村，集体经济强村占比达86%。

15．增强乡村治理能力。建立健全党组织领导的自治、法治、德治相结合的领导体制和工作机制，发挥群众参与自治的主体作用，到2020年，农村和谐社区建设达标率保持100%。开展乡村治理体系建设试点和乡村治理示范村镇创建，拓宽农村社区协商议事的载体和途径，到2020年，村民委员会依法自治率维持在100%。拓展农村法律服务，加快镇公共法律服务中心和村司法行政服务站建设，优化“一村一法律顾问”工作制度，加快构建“半小时农村法律援助服务圈”。深化农村集体“三资”管理专项治理和“三资三化”提升行动，探索“互联网＋监督”的模式，构建和完善“三资”监管平台、扶贫资金信息平台、惠农资金信息平台，打造农村“三资”综合服务平台，规范农村集体产权交易机制，保障村民的知情权、参与权和监督权。发挥新乡贤的示范带动作用，培育富有地方特色和时代精神的乡贤文化。深入开展“崇德尚法”新型村、好家庭评选。指导修订完善村规民约，弘扬公序良俗，建设诚信乡村。

16．深入推进平安乡村建设。严厉打击敌对势力、邪教组织、非法宗教活动向乡村渗透，深入开展农村扫黑除恶和黄赌毒整治工作，积极治理涉黑涉恶场所，彻底摧毁黑恶势力“关系网”“保护伞”，建立健全长效机制到位。积极构建农村社区电信网络新型违法犯罪打防新体系，通过分层分类分区域开展针对性防范宣教，运用“互联网＋”“大数据”科技手段，有效遏制高发案态势。深化乡村治安信息化、智能化防控体系建设，扎实推进农村“雪亮工程”建设，开展升级版技防城建设，通过社会治理视频云，扩大技防视频赋能共享范围。坚持发展新时代“枫桥经验”，加快推进“智慧调解”建设，创新多元化解矛盾纠纷机制，到2020年镇村两级人民调解委员会规范化建设实现全覆盖。加强乡村交通、消防、公共卫生、食品药品安全、地质灾害等公共安全事件易发领域排查和专项治理。

17．推行“四梁八柱”网格治理。落实“四梁八柱”工作体系，探索网格化集成管理新模式，依托行政执法改革，进一步整合执法队伍和职责，推进执法事项整合，结合深化农村综合整治工作，细化网格员巡查事项清单，加快推动相关执法主体的执法事项系统集成到网格中，建立以网格管理为依托，以网格化服务管理中心为枢纽，覆盖全区的综合监管网络。优化执法力量配置，下移执法重心，扩大“两镇一街道”区域相对集中行政处罚权改革成果，实现一个网格巡查、一个窗口服务、一支队伍执法、一个系统集成、一个中心指挥。到2020年，实现网格体系全覆盖、服务管理高效率、基层基础更牢固、群众满意再提升，确保人民群众获得感、幸福感明显提高，群众安全感达到95%以上。

五、提升民生幸福新水平，着力推动生活富裕走在前

18．推进农村基础设施提档升级。整合农业、水利、国土等各类资金和项目资源，加快农田水利设施建设，到2020年，有效灌溉面积比重提高到95%以上。全面推进“四好农村路”建设，实施农村公路提档升级工程，打造“平安放心路”，构建全域旅游农村公路网，到2020年，县乡道及通镇村公交村道安全隐患治理率达100%。加快农村物流网络节点体系和设施建设，实施“快递下乡”工程。强化城乡一体化供水工程，提升城乡居民饮水“同源、同网、同质、同服务”。实施“光网乡村”工程，到2020年，实现光纤宽带网络、4G网络全覆盖，逐步开展5G网络建设和应用。健全农村综合信息服务体系，全面推进信息进村入户。实施农村电网改造升级工程，提高城乡电力保障均等化水平。更高水平推进农村公共服务运行维护标准化建设，落实管护主体、人员和经费，确保长效使用、长期受益。

19．促进城乡公共事业均衡发展。加快推进教育卫生事业均等化三年行动计划，合理规划义务教育学校布局，着力推进义务教育学校标准化建设，到2020年，所有义务教育学校达到省定办学标准，全面消除大班额现象。深化集团化办学，推进城乡学校结对共进计划，切实提升农村学校教育质量。进一步深化教师人事制度改革，继续实施“区管校聘”管理，均衡配置城乡义务教育学校教师。深入实施卫生事业硬件环境提升工程、内涵能力提升工程、妇幼健康保障工程和互联网医疗工程，推动乡镇卫生院和村卫生室改善条件，推进区内外大中型医院与基层卫生机构组建医联体，到2019年，现代医疗卫生体系框架基本建成，覆盖城乡居民的基本医疗卫生制度基本建立，区域内就诊率提高到90%以上，城乡居民健康主要指标达到国际先进水平。加快发展农村体育事业，到2020年，全区各镇（街道）、行政村基本建成全民健身中心和多功能运动场地。构建以“互助居家养老”为主多层次农村养老保障体系，到2020年，全区各镇（街道）建立区域性养老服务中心，养老服务中心的床位使用率力争达到80%。鼓励非城市功能的公共事业、基础设施等进入乡镇。

20．推进农民高质量就业创业。加快推进乡镇人力资源市场建设，形成由点到面、统一高效、灵活规范的人力资源市场体系，促进城乡劳动者平等、就地、就近就业。创新实施“企业新型学徒制校企合作”和“互联网＋职业技能培训”模式，开展职业技能培训“进镇、进村、进企”活动，提升劳动者就业能力。帮扶法定劳动年龄内有劳动力能力、有就业愿望的农村低保家庭、残疾人家庭、建档立卡低收入农户劳动力等农村就业困难人员，通过岗位推荐、技能培训、公益性岗位安置等措施实现就业。深入推进创业型街道（镇）、社区（村）建设，营造良好的创新创业生态环境，到2020年，全区80%的街道（镇）、70%的社区（村）达到省级创业型街道（镇）、社区（村）建设标准。加强创业能力培训，深化创业载体建设，加大创业扶持力度，完善开业补贴、创业租金补贴、富民创业担保贷款贴息等创业扶持政策，构建更加积极的城乡创业政策体系。

21．坚决打赢打好脱贫攻坚战。坚持标准质量，严格执行“两公告两比对四公示”和“五签字五确认”程序，2019年，全面完成市定标准脱贫任务。聚焦解决“两不愁三保障”，认真落实低收入人口基本医疗保险、大病保险、医疗救助等多重保障措施，强化政策兜底，完善应急救助、保险扶贫机制。采取宜固则固、宜建则建、宜租则租等方式，2019年完成全区低收入农户危旧房改造任务。稳定巩固建档立卡低收入人口脱贫成果，健全完善脱贫农户增收长效机制，低收入农户生产生活条件得到明显改善。拓展经济一般村发展增收途径，到2020年，全区所有行政村村级集体年收入均超200万元。有效提升“阳光扶贫”系统信息化监管水平，强化扶贫信息互联互通、扶贫资源有效整合、扶贫全程透明监管，有效建立精准扶贫、阳光扶贫的长效机制。

六、创新农村经营新机制，着力推动农村改革走在前

22．巩固完善农村基本经营制度。坚持家庭经营基础性地位，健全完善农村承包土地“三权分置”机制，推广以村级农地股份合作社为主体的土地流转模式。实施新型农业经营主体提升工程，积极推进示范合作社、示范家庭农场创建，着力培育龙头型合作社、一、二、三产融合型合作社、村办合作农场各3家。发挥乡村驿站、供销社功能，建立以“大数据＋规模经营”为核心的农业生产经营和服务模式。加快培育各类社会化服务组织，鼓励新型经营主体与小农户建立契约式、股权型利益联结机制，扶持小农户创办家庭农场，大力发展面向小农户的社会化服务，推动小农户和现代农业有机衔接。

23．统筹深化农村土地制度改革。紧抓农村土地制度改革三项试点延期的历史机遇，按照“总结、巩固、深化”的要求，进一步完善农村土地利用管理政策，激活农村土地资源资产，保障乡村振兴用地需求。实施农村土地资源统筹配置示范点培育行动，加快盘活利用存量建设用地，加强设施农用地管理，完善农村一、二、三产业融合发展的用地保障。加快“房地一体”的农村宅基地和集体建设用地确权登记工作，开展农民宅基地和住房的权籍调查，鼓励换发“房地一体”的不动产登记证书，进一步明晰农民财产权益，有序建立城乡统一的建设用地市场。统筹农房建设管理，推广嘉泽镇、湟里镇宅基地制度改革经验，探索多种合作模式，鼓励社会资金和农民自筹资金，参与自建区建设和老宅基地复垦整治，各镇完成5个农民自建区设计方案报批，先行启动至少2个自建区建设。稳妥探索宅基地所有权、资格权、使用权的“三权分置”改革路径，适度放活宅基地和农民房屋使用权，为盘活利用空闲的农房及宅基地提供政策支持，为农民增收提供资金来源。鼓励农村居民利用自有住宅依法从事乡村休闲旅游、民宿民俗、创意办公等产业，促进农村一、二、三产业融合发展。加强农用地管理，坚持农地农用、防止非农化，巩固“大棚房”问题清理整治成果。

24．持续深化农村集体产权制度改革。全面完成农村集体经济组织登记赋码工作，有效发挥农村集体经济组织在管理集体资产、开发集体资源、发展集体经济、服务集体成员等方面的功能作用。深入贯彻《江苏省农村集体资产管理条例》，全面完成镇、村集体资产清产核资，大力实施“三资三化”阳光工程，推动权力在阳光下运行、资金在网络上监管、风险在流程中控制、资源在市场中配置，实现“家底清、过程明、制度全、管理严、队伍强”的“三资”管理目标。引导农村社区股份合作社走规范发展之路，以规范促发展。创新发展机制，优化发展举措，依法推进集体经济与市场经济融合发展，全面增强集体资产投资运作能力和保值增值营运水平。

七、切实加强组织领导，着力推动乡村振兴战略实施不断取得成效

25．完善领导机制。坚持党委统一领导、政府负责、农业农村工作机构统筹协调的领导机制，落实党政一把手是第一责任人、五级书记抓乡村振兴的工作要求。各级也要紧密结合实际，建立相应的组织领导体系。落实乡村振兴战略年度报告制度，各镇党委、政府每年要向区委、区政府报告乡村振兴进展情况。各相关部门要树立“一盘棋”思想，认真履职尽责，加强重要政策举措和工作方案的谋划制定，强化重点工程、计划、行动的部署实施，推动各项政策措施落实。

26．加大政策扶持。制订出台支持乡村振兴战略实施的财政金融政策，按照“盘活存量、用好增量、引领撬动、创新方式、多方协同”原则，坚持把农业农村作为财政优先保障领域和金融优先服务领域，加快构建具有武进特色的财政、基金、银行、保险、担保“五位一体”的财政金融协同支农机制和多元投入保障制度，促进公共财政更大力度向“三农”倾斜，鼓励金融机构将新增贷款投向支持乡村振兴，引导社会资本更多更快更好参与乡村振兴。推进政策性农业保险增品、提标、扩面，推行农业保险市场化经营。实施农村土地资源统筹配置示范点培育行动，科学配置盘活农村土地资源，积极拓展土地使用功能，加快建立乡村振兴的用地保障机制，优先保障美丽乡村建设以及农村一、二、三产业融合发展用地，切实提高土地使用效率和产出水平。发挥农民主体地位，充分尊重农民意愿，激发和调动农民参与乡村振兴的积极性主动性。

27．强化队伍建设。建立懂农业、爱农村、爱农民“三农”工作干部队伍培养、配备、管理、使用机制，推进落实鼓励激励、容错纠错、能上能下“三项机制”。引导教育“三农”干部大兴调查研究之风，倡导求真务实精神，密切联系群众。清理规范农村各类检查评比、考核督导事项，切实解决基层疲于迎评迎检问题。实施乡村振兴人才支撑计划，把乡村人才纳入各级人才培养计划予以重点支持，对做出突出贡献的各类人才给予表彰和奖励。开展助推乡村振兴专家服务基层系列活动，全面建立城市医生、教师、科技、文化人员等定期服务乡村机制。深入实施新型职业农民培育工程，全面建立职业农民制度，探索农民职称评审。

28．严格督查考核。建立各级党政领导班子和领导干部推进乡村振兴工作实绩考核制度、监测评价指标体系，考核内容列入全区综合考核体系，作为干部选拔任用的重要依据。按照目标化管理、项目化推进、责任化考核的要求，建立乡村振兴任务清单、责任清单，严格时间节点和任务要求，明确责任主体和责任人，建立并落实日常督查、定期通报、追责问责等制度，推动乡村振兴工作落到实处、见到实效。

(2019.5.22)

武进区加快推进高新技术企业培育的若干政策

武政办发〔2019〕57号

为贯彻落实《江苏省推进高新技术企业高质量发展的若干政策》（苏政发〔2019〕41号）和《常州市加快推进高新技术企业培育的若干政策》（常政发〔2019〕67号）精神，深入实施创新驱动发展战略，进一步推进我区创新型企业培育，量质并举壮大我区高新技术企业集群，推动武进经济高质量发展，制定以下政策。

第一条　加大高新技术企业培育资金投入力度。包括对纳入省高新技术企业培育库的企业给予培育奖励、对认定的高新技术企业给予认定奖励、对镇（开发区）给予绩效奖励以及为提高服务质量、提升工作实效的工作经费等。市政府对辖市（区）政府给予的绩效奖励纳入区级培育资金。

第二条　鼓励企业申请进入高新技术企业培育库。对纳入省级高新技术企业培育库的入库企业给予5万元入库奖励。

第三条　支持企业申报认定高新技术企业。对首次申报认定为高新技术企业的给予15万元认定奖励；对重新认定的高新技术企业给予5万元认定奖励。支持企业开展新技术、新产品、新工艺研究，提升企业创新能力，促进企业持续创新。

第四条　降低科技型中小企业研发成本。全面贯彻落实高新技术企业企业所得税减按15%的税率征收、企业研究开发费用175%税前加计扣除等优惠政策，鼓励企业加大开发新技术、新产品、新工艺的投入。

第五条　加大对高新技术企业的信贷支持。苏科贷、苏微贷、常科贷、领军型人才贷款等金融产品，优先向高新技术企业、科技型中小企业、省高新技术企业培育库的企业提供授信。

第六条　激励干事创业和创新导向。对各镇（开发区）在高新技术企业培育、认定过程中，按目标任务完成情况和对区高企工作的贡献进行绩效奖励。奖励经费可用于各镇（开发区）在高新技术企业培育、认定、管理过程中的工作运营经费和评先奖优等。

第七条　优化工作机制和服务举措。对在推进高新技术企业高质量发展过程中，为提高服务质量，提升工作实效，可积极探索各种创新机制和服务举措，通过政府购买服务的形式，利用社会科技资源，为高新技术企业培育、申报提供专业、高效服务。

第八条　企业对培育入库和认定材料的真实性、合法性负责。纳入省级高新技术企业培育库的企业和高新技术企业要自觉接受科技、财政、税务等相关部门的监督检查。

第九条　本政策由区科技局、财政局联合各乡镇、开发区按全区统一标准组织实施，其中经开区、高新区、西太湖涉及经费由各板块自行承担，各镇涉及经费由区财政承担。

第十条　本政策由区科技局、财政局负责解释，自发布之日起实施，原有政策规定与本政策不一致的按本政策执行。

(2019.7.26)

重要文件题录

区委文件题录

3号	关于印发全区五个三年行动计划2019决胜年实施意见的通知
4号	关于开展2019年“重大项目攻坚年”活动的实施意见
10号	关于表彰2018年度“阳湖先锋”及其提名的决定
14号	关于表彰2016−2018年度武进区文明镇标兵的决定
16号	关于印发《中共常州市武进区委2016—2021年巡察工作规划（修订）》的通知
19号	关于全面加强生态环境保护坚决打好污染防治攻坚战的实施意见

20 号 关于印发《常州市武进区机构改革方案》的通知
36 号 关于创建新时代“两个健康”先行区加快民营经济高质量发展的实施意见
40 号 关于印发《关于推动农业农村优先发展推进武进乡村振兴走在前列的实施意见（2019—2020）》的通知
49 号 关于印发《武进区大力优化营商环境行动方案》的通知
50 号 关于学好用好《习近平新时代中国特色社会主义思想学习纲要》的通知
52 号 关于印发《武进教育现代化 2035》的通知
54 号 关于开展“不忘初心、牢记使命”主题教育的实施方案
55 号 关于常州市武进区融媒体中心建设的实施方案
56 号 关于授予羌涵孚、钮中一、江祺祥 3 位同志“武进水稻育种杰出贡献功臣”的决定
58 号 关于印发 2019 年武进区重点目标的通知
59 号 关于加强城乡社区治理与服务的实施意见
62 号 关于授予王岳良等 21 名村（社区）干部“辛勤耕耘奖”的决定

区政府文件题录

1 号 关于印发《2019 年政府工作报告》目标任务分解落实方案的通知
4 号 关于公布武进区第五批非物质文化遗产保护名录的通知
6 号 武澄沙地区大气污染防治百日会战专项工作方案
76 号 关于在雪堰镇进一步开展相对集中行政处罚权工作的决定
79 号 关于公布失效或废止区政府规范性文件和政策措施类文件的通知
85 号 关于进一步整合镇级国有企业规范运营管理的实施办法
88 号 关于表彰全区“有突出贡献的科技型企业家”“有突出贡献的科技工作者”“优秀专业技术工作者”和“科技系统先进工作者”的决定
112 号 在市场监管领域全面推行部门联合“双随机、一公开”监管的实施办法
115 号 关于授予孔思铭等 9 人武进区荣誉市民称号的决定
126 号 关于授予朱良超等 10 位同志“常州市武进区见义勇为先进个人”荣誉称号的决定
128 号 关于取消、承接一批行政许可事项及调整区行政审批局一批行政权力事项的通知
129 号 关于推动武进体育产业高质量发展的实施意见

区委办公室文件题录

2 号 关于在全区开展河湖违法圈圩和违法建设专项整治工作的通知
5 号 关于印发 2019 年区级重点产业项目投资计划表的通知
6 号 关于建立省、市领导挂钩联系重大项目联络服务制度的通知
8 号 关于开展 2019 年“两促三优三提升”为民办实事活动的实施意见
9 号 关于在全区开展“五星联建创五优”活动的实施意见
13 号 关于印发《贯彻落实省委〈关于推进巡察工作向纵深发展的意见〉的实施办法》的通知
18 号 关于做好区级机构改革有关事项的通知
19 号 关于结合机构改革强化事业单位规范管理的通知
22 号 关于建立“一学习两整治”工作联席会议制度的通知
25 号 关于开展进一步深入学习贯彻习近平新时代中国特色社会主义思想和党的十九大精神活动的实施方案
26 号 关于印发武进区农村人居环境整治三年行动实施方案的通知
65 号 2019 年武进区督查工作重点
68 号 关于深化土地制度改革、助力乡村振兴战略的实施意见
69 号 关于进一步推进优秀年轻干部发现培养选拔工作的意见
71 号 关于区委常委联系安全生产工作的通知
73 号 关于进一步加强全区社区矫正、安置帮教和后续照管工作的意见
82 号 2019 年度中共常州市武进区委与区各民主党派政治协商计划
85 号 关于印发武进区贯彻落实省第一环境保护督察组督察反馈意见整改方案的通知
86 号 区委办公室 区政府办公室关于印发武进区贯彻落实中央环境保护督察“回头看”及大气污染问题专项督察反馈意见整改方案的通知
88 号 关于建立乡村振兴推进工作组织领导体系的通知
93 号 常州市武进区雪堰镇行政管理体制改革方案
94 号 武进区深化综合行政执法体制改革的实施方案
107 号 关于加强新时代人民政协党的建设工作实施意见
108 号 促进化工行业企业整治提升的若干政策
109 号 武进区化工产业安全环保整治提升实施方案
110 号 关于进一步加强领导干部接访下访和包案处理信访矛盾工作的意见
114 号 加快推进武进教育现代化实施方案（2019—2022 年）
115 号 深化幼儿园教师管理改革实施员额管理的指导意见
116 号 武进区优秀教育人才奖励办法（试行）
117 号 关于继续组织开展“万人帮万户，共同奔小康”援疆帮扶活动的通知
121 号 区委常委会“不忘初心、牢记使命”主题教育工作方案
128 号 关于《创新武进区村级医疗卫生人才管理机制的实施意见（试行）》的通知
133 号 常州市武进区电子政务项目管理实施细则（暂行）
138 号 武进区大力优化营商环境任务分工表
139 号 关于印发武进区民营企业一办法两制度的通知
140 号 关于开展“三清单一承诺”行动服务高质量发展的实施方案
141 号 常州市武进区推进“五清”民营企业建设的实施意见
143 号 关于解决部分退役士兵社会保险问题的实施方案
145 号 武进区安全生产巡查工作实施方案（试行）
147 号 武进区深入开展安全生产专项整治行动工作方案
153 号 关于推行区级民生实事项目人大代表票决制工作的实施意见（试行）

154号 关于区属国有企事业单位纪检监察机构设置有关事项的意见

155号 关于深化常州市武进区纪委监委派驻机构改革的实施意见

区政府办公室文件题录

4号 关于做好2019年全区社会保障提标工作的通知

14号 关于加快推进武进区老旧燃气管道改造工作的实施方案

17号 武进区企业新型学徒制校企合作实施方案

19号 2019年武进区政府投资项目建设计划

21号 关于切实做好2019年自然资源工作的意见

26号 关于推进武进区升级版技防城前端高清监控和智能监控设施建设的通知

27号 2019年武进区特色企业名单

31号 武进区既有住宅加装电梯工作方案（试行）

32号 常州市轨道交通1号线武进段沿线市容环境综合整治工作实施方案

43号 武进区区级国有集团公司领导人员管理暂行办法

46号 关于加强税收属地管理的实施意见

50号 常州市武进区2019年度地质灾害防治方案

55号 武进区工程建设项目审批制度改革实施方案（试行）

56号 关于进一步做好2019年高新技术企业培育工作的通知

57号 武进区加快推进高新技术企业培育的若干政策

59号 武进区“十四五”规划编制工作方案

61号 常州市武进区违法用地综合整治三年行动工作方案

63号 关于建立武进区自然灾害防治工作联席会议制度的通知

65号 2020年度武进区城乡居民基本医疗保险和长期护理保险筹资标准

69号 武进区居家养老服务实施办法（试行）

71号 武进区“散乱污”企业（作坊）整治长效管理机制

73号 常州市武进区生态河道建设资金奖补办法

76号 关于全面推行行政规范性文件合法性审核机制的实施意见

79号 关于建立武进区水土保持工作联席会议制度的通知

80号 武进区耕地保护责任目标考核办法

81号 关于加强群租房安全管理工作的实施意见

82号 关于转发《市属企业违规经营投资责任追究暂行办法》的通知

84号 武进区体育产业发展专项资金使用管理办法

86号 关于公布常州市武进区行政执法主体（第一批）的通知

调研报告选编

长三角一体化背景下武进承接上海产业转移的机遇与对策

在中国制造的发展史中，上海是一个永远绕不开的重要起点，“上海制造”作为全国改革开放排头兵总是给国人带来惊喜，带动着长三角一体化进程和长江经济带的协同发展。

《上海市城市总体规划2016—2040》将上海定位为“经济中心、金融中心、贸易中心、航运中心、科创中心和国际文化大都市”，实现“研发在上海，生产在外面”的发展目标。最新出台的《上海市产业结构调整负面清单（2018版）》涉及电力、化工、电子、医药等15个行业，共541项内容，将提升能源利用效率，淘汰落后产能，进行产业结构调整。

武进地处长三角经济中心，随着长三角一体化的推进，区域间要素流通更加频繁，应抢抓历史机遇，依托上海产业转移，推动武进产业转型升级，助力武进产业全面发展。

一、长三角可承接上海产业转移的热点地区对比分析

嘉兴、南通具有天然优势。嘉兴、南通作为上海的南北两翼，具有承接上海转移的天然地理位置优势。苏州无锡、宁镇扬泰和安徽部分城市也是上海经济可辐射的区域。苏州无锡作为长三角发展最为发达的地区，产业发展层次已达较高水平，承接上海的产业转移主要以高科技产业为主。宁镇扬泰地区可承接资金密集型、技术密集型产业。安徽部分城市由于距离上海较远，接受上海辐射能力较弱，承接的主要是一些劳动密集型、资源密集型产业。

常州凭借区位、交通和产业优势，以“四个基地”精准对接上海产业转移。*一是先进制造业配套基地。*上海的先进制造业实力很强，在集成电路、人工智能、生物医药、航空航天、智能制造、数字经济等领域领跑全国，常州应主动接受辐射，做好为上海相关产业的配套工作。*二是科技成果转化基地。*充分用好上海的科教优势，大力推进协同创新，吸引更多科技成果来实现转化、更多人才来创新创业、更多要素来集聚。*三是休闲旅游基地。*常州正在打造旅游明星城市，凭借“无中生有”“借题发挥”的创新精神，持之以恒、追求卓越的工匠精神和争当一流、敢为人先的进取精神，“无中生有”恐龙城、“小题大做”天目湖、“点土成金”古淹城、“借题发挥”大佛塔、“虚实结合”嬉戏谷、“移花接木”盐湖城、“人文荟萃”古运河等一批重量级旅游产品在华东地区乃至全国已具有影响力。*四是优质农副产品供应基地。*常州的花卉苗木、瓜果湖鲜等声名远播，深受上海人喜爱，是未来上海优质农副产品的一大供应基地。

二、武进承接上海产业的机遇与定位

上海“十三五”规划纲要提出：到2020年，制造业增加值占全市生产总值比重力争保持在25%左右，而这也标志着上海后工业时代发展拉开了大幕。根据上海工业园区转型升级十三五规划，到2020年，上海的工业用地总量要控制在550平方公里。虽然上海的工业用地总量还是比较大的，但众所周知，上海的工业用地已接近“天花板”，必须将产业、土地规划统筹，集约化、精细化发展。

*1.集中承接优势传统制造业。*过去几年，上海高房价对制造业持续挤出，政府对104区域（外高桥、金桥、张江等国家级工业园区），195区域（规划工业区外、集中建设区内的现状工业用地）以及198区域（规划工业区外、集中建设区外的现状工业用地）调整也造成大量企业外迁，而外迁企业向着具有成本和效率优势的地区集聚。而武进作为长三角的心脏地带，兼具成本和效率两大优势，相比成本较高的昆山太仓等地，以及配套能力较弱的苏北城市，武进可以有的放矢，打造有特色

的产业集群，同时传统制造的区域集中度提升，有助于企业的做大做强，也同样会吸引更多优质制造企业向优势区聚集，给武进制造业带来新的发展机遇。

2. *另辟蹊径服务新兴制造业*。上海25%的制造业比重并不代表上海制造业的衰落，而代表着上海制造业向着高精尖的方向发展，上海仍然在不遗余力地招引高端制造业，特斯拉的落户就代表着上海制造业的发展方向。同时，上海同样需要长三角各城市的大力支持，武进实体经济发展基础良好，要抓住全球工业4.0和中国制造2025的契机，不断发展壮大，打造武进新苏南模式，承接大上海，对接长三角，服务全中国，辐射全世界。

目前各大开发区平台抓准各自产业定位，结合上海的产业布局和规划，有机会在长三角打造出一些出类拔萃的产业集群，武进高新区智电汽车和机器人、常州经开区轨道交通和智能电网、西太湖医疗器械和新材料等已经成为常州乃至长三角的名片。通过上海制造业转型升级的契机，各大开发区平台有机会也有能力招引一批，培育一批常州十大产业链龙头企业，以及国内国际一流企业、独角兽和“隐形冠军”。

3. *聚焦高端科技人才项目*。上海作为全国的科技创新城，拥有众多知名高校和科研院所，汇聚全球创新资源和创新人才，生物医药、集成电路、人工智能、高端装备、新能源等领域百花齐放，高科技成果不断进入产业领域。武进拥有雄厚的制造业基础以及多方位的政策扶持，这对推动科技成果转化非常重要。近年来，我们也对接洽谈了一批上海科技人才成果转化项目，如光电芯片、反渗透膜、双极板、工业互联网软件、X射线平板探测器等项目，都取得了良好成效。武进正处于推动高质量发展的关键期，要注重人才引育，加强科技合作，推进协同创新，加快把科技成果转化为现实生产力，抢占科技创新的制高点。

三、武进承接上海产业转移的建议

近年来，武进每年都吸引20多个上海企业投资落户，有总投资6000万元的宥纳新材料项目、总投资5亿元的多利汽车配件项目、总投资3500万元的鸣志电器收购项目、总投资5000万元的睿上膜科技项目等，还有纵慧光电能弥补行业空白的高科技项目。为在承接上海产业转移的过程中持续发力，建议从以下六个方面加强对接。

1. *要在理念上对接上海之“新”*。上海在经济发展中的体现的旺盛生命力、强劲合作动力，根本原因在于始终践行“上海精神”，主张互信、互利、平等、协商，尊重多样文明、谋求共同发展。我们要学习这种“上海精神”，进一步解放思想，增强对标找差的自觉性，紧扣高质量发展要求，乘势而上，扎实工作，努力在职能转变、借力发展、项目集聚、产业提升、规划建设等方面实现等高对接，更新观念，改进工作体制机制，主动承接产业转移。

2. *要在思路上对接上海之“宽”*。搭建更广泛的合作平台，拓展各级干部发展开放型经济的思路。赴上海各类科研院所、行业协会寻计求策；对接长三角一体化办公室，开展全方位、多领域、深层次的合作交流，通过双方共同努力和务实合作，以实际行动融入长三角一体化发展战略，推动实现共赢发展；到张江、临港、紫竹科技园等考察取经，加强园区共建，建立长效合作机制，优势互补、错位竞争，促进区域经济转型发展；加强与上海相关部门联动，在政务服务、绿色生态发展等方面互学互促，打造长三角一体化高质量发展合作样板；组织部门遴选优秀年轻干部挂职上海园区产业部门，了解相关产业信息、企业动态信息，充分发挥产业转移的桥梁纽带作用。

3. *要在产业上对接上海之“精”*。深度融入上海产业链分工，进一步深化“上海经贸活动周”活动成效，精准对接驻沪央国企和跨国公司，特别是电子信息、装备制造、新材料、半导体、机器人等新兴产业。同时，我们应注意到，上海外迁的一些优势产业与武进的主导产业非常契合，因此明确在上海的招商目标，将目标企业精准化，缩小范围将会极大地提高招商效率，减少资源浪费。首先，上海的汽车制造上市企业收入占全国将近一半，同时还有大量的隐形冠军企业和一大批独角兽企业。同时汽车整车产业投资和战略布局已经基本完成，不太可能会有新增的直接投资，而且整车项目对于园区资源要求过大，因此可以重点关注汽车关键零部件企业。其次，高端装备制造一直都是武进的主导产业，需要重点关注，并且上海的十三五规划重点将布局高端装备制造业，可以着重从上海的高端装备布局出发，深挖其上下游产业链，这将会为武进高端装备制造产业招商带来新的机会。

4. *要在人才上对接上海之“广”*。人才是区域发展的第一资源和永续动力。上海重视工匠精神的传承和弘扬，汇聚了一大批金融、科技、经营管理、智能制造等各领域精英，各项人才政策持续发力，人才高峰正在不断显现。武进应对标上海，下放权力打破“天花板”，完善并利用好各项人才政策，集聚产业发展人才，为上海“研发在上海，生产在外面”的发展战略提供所需的生产基地和科研成果工业化平台；加大与上海各大科研院所的对接力度，整合产业资源，做好科研成果转化承接工作；打造开放包容的城市文化，吸引各行各业不同背景的人才在武进集聚、碰撞，带来城市发展源源不断的动力和活力。

5. *要在金融上对接上海之“兴”*。上海作为国际金融中心，银行、证券、保险、信托、基金等行业蓬勃发展，金融业务创新，金融机构集聚，总部功能强大，高端人才丰富。我们要充分利用上海金融资源，促进产业结构调整。一是组织金融政策培训。邀请上海复旦大学、财经大学教授或行业权威进行授课，赴证券交易所参观学习，掌握新知识、熟悉新领域、开拓新视野、激发新动能，增强金融创新和资本运作水平，在实践中不断提高领导决策、资本运作、资金运营、创新技术、综合管理等水平和才干。二是吸引金融机构落户。通过制订奖励扶持政策，吸引金融机构落地，并通过部分金融机构的落地形成“以商引商”的口碑效应。三是实施招金引基战略。政府出资与上海的基金公司成立产业引导基金。引导基金目标不在于获得高额投资回报，更为重要的是通过引导基金扶持当地产业发展。借助政府引导基金去做招商引资，利用资本的催化和杠杆作用，以股权投资和其他优惠政策，吸引上海的优质企业转移至武进，带动区域经济发展与产业结构升级。

6. *要在民生上对接上海之“惠”*。努力提升营商软环境，不断优化教育、医疗、人居等社会环境。上海教育力量雄厚，高校众多，不仅拥有复旦、交大等国内著名学府，还有上海戏剧学院等著名艺术院校以及众多国际学校。我区的学校可以与上海相关学校结为友好校区，开展教研交流或进行合作办学；在长三角一体化进程中，上海优质医疗资源辐射能力越发明显。建议我区探讨与上海合作办院，在学科、人才、技术和管理等方面开展紧密协作，探讨定点机构异地就医，实现门诊费用直接结算，探索建立临床专家诊疗网络、转院转诊体系等。通过一系列切实有效的措施，补齐民生短板，体现民生温度，普惠大众，稳定发展。

（区商务局）

关于武进区基层政务服务体系建设的调研与思考

2019 年，全国深化“放管服”改革优化营商环境电视电话会议和全省政务服务工作会议相继召开，就提升审批服务效率，健全基层政务服务体系提出明确要求。8 月，江苏省出台《关于进一步加强五级政务服务体系建设的通知》，要求到 2019 年年底，全省政务服务事项进驻综合性实体政务大厅基本实现“应进必进”，80% 以上政务服务事项实现“一窗”分类综合受理，全面完成江苏政务服务网向乡镇（街道）、村（社区）延伸工作，实现“互联网 + 政务服务”基层全覆盖，全面建成覆盖省、市、区、镇（街道）、村（社区）的五级政务服务体系。

本文在充分调研武进区乡镇（街道）、村（社区）政务体系建设的基础上，结合国务院、省政府文件精神，提出武进区基层政务服务体系建设的调研与思考。

一、武进区基层政务服务体系建设基本情况

1. 大厅覆盖情况

全区 17 个镇（街道）均已建成为民服务大厅，完成镇级政务服务大厅全覆盖；302 个村（社区）除华丰社区便民服务大厅在建外，其他均建成了便民服务中心，覆盖率达到 99.67%。

2. 事项、人员进驻情况

乡镇（街道）认领公共服务事项共计 1446 项，其中，咨询查询类 281 项，宣传培训类 278 项，救济援助类 186 项，认证评估 156 项，检验检测 23 项，其他类 522 项；而行政权力事项通过授权、委托及部分委托方式，向省经济发达镇、市级中心镇分别下放，目前雪堰可办理 400 项行政权力事项（含 333 项行政处罚事项），湟里可办理 4 项行政许可事项。

镇级为民服务中心共进驻工作人员 241 名，村级便民服务中心共进驻工作人员 1514 名。

3. 办件情况

2019 年 1—9 月，镇级为民服务中心共办理事项 430597 件，村级便民服务中心办理各类公共服务事项 725097 件。

二、存在的问题

1. 大厅标准化建设不到位

全区镇、村两级为民（便民）服务中心大厅覆盖率已接近 100%，但按照常州市基层政务服务中心建设手册的标准，仍有部分镇（街道）大厅因为资金缺少、人员不足、场地限制等各种原因导致大厅标准化建设一直没有达到要求，部分服务中心大厅的导服台、公开栏、意见箱、岗位标识牌等细节处还有待完善。

2. 窗口设置不达标

各乡镇为民服务中心的服务窗口还没有全部整合到位，没有达到“单一窗口”向“全科窗口”转变的全科政务服务模式要求，全区综合窗口设置占比仅为 70%，这离我们年度考核 100% 的目标还有较大差距。

3. 人员配置不均衡

不同镇（街道）配置的窗口工作人员数量不一，如湖塘镇为民服务中心有 42 名工作人员，而工作人员数量最少的丁堰街道只有 7 名，地区之间差异过大导致各乡镇提供的服务质量很难保持一致。

4. 事项进驻不全面

少数镇（街道）对镇级为民服务中心承担哪些职权、发挥哪些功能的认识还不充分，或在事项认领的过程中过度考量实际承接能力，没有真正做到基层政务服务事项纳入政务服务大厅集中办理“应进尽进”。

5. 管理制度不完善

部分为民（便民）服务中心尤其是新组建的服务中心尚未制定标准化的中心管理制度，如工作纪律、监督考评、奖惩等制度，对人员的管理仍靠各进驻部门的内部管理；个别服务中心虽有相应的配套管理制度，但在实际执行过程中仍有不严格遵守的现象，如南夏墅街道为民服务中心未能严格执行 AB 岗工作制度，在调研的过程中发现存在脱岗空窗现象。

三、问题成因分析

1. 主观认识不够

党中央、国务院高度重视转变政府职能，把“放管服”改革作为全面深化改革的重要内容，持续加以推进，江苏省政务办也发文对进一步加强五级政务服务体系建设提出了要求，然而部分镇（街道）、部门的领导对基层政务体系建设的重要性、必要性认识不到位，只把设立为民（便民）服务中心看作“形象工程”“政绩工程”，没有充分认识到为民（便民）服务中心在深化“放管服”改革、优化营商环境等方面的功能和作用，应付观望思想严重，对各项基层政务服务改革工作的积极性、执行力不够，如事项认领不全面、人员授权不充分，达不到“应进必进”的要求，一定程度影响了为民（便民）服务中心功能的发挥。

2. 管理体制不顺

目前，我区基层为民（便民）服务中心进行了挂牌，对硬件建设和系统平台提了要求，但没有明确具体机构职能和上级主管部门。由于政策原因及现有条件限制，目前只有经济发达镇雪堰镇能够开展机构体制改革，实现权力事项和编制的全划转。在人员管理方面，目前，大部分镇、村两级为民（便民）服务中心只是将工作人员集中到中心大厅办公，人员编制仍属于原单位，中心管理者很难对窗口工作人员进行有效管理，也无法充分激发窗口人员的工作热情和积极性。

3. 资金保障不足

基层政务服务体系建设资金缺口较大，场地、装修、设

备、人员及日常运营和维护都需要相当的资金投入，保障经费不足。目前基层政务服务体系建设基本上靠区、镇财政投入，而区、镇财政普遍较为紧张，导致基层政务服务体系建设投入不足，管理运行保障经费不足。据调研，湖塘作为中心城区，经济发展较快，镇财政较为充裕，但即便如此，湖塘镇为民服务中心的建设就一下投入了八百余万元，而后续的运行成本也不低，仅电费一项日均即要支出一千元左右，给镇财政带来不小的压力；而部分经济欠发达乡镇无法重新建设为民服务中心的，就只能进行升级改造，尽可能满足标准化建设的基本要求，但在场地面积、窗口设置、服务功能等方面或多或少会有所欠缺。

4. 专业人才不多

窗口工作人员的专业水平是制约基层政务服务水平的重要因素。随着“放管服”改革的纵深发展，政策和法律法规修订的频次越来越快，专业技术审查的要求越来越高，窗口的办件均需要大量具有较高专业素养的人才作为保障。然而据调研，镇村为民（便民）服务中心工作人员中本科学历以上 789 人，占 45%，而本科学历以下的则有 966 人，占 55%，超过了总人数的一半，能够熟练掌握行政审批政策的优秀人才不多，窗口人员专业素养不够全面，不能熟练接待咨询群众和进行政策解释。此外，目前镇村为民（便民）服务中心工作人员中在编人数 588 人，而非编用工 1167 人，占到了总人数的 66.5%，基层政务服务工作的高难度和高要求导致窗口工作人员情绪较大，更换较为频繁，各部门工作人员中，甚至有一些听说要被安排至为民（便民）服务中心就提出了辞职，这给服务中心的正常运转造成了很大压力。

四、措施建议

1. 强化党建引领，提升服务水平

将“不忘初心、牢记使命”主题教育与基层政务服务工作相结合，充分发挥党建引领作用，把党建工作与提升基层政务服务水平紧密结合，强化服务理念，创新服务手段，提升服务效能，实现党建工作和基层政务服务工作同频共振、同步推进。

一是要夯实基础，充分发挥党组织的战斗堡垒作用。通过基层党组织建设、党员队伍建设、党建制度建设、活动阵地建设等持续加强理想信念和党性党风党纪教育。

二是要围绕服务，切实提高党员干部工作能力。基层为民（便民）服务中心作为窗口单位，党员干部要发挥先锋模范作用，切实提升服务发展、服务群众、服务基层的能力以及在困难面前冲锋陷阵的能力，强化作风转变，提升服务水平，主动接受群众监督。

2. 优化机构设置，理顺管理体制

深化乡镇和街道机构改革是贯彻落实习近平总书记系列重要讲话精神的必然要求，是落实中央关于构建简约高效基层管理体制要求的实际行动，是构建五级政务服务体系的重大举措，也是夯实基层政务服务体系建设工作的迫切需要。

基层政务服务体系建设可以借助乡镇和街道机构改革之机，由机构编制部门明确为民服务中心为各镇（街道）下属事业单位，并明确机构职能、人员编制及机构性质，理顺管理体制，提升基层治理水平，推动基层政务服务再上新台阶。

3. 完善配套制度，加强规范管理

基层为民（便民）服务中心要把完善制度、规范执行作为管理的核心来抓，贯彻“用制度管人，用制度管事”的原则，制定各项规章制度、管理办法并组织实施，把制度的执行情况纳入日常考核。

一是在日常管理制度方面，要在建章立制上下功夫，将工作纪律、服务用语、行为举止、仪容仪表等方面的要求固化、升华为制度规范，形成标准化的中心管理制度。严格落实中心工作人员的培训、考核、奖惩等管理制度，开展评优评先活动，调动窗口工作人员的积极性。

二是在政务公开方面，完善公开制度，规范公开内容，不断改进和完善公开程序、方式及监督管理等配套措施，依托江苏政务服务网、大厅公示栏等，及时公开企业群众关心事项。

三是服务制度化方面，将各项服务制度具体化，建立首问负责制、一次性告知制、服务承诺制、限时办结制等服务制度并严格执行；按照标准化服务流程进行办件，并编制标准化的服务清单和办事指南，做到“事项清单化、清单标准化、标准高效化”；落实政务服务“好差评”制度，开展不定期效能监察，对行政不作为、效率低下、玩忽职守、纪律松懈等行为工作人员进行问责，做到“查必严”“违必纠”。

4. 加大资金保障，推广电子政务

一方面加大政府对基层政务服务体系建设的资金投入，把基层政务服务体系建设工作经费纳入财政预算，对经济欠发达乡镇在资金上给予必要的倾斜支持，进一步建设和完善中心大厅窗口、办公场地、网络设备、平台系统等软硬件设施，保障为民（便民）服务中心高效、协调、有序运转。

另一方面大力推广电子政务，减少行政成本支出，同时提升政务服务效率。通过升级改造原有的政务服务一体化平台，推动一体化平台向镇（街道）、村（社区）的延伸，真正让基层大厅也能对照“互联网＋政务服务”要求实现一体化网上审批，方便办事群众“就近办”。部门原有自建系统的，通过系统对接共享审批数据；不能共享的，采用二次录入的方式共享数据。加强各业务审批系统与网上办事大厅的数据交换与业务共享，避免基层窗口多系统操作及重复录入问题。积极推进镇（街道）、村（社区）政务服务向移动端、自助终端、热线电话延伸，提供多样便捷的办事渠道。

5. 加强队伍建设，选拔优秀人才

“一年之计，莫如树谷；十年之计，莫如树木；终身之计，莫如树人”，十八大以来，习近平总书记在不同场合不同会议上强调了人才的重要性。为民（便民）服务中心作为直接面向基层群众的窗口，需要配备承接具体服务事项的专业队伍，而为适应“单一窗口”向“全科窗口”转变的全科政务服务模式要求，就更迫切需要加强全科人员的选拔、教育、培训，提高窗口的综合业务素质和服务能力。一方面可以专职聘用或抽调本级相关职能部门中政治素养好、业务能力强、沟通协调能力佳的优秀中青年干部作为全科窗口工作人员；另一方面要加大对所有窗口工作人员业务素质和服务能力的培训力度，不断适应新形势、新要求，定期开展满意度评比，对于不符合要求的工作人员，及时予以调岗与补充。

（区行政审批局）

统计资料

表 94

2019 年武进区国民经济主要指标统计表

指 标	单位	2019 年	2018 年	指 标	单位	2019 年	2018 年
年末总人口	万人	98.04	96.96	工业总产值	亿元	5005.19	4959.49
常住人口	万人	145.38	145.04	工业销售收入	亿元	5405.06	5414.18
社会劳动者	万人	88.21	88.07	工业利税总额	亿元	404.56	467.56
第一产业	万人	6.06	6.47	工业利润总额	亿元	284.10	313.91
第二产业	万人	50.27	50.37	年末工业固定资产原值	亿元	1684.68	1613.97
第三产业	万人	31.88	31.23	社会消费品零售总额	亿元	697.39	645.43
国内生产总值	亿元	2483.42	2322.47	实际利用外资及港澳台资	万美元	76028	77003
第一产业	亿元	38.77	40.04	自营出口总额	亿元	571.2	565
第二产业	亿元	1359.09	1278.69	一般公共预算收入	亿元	187.51	178.48
工 业	亿元	1267.12	1197.94	一般公共预算支出	亿元	178.75	171.06
第三产业	亿元	1085.56	1003.74	金融机构年末存款余额（本外币）	亿元	3246.7	2875.28
人均国内生产总值	元	171023	160525	个人存款（本外币）	亿元	1282.05	1130.72
粮食总产量	吨	55628	64745	金融机构年末贷款余额（本外币）	亿元	2459.44	2277.32
肉类产量	吨	13049	13838	城镇居民人均可支配收入	元	61229	56610
水产品产量	吨	40883	37995	农村居民人均纯收入	元	32362	29826
年末耕地面积	万亩	47.26	46.80	城乡居民年末人均个人存款(本外币)	元	88186	77957
农机总动力	万千瓦	23.5	25.42				

表 95

2019 年武进区社会发展主要指标统计表

指 标	单位	2019 年	2018 年	指 标	单位	2019 年	2018 年
科技项目及经费				博物馆	个	1	1
立项数	项	599	821	新华书店	个	24	24
资助金额	万元	19052	15542	电视台	座	1	1
高新技术产业				广播电台	座	1	1
国家认定的高新技术企业数	家	679	537	有线电视用户	万户	33.3	33.3
科研成果				区属卫生机构合计			
科技进步奖	项	13	5	机构数	个	47	37
专利申请及授权				床位数	张	7914	4340
当年申请数	件	18297	16506	卫生从业人员	人	10898	5978
当年授权数	件	10394	11030	诊所、卫生室、医务室			
学校数	所	99	100	机构数	个	201	156
教职工数	人	10764	10468	卫生从业人员	人	942	722
在校学生数	人	176974	172207	社区卫生服务站			
幼儿园数	所	86	79	机构数	个	184	183
影剧院	个	16	14	卫生从业人员	人	382	352
电影放映单位	个	16	14	体育场	个	1	1
剧团	个	1	1	室内游泳池	个	38	38
文化馆	个	1	1	全民健身工程（点）	个	1124	1326
区级图书馆	个	1	1	年末等级社会体育指导员	人	3772	3654

续表 95

指　　标	单位	2019 年	2018 年	指　　标	单位	2019 年	2018 年
业余体校数	个	1	1	基本医疗保险费实际收缴额	万元	204904	194290
专职教练数	人	13	13	基本医疗保险费支出额	万元	222867	158266
体育彩票销售额	万元	99800	112700	城乡居民医疗保险			
企业养老保险				参保人数	人	487189	493116
已参保单位数	个	27442	21993	合计筹资（包括市级财政投入）	万元	73840	72124
已参保职工人数	人	539377	525864	失业保险			
基本养老保险费实际收缴额	万元	460378	423594	参加失业保险职工人数	人	404031	369635
基本养老保险费支出额	万元	345692	314207	失业保险费实际收缴额	万元	17710	14826
机关事业养老保险				失业保险费支出额	万元	16588	13715
年末参保单位数	个	551	553	工伤保险			
年末参保职工人数	人	19328	20488	参加工伤保险职工人数	人	409542	377036
基本养老保险费实际收缴额	万元	56494	193469	年内工伤保险费实际收缴额	万元	20894	17857
基本养老保险费支出额	万元	95909	280733	工伤保险费支出额	万元	16874	14042
城乡居民社会养老保险				生育保险			
年末参加城乡居民社会养老保险人数	人	55454	61258	参加生育保险职工人数	人	409346	376885
年末领取基础养老金人数	人	145026	146263	生育保险费实际收缴额	万元	14680	12091
城镇职工医疗保险				生育保险费支出额	万元	13568	13007
年末已参保人数	人	627452	586935				

表 96

武进的一天统计情况表

指　　标	单位	2019 年	2018 年	指　　标	单位	2019 年	2018 年
一、每天创造的财富				肉类	吨	87	96
地区生产总值（当年价）	万元	68039	63629	蔬菜	吨	453	475
第一产业增加值	万元	1062	1097	家禽	吨	39	36
第二产业增加值	万元	37235	35033	蛋类	吨	42	36
工业增加值	万元	34716	32820	食糖	吨	7	6
第三产业增加值	万元	29741	27500	酒	吨	27	28
一般公共预算收入	万元	5137	4890	卷烟	箱	229	238
钢	吨	40415	30967	电力	万千瓦时	5624	5337
钢材	吨	40406	30742	工业用	万千瓦时	4696	4429
电子元件	万只	228	178	三、每天其他经济活动			
地板	平方米	167982	186542	社会消费品零售额	万元	19107	17683
金属集装箱	立方米	29573	12317	实际利用外资及港澳台资	万美元	208	211
液晶电视机	台	917	926	自营出口额	万元	15649	15479
电动工具	台	5097	5136	旅客运输量	百人	515	507
布	万米	127	88	货物运输量	百吨	488	482
粮食	吨	152	177	四、每天户籍人口变动			
出栏生猪	头	158	294	出生人数	人	24	24
出栏家禽	万羽	1.15	0.96	死亡人数	人	19	19
水产品产量	吨	112	104	迁入人数	人	35	43
二、每天消费				迁出人数	人	10	22
粮食	吨	489	496				

索 引

Index

栏目编辑　万向阳　周小红　张怡菁

说　明

1. 本索引采用主题分析方法，按主题词汉语拼音顺序排列。
2. 标引词后的数字标示内容所在页码，字母 a、b、c 分别标示左栏、中栏、右栏。
3. 栏目、分目、子目标题款目用小五号黑体标示，正文款目用小五号书宋标示。
4. 本索引编有附见系统和参见系统，附见款目放在主款目下行缩 1 字编排；第二个页码开始为参见位置。
5. 索引标引词采用中心词简称，武进区区级党政机关、社会团体名称采用通行简称。

条目主题索引

E

F

G

H

J

K

L

M

N

O

P

Q

R

X

Y

Z

表格索引

随文图片索引

人名索引

书名索引